Konzepte der Sprach- und Literaturwissenschaft 35

Herausgegeben von Klaus Baumgärtner

Intertextualität

Formen, Funktionen, anglistische Fallstudien

Herausgegeben von

Ulrich Broich und Manfred Pfister

unter Mitarbeit von

Bernd Schulte-Middelich

Max Niemeyer Verlag
Tübingen 1985

Gedruckt mit Unterstützung der Stiftung Volkswagenwerk, der Gesellschaft von Freunden und Förderern der Universität München sowie der Stiftung Lautrach.

CIP-Kurztitelaufnahme der Deutschen Bibliothek

Intertextualität : Formen, Funktionen, anglist. Fallstudien / hrsg. von Ulrich Broich u. Manfred Pfister. Unter Mitarb. von Bernd Schulte-Middelich. – Tübingen : Niemeyer, 1985.
(Konzepte der Sprach- und Literaturwissenschaft ; 35)
NE: Broich, Ulrich [Hrsg.]; Schulte-Middelich, Bernd [Mitverf.]; GT

ISBN 3-484-22035-X ISSN 0344-6735

2 3 4 5

Titelzeichnung: Wilhelm Föckersperger.
Satz und Druck: Allgäuer Zeitungsverlag GmbH, Kempten/Allgäu.

Inhalt

No news here; that which I have stolen is from others, *Dicitque mihi mea pagina, fur es.* [...]

For my part I am one of the number, *nos numerus sumus*: I do not deny it, I have only this of Macrobius to say for myself, *Omne meum, nihil meum,* 'tis all mine, and not mine. As a good housewife out of divers fleeces weaves one piece of cloth, a bee gathers wax and honey out of many flowers, and makes a new bundle of all, *Floriferis ut apes in saltibus omnia libant,* I have laboriously collected this cento out of divers writers, and that *sine injuria,* I have wronged no authors, but given every man his own [...]. The matter is theirs most part, and yet mine, *apparet unde sumptum sit* (which Seneca approves), *aliud tamen quam unde sumptum sit apparet*; which nature doth with the aliment of our bodies incorporate, digest, assimilate, I do *concoquere quod hausi*, dispose of what I take. I make them pay tribute to set out this my *Macaronicon*, the method only is mine own; I must usurp that of Wecker *e Ter., nihil dictum quod non dictum prius, methodus sola artificem ostendit* [...]

Robert Burton, »Democritus to the Reader«, *The Anatomy of Melancholy* (1621)

Vorwort

Je mehr ein Begriff kursiert, desto schillernder wird meist sein Inhalt. Dies gilt in besonderer Weise für den Begriff der Intertextualität, der in den späten sechziger Jahren von Julia Kristeva geprägt wurde, um das, was sich zwischen Texten abspielt, d.h. den Bezug von Texten auf andere Texte, zu umschreiben. Seine Konjunktur in der literaturtheoretischen Diskussion der letzten eineinhalb Dekaden belegen zahlreiche Aufsätze insbesondere französischer und amerikanischer Poststrukturalisten, die sich um eine theoretische Grundlegung des neugewonnenen Begriffs und um dessen Anwendung in erster Linie auf die hochintertextuelle Literatur des 20. Jahrhunderts bemühen – so etwa die beiden ganz der Intertextualität gewidmeten Hefte der Zeitschriften *Poétique* (1976) und *New York Literary Forum* (1978). Erst in den letzten Jahren erschienen dann auch Arbeiten in Buchform über diesen Gegenstandsbereich. Hier sind besonders die beiden auf Symposien zurückgehenden Sammelbände *Dialogizität*, herausgegeben von Renate Lachmann (1982), und *Dialog der Texte*, herausgegeben von Wolf Schmid und Wolf-Dieter Stempel (1983), sowie die eindrucksvolle Monographie *Palimpsestes* von Gérard Genette (1982) zu nennen. Damit ist eine Forschungssituation erreicht, die zusätzliche Symposien und Monographien eigentlich überflüssig machen sollte. Andererseits wurde aber kürzlich von Renate Lachmann eingewandt, daß diese, wenn auch nicht überflüssig, so doch derzeit noch nicht sinnvoll seien: »[...] die Zeit der abschließenden Monographien und nachbereitenden Symposien ist noch nicht gekommen. Der Begriff erscheint vorerst nicht disziplinierbar, seine Polyvalenz irreduzibel.«[1]

Wie kann man diesen beiden konträren Einwänden gegenüber unser eigenes Projekt rechtfertigen, das ebenfalls auf ein Symposion zurückgeht?[2] Weniger schwierig erscheint dies in bezug auf den zweiten Einwand, denn weder verstand sich das Symposion als »nachbereitend«, als bloßen Versuch, die Theoriediskussion aufzuarbeiten und zusammenzufassen, noch versteht sich der vorliegende Band selbst als »abschließend« im Sinn einer

---

[1] »Ebenen des Intertextualitätsbegriffs«, in: *Das Gespräch,* ed. K. Stierle/R. Warning, Poetik und Hermeneutik, 11 (München, 1984), S. 133–138, hier: S. 134.

[2] Das Symposion fand vom 23. bis 25. März 1984 in der Shakespeare-Forschungsbibliothek der Universität München statt.

Stillegung der Diskussion und einer endgültigen Fixierung des Begriffs. Dieser sollte auch nicht »diszipliniert«, wohl aber in der Spannweite seiner »Polyvalenz« auf seinen Erkenntniswert befragt und in seinem Kernbereich stärker für die praktische Textanalyse operationalisiert werden. Und was den ersten Einwand betrifft, so verdankt unser Band zwar den drei genannten, den derzeitigen Forschungsstand markierenden Publikationen zahlreiche Anregungen, doch glaubten die Herausgeber, in mehrfacher und entscheidender Hinsicht andere Wege einschlagen zu sollen.

Die beiden genannten Sammelbände zeichnen sich zwar durch eine weit gespannte interdisziplinäre Orientierung aus. Aber sie stellen zugleich Beiträge mit den unterschiedlichsten Positionen und Konzeptionen nebeneinander und überlassen eine Vermittlung zwischen diesen Positionen ausschließlich dem Leser. Auch der vorliegende Band besteht aus Beiträgen verschiedener Autoren, die ihre erste Fassung anläßlich eines Symposions miteinander diskutiert und abgestimmt haben. Trotzdem hielten die Herausgeber eine noch größere Geschlossenheit und Systematik des geplanten Bandes für wünschenswert. Diese Geschlossenheit sollte vor allem durch drei Vorgaben bewirkt werden:

1) Ins Zentrum der Überlegungen und Analysen sollte nicht ein poststrukturalistischer Intertextualitätsbegriff gerückt werden, der seine revolutionären Implikationen ja gerade seiner undifferenzierten Universalität verdankt, sondern ein enger gefaßter Begriff, der es ermöglicht, Intertextualität von Nicht-Intertextualität zu unterscheiden und historisch und typologisch unterschiedliche Formen der Intertextualität voneinander abzuheben.

2) Dem geplanten Band sollte eine zumindest ansatzweise systematische Konzeption zugrunde liegen, die es erlaubt, die wichtigsten Aspekte des Phänomens Intertextualität methodisch getrennt, wenn auch stets aufeinander bezogen, zu diskutieren.

3) Eine größere monographische Geschlossenheit versprachen sich die Herausgeber schließlich auch davon, daß – trotz des unbestreitbar interdisziplinären Charakters des Themas – die Beiträger dem gleichen Fach, und zwar der Anglistik/Amerikanistik, angehörten und daß nach den der Weltliteratur entnommenen Beispielen im systematischen Teil die im letzten Teil des vorliegenden Bandes enthaltenen Fallstudien sich ausschließlich auf englischsprachige Texte bezogen.

Erheblich näher steht dem hier vorgelegten Band dagegen die bereits erwähnte Monographie von Genette. *Palimpsestes* ist insofern eine beachtliche Leistung, als Genette hier, ausgehend von einer durchdachten Konzeption, erstmalig eine Systematisierung der zahlreichen Formen der Intertextualität versucht und darüber hinaus diese Formen an zahlreichen Textbeispielen nicht nur aus dem 20. Jahrhundert, sondern aus der gesamten

Literaturgeschichte von der Antike bis zur Gegenwart veranschaulicht. Allerdings ist Genettes Systematik in mancher Hinsicht noch durchaus arbiträr, und seine Textbeispiele berücksichtigen die englischsprache Literatur nur relativ selten. Ferner geht Genette in seiner Arbeit kaum auf die poststrukturalistische Theoriebildung ein und vernachlässigt eine Reihe wichtiger Analyseaspekte (wie z.B. die Markierung). Schließlich ist seine Darstellung zwar geschichtlich weit gespannt, doch dient ihm diese historische Textvielfalt primär als Lieferant von Beispielen für die verschiedenen Typen in seiner Taxonomie und wird so nur ansatzweise von ihren geschichtlichen Voraussetzungen und Kontexten her gewürdigt.

Der nunmehr vorgelegte Band konkurriert zwar mit der Arbeit von Genette, weil auch eines seiner Ziele eine Taxonomie der Formen von Intertextualität ist. Die Beiträger haben sich aber darüber hinaus bemüht, auch eine Reihe von formalen und funktionalen Aspekten der Intertextualität einzubeziehen, die von Genette nicht oder nur am Rande angesprochen wurden. Vor allem aber sollte in diesem Band durch eine Reihe von Fallstudien auch die historische Dimension der Intertextualität stärker in den Blickpunkt gerückt – und damit ein wichtiger Schritt auf dem Weg zu einer noch zu schreibenden Geschichte der Intertextualität getan werden.

Insgesamt waren die Herausgeber also bestrebt, in diesem Band die Vorteile verschiedenartiger Wege miteinander zu verbinden. So sind etwa die Kapitel I bis V, in denen auf überfachlicher Ebene eine systematische Entwicklung der Theorie und der Kategorien der Intertextualität versucht wird, komplementär zu Kapitel VI, das die bereits erwähnten Fallstudien enthält und stärker historisch und anglistisch-fachbezogen konzipiert ist. Es war ebenfalls das Ziel der Herausgeber, die Vorteile der Monographie mit denen des Sammelbandes zu verknüpfen. Dies bedeutet, daß trotz des übergreifenden Anspruchs unterschiedliche Methoden, Positionen und Temperamente willkommen waren: Entschieden praxisbezogene ergänzen ebenso entschieden theoretische Beiträge, wobei das theoretische Spektrum von der Rhetorikforschung bis zur feministischen Literaturwissenschaft reicht. Die Herausgeber hoffen, daß die hier gefundenen Kompromisse halbwegs tragbar sind.

Für das Gelingen dieses Unternehmens, so man es denn als gelungen bezeichnen kann, sind wir, die Herausgeber, zu vielfachem Dank verpflichtet. In ganz besonderem Maße gilt unser Dank natürlich den einzelnen Beiträgern, die ihre Beiträge nicht nur eigens für diesen Band verfaßten, sondern dabei auch unsere Vorgaben weitgehend akzeptierten und die darüber hinaus mit Langmut und Verständnis unseren Bitten um Überarbeitung einzelner Teile, um stärkere Abstimmung mit anderen Beiträgen oder um Kürzung nachkamen. Wir danken ferner den Romanisten, Germanisten und Linguisten, die zusammen mit den Beiträgern an unserem Symposion teilnahmen und deren kritischem Rat aus der Perspektive anderer Fächer sowohl die Gesamtkonzeption als auch die einzelnen Beiträge des Bandes viel verdanken. Unser Dank gilt schließlich auch den zahlreichen Mitarbeitern, die bei der Vorbereitung und Durchführung des Symposions sowie bei der Endredaktion des Bandes mitgewirkt haben, und zwar Frau Dr. Christiane Clemm, Herrn Michael Göring, Herrn Andreas Jäger, Frau Gabriele Kohlmeier, Frau Birgit Moosmüller, Frau Helga Quadflieg, Herrn Christian Rauscher und Frau Barbara Schaff, allen voran jedoch Herrn Dr. Bernd Schulte-Middelich, der allen Phasen der Entstehung dieses Bandes seine kompetent kritische und konstruktive Mitarbeit widmete.

Nicht möglich gewesen wären dieser Band und das ihn vorbereitende Symposion ohne die tatkräftige finanzielle Unterstützung verschiedener Organisationen. An erster Stelle ist hier die Stiftung Volkswagenwerk zu nennen; aber auch die Gesellschaft von Freunden und Förderern der Universität München, der British Council und die Stiftung Lautrach haben durch nicht unerhebliche Zuschüsse und eine unbürokratische Vergabe zum Gelingen dieses Unternehmens entscheidend beigetragen. Wir sind uns der Tatsache bewußt, daß heute immer mehr Antragsteller um immer weniger Mittel konkurrieren müssen und daß geisteswissenschaftliche Forschungsprojekte es in dieser Situation schwerer haben als je zuvor. Umso mehr gilt daher den oben genannten Organisationen unser herzlicher Dank.

München, den 31. 3. 1985 — Ulrich Broich, Manfred Pfister

I. Konzepte der Intertextualität

Manfred Pfister

1. Von Bachtins »Dialogizität« zu Kristevas »Intertextualität«

Der Terminus »Intertextualität« ist jünger als die verschiedenen traditionellen Begriffe für den Bezug von Texten auf Texte, die er neu und pointiert zusammenfassend umschreibt, und wesentlich jünger als die Sache selbst, wie schon unser Motto aus dem frühen 17. Jahrhundert plastisch vor Augen führt. Schon seit der Antike haben sich Texte nicht nur in einer *imitatio vitae* unmittelbar auf Wirklichkeit, sondern in einer *imitatio veterum* auch aufeinander bezogen, und die Rhetorik und die aus ihr gespeiste Poetik brachten solche Bezüge von Texten auf Texte mit zunehmender Detailliertheit, wenn auch ohne Sinn für den Gesamtzusammenhang, auf den Begriff. Als der Terminus dann in den späten sechziger Jahren von Julia Kristeva geprägt wurde, geschah dies mit explizitem Rückgriff auf eine frühere Begriffsbildung, nämlich auf Michail Bachtins Begriff der »Dialogizität«, wie schon Kristevas erster einschlägiger Entwurf in seinem Titel deutlich machte: »Bakhtine, le mot, le dialogue et le roman«.[1]

Es ist dies ein Rückgriff auf ein theoretisches Konzept, das der sowjetrussische Literaturwissenschaftler bereits während der Kulturrevolution der zwanziger Jahre entwickelt und in den folgenden Dekaden in historischen Studien zu Dostoevskij und Rabelais, zur Menippeischen Satire, zum Karneval und zur Poetik des Romans weiter entfaltet hatte. Die meisten dieser Arbeiten wurden allerdings erst nach seiner politischen Rehabilitierung in den frühen sechziger Jahren der russischen Öffentlichkeit zugänglich gemacht und im Anschluß daran in Übersetzungen auch im Westen verbreitet.[2] Da sich die Diskussion um Intertextualität in diesem Kontext der Bachtin-Rezeption vollzieht, müssen wir zunächst dessen Grundpositionen skizzieren, soweit sie für unseren Zusammenhang relevant sind.

[1] Geschrieben 1966, veröffentlicht in: *Critique*, 23 (1967), 438–465, und geringfügig revidiert in: J. Kristeva, *Sémeiotikè: Recherches pour une sémanalyse* (Paris, 1969), S. 143–173. Eine deutsche Übersetzung – »Bachtin, das Wort, der Dialog und der Roman« – bietet J. Ihwe in: *Literaturwissenschaft und Linguistik,* ed. J. Ihwe (Frankfurt, 1972), III, 345–375.

[2] Im Deutschen liegen zwei Auswahlbände seiner Schriften vor: *Literatur und Karneval: Zur Romantheorie und Lachkultur,* ed. A. Kaempfe (München, 1969) und *Die Ästhetik des Wortes*, ed. R. Grübel (Frankfurt/M., 1979); vgl. hier auch das Verzeichnis der Schriften Bachtins S. 79–81.

Im Gegensatz zu den russischen Formalisten, zu denen Bachtin in einem komplexen Anregungs- und Spannungsverhältnis stand, ist sein Ausgangspunkt nicht eine immanente Theorie literarischer Evolution, sondern die Frage nach dem Zusammenhang von Literatur und Gesellschaft und damit auch von Kunst und Verantwortung:

> Außer der vom Wortkünstler vorgefundenen Wirklichkeit von Erkennen und Handeln wird von ihm auch die Literatur vorgefunden: es gilt, gegen oder für alte literarische Formen zu kämpfen, sie sind zu benutzen und zu kombinieren, ihr Widerstand ist zu überwinden oder in ihnen ist Unterstützung zu suchen. Doch all dieser Bewegung und diesem Kampf im Rahmen des rein literarischen Kontextes liegt der wesentlichere, bestimmende primäre Kampf mit der Wirklichkeit von Erkennen und Handeln zugrunde [...].[3]

Zwei Aspekte sind an diesem knappen Zitat bemerkenswert: der »intertextuelle« Bezug zur vorgefundenen Literatur wird gegenüber dem unmittelbaren Wirklichkeitsbezug sekundär gesetzt, und in der Aufzählung von Modalitäten des Bezugs auf vorgegebene literarische Traditionen wird, implizit wertend, immer die antagonistische Bezugnahme zuerst genannt. In diesem stilistischen Detail ist bereits die dominante ästhetische, aber auch politische Wertopposition von Bachtins Denken eingeschlossen, der Gegensatz zwischen einer offenen Auseinandersetzung divergierender Standpunkte, die Bachtin »Dialog« nennt, und einer »monologischen« Bekräftigung von Tradition und Autorität.

Diese beiden Prinzipien der Dialogizität (»dialogičnost«) und Monologizität bestimmen nach Bachtin sowohl die Gesellschaft als auch die Sprache und die Kunst. Eine autoritäre und hierarchisch strukturierte Gesellschaft wird die monologischen Affirmationen eines fixen Konsensus, einer stillgelegten Wahrheit durchzusetzen versuchen, während das dialogische Prinzip im Bereich von Politik und Gesellschaft den zentralisierten Macht- und Wahrheitsanspruch subversiv herausfordert und unterminiert. Dem entsprechen im sprachlichen Bereich die beiden gegenläufigen Tendenzen von monologisch vereinheitlichter Sprache und Rede einerseits und von Sprach- und Redevielfalt andererseits, von zentripetalen Kräften einer hochsprachlichen Homogenisierung und zentrifugalen Kräften der Auffächerung in Dialekte, Soziolekte und Idiolekte, »von Zentralisation und Dezentralisation, von Vereinheitlichung und Differenzierung«.[4] Und auch die Literatur steht in diesem Spannungsfeld, und ihre Position verschiebt sich dabei im Laufe der geschichtlichen Entwicklung in je unterschiedlicher Bestimmung ihrer einzelnen Gattungen:

---

3 »Das Problem von Inhalt, Material und Form im Wortkunstschaffen«, in: *Die Ästhetik des Wortes,* S. 120.

4 Ebd., S. 165.

Während sich die Hauptvarianten der poetischen Gattungen in der Bahn der vereinheitlichenden und zentralisierenden Kräfte des verbal-ideologischen Lebens herausbilden, entstanden der Roman und die ihm verwandten Gattungen der künstlerischen Prosa historisch im Rahmen der dezentralisierenden, zentrifugalen Kräfte. Während die Dichtung auf der Höhe des offiziellen sozioideologischen Kontextes die kulturelle, nationale und politische Zentralisation der verbal-ideologischen Welt bewerkstelligte, erklang in den Niederungen, in Schaubuden und auf Jahrmarktsbühnen die Redevielfalt der Narren, ein Nachäffen aller ›Sprachen‹ und Dialekte, entwickelte sich die Literatur der Fabliaux und Schwänke, der Straßenlieder, Sprichwörter und Anekdoten, in der es keinerlei sprachliches Zentrum gab, in der das lebendige Spiel ›mit den Sprachen‹ von Dichtern, Gelehrten, Mönchen, Rittern u.a. üblich war, in der alle ›Sprachen‹ Masken waren und es kein unumstrittenes sprachliches Gesicht gab.[5]

Der neuzeitliche »dialogische« Roman ist Ausdruck dieser galileischen Wende der Dezentralisierung des Sprachbewußtseins und nimmt von Rabelais bis Dostoevskij das subversive Potential der Menippeischen Satire und des Karnevalesken in sich auf, während die Poesie und eine die Tradition des »monologischen« Epos fortsetzende Romanlinie vom Ritterroman über die Barockromane bis hin zu Tolstoi entweder von einheitlicher Literarizität ist oder die Redevielfalt hierarchisierend und zentralisierend ordnet.[6]

Im Rahmen einer von ihm proklamierten »Metalinguistik«, die sich im Gegensatz zur Linguistik »mit der Sprache in ihrer konkreten und lebendigen Ganzheit« und mit dem »wesentlichen Unterschied zwischen der monologischen und der polyphonen Wortverwendung in der künstlerischen Literatur« beschäftigen soll,[7] untersucht Bachtin die dialogische Redevielfalt im Roman und geht dabei von zwei grundsätzlichen Unterscheidungen aus: zum einen vom Unterschied zwischen Erzählerrede und in diese eingebetteter Figurenrede, und zum anderen von der zweifachen Gerichtetheit des Worts »auf den Gegenstand der Rede [...] und auf das andere Wort: die fremde Rede«.[8] Daraus ergeben sich drei Typen des Prosaworts: (1) das direkt und unmittelbar gegenständlich gerichtete Wort, (2) das dargestellte oder objekthafte Wort der Figuren, das selbst zwar gegenständlich gerichtet ist, gleichzeitig aber Objekt einer fremden Gerichtetheit, nämlich jener des Autors bzw. Erzählers ist, und schließlich (3) das zweistimmige Wort, in dem sich die ersten beiden Typen überlagern und in dem die Stimmen des

5 Ebd., S. 166.

6 Dies fordert natürlich mannigfaltige Einwände heraus, vor allem die pauschale Zuordnung der Lyrik zum Monologismus betreffend, bei der bestimmte historische Typen – klassizistische Ode, Erlebnislyrik – zum allgemeinen Modell verabsolutiert werden und die modernistische Lyrik ausgeblendet wird. Vgl. dazu R. Lachmann, »Dialogizität und poetische Sprache«, in: *Dialogizität,* ed. R. Lachmann (München, 1982), S. 51–62.

7 »Linguistik und Metalinguistik«, in: *Literatur und Karneval,* S. 101–106, hier: S. 101.

8 »Typen des Prosaworts«, in: *Literatur und Karneval*, S. 107–131, hier: S. 107.

Autors und der fremden Rede zusammenklingen und damit zwei Bedeutungsorientierungen koexistieren.

> Die Redevielfalt, die in den Roman eingeführt wird [...] ist *fremde Rede in fremder Sprache*, die dem gebrochenen Ausdruck der Autorintentionen dient. Das Wort einer solchen Rede ist ein *zweistimmiges* Wort. Es dient gleichzeitig zwei Sprechern und drückt gleichzeitig zwei verschiedene Intentionen aus: die direkte Intention der sprechenden Person und die gebrochene des Autors. [...]. Zudem sind diese beiden Stimmen dialogisch aufeinander bezogen, sie wissen gleichsam voneinander (wie zwei Repliken eines Dialogs voneinander wissen und sich in diesem gegenseitigen Wissen entfalten), sie führen gleichsam ein Gespräch miteinander. Das zweistimmige Wort ist stets im Innern dialogisiert.[9]

Formen dieser zweistimmigen Erzählprosa sind die ironische Stilisierung, der verfremdende *skass*, die Parodie, die versteckte Polemik oder die Dialogreplik, in die die Vorrede jeweils mehr oder weniger latent eingeht, und all diesen Formen ist gemeinsam, daß das einzelne Wort seinen Absolutheitsanspruch verloren hat, nicht mehr auf die eine, kanonisierte Wahrheit pochen kann, anfechtbar geworden und perspektivisch relativiert ist und sich zu sich selbst in Distanz setzen kann. Der polyphone Roman modelliert damit jedoch nur, was in der lebendigen Spracherfahrung vorgegeben ist, nämlich daß »zwischen Wort und Gegenstand, zwischen Wort und sprechender Person [...] die elastische und meist schwer zu durchdringende Sphäre der anderen, fremden Wörter zu demselben Gegenstand, zum gleichen Thema« liegt:

> So findet jedes konkrete Wort (die Äußerung) jenen Gegenstand, auf den es gerichtet ist, immer schon sozusagen besprochen, umstritten, bewertet vor und von einem ihn verschleiernden Dunst umgeben oder umgekehrt vom Licht über ihn bereits gesagter, fremder Wörter erhellt. [...] Das auf seinen Gegenstand gerichtete Wort geht in diese dialogisch erregte und gespannte Sphäre der fremden Wörter, Wertungen und Akzente ein, verflicht sich in ihre komplexen Wechselbeziehungen, verschmilzt mit den einen, stößt sich von den anderen ab, überschneidet sich mit dritten; und all das kann das Wort wesentlich formen, sich in allen seinen Bedeutungsschichten ablagern, seine Expression komplizieren, auf das gesamte stilistische Erscheinungsbild einwirken.[10]

Es wurde deutlich, daß Bachtins Konzept der Dialogizität vor allem auf den Dialog der Stimmen innerhalb eines einzelnen Texts oder einer einzelnen Äußerung abzielt, der dann im polyphonen Roman als einem »Mikrokosmos der Redevielfalt« idealiter das Gesamt der »sozioideologischen Stimmen der Epoche« bündelt.[11] Demgegenüber erscheint der Bezug der einzelnen Stimmen im Text auf vorgegebene Texte, und damit gerade jener Bezug, auf den die Intertextualitätsdiskussion abheben wird, in seiner Analyse als sekundär. Damit ist Bachtins Theorie dominant intratextuell,

---

[9] *Die Ästhetik des Wortes*, S. 213.
[10] Ebd., S. 169f.
[11] Ebd., S. 290.

nicht intertextuell. Und die fremden Wörter und die fremden Reden außerhalb seiner selbst, auf die sich ein Sprachkunstwerk bezieht, sind in Bachtins Sicht nicht dominant literarisch, sondern eben »alle sozioideologischen Stimmen der Epoche«, der allgemeine Diskurs der Zeit, für den der literarische Diskurs nur einen schmalen Sektor ausmacht. In dieser Nicht-Privilegierung des Bezugs zwischen literarischen Texten unterscheidet sich Bachtins Theorie grundlegend von den Ansätzen eines T. S. Eliot (»Tradition and the Individual Talent«, 1919) oder Jurij Tynjanov (»Über literarische Evolution«, 1927), in denen sich Literatur vor allem in der Reaktion auf vorgegebene Literatur weiterentwickelt, und sie unterscheidet sich von diesen auch dadurch, daß für Bachtin nicht die diachronische Beziehung zwischen altem und neuem Text, sondern die synchronische zwischen fremder und eigener Rede entscheidend ist.[12] Und selbst dort, wo er unmittelbar auf den Bezug literarischer Texte auf vorgegebene Literatur eingeht, wie in seinen wiederholten Ausführungen zur Parodie, zu »eingebetteten Gattungen«[13] oder zur Darstellung »literarischer Menschen«, die wie Don Quijote und Madame Bovary das Leben durch den Filter der Literatur sehen,[14] kommt es ihm allein auf generische Bezüge an, den Bezug von Texten auf Gattungen oder Stilkonventionen, nicht auf den Verweis eines Texts auf einen individuellen »Prätext«, wie er im Rahmen der Intertextualitätsdiskussion ins Zentrum gerückt werden wird.

Wer nach Ansätzen zu einer rhetorischen Typologie von Formen literarisch intertextueller Bezüge bei Bachtin sucht, wird daher von seinen weit ins Kulturphilosophische ausgreifenden Schriften enttäuscht sein. Ein solches Anliegen bestimmte auch nicht die Bachtin-Rezeption Kristevas, die in ihm gerade den Überwinder eines statischen Strukturalismus der klassifikatorischen Schemata sah:

> Bakhtine est l'un des premiers à remplacer le découpage statique des textes par un modèle où la structure littéraire n'est pas, mais où elle *s'élabore* par rapport à une *autre* structure. Cette dynamisation du structuralisme n'est possible qu'à partir d'une conception selon laquelle le »mot littéraire« n'est pas un *point* (un sens fixe), mais un *croisement de surfaces* textuelles, un dialogue de plusieurs écritures: de l'écrivain, du destinataire (ou du personnage), du contexte culturel actuel ou antérieur.[15]

Sein Konzept der Dialogizität ist geradezu der Inbegriff der Dynamisierung, ja Revolutionierung – und dies nicht nur des Strukturalismus. Indem

---

[12] Vgl. zu Tynjanov und Bachtin R. Grübel, »Die Geburt des Textes aus dem Tod der Texte«, in: *Dialog der Texte,* ed. W. Schmid/W.-D. Stempel (Wien, 1983), S. 205–271, hier: S. 212f.

[13] *Die Ästhetik des Wortes*, S. 209–213.

[14] Ebd., S. 291f.

[15] *Sémeiotiké*, S. 144; dts. in: »Bachtin, das Wort, der Dialog und der Roman«, S. 346.

Bachtin dieses Prinzip der Relativierung von Positionen, der »Vorbehaltlichkeit« und Selbstkritik des Wortes, der Unterminierung jeglichen offiziellen Monologismus, der karnevalesken Profanisierung des Heiligen und Hehren und der subversiven Infragestellung machtvoller Autorität nicht nur beschrieb, sondern verteidigte und propagierte, schrieb er gegen die fortschreitende Erstarrung der nachrevolutionären sowjetischen Kulturpolitik und die Kanonisierung des sozialistischen Realismus an. Diese ideologiekritische Sprengkraft war es auch, die Kristeva an Bachtins Dialogizität faszinierte und die sie und andere Schriftsteller des Kreises um Tel Quel in den revolutionär erregten späten sechziger Jahren für ihren Kampf gegen die »bürgerliche Ideologie« der Autonomie und Identität individuellen Bewußtseins sowie der Abgeschlossenheit von Texten und ihres Sinns einsetzen wollten.[16] Dabei kam es zu entscheidenden Umakzentuierungen, die sich zum Teil als Verengung, zum Teil als Erweiterung der ursprünglichen Konzeption Bachtins darstellen.

Eine solche Umakzentuierung kennzeichnet bereits die erste explizite Einführung des Terminus »Intertextualität« bei Kristeva:

> tout texte se construit comme mosaïque de citations, tout texte est absorption et transformation d'un autre texte. A la place de la notion d'intersubjectivité s'installe celle d'*intertextualité*, et le langage poétique se lit, au moins, comme *double*.[17]

So ist zwar ihr Bild vom Text als einem Mosaik von Zitaten durchaus mit Bachtins Vorstellung der zitathaften fremden Wörter im eigenem Text zu vereinbaren, doch geht die Generalisierung, daß dies für jeden literarischen Text gelte, gerade an dessen Differenzierung von monologischen und polylogischen Texten vorbei. Und andererseits erscheint es als eine Verengung der Bachtinschen Konzeption, daß der Zitatspender auf einen einzigen anderen Text eingegrenzt wird. Doch ist dies wohl nicht wörtlich so zu nehmen, denn an anderer Stelle desselben Aufsatzes präzisiert sie, daß »le mot (le texte) est un croisement de mots (de textes) où on lit au moins un autre mot (texte)« und daß das Wort im Text sich am »corpus littéraire antérieur ou synchronique«[18] orientiere. Auch diese weitere Konzeption der Prätexte als das Gesamtkorpus literarischer Texte scheint noch eine

---

[16] Vgl. dazu die Kritik von K. W. Hempfer in: *Poststrukturale Texttheorie und narrative Praxis* (München, 1976) und K. Stierle, »Werk und Intertextualität«, in: *Dialog der Texte*, S. 7–26.

[17] *Sémeiotiké*, S. 146; dts. in: »Bachtin«, S. 348. Vgl. auch die Definition des »intertextuellen Raumes« in: *Sémeiotiké*, S. 255.

[18] *Sémeiotiké*, S. 145; dts. in: »Bachtin«, S. 347. Vgl. dazu J. Kristeva, *Le texte du roman: Approche sémiologique d'une structure discursive transformationelle* (The Hague, 1970): »Pour analyser non plus la structure, mais la structuration du roman, nous le situerons dans l'ensemble des textes littéraires antérieurs ou synchroniques« (S. 67). »Ainsi, pour étudier la structuration du roman comme une transformation, nous l'envisagerons comme un dialogue de plusieurs textes,

Verengung gegenüber Bachtin zu sein, denn dieser privilegiert gerade nicht, wie wir gesehen haben, die literarischen Texte als Spender fremder Rede. Doch ist auch diese Fassung der Prätexte als das gesamte literarische Textkorpus nur vorläufig, denn in unmittelbarem Anschluß an unser Zitat erweitert Kristeva den Textbegriff so radikal, daß dies dann sogar weit über Bachtins Intentionen hinausschießt: Nach ihr situiert Bachtin »le texte dans l'histoire et dans la société, envisagée elles-mêmes comme textes que l'écrivain lit et dans lesquels il s'insère en les récrivant«.[19]

Während Bachtin sehr wohl zwischen der Wirklichkeit von Geschichte und Gesellschaft einerseits und den Wörtern, der Rede und der Sprache andererseits unterschied, wird hier der Textbegriff im Sinn einer allgemeinen Kultursemiotik so radikal generalisiert, daß letztendlich *alles*, oder doch zumindest jedes kulturelle System und jede kulturelle Struktur, Text sein soll. Dieser total entgrenzte Textbegriff bestimmt dann auch explizit ihre Definition von Intertextualität in »Problèmes de la structuration du texte«:

> Nous appellerons INTERTEXTUALITÉ cette inter-action textuelle qui se produit à l'intérieur d'un seul texte. Pour le sujet connaissant, l'intertextualité est une notion qui sera l'indice de la façon dont un texte lit l'histoire et s'insère en elle.[20]

Diese Vorstellung, daß Geschichte und Gesellschaft etwas sind, was gelesen wird wie bzw. als ein Text, muß jeweils mitgedacht werden, wenn Kristeva von Text oder Texten spricht, und sie bestimmt auch ihre konkrete Analysearbeit, die sie in *Le texte du roman* (1970) am Beispiel von Antoine de La Sales *Jehan de Saintré* vorführt. Hier werden im abschließenden Kapitel zur Intertextualität zwar auch die Bezüge zwischen dem spätmittelalterlichen Erzähltext und individuellen Prätexten behandelt, doch belegen diese nur die umfassenderen »Texte« des scholastischen Denkens, der Stimme der Stadt, des höfischen Kults des Selbst und des Karnevals. Text ist hier also nicht nur die Aktualisierung eines Zeichensystems, sondern auch dieses selbst[21] und ist darüber hinaus auch nicht mehr an das Zeichensystem der

---

comme un DIALOGUE TEXTUEL, ou disons mieux, comme une INTERTEXTUALITÉ.« (S. 68f.)

[19] *Sémeiotiké*, S. 144; dts. in: »Bachtin«, S. 346.

[20] »Probleme der Textstrukturationen«, in: *Literaturwissenschaft und Linguistik*, II/2, 484–507, hier: 500; das Original erschien in *Nouvelle Critique* (Nov. 1968), 55–64; wörtlich dieselbe Definition findet sich auch in: »Narration et transformation«, *Semeiotica,* 1 (1969), 422–448, hier: 443.

[21] Vgl. dazu die pointierte Kritik von K. W. Hempfer in: *Poststrukturale Texttheorie*, S. 53ff. und »Überlegungen zu einem Gültigkeitskriterium für Interpretationen und ein komplexer Fall: Die italienische Ritterepik der Renaissance«, in: *Interpretationen: Das Paradigma der europäischen Renaissance-Literatur*. Festschrift für Alfred Noyer-Weidner, ed. K. W. Hempfer/G. Regn (Wiesbaden, 1983), S. 1–31.

Sprache gebunden. Bei einer solchen Ausweitung des Textbegriffs ist natürlich kein Text mehr nicht intertextuell, ist Intertextualität kein besonderes Merkmal bestimmter Texte oder Textklassen mehr, sondern mit der Textualität bereits gegeben. Damit ist jeder Text in jedem seiner Teile und Aspekte intertextuell.

Doch zurück zu unserem ersten Kristeva-Zitat! Noch entscheidender für die Umakzentuierung des Bachtinschen Konzepts als diese Ausweitung des Textbegriffs und damit die Entgrenzung der Prätexte ist, daß Kristeva Bachtin eine Überführung des Begriffs der Intersubjektivität in den der Intertextualität unterstellt. Davon kann jedoch für Bachtin keine Rede sein, der vielmehr in immer neuen Formulierungen die Stimmen des Polylogs an historische oder fiktionale Aussagesubjekte bindet und in seinem Aufsatz »Zur Methodologie der Literaturwissenschaft« so nachdrücklich auf den »Kontakt von Persönlichkeiten« hinter dem »dialogischen Kontakt zwischen Texten« insistiert, daß ihm literaturwissenschaftliche Erkenntnis nur als personifizierte, d. h. an Subjekte gebundene, möglich erscheint.[22] Kristevas Konzept der Intertextualität ist dagegen für sie der texttheoretische Hebel, mit dem sie im Kontext einer marxistisch-freudianischen Dekonstruktion der Subjektivität den bürgerlichen Begriff eines autonomen und intentionalen Subjekts aus den Angeln heben will. Der Autor eines Textes wird damit zum bloßen Projektionsraum des intertextuellen Spiels, während die Produktivität auf den Text selber übergeht:

> Dans cette perspective, nous définissons le texte comme un appareil translinguistique qui redistribue l'ordre de la langue, en mettant en relation une parole communicative visant l'information directe, avec différents types d'énoncés antérieurs ou synchroniques. Le texte est donc une productivité, ce qui veut dire: 1. son rapport à la langue dans laquelle il se situe est redistributif (destructivo-constructif), par conséquent il est abordable à travers des catégories logiques plutôt que purement linguistiques; 2. il est une permutation de textes, une intertextualité: dans l'espace d'un texte plusieurs énoncés, pris à d'autres textes, se croisent et se neutralisent.[23]

Diese Konzeption einer subjektlosen Produktivität des Textes steht auch hinter Formulierungen wie der bereits zitierten vom Text, der die Geschichte liest; und in dem Maße, in dem Aktivität und Produktivität dem Text und dem intertextuellen Spiel überschrieben werden, verschwindet die individuelle Subjektivität als intentionale Instanz – und dies gerade auch im Bereich der Poesie, die in der romantischen Tradition ja als letztes Refugium unentfremdeter, authentischer Identität galt. Denn, so Kristeva: »Die poe-

---

22 *Die Ästhetik des Wortes,* S. 353.

23 *Sémeiotiké*, S. 113; dts. in: »Der geschlossene Text«, in: *Textsemiotik als Ideologiekritik,* ed. P. V. Zima (Frankfurt/M., 1977), S. 194–229, hier: S. 194. Die wörtlich gleiche Definition von Intertextualität findet sich auch in: *Le texte du roman*, S. 12.

tische Sprache macht dem Subjekt den Prozess, indem sie sich semiotischer Markierungen und Bahnen bedient.«[24] Mit dem individuellen Subjekt des Autors verschwindet aber auch die Individualität des Werkes selbst, das zum bloßen Abschnitt in einem universalen, kollektiven Text entgrenzt wird. Der von Kristeva beeinflußte Michel Butor schreibt dazu:

> Il n'y a pas d'œuvre individuelle. L'œuvre d'un individu est une sorte de nœud qui se produit à l'intérieur d'un tissu culturel au sein duquel l'individu se trouve non pas plongé mais *apparu*. L'individu est, dès l'origine, un moment de ce tissu culturel. Aussi bien, une œuvre est-elle *toujours* une œuvre collective. C'est d'ailleurs pour cette raison que je m'intéresse au problème de la citation.[25]

Die »Dezentrierung« des Subjekts, die Entgrenzung des Textbegriffs und Texts zusammen mit Derridas Kupierung des Zeichens um sein referentielles Signifikat, die die Kommunikation zu einem freien Spiel der Signifikanten reduziert,[26] läßt das Bild eines »Universums der Texte« entstehen, in dem die einzelnen subjektlosen Texte in einem *regressus ad infinitum* nur immer wieder auf andere und prinzipiell auf alle anderen verweisen, da sie ja alle nur Teil eines »texte général« sind, der mit der Wirklichkeit und Geschichte, die immer schon »vertextete« sind, zusammenfällt.[27] Dies ist eine Grundvorstellung des Poststrukturalismus[28] und des Dekonstruktionismus,[29] und diese schwindelnde Perspektive markiert auch den theoriegeschichtlichen Ort, dem Kristevas Konzept der Intertextualität entstammt und dem er seine Konjunktur zunächst verdankte. Hier blieb es auch nicht ein der Literatur w i s s e n s c h a f t vorbehaltenes, analytisches Konzept, sondern wurde zum Programm einer neuen, radikal intertextuellen Schreib p r a x i s, wie überhaupt der Post-Strukturalismus den alten Gegensatz zwi-

---

24 Zitiert nach R. Grübel, »Die Geburt des Textes aus dem Tod der Texte«, S. 221; hier auch ein überzeugendes Plädoyer für eine Theorie der Intertextualität, die an der Instanz der textuell Handelnden festhält (S. 220–222).

25 *L'Arc,* 39 (1969) [Sondernummer Butor], 2.

26 Vgl. dazu R. Coward/J. Ellis, *Language and Materialism: Developments in Semiology and the Theory of the Subject* (London, 1977), S. 122–126, und R. Warning, »Imitatio und Intertextualität«, in: *Interpretationen,* S. 228–317, hier: S. 298–300.

27 Ch. Grivel, »Les Universaux de textes«, *Littérature,* 30 (1978), 25–50; zur Geschichte als »texte général« vgl. J. Derrida, »Avoir l'oreille de la philosophie«, in: *Écarts: Quatre essais à propos de Jacques Derrida,* ed. L. Finas u. a. (Paris, 1973), S. 301–312, hier: S. 310.

28 Vgl. dazu den kritischen Bericht bei Hempfer, *Poststrukturale Texttheorie und narrative Praxis* und die Aufsatzsammlung *Untying the Text: A Post-Structuralist Reader,* ed. R. Young (London, 1981).

29 Vgl. dazu die Forschungsberichte von Ch. Norris, *Deconstruction: Theory and Practice* (London, 1982), J. Culler, *On Deconstruction: Theory and Criticism after Structuralism* (London, 1983), V. B. Leitch, *Deconstructive Criticism: An Advanced Introduction* (London, 1983), *Displacement: Derrida and After,* ed. M. Krupnick (Bloomington, 1983).

schen Kritik und künstlerischer Produktion nicht nur theoretisch, sondern auch praktisch zu dekonstruieren versuchte,[30] ebenso wie die »klassischen« Oppositionen zwischen Subjekt und Objekt, dem Eigenen und dem Fremden, dem Schreiben und dem Lesen, der Stimme und der Schrift. Der Bezug auf die aktuelle Schreibpraxis bedeutete auch eine Fokussierung des Interesses auf modernistische und post-modernistische Texte, die die postulierte Krise der Subjektivität reflektieren oder bereits im Horizont einer globalen Intertextualitätstheorie entstanden sind.[31]

Diese weitergehenden sprachphilosophischen, epistemologischen und anthropologischen Implikationen, die dem Terminus »Intertextualität« von seinem Entstehungskontext her mitgegeben sind, blieben nicht unwidersprochen. Es mehrten sich die Stimmen, die Kristevas Konzeption kritisch an der konkreteren und weniger ideologisch befrachteten Bachtins maßen oder die allein am Wort »Intertextualität«, entblößt von allen weitergehenden Implikationen, festhalten wollten, um es als systematischen Oberbegriff für die verschiedenen Formen konkreter Bezüge zwischen Einzeltexten, wie sie die Literaturwissenschaft immer schon untersucht hatte (z. B. Parodie, Travestie, Zitat, Anspielung, Übersetzung, Adaption), neu zu definieren. Wir werden die Hauptpositionen dieser Kontroverse im folgenden zu skizzieren versuchen. Kristeva selbst hat sich von ihr inzwischen distanziert, indem sie, angesichts einer grassierenden Degenerierung der Intertextualitätstheorie zur recht traditionellen Quellen- und Einflußforschung, die sich nur mit einem modischen Etikett schmückt, weitgehend auf diesen Terminus verzichtet. In *La révolution du langage poétique* (1974) ersetzt sie ihn ausdrücklich durch den der »transposition«:

> Le terme d'*inter-textualité* désigne cette transposition d'un (ou de plusieurs) système(s) de signes en un autre; mais puisque ce terme a été souvent entendu dans le sens banal de »critique des sources« d'un texte, nous lui préférerons celui de *transposition*, qui a l'avantage de préciser que le passage d'un système signifiant à un autre exige une nouvelle articulation du thétique – de la positionnalité énonciative et dénotative.[32]

---

[30] Vgl. dazu L. Perrone-Moisés, »L'intertextualité critique«, *Poétique,* 27 (1976), 372–384.

[31] Diese Tendenz, Intertextualität zum spezifischen oder exklusiven Merkmal des Modernismus zu erheben, stellt Ch. Grivel in Frage, vgl. dessen »Serien textueller Perzeption«, in: *Dialog der Texte,* S. 53–83, hier: S. 68.

[32] La Révolution du langage poétique (Paris, 1974), S. 59 f.; dts. in: *Die Revolution der poetischen Sprache,* übers. R. Werner (Frankfurt/M., 1978), S. 69. – Von »Transposition« hat in diesem Zusammenhang auch schon J. M. Lotman – »Gedichte des frühen Pasternak und einige Fragen zur strukturellen Textuntersuchung«, in: J. M. L., *Aufsätze zur Theorie und Methodologie der Literatur und Kultur,* ed. K. Eimermacher (Kronberg/Ts., 1974), S. 99–156 – gesprochen.

Und ihr nächster Band trägt, den Terminus »Intertextualität« beflissen vermeidend, aber doch deutlich auf seine Begriffsgeschichte anspielend, den Titel *Polylogue.*[33]

2. Universaler Intertext vs. spezifische Intertextualität

Wir können und wollen hier keine chronologisch geordnete Forschungs- und Theoriegeschichte schreiben, sondern werden versuchen, die wesentlichen Positionen innerhalb dieser Kontroverse abzustecken und einander zuzuordnen, um daraus dann Konsequenzen für die eigene Konzeptualisierung von Intertextualität ableiten zu können. Wir wollen also, die Konsequenzen aus unserem Thema für den eigenen Diskurs ziehend, die einzelnen Standpunkte zu Teilaspekten der Intertextualität dialogisch aufeinander beziehen und nicht einfach abgeschlossene Kurzcharakteristiken der wichtigsten Intertextualitätstheoretiker in historischer Reihung präsentieren. Als Ordnungsschema bedienen wir uns dabei einer Kategorisierung Kristevas, die zwischen einer horizontalen Dimension, in dem der Text auf das Subjekt der Schreibweise und den Adressaten bezogen ist, und einer vertikalen Dimension unterscheidet, in der sich der Text am vorangegangenen oder synchronen literarischen Korpus orientiert.[34] Wir sind uns dabei bewußt, daß dies nur ein sehr vorläufiges Schema sein kann, das durch die radikaleren Implikationen der Intertextualitätstheorie selbst dekonstruiert wird. Innerhalb dieser beiden Dimensionen von Autor/Rezipient bzw. Text/Prätext werden wir jeweils von den weitestgehenden Konzepten ausgehen und ihnen dann engere und prägnantere gegenüberstellen.

2.1 Text und Prätext

Die Theorie der Intertextualität ist die Theorie der Beziehungen zwischen Texten. Dies ist unumstritten; umstritten jedoch ist, welche Arten von Beziehungen darunter subsumiert werden sollen. Und je nachdem, wieviel man darunter subsumiert, erscheint Intertextualität entweder als eine Eigenschaft von Texten allgemein oder als eine spezifische Eigenschaft bestimmter Texte oder Textklassen.

Die weitere und in ihren texttheoretischen Implikationen radikalere Konzeption geht davon aus, daß es in der Kommunikation keine *tabula rasa* gibt, daß der Raum, in den ein einzelner Text sich einschreibt, immer bereits ein beschriebener ist. Jeder Text ist Reaktion auf vorausgegangene Texte, und diese wiederum sind Reaktionen auf andere und so fort in einem

---

33 *Polylogue* (Paris, 1977).

34 *Sémeiotiké*, S. 145, dts. in: »Bachtin«, S. 347.

regressus ad infinitum – jeder Text, das heißt nicht nur der literarische Text oder der moderne literarische Text oder der im Sinne Bachtins »dialogische« Text, sondern auch jeder kritisch-diskursive Text und jede alltäglich-normalsprachliche Äußerung! Jeder Gegenstand, auf den sich ein Text beziehen kann, ist immer schon ein besprochener oder beschriebener, und jedes seiner Strukturelemente, von den Wörtern über die Syntax bis hin zu bestimmten Textsortenmustern und allgemeinen Texteigenschaften, gehört ihm nicht allein, sondern er teilt sie mit anderen, in mancher Hinsicht mit allen anderen Texten. So ist für Roland Barthes jeder Text eine »chambre d'échos«,[35] und den gleichen Sachverhalt formulieren andere Kritiker in metaphernloser Apodiktik: Jeder Text ist nach Michael Riffaterre »un ensemble de présuppositions d'autres textes«,[36] und daher ist für ihn »the very idea of textuality [...] inseparable from and founded upon intertextuality«.[37] Jonathan Culler geht von »the intertextual nature of any verbal construct«[38] aus, und auch die Textlinguistik hat sich inzwischen diesem Axiom angeschlossen, definiert als Intertextualität die »Abhängigkeiten zwischen Produktion bzw. Rezeption eines gegebenen Textes und dem Wissen der Kommunikationsteilnehmer über andere Texte« und leitet aus dem »Begriff der Textualität selbst« das Postulat der »Erforschung des Einflusses der Intertextualität, als einer Verfahrenskontrolle der kommunikativen Aktivitäten im Ganzen« ab.[39] Indem so Textualität und Intertextualität einander bedingen, gilt für den einzelnen Text: »Il n'est de texte que d'intertexte« (Charles Grivel), oder noch pointierter: »The text is not an autonomous or unified object, but a set of relations with other texts. [...] Every text is intertext« (Vincent B. Leitch).[40] Diese Konzeption des Texts als Intertext tendiert dazu, den Text als abgeschlossene Einheit und Identität aufzulösen: auch wenn er auf der syntagmatischen Ebene geschlossen ist, ist er auf der paradigmatischen Ebene der Beziehung zu anderen Texten entgrenzt. Die Konsequenz daraus, die Negierung der Existenz von Einzeltexten, zieht zum Beispiel Harold Bloom, wenn er feststellt, »that there are *no* texts, but only relationships *between* texts«.[41]

Dieser Vorstellung eines universalen Intertextes entspricht auf der Seite der dem Text vorgegebenen anderen Texte, textuellen Strukturen, Codes

---

35 *Roland Barthes par Roland Barthes* (Paris, 1975), S. 78; dts. in: *Roland Barthes: Über mich selbst,* übers. J. Joch (München, 1978), S. 81.

36 »La syllepse intertextuelle«, *Poétique,* 40 (1979), 496–501, hier: 496.

37 »Syllepsis«, *Critical Inquiry,* 6 (1980), 625–638, hier: 625.

38 *The Pursuit of Signs* (London, 1981), S. 101.

39 R.-A. de Beaugrande/W. U. Dressler, *Einführung in die Textlinguistik* (Tübingen, 1981), S. 188 und 215.

40 Ch. Grivel, »Thèses préparatoires sur les intertextes«, in: *Dialogizität,* S. 237–248, hier: S. 240, und V. B. Leitch, *Deconstructive Criticism,* S. 59.

41 *A Map of Misreading* (New York, 1975), S. 3.

und Bedeutungssysteme, daß sich auch hier nicht mehr individuelle Prätexte isolieren lassen. »Et c'est bien cela l'inter-texte«, schreibt Barthes in *Le Plaisir du texte*: »l'impossibilité de vivre hors du texte infini – que ce texte soit Proust, ou le journal quotidien, ou l'écran télévisuel.«[42] Seine Beispielwahl soll verdeutlichen, daß hier nicht mehr hochliterarische Texte privilegiert sind, ja nicht einmal sprachliche Texte, sondern multimediale oder nicht-sprachliche Texte ebenso relevant sein können. Dies betont er auch in seiner fiktionalisierten Selbstdarstellung, *Roland Barthes par Roland Barthes*, indem er nachdrücklich auf die Bedeutung nicht-poetischer Texte, ja trivialer Texte für das intertextuelle Spiel hinweist: »L'intertexte ne comprend pas seulement des textes délicatement choisis, secrètement aimés, libres, discrets, généreux, mais aussi des textes communs, triomphants.«[43] Und dieser Intertext als Raum, den der neue Text mit den fremden und vorgegebenen teilt, wird zu einer Art »Klangwolke«, die jeden Text sirenenhaft verstrickt, denn »l'intertexte n'est pas forcément un champ d'influences; c'est plutôt une musique de figures, de métaphores, de penséesmots; c'est le signifiant comme sirène«.[44] Was bei Barthes rhapsodisch beschworen wird, hört sich bei anderen Theoretikern vielleicht nüchterner an, beinhaltet aber dasselbe: In jeden Text schreiben sich die Spuren – und seien sie auch noch so undeutlich und verwischt – des ganzen Universums der Texte ein, des »texte général«, in den sich für Derrida die Wirklichkeit aufgelöst hat, oder, wie Charles Grivel in einer an Borges erinnernden Metapher sagt, »la Bibliothèque générale«.[45] Prätext jedes einzelnen Textes ist damit nicht nur das Gesamt aller Texte (im weitesten Sinn), sondern darüber hinaus das Gesamt aller diesen Texten zugrundeliegender Codes und Sinnsysteme.

Eine Eingrenzung dieser globalen Konzeption eines unendlichen Intertexts ergibt sich dort, wo diese vor allem für literarische oder poetische Texte reklamiert und so als Spezifikum von Literarizität oder Poetizität bestimmt wird. Gerade im sprachlichen Kunstwerk verdichte sich diese universale Intertextualität, und diese Verdichtung sei eine Differenzqualität ästhetisch überformter Sprache. Eine solche Definition des literarischen Werks als intertextuellem Konstrukt bietet etwa Laurent Jenny:

> Hors de l'intertextualité, l'œuvre littéraire serait tout simplement imperceptible, au même titre que la parole d'une langue encore inconnue. De fait, on ne saisit le sens et la structure d'une œuvre littéraire que dans son rapport à des archétypes, eux-mêmes abstraits de longues séries de textes dont ils sont en quelque sorte

42 *Le plaisir du texte* (Paris, 1973), S. 59; dts. in: *Die Lust am Text,* übers. T. König (Frankfurt/M., 1982), S. 53f.

43 *Roland Barthes par Roland Barthes*, S. 51; dts. in: *Über mich selbst*, S. 52.

44 Ebd., S. 148; dts. S. 158.

45 Ch. Grivel, »Thèses«, S. 245.

l'invariant. Ces archétypes, issus d'autant de ›gestes littéraires‹, codent les formes d'usage de ce ›langage secondaire‹ (Lotman) qu'est la littérature. Vis-a-vis des modèles archétypiques, l'œuvre littéraire entre toujours dans un rapport de réalisation, de transformation ou de transgression. Et pour une large part, c'est ce rapport que la définit.[46]

Hier wird nicht mehr allgemein von Texten gesprochen, sondern ausdrücklich von literarischen Texten, und eine solche Eingrenzung oder Fokussierung ist oft auch bei anderen Definitionen von Text als Intertext mitzudenken. Dies gilt etwa für Harold Bloom, der unter Text implizit immer den poetischen Text versteht und dies manchmal auch ausdrücklich betont:

Few notions are more difficult to dispel than the ›commonsensical‹ one that a poetic text is self-contained, that it has an ascertainable meaning or meanings without reference to other poetic texts. [...] Unfortunately, poems are not things but only words that refer to other words, and *those* words refer to still other words, and so on into the densely overpopulated world of literary language. Any poem is an inter-poem, and any reading of a poem is an inter-reading.[47]

Bei Bloom bleibt also der Intertext ganz im Bereich der Literatur und Dichtung, sind sowohl der Text als auch die Prätexte poetische Texte, und, so wird der Kenner der Arbeiten von Bloom hinzufügen, nicht einfach poetische Texte, sondern die großen kanonisierten Gedichte einer Tradition, die sich einander einschreiben, indem sie einander zu verdrängen versuchen. Dieselbe Einengung auf literarische Intertexte liegt den meisten der vorliegenden konkreten Analysen zur Intertextualität zugrunde, sei es einfach aufgrund der Gegenstandswahl oder sei es aus prinzipiellen Gründen, auf die wir weiter unten noch eingehen werden.

Während bei Jenny und Bloom jeder literarische Text seine wiederum literarischen Prätexte hat, geht Michael Riffaterre zum Beispiel zwar auch von einer generellen Intertextualität poetischer Texte aus, wenn er schreibt, »the poem is made up of texts, of fragments of texts, integrated with or without conversion into a new system«, doch sind für ihn die prätextuellen Vorgaben nicht auf den Bereich von Literatur und Dichtung eingeschränkt. Seine »hypograms«, auf die sich ein Text bezieht, sind nur im Sonderfall literarische Texte, in den meisten Fällen jedoch textuelle Präsuppositionen oder Klischees, und sie können »potential, therefore observable in language, or actual, therefore observable in a previous text«, sein.[48]

Entscheidend weiter eingeengt bzw. spezifiziert wird das Konzept der Intertextualität jedoch dort, wo es nicht mehr einen allgemeinen, immer gegebenen Teilaspekt poetischer oder literarischer Textualität bezeichnet, sondern eine besondere Eigenschaft bestimmter literarischer Texte oder

46 »La stratégie de la forme«, *Poétique,* 27 (1976), 257–281, hier: 257.
47 *Poetry and Repression* (New Haven, 1976), S. 2f.
48 *Semiotics of Poetry* (London, 1978), S. 164 und 23ff.

Textsorten. In diesem Sinne unterscheidet Renate Lachmann mit Bezug auf den verwandten Begriff der Dialogizität zwischen einem textontologischen und einem textdeskriptiven Aspekt, zwischen Dialogizität als einer »generellen Dimension von Texten überhaupt (der Text als Bestandteil eines ›Universums‹ miteinander korrespondierender Texte, als Summierung textueller ›Erfahrung‹), die man als deren implikative Struktur, als umgreifende Textimmanenz bezeichnen könnte«, und Dialogizität »als spezifische Form der Sinnkonstitution von Texten«, als »den Dialog mit fremden Texten (Intertextualität), den Dialog mit verschiedenen in einem kulturellen Kontext konkurrierenden ›sozialen Dialekten‹ (Redevielfalt) oder den Dialog mit einer fremden Sinnposition, die im ›zweistimmigen Wort‹, das zwei interferierende Redeinstanzen errichten, aufgezeichnet ist (Dialogizität im primären Sinne)«.[49] Und Wolfgang Preisendanz bewertet diesen Gegensatz für poetische Texte dahingehend, »daß Intertextualität nicht als universelles Prinzip ästhetischer Literatur bzw. Rezeption erscheint, sondern als eine Möglichkeit, eine Alternative, ein Verfahren des Bedeutungsaufbaus literarischer Werke«.[50] Damit wird Intertextualität zum Oberbegriff für jene Verfahren eines mehr oder weniger bewußten und im Text selbst auch in irgendeiner Weise konkret greifbaren Bezugs auf einzelne Prätexte, Gruppen von Prätexten oder diesen zugrundeliegenden Codes und Sinnsystemen, wie sie die Literaturwissenschaft unter Begriffen wie Quellen und Einfluß, Zitat und Anspielung, Parodie und Travestie, Imitation, Übersetzung und Adaption bisher schon behandelt hat und wie sie nun innerhalb des neuen systematischen Rahmens prägnanter und stringenter definiert und kategorisiert werden sollen.

Es ist dies das Konzept von Intertextualität, das den meisten der detaillierteren Studien zur Intertextualität zugrundeliegt – ja man kann sagen, daß es in dem Maße dominant wird, in welchem sich der einzelne Theoretiker und Kritiker auf konkrete Textanalyse einläßt. Selbst Kritiker, die, wie Jenny, nachdrücklich vom textontologischen Axiom eines globalen Intertexts ausgehen, verengen ihre Perspektive, sobald sie sich der konkreten Analyse von Intertextualität zuwenden. Das überrascht auch nicht, denn ein Konzept, das so universal ist, daß zu ihm keine Alternative und nicht einmal dessen Negation mehr denkbar ist, ist notwendigerweise von geringem heuristischem Potential für die Analyse und Interpretation. Von daher trifft etwa die Kritik von Jonathan Culler an Jennys »doppelter Buchfüh-

---

[49] *Dialogizität*, S. 8.

[50] »Zum Beitrag von R. Lachmann ›Dialogizität und poetische Sprache‹«, in: *Dialogizität,* S. 25–28, hier: S. 26f. Vgl. auch R. Lachmann, »Intertextualität als Sinnkonstitution. Andrej Belyjs *Petersburg* und die ›fremden Texte‹«, *Poetica*, 15 (1983), 66–107.

rung« ins Leere,[51] und auch sein Plädoyer für eine möglichst weite Analyseperspektive, so überzeugend es texttheoretisch auch sein mag, leidet darunter, daß es leerer Appell bleibt und nicht in konkrete und operationalisierte Analyseverfahren überführt werden kann:

›Intertextuality‹ thus has a double focus. On the one hand, it calls our attention to the importance of prior texts, insisting that the autonomy of texts is a misleading notion and that a work has the meaning it does only because certain things have previously been written. Yet in so far as it focuses on intelligibility, on meaning, ›intertextuality‹ leads us to consider prior texts as contributions to a code which makes possible the various effects of signification. Intertextuality thus becomes less a name for a work's relation to particular prior texts than a designation of its participation in the discursive space of a culture: the relationship between a text and the various languages or signifying practices of a culture and its relation to those texts which articulate for it the possibilities of a culture. The study of intertextuality is thus not the investigation of sources and influences as traditionally conceived; it casts its net wider to include anonymous discursive practices, codes whose origins are lost, that make possible the signifying practices of later texts. Barthes warns that from the perspective of intertextuality ›the quotations of which a text is made are anonymous, untraceable, and nevertheless *already read*‹; they function – this is the crucial thing – as ›already read‹.[52]

Das *déjà lu* (die für Barthes charakteristische Ausweitung des Begriffs »Lesen« ist hier mitzudenken!), das in seiner globalen Totalität den Horizont der Textproduktion und -rezeption abgibt,[53] verdichtet sich eben in pointierten Bezügen auf andere Texte und Textsysteme und ist nur in diesen analytisch dingfest zu machen. Cullers eigener Vorschlag, die universale Implikationsstruktur als Gesamt logischer und pragmatischer Präsuppositionen darzustellen, löst jedenfalls dieses Dilemma nicht.

Der bisher am weitesten ausdifferenzierte Entwurf zu einer Theorie der Intertextualität als Ensemble der verschiedenen Formen pointierter Bezüge zwischen literarischen Texten ist Gérard Genettes *Palimpsestes: La littérature au second degré*.[54] In selbstironischem Spiel mit einem geradezu scholastischen Aufwand an Nomenklatur gliedert er die übergreifende Transtextualität, die er als die »transcendance textuelle du texte« als »tout ce qui le met en relation, manifeste ou secrète, avec d'autres textes«, definiert,[55] in

51 »Presupposition and Intertextuality«, in: ders., *The Pursuit of Signs,* S. 100–108, hier: S. 104f.

52 Ebd., S. 103.

53 Culler zitiert hier »De l'œuvre au texte«, *Revue d'esthétique*, 24 (1971), 225–232, hier: 229.

54 (Paris, 1982). Die Titelmetapher überzeugt nur auf den ersten Blick, denn im Gegensatz zur Intertextualität ist beim Palimpsest die Relation zwischen dem verblichenen Grundtext und dem darüber geschriebenen Text eine rein zufällige. Vgl. dazu K. Stierle, »Werk und Intertextualität«, in: *Dialog der Texte*, S. 7–26, hier: S. 26.

55 *Palimpsestes*, S. 7.

fünf Unterkategorien auf: in (1) die Intertextualität als die Kopräsenz zweier oder mehrerer Texte, die greifbare Anwesenheit eines Textes in einem anderen (Zitat, Anspielung, Plagiat usw.), (2) die Paratextualität als die Bezüge zwischen einem Text und seinem Titel, Vorwort, Nachwort, Motto und dergleichen, (3) die Metatextualität als den kommentierenden und oft kritischen Verweis eines Textes auf einen Prätext, (4) die Hypertextualität, in der ein Text den anderen zur Folie macht (Imitation, Adaption, Fortsetzung, Parodie usw.) und schließlich (5) die Architextualität als die Gattungsbezüge eines Textes. Diese fünf Klassen werden selbst wieder in differenzierter, gelegentlich exzessiver Weise subkategorisiert, wobei sich die Hypertextualität als besonders ergiebig erweist, und die einzelnen Typen und Untertypen werden dann durch eine beeindruckende Fülle von Texten der ganzen Weltliteratur belegt und exemplifiziert. Wir haben hier nicht die Zeit, uns auf eine differenzierte Darstellung und Kritik dieses terminologisch fein gesponnenen Netzwerkes einzulassen. Für unseren Argumentationszusammenhang einer Skalierung der Intertextualitätskonzepte ist allein wichtig, daß die von ihm Transtextualität benannte Intertextualität auf Bezüge zwischen literarischen Texten beschränkt bleibt,[56] daß dies spezifische und prägnante Bezüge sind und daß die inter- bzw. transtextuellen Vorgaben, die in den Text eingegangen sind, nicht auf individuelle Prätexte eingeengt sind, sondern auch Textsysteme wie die der Gattungen einschließen.

Hier nämlich, in diesem letzten Punkt, scheiden sich erneut die Geister. Während Theoretiker wie Genette unter dem Begriff der Inter- bzw. Transtextualität sowohl die Bezüge eines Textes auf individuelle Prätexte als auch die auf textübergreifende Systeme, auf Texten zugrundeliegende Muster und Codes, zusammenfassen, unterscheiden andere zwischen Intertextualität einerseits und Systemreferenz andererseits. Am dezidiertesten ist hier Klaus W. Hempfer, der in ausdrücklicher Abhebung von Kristeva »den Begriff der Intertextualität nur auf Relationen zwischen einzelnen Texten, d.h. zwischen *parole*-Akten, die von denjenigen zwischen System und Aktualisierung zu unterscheiden sind«, bezieht.[57] Ähnlich restriktiv ist auch die Begriffsbestimmung, die Rolf Kloepfer vorschlägt:

> Zuerst einmal darf sich ›Intertextualität‹ nicht mit ›Kodes‹ überschneiden, den virtuellen semiotischen Systemen, aus denen sich jede Textrealisation speist und deren Lebensform die vielfältige Textpraxis ist. Sodann ist ›Intertext‹ von ›Kon-

---

[56] In einem Ausblick geht er auch auf die »hyperästhetischen« Bezüge zwischen Gedichten und Gemälden, Musikstücken und literarischen Werken usw. ein; vgl. *Palimpsestes*, S. 435.

[57] »Überlegungen zu einem Gültigkeitskriterium für Interpretationen«, S. 14–18, hier: S. 15; vgl. schon ders., *Poststrukturale Texttheorie*, S. 54f. Hempfers Unterscheidung von Intertextualität und Systemreferenz erscheint bei L. Jenny als Differenzierung von »Typen der Intertextualität, nämlich von expliziter und impliziter; »La stratégie de la forme«, S. 257f.

text‹ zu trennen, womit die kommunikative Situation bezeichnet werden soll, soweit sie sich textuell darbietet. ›Kontext‹ kann man enger fassen: als die umgebenden Texte in einem Gedichtzyklus, als begleitendes Vorwort oder gar als die gleichzeitigen anderen Schriften des Autors (man könnte diese auch den ›Ko-Text‹ nennen), oder man kann ›Kontext‹ weiter fassen: als das Œuvre des Autors, die Texte seiner unmittelbaren Freunde und Feinde oder schließlich die Tradition, aus der er schreibt. ›Intertext‹ wäre dann eine spezifische und engere Form des syntaktischen Bezugs im Ko- und Kontext, sei es nun explizit, wie bei Zitat, Anspielung, Stilisierung oder Parodie, sei es eher implizit, wie bei den vielen eine Vorlage variierenden, verarbeitenden oder verbrauchenden Verfahren, die die Literaturgeschichte kennt.[58]

Es ist sicher kein Zufall, daß sich eine solche Eingrenzung des Begriffs vor allem bei deutschen und noch ganz dem Strukturalismus verpflichteten Kritikern findet. Ihnen liegt in besonderer Weise daran, einerseits die radikalen epistemologischen, sprachphilosophischen und texttheoretischen Implikationen des poststrukturalistischen oder dekonstruktionistischen Konzepts von Intertextualität auszublenden oder zumindest zu entschärfen und andererseits den Begriff auf eine Dimension einzuengen, die seine analysepraktische Operationalisierung ermöglicht oder erleichtert und die Einheit des Textes als Kunstwerk nicht gefährdet.[59]

Dabei ergeben sich jedoch Schwierigkeiten, die nicht übersehen werden dürfen. So wird durch diese Dichotomie von Intertextualität und Systemreferenz oft in zwei Kategorien auseinandergerissen, was von der Intuition her zusammengehört. Die Parodie auf einen Einzeltext z.B. wird unter Intertextualität verrechnet, während die Parodie von Gattungsmustern – wie etwa im *mock-heroic* – als Systemreferenz verbucht wird. Im konkreten Fall ist es jedoch meist so, daß sich eine solche Parodie einer ganzen Gattung aus einer großen Zahl von parodistischen Bezügen auf einzelne Realisierungen dieses Gattungsmusters aufbaut. Zudem sind die Übergänge zwischen Einzeltext, kleineren und durch dichte strukturelle Homologien enger zusammengehörenden Textkorpora und weiter definierten Gattungen fließend, wie überhaupt die Opposition von System und Systemaktualisierung durchaus dekonstruierbar ist. Ein System ist überhaupt nur über seine Aktualisierungen greifbar, denen es zugrundeliegt, und jedes

---

58 »Grundlagen des ›dialogischen Prinzips‹ in der Literatur«, in: *Dialogizität*, S. 85–106, hier: S. 92f. – Was hier als »Ko-Text« aus dem Intertext ausgeschlossen wird, will Lucien Dällenbach als »intertextualité interne« mitberücksichtigen; vgl. »Intertexte et autotexte«, *Poétique*, 27 (1976), 282–296. Auch Kloepfers begriffliche Differenzierung von »Intertextualität« und »Intertext« – »›Intertextualität‹ als Prinzip von ›Intertext‹ als jeweils einer bestimmten Relation zwischen zwei Texten« (S. 93) – deckt sich nicht mit der bisherigen Sprachregelung, vor allem weicht sie vom Begriff des »Intertext« bei Barthes ab, der ihn wohl geprägt hat.

59 Vgl. dazu K. Stierle, »Werk und Intertextualität«, S. 7–24.

System ist gleichzeitig die Aktualisierung eines abstrakteren Systems, wie die Aktualisierung selbst wieder Systemcharakter hat. Ein einzelner literarischer Text hat so selbst Systemcharakter und ist gleichzeitig die Aktualisierung übergreifender Systeme wie etwa der Gattung, und die Gattung ist ein System und gleichzeitig die Aktualisierung abstrakterer Systeme wie der der überhistorischen Schreibweise oder der Sprache.[60] Und schließlich ist gerade eine so eng definierte Intertextualitätsforschung in besonderer Weise der Gefahr ausgesetzt, zu einer traditionellen *sources-and-analogues*-Forschung zu degenerieren, unter dem neuen und modischen Etikett Zusammenhänge zwischen Einzeltexten zu untersuchen, wie sie immer schon untersucht wurden, und dies auch in methodisch gleicher Weise weiterzubetreiben. Dem muß freilich nicht so sein, weil auch hier Intertextualitätsforschung nicht einfach Spurensicherung bedeuten muß, sondern die Integration der verschiedenen intertextuellen Bezüge eines Textes, das Zusammenspiel der verschiedenen intertextuellen Verfahren und deren Funktionen als neuer Analysefokus wirksam werden können.

Neben dieser Reservierung des Begriffs der Intertextualität für den Bezug eines literarischen Textes auf individuelle Prätexte finden sich noch weitere Ansätze auf anderen Ebenen, dem Begriff durch Eingrenzung größere Prägnanz zu verleihen. Sie betreffen zumeist die horizontale Dimension von Autor und Rezipient, der wir uns im Anschluß gleich zuwenden wollen. Zwei Kriterien beziehen sich jedoch auf die Relation von Text und Prätext und sollen daher hier noch kurz vermerkt werden. Da ist zunächst der Vorschlag, nur dann von Intertextualität zu sprechen, wenn der Bezug zwischen Text und Prätext nicht punktuell bleibt, sondern auf strukturellen Homologien zwischen Text und Prätext beruht. Damit rücken für Kritiker wie Laurent Jenny beiläufig-punktuelle Zitate, Anspielungen oder Reminiszenzen aus dem Kernbereich der Intertextualität und gelten allenfalls als »schwache« Form von Intertextualität, während deren Intensität zunimmt, je höher strukturiert die Bezüge zwischen Text und Prätext sind.[61] Die zweite Eingrenzung betrifft die semantische Relation von Text und Prätext und wurde vor allem von Michael Riffaterre wiederholt propagiert. Für ihn setzt Intertextualität einen Konflikt zwischen Text und Prätext voraus, der als semantisch-ideologische Differenz oder Divergenz zu verstehen ist, und diese »intertextual incompatibilities« schreiben sich dem Text selbst als Intertextualitätssignal ein, indem die Spuren der fremden Texte sich dem Text nicht nahtlos einfügen, sondern syntaktische Anomalien und Grammatikverstöße im weitesten, auch die Textsyntax und Textgrammatik ein-

---

[60] L. Jenny sieht den Bezug auf einen Gattungscode als strukturell äquivalent zum Bezug auf einen Einzeltext an, da es sich dabei um einen Bezug auf einen »archétexte« handelt, vgl. »La stratégie de la forme«, S. 264.

[61] Ebd., S. 262.

schließenden Sinn verursachen.[62] Da die völlige Abwesenheit von Konflikt, Differenz und Divergenz jedoch undenkbar ist, weil – wie Jorge Luis Borges im fiktionalen Modell von »Pierre Ménard, Autor des Quijote« scharfsinnig vorführt – selbst bei einer wortwörtlichen Wiederholung eines ganzen Textes durch den veränderten Kontext funktionale Divergenzen zwischen dem Prätext und seinem Duplikat hervorgetrieben werden, läuft auch Riffaterres Versuch der Eingrenzung des Begriffs der Intertextualität auf ein Kriterium für deren Skalierung in eine stärkere oder schwächere hinaus. Und dieses Kriterium deckt sich, ohne daß Riffaterre sich dessen bewußt ist, weitgehend mit Bachtins Bestimmung der Dialogizität als Konflikt von Standpunkten.

2.2 Autor und Rezipient

Poststrukturalistische Konzepte der Intertextualität gehen, hierin im Einklang mit der Rezeptionsästhetik, vom Leser eher als vom Autor aus.[63] Aber auch für einen Textsemiotiker wie Riffaterre ist der Leser »the only one who makes the connections between text, interpretant, and intertext, the one in whose mind the semiotic transfer from sign to sign takes place«, und die Intertextualität ist selbst primär »un mode de perception du texte« und »le mécanisme propre de la lecture littéraire«.[64] Und noch entschiedener macht Barthes den Leser zur Clearingstelle der intertextuellen Transaktionen. Der Text ist für ihn »a tissue of quotations drawn from the innumerable centers of culture«; aber, so fährt er fort, »there is one place where this multiplicity is focused and that place is the reader, not, as was hitherto said, the author. The reader is the space on which all the quotations that make up a writing are inscribed. [...] A text's unity lies not in its origin but in its destination.«[65] Doch dieses Lesersubjekt ist für den Poststrukturalisten keineswegs mehr eine feste Identität wie bei Riffaterre, sondern hat sich, wie Barthes' Text, selbst schon in eine unendliche Pluralität intertextueller Bezüge aufgelöst:

> [...] *je* n'est pas un sujet innocent, antérieur au texte et qui en userait ensuite comme d'un objet à démonter ou d'un lieu à investir. Ce ›moi‹ qui s'approche du

---

62 *Semiotics of Poetry*, S. 130; vgl. auch S. 100 und 165.

63 Den »humanistischen« Gegenpol markiert in dieser Hinsicht I. Schabert, »Interauktorialität«, *DVjs*, 57 (1983), 679–701.

64 *Semiotics of Poetry*, S. 164; »La syllepse intertextuelle«, S. 496. In *Semiotics of Poetry*, S. 136ff., beschreibt Riffaterre ausführlich diesen Mechanismus der intertextuellen Lektüre; vgl. dazu, Riffaterres Leserorientiertheit positiv hervorhebend, W.-D. Stempel, »Intertextualität und Rezeption«, in: *Dialog der Texte*, S. 85–109, hier: S. 88–90.

65 *Image, Music, Text* (New York, 1977), S. 146 und 148. Vgl. dazu J. Culler, *On Deconstruction,* S. 32f.

texte est déjà lui-même une pluralité d'autres textes, de codes infinis, ou plus exactement: perdus (dont l'origine se perd).[66]

Dieselbe Auflösung des Subjekts in eine »Pluralität anderer Texte, unendlicher Codes« gilt natürlich auch für den Autor, zumal ja der Autor immer zugleich auch Leser ist – der Leser des »texte général« und der Leser seines eigenen Textes. Beide, Autor und Leser, sind in dieser Konzeption überhaupt nur innerhalb des Universums der Texte denkbar, wenn dieses Textuniversum auch für jeden einzelnen Autor und jeden einzelnen Leser jeweils perspektivisch unterschiedlich abgeschattet ist. Das Universum der Texte, in sich selbst bereits in ständiger Bewegung und Veränderung, stellt sich also für jeden einzelnen anders dar, und er partizipiert daran nicht nur, wenn er bewußt und absichtlich bestimmte Einzeltexte, Topoi oder Codes abruft oder anzitiert, sondern es ist ihm in unbewußten Strukturierungen, halb verschütteten Reminiszenzen und jeder Reflexion vorgängigen Spuren fremder Sprachen und fremden Denkens eingeschrieben. So ist auch der Autor eine »Echokammer«, erfüllt vom Hall und Rauschen fremder Texte, und der Leser liest den Text in einem »acte d'intertextualisation« »à travers la Bibliothèque [...], à travers des pans entiers de la Bibliothèque«.[67] Es fällt bei allen diesen Formulierungen auf, daß sie in gleicher Weise den Autor, den Text und den Leser bestimmen können, daß also im Rahmen der poststrukturalistischen Theoriebildung diese elementare Unterscheidung hinfällig oder bewußt dekonstruiert wird; alle drei, Autor, Text und Leser, werden zu einem »champ infini pour le jeu scriptural«.[68]

Die Situierung der Subjekte und Texte im universalen Intertext gründet nach der poststrukturalistischen Theorie nicht in einer bewußt gewollten Selbst-Setzung oder Selbstplazierung, sondern ist unumgänglich. Sie ist aber nicht funktionslos, wird jedoch als funktional ambivalent gesehen: Einerseits bedeutet Intertextualität »Zwang zur Wiederholung, zum Sprechen mit der vorgefertigten Stimme, Uneigentlichkeit, Uniformität aus übermächtigem Konformitätsdruck«, andererseits ist sie »die jeweilige Differenz zu den vorgegebenen, anderen Texten, ist Konfusion der Sprachen, ist Babel und ›Aufbrechen aller Regeln‹ (Rimbaud)«;[69] einerseits verstrickt sie das Subjekt in die vorgegebenen Worte, Normen und Wahrheiten, andererseits bietet sie ihm die Möglichkeit der Abweichung, des distanzieren-

---

66 *S/Z* (Paris, 1970), S. 16; dts. in: *S/Z* (Frankfurt/M., 1976), S. 14. – Vgl. zur »deconstruction of the self« V. B. Leitch, *Deconstructive Criticism,* S. 111f.

67 Ch. Grivel, »Thèses préparatoires«, S. 240.

68 L. Perrone-Moisés, »L'intertextualité critique«, S. 383.

69 So Rolf Kloepfer, die Konstanzer Thesen Grivels in Hinblick auf ihre Ambivalenz hin zusammenfassend, in: »Grundlagen des ›dialogischen Prinzips‹ in der Literatur«, S. 91f.

den Spiels, des Gegeneinander-Ausspielens von divergierenden Systemen und Standpunkten und der *différance* (Jacques Derrida) als ein nie zur Ruhe kommendes Differieren und Differenzieren, das die Autorität des Ursprungs und einer letztgültigen Wahrheit immer wieder hinausschiebt. Damit kann sie einerseits das Signum einer alexandrinisch-spätzeitlichen »Literature of Exhaustion«, aber auch das einer subversiven und innovativen »Literature of Replenishment« sein.[70] Oder, wie Vincent B. Leitch die Position Barthes' prägnant zusammenfaßt:

> For Barthes, then, intertextuality presents two faces: it appears as a historical crypt, that is, as formation of cultural ideology; and it shows up as a tactical device for critical deconstruction. In the first role, it seems a prison; in the second, an escape key.[71]

Diese beiden gegenläufigen Funktionen, die auf den gegenläufigen Relationen von Repetition und Differenz beruhen, sind zwar wohl immer gleichzeitig gegeben, die Dominanz der einen oder der anderen Funktion macht jedoch die historische Spezifik der Intertextualität in einer bestimmten Epoche aus. Im Klassizismus z.B. dominiert die konservative, die vorgegebene Codes und Systeme affirmierende Funktion, im ebenfalls hochintertextuellen Modernismus dagegen die entgegengesetzte Funktion der Destabilisierung und der Innovation.[72]

Innerhalb solcher umfassender Funktionsmodelle für den universalen Intertext, in den jede Textproduktion und -rezeption über die gemeinsamen Codes und noch abstraktere Systeme und über den *regressus ad infinitum* der Texte eingebunden ist, spielen Erwägungen, ob ein Autor einen bestimmten Text gekannt hat und sich bewußt und intentional auf ihn bezieht und ob der Rezipient über das gleiche Textrepertoire verfügt wie der Autor, keine oder eine nur untergeordnete Rolle. Fragen nach dem Wissen und den Intentionen des Autors, nach der Textintentionalität und nach den Informationsvorgaben beim Rezipienten und der Rezeptionssteuerung durch den Text selbst, wie sie konkreten Aktualisierungen des intertextuellen Beziehungspotentials zugrundeliegen, bleiben angesichts der Dezentrierung der Subjekte und der Entgrenzung der Texte belanglos, ja stellen einen Rückfall in bürgerlich-humanistische Mythen dar. Gerade auf solche

---

70 So die Titel zweier Aufsätze von John Barth: »The Literature of Exhaustion« (1967), in: *The Novel Today: Contemporary Writers on Modern Fiction,* ed. M. Bradbury (London, 1977), S. 70–83, und »The Literature of Replenishment: Postmodern Fiction«, *The Atlantic,* 245 (Jan. 1980), 65–71.

71 *Deconstructive Criticism,* S. 110. Vgl. zu dieser Ambivalenz R. Lachmann, »Ebenen des Intertextualitätsbegriffs«, in: *Das Gespräch,* ed. K. Stierle/R. Warning (München, 1984), S. 133–138, hier: S. 138.

72 Vgl. dazu P. Zumthor, »Le carrefour des rhétoriqueurs. Intertextualité et Rhétorique«, *Poétique,* 27 (1976), 317–337, hier: 336.

Fragen lenken jedoch die strukturalistisch oder hermeneutisch orientierten *approaches* zur Theorie und Erforschung der Intertextualität zurück.

Ansätze zu einer solchen Differenzierung von unbewußter oder bewußter und von nicht-intendierter oder intendierter Intertextualität und damit von Intertextualität als Beziehungspotential oder als dessen Aktualisierung, finden sich freilich auch schon innerhalb der poststrukturalistischen Theoriebildung, dort aber eher in Form einer nach- oder untergeordneten Unterscheidung. So differenziert Charles Grivel »entre les classes intentionelles et les classes non intentionelles de reprises« und rechnet zu den ersten das Zitat, die Parodie, die Quellenanleihe und (schon problematischer) den Einfluß, zu den zweiten das Klischee und die Stereotype.[73] Beide Formen jedoch werden zur Intertextualität gerechnet, wobei der zweite Typ der texttheoretisch entscheidende ist, während umgekehrt strukturalistische und hermeneutische Ansätze den Begriff der Intertextualität gerade auf die ersten Formen einengen möchten. Man unterscheidet dabei produktionsästhetisch zwischen zufälligen und oft unbewußten Reminiszenzen des Autors, die zwar in den Text eingehen, deren Aufdecken diesem jedoch keine zusätzliche oder pointierte Bedeutung verleiht, und der eigentlichen intertextuellen Anspielung, die vom Autor intendiert ist und vom Leser erkannt werden muß, soll das Sinnpotential des Textes ausgeschöpft werden. Nur im zweiten Fall haben wir es mit »vertical context systems« zu tun, wie Claes Schaar Intertextualität nennt, und »infracontexts«, d.h. Prätexte, sind nur solche, auf die der Autor bewußt, intentional und pointiert anspielt und von denen er möchte, daß sie vom Leser erkannt und als zusätzliche Ebene der Sinnkonstitution erschlossen werden. Eine solche »Textarchäologie« unterscheidet sich von der Quellen- und Einflußforschung dann dadurch, daß sie nicht mehr eine werkgenetische Suche nach Ursprüngen ist, sondern »an attempt to enlarge and stratify meaning«.[74]

Im Sinne Schaars unterscheidet auch Wolf Schmid zwischen einer methodisch kontrollierten Textarchäologie (er verwendet dasselbe Bild) und einer freien Sinnassoziation, die gegenüber der Werkintention nur zufälligen Charakter habe.[75] Und selbst Michael Riffaterre sieht, trotz seines weiten Konzepts von Intertextualität, die intertextuellen Bezüge nicht als Freibrief für beliebige Assoziationen des Rezipienten an, sondern im Ge-

---

[73] »Thèses préparatoires«, S. 241; vgl. auch S. 246.

[74] »Vertical context systems«, in: *Style and Text,* ed. H. Ringbohm u.a. (Stockholm, 1975), S. 145–157, hier: S. 149. Vgl. auch ders., »Linear Sequence, Spatial Structure, Complex Sign, and Vertical Context System«, *Poetics*, 7 (1978), 377–388, und *The full-voic'd quire below: Vertical context systems in ›Paradise Lost‹* (Lund, 1982).

[75] »Intertextualität und Komposition in Puschkins Novellen *Der Schuß* und *Der Posthalter*«, *Poetica,* 13 (1981), 82–132, hier: 127.

genteil als »a constraint upon reading«, als Rezeptionssteuerung durch den Text selbst: Die dem Text zugrundeliegenden Hypogramme

> are always incomplete in the poem: they are either pointed to by textual signs or are fragmentarily actualized. [...] The original architecture of these ›other texts‹, their grammar, the distribution of their lexicon, the sequence of their components, are nonetheless obvious to the reader, since they are part of his linguistic competence; he is therefore under strict guidance and control as he fills the gaps and solves the puzzle.[76]

Ganz analog zu diesen Theoretikern geht auch Karlheinz Stierle davon aus, daß es zunächst rein produktionsästhetisch relevante intertextuelle Bezüge zwischen einem Werk, seinen allein als Anregung dienenden Quellen und seinen verschiedenen Fassungen gibt, ebenso wie eine rein rezeptionsästhetische Intertextualität, da ja prinzipiell jedes Werk mit jedem anderen korrelierbar sei. Von solchen jeweils nur produktions- bzw. rezeptionsästhetisch relevanten intertextuellen Bezügen hebt er jedoch die eigentliche Intertextualität ab, »die privilegierte, in den Blick genommene intertextuelle Relation«, die dadurch gekennzeichnet ist,

> daß der Text selbst eine oder mehrere intertextuelle Relationen anzeigt. Der Text hat die Möglichkeit, ein Reflexionsmedium zu setzen, in dem er sich als eine differenzierende Distanznahme zu einem oder mehreren Texten präsentiert und diese Distanznahme in die Konkretheit des Werks einschreibt.[77]

Die »potentiell unendliche Verweisstruktur«, von der Kristevas Intertextualitätskonzept und Derridas Vorstellung eines nach allen Seiten hin offenen Spiels der *différance* ausgehen, ist aus der Perspektive eines solchen prägnanteren Begriffs der Intertextualität nur dann semiotisch und ästhetisch relevant, wenn die Einheit des Werks bewußt aufgebrochen ist, d. h. – wie Rainer Warning schreibt –

> unter der Voraussetzung von Fiktionen, die Metaphern der semiotischen Differenz selbst sind. Diese Voraussetzung aber wird erst von der Moderne eingelöst, kann nicht normativ generalisiert werden. Vielmehr muß unter dem Aspekt dieser Dialektik [von intertextueller *différance* und diskursiver Einheit der Rede] das generelle Konzept poetischer Intertextualität historisch differenziert werden, soll es seinen operationalen Wert behalten.[78]

Der universale Intertext und seine Verweisstruktur des *regressus ad infinitum* wird in dieser Sicht zu einem historisch spezifischen Axiom der Poetik der Moderne und Postmoderne.

---

76 »Syllepsis«, S. 628; *Semiotics of Poetry*, S. 165.
77 »Werk und Intertextualität«, S. 10.
78 »Imitatio und Intertextualität. Zur Geschichte lyrischer Dekonstruktion der Amortheologie: Dante, Petrarca, Baudelaire«, in: *Interpretationen* (s. o. Anm. 21), S. 288–317, hier: S. 300.

Unser Überblick über die Entwicklung der Intertextualitätstheorie und den derzeitigen Diskussionsstand hat gezeigt, daß im wesentlichen zwei Konzepte miteinander rivalisieren: das globale Modell des Poststrukturalismus, in dem jeder Text als Teil eines universalen Intertexts erscheint, durch den er in allen seinen Aspekten bedingt wird, und prägnanteren strukturalistischen oder hermeneutischen Modellen, in denen der Begriff der Intertextualität auf bewußte, intendierte und markierte Bezüge zwischen einem Text und vorliegenden Texten oder Textgruppen eingeengt wird. Beide Modelle haben, wir deuteten es an, ihr jeweils eigenes Erkenntnispotential und ihre sprach-, text- und erkenntnistheoretischen Voraussetzungen, sind aber auch durch jeweils eigene methodische Probleme belastet. Für die Textanalyse und -interpretation ist sicher das engere und prägnantere Modell das heuristisch fruchtbarere, weil es sich leichter in operationalisierte Analysekategorien und Analyseverfahren überführen läßt, während das weitere Modell von größerer literaturtheoretischer Tragweite ist, und dies selbst dann, wenn man sich seinen radikal-dekonstruktionistischen Implikationen – Reduktion des Zeichens auf den Signifikanten, Auflösung von Text und Subjekt – verschließt.

Ein möglicher Ausweg aus diesem Dilemma scheint uns in dem Versuch zu liegen, zwischen den beiden Modellen zu vermitteln. Möglich erscheint uns das schon deshalb, weil die beiden Modelle einander nicht ausschließen, vielmehr die Phänomene, die das engere Modell erfassen will, prägnante Aktualisierungen jener globalen Intertextualität sind, auf die das weitere Modell abzielt. In unserem Vermittlungsmodell wollen wir daher von dem übergreifenden Modell der Intertextualität ausgehen und innerhalb dieser weit definierten Intertextualität diese dann nach Graden der Intensität des intertextuellen Bezugs differenzieren und abstufen. In ein räumliches Anschauungsbild übertragen, stellt sich damit unser Modell als ein System konzentrischer Kreise oder Schalen dar, dessen Mittelpunkt die höchstmögliche Intensität und Verdichtung der Intertextualität markiert, während diese, je weiter wir uns vom »harten Kern« des Zentrums entfernen, immer mehr abnimmt und sich asymptotisch dem Wert Null annähert.[79] Das ist natürlich nur ein Anschauungsbild, und auch die mathemati-

[79] Von einer Abstufung der Intertextualität geht auch der textlinguistische Ansatz von R.-A. de Beaugrande/W. U. Dressler aus, die nach Graden der Vermittlung skalieren: »Je größer die verflossene Zeit und vor allem die Verarbeitungstätigkeiten zwischen dem Gebrauch des aktuellen Textes und den von früher bekannten Texten, desto größer ist die Vermittlung.« Ihre Skala reicht von der geringen Vermitteltheit zwischen einer Rede auf die vorausgehende in der Konversation, über Zitat und Anspielung auf bestimmte, gut bekannte Texte bis hin zur ausgedehnten Vermittlung bei der Verwendung von Textsorten; damit ist der Grad

schen Ausdrücke sind nur metaphorisch gemeint. Dennoch wird deutlich, daß dieses Modell die Notwendigkeit der Angabe von Kriterien oder Parametern für die Intensität von Intertextualität beinhaltet. Man wird dabei, wie unsere Skizze der Intertextualitätsdebatte wohl deutlich gemacht hat, nicht mit einem Kriterium auskommen, sondern ein Bündel von Kriterien ansetzen müssen, wobei dann für den Intensitätsgrad eines bestimmten intertextuellen Verweises alle Werte dieser verschiedenen Parameter berücksichtigt werden müssen. Wieder sind hierbei die mathematischen Formulierungen eher metaphorisch zu verstehen, denn von der hier unterstellten exakten Meßbarkeit sind wir weit entfernt, wenn sie nicht überhaupt unmöglich ist. Zudem ist auch das Problem der unterschiedlichen Gewichtung der einzelnen Kriterien nur schwer zu lösen.

Die Kriterien für die Intensität intertextueller Verweise, die wir tentativ vorschlagen wollen, sind aus der Theoriediskussion abgeleitet und stellen insofern auch den Versuch dar, diese zusammenzufassen. Wir unterscheiden dabei zwischen qualitativen und quantitativen Kriterien und werden zunächst die entscheidenderen, die qualitativen Kriterien skizzieren.

(1) Für das erste Kriterium gehen wir von der linguistischen Unterscheidung von *use* und *mention* bzw. *refer to* aus:[80] So wie man ein Wort oder eine linguistische Struktur entweder nur verwenden oder darauf auch verweisen kann, so kann man sich auch vorgegebener Texte oder Diskurstypen entweder einfach bedienen oder aber auf sie referieren. Wir nennen dieses Kriterium daher *Referentialität* und postulieren, daß eine Beziehung zwischen Texten umso intensiver intertextuell ist, je mehr der eine Text den anderen thematisiert, indem er seine Eigenart – um eine Formulierung der russischen Formalisten zu übernehmen – »bloßlegt«. Ein Zitat z. B., dessen Funktion sich in der Übernahme einer fremden und sich dem eigenen Zusammenhang nahtlos einfügenden Wendung erschöpft, bedient sich dieser Wendung und des Textes, dem sie entnommen ist, und ist damit von geringer intertextueller Intensität, während andererseits in dem Maße, in dem der Zitatcharakter hervorgehoben und bloßgelegt und damit auf das Zitat und auf seinen ursprünglichen Kontext verwiesen wird, die Intensität des intertextuellen Bezugs zunimmt. In diesem Maße wird auch der Folgetext zum Metatext des Prätexts – Metatext hier nicht im bloßen chronologischen Sinn des »Später«, sondern darüber hinaus im semiotischen Sinn des »Über«. So treibt Intertextualität immer auch zu einem gewissen Grad Metatextualität hervor, eine Metatextualität, die den Prätext kom-

---

der Vermittlung umgekehrt proportional zu unserem Grad der Intensität. Diese Skalierung deckt sich weitgehend mit der Skalierung nach unserem fünften Intensitätskriterium. Vgl. *Einführung in die Textlinguistik* (Tübingen, 1981), S. 188–215, hier: S. 188.

[80] Vgl. etwa J. Lyons, *Semantics* (Cambridge, 1977), I, 5–10.

mentiert, perspektiviert und interpretiert und damit die Anknüpfung an ihn bzw. die Distanznahme zu ihm thematisiert. – Steht bei diesem Kriterium der Text selbst im Mittelpunkt, so bezieht das zweite die Pragmatik von Autor und Leser ein.

(2) Mit dem Kriterium der *Kommunikativität* skalieren wir intertextuelle Bezüge nach ihrer kommunikativen Relevanz, d.h. nach dem Grad der Bewußtheit des intertextuellen Bezugs beim Autor wie beim Rezipienten, der Intentionalität und der Deutlichkeit der Markierung im Text selbst. Nur werkgenetisch oder nur durch den Rezipienten willkürlich an den Text herangetragene Prätexte oder Textfolien konstituieren gemäß diesem Kriterium nur schwache intertextuelle Bezüge, während der harte Kern maximaler Intensität hier erreicht ist, wenn sich der Autor des intertextuellen Bezugs bewußt ist, er davon ausgeht, daß der Prätext auch dem Rezipienten geläufig ist und er durch eine bewußte Markierung im Text deutlich und eindeutig darauf verweist. Als Prätexte kommen dann vor allem die kanonisierten Texte der Weltliteratur in Frage bzw. gerade aktuelle und breit rezipierte und diskutierte Texte; esoterischere Prätexte können dagegen nur für eine *coterie* als intendiertes Leserpublikum unmittelbar kommunikativ relevant werden. Ein hoher oder niedriger Intensitätsgrad nach diesem Kriterium braucht sich nicht – und das gilt generell für alle unsere Kriterien – mit einem hohen oder niedrigen Grad nach den anderen Kriterien zu decken. Das Plagiat zum Beispiel, das nach den unten zu definierenden Kriterien der strukturellen Korrespondenz mit der Vorlage und nach der Prägnanz des Bezuges auf einen einzelnen Text intensiv intertextuell ist, ist nach dem Kriterium der Kommunikativität, ebenso wie nach dem der Referentialität, nur schwach intertextuell, da sich zwar der Autor der Abhängigkeit von einer Vorlage nur allzu bewußt ist, aber nicht nur nicht intendiert, sondern gerade mit allen Mitteln zu verhindern versucht, daß diese Abhängigkeit auch dem Rezipienten bewußt wird. Von geringer Intensität sind gemäß diesem Kriterium meist auch die intertextuellen Bezüge, die sich mit Begriffen wie Einfluß und Epigonentum verbinden: Sie sind oft dem Autor nicht bewußt und werden von ihm weniger intendiert als passiv erfahren.

(3) Das dritte Kriterium hängt eng mit den ersten beiden zusammen; ich möchte es *Autoreflexivität* nennen. Der Intensitätsgrad der Intertextualität nach den ersten beiden Kriterien kann noch dadurch gesteigert werden, daß ein Autor in einem Text nicht nur bewußte und deutlich markierte intertextuelle Verweise setzt, sondern über die intertextuelle Bedingtheit und Bezogenheit seines Textes in diesem selbst reflektiert, d.h. die Intertextualität nicht nur markiert, sondern sie thematisiert, ihre Voraussetzungen und Leistungen rechtfertigt oder problematisiert. Der besonders hohe Intertextualitätsgrad moderner und postmoderner Literatur, die diese immer wieder zum Paradigma für Intertextualität überhaupt werden ließ, ist unter

anderem auch gerade durch die besondere Bedeutung dieses metakommunikativen Aspekts in ihr gegeben, und seine Bedeutung nimmt noch für Texte zu, die selbst bereits im Horizont der Intertextualitätstheorie verfaßt wurden, wie etwa Derridas *Glas* (1974) oder andere die Grenzen zwischen theoretischen und poetischen Werken aufhebende Texte der Dekonstruktionisten. Das Kriterium der Autoreflexivität läßt sich weiter danach abstufen, wie explizit bzw. implizit diese Metakommunikation über die Intertextualität erfolgt.

(4) Das vierte Kriterium der *Strukturalität* betrifft die syntagmatische Integration der Prätexte in den Text. Nach diesem Kriterium ergibt das bloß punktuelle und beiläufige Anzitieren von Prätexten einen nur geringen Intensitätsgrad der Intertextualität, während wir uns in dem Maße dem Zentrum maximaler Intensität nähern, in dem ein Prätext zur strukturellen Folie eines ganzen Textes wird. Hauptwerke des inzwischen klassisch gewordenen Modernismus wie Eliots *Waste Land* oder Joyces *Ulysses* sind demgemäß hochgradig intertextuell und sind dies auch nach weiteren unserer Kriterien. Das Phänomen selbst ist jedoch keineswegs auf die Moderne beschränkt, sondern findet sich schon in der Antike (etwa im Verhältnis von Vergils Epos zu den homerischen Epen) und in Formen wie der Parodie, Travestie und Kontrafaktur oder der Übersetzung, Imitation und Adaption in allen literarischen Epochen. Überall erscheinen hier die punktuellen Verfahren des Zitierens oder Anspielens zur Bildung von Mustern ausgeweitet, die als strukturelle Folie größere Textteile oder schließlich den Ganztext integrieren.

(5) Mit dem fünften Kriterium wollen wir die unterschiedlichen Grade in der Prägnanz der intertextuellen Verweisung erfassen. Wir werden es *Selektivität* nennen, weil es dabei darum geht, wie pointiert ein bestimmtes Element aus einem Prätext als Bezugsfolie ausgewählt und hervorgehoben wird und wie exklusiv oder inklusiv der Prätext gefaßt ist, d.h. auf welchem Abstraktionsniveau er sich konstituiert. Dabei kommt schon einem wörtlichen Zitat, das als genau umgrenztes Partikel eines fremden Textes im neuen aufscheint, eine größere intertextuelle Intensität zu als einer Anspielung, die sich pauschal auf einen ganzen Prätext oder zumindest auf einen übergreifenden Aspekt davon bezieht. So ist etwa das Zitat eines *Hamlet*-Verses ein prägnanterer, pointierter Verweis auf Shakespeares *Hamlet* als die Nennung oder die umschreibende Charakterisierung seines Titelhelden. Und analog ist der Verweis auf einen individuellen Prätext prägnanter und damit intensiver intertextuell als der Bezug auf die Normen und Konventionen einer Gattung, auf bestimmte Topoi und Mythen oder auf noch abstrakter definierte textkonstituierende Systeme.[81] Den harten Kern mar-

[81] Die Textreihe, die D. Schwanitz in »Intertextualität und Äquivalenzfunktionalismus: Vorschläge zu einer vergleichenden Analytik von Geschichten«, in: *Dialog*

kiert hier also das wörtliche Zitat aus einem individuellen Prätext, während der Bezug zwischen Texten allein aufgrund ihrer Textualität eine periphere Schwundstufe von Intertextualität darstellt. Und je selektiver und prägnanter der intertextuelle Verweis ist, umso mehr kommt ihm die Struktur und Funktion einer Synekdoche, des *pars pro toto,* zu: Mit dem pointiert ausgewählten Detail wird der Gesamtkontext abgerufen, dem es entstammt, mit dem knappen Zitat wird der ganze Prätext in die neue Sinnkonstitution einbezogen.

(6) Unser letztes qualitatives Kriterium führt zurück zum Ausgangspunkt der Intertextualitätstheorie, zu Bachtins *Dialogizität.* Dieses Kriterium besagt, daß – wie immer *ceteris paribus* – ein Verweis auf vorgegebene Texte oder Diskurssysteme von umso höherer intertextueller Intensität ist, je stärker der ursprüngliche und der neue Zusammenhang in semantischer und ideologischer Spannung zueinander stehen. Eine Textverarbeitung gegen den Strich des Originals, ein Anzitieren eines Textes, das diesen ironisch relativiert und seine ideologischen Voraussetzungen unterminiert, ein distanzierendes Ausspielen der Differenz zwischen dem alten Kontext des fremden Worts und seiner neuen Kontextualisierung – dies alles sind Fälle besonders intensiver Intertextualität, während etwa die bloße und möglichst getreue Übersetzung von einer Sprache in eine andere, die bloße Versetzung von einem Zeichensystem in ein anderes (Dramatisierung, Verfilmung, Veroperung) unter größtmöglicher Beibehaltung des Textsinns, oder eine ausschließlich von Bewunderung für das Original motivierte Imitation und ein Zitat als *argumentum ad auctoritatem* von geringer intertextueller Intensität sind. Und schließlich ist zwar die reine Negation oder Antithese des Prätexts »dialogischer« als die totale Wiederholung oder Affirmation, doch fällt sie ihrerseits weit hinter eine differenzierte Dialektik von Anknüpfen und Distanznahme als dem Optimum an Dialogizität zurück.

Nimmt man diese sechs Kriterien zusammen, so finden sich als Zentrum maximaler Intensität Textsorten wie die der Parodie oder Einzeltexte wie *The Waste Land*: In ihnen werden vorgegebene Texte oder Diskurstypen nicht einfach verwendet, sondern wird auf sie verwiesen (1), sind die intertextuellen Bezüge als intendierte und markierte von hoher kommunikativer Relevanz (2), artikuliert sich in mehr oder minder expliziter Metakommunikation eine autoreflexive Bewußtheit der Intertextualität (3), bilden die Zitate und Anspielungen strukturelle Muster (4), werden pointiert und prägnant einzelne Texte oder spezifische Strukturen von Textgruppen anzi-

---

der Texte, S. 27–51, erstellt, ist demgemäß in den meisten ihrer Glieder von geringer Intensität des intertextuellen Bezugs, weil sie auf einer so abstrakten Tiefenstruktur von Geschichten beruht, daß ihr Korpus fast beliebig erweiterbar ist. Sie ist auch nach den Kriterien 1–3 von geringer intertextueller Intensität.

tiert (5) und dient dies alles schließlich dem Ausspielen von textueller Differenz und der dialogischen Relativierung von Worten, Texten und den ihnen zugrundeliegenden Normensystemen (6).

Dieses Bündel qualitativer Kriterien muß noch durch quantitative ergänzt werden, will man die Bedeutung der Intertextualität in einzelnen Werken, bei einzelnen Autoren oder gar in einzelnen Epochen abwägen. Hier spielen vor allem zwei Faktoren eine Rolle – zum einen die Dichte und Häufigkeit der intertextuellen Bezüge, zum anderen die Zahl und Streubreite der ins Spiel gebrachten Prätexte. Und auch in dieser Hinsicht erweist sich die modernistische Dichtung als besonders hochgradig intertextuell. Als Paradebeispiel sei auf die letzten neun Verse von *The Waste Land* verwiesen, die in einer makkaronischen Zitatencollage Textfragmente aus fünf Sprachen nebeneinander stellen (Englisch, Provençalisch, Mittellatein, Französisch und Sanskrit) und auf mindestens acht Texte verweisen, die die Weltliteratur von der Antike bis ins neunzehnte Jahrhundert repräsentieren. Die Dichtung des Klassizismus ist dagegen auch hochintertextuell hinsichtlich der Frequenz von Zitaten und Anspielungen, doch beziehen sich diese meist auf ein wesentlich homogeneres Korpus von Prätexten.

Die hier vorgeschlagenen Kriterien zur Skalierung von Intertextualität zielen nicht in naivem Positivismus auf eine »Messung« intertextueller Intensität ab, sondern verstehen sich als heuristische Konstrukte zur typologischen Differenzierung unterschiedlicher intertextueller Bezüge. Erst wenn eine solche Typenbildung, die sowohl die Einstrukturierung und Markierung der Prätexte im Text selbst als auch das Verhältnis von Text und Prätexten und die kommunikativen Aktivitäten von Autor und Rezipient berücksichtigt, ausgearbeitet ist, wird das Projekt einer Geschichte der Intertextualität, ihrer Strukturen, Strategien und Funktionen, in greifbarere Nähe rücken. Die exemplarischen historischen Fallstudien des abschließenden Teils sollen ein erster Schritt in dieser Richtung sein.

II. Formen der Markierung von Intertextualität

Ulrich Broich

1. Markierte und nicht-markierte Intertextualität

In der heutigen Literaturkritik dominieren Definitionen von Intertextualität, denen zufolge jeder Text in all seinen Elementen intertextuell ist. So schreibt z.B. Julia Kristeva:

> tout texte se construit comme mosaïque de citations, tout texte est absorption et transformation d'un autre texte.[1]

In diesem Kapitel wird dagegen von einem engeren Intertextualitätsbegriff ausgegangen.[2] Nach diesem Konzept liegt Intertextualität dann vor, wenn ein Autor bei der Abfassung seines Textes sich nicht nur der Verwendung anderer Texte bewußt ist, sondern auch vom Rezipienten erwartet, daß er diese Beziehung zwischen seinem Text und anderen Texten als vom Autor intendiert und als wichtig für das Verständnis seines Textes erkennt. Intertextualität in diesem engeren Sinn setzt also das Gelingen eines ganz bestimmten Kommunikationsprozesses voraus, bei dem nicht nur Autor und Leser sich der Intertextualität eines Textes bewußt sind, sondern bei dem jeder der beiden Partner des Kommunikationsvorgangs darüber hinaus auch das Intertextualitätsbewußtsein seines Partners miteinkalkuliert.

Es liegt daher nahe, daß Verfasser solcher Texte deren intertextuelle Bezüge auf irgendeine Weise markieren, damit der Leser diese Bezüge sieht und sie auch als intendiert erkennt. Ähnlich wie z.B. Ironie häufig durch Ironiesignale markiert wird, kann also auch Intertextualität durch »Intertextualitätssignale« gekennzeichnet werden.

Bei Texten, die nicht unter die obige Definition von Intertextualität fallen und die intertextuell allenfalls im Sinne der weiten Definition von Kristeva sind, wird man dagegen weit weniger nach solchen Signalen suchen. So kann z.B. ein Text durch andere Texte beeinflußt sein, ohne daß der Autor sich dieses Einflusses bewußt ist oder ohne daß er die Erkenntnis dieses Einflusses durch den Leser als Voraussetzung für das adäquate Ver-

---

[1] »Bakhtine, le mot, le dialogue et le roman«, *Critique*, 23, Nr. 239 (1967), 438–465, hier: 440f.

[2] Vgl. Kapitel I.

ständnis seines Textes ansieht.[3] In diesem Fall werden wahrscheinlich alle Intertextualitätssignale fehlen. Erst recht gilt dies für Texte, die als Plagiate zu charakterisieren sind. Hier muß dem Verfasser sogar daran gelegen sein, den Bezug seines Textes zu dem plagiierten Text so gut wie möglich zu verschleiern.[4]

Wenn nun bei der hier zugrunde gelegten Definition von Intertextualität ein Interesse des Autors vorausgesetzt wird, die Beziehung seines Textes zu anderen Texten dem Leser bewußt zu machen, so bedeutet dies natürlich nicht, daß Intertextualität in jedem Fall durch entsprechende Signale markiert sein muß, daß Markiertheit also ein notwendiges Konstituens von Intertextualität ist.

So kann ein Autor z. B. auf jede Markierung verzichten, wenn sein eigener Text auf Texte verweist, die einem breiteren Leserpublikum bekannt sind. Dies ist etwa bei Verweisen auf Klassiker oder die Bibel[5] häufiger der Fall. So ließ der Regisseur Peter Palitzsch in seiner Stuttgarter Bearbeitung von Shakespeares *Henry IV* in der Gadshill-Episode, als Hal und Poins Falstaffs Pferd versteckt haben, Falstaff ausrufen: »Ein Pferd! ein Pferd! ein Königreich für ein Pferd!«[6] Obwohl eine Markierung fehlt, zündete diese intertextuelle Pointe sofort. Palitzsch konnte sich eben darauf verlassen, daß Shakespeare ein deutscher Klassiker ist!

In den Romanen von Arno Schmidt, die geradezu gigantische Mosaiks aus Verweisen auf andere Texte darstellen und in dieser Hinsicht als typisch für den postmodernen Roman angesehen werden können, sind diese Verweise häufig ebenfalls unmarkiert, obwohl sie sich oft auf entlegene, nur

---

3 Harold Bloom sieht in seinem Buch *The Anxiety of Influence* (New York, 1973) das literarische Schaffen grundsätzlich geprägt von dem Bestreben der Autoren, sich dem übermächtigen Einfluß von Vorgängern zu entziehen. Diesen Autoren ist natürlich bekannt, von welchen anderen Autoren sie bei ihrem Schaffen beeinflußt worden sind. In vielen Fällen führt diese Erkenntnis aber nach Bloom dazu, daß sie die Spuren dieses Einflusses zu verwischen suchen.

4 Postmoderne Autoren (wie z. B. Raymond Federman) und poststrukturalistische Kritiker (wie z. B. Roland Barthes, Jacques Derrida, Geoffrey Hartman und Peter Krumme) haben neuerdings versucht, jegliches litererisches Schaffen als »Plagiat« zu kennzeichnen. Dabei verwenden sie natürlich den Begriff des Plagiats in einem sehr viel weiteren Sinn, der sich dann auch teilweise mit dem hier zugrunde gelegten Begriff der Intertextualität deckt. – Im Gegensatz zum Plagiat muß bei der Fälschung – wie etwa in Macphersons *Ossian* oder in Chattertons *Poems by Thomas Rowley* – der Fremdtextbezug besonders deutlich markiert sein.

5 Vgl. z. B. Kapitel VI, 2.

6 P. Palitzsch/J. Wehmeier, *Heinrich IV. Bearbeitung nach William Shakespeare*, nicht publiziertes, nicht paginiertes Skript (Stuttgart, 1970), Szene 6, 1. Vgl. auch die sofort als Kalauer erkennbare Version bei Botho Strauß: »Einen Sinn! Einen Sinn! Mein Königreich für einen Sinn!« (*Kalldewey Farce* [München/Wien, [4]1983 ([1]1981)], S. 50)

einer *in-group* von Literaturkennern bekannte Texte beziehen. Aber Schmidt hat seine Romane eben für einen kleinen Kreis von Kennern geschrieben, wobei allerdings auch diese Kenner in vielen Fällen auf die Hilfe des sog. Dechiffriersyndikats angewiesen sind, dessen Mitglieder sich seit Jahren u. a. um die Entschlüsselung auch der entlegensten Zitate und intertextuellen Anspielungen in seinen Romanen bemühen.

Manche Autoren haben sogar ausdrücklich gesagt, daß und aus welchen Gründen sie auf jede Markierung ihrer intertextuellen Verweise verzichten. So schreibt z. B. Louis Aragon in einer Fußnote zu einer späteren Ausgabe seiner *Aventures de Télémaque,* deren Text sich zu einem großen Teil aus Zitaten aus anderen Texten zusammensetzt:

> [...] les nombreux emprunts, parfois de plusieurs pages, faits par l'auteur aux ouvrages les plus divers (de Fénelon à Jules Lermina) ne seront pas signalés au lecteur dans les notes suivantes, afin de lui ménager le plaisir de les découvrir soi-même [et] de se réjouir de sa propre érudition.[7]

Natürlich kann auch diese Fußnote als eine Art Markierung angesehen werden!

Jedenfalls ist davon auszugehen, daß Intertextualität häufig markiert wird, wobei diese Markierung stärker oder schwächer erfolgen und im Extremfall nur gleichsam aus unsichtbaren Anführungszeichen bestehen kann, die man z. B. beim lauten Lesen durch die Intonation andeuten muß. Für die Stärke der Markierung gibt es zweifellos objektive Kriterien wie etwa die Zahl der *markers*. So wird der Bezug auf Cervantes' *Don Quijote* in Graham Greenes *Monsignor Quixote* ungleich häufiger markiert als in Fieldings *Joseph Andrews*. Neben der Zahl der *markers* spielt aber auch deren Explizitheit bzw. Lokalisierung im Werk eine Rolle. Ein deutlicher Verweis z. B. im Titel eines Texts auf den Prätext wird sich u. U. als wirkungsvoller erweisen als mehrere im Text ›versteckte‹ *markers*. Darüber hinaus ist die Erkennbarkeit der Markierung auch in mehrfacher Hinsicht rezipientenabhängig. So wird für einen sehr belesenen Leser die »Signalschwelle«[8] bei Markierungen von Intertextualität viel niedriger liegen als bei Gelegenheitslesern. Andererseits liegt die »Signalschwelle« mit wachsendem zeitlichen Abstand zum Text bzw. Prätext bei vielen späteren Rezipienten wieder höher, wenn der zeitgenössische Kontext nicht mehr unmittelbar präsent ist.

---

[7] *Les aventures de Télémaque* (Paris, 1966), S. 107f.

[8] Vgl. zu diesem Begriff bereits R. Warning, »Ironiesignale und ironische Solidarisierung«, in: *Das Komische*, ed. R. Warning/W. Preisendanz, Poetik und Hermeneutik, 7 (München, 1976), S. 416–423, hier: S. 420–422.

In den zahlreichen Arbeiten zur Intertextualität ist die Frage der Markierung bisher kaum behandelt worden; dies gilt auch für einschlägige linguistische Untersuchungen.[9] Nur die beiden Aufsätze von Ziva Ben-Porat und Carmela Perri haben sich eingehender mit diesem Aspekt befaßt, wobei es sich hier um strukturalistische und nicht um poststrukturalistische Beiträge handelt und ihr Gegenstand eine eingegrenzte Form der Intertextualität, nämlich die Allusion, ist.

Allerdings führen diese Aufsätze selbst für den Sonderfall der Allusion nicht viel weiter. Ben-Porat definiert den *marker* als Hinweis auf andere Texte folgendermaßen:

> The marker is always identifiable as an element or pattern belonging to another independent text.[10]

Hier wird also unter Markierung nichts anderes verstanden als eine Wiederholung von Elementen oder Strukturen aus dem Prätext in einem neuen Text. Nun kann aber Intertextualität definiert werden als eine Übernahme von Elementen aus einem Prätext in einen Text. Intertextualität (d.h. das Markierte) und Markierung wären also weitgehend dasselbe. Jenseits des Hinweises auf die bloße Element- bzw. Strukturwiederholung müssen also für eine differenzierte Definition zusätzliche Markierungsmöglichkeiten benannt werden, die den Rezipienten expliziter auf das Vorliegen von Intertextualität hinweisen.

Perri definiert dagegen den *marker* bei literarischen Allusionen durch seinen Hinweis- oder Zeigecharakter: »marker is the sign – simple or complex – that points to a referent by echoing it in some way«, »a sign that denotes a source text«.[11] Perri nennt sodann drei Formen der Markierung: »proper naming«, »definite descriptions« und »quotation«. Diese Kategorien sind jedoch bis auf »proper naming« problematisch. Was Perri unter »definite descriptions« versteht, bleibt unklar. »Quotation« als Markierung einer »allusion« ist insofern fragwürdig, als Zitat und Anspielung ja eigentlich verschiedene, sogar einander entgegengesetzte Formen von Intertextualität sind. Vor allem aber gibt es mit Sicherheit weit mehr Formen der Markierung als die von Perri genannten.

Eine brauchbare Definition der Markierung muß also über die zu allgemeinen Formulierungen der ›Elementwiederholung‹ oder des ›Echos‹ hinaus von zusätzlichen, konkreten *markers* für den Rezipienten ausgehen,

---

[9] Vgl. R.-A. de Beaugrande, *Text, Discourse, and Process: Toward a Multidisciplinary Science of Texts* (Norwood, N. J., 1980), S. 20, 196 und *passim*; vor allem aber R.-A. de Beaugrande/W. U. Dressler, *Einführung in die Textlinguistik* (Tübingen, 1981), bes. S. 188–215.

[10] »The Poetics of Literary Allusion«, *PTL*, 1 (1976), 105–128, hier: 108.

[11] »On Alluding«, *Poetics*, 7 (1978), 289–307, hier: 290 und 295.

und sie darf nicht vorschnell auf einige wenige Markierungsformen eingeengt werden.

Im folgenden soll daher versucht werden, eine umfassendere Bestandsaufnahme der Formen der Markierung vorzunehmen. Angesichts der beschriebenen Forschungslage haben die folgenden Ausführungen jedoch nur vorläufigen Charakter und können nicht wesentlich über eine gegliederte Materialsammlung hinausgelangen, auf der künftige Arbeiten ggf. aufbauen müßten.

3. *Markierung in Nebentexten*

Zunächst hat ein Autor die Möglichkeit, Markierungen von in einem Text präsenten Prätexten im Nebentext zu lokalisieren. So wird manchmal ein zitierter Prätext in einer Fußnote identifiziert. Dieses Verfahren ist keineswegs nur in literaturwissenschaftlichen Arbeiten üblich (die natürlich einen hohen Grad von Intertextualität aufweisen, aber als nicht-literarische Texte außerhalb dieser Betrachtung liegen), sondern läßt sich hin und wieder auch in literarischen Texten nachweisen. So hat etwa Pope in seinen *mock-notes* zu seiner *Dunciad Variorum* eine Reihe von Fremdtexten, die er in der Form wörtlicher Zitate oder in der Form der Anspielung in die *Dunciad* integriert hat, eindeutig identifiziert. Und T. S. Eliot, der anscheinend zunächst davon ausging, daß seine Leser alle intertextuellen Verweise in *The Waste Land* erkennen würden, hat einige Jahre später dann doch entsprechende Fußnoten mit genauen Quellenangaben verfaßt.

Ein Autor kann schließlich so weit gehen, daß er den gesamten Fremdtext, auf den sich sein Text bezieht, neben seinem eigenen Text abdrucken läßt. Dies haben einige englische Klassizisten bei ihren *imitations* antiker Gedichte getan, wie z. B. Pope in seinen *Imitations of Horace*. Dies ist aber auch der Fall, wenn in einer zweisprachigen Ausgabe das Original neben der Übersetzung abgedruckt wird – ein Verfahren, das eine intertextuelle Rezeption geradezu herausfordert. In den meisten Fällen begnügten sich die Verfasser von *imitations* und Übersetzungen jedoch damit, den Bezugstext in ihrem Titel zu markieren – wie z. B. in den folgenden Texten Popes: »The Iliad Of Homer, translated by Mr. Pope« und »The First Satire Of The Second Book Of Horace, Imitated«.

Bei Parodien und Travestien wird der Bezug auf den Fremdtext ebenfalls oft bereits durch den Titel markiert. Als Beispiele für die Titel von Parodien seien Fieldings *Shamela,* Thackerays *Rebecca and Rowena* oder Nicolais *Freuden des jungen Werthers,* als Beispiele für die Titel von Travestien Scarrons *Le Virgile travesti* oder Cottons *Scarronides; Or, Virgile Travestie* (mit einer Markierung sowohl des travestierten als auch des imitierten Fremdtextes) stellvertretend für viele andere Werke genannt.

Auch dann, wenn ein Text sich auf eine weniger direkte Weise auf einen Prätext bezieht, ist der Titel wohl das am häufigsten verwendete Mittel, diesen Bezug zu kennzeichnen, da der Titel eines Werkes selbst dann einen Signalcharakter hat, wenn der in ihm enthaltene Prätext-Bezug sonst nicht markiert ist. Schon im 18. Jahrhundert wurden solche intertextuellen Titel gern verwendet – man denke etwa an Fieldings *Joseph Andrews*, der den Bezug des Romans sowohl auf den Joseph des Alten Testaments als auch auf Richardsons Pamela Andrews andeutet,[12] oder Charlotte Lennox' *The Female Quixote*. Besonders häufig ist diese Markierung der intertextuellen Beziehung zwischen einem Text und einem Prätext jedoch in der Literatur der Gegenwart. Dafür nur einige Beispiele. Joyces *Ulysses*, O'Neills *Mourning becomes Electra* und Graham Greenes *Monsignor Quixote* enthalten im Titel den Namen des Protagonisten des Bezugstextes; Plenzdorfs *Die Neuen Leiden des jungen W.* verwenden zwar nur die Initiale des Protagonisten des Prätextes, lehnen sich im übrigen aber auf eine für den Leser leicht erkennbare Weise an den Titel des Prätextes an; und John Barths Titel *The Sot-Weed Factor* stimmt sogar wörtlich mit dem Titel des Bezugstextes, eines satirischen Gedichts von Ebenezer Cooke, überein. Ebenso häufig verwenden zeitgenössische Autoren in ihren Titeln bekannte Zitate aus Texten, auf die sich ihre eigenen Texte zentral beziehen. So stellt Stoppards Titel *Rosencrantz and Guildenstern Are Dead* ein Zitat aus Shakespeares *Hamlet* dar, der Stoppards Drama durchlaufend als Bezugstext dient. Auch die Titel einiger Romane von Aldous Huxley – *Antic Hay, Brave New World, Time must have a Stop, After Many a Summer* – sind Zitate aus Dramen von Marlowe und Shakespeare sowie aus einem Gedicht von Tennyson, durch die dem Text eine Bedeutungsebene hinzugefügt wird. William Goldings Titel *Darkness Visible* zitiert eine bekannte Stelle aus Miltons *Paradise Lost*, welche für das Verständnis der Weltsicht des Romans von entscheidender Bedeutung ist. Helmut Käutners Film, der eine Transposition des *Hamlet* in die deutsche Nachkriegszeit vornimmt, verdeutlicht diesen Bezug durch die Wahl eines *Hamlet*-Zitats als Titel: *Der Rest ist Schweigen*. Ein Titel wie Stoppards *Travesties* schließlich bezieht sich nicht auf die Titel der Texte, die in diesem Stück Bezugsobjekte der Intertextualität sind, sondern auf die Form der Intertextualität.

Auch der Untertitel kann zur Markierung intertextueller Bezüge dienen. Als Beispiel sei hier nur der Untertitel von Fieldings *Joseph Andrews* genannt: »Written in Imitation of the Manner of Cervantes, Author of Don Quixote«.

Darüber hinaus kann der Titel oder Untertitel eines Textes aber auch den Bezug auf eine Gruppe von Prätexten markieren. Dies ist insbesondere dann der Fall, wenn dem Leser der Bezug eines Textes auf eine literarische

12 Vgl. Kapitel VI, 2.

Gattung signalisiert werden soll, wobei der Text die Gattungserwartungen des Lesers natürlich sowohl erfüllen als auch enttäuschen kann. So verweisen die Titel von H. G. Wells' *A Modern Utopia*, William Morris' *News from Nowhere,* Samuel Butlers *Erewhon* und Ernest Callenbachs *Ecotopia* nicht nur auf Morus' *Utopia*, sondern zugleich auch auf die Utopie als literarische Gattung. Ähnliches gilt für Untertitel wie z.B. »Ein utopischer Roman«. Titel von Detektivromanen signalisieren dagegen durchweg ausschließlich den Bezug des Textes zur Gattung. Jemand, der einen Detektivroman kaufen will und in der Buchhandlung einen Roman mit dem Titel *The Murder of* ... ersteht, hat in der Regel das intertextuelle Signal des Titels richtig verstanden – es sei denn, er kauft aus Versehen T. S. Eliots *Murder in the Cathedral*! Nur am Rande schließlich sei auf die bekannte Tatsache verwiesen, daß auch der Titel einer Reihe (wie z.B. rororo thriller oder Die Mitternachtsbücher) oder deren äußere Aufmachung ein Intertextualitätssignal sein kann, das den Bezug eines Textes auf eine Gattung von Texten markiert.[13]

Neben dem Titel und Untertitel werden oft ein Motto, ein Vorwort oder ein Nachwort des Autors oder ein Klappentext zur Markierung intertextueller Bezüge benützt. In Alain Robbe-Grillets *Les gommes* ist das Motto aus dem *Oidipus* des Sophokles –

Le temps, qui veille á tout,
a donné la solution malgré toi.

– sogar fast der einzige Hinweis, welcher den Leser veranlaßt, die Geschichte von einem Detektiv, der den angeblich Ermordeten am Schluß unwissentlich erschießt, vor dem Hintergrund des sophokleischen Dramas zu lesen, in dem der Sohn, ebenfalls ohne es zu wissen, seinen Vater tötet.

Als Beispiel für eine Markierung durch ein Vorwort mögen Thornton Wilders *The Ides of March* und Stoppards *Dogg's Hamlet, Cahoot's Macbeth* dienen. So schreibt Wilder im Vorwort zu seinem Caesar-Roman, daß zwar die meisten Dokumente darin fiktiv seien, daß es sich aber bei den Gedichten und bei der Schlußpassage um Zitate aus Catulls Lyrik bzw. aus Suetons *De vita Caesarum* handle. Und während Stoppard in seinem früheren Drama *Jumpers* den Bezug auf die Sprachphilosophie Wittgensteins unmarkiert gelassen hatte, weist er im Vorwort zu seinem späteren Drama unmißverständlich darauf hin, daß sein Stück als eine spielerische Auseinandersetzung mit Wittgensteins *Philosophischen Untersuchungen* zu lesen ist: »*Dogg's Hamlet* derives from a section of Wittgenstein's philosophical investigations«;[14] und Stoppard erläutert diesen Bezug anschließend sogar explizit am Beispiel einer Szene.

---

13 Vgl. U. Broich, »Der ›entfesselte‹ Detektivroman«, in: ders., *Gattungen des modernen englischen Romans* (Wiesbaden, 1975), S. 17–56, hier: S. 18.
14 (London, 1980 [¹1979]), S. 7.

Umberto Eco dagegen markiert erst im Nachhinein einige weniger offensichtliche Bezüge seines Romans *Il nome della rosa* auf Prätexte. In den separat veröffentlichten *Postille a ›Il nome della rosa‹* stellt er fest, daß die zentrale Liebesszene des Romans »aus lauter religiösen Zitaten zusammenmontiert ist, vom Lied der Lieder bis zu Bernhard von Clairvaux, Jean de Fecamp und Hildegard von Bingen«, wobei er die Nahtstellen so gut wie möglich »verschweißt« (»collegare«) habe, um die Intertextualität dieser Szene zu »tarnen« (»[...] perché si vedessero ancora meno le suture«).[15] Ebenfalls weist er erst in seinen *Postille* darauf hin, daß er im Roman Zitate von Wittgenstein »als Zitate aus der Epoche maskiert« habe.[16] Eco treibt also ein Spiel mit dem Leser, indem er zunächst einige der Prätext-Bezüge in seinem Roman tarnt und kaschiert und sie erst in seiner Nachschrift augenzwinkernd offenlegt. Auch David Lodge enthüllt erst in seinem »Afterword« zu *The British Museum is Falling Down* das intertextuelle Grundmuster seines Romans – für die Leser, die es bis dahin nicht gemerkt haben: Er konstatiert, daß es in seinem Roman »ten passages of parody or pastiche« gebe, nennt die Autoren der Prätexte aber in alphabetischer Reihenfolge, damit dem Leser bei diesem intertextuellen Puzzle-Spiel noch etwas zu tun übrig bleibe![17]

In *La main rouge* von Clément Lépidis wird schließlich der Klappentext benützt, um dem Leser klarzumachen, daß sich dieses im Jahr 1927 in der französischen Stadt Belleville spielende Drama auf ähnliche Weise auf die *Elektra* des Sophokles bezieht wie O'Neills *Mourning Becomes Electra*:

> Et quoi de plus naturel d'imaginer que ce soit à Belleville que le sang des Atrides ait choisi de couler? Et pourquoi pas Électre à Belleville, en 1927?[18]

Darüber hinaus können Autoren die intertextuellen Bezüge ihrer Werke natürlich auch in Äußerungen markieren, die nicht im Zusammenhang mit diesen Werken publiziert werden – wie etwa Joyce in seinen Briefen an Frank Budgen, William Golding in seinem Interviews mit Jack I. Biles oder Raymond Federman, der in dem Roman *Take It or Leave It* auf die intertextuelle Struktur einiger seiner früheren Texte verweist.[19]

---

15 *Nachschrift zum ›Namen der Rose‹*, übers. B. Kroeber (München, 1984), S. 51. – *Postille a ›Il nome della rosa‹* (Mailand, 1984), S. 27: »È chiaro che la scena dell'amplesso in cucina è costruita tutta con citazioni da testi religiosi, a partire dal Cantico dei Cantici sino a san Bernardo e a Jean de Fecamp, o santa Hildegarda di Bingen.«

16 *Nachschrift*, S. 88. – *Postille*, S. 43: »[...] mascheravo citazioni di autori posteriori (come Wittgenstein) facendole passare per citazioni dell'epoca.«

17 *The British Museum is Falling Down* (Harmondsworth, 1983 [[1]1965]), S. 168.

18 Diesen Hinweis verdanke ich G. Genette, *Palimpsestes* (Paris, 1982), S. 352. Darüber hinaus verwendet Lépidis auch ein Motto aus der *Elektra* des Sophokles.

19 Vgl. z.B. J. I. Biles, *Talk: Conversations with William Golding* (New York, 1970), S. 76 und 81 f.; ferner R. Federman, *Take It or Leave It* (New York, 1976) – der Text ist unpaginiert.

In all diesen Fällen erfolgt die Markierung in Nebentexten, die sich über das äußere Kommunikationssystem ausschließlich an den Rezipienten wenden. So ist der Titel *Ulysses* allein für den Leser bestimmt, und die Charaktere von Joyces Roman sind sich in keiner Weise der Tatsache bewußt, daß ihr Leben dem *pattern* von Homers *Odyssee* folgt. Eine Markierung kann aber auch im inneren Kommunikationssystem vorgenommen werden, dadurch also, daß die Charaktere eines literarischen Textes andere Texte lesen, über sie diskutieren, sich mit ihnen identifizieren oder sich von ihnen distanzieren.

So wird die Beziehung zwischen dem *Don Quijote* und den Ritterromanen in erster Linie dadurch markiert, daß der Titelheld eben diese Romane liest, sich mit ihren Protagonisten identifiziert und von den anderen Charakteren des Romans aus diesem Grund verspottet wird. Ganz ähnlich wird in einer beträchtlichen Zahl von Texten der Leser dadurch aufgefordert, diese vor dem Hintergrund von Shakespeares *Hamlet* zu lesen, daß die Charaktere des Textes ihrerseits den *Hamlet* lesen, über ihn diskutieren und ihn sich zum Vorbild nehmen – von Goethes *Wilhelm Meister* bis zu Bernard Kops' Drama *The Hamlet of Stepney Green*. Bei dieser Art von Markierung kann ein Autor sogar des Guten zuviel tun – wie z. B. Graham Greene in seinem Roman *Monsignor Quixote*, dessen Held, ein spanischer Geistlicher unserer Zeit, zufällig den Namen von Cervantes' Helden trägt und zufällig in El Toboso lebt und der deshalb ständig Parallelen zwischen seinem Leben und dem seines fiktionalen Ahnherrn zieht, wobei er sogar soweit geht, seinen Freund Sancho und sein klappriges Auto Rocinante zu nennen.

Eine besonders offensichtliche Form der Markierung innerhalb des inneren Kommunikationssystems liegt ebenfalls vor, wenn der Autor den Text, zu dem er seinen eigenen Text in eine affirmative oder kritische Beziehung setzt, als physischen Gegenstand einführt. So findet der weibliche Robinson in Giraudoux' Roman *Suzanne et le Pacifique* auf einer unbewohnten Pazifik-Insel ein zerfleddertes Exemplar von Defoes *Robinson Crusoe*. Suzanne liest diesen Roman und beschließt, auf ihrer Insel ganz anders zu leben als Robinson, den sie für einen Langweiler und Pedanten hält. Ganz ähnlich findet Edgar Wibeau, der Held von Ulrich Plenzdorfs *Die neuen Leiden des jungen W.*, eine Reclam-Ausgabe von Goethes *Werther* auf dem Plumpsklo einer Laube in einem Schrebergarten. Da das Deckblatt und die ersten Seiten bereits von einem früheren Benutzer des Klos zweckentfremdet worden sind, hat er – und damit auch der Leser, sofern er nicht bereits den intertextuellen Bezug des Titels verstanden hat – natürlich etwas größere Schwierigkeiten, diesen Bezugstext zu identifizieren, als Giraudoux' Suzanne!

Etwas weniger stark markiert ist ein intertextueller Verweis in Trevor Griffiths' Drama *Comedians*. Hier nimmt der Komiker Price einen Zettel aus der Tasche und sagt zu seinem Lehrer Waters:

I found this in another book. I brought it to show you. Some say the world will end in fire. Some say in ice. From what I've tasted of desire I hold with those who favour fire, but if I had to perish twice, I think I know enough of hate to say that for destruction ice is also great and would suffice.

(He folds the paper, puts it back in his pocket [...])[20]

Auch hier ist sich der fiktionale Charakter der Tatsache bewußt, daß er es mit einem anderen Text zu tun hat, und dieser Prätext ist auch hier als physisches Objekt präsent. Da aber Price nicht die gesammelten Werke von Robert Frost in der Hand hat, sondern nur einen Zettel und überdies den Namen des Autors nicht nennt (vielleicht ihn selbst nicht einmal kennt), wird nur der Kenner von Robert Frost den Bezugstext identifizieren. Doch auch für andere Rezipienten ist zumindest der Bezug dieser Stelle auf einen lyrischen Fremdtext hinreichend dadurch markiert, daß Price die oben zitierten Zeilen von einem Blatt abliest – und daß diese Zeilen sich reimen, wodurch ein für jeden Zuhörer erkennbarer Bruch in der Textoberfläche erfolgt.

Eine besonders extreme Form von Markierung eines intertextuellen Bezugs im werkimmanenten Kommunikationssystem liegt schließlich vor, wenn ein Autor Figuren aus anderen literarischen Texten in seinem Text leibhaftig auftreten läßt. So tritt in Fieldings *Joseph Andrews* Richardsons Pamela, die zu Beginn des Buches nur als Adressatin von Briefen ihres von Fielding erfundenen Bruders Joseph fungiert, gegen Ende persönlich auf – und ihr Mann sowie ihre ebenfalls aus Richardsons Roman bekannten Eltern obendrein. In dem Roman *Die Versuche und Hindernisse Karls* aus der deutschen Romantik begegnet der Titelheld einem Reisewagen, wird von einem Insassen gegrüßt und erkennt plötzlich in dem Grüßenden zu seiner Überraschung »Wilhelm Meistern«.[21] Und in Italo Calvinos Roman *Il barone rampante* sieht der Protagonist von seinem Baum nicht nur Napoleon, sondern auch den Fürsten Andrej aus Tolstojs *Krieg und Frieden*. Theodore Ziolkowski hat in einem Aufsatz eine Reihe solcher »Figuren auf Pump«, die nicht zuletzt der Markierung intertextueller Bezüge dienen, zusammengetragen.[22]

20 *Comedians* (London, 1976), S. 67.

21 Facsimile der Augabe von 1808, in: *Der Doppelroman der Berliner Romantik*, ed. H. Rogge, 2 Bde. (Leipzig, 1926), I, 168 f. Verfasser dieses Romans sind K. A. Varnhagen, W. Neumann, A. F. Bernhardi und F. de la Motte-Fouqué.

22 »Figuren auf Pump. Zur Fiktionalität des sprachlichen Kunstwerks«, in: *Akten des VI. Internationalen Germanistenkongresses Basel 1980* (Bern, 1981), S. 166–176. – Vgl. zusätzlich eine komische Version dieses Verfahrens in: Woody Allen, »The Kugelmass Episode«, in: *The Penguin Book of Modern Humour*, ed. A. Coren (Harmondsworth, 1983 [[1]1982]), S. 15–27.

5. *Markierung im äußeren Kommunikationssystem*

Häufiger als in Nebentexten wird eine Markierung intertextueller Bezüge im eigentlichen Text erfolgen, und häufiger als im werkimmanenten Kommunikationssystem geschieht sie offenbar in einer Weise, von der nur die Leser, nicht aber die Charaktere des Textes Kenntnis haben. Oft wird in diesen Fällen die Markierung weniger stark oder offensichtlich sein, aber dies ist nicht notwendig der Fall.

Als erste von zahlreichen Möglichkeiten für eine Markierung, die ausschließlich im äußeren Kommunikationssystem erfolgt, soll die Wahl von Namen genannt werden. Dafür zwei Beispiele, deren Markierung so auffällig ist, daß kaum ein Leser sie übersehen dürfte. In Ecos im Mittelalter spielendem Roman *Il nome della rosa* werden zwar zahlreiche intertextuelle Bezüge – wie z. B. der auf die *Poetik* des Aristoteles und die *Apokalypse* – im werkimmanenten Kommunikationssystem markiert, verständlicherweise aber nicht der Bezug auf die Detektivgeschichten Conan Doyles: Hier erfolgt die Markierung, abgesehen von den offensichtlichen Analogien zwischen der Kriminalhandlung von Ecos Roman und einem typischen *plot* von Conan Doyle, nur durch die Wahl des Namens des mönchischen Detektivs und seines Begleiters: Baskerville und Adso! Auch in Plenzdorfs *Die neuen Leiden des jungen W.* enthalten die Namen solche Anspielungen. Der Name Wibeau erinnert durch seinen Anfangsbuchstaben an Werther, während der Name seiner Geliebten, Charlie, eine Kurzform von Charlotte darstellt und auf diese Weise auf Werthers Lotte anspielt.

Darüber hinaus können intertextuelle Bezüge z. B. lediglich durch die Verwendung von Anführungszeichen, anderer Drucktypen oder eines anderen Schriftbildes markiert werden. Bevor T. S. Eliot in einer späteren Ausgabe die intertextuellen Bezüge von *The Waste Land* in *notes* expressis verbis identifizierte, war eine Reihe von aus anderen Texten übernommenen Passagen lediglich durch Kursivdruck – und außerdem durch die Fremdsprache – gekennzeichnet. So zitiert Eliot am Ende des Gedichts in drei aufeinanderfolgenden Zeilen Dante auf Italienisch, *Pervigilium Veneris* auf Latein und Gérard de Nerval auf Französisch und kursiviert diese Zitate überdies:

> *Poi s'ascose nel foco che gli affina*
> *Quando fiam uti chelidon* – O swallow swallow
> *Le Prince d'Aquitaine à la tour abolie* [...][23]

Ein ähnliches Beispiel sind die Zitate aus Goethes *Werther* in *Die neuen Leiden des jungen W.*: Hier sind die Werther-Zitate zunächst nur dadurch markiert, daß im Gegensatz zum übrigen Text nur Kleinbuchstaben ver-

---

[23] *Collected Poems 1909–1935* (London, 1958 u. ö.), S. 77.

wendet und Schrägstriche an die Stelle von Punkten und Kommas gesetzt sind (was im Text damit begründet wird, daß der Protagonist diese Zitate auf Tonband spricht und die Bänder dann an seine Freunde schickt, um sie zu schockieren).

Hinzu kommt, daß Plenzdorfs Held und Erzähler einen Slang spricht, der in der Forschung wiederholt als »Jeansprosa« bezeichnet wurde, und den Stil der *Werther*-Zitate anfänglich immer wieder als »geschwollen« und »unmöglich« verspottet.[24] Auch ein Stilkontrast kann also als Intertextualitätssignal verwendet werden (und darüber hinaus die »Polyphonie« eines Textes im Sinne Bachtins markieren). Fielding begnügt sich bei den *mock-heroic passages* seiner Romane sogar durchweg mit einer solchen Markierung, indem er beim Übergang von der normalen Stillage des Erzählers zum *sublime style* des Epos jedesmal geradezu hörbar auf die höhere Stilebene »umschaltet«.[25]

Ein Autor kann darüber hinaus bestimmte intertextuelle Bezüge zunächst im werkimmanenten Kommunikationssystem markieren und dann, wenn das Intertextualitätsbewußtsein des Lesers geschärft ist, auf eine Markierung auf dieser Ebene verzichten. Als Beispiel dafür diene die Liebesszene zwischen Tristan Tzara und Gwendolen in Stoppards *Travesties*, die durch ihre Bezüge auf Shakespeare-Texte gekennzeichnet ist. In dieser Szene zitiert Gwendolen zunächst das 18. Sonett von Shakespeare, das von Tzara auch ausdrücklich als solches identifiziert wird.[26] Kurz zuvor hat Tzara den Text dieses Sonetts zerschnitten und montiert anschließend die Schnipsel zu einem neuen, dadaistischen Gedicht zusammen. Das gleiche Verfahren wählt nun Stoppard bei der Gestaltung des Dialogs, den Tzara und Gwendolen zwischen der Verlesung des Originalsonetts von Shakespeare und der Verlesung seiner dadaistischen Version führen:

Gwen: Truly I wish the gods had made thee poetical.
Tzara: I do not know what poetical is. Is it honest in word and deed? Is it a true thing?
Gwen: Sure he that made us with such large discourse, looking before and after, gave us not *that* capability, *and* god-like reason to fust in us unused.
Tzara: I was not born under a rhyming planet. Those fellows of infinite tongue that can rhyme themselves into ladies' favours, they do reason themselves out again. And that would set my teeth nothing on edge – *nothing* so much as mincing poetry.
Gwen: [...] Thy honesty and love doth mince *this* matter – Put your bonnet for his right use, 'tis for the head! [...] I had rather than forty shilling my book of songs and sonnets here.
[...]

---

[24] Suhrkamp Taschenbuch, 300 (o. O., 1980), S. 9 und 19.
[25] Vgl. Kapitel VI, 2.
[26] *Travesties* (London, 1975), S. 53.

Tzara: [. . .] But since he died, and poet better prove, his for his style you'll read, mine for my – love.[27]

Dieser Dialog ist eine Collage aus Shakespeare-Zitaten, so z. B. von *Hamlet* IV, 4, 36; *Much Ado about Nothing* V, 2, 40; *Hamlet* V, 2, 94; *The Merry Wives of Windsor* I, 1, 205 und Sonett 32. Im Gegensatz zu Sonett 18 werden diese Zitate nicht im werkimmanenten Kommunikationssystem identifiziert. Dadurch aber, daß der Zuschauer an dieser Stelle längst erkannt hat, daß Stoppard in diesem Drama ständig mit Klassiker-Zitaten spielt, und nachdem durch den expliziten Verweis auf das 18. Sonett die Aufmerksamkeit des Zuschauers speziell auf Shakespeare gelenkt worden ist, konnte Stoppard auf eine Identifizierung oder Markierung der anderen Shakespeare-Zitate verzichten, zumal auch hier der Stilkontrast zwischen den Zitaten und der sonstigen Diktion von Gwendolen und Tzara eine Markierung darstellt.

Auch bei jenen Zitaten und Anspielungen in den Romanen Arno Schmidts, die weiter oben zunächst als nicht markiert bezeichnet wurden, ist zumindest für den Kreis von Kennern, an die sich Schmidts Romane in erster Linie wenden, so etwas wie eine Markierung, und zwar durch den Kontext, gegeben. Indem Arno Schmidt in seinen Romanen immer wieder andere Texte offen und häufig mit Quellenangabe zitiert, schafft er einen Kontext permanenter Intertextualität, welcher den Leser veranlaßt, auch nach weniger offen oder gar nicht gekennzeichneten Zitaten und Anspielungen zu suchen. Allerdings handelt es sich bei diesem wie dem folgenden Markierungsverfahren eher um Grenzfälle, wenn man die Kriterien des einleitenden Definitionsversuchs zugrunde legt.

Als letztes Beispiel für eine Markierung von Intertextualität durch den Kontext sollen die Analogien zwischen Szenen in *Joseph Andrews* und der Bibel dienen.[28] Im ersten Buch dieses Romans wird der Titelheld von Straßenräubern ausgeraubt und wendet sich an die Insassen einer Postkutsche mit der Bitte um Hilfe. Mehrere Fahrgäste lehnen eine Hilfe aus verschiedenen Gründen ab, und nur der ärmste der Insassen, ein Postillion, hilft ihm. Diese Szene ist offensichtlich in Analogie zum Gleichnis vom barmherzigen Samariter gestaltet, wobei dieser intertextuelle Bezug zwar nicht explizit markiert, aber durch die Wiederholung bestimmter inhaltlicher und struktureller Elemente der allgemein bekannten biblischen Parabel als deutlich erkennbar herausgestellt wird. Im weiteren Verlauf des Romans kehren dann noch mehrere Szenen wieder, in denen sich ein Mensch in Not befindet, mehrere Menschen ihm ihre Hilfe verweigern und erst der letzte ihm hilft, so z. B. als Fanny von den Helfershelfern des

---

[27] S. 54.
[28] Vgl. Kapitel VI, 2.

»roasting squire« entführt werden soll oder als der Sohn von Parson Adams ins Wasser fällt. In allen diesen Fällen wird das aus dem Gleichnis vom barmherzigen Samariter übernommene *pattern* inhaltlich und formal weit stärker variiert. Daß auch diese Szenen sich auf das biblische Gleichnis beziehen – und die Nächstenliebe das Hauptthema und die oberste Tugend in *Joseph Andrews* darstellt –, kann der Leser jedoch erkennen, wenn er diese Szenen aufeinander bezieht und sie insbesondere vor dem Hintergrund der Szene im 1. Buch liest, wo die Parallele zum Gleichnis vom barmherzigen Samariter eindeutig dominiert.

6. Zusammenwirken mehrerer Markierungsformen und Dynamisierung der Markierung

Bisher sind die verschiedenen Orte, an denen eine Markierung intertextueller Bezüge erfolgen kann, und einige Formen der Markierung getrennt beschrieben worden. Im einzelnen Text wird ein intertextueller Bezug jedoch oft auf verschiedenen Ebenen und durch verschiedene Verfahren gleichzeitig markiert. Dies ist besonders dann der Fall, wenn der Autor sicherstellen will, daß der Leser einen intertextuellen Bezug auf jeden Fall erkennt. So begnügt sich Plenzdorf nicht damit, den Bezug seines Romans auf Goethes *Werther* durch seinen Titel zu markieren, sondern benützt überdies eine große Zahl weiterer Markierungsformen – von der Erwähnung des Titels von Goethes Roman über markierte Zitate aus dem *Werther* und eine Inhaltsangabe in »Jeans-Prosa« bis zu Ähnlichkeiten der Figurennamen. Auch Fielding markierte die Bezüge seines *Joseph Andrews* auf Richardsons *Pamela* auf vielfache Weise, aber wohl nicht so sehr deshalb, weil er befürchtete, daß seine Leser die Bezüge auf *Pamela* sonst nicht erkennen würden, sondern weil seine kritisch-parodistische Intention sonst nicht deutlich genug geworden und damit die beabsichtigte Wirkung nicht erreicht worden wäre.[29] Im Gegensatz dazu verzichtete er, wie bereits ausgeführt, auf eine explizite Markierung der Bezüge einzelner Szenen auf das Gleichnis vom barmherzigen Samariter. Ein Grund dafür ist sicher, daß es ihm hier nicht um Parodie und Kritik ging, ein weiterer, daß er gerade die Kenntnis der Bibel bei seinen Lesern voraussetzen und insofern für seine Zeit – offenbar im Unterschied zur heutigen Situation – von einer sehr niedrigen »Signalschwelle« ausgehen konnte.

Meistens jedenfalls werden Autoren, welche die intertextuellen Bezüge ihrer Texte erkennbar markieren wollen, mehrere Möglichkeiten der Mar-

[29] Vermutlich sind bestimmte Formen der Intertextualität – wie z. B. Parodie, Travestie oder das Motto – durchweg stärker markiert als andere – wie z. B. die Anspielung.

kierung gleichzeitig verwenden. Darüber hinaus kann die Markierung von Intertextualität aber auch eine dynamische Komponente haben, das heißt, die Bezüge auf ein und denselben Prätext können im Verlauf eines Textes von wachsender oder von abnehmender Deutlichkeit sein. In manchen Fällen erfolgt der Verweis auf einen Prätext beim ersten Mal noch mit relativ großer Offensichtlichkeit, um dann im weiteren Verlauf, wenn der Autor sicher sein kann, daß der Leser den intertextuellen Bezug hergestellt hat, immer weniger klar markiert zu werden. So nimmt etwa die Deutlichkeit der Bezüge auf Ovid bei den vier unter dem Titel *Metamorphoses* veröffentlichten Kurzgeschichten von John Cheever von Geschichte zu Geschichte ab. Bei den Verweisen auf Ballantynes Robinsonade *The Coral Island* in William Goldings *Lord of the Flies* ist es dagegen umgekehrt. Die Eingangskapitel von Goldings Roman erinnern zunächst nur allgemein an die Gattung Robinsonade und verweisen darüber hinaus auf Ballantynes Roman im besonderen nur durch einige wenige Details – wie z.B. dadurch, daß bei Golding wie bei Ballantyne zwei der drei ältesten Jungen Jack und Ralph heißen und daß die Flora und Fauna der beiden Inseln Ähnlichkeiten aufweisen. Dann aber tritt bei Goldings Jungen eine zunächst noch vage Reminiszenz an den Prätext ein: »Here at last was the imagined but never fully realized place leaping into real life«; und kurz darauf vergleichen die Jungen ihre Insel expressis verbis mit der in Ballantynes Roman:

> »It's like in a book.«
> At once there was a clamour. [...]
> »Coral Island –«[30]

Spätestens an dieser Stelle wird auch das intertextuelle Aha-Erlebnis des weniger aufmerksamen Lesers stattfinden!

Die Deutlichkeit der Markierung der Intertextualität eines Textes kann sich aber auch im Laufe seiner Entstehungs- und Veröffentlichungsgeschichte in die eine oder in die andere Richtung verschieben. Eine Bewegung in Richtung auf eine deutlichere Markierung hatten wir bereits oben bei T. S. Eliots *The Waste Land* festgestellt, wo in der ersten Druckfassung zahlreiche intertextuelle Verweise nur indirekt markiert waren, während Eliot in einer späteren Fassung auf Wunsch seines Verlegers diese Verweise in *notes* explizit identifizierte und belegte.[31] (Erst recht müssen die Heraus-

---

30 *Lord of the Flies* (London, 1958 u.ö.), S. 16 und 38. Vgl. dazu auch U. Broich, »Die ›Anti-Robinsonade‹«, in: ders., *Gattungen des modernen englischen Romans,* S. 57–93, hier: S. 74.

31 Etliche dieser *notes* sind übrigens ein Beweis dafür, daß es auch irreführende Markierungen von Intertextualität gibt. Allerdings läßt sich heute wohl nicht mehr mit Sicherheit entscheiden, ob Eliot den Leser bewußt oder unbewußt in die Irre geführt hat. Eine bewußte Irreführung liegt hingegen z.B. in Michel Butors *L'Emploi du temps* vor, wo durch zahlreiche intertextuelle Verweise auf

geber kritischer Editionen in späteren Epochen intertextuelle Bezüge oft explizieren, während diese für den zeitgenössischen Leser keiner Identifizierung bedurften.) Auden ging dagegen bei seinem *New Year Letter* den umgekehrten Weg: Während die erste Fassung ausführliche *notes* enthielt, in denen u. a. Prätexte identifiziert wurden, ließ er diese später in seinen *Collected Poems* fort. Ähnlich verfuhr Joyce bei seinem *Ulysses*: In einer früheren Fassung verwiesen noch alle Kapitelüberschriften seines Romans auf bestimmte Gesänge der *Odyssee*; später ließ er dagegen diese Überschriften weg und behielt lediglich den Romantitel als explizite Markierung des Bezugs zwischen seinem Roman und der *Odyssee* bei.

7. *Markierung und literaturgeschichtliche Entwicklung*

Es ist die Frage, ob es auch im Verlauf der literaturgeschichtlichen Entwicklung ähnliche Tendenzen gibt, ob also Epochen, die zu einer expliziteren Markierung neigten, durch andere Epochen abgelöst wurden, welche ihre intertextuellen Bezüge eher auf verdeckte Weise markierten, und umgekehrt. Auch die Frage, ob bestimmte Epochen bestimmte Formen der Markierung bevorzugten, wäre ein lohnendes Untersuchungsobjekt.

Beim gegenwärtigen Kenntnisstand lassen sich diese Fragen nicht einmal auf vorläufige Weise beantworten. Auf jeden Fall wird man davon ausgehen müssen, daß in allen literaturgeschichtlichen Epochen verschiedenartige Formen der Markierung gleichzeitig nebeneinander existierten und daß diese Verschiedenheit nicht zuletzt von der Rezipientenschicht abhängig war, an die sich ein Autor in erster Linie wandte. So hat es in allen Epochen Autoren gegeben, welche für ein kleines Publikum von Kennern schrieben und welche die intertextuellen Bezüge ihrer Texte daher eher auf eine verdeckte Weise markierten – von den Sonettdichtern der italienischen Renaissance[32] bis hin etwa zu Arno Schmidt –; und ebenfalls finden sich in allen Epochen Schriftsteller, die zu einer deutlicheren und expliziteren Markierung tendierten – vom *Don Quijote* des Cervantes bis hin zu Greenes *Monsignor Quixote*.

Eine Grundtendenz zeichnet sich jedoch innerhalb der letzten Jahrhunderte ab. Frühere Epochen bevorzugten durchweg eine deutlichere und

---

den klassischen Detektivroman der Eindruck im Leser (wie übrigens auch beim Protagonisten) erweckt wird, es handle sich um einen klassischen Kriminalfall, der mit den traditionellen Mitteln des Detektivromans enträtselt werden könnte.

[32] Vgl. etwa A. Noyer-Weidner, »Zu Tassos ›binnenpoetischer‹ Auseinandersetzung mit Bembo – (samt abschließendem Hinweis auf das Desideratum einer kritischen Ausgabe von Bembos *Rime*)«, in: *Italien und die Romania in Humanismus und Renaissance*, ed. K. W. Hempfer/E. Straub (Wiesbaden, 1983), S. 177–196.

eindeutigere Markierung. Dies gilt selbst für die klassizistische Literatur des frühen 18. Jahrhunderts, die sich ja durchweg an den belesenen Leser wandte: Irvin Ehrenpreis hat nicht zu Unrecht, wenn auch in einem anderen Zusammenhang, von der Tendenz der Literatur des englischen Klassizismus zur «explicitness« gesprochen.[33] Die modernistische und postmoderne Literatur bevorzugt dagegen im Detail eine stärker verdeckte und weniger eindeutige oder explizite Markierung – wie sie ja überhaupt in ihren Texten mehr »Leerstellen« läßt und auf diese Weise der Aktivität – und damit auch der Subjektivität – des Lesers einen weit größeren Spielraum eröffnet.[34]

Aber auch wenn diese Texte ihre intertextuellen Bezüge weniger offen und zum Teil überhaupt nicht markieren, wird man doch sagen können, daß ihre Verfasser sich in der Mehrzahl grundsätzlich zu den »Echos der Intertextualität« (»echi dell' intertestualità«), zu der Überzeugung, daß alle »Bücher [...] immer von anderen Büchern [sprechen] und jede Geschichte eine schon längst erzählte Geschichte« erzählt,[35] nicht nur offen bekennen, sondern programmatisch den intertextuellen Charakter ihrer Texte als entscheidendes Konstituens herausstellen. Dazu steht nur scheinbar im Widerspruch, was Raymond Federman aus der Sicht des Postmodernisten – sicher nicht ohne eine gewissen Koketterie – über seine Werke sagt:

> Therefore I shall not reveal my sources because these sources are now lost in my own discourse, and, moreover, because there are no sacred sources for thinking and writing.[36]

Das offene Bekenntnis zur Intertextualität des eigenen Textes findet sich auch im englischen Klassizismus häufig. Im Gegensatz dazu tendieren die Lyrik der englischen Romantik und der Roman des englischen Realismus im 19. Jahrhundert, wie Laurence Lerner nachweist,[37] häufig zu einer »negierten Intertextualität«, zu einer Leugnung der Bezüge eines Textes auf andere Texte und zur Betonung seiner »Originalität«.

Dies sind jedoch eher Hypothesen als gesicherte Erkenntnisse. Eine Darstellung des historischen Wandels in den Formen der Markierung von Intertextualität muß – ebenso wie eine Geschichte der Intertextualität selbst – noch geschrieben werden.

---

33 »Explicitness in Augustan Literature«, in: I. Ehrenpreis, *Literary Meaning and Augustan Values* (Charlottesville, 1974), S. 1–48.

34 Vgl. W. Iser, *Der Akt des Lesens*, UTB (München, 1976), bes. S. 315–327.

35 Eco, *Nachschrift*, S. 28. – *Postille*, S. 15: »i libri parlano sempre di altri libri e ogni storia racconta una storia già raccontata.«

36 »Imagination as Plagiarism [an unfinished paper ...]«, *New Literary History*, 7 (1975–1976), 563–578, hier: 566.

37 Vgl. Kapitel VI, 3.

III. Bezugsfelder der Intertextualität

1. Zur Einzeltextreferenz

Ulrich Broich

Wenn man den Begriff der Intertextualität in einem so weiten Sinn verwendet, daß jeder Text in all seinen Elementen intertextuell ist, verliert der Begriff seine Trennschärfe und damit seine wissenschaftliche Brauchbarkeit zumindest für die Analyse einzelner Texte. Wenn hier eine engere Fassung des Begriffs vorgeschlagen wird, so bedeutet dies allerdings nicht, daß eng verwandte Phänomene willkürlich und gewaltsam voneinander getrennt werden sollen. Aus diesem Grunde hat Manfred Pfister mit Recht einen Kernbereich der Intertextualität von den Randgebieten unterschieden. Zum Kernbereich rechnet er die bewußte, intendierte und markierte Intertextualität.[1] Darüber hinaus spricht einiges dafür, zum ›harten Kern‹ der Intertextualität nur solche Fälle zu rechnen, in denen sich ein Text auf einen bestimmten, individuellen Prätext bezieht, wobei dann auch der Begriff des Textes in einem engen Sinn zu verwenden wäre. Dies würde jedoch nicht ausschließen, auch die Bezüge eines Textes auf die Konventionen literarischer Gattungen, auf Mythen, philosophische oder rhetorische Systeme und dergleichen nicht nur für untersuchenswert zu halten, sondern auch zur Intertextualität zu rechnen. Gleichwohl wird hier dafür plädiert, den Bezug eines Textes auf solche Systeme, die nur in einem weiteren – vielleicht nur in einem metaphorischen – Sinn als Texte bezeichnet werden können, in den Randzonen der Intertextualität zu lokalisieren.

Unter der Voraussetzung, daß der Textbezug und der Wirklichkeitsbezug von Texten zwar grundsätzlich voneinander trennbare und zu trennende, aber dennoch miteinander vergleichbare Phänomene sind, läßt sich die Unterscheidung zwischen Einzeltext- und Systemreferenz mit einer ähnlichen Unterscheidung beim Wirklichkeitsbezug von Texten parallelisieren. Auch dieser kann sich nämlich auf individuelle und auf kollektive oder allgemeine Objekte erstrecken. Diese Unterscheidung sei am Beispiel des historischen Romans erläutert. Goldings Roman *The Spire* (1964) spielt im Mittelalter, verweist aber auf diese Epoche nur in allgemeiner Weise, wenn

[1] Vgl. Kap. I dieses Buches, S. 27.

in diesem Roman epochentypische Phänomene wie hochgotische Architektur oder spezifische Formen des mittelalterlichen Aberglaubens in die Romanwelt integriert werden. Der historische Roman des Scottschen Typus geht dagegen darüber hinaus und verweist nicht nur auf historische Generalia, sondern auch auf Unica – bestimmte historische Schauplätze, Daten, Personen, Ereignisse usw. –, wie Scotts erster historischer Roman *Waverley* (1814) beispielsweise zeigt, dessen Handlung zeitlich und geographisch genau lokalisiert ist, in dem unter anderen Bonnie Prince Charlie auftritt und der in der Schlacht von Culloden (1746) gipfelt.

Es gibt Definitionen des historischen Romans, in denen Werke wie *The Spire* aus der Gattung ausgeschlossen werden.[2] Eine solche Abgrenzung wäre aber ebenso gewaltsam wie eine Definition der Intertextualität, die z.B. den generischen Bezug des komischen Epos (*mock-heroic*) auf das klassische Epos aus diesem Begriff ausgrenzen würde. Wenn man jedoch in der Sache verschiedene Dinge auch begrifflich auseinanderhalten will, dann muß man die Einzeltextreferenz ebenso von dem trennen, was im folgenden Systemreferenz genannt werden soll, wie den Wirklichkeitsbezug von Texten auf Unica von dem auf Generalia.

Auch die ältere Literaturkritik und -wissenschaft hat unter diesen beiden Varianten der Intertextualität meist der Einzeltextreferenz den Vorrang eingeräumt. Dies ist bereits aus der Tatsache zu ersehen, daß die meisten historischen Termini für Formen der Intertextualität Formen der Einzeltextreferenz bezeichnen: Zitat, Motto, Cento, Übersetzung, Bearbeitung, *imitation* (im klassizistischen Sinn), Paraphrase, Resümee, Kontrafaktor und viele andere mehr. Dagegen ist *mock-heroic* einer der ganz wenigen historischen Begriffe, die eine Systemreferenz von Texten bezeichnen, während Pastiche, Allusion, Parodie und Travestie zu den ebenfalls wenigen Begriffen gehören, die sowohl eine Einzeltext- als auch eine Systemreferenz bezeichnen können.[3]

Wenn die Bezüge von Texten auf einzelne Prätexte untersucht werden, dann handelt es sich bei den Prätexten in der Regel um Texte anderer Autoren. Es darf jedoch nicht übersehen werden, daß ein Text sich auch auf einen Text des gleichen Autors beziehen kann und daß dieses Phänomen ganz ähnliche Züge wie die Intertextualität aufweist. Hier ist zunächst der hin und wieder als Auto- oder Intratextualität bezeichnete Verweis

---

[2] Vgl. etwa die Definition von Avrom Fleishman (*The English Historical Novel: Walter Scott to Virginia Woolf* [Baltimore/London, 1971], S. 4).

[3] Auch Genette nimmt in seiner Untersuchung *Palimpsestes* eine klare Unterscheidung zwischen Einzeltext- und Systemreferenz vor. Während er als Oberbegriff für beide den Begriff »transtextualité« verwendet, bezeichnen bei ihm z.B. »intertextualité« und »hypertextualité« Formen der Einzeltextreferenz, während »architextualité« den Gattungsbezug, d.h. also eine von verschiedenen Möglichkeiten der Systemreferenz, meint.

eines Textes auf andere Stellen des gleichen Textes zu nennen. Gehen wir auf einer gedachten Skala einen Schritt weiter von der Intra- in Richtung auf die Intertextualität, so gelangen wir zu den für die Einzeltextanalyse ebenfalls wichtigen Verweisen eines Textes auf Nebentexte des gleichen Autors, wie z.B. Vor- und Nachworte, Erläuterungen in Briefen, Interviews und dergleichen.[4] Wiederum ein Stück näher in Richtung auf die Intertextualität sind solche Texte lokalisiert, die auf andere, eigenständige Texte des gleichen Autors verweisen. Dies ist besonders häufig bei Textserien der Fall, etwa bei der Kriminalerzählung: So sind die späteren Dupin-Erzählungen von Poe und die späteren Sherlock-Holmes-Erzählungen von Conan Doyle voll von Verweisen auf jeweils vorausgegangene Erzählungen der gleichen Serie.[5] Auch außerhalb solcher Textserien gibt es solche Anschlußtexte – als Beispiel seien hier nur Thackerays *The Newcomes* (1853) und *The Virginians* (1857–1859) genannt, die vom Autor als Fortsetzungen von *Pendennis* (1848–1850) beziehungsweise *Henry Esmond* (1852) deklariert wurden und wiederholt auf den jeweils vorausgehenden Roman verweisen. Von hier ist es dann nur noch ein kleiner Schritt zu einer als Bezug eines Textes auf fremde Texte verstandenen Intertextualität, denn Anschlußtexte in einer Textserie oder Fortsetzungen können auch von anderen Autoren verfaßt werden – man denke etwa an James-Bond-Filme, denen kein Roman von Ian Fleming mehr zugrunde liegt, oder an die verschiedenen Fortsetzungen des *Lazarillo de Tormes* (1554), mit denen andere Autoren vom Erfolg des *Lazarillo* zu profitieren suchten.

Nur theoretisch von Bedeutung ist die Frage, ob sich ein Text auf einen einzigen Prätext oder auf mehrere Prätexte bezieht, denn man wird lange nach literarischen Werken suchen müssen, in denen nur ein einziger fremder Text präsent ist. Größeren Sinn hat eine Unterscheidung zwischen Texten, in denen mehrere Texte mehr oder weniger gleichrangig präsent sind, und solchen Texten, in denen der Bezug auf einen bestimmten Prätext dominant ist. Die erste Möglichkeit wird etwa von Ecos *Il nome della rosa* oder Stoppards *Travesties* repräsentiert; als Beispiel für die zweite Möglichkeit mögen vier Dramen dienen, die sich in den letzten Jahren im Repertoire der Münchner Kammerspiele befanden: Peter Weiss, *Der neue Prozess* (dominanter Prätext: Kafka, *Der Prozeß*); Heiner Müller, *Quartett* (dominanter Prätext: Laclos, *Les liaisons dangéreuses*); Botho Strauß, *Der Park* (dominanter Prätext: Shakespeare, *A Midsummernight's Dream*); George Tabori, *M* (dominanter Prätext: Euripides, *Medea*).

Schließlich ist von Bedeutung, daß der Bezug eines Textes auf einen Prätext oft nicht mit diesem endet, sondern daß der Prätext sich häufig wiederum als Text darstellt, der sich seinerseits auf einen Prätext bezieht

[4] Diese Form des Textbezugs bezeichnet Genette als »paratextualité«.

[5] Vgl. dazu Ulrich Suerbaum, Kap. III, 2.1 dieses Buches, S. 63–66.

und so fort. Als Beispiel dafür seien Ugo Foscolos *Ultime lettere di Jacopo Ortis* (1798/1817) genannt. In diesem Goethes *Werther* nachgebildeten Briefroman bezieht sich die sogenannte Lauretta-Episode auf Sternes *Sentimental Journey*, die Foscolo zur Zeit der Abfassung des *Ortis* nur in einer französischen und in einer italienischen Übersetzung kannte. Die Maria-Episode in der *Sentimental Journey*, auf die sich Foscolos Lauretta-Episode in deutlich markierter Weise bezieht, verweist schließlich ihrerseits ebenso markiert auf eine Episode in Sternes eigenem *Tristram Shandy*. Es ergibt sich also eine Kette von intertextuellen Beziehungen, die vom *Ortis* über die Übersetzungen der *Sentimental Journey* bis zu deren Originalfassung und dann zum *Tristram Shandy* führen. Solche Textketten sind in der Literaturgeschichte nicht selten; und nicht selten thematisiert ein Text nicht nur den Bezug auf den unmittelbar vorhergehenden Prätext, sondern auf alle einer solchen Textkette angehörenden Texte.[6]

In den zuletzt genannten Beispielen ist die Intertextualität durchweg eindeutig als Einzeltextreferenz identifizierbar. Dies ist jedoch nicht immer der Fall, und oft sind Einzeltext- und Systemreferenz nur schwer voneinander zu trennen.[7] So bezieht sich Goldings *Lord of the Flies* ebenso sehr auf Ballantynes *The Coral Island* wie auf die Gattung der klassischen Robinsonade, und der dominante Gegenstand des Textbezugs von Cervantes' *Don Quijote* ist ebenso sehr der *Amadis* wie die Gattung des Ritterromans, wobei der individuelle Prätext in *Lord of the Flies* oder im *Don Quijote* nicht primär in seinen individuellen, sondern in seinen generischen Qualitäten präsent ist. Auch wenn sich ein Text auf einen Mythos als Folie bezieht, ist oft schwer zu entscheiden, ob es sich bei dem Bezugstext um eine ganz bestimmte sprachliche Ausformung des Mythos oder um den hinter den einzelnen sprachlichen Ausformungen liegenden Mythos selbst oder nur um eine mythische Struktur handelt.

Obwohl also in vielen Fällen Einzeltext- und Systemreferenz zugleich vorliegen, sind diese beiden Bezugsformen dennoch grundsätzlich voneinander trennbar. Dies wird oft auch bei der Rezeption solcher Texte deutlich. Der heutige Leser eines komischen Epos aus dem England des 18. Jahrhunderts wird die Bezüge auf das heroische Epos als Gattung meist unschwer erkennen; die konkreten Bezüge auf bestimmte Epen werden ihm jedoch oft erst nach genauerem Studium klar (oder durch die Benützung einer kommentierten Ausgabe wie etwa der Twickenham Edition von Popes *The Rape of the Lock* oder *The Dunciad*). Auch den Mythosbezug eines

---

[6] Vgl. Pfisters Beispiel in Kap. III, 2, S. 57f., sowie seine Ausführungen über Robert Lowells »Hamlet in Russia«, Kap. VI, 5 dieses Buches, S. 327f. Weitere Beispiele für solche intertextuellen Textketten liefern Monika Lindner und Horst Zander in Kap. IV, 3 und IV, 4.3 dieses Buches, S. 125f. bzw. S. 181.

[7] Vgl. zur Abgrenzungsproblematik auch Pfister, Kap. III, 2, S. 53.

Textes – wie z. B. von O'Neills *Mourning Becomes Electra* (1931) – werden viele Rezipienten sofort erkennen, während häufig erst eine genauere Untersuchung ergibt, ob sich ein solcher Text auf eine bestimmte sprachliche Ausformung des Mythos – etwa die Electra-Dramen des Aischylos, Sophokles oder Euripides – bezieht oder nicht. Eine solche Untersuchung wird im Falle O'Neills zu dem Ergebnis gelangen, daß er sich auf Aischylos, Sophokles und Euripides zugleich bezieht, bei John Cheevers vier unter dem Titel *Metamorphoses* (1964) veröffentlichten Kurzgeschichten dagegen feststellen, daß sich die ersten drei Geschichten auf die Ausformung des jeweiligen Mythos in den *Metamorphosen* des Ovid beziehen, während der vierten Geschichte nur die generische Struktur eines Verwandlungsmythos zugrunde liegt.

Bei der Analyse der Intertextualität eines Textes sollte daher angestrebt werden, Einzeltext- und Systemreferenz zwar als grundsätzlich voneinander trennbare Phänomene anzusehen, trotzdem aber ihr Zusammenwirken bei der Konstitution des Textes deutlich zu machen.

2. Zur Systemreferenz

Manfred Pfister

Kein Verfassen von Texten ist ein adamitischer Akt, in dem der Textproduzent gleichzeitig mit seinem Text auch seine Sprache von Grund auf erst schaffen müßte, und kein literarischer Autor ist ein Kaspar Hauser, der noch nie einen fremden literarischen Text gehört oder gelesen hätte. Und ebenso geht in jede Textrezeption die Erfahrung des Rezipienten mit früheren Texten ein, ja setzt diese voraus. Darauf besonders zu insistieren mag banal erscheinen, lohnt sich jedoch, weil die Konsequenzen daraus alles andere als banal sind. Es bedeutet ja nicht weniger, als daß zumindest jeder sprachliche Kommunikationsakt – und hier natürlich in besonders prägnanter Weise der hochdifferenzierte literarische Kommunikationsakt – andere präsupponiert und diese insofern schon impliziert. Diese generelle Präsuppositions- und Implikationsstruktur von Texten öffnet jeden Text auf andere Texte hin und ist ihrerseits die Voraussetzung dessen, was wir ins Zentrum unserer Konzeption von Intertextualität gerückt haben, das Replizieren eines Textes auf einen bestimmten anderen oder auf bestimmte andere. Nur weil kein Text eine fensterlose Monade ist und nur weil jeder Text beim Autor und Rezipienten frühere Erfahrungen mit Texten voraussetzt und über mehr oder minder abstrakte Ähnlichkeitsrelationen auf diese bezogen oder beziehbar ist, können solche Einzeltextreferenzen überhaupt möglich sein; das eine ist der Bedingungsrahmen der Möglichkeit des anderen.

Intertextualität, d.h. Verbindung und Zusammenspiel zwischen Texten, ist das eine wie das andere, wenn diese intertextuellen Bezüge auch von unterschiedlicher Intensität sind. Gradmesser der unterschiedlichen Intensität zwischen Einzeltextreferenz und den angedeuteten allgemeineren Bezügen zwischen Texten ist in erster Linie unser Kriterium der Selektivität:[1] *Ceteris paribus* ist ein intertextueller Verweis um so intensiver, je prägnanter er ist. Und ein Verweis auf einen einzelnen konkreten Text ist allemal prägnanter als der Bezug auf eine Gruppe von Texten oder gar auf die Gesamtheit aller Texte, auf das Universum der Texte – ein notwendigerweise abstrakterer Bezug, da er allein auf Systemhomologien beruhen kann. Der Prätext, der dabei ins Spiel kommt, ist nicht mehr ein individueller Prätext, sondern wird von Textkollektiva gebildet oder genauer von den hinter ihnen stehenden und sie strukturierenden textbildenden Systemen. Da diese sich aber in Texten manifestieren und nur über Texte greifbar sind, erscheinen auch bei diesen abstrakteren Relationen die Begriffe ›Intertextualität‹ und ›Prätext‹ angebracht, ohne daß man sie dabei metaphorisch überstrapaziert. Wir sprechen hierbei in Unterscheidung zur Einzeltextreferenz von ›Systemreferenz‹,[2] engen diese aber, im Gegensatz zu völlig entgrenzten Konzeptionen von Intertextualität, auf sprachliche oder versprachlichte Systeme ein. Ein Verweis auf eine historische Figur z.B. ist damit, selbst bei Erweiterung des Intertextualitätskonzepts um die Systemreferenz, kein intertextueller Bezug mehr, da eine Figur weder ein sprachliches Phänomen im eigentlichen Sinn ist noch Systemcharakter hat. Unabhängig davon kann ein solcher Verweis auf eine historische Figur gleichzeitig und oft sogar dominant ein intertextueller Bezug auf eine oder mehrere literarische Gestaltungen dieser Figur sein (man denke etwa an die zahlreichen historiographischen, dramatischen und narrativen Texte über Caesar, die sich oft pointiert aufeinander beziehen), doch wäre dies dann unter Einzeltextreferenz zu subsumieren.

Die am weitesten gefaßte Systemreferenz in unserem Sinn ist der Bezug auf die sprachlichen Codes und das Normensystem der Textualität. Jeder sprachliche Text ist als sprachliches Konstrukt und als textuelle Einheit prinzipiell auf alle anderen zu beziehen, steht er doch mit ihnen in der, wenn hier auch sehr abstrakten und allgemeinen, Similaritätsrelation gleicher oder ähnlicher textkonstitutiver sprachlicher Normsysteme.[3] Freilich befinden wir uns mit diesem globalen Bezug in der äußersten Randzone der Intertextualität, und dies nicht nur aufgrund des Kriteriums der Selektivität, sondern auch schon des der Referentialität. Im Normalfall bedienen

---

[1] Vgl. »Konzepte der Intertextualität«, in diesem Band, S. 28f.

[2] Vgl. »Konzepte der Intertextualität«, S. 17–19.

[3] Zur Similaritätsrelation vgl. den Beitrag von M. Lindner im vorliegenden Band: »Integrationsformen der Intertextualität«, S. 126f.

sich (*use*) ja Texte nur dieser sprachlichen Codes und textbildender Muster, ohne daß sie auf diese verweisen (*mention/refer to*).[4] An Intensität gewinnt dieser globale Bezug jedoch in dem Maß, in dem die sprachlichen Codes und die Normen der Textualität bloßgelegt und damit thematisiert oder referenzialisiert werden. Alle Verfahren, die die linguistisch-strukturalistische Devianz-Poetik ins Zentrum gerückt und systematisch erschlossen hat, werden damit in dieser Randzone der Intertextualität bedeutsam, denn jede Code-Durchbrechung oder Normabweichung macht die Codes und Normen bewußt, perspektiviert den devianten Text vor dem Hintergrund von Texten oder, streng genommen, aller Texte, die sich dieser Codes einfach bedienen und diese Normen erfüllen, und tritt damit in einen – oft weitgehend implizit bleibenden – Dialog mit deren Normentreue. So ist es sicher nicht zufällig, sondern signifikant für den inneren Zusammenhang zwischen solchen Randphänomenen der Intertextualität und deren Kernbereich, daß etwa in der modernistischen und noch mehr in der postmodernen Literatur sich beide geradezu hypertroph entwickelt haben.

Wesentlich prägnanter wird die Systemreferenz, wenn das anzitierte System nicht mehr das allgemeine der *langue* ist, sondern ein ausdifferenziertes Subsystem davon, also ein bestimmter Diskurstyp. Solche Diskurstypen sind z.B. der religiöse, der philosophische, der wissenschaftliche oder der politische Diskurs, oder, noch pointierter, eine historisch-spezifische Ausformung solcher Diskurstypen, hinter denen immer auch bestimmte Sinnsysteme stehen. Systemreferenzen dieses Abstraktionsniveaus bilden, wie wir gezeigt haben, das Zentrum der Intertextualitätskonzeption von Bachtin und, ihm hierin folgend, Kristeva: Wenn Bachtin von der Vielfalt der »Sprachen« und wenn Kristeva vom »Text« oder der »Stimme« der Scholastik, der Stadt oder des Hofs ausgeht, die sich einem Werk einschreiben, meinen sie genau das, was wir weniger metaphorisch mit »Diskurstypen« bezeichnen.[5]

Wir wollen diese vor allem in literarischen Texten allgegenwärtige Form intertextueller Systemreferenz kurz an zwei prägnanten Beispielen konkretisieren. Im Zentrum von Keats' frühem poetologischen Gedicht »Sleep and Poetry« (1816) steht eine Passage, in der er sich kritisch mit der klassizistischen Dichtung des 18. Jahrhunderts auseinander- und sich von dieser absetzt (Z. 181–206).[6] Dabei bezieht er sich zunächst nicht auf einen einzelnen Autor oder auf ein einzelnes Gedicht, sondern systemreferenziell auf das poetologische Selbstverständnis und die *poetic diction* der *Augustan Poetry*, die hier als einheitlicher Diskurstyp erscheint, und ahmt an einer Stelle –

4 Vgl. »Konzepte der Intertextualität«, S. 26.
5 Vgl. »Konzepte der Intertextualität«, S. 2ff. u. 7f.
6 In: *The Complete Poems*, ed. M. Allott (London, 1970), S. 77f.

> They swayed about upon a rocking horse
> And thought it Pegasus (Z. 186f.) –

jene aus seiner Sicht charakteristische mechanische Metrik des klassizistischen *heroic couplet* nach, eine Metrik, die diese Verse zudem noch ausdrücklich in einer kritisch herabsetzenden Metapher verwerfen. Die Systemreferenz ist damit sowohl implizit als auch explizit und wird auch noch durch Einzeltextreferenzen gestützt: Das Bild vom Pegasus als Schaukelpferd der Klassizisten zitiert deutlich Hazlitts *Examiner*-Essay von 1815 »On Milton's Versification« an (»Dr. Johnson and Pope would have converted his [Milton's] vaulting Pegasus into a rocking horse«),[7] und am Schluß dieser Passage wird die ganze Schule unter das Banner »of one Boileau« (Z. 206) gestellt.

Während die Systemreferenz hier nur eine Passage innerhalb eines Textes entscheidend prägt, kann sie auch einen Text als Ganzes überformen. Ein bekanntes Beispiel dafür ist Swifts *A Modest Proposal* (1729), dessen Stil, Argumentationsduktus und Aufbau bis in die feinsten Details hinein den Diskurs der *economic projectors* aufnehmen und in seiner Inhumanität und perversen Rationalität bloßlegen. Diese satirisch funktionalisierte Intertextualität ist weitgehend und dominant systemreferenziell, auch wenn sich einzelne ökonomische Traktate nachweisen ließen, die besonders signifikante Ähnlichkeiten zeigen. Daß sie vor allem auf dieser Ebene wirkt, zeigt ja schon die Rezeptionsgeschichte, in der pointiertere Einzeltextreferenzen über lange Zeit hin aus dem Bewußtsein der Leser schwanden, ohne daß dadurch die Zielrichtung der Satire mißverstanden werden mußte.[8] Ein noch reicheres Anschauungsmaterial würde Swifts *Tale of a Tub* bieten, die geradezu ein Paradebeispiel für Bachtins karnevaleske Dialogizität der Sprachen und für Kristevas Polylog der Stimmen abgibt, doch werden dort so zahlreiche und verschiedenartige Diskurstypen anzitiert und in so komplexer Verschränkung gegeneinander ausgespielt, daß wir das hier nicht einmal skizzieren können und es mit dem Hinweis bewenden lassen müssen, daß eine ähnliche Vielstimmigkeit erst in der Moderne und Postmoderne wieder erreicht wurde.

Der intertextuelle Bezug auf Diskurstypen reicht weit über literarische Vorgaben hinaus, ja hat gerade im Aufgreifen nichtliterarischer, dem gesellschaftlichen Leben unmittelbar verhafteter Sprach- und Textformen seinen Schwerpunkt. Insofern muß die Systemreferenz auf literarische Schreibweisen und Gattungen als Einengung gegenüber jener auf allgemei-

---

[7] In: *Works*, ed. P. P. Howe (London, 1930), IV, 36–41, hier: S. 40.

[8] Vgl. dazu L. A. Landa, »*A Modest Proposal* and Populousness«, *Modern Philology*, 40 (1942), 161–170, und G. Wittkowsky, »Swift's *Modest Proposal*: The Biography of an Early Georgian Pamphlet«, *Journal of the History of Ideas*, 4 (1943), 75–104.

ne Diskurstypen betrachtet werden. Wir können uns hier kurz fassen, da die generische Systemreferenz oder »Architextualität« (Genette)[9] im folgenden Beitrag über »Intertextualität und Gattung« gesondert und ausführlich behandelt wird. Im Rahmen unseres systematischen Aufrisses ist jedoch anzumerken, daß in Hinblick auf das Kriterium der Selektivität die Referenz auf literarische Texttypen eine ähnliche Bandbreite aufweist wie die auf allgemeine Diskurstypen, denn auch hier kann die Referenz sich auf überhistorische Schreibweisen wie die narrative oder die dramatische oder aber, und dann wesentlich prägnanter, auf historisch-spezifische Gattungen wie die *comedy of manners,* das petrarkistische Sonett, die *gothic novel* oder den viktorianischen *dramatic monologue* beziehen. Inwieweit ein Text dieses intertextuelle Potential dann dialogisch ausspielt, hängt hier wie überall natürlich davon ab, bis zu welchem Grade er vorgegebene Gattungsmuster nicht einfach fortschreibt, sondern sie variiert, durchbricht, bewußt macht oder thematisiert und damit in einen Dialog mit den vorausgegangenen Gattungsexemplaren tritt. Auf dieser Ebene ist zum Beispiel Becketts *Waiting for Godot*, das ansonsten auf Einzeltextreferenz fast vollständig verzichtet, ein reich intertextuelles Stück und führt als solches einen vielschichtigen, wenn auch implizit bleibenden Dialog mit der dramatischen Weltliteratur und den Traditionen von Tragödie und Komödie, in dem es die Axiomatiken von Drama, Tragödie und Komödie radikal problematisiert.

Eine letzte Dimension intertextueller Systemreferenz, die wir hier noch anführen wollen, schon weil sie von herausragender literaturgeschichtlicher Bedeutung ist und gerade derzeit sich einer neuen Konjunktur erfreut, ist der Bezug auf Archetypen und Mythen, ein Bezug, der im Gegensatz zu den vorher genannten nicht dominant formal oder strukturell, sondern thematisch ist. Es handelt sich hierbei um Systemreferenzen, weil (1) Mythos mehr ist als eine Sammlung einzelner Erzählmotive, nämlich deren Verknüpfung zu einem System, und weil (2) ein mythologischer Text kaum je auf einen einzelnen Text zurückgreift, in dem dieser Mythos schon gestaltet war, sondern auf eine ganze Serie von Varianten. Der Mythos ist ja an sich schon ein intertextuelles Phänomen, da seine Urgestalt, wie sie in Riten und mündlichen Erzähltraditionen lebte, uns überhaupt nur noch aus dem Variantenspiel späterer schriftlicher Fassungen rekonstruierbar ist, und ebenso ist auch ein Archetypus nur als gemeinsame Matrix mehrerer Mythen erschließbar.

Folgt man der anthropologischen Literaturtheorie, dann sind jedem künstlerischen Text Archetypen des kollektiven Unbewußten eingeschrieben und liegen diese auch als Tiefenstruktur den einzelnen Gattungen zugrunde – etwa der Archetypus von Tod und Wiedergeburt der Tragödie und

---

[9] Vgl. »Konzepte der Intertextualität«, S. 17.

Komödie, der Archetyp des Sündenbocks der Tragödie und der Satire oder die Archetypen von *quest* und *initiation* dem Epos, der Romanze und dem Roman. Damit wäre jeder Text auf alle anderen Texte des gleichen Archetypus beziehbar, und das unabhängig davon, ob dieser Bezug vom Autor intendiert und markiert ist oder nicht. Ersteres gilt vor allem für Texte, die selbst schon im Horizont des *archetypal criticism* geschrieben sind, wie z. B. T. S. Eliots *The Waste Land* oder William Goldings *Rites of Passage* (1980). In beiden Fällen ist der unmittelbare intertextuelle Bezug der auf anthropologische Schriften (bei Eliot auf Jessie L. Westons *From Ritual to Romance* und James George Frazers *The Golden Bough,*[10] bei Golding auf Arnold van Genneps *Les Rites de Passage*), doch sind diese Einzeltextreferenzen nur das Vermittlungsmedium einer übergreifenden Systemreferenz auf den jeweiligen Archetypus selbst.

Bleibt diese über gemeinsame Archetypen vermittelte Intertextualität weitgehend Spekulation, so befindet man sich bei der mythischen Intertextualität auf gesicherterem Terrain, denn hier handelt es sich in der Regel um bewußte, mehr oder weniger deutlich markierte und vom intendierten Rezipienten unmittelbar nachvollziehbare Rückverweise auf frühere Texte oder die ihnen zugrundeliegenden Mythen. Die »Arbeit am Mythos« (Hans Blumenberg) produziert ständig neue Versionen und Varianten, da sie das Provozierende und Inkommensurable des ursprünglichen Mythos je neu der Gegenwart zu vermitteln sucht, und so entstehen oft mehrere Jahrhunderte, ja Jahrtausende umspannende intertextuelle Serien, in denen pointierte Einzeltextreferenzen zwischen bestimmten Fassungen in einer übergreifenden Systemreferenz aufgehoben erscheinen.[11] So ist auch ein Rückbezug auf die älteste überlieferte Fassung immer wieder durch ein Netzwerk dazwischen liegender Fassungen gefiltert, was Ezra Pound etwa im ersten seiner *Cantos* dadurch bewußt macht, daß er die Nekyia-Episode aus dem 11. Buch der *Odyssee* nicht nach dem Original übersetzt, sondern nach der lateinischen Renaissance-Übersetzung von Andreas Divus, und so durch die potenzierte Übersetzung die vielstufige Vermitteltheit jeder Mythenrezeption bloßlegt.

Solche intertextuelle Serien umspannen oft auch mehrere Künste. Dies gilt zum Beispiel für den Salome-Mythos, der im 19. Jahrhundert zu einer zentralen Chiffre für die *femme fatale* wird: Ausgehend von Heinrich Heines erotischer Umdeutung der neutestamentlichen Darstellung (Matth. 14, Mk. 6) in seinem Salome-Gedicht im *Atta Troll* (1834; Caput XIX) gestaltet

---

[10] Zu Frazers Werk als zentralem Prätext modernistischer Literatur vgl. J. B. Vickery, *The Literary Impact of the ›Golden Bough‹* (Princeton, 1973).

[11] Zu intertextuellen »Serien« vgl. Ch. Grivel, »Serien textueller Perzeption. Eine Skizze«, in: *Dialog der Texte*, ed. W. Schmid/W.-D. Stempel (Wien, 1983), S. 53–84.

Gustave Moreau in den siebziger Jahren eine Reihe von Aquarellen und Gemälden zu diesem Thema (z. B. *Salomé,* 1876 und *L'Apparition*, 1876), die Joris-Karl Huysmans 1884 als Bildbeschreibung in seinen Dekadenz-Roman *A Rebours* integriert. Dieser wiederum ist eine der wichtigsten Anregungsquellen für Oscar Wildes Drama *Salomé* (1891), das seinerseits in Aubrey Beardsleys Illustrationen zur englischen Erstausgabe von 1894 wieder in Bildkunst umgesetzt und 1905, in Hedwig Lachmanns Übersetzung, von Richard Strauss als Oper vertont wird.[12]

Im Fall der hier skizzierten Reihe lassen sich zwar, ähnlich wie bei der in III, 1 genannten Textreihe von Sterne zu Foscolo, jeweils Einzelreferenzen konkret nachweisen, doch geht hier die intertextuelle Vernetzung zwischen diesen und zahlreichen weiteren einschlägigen Texten des Fin de siècle weit über die chronologisch-genealogische Kettenbildung hinaus. Der Unterschied zum Sterne/Foscolo-Beispiel, der zunächst als rein quantitativer Unterschied erscheinen mag, ist in einen qualitativen umgeschlagen: Aus der komplexen Vernetzung der Texte entsteht ein System von Varianten und »Lesearten« des Mythos, auf das sich der einzelne Text über jeweilige Einzeltextreferenzen hinausgehend vor allem bezieht. Diese Systeme und diese systemreferentiellen Bezüge zu erstellen heißt, das als Intertextualität zu untersuchen, was die Motivgeschichte und die *sources-and-analogues*-Forschung in positivistischer Faktenhuberei fragmentarisiert hatte. Daß dabei, wie auch in der Topos- und Stereotypenforschung, wichtige Vorarbeiten der Bereitstellung und Vorstrukturierung des Untersuchungsmaterials geleistet wurden, sei gerne eingeräumt, doch verfehlten diese älteren Studien aufgrund methodischer Verkürzungen das Ziel der Intertextualitätsanalyse, den einzelnen Text als vielschichtige dialogische Replik innerhalb vielfältig vernetzter Textreihen zu lesen.

2.1 Intertextualität und Gattung

Beispielreihen und Hypothesen

Ulrich Suerbaum

1. Fragen und Ziele

Bei allen Gattungen gehört Intertextualität zu den konstitutiven Merkmalen: Gattungen bestehen aus Texten, die ihren Zusammenhang als Reihe

---

[12] Vgl. R. Schaffner, *Die Salome – Dichtungen von Flaubert, Laforgue, Wilde und Mallarmé: Vergleichende Gestalt- und Stilanalyse* (Würzburg, 1956); H. G. Zagona, *The Legend of Salome and the Principal of Art for Art's Sake* (Genf, 1960).

oder Gruppe dadurch erhalten, daß sie aufeinander bezogen sind, und die ihre Bezogenheit auf andere Texte in der Regel durch deutliche, von jedem Rezipienten zu lesende Signale und Markierungen zum Ausdruck bringen.

Wenn man bedenkt, daß die Gattung im Universum der Texte zu der kleinen Zahl von Phänomenen gehört, für die Intertextualität – verstanden als eine Beziehung, die über die Analogierelationen der Textualität hinausgeht – konstitutiv ist, dann kann man es schon auffällig finden, eine wie geringe Rolle Intertextualität auf der Ebene der Gattung in der gegenwärtigen Diskussion spielt.

Einerseits zeigen die meisten Generalisten der Intertextualität, denen es vor allem um den Dialog- oder Bibliothekscharakter aller Texte geht, geringes Interesse für die Gattung; andererseits fehlen Beispiele der Gattungsintertextualität in der Regel auf der Liste jener »verschiedenen Formen konkreter Bezüge zwischen Einzeltexten, wie sie die Literaturwissenschaft immer schon untersucht hatte«[1] – von Parodie und Travestie bis zu Übersetzung und Adaptation. Beide Seiten haben besondere Gründe für Zurückhaltung oder Desinteresse. Die manchmal fast schwärmerische Faszination der Idee eines Gesprächs aller Bücher, einer universalen Textentwicklung als unendliche Fortschreibung und unendlicher Regreß kann Abbruch leiden, wenn ich den Blick auf Bezirke des Textuniversums richte, in denen Intertextualität vor allem der Ausgrenzung aus dem Textuniversum und dem Zusammenschluß durch Absonderung dient. Der Untersuchung konkreter Bezüge kommen Gattungen mit ihren Reihen oder Feldern von Texten weniger entgegen als Einzeltexte oder Textpaare, für die unser methodisches Instrumentarium der individuellen oder vergleichenden Analyse besser geeignet ist. Von Gewicht dürfte auch sein, daß die modernen Konzepte von Gattung insgesamt sich nur schwer mit den Konzepten von Intertextualität insgesamt vereinbaren lassen. Wir stellen uns Gattungen nicht als feingesponnene Netze von Beziehungen zwischen einzelnen Texten vor, sondern wir führen ihren Zusammenhang auf einen Code, einen Satz von Regeln und Konventionen, eine Gattungsgrammatik zurück, auf ein System also, das außerhalb der individuellen Beziehungen Autor – Text, Text – Leser, Text – Text existiert, auch wenn es sich nur in konkreten Texten manifestiert. Unser Grundbegriff für den gattungskonstituierenden Relationstypus ist nicht *inter*, sondern *extra*.

Die eigentliche Besonderheit des Problems der Intertextualität bei Gattungen liegt in seiner Ansiedlung auf einer mittleren Ebene; die spezielle Intertextualität von Gattungen liegt nicht nur zwischen den Zentren der Interessensphären der Generalisten wie der Spezialisten, sondern sie liegt auch, soweit sich das vorweg abschätzen läßt, bei allen Kriterien der Pfisterschen Skalierung nicht in der Nähe eines der Extreme.

---

[1] M. Pfister, »Konzepte der Intertextualität«, im vorliegenden Band, S. 10.

Es fragt sich, wie eine solche Spielart der Intertextualität, die ihren Sitz weder im generellen Dialog der Texte noch notwendigerweise in der konkreten Einzelbeziehung zu haben scheint, beschaffen ist und wie sie sich erfassen läßt.

Ich möchte wissen, wie die Gattungshaftigkeit von Texten etabliert wird, wie die Zugehörigkeit zu einer Reihe oder Gruppe markiert und dem Rezipienten signalisiert wird und welche Rolle Formen der Intertextualität dabei spielen. Vor der Betrachtung von Spielformen der Intertextualität in einer heutigen, voll entwickelten, unübersichtlich untergliederten, bei der Mehrzahl der Leser auf vorhandene Gattungskompetenz unterschiedlicher Grade stoßenden Gattung wende ich mich – in der Hoffnung, daß die Verhältnisse dort einfacher und klarer sind – jener Phase zu, in der Gattungen als Reihe (oder als Serie von Reihen) zustandekommen und noch kein Beziehungssystem textexterner oder textinterner Art besteht.

Der Textkomplex, mit dem ich mich zuerst und hauptsächlich befasse, ist die Detektivgeschichte (als besondere Form der Kriminalgeschichte) bei Poe und Conan Doyle, eine klar umrissene Gattung, deren Entstehung sich genau fixieren läßt und die ihre Identität bis heute gewahrt hat. Der zweite Komplex, frühe Beispiele des Romans im Sinne von *novel*, bildet eine Kontrastgruppe, denn bei den Texten von Defoe, Richardson und Fielding kann man durchaus darüber streiten, ob sie aus zeitgenössischer Sicht bereits Gattungscharakter haben.

Mein Auffindungsverfahren besteht in der Suche nach Stellen, an denen ein Text auf einen anderen Text verweist und zu diesem eine Relation herstellt, sei es eine der Zusammengehörigkeit und Zuordnung, sei es eine der Distanzierung. Ich suche sowohl nach markierten, auf Bewußtmachung angelegten als auch nach unmarkierten Bezugnahmen (sofern sie sich im Text greifbar niederschlagen), und ich berücksichtige sowohl übernehmende, Teile des anderen Textes inkorporierende Intertextualität als auch die Referenz auf dem Wege über Begriffe (z. B. Gruppen- und Gattungsbegriffe wie *tale* oder *history*). Ich gehe nicht davon aus, daß sich die Befunde, die sich bei der Untersuchung von spezifischen Beispielreihen ergeben, ohne weiteres auf alle Gattungen übertragen lassen. Angestrebt wird aber doch ein Einblick in generelle Strukturen der Intertextualität von Gattungen.

2. Gattungsentstehung und Intertextualität: Poe als Beispiel

Es steht außer Zweifel, daß Poe mit seinen drei Geschichten um M. Auguste Dupin, besonders mit der ersten, »The Murders in the Rue Morgue« (1841), aber auch mit »The Mystery of Marie Rogêt« (1842) und »The Purloined Letter« (1845), die Gattungsmodelle geliefert hat, auf denen die weitere Entwicklung der Detektivliteratur (und der Kriminalfiktion überhaupt) aufbaut. Es ist aber auch unzweifelhaft, daß Poe sich mit diesen

Geschichten nicht etwa als »founder of a new province of writing« fühlte und ursprünglich nicht das im Auge hatte, was – von Späteren aus seinen Texten herausgelesen – das Wesen der Detektivgeschichte ausmacht. Vor allem in »The Murders in the Rue Morgue«, offenbar ohne den Gedanken an eine Fortsetzung geschrieben, wird deutlich, daß Poes Intentionen wenig mit dem späteren Gattungstelos zu tun haben. Es geht nicht primär um die Lösung eines Kriminalfalles unter Verwendung bestimmter Frage-Antwort-Schemata und Spannungsstrukturen, sondern um die Darlegung eines Konzepts, der »analytic ability«, und um die Präsentation einer Konkretisierung dieses Konzepts in Dupin, der zugleich Künstler und Analytiker ist, der das Auflösen des für gemeine Menschen Unlösbaren als eine Form der Kreativität erweist, die dem Erdichten gleichrangig ist, und der den Menschen, der die Prinzipien der Naturwissenschaften und die poetische Imagination vereinigt, als neuen Heros präsentiert.

Die Geschichte bezieht sich als Textart nicht auf Modelle oder generische Begriffe, sie grenzt sich weder aus noch ein, sondern präsentiert sich ohne Autoreflexion als Zeitschriftenartikel jenes seit dem 18. Jahrhundert geläufigen Typs, bei dem eine theoretische Position durch narrativ vorgetragene Beispiele ergänzt und glaubhaft gemacht wird. Auf eine theoretische Darlegung folgen zwei Beispielfälle für Dupins Ausnahmefähigkeiten, ein kürzerer, in dem er einen Gedankengang liest, ein längerer, in dem er den Mordfall löst. An der Nahtstelle zwischen essayhaftem und erzählendem Teil wird auch die Geschichte zum Teil des expositorischen Aufsatzes erklärt: »The narrative which follows will appear to the reader somewhat in the light of a commentary upon the propositions just advanced.«[2]

Während Intertextualität für die Gattungsbestimmung des Textes kaum herangezogen wird, spielt sie für die interne Struktur eine entscheidende Rolle, und zwar auf zweifache Weise. Dupin und der anonyme Erzähler, der Freund und Genosse des Helden, sind Buchmenschen, Leser, Leute von hoher Zitatkultur. Durch ihr Zitieren und Verweisen bekommt der Text eine ausgeprägte Dimension der Intertextualität. Es gibt nicht nur intertextuelle Stellen, sondern auch Intertextualitätshandlungen: Die Figuren gehen mit Büchern um, lernen sich bei der Suche nach einem bestimmten Buch kennen, lesen einander vor, halten sich bei der Diskussion Texte unter die Nase. Die Bücher, die in der Geschichte mitspielen, von Sir Thomas Brownes *Urn Burial*, aus dem das Motto stammt, bis zu Cuviers Handbuch der Zoologie, das die These vom Orang-Utan als Täter erhärtet, sind real existierende Texte und stützen damit die Fiktion in ihrem Realitätsanspruch. Zitate dieser Art sind nicht unmittelbar gattungs- oder reihenbildend, aber sie dienen unter anderem doch auch der Positionsbestim-

2 *The Works of Edgar Allan Poe*, ed. E. C. Stedman/G. E. Woodberry, 10 vols. (New York, 1914), III, 65–120, hier: 70.

mung des Autors, des Textes und der intendierten Leserschaft durch die Einordnung in den Bereich der anspruchsvollen Kommunikation unter literarisch Gebildeten.

Die zweite Ebene der Intertextualität, die noch größere Bedeutung hat, ist fiktiv. Die Figuren im Text erfahren den Fall und seine Einzelheiten als Texte, nämlich durch Zeitungsberichte, und auch bei der Weitergabe der Geschichte an den Leser wird die Form des fremden Textes beibehalten. Der Erzähler gibt – zur Irritation moderner Krimileser – seitenlang wörtlich wieder, was in der *Gazette des Tribunaux* gestanden hat. Bei der kurzen Tatortbesichtigung – fast der einzigen nicht-zerebralen Aktivität – kommt nur für Dupin Neues heraus, für den Erzähler – und damit für den Leser – bleibt es beim Zeitungswissen: »I saw nothing beyond what had been stated in the ›*Gazette des Tribunaux*.‹«[3]

Die Struktur dieses Einzeltextes wird also – wie es bei vielen fiktionalen Texten des 18. und 19. Jahrhunderts der Fall ist – vorwiegend durch die Struktur seiner Intertextualität bestimmt. Und auf diesem Umweg eröffnet diese für eine bestimmte, einmalige Intention geschaffene Konstruktion doch die Möglichkeit, einer Reihe oder Gattung als Modell zu dienen: eine zweiebige Intertextualitätsstruktur, bei der einer Schicht konventioneller Buch- und Bildungszitate aus realen Texten eine Schicht fiktiver Zitate aus einer unliterarischen, realitätsnahen, aktuellen Textart einbeschrieben ist. Der Held mit seiner Ausnahmementalität ist Konkurrent der Polizei mit ihrer Durchschnittsmentalität und zugleich ein Ausnahme- und Idealleser einer populären, die allgemein zugänglichen Informationen und die *communis opinio* wiedergebenden Textgattung.

In »The Mystery of Marie Rogêt« ist die Intertextualität von noch größerer Bedeutung. Poe will hier einen realen Fall, den Tod der Mary Cecilia Rogers, in der Fiktion durchspielen, und er verwendet zu diesem Zweck die Hauptfiguren der früheren Geschichte – Dupin, seinen Erzählerfreund, den Polizeipräfekten G- – ein zweites Mal. Segmente aus dem Prätext werden übernommen und adaptiert: Namen und Beschreibungen der Figuren, Ansichten und *modus operandi* des Analytikers. Die neue Geschichte heißt im Untertitel »A Sequel to ›The Murders in the Rue Morgue‹«, und in der Tat wird nicht nur die Figurenkonstellation, sondern auch die Geschichte selbst fortgesetzt. Sie wird zitiert, der alten Leserschaft in Erinnerung gerufen, neuen Lesern – die Geschichte erscheint in einer anderen Zeitschrift – in Umrissen vorgestellt, ihre Auswirkung für Dupin dargestellt – er ist jetzt so berühmt, daß der Polizeipräfekt ihn konsultiert und um Hilfe bei der Lösung des neuen Falles bittet.

Neben die auf das eigene Werk bezogene Intertextualität tritt hier wieder als zweite Dimension der Intertextualität das Zitat aus fiktiven Zei-

[3] *Works,* III, 90.

tungsberichten. Diese Schicht hat jetzt nicht nur quantitativ verstärkte Bedeutung – der Text besteht zum größeren Teil aus Zeitungszitaten aus verschiedenen Blättern –, sondern auch eine andere Qualität. Den tatsächlichen Fall, den Poe als »eine Reihe idealischer Begebenheiten, die der Wirklichkeit parallel läuft«[4] in der Fiktion spiegelt, kennt er nur aus Berichten in New Yorker Zeitungen. Diese Berichte werden, leicht adaptiert, in die Fiktionswelt versetzt. Von der zweiten Auflage an wird die dünne Fiktivität noch weiter abgebaut, indem zu jeder Pariser Zeitung und zu jedem Namen die tatsächliche Entsprechung in Fußnoten angegeben wird. Die Zeitungszitate bilden also zugleich den fiktiven und den realen Intertextualitätsrahmen. Die Machart der Geschichte wird ganz und gar durch die Kontrafaktur einer Zeitung bestimmt, und der Analytiker wird ganz und gar zum Idealleser. Seine Gegenspieler und Dialogpartner sind die Zeitungen, deren Hypothesen und Mutmaßungen er falsifiziert und durch bessere ersetzt; die dazu nötigen zusätzlichen Nachforschungen führen in die Zeitungsarchive und damit zu weiteren fremden Texten im Text.

»The Purloined Letter« schließlich weist wieder eine andere, gegenüber den beiden vorhergehenden Geschichten konsequent fortentwickelte Form der Intertextualität auf. Die Figuren werden fortgeschrieben, beide früheren Fälle erwähnt und zur Basis des neuen Auftrags gemacht, aber die Zitate und Anspielungen sind knapper; dem Leser wird – obwohl die Geschichte wieder in einer anderen Publikation erscheint – Bekanntschaft mit den Figuren und mit den alten Fällen unterstellt. Der Autor verfährt wie bei einem Klassikerzitat, dessen Sinn und Kontext man eigentlich kennen müßte, das aber auch für den verständlich wird, dem es neu ist. Verändert ist vor allem die zweite Dimension. Es gibt keine Zeitungen – der Fall liegt so, daß nichts über ihn in die Zeitung kommen kann. Aber es geht in der Auseinandersetzung zwischen Dupin und seinem neuen, gleichrangigen Gegenspieler, dem Minister D-, ausschließlich um Texte unter Texten, Texte im Text. Gesucht wird ein kompromittierender Text, der gestohlene Brief, den der Dieb, der Minister, unter seinen Büchern und Briefschaften versteckt hat, indem er ihn äußerlich verändert offen aufbewahrt. Dupin findet den Brief, ersetzt ihn durch ein Faksimile, teilt dem Gegner darin durch ein literarisches Zitat mit, daß er besiegt ist und wer ihn besiegt hat:

> He is well acquainted with my MSS., and I just copied into the middle of the blank sheet the words –
>
> ›– Un dessein si funeste,
> S'il n'est digne d'Atrée, est digne de Thyeste.‹
>
> They are to be found in Crébillon's *Atrée*.[5]

---

[4] Die Formulierung stammt aus dem Motto der Geschichte, einem Novalis-Zitat (*Works*, III, 121–202, hier: 121).

[5] *Works*, III, 203–234, hier: 233f.

Rückblickend erweist sich das, was ursprünglich als Einzelgeschichte mit spezieller, nicht kriminalliterarischer Intention begann, doch als eine autoreigene Gattung. Poe selbst gibt dieser Tatsache Ausdruck, wenn er bei der Veröffentlichung seiner *Tales* 1845 die drei Dupin-Geschichten zusammen mit zwei anderen unter dem Sammelbegriff »Tales of Ratiocination« bündelt.

Eine Gattung – jedenfalls eine Gattung wie die, deren Geschichte hier beginnt – entsteht in einem kumulativen Prozeß, in dem zwei Arten der Intertextualität eine entscheidende Rolle spielen. Zur Gattungsbildung gehört einmal das, was ich lineare Intertextualität nennen möchte: Segmente vorhergehender Texte werden zitierend und anspielend aufgenommen. Diese Dimension der linearen, reihenbezogenen Intertextualität verstärkt sich, was sich weniger in einer quantitativen Vermehrung der Selbstzitate als in einer Veränderung des Selbstbewußtseins des Reihenerzählers und der Bewußtheit des Reihencharakters beim Leser – auch beim Leser eines einzelnen Textes – niederschlägt.

Die zweite Art der Intertextualität, mindestens in unserem Beispielfall für die Profilierung der Reihe ebenso wichtig, besteht darin, daß die Geschichte nicht nur auf andere Geschichten der Reihe Bezug nimmt, sondern sich als Text aus einem System von anderen, fremden Texten speist, die teils fingiert sind und teils tatsächlich existieren und die teils als Zitate in den Text inkorporiert werden, teils als erwähnte oder implizierte Texte außerhalb bleiben. Ich bezeichne diese Form der Intertextualität als perspektivierende Intertextualität, da sie dem Text durch die kulissenhaft gestaffelten Prätexte den Anschein der Tiefe verleiht.[6]

3. *Lineare und perspektivierende Intertextualität bei der Gattungsentwicklung: Conan Doyle*

Conan Doyles Sherlock-Holmes-Geschichten sind von vornherein stärker auf Gattungshaftigkeit und gattungsinterne Intertextualität angelegt als Poes Erzählungen um Dupin. Sherlock Holmes und Dr. Watson haben engen intertextuellen Bezug zu Dupin und dessen anonymem Freund und Chronisten.

Conan Doyle selbst hat aus dem Anschluß an Poe keinen Hehl gemacht. »Poe's masterful detective, M. Dupin, had from boyhood been one of my heroes«, heißt es in seiner Autobiographie, und dieses Vorbild habe er

[6] Ebenso treffend wie »lineare« und »perspektivierende Intertextualität« wäre das Begriffspaar »horizontale« und »vertikale Intertextualität«. Ich verwende diese Begriffe nicht, um Überschneidungen mit der Terminologie anderer Beiträge dieses Bandes zu vermeiden.

weiterentwickeln wollen.[7] Auch im Text der Geschichten wird auf Poe als Vorläufer verwiesen. »You remind me of Edgar Allan Poe's Dupin«, sagt Watson zu Holmes, der das Kompliment allerdings nur unter Hinweis auf seine eigene Überlegenheit akzeptieren will.[8]

Der intertextuelle Rückbezug auf Poe kommt in der Anlage der Hauptfigur und der sie umgebenden Figurenkonstellation unübersehbar zum Ausdruck. Fast alle Charaktereigenschaften und Angewohnheiten von Sherlock Holmes sind aus Zügen des Vorbilds weiterentwickelt. Besonders die mentale Ausstattung des Detektivs ist ganz Kopie und Zitat. Auch bei Sherlock Holmes heißt die zentrale Fähigkeit »analytical power«, und wenn er über die Prinzipien der Detektion doziert, macht er oft wörtliche Anleihen bei Dupin.[9]

Der Anschluß an Poe hat, obwohl er in vielen Geschichten wirksam wird, eher den Charakter eines einmaligen, initiierenden Akts als eines fortlaufenden Dialogs. In den Geschichten selbst steht die lineare Intertextualität im Vordergrund. Das offene Bekenntnis zum Rückgriff auf Poe geht bei Conan Doyle mit der Zuversicht einher, genügend innovierende Änderungen einbringen zu können, um nicht als bloßer Nachahmer dazustehen. Hauptziel der verändernden Maßnahmen ist es, die Hauptfigur so zu gestalten, daß sie in einer Serie von Zeitschriftengeschichten als fortlaufende populäre Attraktion dienen kann. Conan Doyle selbst zu seiner aus einer Analyse des Magazinmarktes entwickelten Konzeption:

> Considering these various journals with their disconnected stories, it had struck me that a single character running through a series, if it only engaged the attention of the reader, would bind that reader to that particular magazine. On the other hand, it had long seemed to me that the ordinary serial might be an impediment rather than a help to a magazine, since, sooner or later, one missed one number and afterwards it had lost all interest. Clearly the ideal compromise was a character which carried through, and yet instalments which were each complete in themselves, so that the purchaser was always sure that he could relish the whole contents of the magazine. I believe that I was the first to realize this and the *Strand Magazine* the first to put it into practice.[10]

Nicht alle Änderungen der vorgefundenen Figur dienen unmittelbar der Verbesserung der Wiederholbarkeit; zum Teil zielen sie auf Modernisierung und Popularisierung der Konzeption. Aus dem Künstler wird ein Repräsentant der Angewandten Naturwissenschaften, aus dem amoralischen

---

[7] *Memories and Adventures*, The Crowborough Edition of the Works of Sir Arthur Conan Doyle, No. 24 (Garden City, N. Y., 1930 [[1]1924]), S. 79.

[8] »A Study in Scarlet«, zitiert nach: Arthur Conan Doyle, *The Penguin Complete Sherlock Holmes* (Harmondsworth, 1981), S. 13–86, hier: S. 24. Alle Doyle-Zitate nach dieser Ausgabe.

[9] Z.B. bei der Darlegung seiner Methoden im Lösungskapitel von »A Study in Scarlet«, S. 83.

[10] *Memories,* S. 103.

Außenseiter ein Exzentriker, der Gentleman bleibt und Normen verteidigt, aus dem Hedonisten, der nur zum eigenen Vergnügen Rätsel löst, wird ein *consulting detective*, eine Mischung aus *man of leisure* und *professional man*, aus der Denkfigur mit einem Minimum an Bewegung und äußerer Handlung wird eine leichter zu erzählende und zu lesende Figur, die beobachtend, besichtigend, verfolgend, sich verkleidend und Spuren lesend von Aktivität zu Aktivität eilt.

Aber die intertextuelle Verwendbarkeit spielt doch eine wichtige Rolle bei der Umkonstruktion. Holmes ist eine eminent zitierbare und transferierbare Figur: ein paar leicht merkbare und leicht beschreibbare äußerliche Attribute, ein paar Schrullen – Geigenspiel, Drogen –, eine einprägsame Adresse – das sind nicht nur Anspielungsmarken zur Evokation eines komplexeren Konstrukts, sondern das ist der ganze Sherlock Holmes. Sogar die geistige Konstitution des Detektivs – für deren Transfer Poe noch in der dritten Dupin-Geschichte mehrere Seiten braucht – läßt sich mit einem formelhaften Satz von einem Kontext zum anderen übertragen:

> I had no keener pleasure than in following Holmes in his professional investigations, and in admiring the rapid deductions, as swift as intuitions, and yet always founded on a logical basis, with which he unravelled the problems which were submitted to him.[11]

Die Herstellung der intertextuellen Bezüge des linearen Typus erfolgt vor allem in dem relativ breit angelegten Expositionsteil der Geschichten, in dem auf der Basis eines rituellen Geschehnisablaufs – ruhiges Zusammensein von Holmes und Watson, Ankunft eines neuen Klienten, beeindrukkendes Probestück des Detektivs, Darlegung des Falles durch den Klienten – die Erzählwelt teils zitierend teils frei variierend wiedererrichtet wird.

Die Dimension der perspektivierenden Intertextualität ist bei Conan Doyle nicht weniger wichtig als bei Poe; auch sie wird allerdings völlig umstrukturiert. Die Schicht der Bildungszitate ist fast ganz eliminiert; Holmes – »Knowledge of Literature. – Nil.«[12] – ignoriert schöngeistige Bücher. Auch tatsächlich existierende Sachtexte kommen kaum vor. Dagegen ist die Zahl der fiktiven Texte Legion. Sie sind ganz oder in Auszügen in den Text der Geschichte eingelagert, oder sie erscheinen in verschiedenen Abschattungen hinter dem Text.

Bei Poe ist der Erzählakt unreflektiert; ein Augenzeuge spricht aus der Erinnerung. Dr. Watson, von Sherlock Holmes »my biographer«, »my chronicler«, »my Boswell« genannt, ist ein Autor, der seinen Text auf der Basis anderer Texte verfertigt. Er schreibt nicht gleich, sondern er sammelt

---

11 »The Adventure of the Speckled Band«, in: *Complete Sherlock Holmes*, S. 257–273, hier: S. 258.

12 Aus Watsons Liste der Kenntnisse und Wissenslücken Holmes': »A Study in Scarlet«, S. 21.

in seinem Archiv die zu einem Fall gehörenden Dokumente, legt umfangreiche Niederschriften und Notizen an, und wenn er dann, Jahre später, einen Fall aus seiner Sammlung publiziert, läßt er den Leser wissen, daß er nach Unterlagen arbeitet: »On referring to my notes I see ...«[13]

Holmes streitet mit Watson über die Art der Textverarbeitung, mißbilligt die erzählende, unterhaltende, sensationelle Tendenz und behauptet gelegentlich, sein Chronist habe die Texte in die falsche Gattung überführt: »You have degraded what should have been a course of lectures into a series of tales.«[14] Die in die Geschichten inkorporierten Texte entsprechen einmal dieser Grundfiktion, daß es sich um die authentische Dokumentation von Fällen handele, die ein wohlmeinender Chronist im Interesse des Publikums ein wenig mit erzählerischen Mitteln verlebendigt habe; sie spiegeln zum anderen die generelle Tendenz Conan Doyles, die bei Poe vorgefundenen Strukturen zu vereinfachen und zu vervielfachen. Watson zitiert kürzere Zeitungsausschnitte, Lexikoneinträge, Notizzettel, Telegramme, Karteikarten aus Holmes' Personalarchiv. Fast keine der 60 Geschichten ist ohne solche Einlagetexte. Nicht selten werden Dokumente nicht nur wörtlich übernommen, sondern auch im Faksimile abgebildet: Geheimschriften, rekonstruktionsbedürftige Textfragmente, Lageskizzen.

Der Strategie, durch perspektivierende Intertextualität die Fiktion eines Universums von Texten aufzubauen, von denen der publizierte Bericht Watsons nur die Oberfläche darstellt, entspricht auf der linearen Ebene die Tendenz, die Reihe der Fälle ins Unübersehbare zu steigern. Watson bezieht sich nicht nur auf andere Fälle, über die er Berichte veröffentlicht hat, sondern darüber hinaus auf eine Vielzahl von »unpublished cases«[15] wie zum Beispiel diese Serie in der Einleitung zu »The Five Orange Pips«:

> The year '87 furnished us with a long series of cases of greater or less interest, of which I retain the records. Among my headings under this one twelve months I find an account of the adventure of the Paradol Chamber, of the Amateur Mendicant Society, who held a luxurious club in the lower vault of a furniture warehouse, of the facts connected with the loss of the British bark *Sophy Anderson*, of the singular adventures of the Grice Patersons in the island of Uffa, and finally of the Camberwell poisoning case.[16]

Es ist offenkundig, daß auch hier die Intention auf die Vortäuschung eines fast unendlichen Textuniversums geht.

---

13 »The Reigate Puzzle«, in: *Complete Sherlock Holmes*, S. 398–411, hier: S. 398.

14 »The Adventure of the Copper Beeches«, in: *Complete Sherlock Holmes,* S. 316–332, hier: S. 317.

15 Überblick bei T. H. Hall, »The Problem of the Unpublished Cases«, in: ders., *The Late Mr. Sherlock Holmes and Other Literary Studies* (London, 1971), S. 86–107.

16 In: *Complete Sherlock Holmes*, S. 217–229, hier: S. 218.

4. Generalisierende Hypothesen

Sind jene Formen der Intertextualität, die bei der Etablierung einer bestimmten Gattung, der Detektivgeschichte, eine Rolle spielen, nur für diese Gattung typisch, oder sind die beobachteten Phänomene exemplarisch? Um dieser Frage nachzugehen, sollen zunächst die Befunde, die sich bei Poe und Conan Doyle ergeben haben, zur Grundlage einer generellen Hypothese über die Rolle von Intertextualität bei der Konstituierung von Gattungen fiktionaler Texte gemacht werden. Es lassen sich fünf Aussagen machen:

1. *Prägung der Gattung durch Intertextualität.* Die Konstituierung von Gattungen fiktionaler Texte hängt wesentlich von der Ausbildung eigener Strukturen der Intertextualität ab. Die Formen der Intertextualität, die dabei von Belang sind, umfassen die Bezugnahme auf tatsächlich existierende und auf fiktive Texte; die autoreigene, auf andere Werke des gleichen Verfassers verweisende und die übergreifende Intertextualität; lineare Intertextualität, die auf Vorgänger eines Textes in einer Reihe oder Gattung verweist, und perspektivierende Intertextualität, die sich auf Texte bezieht, die – tatsächlich oder angeblich – hinter diesem spezifischen Text stehen und bei seiner Konstituierung mitwirken.

2. *Lineare Intertextualität: Anschluß an fremde Texte.* Autoren einer Reihe tendieren dazu, ihre Texte (oder: ihren ersten Text) an eine existierende Reihe, Gruppe oder Gattung anzubinden. Das gilt auch für Autoren, die im Rückblick als Begründer einer Gattung erscheinen (– und die somit ihren Text, historisch gesehen, falsch einordnen).

3. *Lineare Intertextualität: Bezug auf eigene Werke.* Bei der linearen Intertextualität spielen die Bezüge auf andere Werke der eigenen, dem Autor zugehörigen Reihe eine wichtige Rolle, mitunter eine wichtigere als übergreifende Bezugnahmen. »Genre begins at home«.

4. *Perspektivierende Intertextualität.* Zur Profilierung einer Reihe trägt auch die Ausbildung einer reihenspezifischen perspektivierenden Intertextualität bei. Dabei gelten die anderen Texte, auf die sich der Text zitierend oder verarbeitend stützt, als neutraler, weniger fiktional, weniger narrativ.

5. *Abnehmende Bedeutung der Intertextualität für die Etablierung von Gattungen.* Mit zunehmender Etablierung der Reihe oder Gattung können Gewicht und Ausmaß der Intertextualität abnehmen. Es gibt ferner eine Entwicklungstendenz von der Dominanz der Verweisung auf fremde, nicht zur Geschichte gehörige Texte zu werkinterner Intertextualität. Auch nach der Etablierung der Gattung kommt es in der Regel nicht unmittelbar zu einer Systemreferenz im eigentlichen Sinne, also zu einer Bezugnahme auf das eigene System als intersubjektiv existierendes System.

An einer ganz anders gearteten gattungsgeschichtlichen Beispielreihe, der Entstehung der Gesamtgattung *novel* im 18. Jahrhundert, soll untersucht werden, ob und wieweit die hier beobachteten Strukturen der Intertextualität sich auch dort zeigen.

5. *Proben aufs Exempel:* novel *und Robinsonade*

Die Entwicklungslinie des englischen Romans von Defoe bis Fielding verläuft insofern anders als die der Detektivgeschichte, als hier keiner der Autoren daran denkt, sich auf einen der anderen als Vorgänger zu berufen. Jeder ordnet sich anders ein. Während sich die moderne Detektivliteratur unzweifelbar von Poe herleitet, kann man auch in der historischen Rückschau darüber streiten, mit welchem Autor oder Werk man die Geschichte der Gattung *novel* beginnen lassen soll.

Dennoch ist es auch hier so, daß Intertextualität die Gattung profiliert und – zusammen mit anderen Faktoren – konstituiert. Dabei erweisen sich unsere fünf Thesen zur gattungsprägenden Intertextualität als auch in diesem Falle zutreffend.

Defoes Romane sind in dieser Hinsicht besonders aufschlußreich, und zwar gerade deshalb, weil ihr Autor in seiner Einstellung zur Intertextualität ein Außenseiter ist. Defoe lehnt die normale literarische Intertextualität der Bildung und Gelehrsamkeit, die Autoren wie Swift und Fielding so sehr betonen und (wie Poe) zur Aufwertung fiktionaler Texte heranziehen, strikt ab, aber auch er situiert und strukturiert seine Geschichten mit Hilfe linearer und perspektivierender Intertextualität.

Von Anfang an legt er bei der linearen Intertextualität Wert auf den Anschluß an authentische, lebenswichtige oder nützliche und erbauliche (und nebenher auch unterhaltende) Textarten. *Robinson Crusoe* wird durch Titel (*The Life and Strange Surprising Adventures* ...) und Vorwort in die Reihen der Biographie bemerkenswerter Persönlichkeiten und des seemännischen Reise- und Abenteuerberichts gestellt. Auch die Textsorten, auf die einzelne Teile des Romans intertextuell Bezug nehmen, gehören in den Bereich des bürgerlichen Alltags- und Gebrauchsschrifttums: das (geschäftliche oder religiöse) Journal, die Bilanz, das Inventarverzeichnis, der Kalender mit annalistischen Notizen.

Wie sich der Autor mit Nachdruck in lineare Folgen von Sachtexten einordnet, so benutzt er auch das Mittel der perspektivierenden Intertextualität, um anzuzeigen, um welche Art von Text es sich handelt: um einen Bericht, der authentisch ist und auf eigenem Erleben beruht, der aber zugleich kein Rohmaterial darstellt, sondern zum Nutz und Frommen der Leserschaft mit Sorgfalt überarbeitet wurde. Robinson Crusoes autobiographischer Bericht fußt nicht lediglich auf Erinnerungen, sondern auch auf schriftlichen Unterlagen und nimmt mehrere frühere Texte – zum Beispiel den *Good-Evil*-Katalog und das Tagebuch – wörtlich zitierend in sich auf; dieser Bericht wieder wird von einem Herausgeber ediert und dem Leser dargeboten. – Zur perspektivierenden, die Textart bestimmenden Intertextualität gehört auch die Bibel, Robinsons einziges Buch auf der Insel, als die Geschichte fundierendes und gleichsam handelnd in sie eingreifendes Werk.

Von Defoes erstem Roman aus erfolgt eine Reihenbildung mit intertextuellen Anschlüssen in zwei Zügen. Auf der einen Seite wird *Robinson Crusoe* fortgesetzt, und zwar zunächst von Defoe selbst, der die beiden Nachfolgetexte, *Farther Adventures* und *Serious Reflections*, durch zahlreiche intertextuelle Rückbezüge an den Erstling als Prätext bindet. Andere Autoren führen dann das Werk so häufig fort, daß man von der Robinsonade als einer eigenen Gattung sprechen kann. Die Robinsonaden nach Defoe sind nicht nur durch inhaltlich-strukturelle Merkmale (wie den Inselaufenthalt oder das Thema des Kulturerlernens) miteinander verbunden, sondern meist auch durch Formen der Intertextualität: Figuren des Defoeschen Prätextes – Robinson und Freitag zumal – werden übernommen, die Bücher bezeichnen sich als Robinson-Geschichten, die jüngeren Robinsone lesen, erzählen, diskutieren das Grundwerk.[17]

Weniger offensichtlich, aber ebenso fundamental ist der Reihenzusammenhang zwischen Defoes erstem Roman und seinen nachfolgenden Erzählwerken über andere Figuren. Linear stellt Defoe *Moll Flanders, A Journal of the Plague Year* und die anderen Romane nicht ausdrücklich in eine Reihe, aber die Romane sind doch durch die Ähnlichkeit und durch wörtliche Anklänge der langen analytischen Textbeschreibungen auf der Titelseite intertextuell verbunden. Der Gruppenzusammenhang in der perspektivischen Dimension ist noch deutlicher: Alle Werke haben die gleiche Art der perspektivierenden Intertextualität.

In *Moll Flanders*, laut Titel »Written from her Own Memorandums«, wird die Fiktion der Verbesserung, Ergänzung und Literarisierung des Originaltextes durch einen Herausgeber gegenüber *Robinson Crusoe* noch verstärkt. *A Journal of the Plague Year* präsentiert sich vollends als Text aus Texten. Der fiktive Berichter, H. F., arbeitet nach vielen Jahren seine »ordinary Memorandums« zu einem druckbaren Text aus und zitiert zahlreiche Dokumente, von den offiziellen *Mortality Bills* bis zu den Verordnungen des Magistrats – wobei es für die intertextuelle Eigenart des Buches bedeutungslos ist, daß ein Teil der zitierten Dokumente fingiert und ein Teil der ›eigenen‹ Erlebnisse des Berichters aus Quellen übernommen ist. – In dieser Technik der Illusionierung des Lesers durch eine kulissenartige Staffelung von Texten hinter Texten unterscheidet sich der literaturfeindliche Defoe kaum von dem zitierwütigen Swift, der in *A Tale of a Tub* ganze Listen von gelehrten Traktaten erfindet, in *Gulliver's Travels* von

[17] Zur Geschichte der Robinsonade vgl. vor allem E. Reckwitz, *Die Robinsonade* (Amsterdam, 1976).

Auflage zu Auflage mehr Textfassungen zwischen Captain Gullivers Aufzeichnungen und den publizierten Text legt und im *Battle of the Books* die Intertextualität extremisiert und Amok laufen läßt.

Wie bei Poe entstehen also am Beginn der Entwicklung der Gattung *novel* bei Defoe Reihen von Texten, die bestimmte Formen der Intertextualität – der linearen und perspektivierenden, der auf real existierende und auf fiktive Texte bezogenen Intertextualität – aufweisen. Die entstehenden, wesentlich durch die Eigenart ihrer Intertextualität zusammengeschlossenen Reihen sind zunächst autoreigen, sie erweisen sich aber später als zur Fortsetzung und zur Fundierung einer Gattung als überpersönlicher Reihe geeignet.

Richardson gibt sich nicht offen als Fortsetzer Defoes zu erkennen. Dennoch steht *Pamela* mit Defoes Romanen in einer Reihe, wobei sich Richardsons Werk – bei anderer Thematik und Erzähltechnik – hauptsächlich durch seine Intertextualitätsstruktur als von gleicher Art wie *Robinson Crusoe* oder *Moll Flanders* ausweist. Richardson benutzt in seinem Briefroman Defoes Fiktion der hintereinandergestaffelten Texte mit der Hauptperson als Hauptberichter und mit dem eigentlichen Autor in der Rolle des Herausgebers und Kommentators. Pamela schreibt Briefe, in die sie – als Teiltext im Teiltext – andere Briefe, Notizen, Zitate abgeschrieben hat. Der Herausgeber legt die Briefe überarbeitet und kommentiert vor, wobei er – wie Defoes Herausgeber in den »Prefaces« – es in der Schwebe läßt, wieviel von den löblichen Qualitäten auf die Redaktion und wieviel auf Pamelas Originalbriefe zurückgeht. Auch in der linearen Intertextualität setzt Richardson die Tradition Defoes fort. Die Bildung einer Reihe erfolgt nicht nur durch die Fortsetzung, *Pamela in High Life*, sondern auch rückwirkend durch den Anschluß des Romans an den als moralische und stilistische Mustersammlung gedachten Briefsteller, *Familiar Letters,* Richardsons erstes Werk, das seinerseits wieder als eine um eine narrative Komponente erweiterte Fortsetzung anderer Briefsteller ausgegeben wird.[18]

Fielding ist in der frühen Phase des englischen Romans zugleich der extremste, wildeste Intertextualist und der erste Autor, der darauf verzichtet, seinen Text mit den Mitteln der Intertextualität zu situieren. Wenn er seine Laufbahn als Romanautor damit beginnt, daß er sich mit *Shamela* als Parodist an die Reihe eines anderen Autors anschließt, ist das ein Sonderfall, der in zweifacher Hinsicht verbreitete Techniken des intertextuellen Anschlusses aufgreift. Zum einen ist es im 18. Jahrhundert gang und gäbe,

---

[18] Richardson äußert sich ausführlich über die Ableitung von *Pamela* aus dem Briefsteller und über das Verhältnis seiner Fiktion zu Sachtexten in seinem autobiographischen Brief an Johannes Stinstra vom 2.6.1753 (in: *Selected Letters of Samuel Richardson,* ed. J. Carroll [Oxford, 1964], S. 228–235, hier bes. S. 232).

daß sich an ein erfolgreiches Original Fortsetzer und Ergänzer zu illegitimer Intertextualität anhängen. Das passiert beispielsweise bei *Gulliver's Travels* und bei *Robinson Crusoe* und ist für die Entstehung von Werkreihen und Gattungen wichtiger, als wir gewöhnlich in Rechnung stellen.[19] Zum anderen liegt die Besonderheit der Intertextualität im Falle von *Shamela* darin, daß nicht ein Text an einen anderen anschließt, sondern daß der zweite Text beansprucht, der Prätext des ersten zu sein, nämlich jene authentische, noch nicht geglättete und literarisierte Fassung, die Teil der meisten Textstufenfiktionen von Defoe bis Conan Doyle ist.

Aus Ulrich Broichs umfassender Analyse wird klar,[20] wie vielfältig die Formen der Intertextualität in *Joseph Andrews* sind und ein wie großer Teil davon Probleme der Gattung berührt. Bei einem Vergleich mit anderen Romanen der Zeit muß man hier sogar von einer Hypertrophie der intertextuellen Gattungsbezüge sprechen. Fielding schließt noch einmal an *Pamela* an, übernimmt Personen, Vorgeschichte, Orte; er beruft sich im Titel und im Erzähltext auf *Don Quichote* als Prätext; er stellt sich im Vorwort in die Tradition des Epos, der Komödie, der Romanze und der Burleske.

In *Tom Jones* ist es mit der Hektik des intertextuellen Anschließens vorbei. Sowohl die lineare Bestimmung der Gattung als auch die Perspektivierung, die dem Text Tiefe gibt, erfolgen werkintern. Es gibt keine offene Zuordnung des Textes zu einer literarischen Gattung oder Reihe; die Bezugnahmen auf Epos und Komödie sind vorwiegend implizit und unspezifisch. Der Autor stellt nicht einmal den Reihenbezug zu *Joseph Andrews* her, sondern behauptet, erst mit diesem Text etwas Neues zu begründen. Die Standortbestimmung des Textes erfolgt zunächst in der singulären Wirtshausmetapher und dann in der von intertextuellen Bezugnahmen fast freien Entfaltung der Konzeption des Romans als »private history«. Die Perspektivierung besteht nicht mehr in verschiedenen schriftlichen Textstufen, sondern aus Stufen des Vorgangs ›mündliches Erzählen‹ – vom reflektierenden Gespräch des auktorialen Erzähler-Wirts mit den Leser-Gästen, über das Erzählen der Geschichte mit ihren verschiedenen Modi, teils kommentierend, teils Figuren zitierend, bis zu den Geschichten in der Geschichte, die sämtlich erzählte Einlagen sind. – Das Beispiel zeigt, daß Gattungen sich auch von der Intertextualität als formierendem Mittel emanzipieren können.

[19] Für uns sind nicht nur moderne Texte, sondern auch die Romane des 18. Jahrhunderts zuallererst durch den Namen des Autors gekennzeichnet, Defoes *Robinson Crusoe*, Richardsons *Pamela*, Fieldings *Shamela* und *Joseph Andrews* zum Beispiel. Tatsächlich erschienen fast alle Romane der Zeit bis hin zu Scott (»By the Author of *Waverley«*) ohne Autornamen, waren also nur als Texte bestimmten Inhalts und bestimmter Art definiert. Sie stehen damit im Prinzip für jeden zur Fortsetzung frei, und so zieht jedes Erfolgswerk einen Kometenschweif von *continuations* nach sich, die sich auf das Original als Prätext beziehen.

[20] »Intertextualität in Fieldings *Joseph Andrews*«, in diesem Band, S. 262–278.

6. Intertextualität und Gattungen: Gemeinsamkeiten und Differenzen

Wir haben festgestellt, daß gleichartige Strukturen der Intertextualität bei der Entstehung von drei Gattungen fiktionaler Literatur – Detektivgeschichte, Robinsonade und *novel* allgemein – eine bestimmende Rolle spielen. Die Zahl der Beispielreihen ließe sich, soweit es sich um fiktional-narrative Gattungen handelt, unschwer vermehren.

Natürlich können und sollen die in den fünf generalisierenden Thesen zusammengefaßten Befunde nicht beanspruchen, für das Verhältnis von Intertextualität und Gattung in allen Literaturen, in allen Epochen und in allen Gattungen Gültigkeit zu haben.

Zum einen gehören die diskutierten Phänomene allesamt in das 18. und 19. Jahrhundert. Formen und Bedeutung der Intertextualität wechseln aber von Epoche zu Epoche; Zitierfreude und Zitierbildung zum Beispiel wandeln sich ebenso stark wie der Autoritätsanspruch kanonisierter und zitierbarer Texte. Gattungen, die in anderen Jahrhunderten entstehen, müssen andere Intertextualitätsprofile haben.

Zum anderen differieren Notwendigkeit und Anreiz, Gattungen mit Hilfe von Intertextualität zu konstituieren, von Gattung zu Gattung. Ein Sonett ist auch ohne intertextuelle Signale als Sonett und damit als Glied einer bestimmten gattungshaften Reihe erkennbar. Unter den fiktionalen Textarten bedarf das Theaterstück, bei dem der Zuschauer weiß, daß er im Theater ist und eine zugleich inszenierte und reale Handlung beobachtet, weniger der Verdeutlichung seiner Gattungszugehörigkeit als der Roman, der als Prosatext nicht ohne weiteres von einem nicht-fiktionalen Bericht zu unterscheiden ist.

Auch bei poetischen und dramatischen Gattungen gibt es aber genügend Beispiele für die Konstituierung von Gattungen durch Formen der Intertextualität. Das mittelalterliche Drama beispielsweise beginnt als Gattung von Texten, die sich auf Bibel, Liturgie und Heiligenlegenden als Prätexte stützen. Poetische Gattungen der lateinischen Literatur – Lehrgedicht, Bukolik, Epos etwa – berufen sich intertextuell auf griechische Modelle oder auf einen πρῶτος εὑρετής. – Wir können also davon ausgehen, daß Gattungen generell die beobachteten Formen der Intertextualität als Mittel der Stiftung und Markierung von Gruppen- und Reihenzusammenhängen einsetzen.

7. Gattungserneuerung und Intertextualität: Eco als Beispiel

Gattungen benutzen Intertextualität vor allem als Gerüste der Konstituierung. Wenn sie als Gattungen konsolidiert sind, genügen schwächere intertextuelle Markierungen, um das Einzelwerk hinreichend deutlich in der Gattung zu situieren. Vom 19. Jahrhundert an kann der Roman, wenn der

Autor es will, ohne komplexe Intertextualitätsfiktion mit der Geschichte ins Haus fallen; es genügt, wenn der Titel den Zusatz »A Novel« trägt. Auch der moderne Kriminalroman kann – obwohl in ihm noch immer auffällig viele gattungsgeschichtliche Zitate vorkommen – längst der Stütze durch eine ausgedehnte Intertextualität entbehren.

Unter welchen Bedingungen kann gattungsbezogene Intertextualität wieder intensiviert werden? Welche Funktionen kann eine solche Intertextualität der späten Phase wahrnehmen, und wie unterscheidet sie sich von den Spielformen, die wir in der Gründungsphase von Gattungen vorgefunden haben?

Umberto Ecos *Der Name der Rose*, 1980 zuerst erschienen und inzwischen ein Weltbestseller mit Millionenauflage, ist ein naheliegendes Exempel zur Diskussion dieser Fragen.[21] Ecos Buch, der »Mönchskrimi«, wie ihn der deutsche Verlag nennt, ist nicht der erste Kriminalroman, der mehr und anders sein will als nur ein Kriminalroman und der das Schema der Detektivgeschichte als Traggerüst für andere Materialien benutzt. Ungewöhnlich sind jedoch die enzyklopädische Fülle und die Art der mit Hilfe des Schemas erzählten Materialien und die Rolle, die der Intertextualität zugewiesen wird. Das Buch spielt im Mittelalter – in einer Novemberwoche des Jahres 1327 in einer oberitalienischen Benediktinerabtei – und handelt auf seinen über 600 Seiten außer von einer Detektivgeschichte – Mönche sterben auf geheimnisvolle Weise, und ein Mönch als Detektiv sucht und findet den Tätermönch – auch und überwiegend von Themen, für die man sich auf den ersten Blick nur Mediävisten als interessierte Leser denken kann: kapitellange Darlegungen der Streitigkeiten zwischen dem Franziskanerorden, der päpstlichen Kurie und dem Kaiser, über die Geschichte der Häresien im 14. Jahrhundert, über Reformbewegungen, Aufstände, Ketzerprozesse.

Der Roman ist – wie es im Vorwort heißt – »eine Geschichte von Büchern«[22] – von Einzelbüchern und Gattungen, von Buchinhalten und von illuminierten Büchern als Kunstwerken, von Büchern als Medien der Bewahrung und der Veränderung. Die Bibliothek der Abtei, die größte der Christenheit, ist Hauptschauplatz und Hauptgegenstand. Sie ist Tatort, Labyrinth, Sitz des Mordgeheimnisses und selbst ein Geheimnis. Die Bibliotheksexpeditionen des Detektivs und seines Helfers sind Tatorterkundungen, Entdeckungsfahrten durch die mittelalterliche Welt und Lesereisen.

Intertextualität – sowohl das »Gespräch der Bücher miteinander«, der »unhörbare Dialog zwischen Pergament und Pergament«[23] als auch der

---

[21] Vgl. auch die Darstellung in: Vf., *Krimi: Eine Analyse der Gattung* (Stuttgart, 1984), S. 206–211.

[22] *Der Name der Rose*, übers. B. Kroeber (München, 1982); zitiert nach der 16. Auflage 1983, S. 12.

[23] *Name der Rose,* S. 366.

Text hinter dem Text (»[...] jede Geschichte erzählt eine längst schon erzählte Geschichte«)[24] – ist in *Der Name der Rose* zugleich Thema und Methode der Konstruktion.

Der Name der Rose ist eine Sherlock-Holmes-Geschichte. Der Mönchsdetektiv verweist als »intertextuelles Zitat«, wie Eco selbst es in seiner *Nachschrift zum ›Namen der Rose‹* nennt,[25] auf Sherlock Holmes: Er heißt William von Baskerville, ist englischer Franziskaner, war erfolgreich als Inquisitor und Retter der Unschuldigen tätig. Die Transposition der Eigenarten und Handlungsweisen Holmes' in das mittelalterlich-klösterliche Milieu, ein Spiel mit vielen »Echos der Intertextualität«,[26] trägt zum Witz der Lektüre bei. Auch William von Baskerville ist ein Adept der Angewandten Naturwissenschaften, nimmt gelegentlich Drogen, beäugt Spuren durch Linsen, schwankt zwischen beobachtender Aktivität und kontemplativem Nichtstun, legt vor dem großen Fall ein kleineres Probestück ab, mit dem er sich legitimiert – alles auf genuin zeitgenössische Art und ohne offenkundige Anachronismen.

Der Name der Rose ist – darin Fieldings *Shamela* ähnlich – ein Anschlußtext, der vorgibt, in Wirklichkeit ein Vorläufer des parodierten Textes zu sein. Eco unternimmt – als Bravourstück der Intertextualität – die Zurückverlegung der Detektionsprinzipien und der Reflexionen über Sinn und Methoden der Verbrechensaufklärung in das späte Mittelalter unter Wahrung des Anspruchs auf historische Echtheit im – nach Eco – höchsten Sinne, daß alle Dialoge zwar erfunden sind, daß aber »alles, was fiktive Personen wie William sagen, in jener Epoche *sagbar* sein sollte«.[27] Natürlich ist der Mönchsdetektiv, der Anno 1327 seinen Nachfahren und Vorgänger Sherlock Holmes bis aufs i-Tüpfelchen parallelisiert, der nicht nur alle Mordfälle löst, sondern jedes Mysterium rational erklärt, von der magischen Lampe in der Bibliothek bis zum Einhorn, eine in Wirklichkeit anachronistische Konstruktion, ein heimlicher Zeitgenosse des Autors und des Lesers. Aber Eco entwickelt die Gedankenwelt seines Helden, der ein Schüler des William von Ockham ist, indem er die zukunftsweisenden Keime und Implikate der nominalistischen Tradition der Scholastik in England, aus denen später die Aufklärungsphilosophie und mittelbar die Konzeption von Detektiven wie Dupin und Sherlock Holmes hervorgeht, schon damals explizit werden läßt. William denkt und spricht, wie ein Ockham-Schüler damals gesprochen haben könnte, wenn er den weiteren Verlauf der Geistesgeschichte bis zur Gegenwart vorherzusehen vermocht hätte.

Das ist ein geistvolles Spiel, aber es ist zugleich mehr als nur ein Spiel.

---

[24] *Nachschrift zum ›Namen der Rose‹*, übers. B. Kroeber (München, 1984), S. 28.
[25] S. 34.
[26] S. 28.
[27] *Nachschrift*, S. 88.

Der historische Kontext, in dem Aufklärung etwas Neues ist und nach Begründung verlangt und in dem Reflexion über letzte Dinge zum täglichen Brot der Mönche gehört, trägt dazu bei, daß William ein Detektiv ist, der mehr über die Prämissen und Konsequenzen der Detektion, über die Wahrheit und den Scheincharakter von Krimilösungen zu sagen hat als alle seine modernen Kollegen.

Ein intertextuelles Zitat, das sich aus einer witzigen Parodie zu einer ungewöhnlich komplexen Konstruktion entwickelt, ist auch der Watson des William von Baskerville, der junge Benediktiner Adson von Melk. Adson, der Ich-Erzähler, ist nicht nur Bewunderer und Chronist des Detektivs, sondern auch Schüler, Zögling, fast Sohn. Der Roman kann durch diese Umdeutung der Watson-Rolle unter anderem zu einer Initiationsgeschichte werden. Aus der Niederschrift aus dem Abstand von Jahren bei Watson macht Eco eine Niederschrift am Ende des Lebens und ein Wechselspiel zwischen den Sichtweisen des jungen erlebenden und des greisen sich erinnernden Ich.

Das ›Spiel der Intertextualität‹ ist also nicht nur Selbstzweck, sondern es ermöglicht auch einen besseren Krimi, einen Roman, in dem die dem Detektivschema inhärenten Themen auf neue und vertiefte Art durchgespielt werden können.

Das zitierte Krimischema erlaubt es dem Autor, seinen disparaten Materialien eine Ordnung zu geben, ohne sich mit dieser Ordnung – als Ordnung der Welt und Ordnung der Handlung – identifizieren zu müssen. Nicht der Autor baut das ordnungsstiftende *plot*, sondern Conan Doyle und seine Nachfolger haben das getan. Für Eco ist die Form Zitat, Teil eines intertextuellen Prozesses. Diese Distanzierung gibt ihm die Möglichkeit, sich als Romanautor als Mitglied der Postmoderne einzuordnen.[28]

Für den Leser bedeutet der intertextuelle Transfer des Krimischemas zunächst einmal, daß das riesige Korpus von Mittelaltermaterialien überhaupt erst lesbar wird. Es ist nicht nur so, daß die spannende Krimischicht ihn den spröden Rest tolerieren und mitnehmen läßt; auch die spröden und weniger spannenden Schichten unterliegen vielmehr, da sie als Krimikomponenten funktionalisiert sind, den Konventionen und Leseweisen der Detektivgeschichte, eines vertrauten und effizienten Kommunikationsverfahrens.

Darüber hinaus ermöglicht das Sherlock-Holmes-Zitat die Kommunikation zwischen Buch und Leser als Spiel der Intertextualität. Nur weil das Publikum den klassischen Kanon der Detektivgeschichtenkomponenten kennt, ist jene Betrachtungsweise des Textes, die Eco intendiert, die des bewußten Wahrnehmens von Zitaten, Anspielungen, intertextueller Referenz jeglicher Art, überhaupt möglich. Es gibt in der Literatur keine Figu-

---

[28] *Nachschrift*, S. 76–82.

ren und Muster, deren Zitierung so klar erkennbar wäre und bei denen der Leser Prätext und Verarbeitung so deutlich gegeneinanderhalten kann wie die der Detektivgeschichte.

Das zeigt sich in *Der Name der Rose* an den vielen Seiten und Kapiteln, wo Eco, »Dutzende von Zetteln mit Auszügen aus allen möglichen Texten, mehrere Bücher und einen Haufen Fotokopien«[29] um sich, mittelalterliche Originaltexte exzerpiert, umformt, collagiert, montiert, verschmilzt. Diese Intertextualität ist, was den Leser angeht, zum größten Teil ein Spiel für die Katz, weil er das Substrat – von einigen biblischen Texten abgesehen – nicht kennt.

Vielleicht kann man auch hier zwei generalisierende Hypothesen riskieren:

1. Bei eingefahrenen Gattungen ist eine Veränderung des Intertextualitätshintergrundes eines der wirksamsten Mittel der Erneuerung. (Für diese These spricht nicht nur Ecos »Mönchskrimi«, sondern auch mancher andere Erneuerungsversuch innerhalb der Kriminalliteratur, beispielsweise Dorothy Sayers' *Gaudy Night* mit der Anspielungslust des *Senior Common Room* als Hintergrund, Patricia Highsmiths *The Talented Mr. Ripley*, eine intertextuelle Verarbeitung von Henry James' *The Ambassadors*, und die Polizeikrimis von Sjöwall/Wahlöö, in denen es – unter anderem – um die Rekonstruktion von Personen aus gespeicherten Informationen eines modernen Bürokratie- und Sozialstaates geht und in denen sich eine neue Einstellung zur Wirklichkeit nicht zuletzt durch Wechsel der Intertextualität ausdrückt – es werden Akten und Berichte statt der persönlichen Papiere der ›klassischen‹ Detektivgeschichte zitiert.[30]

2. Intertextualität ist als von der Leserschaft wahrgenommene Intertextualität infolge des Fehlens kanonisierter Texte heute nur noch als Referenz auf Textmuster möglich, die durch Wiederholung, Variation und intermediale Bearbeitung – also durch moderne Formen der Intertextualität – eingeschliffen sind. (Ausgenommen sind nur professionelle, für das Erkennen von Textbezügen ausgebildete Leser, die freilich das Gros der an der Debatte über Intertextualität Beteiligten stellen.)

---

29 *Nachschrift*, S. 51.

30 Zum Bezug auf andere Texte bei Patricia Highsmith und bei Sjöwall/Wahlöö s. Vf., *Krimi*, S. 178f., 192–195.

IV. Bezugsmöglichkeiten der Intertextualität

1. Sprachliche Konstituenten einer intertextuellen Poetik

Heinrich F. Plett

1. Topik und Intertextualität: Konstanz

Im 15. Sonett von Sir Philip Sidneys *Astrophil and Stella* erhebt der Sprecher gegen seine Dichterkollegen heftige Vorwürfe wegen ihres Verständnisses von poetischer Sprache:

> You that do Dictionarie's methode bring
> Into your rimes, running in ratling rowes:
> You that poore *Petrarch's* long deceased woes,
> With new-borne sighes and denisend wit do sing;
> You take wrong waies, those far-fet helpes be such,
> As do bewray a want of inward tuch:
> And sure at length stolne goods do come to light.[1]

Die Kritik entzündet sich an der Künstlichkeit und Stereotypik der petrarkistischen Sonettliteratur, der es an Gefühlsechtheit fehle. Dagegen erhebt Astrophil den Anspruch auf Natürlichkeit; die Sprache der Liebeslyrik soll eine solche des Herzens, nicht aber von Wörterbüchern sein.

An dieser poetischen Äußerung interessieren die »gestohlenen Güter«, deren der Sprecher seine Rivalen bezichtigt. Es handelt sich hier nicht um literarische Plagiate, wie die verzerrende Perspektive der Kritik nahelegt, sondern um die Resultate einer poetischen Heuresis. Ihre Herkunftsorte sind einmal literarische Werke, die gleichsam als Steinbrüche für die Schaffung neuer Kunstwerke ausgebeutet werden, zum anderen die »Schatzkammern« von Adagia, Apophthegmata, Parabolae, Sententiae, Symbola, Emblemata usw., die dem Autor vorgefertigte sprachliche Formulierungen zur Verfügung stellen. Solche Werke, die im englischen Sprachbereich den Namen »Commonplace Books« tragen, sind Resultate der rhetorischen Topos-Lehre, die dem Autor im 16. und 17. Jahrhundert die Inventio von *res* und *verba* nicht dem Zufall überlassen, sondern diese durch systematische

[1] In: *The Poems,* ed. W. A. Ringler (Oxford, 1962), S. 172 (XV, 5–11). – Vgl. auch Astrophils Beschreibung seines eigenen fruchtlosen Versuchs einer »topischen« Inventio in Sonett I.

Findungsregeln methodisieren.[2] Die »Dictionarie's methode« wird durch den Untertitel zum Commonplace Book *The Mysteries of Love and Eloquence* (1658) von Edward Phillips, einem Neffen Miltons, anschaulich illustriert:

> Addresses, and set Forms of Expressions for imitation; Poems, pleasant Songs, Letters, Proverbs, Riddles, Jeasts, Posies, Devices, A la mode Pastimes, A Dictionary for the making of Rimes, Four hundred and fifty delightful Questions, with their several Answers. As also Epithets, and flourishing Similitudes, Alphabetically collected, and so properly applied to their serveral [*sic*] Subjects, that they may be rendred admirably useful on the sudden occasions of Discourse or Writing.[3]

Aus solchen »Magazinen«[4] konnten sich demnach Autoren auf schnelle Weise mit wohlklingenden Reimen, schmückenden Adjektiven und sprichwörtlichen Redensarten versorgen. Als Memorialtopiken, die nach systematischen (z. B. alphabetischen, grammatischen, hierarchischen) Gesichtspunkten gegliedert sind, repräsentieren sie die neuzeitliche Version der Formelbestände des mündlich tradierten Heldenlieds, mit dem Unterschied freilich, daß die Commonplace Books den Vorteil der Vervielfältigung durch den Buchdruck besitzen.[5] Beide Varianten des Gedächtnisinventars, die mündliche wie auch die schriftliche, bilden die Voraussetzung für eine Standardisierung der poetischen Sprachnorm, so daß man von der homerischen, skaldischen, petrarkistischen und klassizistischen Dichtersprache reden kann. Die Texte, die auf ihrer Grundlage entstehen, weisen eine hochgradige Konstanz auf. Das zentrale Konzept, das derselben zugrundeliegt, ist von der Renaissance bis zur Romantik die Doktrin der *imitatio,* das heißt der Nachahmung vorbildlicher Werke von anerkannten literarischen Vorgängern. Nach dieser Auffassung sind Texte nicht voneinander isoliert, sondern besitzen seit jeher einen eruierbaren Stellenwert in einer literarischen Reihe. Jeder einzelne Text hat Vorgänger- und Folge-Texte, d. h. er repräsentiert einen Zwischen-Text in der Diachronie der poetischen Evolution. So betrachtet, war die europäische Literaturgeschichte von ihrem Selbstverständnis her über weite Strecken hin intertextuell konzipiert. Die

---

[2] Vgl. W. G. Crane, *Wit and Rhetoric in the Renaissance: The Formal Basis of Elizabethan Prose Style* (Gloucester, Mass., 1964 [[1]1937]), Kap. III: »The English Commonplace Books«; Sr. J. M. Lechner, *Renaissance Concepts of the Commonplaces* (New York, 1962); M. Windfuhr, *Die barocke Bildlichkeit und ihre Kritiker* (Stuttgart, 1966), S. 68ff.

[3] *The Mysteries of Love and Eloquence (1658),* Facsimile-Reprint, ed. R. C. Alston, English Linguistics 1500–1800, Nr. 321 (Menston, 1972).

[4] Zur memorialtopischen Magazinmetapher vgl. H. Weinrich, »Metaphora memoriae«, in: ders., *Sprache in Texten* (Stuttgart, 1976), S. 291–294, hier: S. 291–292.

[5] Vgl. zur rhapsodischen Vortragstechnik A. B. Lord, *The Singer of Tales* (Cambridge, Mass., 1960).

vergleichende Literaturwissenschaft hat diesem Befund bereits seit längerem Rechnung getragen, auch die Mehrzahl der Nationalphilologien, in denen intertextuelle Gesichtspunkte erheblich an Bedeutung zunehmen.

Das Commonplace Book als Quelle möglicher Intertextualität verdient nicht nur das Interesse des Literaturhistorikers, sondern auch das des modernen Texttheoretikers, sind hier doch womöglich Kriterien zu ermitteln, die für eine Erörterung sprachästhetischer Intertextualität unerläßlich sind. Solche Kriterien sind:

1. *Intertextualität:* Die Commonplace Books setzen voraus, daß (poetische) Sprache in Texten keine *creatio ex nihilo* darstellt, sondern sich auf die Findung *(inventio)* von bereits Vorhandenem gründet.
2. *Systematik:* Als Gedächtnisinventare organisieren sie das Sprachmaterial in systematischen Reihen und machen es auf diese Weise dem Benutzer leicht verfügbar.
3. *Normativität:* Die systematischen Reihen verkörpern ebenso wie das in ihnen katalogisierte Sprachmaterial textuelle (poetische) Normen, unter deren Gültigkeit sich die nach ihnen verfaßten Textrealisate stellen.
4. *Konstanz:* Die in die Commonplace Books eingegangenen Normvorstellungen entwickeln ihre eigene diachrone Konstanz, die sich auf die jeweilige Textkonstitution auswirkt.

Eigenschaften wie diese ermöglichen den Vergleich von Texten im Hinblick auf sprachliche Abhängigkeiten, Analogien oder Kontakte. Sie bilden die Voraussetzungen für einen vielfältigen »Dialog«[6] der Sprachzeichen untereinander.

Eine moderne intertextuelle Poetik, die auf diesen historischen Kenntnissen aufbaut, wird vor allem die Systematik und Normativität des poetischen Sprachzeichens näher explizieren müssen. Es gilt, dem Interpreten ein Instrumentarium an die Hand zu geben, welches ihm erlaubt, intertextuelle Phänomene der poetischen Sprache zu identifizieren und in funktionale Zusammenhänge einzuordnen. Damit die interpretative Heuresis nicht dem Zufall überlassen bleibt, bedarf es zunächst der grammatischen Modellierung der intertextuellen Sprachfiguren und anschließend der Erfassung der normativen Faktoren, unter denen ihre Umsetzung in die poetische Textpraxis erfolgt. In jedem dieser Bereiche existieren Vorarbeiten zur poetischen Sprache, wobei jedoch der innertextliche oder intratextuelle Fokus dominiert. Daher scheint die Mutmaßung nicht abwegig, daß die Deskription der intertextuellen Sprachästhetik die vorhandenen intratextuellen Erkenntnisse erweitert und sie um bislang vernachlässigte Aspekte ergänzt.

---

[6] Vgl. dazu M. Bachtin, *Die Ästhetik des Wortes,* ed. R. Grübel (Frankfurt, 1979), S. 154–300, und R. Lachmann, »Dialogizität und poetische Sprache«, in: *Dialogizität,* ed. R. Lachmann (München, 1982), S. 51–62.

Poetische Texte stehen zueinander im Verhältnis der Ähnlichkeit oder Unähnlichkeit. Zwischen den Extremfällen der totalen Identität und der totalen Nicht-Identität existiert ein breites Spektrum denkbarer Bezugsmöglichkeiten. Die Ursachen dieser intertextuellen Beziehungen sind entweder derivativer oder zufälliger Art. Um einer unangemessenen Ausweitung des relationalen Textbegriffs zu einem »Universum der Texte« (Grivel) vorzubeugen, beschränken sich die nachfolgenden Ausführungen auf die derivative Sprachähnlichkeit zwischen zwei oder mehreren Texten. Im Mittelpunkt steht das Zitat, ein Phänomen der Textgenerierung, das bereits durch die Commonplace Books vorgezeichnet ist.[7] Es besitzt im Gegensatz zu anderen derivativen Spracherscheinungen wie etwa der literarischen Anspielung[8] den unschätzbaren Vorteil, daß es präzise beschreibbar ist. Ein relevantes Merkmal des Zitats besteht darin, daß es ein Sprachsegment des Vorgänger- oder Prätextes wiederholt. Im Extremfall erfolgt die Wiederholung des gesamten Prätextes. Eine zweite Bestimmung des Zitats lautet, daß dieses Sprachsegment nicht für sich allein existiert, sondern in einen Folgetext eingelassen wird. Als eine letzte vorläufige Bestimmung kommt hinzu, daß das zitierte Sprachsegment in dem Folgetext einen Fremdkörper darstellt, der ein virtuelles ›eigentliches‹ oder originäres Segment ersetzt. Zusammenfassend läßt sich also folgende Definition aufstellen: Das Zitat ist ein aus einem Prätext abgeleitetes Sprachsegment, das in einen (Folge-) Text eingelassen ist, wo es ein *proprie*-Segment substituiert.

Die vorliegende Definition macht deutlich, daß sich die Intertextualitätspoetik ähnlich wie die Textpoetik auf ein System von Transformationen stützt. Geht es im Geltungsbereich der Textpoetik um die Transformation von einem primär- oder alltagssprachlichen in einen sekundärsprachlichen oder poetischen Kode, so im Geltungsbereich der Intertextualitätspoetik um die Transformation zweier sekundärsprachlicher Kodes. Im Falle des Zitats sind zwei Transformationstypen zu unterscheiden. Der erste Typus betrifft den Text, der zweite den Prätext. Als die Basistransformation des Textes kann die Substitution bezeichnet werden. Das Verfahren gleicht dem Prozeß der Tropisierung, weshalb Michael Riffaterre zu seiner Erklä-

[7] Zum Zitat vgl. u. a. H. Meyer, *Das Zitat in der Erzählkunst: Zur Geschichte und Poetik des europäischen Romans* (Stuttgart, ^{2}1967); A. Compagnon, *La seconde main; ou, le travail de la citation* (Paris, 1979); St. Morawski, »The Basic Functions of Quotation«, in: *Sign, Language, Culture,* ed. A. J. Greimas (The Hague, 1970), S. 690–705.

[8] Vgl. dazu Z. Ben-Porat, »The Poetics of Literary Allusion«, *PTL,* 1 (1976), 105–128; A. L. Johnson, »Allusion in Poetry«, *PTL,* 1 (1976), 579–587; C. Perri, »On Alluding«, *Poetics,* 7 (1978), 289–307. Diese Arbeiten zeichnen sich durch eine große terminologische Präzision aus, ohne dabei allerdings eine strenge Abgrenzung zum Zitat vorzunehmen.

rung bevorzugt die (allerdings unscharfe) Kategorie der Syllepse[9] heranzieht. Durch die Einfügung eines Zitats entsteht ein Text, der mit zwei Prätexten einen Dialog unterhält: einem realen als Ursprungsort des *improprie*-Segments und einem hypothetischen als Quelle des ersetzten *proprie*-Segments. Dieser Dialog besitzt eine paradigmatische und eine syntagmatische Dimension. In paradigmatischer Sicht ist das Zitat eine intertextuelle Anomalie, deren Auflösung durch eine Rücktransformation auf die *proprie*-Ebene erfolgt. Eine Auflösung dieses *foregrounding,* die gleichzeitig eine Interpretation impliziert, kann beispielsweise eine Paraphrase[10] sein. Denkbar ist der Fall, daß ein einziges *proprie*-Substitut als Erklärung des Zitats nicht ausreicht. Dann sind mehrere Rücktransformationen nötig; es ergeben sich verschiedenartige Lesarten, die erst in ihrer Gesamtheit das poetische Potential der betreffenden Zitatstelle entfalten. Ein vergleichbarer Dialog findet in der syntagmatischen Dimension zwischen den Zitat-Kontexten in Text und Prätext statt. Indem der Rezipient im Leseakt den abwesenden Prätext-Kontext des Zitats mitvergegenwärtigt, schafft er zusätzliche Konnotationen des ihm vorliegenden Textes.

Bislang war vom Zitat als einer intertextuellen Äquivalenz die Rede, wobei stillschweigend unterstellt wurde, daß das zitierte Textsegment unverändert vom Prätext in den Text übergeht. Eine derartige Äquivalenz oder Identität ist jedoch nicht die Regel. Vielmehr dürfte das Zitat häufig gewisse Änderungen erfahren, die im alltagssprachlichen Kontext die ursprüngliche »Botschaft« leicht entstellen oder gar verfälschen können, während sie im poetischen Kontext zusätzlichen Spielraum für Polysemie- und Ironie-Phänomene schaffen. Diese Veränderungen erfordern die Aufspaltung des Zitatsegments in zwei Varianten; die erste ist Bestandteil des Prätextes, die zweite Bestandteil des Textes. Die Beschreibung ihrer Differenz ist Aufgabe des zweiten Transformationstypus. Es handelt sich hierbei um die bereits von der klassischen Rhetorik her bekannte Transformationstetras von Addition, Subtraktion, Substitution und Permutation sowie um die Repetition.[11] Sie ermöglichen die Erweiterung, Tilgung, Ersetzung,

---

9 »La syllepse intertextuelle«, *Poétique,* 10 (1979), 496–501, und »Syllepsis«, *Critical Inquiry,* 6 (1979/1980), 625–638. – Nach den Zeugnissen bei H. Lausberg, *Handbuch der literarischen Rhetorik,* 2 Bde. (München, 1960), §§ 702, 703, 706 repräsentiert die Syllepsis ein kompliziertes Zeugma, also keine spezifisch intertextuelle Figur.

10 Vgl. dazu u. a. R. Nolan, *Foundations for an Adequate Criterion of Paraphrase* (The Hague, 1970), und C. Fuchs, *La paraphrase* (Paris, 1982).

11 Die Terminologie basiert auf verschiedenen früheren Arbeiten des Verfassers: *Textwissenschaft und Textanalyse: Semiotik, Linguistik, Rhetorik* (Heidelberg, [2]1979); »Die Rhetorik der Figuren: Zur Systematik, Pragmatik und Ästhetik der Elocutio«, in: *Rhetorik: Kritische Positionen zum Stand der Forschung,* ed. H. F. Plett (München, 1977), S. 125–165; »Rhétorique et stylistique«, in: *Théorie de la littérature,* ed. A. Kibédi Varga (Paris, 1981), S. 139–176.

Umstellung und Wiederholung von Teilen des Prätextsegments, das somit in einem interpretationsbedürftigen »Hiat« (Genette) zum Resultat solcher Operationen steht. Ein Beispiel aus Ezra Pounds *Hugh Selwyn Mauberley* ist geeignet, die verschiedenen Transformationsarten zu erhellen:

> Died some, pro patria,
> non »dulce« non »et decor« ...[12]

enthält als Zitat die fragmentierte und neu verteilte Wortsequenz des Horazverses:

> Dulce et decorum est pro patria mori (*carm.* III,ii,13).

Einmal wird die Syntax des Prätextes bei Pound umgestellt (Permutation), weiterhin die lateinische Verbalphase »est [...] mori« eliminiert und durch ein englisches Verb (»died«) ersetzt (Substitution), schließlich die Endung {-um} in »decorum« getilgt (Subtraktion). Auch die beiden übrigen Transformationsarten kommen in den beiden Pound-Versen zur Anwendung. Denn einmal fügt der Autor ein lateinisches Wortelement »non« hinzu (Addition), zum anderen wiederholt er es (Repetition). Um das Spektrum der intertextuellen Transformationen zu vervollständigen, sei noch vermerkt, daß die Anführungszeichen, in denen zwei Zitatsegmente erscheinen, als intersegmentale graphemische Additionen zu klassifizieren sind. Eine terminologische Durchsicht der ermittelten Transformationsarten lehrt, daß hier die gleichen Nomenklaturen anwendbar sind wie im Bereich der Intratextualität: z.B. Anastrophe, Apokope oder Ellipse. Die entscheidende Differenz besteht darin, daß diese Transformationen sekundär sind, d.h. zusätzlich zu den intratextuellen erfolgen.

Die Zitatsegmente besitzen jeweils einen unterschiedlichen Umfang. Der Übersichtlichkeit halber seien hier drei Basisgrößen angenommen: Wort, Satz und (Teil-)Text. Sie erlauben entsprechend den Transformationsmodi zahlreiche Untergliederungen. Beispiele einer morphologischen Intertextualität sind etwa die Titel von Popes *Dunciad* und Fieldings *Shamela,* deren erster sich in dem Suffix {-iad} auf Repräsentanten der heroischen Gattung wie *Iliad* (englische Version), *Christiad* oder *La Henriade* bezieht, während der zweite auf Richardsons Romantitel *Pamela* zurückgeht; beide Titel modifizieren ihre Vorlage durch das Verfahren der Substitution. In den Romantiteln *Papa Hamlet* von Arno Holz und Johannes Schlaf sowie *Hamlet oder Die lange Nacht nimmt ein Ende* von Alfred Döblin liegen zwei Muster einer syntaktischen Intertextualität vor, die ihren Prätext durch Additionstransformationen erweitern, im ersten Fall

---

[12] In: *Selected Poems* (London, 1977), S. 100. – Ansätze zur Rezeption des Transformationsmodells in der Intertextualitätsdiskussion finden sich u. a. bei L. Jenny, »La stratégie de la forme«, *Poétique,* 7 (1976), 257–281, hier: 275–278, und G. Genette, *Palimpsestes* (Paris, 1982), S. 263ff.

durch ein *nomen appellativum,* im zweiten durch einen vollständigen Satz, der als interpretativer Untertitel fungiert. Die satzüberschreitende Intertextualität illustriert in reichem Maße Tom Stoppards Stück *Travesties,* das Textfragmente von Shakespeare, Wilde, Joyce und anderen zu einer Zitat-Collage vereinigt. Ohne Ansehen der Größe des Zitatsegments spielt die Semantik bei allen Vorgängen der Intertextualisierung eine wichtige, wenn nicht gar die wichtigste Rolle. Eine intertextuelle Suffigierung (wie in *Dunciad*) oder Attribution (wie in *Papa Hamlet*) ist keine Operation, die auf die Morphologie oder Syntax beschränkt bleibt, sondern sie hat durchaus inhaltliche Veränderungen zur Folge. Auch die identische Wiederholung des Prätext-Segments, die auf die genannten Transformationen verzichtet, impliziert in der Regel eine semantische Verschiebung. Das Resultat dieser Bedeutungsmutationen läßt sich als Ambivalenz bezeichnen. Sie kann unterschiedlich ausfallen. Eine extreme Form der Ambivalenzspannung, von der einige der aufgeführten Beispiele Gebrauch machen, ist die Ironie, d. h. ein Sprachtropus, bei dem zusammen mit einer Bedeutung auch deren Gegenteil vergegenwärtigt wird.

Um solche Spannungen oder Interferenzen wahrzunehmen, bedarf es der Markierung des eingebetteten Zitats.[13] Hier gilt die Regel: Je fremder die sekundärsprachlichen Kodes von Prätext und Text einander sind, desto stärker ist der intertextuelle Charakter des Zitatsegments markiert. Die Kennzeichnung des »fremden Wortes«[14] übernimmt dann ein Raster der möglichen intertextuellen Signale. Umgekehrt gilt aber auch: Je ähnlicher die sekundärsprachlichen Kodes sind, desto eher wird die Intertextualität des Zitats verschleiert. In derartigen Fällen tritt die Intertextualität nur auf Grund einer »pragmatischen Präsupposition«[15] zutage. Das heißt: Das Vorwissen des Rezipienten schafft hier erst die Interferenz zwischen aufnehmendem und eingelagertem Text; ohne dasselbe existiert sie nicht. Eines solchen Vorwissens bedarf es natürlich auch bei den markierten Formen sprachästhetischer Intertextualität; allerdings sind hier die Voraussetzungen für die Analyse wesentlich erleichtert. Denn die erwähnten Signale bilden selbst Bestandteile der intertextuellen Grammatik und sind als solche leicht abrufbar. Sie versagen allerdings dort ihren Dienst, wo der Prätext nicht wirklich existiert, sondern eine Fiktion des Autors darstellt. In solchen Fällen liegt eine »Pseudo-Intertextualität« vor. Diese erzeugt keinen echten Dialog zwischen Texten, sondern simuliert lediglich einen solchen. Das Konzept der Intertextualität in dem hier gebrauchten Sinne er-

---

[13] Vgl. dazu auch den Beitrag von U. Broich in diesem Band.

[14] Zur Terminologie vgl. V. N. Vološinov, *Marxismus und Sprachphilosophie,* ed. S. M. Weber (Frankfurt, 1975), S. 178ff.

[15] Vgl. dazu J. Culler, »Presupposition and Intertextuality«, *MLN,* 91 (1976), 1380–1396.

fordert daher Kommentare und Forschungsliteratur, die als »Metatexte« die Quelle des Zitats, den Prätext, erschließen.

Die Signale sprachlicher Intertextualität sind entweder expliziter oder impliziter Natur. Als explizite Signale dürfen solche gelten, die auf Grund von Additionstransformationen ausdrücklich zu dem Zitatsegment hinzutreten. Wahrscheinlich ist, daß jede linguistische Ebene eine Reihe spezifischer Signalarten hervorbringt, doch sollen hier nur einige charakteristische erwähnt werden. Zu ihnen zählt die Markierungspause als phonologisches sowie die *inquit*-Formel als syntaktisches Zitatsignal. Den größten Bekanntheitsgrad besitzen vielleicht die graphemischen Indikatoren, die segmentalen (Kursive, Kapitälchen) nicht minder als die intersegmentalen (Anführungszeichen, Doppelpunkt, spatiale Leerstellen).

Implizite Signale heben sich von den expliziten dadurch ab, daß sie Eigenschaften des Zitats selbst sind. Der Unterschied läßt sich anhand der beiden Pound-Verse verdeutlichen:

> Died some, pro patria,
> non »dulce« non »et decor«.

Während die Anführungszeichen eine explizite Zusatzmarkierung darstellen, tritt der Zitatcharakter des Segments »pro patria« allein durch den Wechsel von der englischen zur lateinischen Sprache hervor. Kodewechsel dieser Art schaffen linguistische Interferenzen, die als Zitat-Indikatoren fungieren können. Ein Kodewechsel und folglich die entsprechende Interferenz sind dann gegeben, wenn in einem fortlaufenden Text das Zitat

a) einer anderen Sprache (interlinguale Interferenz),
b) einer anderen Sprachstufe (diachrone Interferenz),
c) einer anderen Sprachregion (diatopische Interferenz),
d) einem anderen Soziolekt (diastratische Interferenz),
e) einem anderen Sprachregister (diatypische Interferenz),
f) einer anderen Schriftart (graphemische Interferenz),
g) einer anderen Prosodie (prosodische Interferenz)

usw. angehört. Beispiele für diese Spracherscheinungen finden sich in der Literatur der Moderne und Postmoderne in großer Fülle. Allerdings gilt für das implizite Zitat-Signal die Einschränkung, daß nicht jeder Kodewechsel von vornherein eine Prätext-Referenz anzeigt. Dies erhellt etwa das naturalistische Drama mit seinen diatopischen und diastratischen Sprachvarianten. Die gleiche Regel trifft selbstverständlich auf die expliziten Signalarten zu. Demnach signalisiert nicht jedes Anführungszeichen ein Zitat, sondern es kann ebensogut die Terminologisierung oder Ironisierung eines bestimmten Textzeichens besagen. Aus diesem Befund ist zu folgern: Erst die Aufdeckung eines konkreten Prätextes kann letztlich die Gültigkeit eines Zitat-Signals bestätigen.

Die Signalwirkung einer impliziten Zitatmarkierung kann entweder von einem einzigen oder von mehreren Kodewechseln ausgehen. Im Falle der beiden Pound-Verse liegt ein einfacher Kodewechsel vor. Die zweite Möglichkeit erhellt ein Passus aus T. S. Eliots »East Coker I«:

> The association of man and woman
> In daunsinge, signifying matrimonie –
> A dignified and commodious sacrament.
> Two and two, necessarye coniunction,
> Holding eche other by the hand or the arm
> Which betokeneth concorde.[16]

Der Kontext macht zunächst deutlich, daß ein diachroner Kodewechsel (b) besteht, der sich in einer graphemischen und einer morphologischen Variante manifestiert. Diese Feststellung belegen die archaische Schreibweise von ⟨daunsinge⟩ oder ⟨eche⟩ sowie das obsolete Verbalsuffix {-eth}. Weniger evident, weil nicht auf den ersten Blick erkennbar, ist der prosodische Kodewechsel (g). Denn erst die Lektüre des Prätextes, Sir Thomas Elyots Traktat *The Book named the Governor* (I,21) aus dem Jahre 1531, klärt den Leser darüber auf, daß der moderne Lyriker das zitierte Prosastück versifiziert hat.[17] Andere Beispiele weisen weitere Kodewechsel auf. Je größer deren Zahl ist, desto komplexer gestaltet sich die intertextuelle Struktur des betreffenden Werkes.

Der semantische Aspekt dieser Komplexität bedarf noch der näheren Untersuchung. Es leuchtet ein, daß dabei die Frequenz der zitierten Sprachsegmente eines oder mehrerer Prätexte keine geringe Rolle spielt. Texte, die sich aus Zitat-Collagen konstituieren, begründen eine Vielzahl interferierender Bedeutungsschichten, die einander ergänzen, widersprechen, relativieren. Jedes Zitat bringt in den es aufnehmenden Text seine eigene Bedeutungsschicht oder semantische Isotopie mit, die sich in der neuen Umgebung entfaltet. Die Nahtstelle zwischen Zitat und Zitat-Kontext markiert eine Devianz, welche den Ausgangspunkt für einen intertextuellen Dialog darstellt. Der Zitat-Kontext bildet dabei das *backgrounding*, das Zitat selbst das *foregrounding*. Folgen nun wie in T. S. Eliots *The Waste Land* (vv.426–429) mehrere Zitate unmittelbar aufeinander, so vervielfältigt sich der Dialog; das vorangehende *foregrounding* wird selbst zum *backgrounding* für ein neues *foregrounding*. Semantisch gesprochen: Es kristallisieren sich Poly-Isotopien heraus, die den Bedeutungsgehalt des Textes anreichern. Jeder Akt der Textaufnahme, ob erstmalig oder wiederholt,

---

[16] In: *The Complete Poems and Plays* (London, 1975), S. 177–178.

[17] Vgl. dazu J. Johnson Sweeney, »›East Coker‹: A Reading« (1941), in: T. S. Eliot, *Four Quartets: A Casebook*, ed. B. Bergonzi (Nashville/London, 1970), S. 36–56. – Die Versifikation geht nicht ohne intertextuelle Transformationen wie Subtraktion und Substitution vonstatten.

aktiviert andere Bedeutungsmerkmale, harmonisiert divergente und differenziert konvergente Isotopien, sucht von einem Fixpunkt aus untereinander stimmige Lesarten der Zitatketten zu erstellen. Liegt dieser Fixpunkt im Kontext eindeutig verankert, so existiert eine gewisse Wahrscheinlichkeit, daß in der Chronologie der Leseakte eine abschließbare Semantisierung erfolgt. Erweist sich der Kontext jedoch, wie häufig bei Eliot, ebenfalls als zitierte Literatur, so wird die Semantik des Fixpunktes instabil und sein Status in Frage gestellt. Es tritt dann das Problem einer semantischen Desorientiertheit auf, welche die Einheit des Kunstwerks gefährdet. Folglich müssen Versuche einer monosemierenden Interpretation scheitern; ein hermeneutischer Grundkonsens ist kaum möglich.

Intertextuelle Beziehungen können nicht nur das Bedeutungspotential des Textes, sondern auch dasjenige der von ihm vereinnahmten Prätexte erweitern. So tragen etwa die *Hamlet*-Zitate in Tom Stoppards *Rosencrantz and Guildenstern Are Dead* dazu bei, daß die entsprechenden Stellen in Shakespeares Drama zusätzlich semantisiert werden. Dies gilt in besonderer Weise für den Titel des Werkes, der eine bislang kaum beachtete *Hamlet*-Zeile aufwertet. Aber auch das Umgekehrte ist denkbar: Bedeutungsverengung, sogar Bedeutungsentleerung. Der wohl bekannteste aller Shakespeare-Verse, Hamlets Monologbeginn »To be or not to be that is the question«, ist durch die parodierende Zitierung in ungezählten Folgetexten so sehr verbraucht, daß sich seine Bedeutung häufig auf ein Minimum reduziert. Andererseits kann aber auch das Zitat selbst an einer möglichen Expandierung seines Sinnhorizonts gehindert werden. Ein solches Hindernis bildet weniger der neue Kontext, in den das Zitat eintritt, als vielmehr die Existenz von »Interpretationsfiltern«, die sich zwischen Text und Prätext schieben. Die Funktion eines derartigen Filters übernimmt zum Beispiel ein Vorurteil, aber auch ein wissenschaftlicher Diskurs. Die zweite Möglichkeit illustriert etwa der Titel von T. S. Eliots *The Waste Land,* der zwar auf Thomas Malorys *Morte d'Arthur* (XVII,3) zurückgeht, aber seine spezifische Semantik erst durch die Kenntnis der Gralsdeutung in Jessie L. Westons Abhandlung *From Ritual to Romance* (1920) erhält. Die wissenschaftliche Darstellung fungiert demnach als interpretativer Filter, der bestimmte Bedeutungen zuläßt, andere hingegen nicht.

Die vorangehenden Ausführungen behandeln einige zentrale Aspekte einer intertextuellen Poetik. Ihre Aufgabe besteht darin, die Beziehungen zwischen literarischen Texten durch das Aufstellen von Regeln systematisch darzustellen. Dem Zitat fällt dabei eine heuristische Schlüsselfunktion zu; denn der Umstand, daß es ein klar definiertes intertextuelles Sprachsegment bildet, erleichtert die Gewinnung systematisierbarer Erkenntnisse. Das Resultat ist eine Sekundärgrammatik, in der das Zitat nach Gesichtspunkten wie Ähnlichkeit, Umfang, Markiertheit und Frequenz erfaßt wird. Anläßlich dieses Befundes erhebt sich die Frage, ob die gleichen Kriterien und Operationen auch auf andere intertextuelle Phänomene sprachlicher und sogar nicht-sprachlicher Art anwendbar sind. Ein solcher Transfer ist vorstellbar unter der Prämisse, daß sich größere sprachliche Zeichen analog zu kleineren und nicht-sprachliche Zeichen analog zu sprachlichen verhalten. Sollte dies der Fall sein, so unterliegen beispielsweise Parodien und Verfilmungen von Literaturwerken den gleichen Grundregeln wie das Zitat.[18] Allerdings bedarf es zusätzlicher Spezifikationen, die den Wechsel der Schreibweise oder des Mediums berücksichtigen.

3. Intertextuelle Poetik: II. Normative Aspekte

Eine intertextuelle Poetik bleibt so lange abstrakt, wie die Ausführungsbestimmungen fehlen, unter denen ihr Regelwerk in die Textpraxis umgesetzt wird. Das heißt: Die Komponente der Kompetenz als die Theorie des poetisch Möglichen bedarf der Ergänzung durch die Komponente der Performanz als der Theorie des poetisch Wirksamen. Zentrum einer solchen poetischen Pragmatik ist die Richtgröße der Norm. Zu ihren Eigenschaften zählen unter anderem die Raum- und Zeitgebundenheit, die limitierte Geltung in unterschiedlichen Gesellschaften und gesellschaftlichen Gruppen, vor allem aber bestimmte Wertvorstellungen, welche den jeweiligen Kodes anhaften. Diese Komplexität des Normbegriffs erfordert seine Auffächerung in einzelne Problembereiche. Drei von ihnen stehen im Mittelpunkt der nachfolgenden Ausführungen. Der erste betrifft die Dichotomie von literarischer und nicht-literarischer, der zweite die von positiver und negativer, der dritte die von sprachlicher und nicht-sprachlicher Normativität. Alle drei Problembereiche sind in der Textpraxis aufs engste miteinander verbunden. Daß hier dennoch eine Trennung, zumal in binärer Strukturierung erfolgt, erklärt sich aus Gründen der interpretatorischen Heuresis. Die gleiche Überlegung rechtfertigt auch das vorläufige Festhalten am Zitat als Modellfall einer zwischentextlichen Beziehung.

Zitate können literarischen oder nicht-literarischen Ursprungs sein – ebenso wie der Text, in den sie eingebettet sind. Demnach gibt es vier

---

[18] Vgl. zur Parodie – in Anknüpfung an Lausberg und Quintilian – E. Rotermund, *Die Parodie in der modernen deutschen Lyrik* (München, 1963), und die Diskussion dieses Ansatzes bei Th. Verweyen/G. Witting, *Die Parodie in der neueren deutschen Literatur* (Darmstadt, 1979), S. 83–93: »Parodie und Rhetorik: E. Rotermunds Anwendung der rhetorischen Änderungskategorien«; zum Film: E. Kaemmerling, »Rhetorik als Montage«, in: *Semiotik des Films,* ed. F. Knilli (Frankfurt, 1971), S. 94–109; zur Malerei: A. Kibédi Varga, »Sémiotique des arts et lecture du tableau«, *Rapports/Het Franse Boek,* 53/2 (1983), 50–62. – Beispiele für die mediale Konvertierbarkeit von Zeichen auf der Basis der rhetorischen Schemata liefern die humanistischen Mal- und Musiktheorien.

intertextuelle Möglichkeiten des Verhältnisses von »literarisch« und »nicht-literarisch«:

a) Text = nicht-literarisch, Zitat = nicht-literarisch,
b) Text = nicht-literarisch, Zitat = literarisch,
c) Text = literarisch, Zitat = nicht-literarisch,
d) Text = literarisch, Zitat = literarisch.

Hinsichtlich der Frage der Ästhetizität ist in allen diesen Fällen davon auszugehen, daß der aufnehmende Text die Basisnorm bildet, die den funktionalen Stellenwert des Zitats definiert. Akzeptiert man diese Festlegung, welche von der Kommunikationssituation des Textes ausgeht, so werfen a) und d) zunächst keine Probleme auf, da sie jeweils eine bestimmte Grundnorm realisieren. Aber auch in den Fällen b) und c) ist die Normentscheidung eindeutig, da einmal die nicht-literarische und ein andermal die literarische Kommunikationssituation dominiert. In b) erfolgt eine Unterordnung des literarischen Zitats unter die praktische Zielsetzung des Textes, wobei die Beschaffenheit der Textsorte (z.B. Zeitungsnachricht, wissenschaftliche Abhandlung, Gerichtsplädoyer, politische Rede) eine wichtige Rolle spielt. Entsprechend besteht das funktionale Telos im Informieren, Belehren, Dokumentieren, Beweisen, Überreden, Unterhalten usw.; das Vorbild dafür liefern die Effekttrias und die Affektenlehre der klassischen Rhetorik und ihrer Tradition. Im Fall c) hingegen tritt der umgekehrte Funktionswechsel ein. Das alltagssprachliche Zitat wird literarisiert; d.h. es entzieht sich den Normzwängen einer zweckgerichteten Kommunikation und erhält seinen Platz in einem Bedingungsrahmen, in dem die selbstzweckhafte (autotelische) Funktion die übrigen Funktionen dominiert. Sowohl die Poetisierung als auch die Entpoetisierung von Zitaten läßt sich durch zahlreiche Beispiele belegen. Ersteres findet etwa statt in Laurence Sternes Roman *Tristram Shandy,* in dem unter anderem Zitate aus Traktaten von John Locke und Robert Burton sowie aus dem Exkommunikationsformular des Bischofs Ernulfus von Rochester in satirisch-parodistischer Absicht umfunktionalisiert werden, letzteres hingegen ereignet sich ständig in Festreden und Texten der Wirtschaftswerbung. Jedesmal verändert die Funktionsverschiebung den Status der sekundärsprachlichen Kodierung.

Nach diesen Ausführungen erscheint auch die Normfrage der Alternativen a) und d) nicht mehr ganz so problemlos, wie dies zunächst aussieht. Bevor sie jedoch diskutiert wird, sei kurz die spezifische Referentialität des literarischen Zitats angesprochen. Sie ist hier deswegen von Interesse, weil sie die Bestimmung der ästhetischen Norm um eine notwendige Komponente ergänzt. Vergleicht man nämlich unter diesem Gesichtspunkt das literarische Zitat mit dem nicht-literarischen, so stellt sich zwar als Gemeinsamkeit heraus, daß beider Referenzobjekt nicht ein Gegenstand ist, auf den es verweist, sondern erneut ein Text, der Prätext. Der Unterschied besteht indes darin, daß im Falle des literarischen Zitats dieser Prätext selbst nicht mehr anhand der Wirklichkeit zu verifizieren ist; er stellt vielmehr bloß eine Fiktion dar, welche die Sprache selbst hervorbringt. Daraus folgt, daß das literarische Zitat den Fiktionscharakter des literarischen Textes verstärkt. Wird gar die Möglichkeit eines Zitats im Zitat oder eines zitierten Zitats wahrgenommen, so vervielfältigt sich die Autoreferentialität der Darstellung. Auf der Suche nach der Wirklichkeit der Literatur stößt der Leser wiederum nur auf Literatur. Er sieht sich, um einen Buchtitel von Fredric Jameson aufzugreifen, im ›Gefängnis der Sprache‹ (»prison-house of language«) gefangen, in das ihn die intertextuelle Schreibweise des Autors gelockt hat. So betrachtet, signalisiert die modernistische und postmoderne Mode des literarischen Zitats eine Flucht aus der Realität der Dinge hinein in die Scheinwelt der Wörter. Der extreme Standpunkt einer »Selbstrepräsentativität des Worts«[19] ist Ausdruck einer ästhetizistischen Geisteshaltung, die auch manche der dekonstruktivistischen Kritiker beherrscht.

Eine Erörterung der Normfrage im Verhältnis von literarischem (nichtliterarischem) Zitat und literarischem (nicht-literarischem) Text kommt nicht umhin, das Thema der Axiomatik anzuschneiden. Diese Feststellung gründet sich auf die Erfahrung, daß jede Norm zugleich eine Wertnorm darstellt. Schon ein einfaches Beispiel kann diesen Sachverhalt erhellen. Eine wissenschaftliche Abhandlung, die aus der vorhandenen Forschungsliteratur zitiert, wird zum Zitierten entweder implizit oder explizit Stellung nehmen. Die beiden Grundformen dieser Stellungnahme sind Zustimmung und Ablehnung, wobei letztere stets durch ein Signal markiert ist. Jede Grundform manifestiert sich in einem Spektrum von Varianten; das erste umfaßt Bestätigung, Verstärkung, Überbietung, das zweite hingegen Abschwächung, Verneinung, Verkehrung. Derartige Werteinstellungen beziehen sich immer auf den Prätext bzw. das prätextuelle Zitatsegment. Die klassische Doktrin spricht vom *aptum* oder *decorum,* wenn eine Homogenität der Wertnormen, vom *inaptum* und *indecorum* hingegen, wenn eine Inhomogenität vorliegt. Ein *indecorum* kann entweder der Absicht oder dem Zufall entspringen. Letzterer muß aus der wissenschaftlichen Betrachtung ausscheiden, da sich aus ihm keine regelhaften Erkenntnisse über intertextuelles Normverhalten ableiten lassen. Solche beziehen sich allein auf den intendierten Normenkonflikt, der, wie noch zu zeigen sein wird, selbst die Quelle von intertextuellen Stilformen und Textsorten darstellt.

Poetische Normen konstituieren sich aus Konfigurationen von Merkmalen, die zu einer bestimmten Zeit und an einem bestimmten Ort von einer bestimmten Interaktionsgemeinschaft als gültig anerkannt sind. Die folgen-

---

[19] I. P. Smirnov, »Das zitierte Zitat«, in: *Dialog der Texte: Hamburger Kolloquium zur Intertextualität,* ed. W. Schmid/W.-D. Stempel (Wien, 1983), S. 273–290, hier: S. 286.

de Skala enthält in binärer Anordnung verschiedene solcher Merkmale, die den poetischen Sprachkode charakterisieren:

vertraut – fremd (Bekanntheit)
natürlich – künstlich (Stil)
einfach – komplex (Struktur)
mündlich – schriftlich (Medium)
allgemein – speziell (Gültigkeit)
niedrig – hoch (Soziolekt)
nah – fern (Dialekt)
emotional – rational (Seelenvermögen)
alt – neu (Zeit)
usw.

Bezieht sich eine Sprachnorm mit einer spezifischen Merkmalstruktur auf eine andere, die von ihr entweder gar nicht oder nur geringfügig abweicht, so entsteht eine Stiltradition von hoher Konstanz. Das bezeugen etwa die verschiedenen Rezeptionsphasen des Ciceronianismus oder des europäischen Manierismus. Die geringfügigen Deviationen innerhalb des Merkmalspektrums erklären sich aus den Versuchen, die Norm restriktiv oder freizügig, intensiv oder extensiv zu handhaben. Bricht hingegen eine Sprachnorm mit einer anderen, so findet ein Stilwandel statt. Diesen referentiellen Modus illustriert etwa William Wordsworths Konzeption der Dichtersprache in seinem Vorwort zur Ausgabe der *Lyrical Ballads*. Die dort postulierten Sprachmerkmale »vertraut«, »natürlich«, »einfach«, »mündlich«, »allgemein«, »niedrig« usw. schaffen eine Norm, welche die Axiomatik der »poetic diction« des 18. Jahrhunderts mit ihren Latinismen, obskuren Periphrasen, artifiziellen Epitheta und Personifikationen in das Gegenteil verkehrt. Überlegungen wie diese machen deutlich, daß die aufgeführten Merkmale stets positiv oder negativ besetzt sind, d.h. einer axiomatischen Wertung unterliegen.

Die gleichen Regeln gelten auch für das Zitat, jedoch mit einer charakteristischen Modifikation. Der einzelne Repräsentant einer literarischen »Reihe«[20] (sukzessive Intertextualität) erschließt sich in der Regel auch ohne die Kenntnis der Prätext-Normen. Dies scheint aber im Falle des Zitats (simultane Intertextualität) kaum möglich, weil die gleichzeitige Präsenz verschiedenartiger (Zitat-)Texte in einem Text die Normunterschiede bewußt macht. Durch sie wird der Leser veranlaßt, die Nahtstellen und

---

[20] Ch. Grivel, der diesem Phänomen besondere Aufmerksamkeit widmet, schreibt darüber: »Un texte est un phénomène sériel: il s'inscrit dans le paradigme; la différence permet de l'apprécier, sa supplémentarité« (»Thèses préparatoires sur les intertextes«, in: *Dialogizität,* S. 237–248, hier: S. 241). – Vgl. auch von demselben Autor: »Serien textueller Perzeption: Eine Skizze«, in: *Dialog der Texte,* S. 53–84.

Brüche im Textkontinuum zu thematisieren und sie hinsichtlich ihrer Voraussetzungen zu hinterfragen. Bei extremen Zitathäufungen, etwa in einer Zitat-Collage, zerfällt der Text in ein Spektrum von »Spuren«;[21] ein kohärenzstiftender Fokus ist nicht mehr auffindbar. Der Pluralität der (Zitat-) Stile entspricht dann ein axiomatischer Relativismus, der sich in einem instabilen Rezeptionsverhalten niederschlägt. Eine große Zahl von Forschungsarbeiten zu T. S. Eliots *The Waste Land* kann dies bestätigen. Damit tritt zu dem positiven und dem negativen Typus des Normverhaltens ein dritter hinzu, den man folglich als relativistisch bezeichnen sollte. Jeder Typus verkörpert eine andere Ästhetik: der erste die Nachahmungs- und Überbietungsästhetik, der negative die Distanz- und Verfremdungsästhetik, der relativistische schließlich die Ästhetik der Dekonstruktion.

Der dritte Problembereich der intertextuellen Performanz betrifft die Relation von sprachlichen und nicht-sprachlichen Konstituenten. Ihre Behandlung erhellt sowohl die Grundlagen spezifisch sprachlicher Normativität als auch diejenigen solcher Textsorten, die auf dieser Relation aufbauen. Daher stehen nachfolgend vorwiegend sukzessive Formen der Intertextualität zur Diskussion. Um die Beziehungen zwischen den beiden Konstituentengruppen aufzufächern, seien diese abwechselnd den Kriterien von Normkonstanz und Normveränderung unterworfen. Aus einem solchen Verfahren ergibt sich folgendes Viererparadigma:

1. Die Norm aller Textkonstituenten bleibt weitgehend konstant, gleichfalls die poetische Sprachnorm.
2. Die poetische Sprachnorm bleibt konstant, während sich die Norm der übrigen Textkonstituenten weitgehend ändert.
3. Die poetische Sprachnorm ändert sich, während die Norm der übrigen Textkonstituenten weitgehend konstant bleibt.
4. Die Norm aller Textkonstituenten ändert sich weitgehend, gleichfalls die poetische Sprachnorm.

Die Möglichkeiten (1) und (4) bilden ersichtlich Extremfälle, (2) und (3) halten ein breites Spektrum von Textvarianten bereit. Die Modifikation »weitgehend«, die in den Formulierungen (1) bis (4) erscheint, bringt zum Ausdruck, daß die nicht-sprachlichen Textkonstituenten zusätzlich untereinander differieren können, so daß sich innerhalb des Viererparadigmas weitere Aufgliederungen ergeben.

Textrealisate, welche die Kriterien der Kategorie (1) erfüllen, bieten für den Intertextualitätsforscher eher negative Erkenntnisse, da er sich mit der Feststellung von Identischem oder Ähnlichem zufriedengeben muß. Eine

[21] Anders als etwa bei J. Derrida, *Grammatologie* (Frankfurt, 1983), S. 122ff., wird hier das Konzept der »Spur« präziser als mögliche intertextuelle Äquivalenz im Bereich der Sprache definiert.

recht große Erfüllung der Norm gewährleisten hier Facsimile-Reprints und Nachdrucke von Texten, die handschriftliche Abschrift eines Typoskripts oder Drucktextes, der Druck eines Manuskripts oder Typoskripts, die mündliche Äußerung von Geschriebenem (Manuskript, Typoskript, Drucktext), die schriftliche Manifestation von Gesprochenem (direkte Äußerung, Tonbandaufnahme, Schallplatte) usw., wobei sich ein unmerklicher Übergang zur Kategorie (3) vollzieht. Die Beispielkette lehrt, daß bei absoluter Normidentität kein Vergleich mehr möglich ist. Was hier wechselte, war das Sprachmedium (im weitesten Sinne). Ähnlich findet bei den Phänomenen »Plagiat« und »Epigonalität« eine Veränderung statt, nämlich des (fingierten oder realen) Autors (Interauktorialität[22]). Auf der anderen Seite eröffnet die Kategorie (4) kaum eine akzeptable Perspektive für die Intertextualitätsforschung. Wo keine einzige Gemeinsamkeit existiert, läßt sich keine Beziehung herstellen.

Es bleiben die Möglichkeiten (2) und (3), die aus der Homogenität des Sprachkodes und der Heterogenität der übrigen Textkonstituenten bzw. der Umkehrung dieser Verhältnisse resultieren. Entsprechend der Anzahl der nicht-sprachlichen Textkonstituenten gibt es in beiden Alternativen viele Varianten des intertextuellen Bezugs. Es besteht hier nicht die Absicht, Taxonomien zu errichten, die alle oder doch möglichst viele dieser Varianten registrieren. Ein solches Unternehmen wäre allein deswegen aussichtslos, weil der poetische Sprachkode sich in einem synchronen Zeitabschnitt regelmäßig in verschiedenen Subkodes realisiert, die für die Normierung von Figuren, Handlungen und Textsorten von Belang sind.[23]

Die wohl bekannteste Variante von Kategorie (2) bildet die Parodie, die durch das *indecorum* von hoher Stillage (d. h. komplexer Sekundärsprachlichkeit) und Trivialität der Themen, Figuren und Handlungen definiert ist. Ein Beispiel aus der englischen Romanliteratur des 18. Jahrhunderts repräsentiert die Erzählung der handgreiflichen Auseinandersetzung der Dorfschönheit Molly Seagrim mit ihren Neidern in einem Kapitel von Henry Fieldings *Tom Jones* (IV,8), das die Überschrift trägt: »A Battle sung by the Muse in the Homerican Stile, and which none but the classical Reader can taste.« Das *indecorum* signalisiert hier, daß sich der homerische Sprachstil verbraucht hat und daher zum komischen Spielobjekt geworden ist. Ein ursprüngliches *indecorum* zwischen gehobener Diktion und niedrigen Themen, Figuren und Handlungen kann sich jedoch auch zum akzeptierten *decorum* wandeln, das kein Gelächter mehr auslöst. Dieser Fall tritt dann ein, wenn sich religiöse, soziale und politische Normvorstellungen verän-

---

22 Der Terminus erfährt an dieser Stelle eine andersartige Verwendung als bei I. Schabert, »Interauktorialität«, *DVLG*, 57 (1983), 679–701.

23 Zu den poetischen Subkodes vgl. etwa die Ansätze der Funktionalstilistik bei I. R. Galperin, *Stylistics* (Moskau, ^{2}1977), S. 250–287.

dern. Solche Veränderungen illustrieren etwa das christliche Heldenepos in der Art John Miltons, die bürgerliche Verstragödie der englischen Renaissance-Dramatiker, die lyrische Apotheose des »common man« in Walt Whitmans *Leaves of Grass*. In beiden Varianten kann der Wandel entweder als Transformation (der Norm der übrigen Textkonstituenten) oder als Transfer (der poetischen Sprachnorm) beschrieben werden. Jedesmal findet ein spezifischer Akt der Wertung statt: in der ersten Variante eine Abwertung der poetischen Sprachnorm, in der zweiten eine Aufwertung der Norm der übrigen Textkonstituenten. Weitere Varianten des kodalen Transfers erscheinen in Gattungen, Textgruppen und Einzeltexten. Auf sie soll hier nicht näher eingegangen werden. Eine kurze Erwähnung verdient lediglich das Cento, das aus Zitaten eines oder mehrerer Prätexte einen neuen Text mit neuem Thema zusammensetzt. Der klassische Repräsentant des Cento ist das religiöse Drama *Christus Patiens*, das sich aus 2610 Euripides-Versen konstituiert.

Die Kategorie (3) kennt ebenfalls zahlreiche Varianten. Dazu zählen die mannigfachen Formen der »Übersetzung«: etwa in eine andere Sprache, in einen anderen historischen, sozialen oder regionalen Sprachmodus, von Vers in Prosa, von Prosa in Vers, von einem Metrum in ein anderes usw. Jedesmal wandelt sich in diesen Fällen die Sprachnorm, während die übrigen Textkonstituenten identisch bleiben. Übersetzungen können den Prätext ästhetisch auf- oder abwerten. Das erstere vollbringt Gerhard Rühms Sonett »die ersten menschen sind auf dem mond«, das eine Zeitungsnachricht versifiziert, das letztere Wolfgang Schadewaldts *Odyssee*-Übertragung, die den Hexameter des Originals in deutscher Prosa wiedergibt. Dabei illustriert das Rühm-Gedicht nicht nur die Funktionsverschiebung von Nicht-Poetizität zu Poetizität, sondern auch das strukturelle Verfahren, durch das diese bewirkt wird: sekundärsprachliche Transformationen. Dieses Verfahren läßt sich auf alle Arten von »Übersetzung« anwenden, selbst auf die verschiedenen Fassungen des *Piers Plowman*. Die intertextuellen Paronomasien freilich, die man zwischen ihnen festgestellt hat,[24] gewinnen erst dann eine poetische Relevanz, wenn es gelingt, den Nachweis ihrer Intendiertheit zu erbringen.

Analog zur Kategorie (2) stellt sich in Kategorie (3) die größte Diskrepanz zwischen Sprachnorm und der Norm der übrigen Textkonstituenten dann ein, wenn ein *indecorum* vorliegt. Es handelt sich um die Unangemessenheit von ›hohen‹ Themen, Figuren, Handlungen und ›niedriger‹ Stillage,

---

[24] Vgl. W. W. Ryan, »Word-Play in Some Old English Homilies and a Late Middle English Poem«, in: *Studies in Language, Literature, and Culture of the Middle Ages and Later,* ed. E. B. Atwood/A. A. Hill (Austin, Texas, 1969), S. 265–278, und H. L. C. Tristram, »Intertextuelle puns in *Piers Plowman*«, *Neuphilologische Mitteilungen,* 84 (1983), 182–191.

welche die Stelle einer gehobenen, als adäquat angesehenen Diktion einnimmt. Dies ist der Fall bei der Travestierung heroischer Themen, mythischer Stoffe und »großer Männer«, deren einst exemplarischer Charakter nicht länger akzeptiert wird. Die Entwertung des ehemals Vorbildlichen erfolgt durch Kodewechsel und kann sowohl spielerische als auch kritische Ziele verfolgen. Das spielerische Ziel, das etwa Paul Scarrons *Le Virgile travesti en vers burlesques* und Charles Cottons *Scarronides: or, Virgile Travestie* verkörpern, bleibt auf die literarische Intertextualität beschränkt; das kritische (z.B. gesellschaftskritische) Ziel, das etwa Jacques Offenbachs *Orphée aux Enfers* mitverfolgt, sprengt hingegen den intertextuellen Rahmen.[25] Die Travestie kann Gattungen, Einzeltexte und Segmente von Texten betreffen. Ihr sprachästhetischer Grundzug ist wie bei der Parodie die Ironie. Diese poetische Sprachfigur besitzt eine herausragende intertextuelle Qualität, da sie ein Indikator des literarischen Normwandels ist. Allerdings kann sich auch die neugebildete Norm wieder abnutzen und selbst zum Gegenstand spielerisch-kritischer Inversion werden. Eine solche Einstellung verrät zeitweilig, wie schon der Titel nahelegt, Tom Stoppards *Travesties,* wenn auch hier die Grenzen nicht immer scharf gezogen sind.[26]

Die poetische Sprache gewinnt in intertextuellen Literaturverfahren an Dichte und Komplexität. Ihre Dechiffrierung kann noch weniger als im intratextuellen Rahmen durch den alleinigen Bezug auf das Kategorialsystem der poetischen Sekundärgrammatik gelingen. Vielmehr bedarf es der Kenntnis der Sprach- und Literaturnormen möglichst vieler Sprachen, Zeiten, Regionen und Kulturen. Erst dann erschließt sich dem Leser das volle Sinnpotential des poetischen Sprachzeichens, entfaltet sich ein Dialog zwischen den sprachlichen und nicht-sprachlichen Textkonstituenten, erweist sich der Text als Intertext. Fehlt dieses Norm-Wissen, so reduziert sich die Polysemie der Isotopen, verkümmert der Polylog zum Dialog oder Monolog, erwachsen aus Nicht- oder Mißverstehen Kritik und Ablehnung, wie die frühe Rezeption von intertextuellen Werken wie *The Waste Land* oder *Ulysses* beweist. Gefordert ist demnach ein *litteratus doctus,* der dem *poeta doctus* als deren Urheber entspricht.

---

25 J. A. Dane, »Parody and Satire: A Theoretical Model«, *Genre,* 13/2 (1980), 145–159, hier: 150, beschreibt den Unterschied so: »Parody refers us to the sign itself, or to a system of signs. Satire refers us to the contents of signs, which I designate as a system of *res.* Parody thus turns a sign (a text) into a referential object. Satire takes an object (e.g., society) and ultimately turns it into a sign (usually of some moral good or evil).«

26 Vgl. dazu H. Castrop, »Tom Stoppard: *Travesties.* Kunst- und Weltrevolution im Vexierspiel mit literarischen Gattungen«, in: *Englisches Drama von Beckett bis Bond*, ed. H. F. Plett (München, 1982), S. 295–312.

Nach den vorangehenden Erörterungen ist es ratsam, das eingangs zitierte Sidney-Sonett noch einmal in Augenschein zu nehmen, zumal bislang nur die vom Sprecher Astrophil kritisierte »Dictionarie's methode« gewürdigt wurde. Ein solches literarisches Verfahren setzt eine ästhetische Norm voraus, die auf den Grundlagen der *imitatio auctorum* und des *demonstrare artem* beruht. Diese Prämisse besagt, daß, wer Literatur schreibt, sich in eine literarische Reihe, beispielsweise die petrarkistische, einfügen muß, um als Schriftsteller anerkannt zu werden. Sofern der Autor Individualität anstrebt, kann er dies nur auf dem Wege tun, daß er die Vorlage nicht einfach kopiert *(imitatio)*, sondern an Kunstfertigkeit zu übertrumpfen sucht *(aemulatio)*. Die Folge dieser Einstellung ist ein Intertextualitätsbegriff, in dem die Zeichen-Zeichen-Relation notwendig dem Prozeß einer zunehmenden Repetitivität und Artifizialisierung unterliegt. Das Ende einer solchen Entwicklung markieren Epigonentum und Manierismus. Die Literatur verliert ihren Bezug zum Leben; sie ersetzt die Denotation durch Konnotation.

Gegenüber diesen Extremen der Nachahmungs- und Überbietungsästhetik gibt es zwei Möglichkeiten des Opponierens. Die erste besteht im radikalen Bruch, die zweite in der kritischen Distanz. Indem Sidneys Astrophil am Ende des ersten Sonetts vom Ratschlag der Muse berichtet:

›Foole,‹ said my Muse to me, ›looke in thy heart and write.‹
(I,14),

daraufhin im dritten Sonett seine Einstellung ändert:

How then? even thus: in *Stella's* face I reed,
What Love and Beautie be, then all my deed
But Copying is, what in her Nature writes.
(III,12–14)

und schließlich diese Erkenntnis in folgender Empfehlung an seine Dichterkollegen weiterreicht:

But if (for both your love and skill) your name
You seeke to nurse at fullest breasts of Fame,
Stella behold, and then begin to endite.
(XV,12–14),

scheint er die totale Subversion eines auf dem Begriff der topischen Konstanz basierenden Normverhaltens anzukündigen. Doch Sidney antizipiert nicht die Genie- und Naturästhetik der Romantik; das belegen sowohl seine übrigen theoretischen Äußerungen als auch seine poetische Praxis. Seine Einstellung kennzeichnet die kritische Distanz; das Stilmittel, das diese artikuliert, ist die Dissimulationsironie. Zwar attackiert er in der Rolle des Astrophil den artifiziellen Sprachkode der Petrarkisten, doch vollzieht sich diese Kritik selbst in einer höchst kunstvollen Diktion. Der Normenkonflikt betrifft folglich nicht die Gegensätzlichkeit zweier heterogener Sprachkodes, sondern den unterschiedlichen Umgang mit ein und demselben. Die ästhetische Differenz reduziert sich auf die Dichotomie von *demonstrare artem* und *celare artem,* wobei sich das zweite Prinzip mit dem Postulat verbindet, daß die Kunst natürlich wirken müsse, wenn sie auf das Publikum Einfluß nehmen wolle. Folglich gilt ein Intertextualitätskonzept, das zwar jegliche Intertextualität denunziert, eine solche aber gleichwohl hinter der Maske des *ingénu* verwirklicht.

Als Kritik an der Künstlichkeit des petrarkistischen Stils bildet Sidneys ästhetische Norm nicht nur ein Oppositionsphänomen, sondern zugleich auch die Ausgangsbasis für intertextuelle Variationen. Eine solche Variante findet sich in der religiösen Lyrik George Herberts. Sein poetologisches Gedicht »Jordan« (II) imitiert das erste Sonett aus dem Zyklus *Astrophil and Stella,* indem es zunächst das dichterische Bemühen um »quaint words« und eine »trim invention« und dann, angesichts der Fruchtlosigkeit dieses Unterfangens, den Rat der Muse beschreibt:

> But while I bustled, I might heare a friend
> Whisper, *How wide is all this long pretence!*
> *There is in love a sweetnesse readie penn'd:*
> *Copie out onely that, and save expense.*[27]

Das freie Prätext-Zitat dokumentiert hier die grundsätzliche Übereinstimmung Herberts mit Sidney in der Frage der ästhetischen Norm. Allerdings ist insofern ein Unterschied festzustellen, als bei Herbert das Thema nicht die irdische, sondern die himmlische Liebe darstellt. Das Verfahren des kodalen Transfers, das der Autor praktiziert, trägt den Namen der »geistlichen Parodie«. Es führt anschaulich vor Augen, daß die Geschichte der intertextuellen Beziehungen von Phasen des Wandels und der Variation von Normen geprägt ist.

Die vorgeführte Beispielkette lehrt, daß der konservierende Charakter, der eingangs für den Toposbegriff reklamiert wurde, einer Revision bedarf. Zwar sind die Aufenthaltsorte der Topoi nach wie vor »Schatzkammern«, »imaginäre Museen« oder – neuerdings – »Datenbänke«, doch verändert sich unablässig deren Beschaffenheit. Die Quelle solcher Veränderungen ist die Dynamik der intertextuellen Beziehungen, die vorhandene Normen bestätigt, verwirft oder relativiert. Dieser Befund erfordert die Begründung einer »historischen Topik«, wie sie schon Ernst Robert Curtius verlangte.[28]

---

[27] In: *The Works,* ed. F. E. Hutchinson (Oxford, 1941, repr. 1964), S. 102f. (vgl. die Anmerkung auf S. 513 zu vv.16–18). Auch die übrigen Werke Herberts verraten, daß ihm die Topik als textgeneratives Verfahren wohlbekannt war.

[28] Vgl. *Europäische Literatur und lateinisches Mittelalter* (Bern/München, ^{3}1961), S. 92. – Der Curtiusschen Interpretation der Topoi als »Klischees, die literarisch

Ihre Aufgabe ist es, die literarische Evolution unter den Aspekten von intertextueller Systematik und Normativität zu rekonstruieren. Den Entfaltungsmöglichkeiten eines solchen Ansatzes sind nahezu keine Grenzen gesetzt. Einen Hinweis darauf geben die topischen Entwürfe, die bereits in der frühen Neuzeit die Abfassung von Universalhistorien ermöglichten.

2. Intertextualität als Elementen- und Struktur-Reproduktion

Wolfgang Karrer

1. Theoretische Vorüberlegungen

Die ersten drei Beiträge dieses Kapitels versuchen, jeder auf seine Weise, eine systematische Bestandsaufnahme der grundlegenden Bezugsmöglichkeiten von Intertextualität zu liefern. Nachdem sich Heinrich Plett allgemein mit den sprachlichen Konstituenten einer intertextuellen Poetik beschäftigt hat, soll hier nun eine Taxonomie der Verfahren versucht werden, mit denen Teile und Merkmale eines Prätextes in einen Folgetext übernommen werden können, bevor Monika Lindner im nächsten Kapitel die Formen der Integration eben dieser Teile und Merkmale in einen Folgetext diskutieren wird.

Mit der im Zusammenhang unseres Themas immer wieder genannten Opposition »wörtlich/nichtwörtlich« hat es in der Literaturwissenschaft oft eine besondere Bewandtnis. Zumindest drei verschiedene Gebrauchsweisen lassen sich in neuerer Zeit unterscheiden.

Die erste und älteste bringt »wörtlich« in einen Gegensatz zu den drei anderen Ebenen der Schriftauslegung (allegorisch, tropologisch, anagogisch) und meint eine semantische Opposition.[1] Nichtwörtlich im weiteren Sinne sind demnach alle figurativen Auslegungsweisen.

Die zweite Gebrauchsweise meint eine syntaktische Opposition zwischen Wort-für-Wort Wiederholungen (*verbatim*) und freieren, modifizierten Wiederholungen. Vor allem die Zitatforschung benutzt häufiger diese

---

allgemein verwendbar sind« (S. 79), stellt C. Wiedemann seine auf die Antike zurückgehende Auffassung derselben als »kategorialer Reihen« gegenüber (»Topik als Vorschule der Interpretation«, in: *Topik: Beiträge zur interdisziplinären Diskussion,* ed. D. Breuer/H. Schanze [München, 1981], S. 233–255, hier: S. 239). – Zur universalhistorischen Bedeutung der Topik vgl. W. Schmidt-Biggemann, *Topica Universalis: Eine Modellgeschichte humanistischer und barocker Wissenschaft* (Hamburg, 1983).

[1] N. Frye, *Anatomy of Criticism: Four Essays* (Princeton, 1957), S. 76.

Unterscheidung.[2] Syntaktische Wörtlichkeit hat aber nicht unbedingt mit semantischer Wörtlichkeit zu tun. »Literalness does not mean faithfulness: it is the intention and the context that count.«[3]

Ich möchte hier vorschlagen, den Gegensatz »wörtlich/nichtwörtlich« auf eine dritte Weise zu definieren, genauer gesagt: durch eine andere Definition zu ersetzen, welche eine positive Füllung der Negation »nichtwörtlich« erlaubt. Vor allem in der modernen und postmodernen Literatur sind intertextuelle Verfahren beliebt geworden, bei denen Strukturen oder Relationen aus Prätexten übernommen werden. So finden wir etwa bei Weisgerber: »[...] it is now usual practice to ›quote‹ plots and ideas (›Gehaltskomplexe‹) without following the original word for word [...]« Oder Helmut Heißenbüttel formuliert:

> [...] von verdeckter Reproduktion könnte man überall dort sprechen, wo nicht das Wortwörtliche, sondern Bedeutungs- und Ideenbereiche zitathaft wiederholt [...] und zueinander in Beziehung gesetzt werden. Hierher wäre das Werk Thomas Stearns Eliots oder Ezra Pounds zu rechnen, ebenso der *Ulysses* von James Joyce [...][4]

Im Gegensatz zu der in diesen Zitaten angesprochenen strukturellen Reproduktion stehen Verfahren, bei denen Elemente eines Prätextes übernommen werden. Hier handelt es sich zwar häufig um die Übernahme wörtlicher Formulierungen, aber solche Elemente können ebenfalls Figuren, Handlungsmotive, Themen oder auch Symbole eines Prätextes sein. Ich werde daher in den folgenden Ausführungen von einer Opposition zwischen Elementen- und Struktur-Reproduktion ausgehen.

Dieser Gegensatz soll an zwei Beispielen erläutert werden. Zunächst ein Beispiel für eine Elementen-Reproduktion, wobei der Einfachheit halber ein wörtliches Zitat (»wörtlich« also im Sinne der 2. Definition) gewählt wird. Im Proteus-Kapitel von James Joyces *Ulysses,* in dem es um Wechsel und Veränderung geht, erinnert sich Stephen Dedalus an Buck Mulligan, der ihn am Morgen zynisch um Geld und Schlüssel erleichtert hatte: »A primrose doublet, fortune's knave, smiled on my fear.«[5] Im Prätext, Shakespeares *Antony and Cleopatra* (V,ii,2–4), heißt es: »[...] 'Tis paltry to be Caesar:/Not being Fortune, he's but Fortune's knave,/A minister of her will [...].«

---

2 H. Meyer, *Das Zitat in der Erzählkunst: Zur Geschichte und Poetik des europäischen Romans* (Stuttgart, 1961), S. 15.

3 J. Weisgerber, »The Use of Quotations in Recent Literature«, *Comparative Literature,* 22 (1970), 36–45, hier: 38.

4 *Über Literatur* (1966), zitiert nach: K. Riha, *Cross-Reading and Cross-Talking: Zitat-Collagen als poetische und satirische Technik* (Stuttgart, 1971), S. 82.

5 Verwendete Ausgabe: London, 1958, hier: S. 42. – Neben den wörtlichen Zitaten gibt es natürlich eine große Zahl mehr oder weniger verschlüsselter Anspielungen in *Ulysses.*

Trotz wörtlicher – wenn auch nicht buchstäblicher – Reproduktion der Shakespeare-Stelle haben sich Kontext, Figuren- sowie Autorenintention und damit der Bereich der Semantik entscheidend verändert:

	Prätext	*Ulysses*
Sprecher	Cleopatra	Stephen Dedalus
Hörer	Charmian, Iras	–
Bezug	Caesar	Buck Mulligan
Wort- bedeutung	*Fortune* = ›goddess Fortuna‹ *Knave* = ›servant‹	*fortune* = ›wealth‹ *knave* = ›rogue‹
engerer Kontext	Not being Fortune, he's but …	A primrose doublet …
weiterer Kontext	Drama, Akt V Katastrophe	Roman, Kap. 3 Exposition

Durch die Veränderung der Situation und Kontextfunktion von »fortune's knave« entsteht semantisch eine Überkodierung,[6] in der unter anderem die historischen Bedeutungen von *Fortune* und *knave* die modernen konnotativ überlagern. Daß aus ›Knappe‹ ›Schurke‹ geworden ist und aus ›Fortuna‹ ›Geldreichtum‹, hat nicht nur mit der Sprachgeschichte, sondern auch mit der Gesellschafts- und Wirtschaftsentwicklung Großbritanniens zu tun. Neben der Veränderung der beiden Wortbedeutungen ergeben sich aber auch strukturelle Analogien: Stephen ist eine Cleopatra, Buck ein Caesar, die Geldentleihung Beginn einer Katastrophe usw. Wie weit diese zusätzlichen strukturellen Analogien geführt werden können, haben der Leser und weitere intertextuelle Bezüge im Kontext zu entscheiden. Mit anderen Worten, bleibt der intertextuelle Bezug punktuell, verlieren solche strukturellen Analogien und Erwartungen an Plausibilität und damit ihre Funktion.

Anders liegt der Fall bei Imamu Amiri Barakas (LeRoi Jones') *The System of Dante's Hell.* Wie der Titel andeutet und ein Vorspann ausführt, in dem die 2 Hauptsünden, 9 Kreise und 17 Unterteilungen von Dantes *Inferno* systematisiert werden, geht es primär um die strukturelle Reproduktion des ersten Teils der *Divina Commedia.* Bei diesem Verfahren wird nicht wörtlich auf einzelne Textstellen, sondern auf Autor und Titel des

[6] Ich folge hier der Terminologie von U. Eco, *A Theory of Semiotics* (London, 1977), S. 133–135. Eco systematisiert intertextuelle Überkodierungen im Rahmen von Rhetorik und Ideologiekritik (S. 268–298).

Prätextes verwiesen. Die Grenzen der strukturellen Reproduktion setzt das System, in diesem Fall schließt es den gesamten Text von Baraka ein. Einzelne Situationen und Handlungen unterhalb des Systems der Kapiteleinteilungen sind nicht oder nur selten aus Dante reproduziert. Die Überkodierung in *The System of Dante's Hell* funktioniert nicht auf der Ebene von einzelnen Wörtern oder Figuren, sondern auf der der strukturellen Analogie in den zentralen thematischen Feldern von Bewußtsein und Sünde, von Ghetto und Hölle. Der Säkularisierungsprozeß, der zwischen dem Inferno bei Dante und der Hölle des Rassismus bei Baraka liegt, ist wiederum zugleich ein gesellschaftlicher und sprachlicher. Wie bei der wörtlichen Reproduktion im ersten Beispiel kann auch bei der strukturellen Reproduktion modifiziert werden: Joyce schreibt »fortune« klein, Baraka stellt den sechsten Höllenkreis ans Ende. Außerdem schließen sich beide Verfahren nicht aus: Baraka zitiert gelegentlich auch wörtlich Dante, Joyce strukturiert nach Homer. (Und natürlich hat Baraka Joyce gelesen.)

Die Beispiele zeigen, daß die dritte Gebrauchsweise die zweite in sich einschließt: Sie faßt »wörtlich/nichtwörtlich« (im Sinne von zwei) als besonders auffälliges Phänomen im Bereich der Elementwiederholung (modifiziert/unmodifiziert) und bestimmt nichtwörtliche Intertextualität (im Sinne von drei) als strukturelle Reproduktion.[7] Für die Analyse intertextueller Formen erscheint mir besonders in der modernen Literatur die Opposition Elementen- *vs.* Strukturwiederholung als zentraler Bezugsrahmen von grundsätzlicher Bedeutung. Die sich durch dieses Begriffspaar in Bezug zur traditionellen Opposition wörtlich/nichtwörtlich teilweise ergebende Spannung kann für die Klärung unseres Themenbereichs nur nützlich sein.

Die Beschreibung der beiden diskutierten Beispiele ließe sich wie folgt modellartig verallgemeinern und präzisieren:

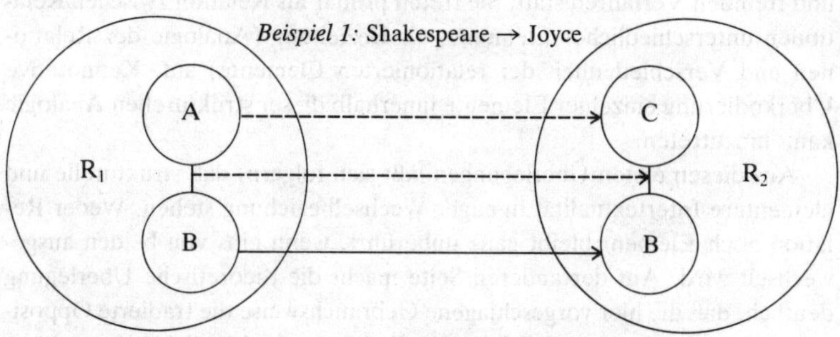

A = *Caesar,/Not being Fortune, he's but ...* R_1 = Relation: Prädikat
B = *Fortune's Knave* R_2 = Relation: Apposition
C = *A primrose doublet ...*

[7] Zu den Begriffen Element, Struktur und System vgl. G. Klaus, *Wörterbuch der Kybernetik,* 2 Bde. (Frankfurt, 1969). Auf eine Unterscheidung zwischen Isomorphie und Homomorphie bei der strukturellen Analogie wird hier verzichtet.

Beispiel 2: Dante → Baraka

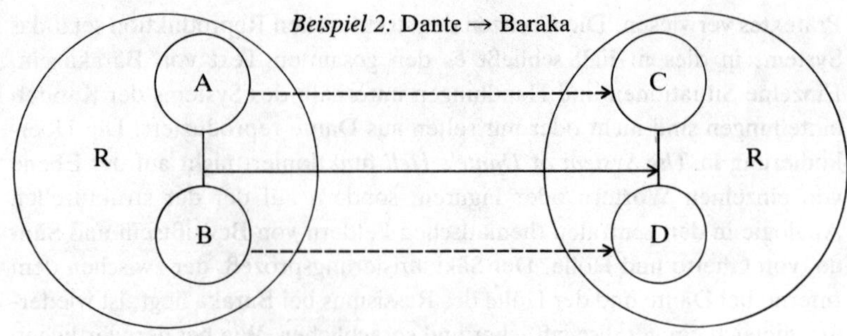

A = *Ignavi* (Dante) (Vorhalle der Hölle)
B = *Virtuosi non battezzati* (Dante) (1. Höllenkreis)
C = Bewußtseinszustand 0 } (des Protagonisten bei Baraka)
D = Bewußtseinszustand 1 }
R = Relation: *folgt zeitlich und hierarchisch auf*

Bei der wörtlichen Intertextualität (Beispiel 1) wird die Elementenbeziehung (B–B) artikuliert, die anderen Beziehungen (A–C, R_1–R_2) bleiben impliziert. Die intensive Wechselwirkung und der Kampf, die zwischen eigenem und fremdem Wort gleichzeitig stattfinden,[8] treten primär als Beziehung zwischen Denotation und Konnotation des übernommenen Elements (*Fortune's Knave*) auf, die von strukturellen Analogien im Kontext (Caesar–Mulligan, Prädikation–Apposition) ausgeweitet werden kann.

Bei der strukturellen Intertextualität (Beispiel 2) wird die strukturelle Analogie benannt, die elementaren Beziehungen zwischen Prätext und Text bleiben impliziert. Die intensive Wechselwirkung und der Kampf finden hier primär nicht zwischen eigenem und fremdem Wort, sondern zwischen eigener und fremder Struktur, anders ausgedrückt, zwischen eigenen und fremden Verfahren statt. Sie treten primär als Relation zwischen Relationen unterschiedlicher Elemente, als Beziehung (Analogie der Relationen und Verschiedenheit der relationierten Elemente) auf. Konnotative Überkodierung einzelner Elemente innerhalb dieser strukturellen Analogie kann hinzutreten.

Aus diesen ersten Überlegungen läßt sich folgern, daß strukturelle und elementare Intertextualität in enger Wechselbeziehung stehen. Weder Relation noch Element bleibt ganz unberührt, wenn eins von beiden ausgewechselt wird. Auf der anderen Seite macht die theoretische Überlegung deutlich, daß die hier vorgeschlagene Gebrauchsweise die tradierte Opposition wörtlich und nichtwörtlich in eine Skala von vier Möglichkeiten auflöst, von der die beiden Beispiele und Modelle nur zwei erfassen. Denn neben der Möglichkeit, die Elemente des Prätextes oder dessen Strukturen zu übernehmen, gibt es theoretisch auch die Möglichkeiten, beide Verfahren

[8] M. Bachtin, *Die Ästhetik des Wortes,* ed. R. Grübel (Frankfurt, 1979), S. 240.

zu kombinieren oder keines von beiden anzuwenden. Wir erhalten also folgende Skala:

1. Übernahme von Elementen und Relationen
2. Übernahme von Elementen
3. Übernahme von Relationen/Strukturen
4. Übernahme von weder Elementen noch Relationen/Strukturen.

Zumindest zwei weitere Dimensionen kommen hinzu, versucht man im Sinne der 3. Gebrauchsweise eine Skalierung von maximal wörtlicher (1.) bis hin zu maximal nichtwörtlicher Intertextualität (4.). Die eine betrifft den Unterschied zwischen Einzeltext- und Systemreferenz. Näheres hierzu in Teil 3. Die zweite gilt der rein quantitativen Frage, ob die Elemente und Relationen der Prätexte vollständig oder nicht vollständig übernommen werden, d. h. ob einzelne Wörter, Satzteile, ganze Sätze oder gar der komplette Prätext übernommen werden. Der Umfang der Materialübernahme ist also zu unterscheiden vom Grad der Bearbeitung oder Modifikation des übernommenen Materials.[9] Um die Skala nicht übermäßig zu strapazieren, werde ich die Frage der Vollständigkeit an einzelnen Beispielen zu klären versuchen. Theoretisch gehe ich vorläufig von folgender Matrix intertextueller Verfahren aus:

		Einzeltextreferenz	Systemreferenz
1. Elemente +	Relationen	2.1	3.1
2. Elemente	–	2.2	3.2
3. –	Relationen	2.3	3.3
4. –	–	2.4	3.4

Nach den bisherigen Überlegungen läßt sich eine Skala bilden vom maximalen Fall, in dem ein Prätext vollständig und wörtlich (mit Elementen und Relationen) übernommen wird (2.1) bis zum anderen Extrem: Ein System von Prätexten wird ohne Übernahme von Elementen und Relationen (3.4) reproduziert. Die beiden Klassen von Intertextualität verfügen so über je 4 Verfahren, die sich untereinander kombinieren lassen. Bei dem folgenden Versuch, Beispiele für die Skala elementarer und struktureller Verfahren

[9] Zu den 4 Änderungskategorien vgl. H. Lausberg, *Handbuch der literarischen Rhetorik,* 2 Bde. (München, 1960), I, 308–355. Zu ihrer intertextuellen Anwendung vgl. Vf., *Parodie, Travestie, Pastiche* (München, 1977), S. 57–78.

der Intertextualität zu finden, beschränke ich mich weitgehend auf modernistische/postmodernistische Literatur der USA.

2. *Elementare und strukturelle Reproduktion bei Einzeltexten*[10]

Zunächst wende ich die theoretischen Ergebnisse auf Beispiele von Einzeltextreferenzen, in einem zweiten Schritt auf Systemreferenzen an.

2.1 Ein einzelner Prätext wird vollständig oder unvollständig unter Beibehaltung von Struktur und Elementen reproduziert.

Hierher zählt zunächst die mit Hilfe der Technik oder durch den Menschen unmittelbar vorgenommene Reproduktion von Texten durch Abdruck, Abschrift, Verlesen, Aufführen usw. Da diese Reproduktion bestimmte historische, technische und gesellschaftliche Bedingungen – z. B. veränderte Rezeptionsweisen, Medien oder Urheberrechte – berührt, findet sie meistens in einem festen Rahmen von Normen statt. Dieser Rahmen[11] kann eine bestimmte Situation (sogenannte »werktreue« Theateraufführung) oder ein weiterer Text (Vorwort – Nachwort) sein. Im engeren literarischen Sinn rahmt der aufnehmende Text beziehungsreich den vollständigen Prätext ein wie z. B. der 15. Maximusbrief von Charles Olson (1960), der das Gedicht »The Sea Marke« (1630) von Captain John Smith in neue historische und poetologische Zusammenhänge stellt. Der nächste Schritt ist dann das wörtliche Zitat aus dem Prätext als eine unvollständige Wiederholung, die allerdings meist überkodiert wird. So hinterläßt eine enttäuschte Liebhaberin an der Tür des Titelhelden von Philip Roths *My Life as a Man* (1974) den allerdings übersetzten Dante-Spruch »Abandon Hope, All Ye Who Enter Here«.[12] Diese pragmatisch applizierten Teile des Prätextes können vom Aufnehmenden gerahmt werden oder, umgekehrt, für diesen als Titel oder Motto einen Rahmen abgeben. Diese Verfahren gehören seit jeher zum Kernbereich der literarischen Intertextualität.[13] Sie verdeutlichen zugleich, daß zwischen der Vollständigkeit/Nicht-Vollständigkeit der Reproduktion und dem intertextuellen Gewicht des jeweiligen Vorgangs in bestimmten Fällen eine Korrelation hergestellt werden kann, in anderen Fällen aber nicht: Der Titel oder das Motto können strukturbildend für einen ganzen Textzyklus sein, ein vollständig reproduzierter Prätext (z. B.

---

[10] Vgl. die Beiträge von H. Plett und M. Lindner in diesem Band.

[11] Zur Theorie der Rahmung vgl. E. Goffman, *Frame Analysis: An Essay on the Organization of Experience* (New York, 1974), S. 40–122.

[12] Verwendete Ausgabe: New York, 1975, hier: S. 157. Roth zitiert hier *La Divina Commedia*, Inf. III, 9: »Lasciate ogni speranza, voi ch'entrate!«

[13] Zum Motto vgl. R. Böhm, *Das Motto in der englischen Literatur des 19. Jahrhunderts* (München, 1975).

ein Gedicht) kann von nur auf den engeren Kontext begrenzter Wirkung sein.

2.2 Elemente eines Prätextes werden vollständig oder unvollständig unter Veränderung der Relationen/Strukturen reproduziert.

Hier werden alle oder einige Elemente des Prätextes neu relationiert, oder ihre vorgegebene Struktur wird zerstört. Strukturen aller Ebenen kommen in Frage: Versifikation, Prosifikation, Exzision, Konzision, Kondensation, Transvokalisierung, Transmodalisierung, Transmotivation, Transvalorisation usw.[14]

Einige Beispiele: In »Variations, Calypso and Fugue on a Theme of Ella Wheeler Wilcox« unterzieht John Ashbery eine Strophe von Wilcox, aus der er lediglich drei Wörter übernimmt, drei verschiedenen Neustrukturierungen, die die einseitige Affirmation der Wilcox-Strophe und deren konventionelle Verskunst radikal in Frage stellen. In »Europe« versucht derselbe Autor eine Collage, einen *cut up* verschiedener Kinderbücher, deren thematische Verwandtheit (1. Weltkrieg) die Fragwürdigkeit nationaler Werte und stereotyper Abenteuermotivationen enthüllt.

Dieses Verfahren kann auch auf narrative oder thematische Strukturen der Prätexte angewandt werden. So übernimmt Ishmael Reed in *Flight to Canada* (1976) die Konfiguration von *Uncle Tom's Cabin* (1852) und fügt ihr als Elemente unter anderem die Figuren Harriet Beecher Stowe und Abraham Lincoln hinzu. Stowes Kontraste zwischen Uncle Toms frommer Unterwerfung unter die Südstaaten-Sklaverei und Georges erfolgreicher Flucht aus der Sklaverei nach Kanada kehrt Reed in anachronistischer Versetzung um: In Kanada stößt George auf US-Kapitalismus und Ausbeutung, während Uncle Robin (Tom) im Süden genüßlich seinen Herrn beerbt und jemanden anders als Stowe mit dem Verfassen seiner Geschichte beauftragt. Auf einer eher thematischen Ebene liegen die zahlreichen Gegenentwürfe zu bekannten Utopien. So bestimmt der Behaviourist Frazier in B. F. Skinners *Walden Two* (1948) das Thoreausche Experiment in *Walden* (1854) mit den Begriffen »subsistence and solitude«. Skinners Gegenmodell zentriert sich um die Begriffe »behaviour control« und »power«, ohne der narrativen Struktur oder Konfiguration von *Walden* als Einzeltext zu folgen. Zitierte Elemente sind die Ansprüche auf Experiment, Utopie und wirtschaftliche wie politische Unabhängigkeit.[15] Insgesamt ließe sich sagen: Skinners Text reproduziert Elemente aus Thoreaus *Walden* und gleichzeitig – hier greifen wir auf die Systemreferenz voraus – Strukturen der Gattung Utopie.

---

[14] Vgl. G. Genette, *Palimpsestes: La Littérature au second degré* (Paris, 1982).

[15] *Walden Two* (New York, 1962), S. 36, 307, 315.

Dieses Verfahren, Elemente eines Prätextes aus ihren Relationen zu lösen, reicht also von der Neurelationierung aller Elemente – die Wörter des Prätextes werden gewissermaßen wie ein Kartenspiel neu gemischt – bis zur modifizierenden Übernahme nur einiger Elemente, von der Neukonstruktion dieser Elemente bis zu ihrer Dekonstruktion.

2.3 Die Struktur eines einzelnen Prätextes wird vollständig oder unvollständig unter Modifikation seiner Elemente reproduziert.

Diese Struktur kann wie in den zahllosen Parodien von »To be or not to be« eine rein syntaktische sein: Bestimmte Substantive, Verben und Adjektive werden ausgewechselt, der Rest beibehalten. Sie kann auch auf die Analogie des Vorgangs deuten wie in Charles Olsons »On First Looking Out Through Juan de la Cosa's Eyes«. Keats' Entdeckung Homers durch Chapmans Übersetzung entspricht hier Olsons Versuch, Amerika durch die Augen der ersten Entdecker und Kartographen neu zu sehen. Die Struktur kann wie in Barakas *The System of Dante's Hell* eine der Texteinteilung sein, wobei Figuren und Handlung ausgetauscht werden. Die Struktur kann auch eine der Handlung sein wie in Donald Barthelmes *Snow White,* wo amerikanische Zeitgenossen trotz ihrer existentialistischen Diskussionen die Rollen der Märchenfiguren übernehmen. Die Handlungsstruktur wird von Reflexionen der Hauptfiguren überwuchert, bleibt aber erhalten. Auch in diesen Beispielen finden sich immer wieder zusätzliche Elementenreproduktionen, so z. B. in Olsons Gedicht in der besonders signifikanten Form der Titelgebung. Dadurch erhält der Leser ein Signal, auch die weniger offensichtlichen Elementen- und/oder Strukturreproduktionen zu erkennen. Somit ließen sich die hier eingeordneten Texte dadurch charakterisieren, daß sie dominant Strukturen aus einem Prätext übernehmen.

2.4 Ein Prätext wird vollständig oder unvollständig angeführt, ohne daß seine Elemente oder Stuktur reproduziert werden.

Eine Intertextualität in diesem Sinne scheint ein Widerspruch in sich, es sei denn, man nimmt Autorennamen (»Klopstock« in Goethes *Werther*) und – als Grenzfall – Figurennamen und Titel von den Elementen eines Prätextes aus, was in dieser Systematik sinnvoll erscheint. Eigennamen haben die besondere Eigenschaft, daß ihre Extension festgelegt ist: Sie sollen genau ein Objekt bezeichnen.[16] Titel von literarischen Werken und Eigennamen literarischer Figuren borgen diese Eigenschaft aus der Alltagssprache. Die

---

[16] F. Rodi, »Anspielungen«, *Poetica,* 7 (1975), 115–134; E. K. Kellett, *Literary Quotation and Allusion* (Fort Washington/London, 1969); C. Perri, »On Alluding«, *Poetics,* 7 (1978), 289–307.

Intension von Autoren-, Figurennamen und Titeln ist durch ihre konkrete Referenz besonders komplex und bildet so traditionell die Grundlage der literarischen Anspielungen. Solche Anspielungen begleiten häufig unterstützend die bisher vorgeführten Verfahren, besonders die strukturell intertextuellen Verfahren 2.1 und 2.3. Sie können aber auch alleine auftreten.

> We are going to save up all our votes for the next 20 years and spend them all at one time. Maybe by that day there will be some Rabelaisian figure worth spending them on.[17]

Die Anspielung auf Rabelais evoziert zunächst dessen Roman, legt sich jedoch auf keine bestimmte Figur fest und läßt umgekehrt – eine typische Mischform – strukturelle Analogien zu: Der Einfall, die Wahlstimmen von 20 Jahren aufzusparen, um sie dann für einen (Riesen-)Kandidaten abzugeben, hat etwas von Rabelais. Auch dieses Verfahren läßt sich durch Häufung dekonstruieren und entleeren: Federman häuft in *Take It or Leave It* unter dem Titel »every-thing« eine Reihe von Namen, die von Plato bis zu Federman reicht und unter anderem auch die Tel Quel-Gruppe mit einschließt (Kap. 7).[18] Alles wird hier zu nichts.

Statt des Autorennamens kann auch ein Figurenname Elemente oder Strukturen eines Prätextes evozieren, ohne ihn zu reproduzieren: »his gargantuan club chair« (S. 155) kann einfach ›riesig‹ heißen oder bestimmte literarische Sehweisen des Erzählers von *My Life as a Man* charakterisieren. Der Anspielungsraum ist jedoch merklich enger als bei »Rabelaisian«. Die Aufzählung solcher Namen kann ein Paradigma ausbilden, das zur Systemreferenz per Anspielung überleitet. Hier ist ein solcher Grenzfall aus *My Life as a Man:*

> What is it with you Jewish writers? Madeleine Herzog, Deborah Rojack, the cutie-pie castrator in *After the Fall,* and isn't the desirable shiksa of *A New Life* a kvetch and titless in the bargain? And now, for the further delight of the rabbis and the reading public, Lydia Zuckerman, that Gentile tomato. Chicken soup in every pot, and a Grushenka in every garage. With all the Dark Ladies to choose from, you luftmenschen can really pick 'em. (S. 120f.)

Die Namen aus Werken von Bellow, Mailer, Miller und Malamud spielen auf ein bestimmtes Frauenstereotyp (»Dark Ladies«) an, das der »Jewish American Novel« subsumiert und durch weitere Wortanspielungen (z.B. »luftmenschen« bei Bellow) verortet wird. Die Titelanspielung kann natürlich auch alleine stehen und so ihre volle Implikation entfalten. Im selben Roman *My Life as a Man* wird die Malamud-Anspielung noch einmal aufgegriffen:

> »A Princeton hippie,« said Susan, slyly smiling, »is taking me to a movie tonight. You should know that.« »Very nice,« I said. »A new life.« (S. 147)

---

17 D. Barthelme, *Snow White* (London, 1971), S. 146.

18 Verwendete Ausgabe: New York, 1976. Der Roman ist unpaginiert.

Diese Namen- und Titelanspielungen können ihrerseits wieder den vier rhetorischen Änderungsverfahren[19] unterworfen und bis ins Kryptische verschlüsselt werden: »Slothrop's Progress: London the secular city instructs him: turn any corner and he can find himself inside a parable.«[20] *Pilgrim's Progress* und *Gravity's Rainbow*, London und die City of Destruction fallen für einen Moment zusammen. Die Reichweite der strukturellen Analogie bleibt offen.

Einen Grenzfall bilden prägnante Wörter oder Wortverbindungen, die theoretisch zu den Verfahren der Elementübernahmen (2.1 und 2.2) gehören, aber ähnlich wie Namen und Titel einen gesamten Prätext evozieren können: »she is no angel baby. No candidate for a glass slipper«[21] ist nicht weniger evokativ als »relegated to the position of an unloved Cinderella« (*My Life as a Man*, S. 83). Es ist nicht zu leugnen, daß in diesen Fällen die Grenze zur Systemreferenz, insbesondere wenn es um eines ihrer allgemeinsten Bezugsfelder, den Mythos, geht,[22] durchaus fließend ist. Sie belegen zudem erneut die Existenz von verschiedenen Übergangs- und Mischformen, die in der praktischen Textanalyse die strenge Skalierung oder Systematisierung so komplizieren.

3. Elementare und strukturelle Reproduktion bei Systemreferenzen

Auch wenn dadurch der hier unternommene Versuch einer Taxonomie zusätzlich kompliziert und kontrovers wird, muß nun zumindest eine weitere Dimension in die Untersuchung einbezogen werden, die zu einer ähnlichen Skalierung führen kann wie die in Teil 2 behandelten Beispiele. Es besteht nach der vorgeschlagenen Terminologie kein Grund, die Analyse von Elementen- und Strukturreproduktionen auf die Beziehung zwischen zwei Texten einzuschränken. Diese intertextuelle Beziehung ist ja nur eine von vier theoretisch möglichen:

1. ein Prätext – ein Text
2. viele Prätexte – ein Text
3. ein Prätext – viele Texte
4. viele Prätexte – viele Texte.

Es liegt zunächst nahe, die Fälle 1 und 3 als Einzeltextreferenz, 2 und 4 als Systemreferenz zu fassen. Aber 1–3 könnten unter entsprechenden Voraussetzungen auch als künstliche Abstraktion von 4 gedacht werden. Dazu einige allgemeine Überlegungen: Jedem intertextuellen Verfahren liegt das

19 Vgl. dazu auch den Beitrag von H. Plett in diesem Band.
20 Th. Pynchon, *Gravity's Rainbow* (New York, 1973), S. 25.
21 P. Smith, *Babel* (New York, 1979), S. 82f.
22 Vgl. den Beitrag von M. Pfister, »Zur Systemreferenz«, S. 56f. in diesem Band.

Verstreichen der Zeit als unentrinnbare Bedingung zugrunde. Intertextualität ist immer historisch. Die *lecture* geht der *écriture* voraus. Synchrone Intertextualität bleibt immer eine vorläufige Abstraktion. Daraus folgt, daß die Fälle 1 und 2 immer nur vorläufig in e i n e m Text münden. Auch dieser Text geht historisch in die literarische Reihe ein, und aus einem Text werden viele. Auf der anderen Seite (Fälle 1 und 3): Nichts zwingt einen Autor, Elemente und/oder Relationen nur e i n e s Prätextes zu reproduzieren. Intertextualität ist nicht nur immer historisch, sie ist auch immer gesellschaftlich, durch die Sprache selbst konstituiert. Auch diese Bedingung ist unausweichlich: Alle Werke der englischen Literatur haben gemeinsame Elemente und Relationen, und seien es nur die 100 häufigsten Wörter der englischen Sprache und einige Satzregeln. Das haben nicht erst die Poststrukturalisten entdeckt:

> Every book is a quotation; and every house is a quotation out of all forests, and mines, and stone quarries; and every man is quotation from all ancestors.[23]

Literarische Produktion ist immer auch Reproduktion des Sprachsystems. Aus dieser universellen Intertextualität innerhalb eines und vielleicht auch mehrerer Sprachsysteme läßt sich die Intertextualität der Einzeltextreferenz nur vorläufig herauslösen: Ein Autor kann zwei oder drei Prätexte kontaminieren: »I am the Dagwood Bumstead of fear and trembling« (*My Life as a Man,* S. 214),[24] d.h. er kann Elemente und/oder Relationen beliebig vieler Prätexte in seinem Text verarbeiten. Neben den Zitatmontagen im Cento oder bei T. S. Eliot und Ezra Pound, die aus heterogenen Elementen einzelner Prätexte eine neue Einheit schaffen wollen, lassen sich ebenso gut ein oder mehrere Verfahren aus einer homogeneren, wenn auch noch nicht klar abgrenzbaren Textgruppe abstrahieren und verwenden. Ein Beispiel, von Gilbert Murray beschrieben, mit Bezug auf die biblische und epische Tradition:

> Of man's first disobedience, and the fruit
> Of that forbidden tree, whose mortal taste
> Brought death into the world, and all our woe,
> With loss of Eden, till one greater Man
> Restore us, and regain the blissful seat,
> Sing, Heav'nly Muse.
> This long period, with the verb at the end, is in the manner of the Latin epic: the subject of the poem is stated in the first words in an oblique case, with the verb of narrating left to follow when it will, just

[23] R. W. Emerson, »Plato; or, The Philosopher«, in: *Complete Prose Works* (London, 1900), S. 170. Die universale Intertextualität ist bereits ein Postulat des deutschen romantischen Idealismus.

[24] Der Text verweist hier auf den bekannten *comic strip Blondie* und auf eine Formulierung Kierkegaards.

> as it is in Vergil, Lucan, Statius, and others, who
> take it from the Iliad and Odyssey.[25]

Die Verfahren, gemeinsame Elemente und/oder Relationen beziehungsweise Strukturen aus Gruppen von Prätexten zu reproduzieren, sind wieder miteinander kombinierbar.

Gilt die Reproduktion nicht nur einem einzelnen Text, sondern einem System von Verfahren, wie es aus vielen Texten ableitbar ist, sprechen wir von Systemreferenz.[26] Was die Systemreferenz von der Einzeltextreferenz unterscheidet, ist nicht so sehr die Anzahl der Prätexte als der von den Elementen abstrahierte Bezug auf ein System von Verfahren von Prätexten. Es ist der Unterschied, vereinfacht gesprochen, z. B. zwischen Miltons und Pounds Bezug auf epische Verfahren.

Versuchen wir nun auch innerhalb des Bereichs der Systemreferenzen eine Systematisierung unter den Gesichtspunkten der Elementen- und Strukturreproduktion.

3.1 Ein System von Verfahren mehrerer Prätexte wird vollständig oder unvollständig unter Beibehaltung von Struktur und Elementen reproduziert.

Hier werden Vokabular und Strukturen verschiedener Ebenen – z. B. Metrum, Syntax, Konfiguration, narrative oder thematische Struktur – aus mehreren Prätexten übernommen, ohne daß unter Umständen eine bestimmte Stelle oder ein bestimmter Prätext als konkreter Bezug angegeben werden kann. So fällt der Erzähler von Ronald Sukenicks *UP* (1968) bei der Beschreibung einer Jugendgruppe aus Brooklyn plötzlich und recht unmotiviert in einen vom Rest des Erzählerdiskurses deutlich abgesetzten Ton:

> Hirsute Goodwine, Yssis' closest companion, was a lusty, fun-loving fellow, which had been the cause of his ejection from a high school and two prep schools round about the city, and made for his wealthy parents some incommodity in discovering an institution that would grant him a diploma. The young heir apparent professed a mighty interest in the curious cultivation of the pinky nail of his left hand, which was two inches long, and which he admired, according to the censorious, with overmuch ostentation.[27]

Archaisierende Wortwahl, Adjektivierung, Alliterationen von Adjektiv und Substantiven, syntaktische Mechanisierung (»which«) – alles deutet darauf hin, daß hier historische Stilverfahren reproduziert werden, die aus einer Textgruppe – etwa den Romandiskursen des 19. Jahrhunderts –

---

[25] *The Classical Tradition in Poetry: The Charles Eliot Norton Lectures* (New York, 1957), S. 214.

[26] Vgl. M. Pfister, »Konzepte der Intertextualität« und »Zur Systemreferenz« sowie U. Broich, »Zur Einzeltextreferenz«, in diesem Band.

[27] Verwendete Ausgabe: New York, 1970, hier: S. 108f.

stammen mögen, für die es aber schwer fallen würde, einen bestimmten Prätext beizubringen.[28] Hinter den Stilverfahren stehen bereits historisch gewordene Erzählerkonventionen der einführenden Figurencharakterisierung mit einem distanzierten, moralisch abwägenden Erzählerstandpunkt, der in seiner pedantischen Selbstgewißheit unerschütterlich und – im Kontext des Romanes – komisch erscheint.

Ein weiteres Beispiel aus *Take It or Leave It*:

> You guys want to know what happened when the regiment left? Okay!
> It might however be appropriate at this time to pause a moment and quote (without of course revealing the sources) (in French or in English doesn't matter much) a statement or two gathered at random that might permit us to continue this discourse on a more stable basis for indeed it is sometimes essential to rely on others in order to gain confidence in oneself to be able to pursue and bring to its proper end one's chosen undertaking in spite of the fact that one knows prior to one's departure that the journey is hopeless and that it is indeed futile to insist on any further developments unless one finds a suitable reason. (Kap. 7)

Das akademische Vokabular und die syntaktischen Verfahren (Verdoppelungen, logische Konjunktionen, unpersönliche Infinitivkonstruktionen usw.) eines modisch klingenden Wissenschaftsjargons kontrastieren mit dem sonstigen Diskurs des Erzählers in Federmans Roman, einer mündlichen »Rezitation« vor einer Gruppe von G.I.s, und führen in ihrer Übersteigerung und Mechanisierung zur Sinnentleerung.

Die Systemreferenz kann sich schließlich wie in Roths Pastiche der »Jewish American Novel« im ersten Teil von *My Life as a Man* auf das gesamte System der Prätexte erstrecken.

3.2 Gemeinsame Elemente einer Gruppe von Prätexten werden vollständig oder unvollständig unter Veränderung der Relationen reproduziert.

Von Systemreferenz kann bei diesem Verfahren nur im übertragenen Sinne gesprochen werden. Denn die Relationen, deren Menge zusammen mit den Elementen das System der Prätexte ausmacht, werden ja gerade nicht übernommen, bleiben den Elementen allerhöchstens implizit.

> One day a wan and scruffy dragon came to the city looking for a disease. He had in mind ending his life, which he felt to be tedious, unsatisfactory, tax-troubled, lacking in purpose. Looking up diseases in the Yellow Pages, and finding none, he decided to enroll himself in a hospital.[29]

Drachen, gleichzeitig natürlich als Begriff auch eine Elementübernahme, gehören bestimmten narrativen Strukturen (Mythen, Sagen, Märchen usw.)

[28] Mir fällt noch am ehesten das »Oxen in the Sun«-Kapitel im *Ulysses* ein, was eine Art sekundärer Intertextualität darstellen würde.

[29] D. Barthelme, »The Dragon«, in: *Guilty Pleasures* (New York, 1976), S. 77–80, hier: S. 77, 78, 80.

an und stehen in bestimmten Relationen zu anderen Handlungsträgern (Held, Heldin usw.). Das Herauslösen dieses Handlungsträgers aus diesen Relationen und das Einsetzen in einen modernen narrativen Zusammenhang erlaubt das historische Spiel mit einem literarisch überholten Versatzstück:

> Thinking of diseases still, the dragon left the hospital. Many fine diseases passed through his mind – rabies, gout, malaria, rinderpest. Or, he thought suddenly, I could get myself slain by a hero.

William Burroughs nutzt in *The Soft Machine*[30] die *cut up*-Methode zur radikalen Zerstörung konventioneller Sinn- und Handlungszusammenhänge, Zusammenhänge, die nach Burroughs den menschlichen Geist wie Parasiten bewohnen und seine Manipulierbarkeit ausmachen:

> I don't know if you got my last hints as we shifted commissions, passing where the awning flaps from the Café de France – Hurry up – Perhaps Carl still has his magic lantern – Dark overtakes someone walking – I don't know exactly where you made this dream – Sending letter to a coffin is like posting it in last terrace of the garden – I would never have believed realms and frontiers of light exist – I'm so badly informed and totally green troops – B. B., hurry up please – (S. 122)

Zitatfragmente aus Bowles' *The Sheltering Sky* (»where the awning flaps«, »Café de France«) und Eliots *The Waste Land* (»Hurry up«, »someone walking«, »hurry up please«) gehen als weitgehend entindividualisierte Repräsentanten einer kulturpessimistischen Gruppe von Texten mit anderen Textschnipseln und Tonbandfragmenten einen satirischen Zusammenhang ein, der Burroughs' poetologischen Forderungen entspricht: »Cut word lines – Cut music lines – Smash control images [...]« (S. 96). Dennoch entsteht bei Burroughs assoziativ eine Katastrophen- und Endzeitstimmung durch die Resonanz der Schlüsselwörter und die Zitatkontexte in den Prätexten. Die syntaktische Struktur der einzelnen Fragmente bleibt an dieser Stelle noch erhalten.

In »Bone Bubbles« von Donald Barthelme fallen auch Resonanz und syntaktische Einheit dem *cut up*-Verfahren zum Opfer. Erst eine volle Aleatorik, die Wahl und Zerschneiden der Prätexte gleichermaßen erfaßt, befreit die Fragmente aus Sinnzusammenhängen und zerstört mit ihnen die Hierarchie ihrer Verfahren:

> [...] shoots Pierre pieces of literature genuine love stumps cantering towards the fine morning half zip theme of his own choosing ramp shot gun illuminations informal arrangements botulism theories of design raving first sketches thought to be unsatisfactory geological accidents and return [...][31]

Assoziationen kommen auf: Melville, Rimbauds Derangement der Sinne, aber die Aleatorik macht jede ›Illumination‹ oder Sinnkonstruktion (»liter-

---

30 Verwendete Ausgabe: New York, 1967.

31 In: *City Life* (New York, 1970), S. 115–124, hier: S. 120.

ature«, »theme arrangements«, »sketches«, »accidents«) wieder zunichte. Die Mischung von Reklame, Literatur, Reportage, wissenschaftlichem Text ebnet jede Hierarchisierung von Texten und Verfahren ein und eröffnet den Lesern eine fast unendliche Kombinatorik von Bedeutungen. Ohne Zweifel gelangen wir bei Texten dieser Art, die sich so offensichtlich traditionellen Sinn- und Strukturzwängen verweigern, in einen Grenzbereich, in dem auch die Systematik der hier vorgeschlagenen Begrifflichkeit ihre Grenzen erreicht. So kann z.B. beim Barthelme-Zitat durchaus strittig sein, ob es sich bei »Pierre« oder »illuminations« um Titelanspielungen, bei »arrangements« um gemeinsame Elemente und folglich um Änderungen im Element- oder Strukturbereich handelt. Streng genommen sind beide Bereiche in völliger Auflösung begriffen.

3.3 Die gemeinsame Struktur einer Gruppe von Prätexten wird vollständig oder unvollständig unter Änderung von deren Elementen reproduziert.

Wie die vorhergehenden Beispiele bedarf dieses Verfahren zusätzlicher eindeutiger Markierung im Rahmen des aufnehmenden Textes. Nabokovs *Pale Fire* (1962) beginnt mit einem zeitgenössischen Gedicht in Popeschen Versen, dem ein ausführlicher Anhang mit Erläuterungen folgt. Der Roman parodiert insgesamt mit seiner Kommentarstruktur die Verfahren kritischer Ausgaben. Ähnliche Verdoppelungen und mehrfache Spiegelungen von literarischen Strukturen benutzt John Barth bei seinen Mythenbearbeitungen in *Chimera* (1972). Barth spielt hier ebenso mit modernen narratologischen Formalisierungen dieser Strukturen. Eingelegt sind weitere anachronistische Systemreferenzen auf andere Textgruppen:

> *On Board the* Gadfly, *Lake Chautauqua, New York, 14 July 1971*
> *To His Majesty King George III of England*
> *Tidewater Farms, Redman's Neck, Maryland 21612*
> *Your Royal Highness,*
> *On June 22, 1815, in order to establish a new and sounder base of empire, I abdicated the throne of France and withdrew to the port of Rochefort, where two of my frigates – new, fast, well-manned and -gunned – lay ready to run Your Majesty's blockade of the harbour and carry me to America. Captain Ponée of the* Méduse *planned to engage on the night of July 10 the principal English vessel,* H. M. S. Bellerophon, *a 74-gunner but old and slow, against which he estimated the* Méduse *could hold out for two hours while her sister ship, with my party aboard, outran the lesser blockading craft. The plan was audacious but certain of success; reluctant, however, to sacrifice* Méduse, *I resolved instead like a cunning wrestler to turn my adversary's strength to my advantage* [...][32]

Den Brief, der im Kontext zweideutig Napoleon zugeschrieben wird, durchsetzen mythologische Elemente (»Méduse«, »H. M. S. Bellerophon«) und

32 Verwendete Ausgabe: New York, 1973, hier: S. 251.

Vergleiche (»like a cunning wrestler«), die die Überlagerung verschiedener – von der Moderne bis in die Vorzeit des Mythos zurückreichender – Systemreferenzen ermöglichen: »cunning wrestler« z. B. verweist auf Proteus, der wie die Geschichte von Barth laufend seine Gestalt ändert.

3.4 Das System der Verfahren einer Gruppe von Prätexten wird in einem Text angeführt, ohne daß deren Verfahren oder Elemente reproduziert werden.

Auch dieser Typ der Intertextualität beruht auf dem Nennen von Namen oder Titeln. Hinzu kommt die Benennung des Systems, auf das angespielt wird, im Begriff.

Hier ein Beispiel aus Richard Brautigans *Revenge of the Lawn:* »She hates hotel rooms. It's like a Shakespearean sonnet: I mean, the child-woman or Lolita thing. It's a classic form [...].«[33] Es folgt ein Diagramm des Sonett-Reimschemas bei Shakespeare. Die anschließende Episode zwischen Vater und Tochter im Hotel verweist inhaltlich auf den Typ der ›klassischen‹ Hotelszene (die sich auch in Nabokovs *Lolita* findet) und ist formal ebenso vorhersehbar wie die Reihenfolge in diesem Typ von Sonett. Abstraktion (das Diagramm) und begriffliche Benennung (»sonnet«, »classic form«) treten zur Systemreferenz zusammen, ohne daß einzelne Elemente oder Strukturen des genannten Systems reproduziert werden.

Der narzißtische Erzähler von *My Life as a Man* charakterisiert seinen Diskurs und seine Geschichten durchweg mit Systemreferenzen:

> [...] in the second semester of that – no other word will do; if it smacks of soap opera, that is not unintentional – of that fateful year (S. 61) [...] to conclude, in a traditional narrative mode, the story (S. 88) [...] What a narcissistic melodrama you are writing here (S. 170) [...] she saw herself as the damsel in distress (S. 175) usw.

Alle diese begrifflichen Systemreferenzen sind Teile eines fortlaufenden Selbstkommentars, werden also durch andere Verfahren ergänzt. Ihre Reichweite ist oft durch die hierarchische Stelle im aufnehmenden Text bestimmt: Titel, Untertitel, Motto oder Erzählerkommentar haben zumeist einen höheren Stellenwert als Details der Beschreibung oder Figurenrede. Wie im letzten Beispiel kann auch hier gelegentlich die prägnante Formel

---

[33] Verwendete Ausgabe: New York, 1972, hier: S. 101. Diese Form der Systemreferenz läßt sich mit dem soziologischen Begriff des Habitus in Verbindung bringen. Vgl. P. Bourdieu, *Die feinen Unterschiede: Kritik der gesellschaftlichen Urteilskraft,* übs. B. Schwibs/A. Rosser (Frankfurt, 1984), S. 282: »Der wirkliche Pastiche, von Proust beispielhaft vorgeführt, reproduziert nicht – wie Parodie und Karikatur – die hervorstechendsten Merkmale eines Stils, sondern den Habitus, von Jacques Rivière als ›Zentrum der geistigen Tätigkeit‹ bezeichnet, aus dem heraus die ursprüngliche Rede entsteht [...]«

an die Stelle von Titeln und Namen treten. Lydia Zuckerman in *My Life as a Man* beginnt und schließt ihren Bericht über die Vergewaltigung durch ihren Vater mit den das System der Textgruppe andeutenden Formeln »once upon a time« und »And where he went ... nobody knew« (S. 40f.), die gleichzeitig natürlich auch konkrete Elementenreproduktion darstellen. Bei mündlich tradierten Prätexten kann offenbar die Eingangs- oder Schlußformel an die Stelle des Titels treten.

Auch hier gibt es außer der ernsten oder ironischen Systemreferenz die Möglichkeit, die Systemreferenz selbst zu dekonstruieren: Man nennt eine Collage einen Western, ein Drama ein Sonett, eine Satire einen »Gothic Western« (R. Brautigan) usw. Am weitesten hat wohl Gertrude Stein diese Art von Systemreferenz dekonstruiert. Ihr *Four Saints in Three Acts* ist weder ein Drama, noch hat es drei Akte.[34] Auch die Zahl der Heiligen stimmt nicht: »In narrative prepare for saints [...] A saint is one to be for two when three and you make five and two and cover. A at most.« (S. 581) Akt IV beginnt:

> How many acts are there in it. Acts are there in it. Supposing a wheel had been added to three wheels how many acts how many acts how many how many acts are there in it. Any Saint at all. (S. 610)

Er endet: »Last Act. Which is a fact.« (S. 612)

4. Intertextualität, Geschichte, Alltag

Die Verfahren der Elementen- und Strukturübernahmen treten, das zeigt die Reihe der diskutierten Beispiele, eher zusammen als einzeln auf wie auch Einzeltext- und Systemreferenz. Sie bilden ein Kontinuum von wörtlich vollständiger Übernahme des Prätextes bis zur elliptischen Systemreferenz durch Begriff oder Namen. Übernahme und Referierung können allein oder zusammen auftreten. Die jeweiligen Kombinationen der Verfahren und Prätexte machen den spezifisch ideologischen Ort eines Textes in und zwischen den literarischen Reihen aus. Denn Einzeltext- und Systemreferenzen treten zu intertextuellen Ketten und Netzen in und zwischen den literarischen Reihen zusammen und bilden dort eine widersprüchliche Einheit von Kanonisierung und Umakzentuierung, von Vorwärts- und Rückwärtsweisendem.[35] Welche intertextuellen Bezüge ein Text jeweils aktualisiert, dies macht seine ideologische Funktion in den literarischen und gesellschaftlichen Hierarchien (Genres, Stilebenen, Hochliteratur – Trivialliteratur usw.) zum jeweiligen Zeitpunkt aus.[36]

---

34 In: *Selected Writings,* ed. C. Van Vechten (New York, 1972), S. 577–612.

35 Bachtin, S. 182–186; J. M. Lotman, »Text und Funktion«, in: *Textsemiotik als Ideologiekritik,* ed. P. V. Zima (Frankfurt, 1977), S. 149–164.

36 J. Kristeva, »Der geschlossene Text«, in: *Textsemiotik,* S. 194–229, hier: S. 196.

Der Umfang und die Art der Verarbeitung von Prätexten unterliegen zudem historisch sich wandelnden gesellschaftlichen Normen und Gesetzen: vom religiösen Tabu bis zum Urheberrecht. Die Topik der Schriftsteller, der Zugriff auf Prätexte hängt eng mit der Zahl, Medialisierung und Zugänglichkeit im Erziehungs- und Marktsystem zusammen.

Intertextuelle Verfahren in der Literatur bestätigen oder negieren, das muß in einem vornehmlich mit literarischen Beispielen arbeitenden Beitrag noch hinzugefügt werden, auch außerliterarische Elemente, Reihen und Systeme, wie sie auch Kristeva nennt: Karnevalssprache, Marktschrei, Blason, Brief, Predigt, Autobiographie, Chronik, Reklame sind für den intertextuellen Bezug zu literarischen Reihen oft ebenso wichtig wie innerliterarische Referenzen.

Schließlich stellen die hier vorgestellten Typen und Verfahren der literarischen Intertextualität Verfeinerungen und Spezialisierungen des mündlichen Dialogs in Alltagssituationen dar, ohne den sie ihre Referentialität verlören. In der Beziehung zwischen geschriebener Literatur und Alltagssprache hat Michail Bachtin der Literaturwissenschaft ein neues Feld eröffnet, dessen Untersuchung erst in den Anfängen steht.

3. Integrationsformen der Intertextualität

Monika Lindner

1. Zur Problemstellung

Die Ausweitung des Intertextualitätsbegriffs in Richtung auf ein globales Konzept der Bezugnahme eines Textes auf Gattungssysteme und, noch weiter, auf alle möglichen soziokulturellen ›Wissensvorräte‹ ist – wo nicht ausdrücklich angestrebt – in letzter Zeit vielfach konstatiert und beklagt worden, da sie dem Begriff Intertextualität nicht eben zu größerer, für die Analyse nützlicher Tiefenschärfe verhalf, sondern im Gegenteil eine erhebliche Metaphorisierung des Textbegriffs mit sich brachte.[1] Dieser Beitrag ist nicht der Ort, diese Diskussion fortzuführen, obwohl natürlich jeder Beitrag zum Problemkreis der Intertextualität in der Frage der engeren oder weiteren Verwendung des Begriffs eine – und sei es nur implizite – Position beziehen muß. Legt man das im Eingangsbeitrag[2] explizierte Modell

---

[1] Vgl. zuletzt M. Pfister, »Konzepte der Intertextualität«, in diesem Band und R. Lachmann, »Ebenen des Intertextualitätsbegriffs«, in: *Das Gespräch,* ed. K. Stierle/R. Warning, Poetik und Hermeneutik, 11 (München, 1984), S. 133–138.

[2] Vgl. Pfister, »Konzepte«, S. 25f.

zugrunde, wonach ein literarischer Text – bildlich gesprochen – in Form von konzentrischen, sich ständig erweiternden Kreisen auf konkrete Einzeltexte, auf Textgruppen in Form von *genres,* Gattungen oder Schreibweisen, auf außerliterarische Personen, Fakten und Daten und schließlich auf allgemein kulturelle, moralisch-ethische und soziologische Normen Bezug nimmt, so muß mitbedacht werden, daß allein der Rückgriff eines literarischen Textes auf andere konkrete Prätexte – also Intertextualität im engeren Sinne – eine Differenzqualität darstellt, die es erlaubt, manche literarischen Texte von anderen zu unterscheiden, die von dieser Vertextungsmöglichkeit keinen Gebrauch machen. Im Hinblick auf alle anderen eben beschriebenen Relationen sind alle Texte, freilich in unterschiedlicher Form und Ausprägung, ›intertextuell‹. Für welche der unzähligen Intertextualitätsdefinitionen man sich auch entscheidet, es erscheint in jedem Fall geboten, die Unterschiede zwischen Einzeltext- und Systemreferenz zu beachten, selbst wenn man sie unter den gleichen Begriff subsumiert, da es erhebliche Schwierigkeiten bereiten dürfte, eine einheitliche Beschreibungsgrundlage für den Rückbezug eines Textes auf einen anderen konkreten Text und für die Einbettung eines Textes in Gattungszusammenhänge, ganz abgesehen von außerliterarischen Kontexten, zu bilden.[3]

Der vorliegende Versuch einer Systematisierung von Integrationsformen der Intertextualität versteht sich deshalb nicht als Beitrag zu einer globalen Intertextualitätstheorie,[4] sondern als begrenzter Entwurf eines Be-

[3] Das Postulat, die Dinge mittels des Intertextualitätsbegriffs ›zusammenzusehen‹, enthebt uns dieser Schwierigkeit nicht. Gerade auch die Rezeption eines Textes ist eine andere, je nachdem ob ein Text auf konkrete Prätexte zurückgreift oder nur auf allgemeineren Folien basiert. Zwar ist der Unterschied nicht auf die einfache Dichotomie von ›leichter‹ oder ›schwerer‹ Rezeption zu reduzieren – eine Einzeltextreferenz kann, weil stark verschleiert, ebenso schwer zu erkennen sein wie ein geschicktes Spiel mit ›esoterischen‹ Gattungstraditionen – aber der Rückgriff auf einzelne Prätexte stellt in jedem Fall eine spezifischere, konkretere Folienbildung dar als diejenige mittels allgemeiner Systemreferenzen. Der neue Begriff ›Intertextualität‹ vermochte auch die bisher schon innerhalb der Rezeptionsästhetik kontroverse Diskussion um die verschiedenen Lesertypen – der ›Normalleser‹, der ›gebildete‹ Leser, der ›Berufs‹-Leser als angenommene ›reale‹ Leser neben den texttheoretisch relevanten Größen wie der ideale, der intendierte, der implizite Leser – nicht wesentlich zu erhellen, sie wird nur mit veränderten Vorzeichen fortgeführt; vgl. dazu K. Stierle, »Werk und Intertextualität«, und W.-D. Stempel, »Intertextualität und Rezeption«, beide in: *Dialog der Texte: Hamburger Kolloquium zur Intertextualität,* ed. W. Schmid/W.-D. Stempel, Wiener Slawistischer Almanach, Sonderband 11 (Wien, 1983), S. 7–21 und 85–109.

[4] Das verbietet schon der Begriff ›Integrationsformen‹, der eher auf eine Text/Prätext-Relation abzielt als auf allgemeinere Relationstypen. Es versteht sich von selbst, daß der vorliegende Versuch der Typologisierung kein Beitrag zur ideologiekritischen Seite der Intertextualitätstheorie sein will, d.h. zur dekonstruktivistischen These von den Sinnexplosionen der Texte.

schreibungsinstrumentariums primär für solche Texte, deren Dialogizität sich in konkreten Rückbezügen auf einen oder mehrere Prätexte konstituiert. Es soll dabei anhand mehrerer Parameter beschrieben werden, in welcher Weise ›fremde‹, übernommene Textelemente in einen neuen Kontext integriert werden können. Naheliegenderweise gehen wir dabei in erster Linie von der Übernahme konkreter Prätextelemente aus, da nur in diesen Fällen im eigentlichen Sinne von ›Integration‹ gesprochen werden kann. Auch die Beispiele beziehen sich somit fast ausschließlich auf Intertextualität im engeren Sinne, auch wenn sich viele dieser Parameter ebenso auf den Fall der Systemreferenz anwenden lassen. Inwieweit die Systematik jedoch auch für die ›äußeren‹ Bereiche der Intertextualität – Übernahme aus allgemein kulturellen Folien – anwendbar wäre, kann in diesem Rahmen nicht geklärt werden.

Der Begriff ›Integration‹ zielt in diesem Zusammenhang – entgegen seiner normalsprachlichen Verwendung – nicht von vorneherein auf eine möglichst naht- und bruchlose Einordnung der Prätextelemente in den neuen Kontext ab. Er soll zunächst einmal neutral als Rearrangement von Textelementen verstanden werden. Deshalb ist es auch möglich, in einem der folgenden Parameter (s. u. Punkt 7) von einer Skala von ›Integrations‹-Möglichkeiten auszugehen, die von nahtloser Einordnung bis zur Entstehung von kontextuellen Inkompatibilitäten reicht. Der Begriff Intertextualität sollte nicht ausschließlich für eine dieser beiden Extreme reklamiert werden, auch wenn die Bloßlegung von Textbrüchen zweifellos die in der modernen und zeitgenössischen Literatur häufigere Variante der Intertextualität darstellt.

Wir wollen zunächst zwei Kriterien kurz skizzieren – die Situierung der fremden Textelemente im neuen Text und deren Anzahl und Extension –, die der analysetheoretischen Prägnanz dienen, deren Aussagekraft aber in ihrer Meß- und Zählbarkeit naturgemäß beschränkt ist. Wichtiger erscheinen dann die qualitativen Kriterien, wo zwischen der Übernahme aus einem Prätext und aus mehreren verschiedenen Prätexten unterschieden und die je andere Wirkung im gegebenen Text an Beispielen erörtert wird. Besondere Bedeutung kommt den Punkten 5 und 6 zu, da diesen Aspekten in intertextuellen Analysen oft nicht ausreichend Beachtung geschenkt wird: Dies betrifft die Relation der Prätexte untereinander und deren Abstraktionsniveau. Gerade in intertextuell besonders dichten Texten ist die Frage, inwieweit sich die herangezogenen Prätexte gegenseitig perspektivisch brechen und relativieren, besonders relevant. Der Parameter des Abstraktionsniveaus der übernommenen Prätextelemente zeigt, daß zwischen Wörtlichkeit und abstrakten Strukturhomologien ein weites Feld intertextueller Verfahren besteht. Der letzte Parameter betrifft die *self-consciousness* des intertextuellen Textes, die Frage nämlich, inwieweit Intertextualität im gegebenen Text selbst thematisiert wird, so daß der Rezipient ›fremden‹

Textelementen nicht nur auf die Spur kommen, sondern den Text explizit als Konstrukt aus vorausgegangenen Texten begreifen soll.

Der heuristische Wert solcher Parameter liegt gerade angesichts der verwirrend geführten Diskussion um die verschiedensten Intertextualitätskonzepte in seiner Operationalisierbarkeit für die konkrete Textanalyse. Dieser heuristische Wert dürfte auch für die Analyse von literarischen Texten gelten, die sinnentgrenzend wirken wollen – also für viele zeitgenössische Texte. Das Repertoire zielt allerdings primär auf die Analyse fiktionaler Texte ab, weniger auf diejenige nicht-fiktionaler Texte, etwa literaturwissenschaftlicher Metatexte.[5]

2. Textebenen der Intertextualität

Zunächst soll nur kurz die Lokalisierung der ›fremden‹ Elemente in einem Text erörtert werden, wobei sich eine Anlehnung an das Textschichtenmodell anbietet, das von der phonologischen Ebene (Lautmuster, metrische Muster usw.) über die syntaktische und lexikalisch-semantische (Einzelwort, Topoi, Register, Stilhöhen usw.) bis zur pragmatischen Ebene (fiktive Sprecher/Hörer-Relationen) fortschreitet. In allen diesen Textschichten ist eine Integration von Elementen aus Prätexten vorstellbar, nicht nur aus Einzeltexten, sondern auch aus Textgruppen, da etwa Lautmuster, Topoi, Stilhöhen, fiktive Sprechsituationen und ähnliches mehr auch zur Textgruppenbildung beitragen können, auf die ein folgender Text rekurrieren kann. Freilich wird die Spezifität eines Textes, und damit sein intertextuelles Sinnpotential, ein anderes sein, je nachdem ob etwa ein anzitierter Topos einen spezifischen Einzeltext aufruft und den Folgetext damit in die unmittelbare

[5] Der Dekonstruktivismus zielt bekanntlich unter anderem auch auf eine Verwischung der bisher geläufigen Grenzen zwischen fiktiven und nicht-fiktiven Texten, zwischen literarischen Texten und Kommentaren dazu ab. Dies würde wiederum ein für alle Texte gleichermaßen anwendbares Begriffsinstrumentarium voraussetzen. Unter dem Blickwinkel der Intertextualität ergäben sich dabei aber gravierende Gewichtsverschiebungen: Während ein hochgradig intertextueller literarischer Text innerhalb des Bereichs ›Literatur‹ einen Text mit spezifischem Vertextungscharakter darstellt, da es ja auch nur sehr schwach intertextuelle Literatur gibt, wäre jede Interpretation eines literarischen Textes in hohem Maße ›intertextuell‹ zu nennen, da sie sich immer auf einen vorausliegenden Text rückbezieht. Wir wollen an dem unterschiedlichen Status von Text und Kommentar festhalten und wählen daher die Beispiele ausschließlich aus dem Bereich der Literatur. So sehr das Infragestellen mancher geläufiger Unterscheidungen den Blick zuweilen öffnen mag, so sehr muß auch die Gefahr mitreflektiert werden, daß terminologische Sauberkeit und logische Stringenz völlig abhanden kommen können. Für eine Präsentation dieser Richtung vgl. J. Culler, *On Deconstruction* (London, 1983), für eine Kritik daran vgl. K.-W. Hempfer, *Poststrukturale Texttheorie und Narrative Praxis* (München, 1976).

›Konkurrenz‹ zu einem anderen Text stellt oder ob ein Topos einen *genre*-haften oder gattungsmäßigen Zusammenhang herstellt, wodurch der Folgetext nur in die Nähe, in den weiteren Umkreis anderer Texte, aber nicht direkt neben einen spezifischen Text gestellt wird. Dieser Unterschied läßt sich sogar bei der wörtlichen Wiederaufnahme eines fremden Textelements sichtbar machen: Ein Text, beginnend mit den Worten »Once upon a time...« situiert sich global in einer Reihe von Texten, in der Märchentradition, und steuert die Rezeption ebenso global in Richtung auf bestimmte Handlungsmuster, Figurenkonstellationen und moralisch-ethische Normen. Die Anouilh-Fabel »Le chêne et le roseau« z.B. nimmt dagegen über den Titel und die erste Verszeile: »Le chêne un jour dit au roseau« La Fontaines gleichnamige Fabel wörtlich wieder auf und stellt sich damit primär nicht nur generell in die Fabeltradition, sondern ist direkte ironische Replik auf diesen Einzeltext.[6] Der dialogische Charakter der Anouilh-Fabel dürfte ungleich höher sein als beim vorherigen Märchenbeispiel, und dies nicht nur deshalb, weil Anouilh die Differenz zum Prätext ausspielt.

Das oben herangezogene Textschichtenmodell ließe sich für die Verortung ›fremder‹ Elemente in einem gegebenen Text um einige Ebenen erweitern. So können natürlich auch Handlungssequenzen und Argumentationsmuster, Figurenkonstellationen, Thematik und Ideologeme auf einen Prätext verweisen.[7] Diese Lokalisierung der übernommenen Textelemente wird sich nicht im reinen a-historischen Konstatieren erschöpfen, sondern kann auch den Zugang zu literarhistorisch relevanteren Aussagen eröffnen. So ist es durchaus denkbar, daß sich anhand eines ausreichend breiten Textmaterials Schwerpunkte der intertextuellen Folienbildung zu bestimmten Perioden in bestimmten Textsorten herausschälen lassen.[8]

---

6 Die Fortführung der Anouilh-Fabel macht dies überdeutlich: »N'êtes-vous pas lassé d'écouter cette fable? La morale en est détestable«; zitiert nach der Fabelsammlung von H. Lindner, *Fabeln der Neuzeit: England, Frankreich, Deutschland: Ein Lese- und Arbeitsbuch* (München, 1978), S. 155f., die dazugehörige La Fontaine-Fabel, S. 107f.

7 Die eben erwähnte Anouilh-Fabel beläßt auf der Figurenebene das gleiche Personal, auf der Handlungsebene dieselben Ereignisse wie die Fabel La Fontaines (Sturm, Abknicken der Eiche usw.), übernimmt zum Teil auch die gleichen Argumente (die größenmäßige Überlegenheit der Eiche gegenüber dem Schilfrohr, die Unterlegenheit der Eiche bei Sturm), ändert aber in intertextuell markanter Weise die Argumentationsstruktur (die Eiche empfindet, obwohl sie abknickt, ihre Größe nicht als Nachteil) und die wertemäßige Besetzung der ›Figuren‹ (die Eiche ist selbstbewußt und stolz, das Schilfrohr ist herablassend und mißgünstig).

8 So scheint der *nouveau* und *nouveau nouveau roman* intertextuelle Anleihen, wenn auch meist ironisch gebrochen, vorzugsweise in formaler Hinsicht, auf der Diskursebene, aufzunehmen, im Unterschied zu stark thematisch verbundenen Texten.

3. Quantitative Kriterien der Prätexte

Die bloße Anzahl der in einem Text integrierten Prätexte ist bereits für den intertextuellen Status dieses Textes aussagekräftig.[9] Die Skala der Möglichkeiten reicht vom Rückgriff auf einen einzigen Prätext bis zu dem auf viele (ähnliche oder heterogene) Prätexte. Eine einfache Korrelierung dieser Skala mit dem Intensitätsgrad der Intertextualität läßt sich nicht vornehmen, wohl aber nimmt die Dichte und Komplexität der intertextuellen Bezüge mit der Anzahl und Streubreite der in einen Text integrierten Prätexte zu. Die Intensität des intertextuellen Bezuges hängt dagegen nicht nur von der Anzahl, sondern auch von der Extension der aus Prätexten übernommenen Elemente ab: So wird eine sehr selektive Übernahme einzelner Elemente weit weniger intertextuelles Sinnpotential freisetzen können als die Übernahme übergreifender Strukturen beziehungsweise des gesamten Textes.

Ein drittes quantitatives Kriterium entscheidet über die Wirkung der intertextuellen Strukturiertheit eines Textes: Wie häufig und wie repetitiv ist ein Prätext in einen Text eingewoben?[10] Auch bei dieser Frage ist eine Bandbreite von Möglichkeiten vorstellbar, die von einem einmaligen oder jedenfalls sehr punktuellen Einbezug von Prätexten bis zu deren fortlaufender Einarbeitung in den neuen Text reicht.

4. Qualitative Kriterien der Prätexte

Aussagekräftiger freilich als das quantitative Kriterium sind qualitative Kriterien für die Integration von Prätexten. Wir gehen hierbei im wesentlichen von zwei Relationstypen aus: der kontaminatorischen und der anagrammatischen Relation.[11] Unter kontaminatorischer Relation verstehen wir die Übernahme von Einzelelementen aus verschiedenen Prätexten (bzw. Gattungssystemen), wobei die einzelnen Elemente aus ihrem ursprünglichen strukturellen und funktionalen Zusammenhang herausgelöst und zu einem neuen Text kombiniert werden. Ein typisches Beispiel dafür wäre die Kombination der verschiedensten Prätexte (Shakespeare, Joyce, Tzara, Lenin und andere) in Stoppards *Travesties,* die zum größten Teil ihrem ursprünglichen Kontext stark ›entfremdet‹ sind, denn selbst dort, wo sie eventuell wortwörtlich wiederholt werden, stehen sie in einem völlig anderen funktionalen Zusammenhang. Auf engem Raum wird eine solche

---

[9] Vgl. auch die Aussagen Pfisters zu diesem Aspekt, »Konzepte«, S. 30. Er kann hier deshalb sehr kurz abgehandelt werden.

[10] Vgl. Pfisters Kriterium der »Strukturalität«, »Konzepte«, S. 28.

[11] Zu dieser Terminologie im Kontext der Intertextualitätsforschung vgl. R. Lachmann, »Ebenen«, S. 134ff.

collage-artige Technik in der Liebesszene zwischen Tzara und Gwendolen[12] deutlich, wo eine Vielzahl von heterogenen Shakespeare-Zitaten – daneben wird an der gleichen Stelle das Shakespeare-Sonett 18 neu zusammengesetzt – zu einem ironischen Kommentar über Dichtung und Dichtersprache zusammengefügt werden,[13] so daß das verwendete prätextuelle Material – Dichtersprache, die sich deutlich von der sonstigen stilistischen Textur der Tzara/Gwendolen-Repliken abhebt – im neuen Kontext in einen ironischen Bruch zu sich selbst gerät: Die Liebeswerbung wird mit intertextuellen Mitteln persifliert.

Zu unterscheiden von diesem Aspekt der Kombinatorik sind zwei weitere eng damit zusammenhängende Probleme: Es ist zum einen von interpretatorischem Interesse, ob die herausgelösten Prätextelemente untereinander homogen oder heterogen sind (s.u. Punkt 5), und zum anderen, in welcher Weise sie in den neuen Text eingebaut werden (s.u. Punkt 7).

Unter der anagrammatischen Relation soll die Übernahme von Elementen oder von abstrakten Relationen aus einem Prätext (bzw. Gattungssystem) verstanden werden. Diese Elemente werden in der Regel über den gesamten neuen Text verstreut und ergeben dabei eine in sich kohärente isotope Struktur, so wie sie im Prätext vorhanden ist. Dazu einige Beispiele: Thurbers Fabel *The Little Girl and the Wolf*[14] liegt ein konkreter Prätext, das bekannte Rotkäppchen-Märchen, zugrunde. Durch die Übernahme von Elementen aus dem Handlungssubstrat und dem Figurenarsenal des Prätextes entsteht eine isotope Reihe, ähnlich wie sie auch das Märchen aufweist: »big wolf« – »dark forest« – »little girl« – »basket« – »food« – »grandmother« usw. Diese Reihe bricht an einem bestimmten Punkt der *histoire*-Entwicklung plötzlich ab, nämlich dort, wo der verkleidete Wolf erkannt wird. Die restlichen Elemente entwickeln sich in exakter Umkehrung des Prätextes: Das kleine Mädchen erkennt den Wolf und schießt ihn tot. Die enge Anlehnung an den Prätext und seine plötzliche Verkehrung erhöht – durch das Spiel mit der Lesererwartung – die Komik dieser Fabel und erlaubt zugleich die ironische ›Modernisierung‹ des Märchens. In einer Rotkäppchen-Version von Friedrich Karl Waechter[15] ist das anagrammati-

[12] *Travesties* (London, 1975), S. 54. Diese Passage ist auch zitiert bei U. Broich, »Formen der Markierung«, in diesem Band, S. 42f.

[13] Vgl. Tzara: »I was not born under a rhyming planet. Those fellows of infinite tongue that can rhyme themselves into ladies' favours, they do reason themselves out again. And that would set my teeth nothing on edge – *nothing* so much as mincing poetry.« (*Travesties,* S. 54)

[14] In: *Fables for Our Time and Famous Poems Illustrated* (New York, 1974), S. 5.

[15] Waechter: »Es war einmal ein Wolf, der hatte schwarze Füße, einen schwarzen Leib, einen schwarzen Schwanz und einen schwarzen Kopf. Nur hinter den Ohren war er ein wenig rot, und deshalb nannten ihn alle Rotkäppchen.

Eines Tages rief ihn seine Tochter: »He, Rotkäppchen, hier hab ich ein Stücklein Wein und eine Flasche voll Kuchen, geh und bring das dem Großpapa, der ist

sche Zerlegen von Figuren und Figurenmerkmalen, ja sogar von einzelnen sprachlichen Wendungen des Prätextes besonders deutlich vorgeführt.[16] Aus den Prätext-Elementen Wolf – Rotkäppchen – schwarz/rot – Wein – Kuchen wird der neue Text in parodistischer Verdrehung zusammengesetzt: Der schwarz-rote Wolf spielt das Rotkäppchen, er trägt ein »Stücklein Wein« und »eine Flasche voll Kuchen«. Während diese Prätext-Elemente direkt übernommen und witzig verdreht sind, existieren andere überhaupt nur in Opposition zum Prätext, führen dessen Isotopie aber damit implizit fort: Aus der Großmutter wird der Großpapa, dem der Wolf alias Rotkäppchen etwas bringt, weil er so gesund (nicht krank) ist. Entscheidende Funktion dieser intertextuellen Verfahrensweise ist natürlich das Aufbrechen der tradierten Wertedichotomien gut/böse, krank/gesund, schön/häßlich usw.

Eine etwas komplexere anagrammatische Intertextualität kann anhand von Raymond Queneaus Gedicht »Si tu t'imagines« aufgezeigt werden,[17] da hier zwei Folien, die petrarkistische Liebeslyrik als allgemeiner Gattungskontext und Ronsards Sonett »Cueillez, cueillez« als konkreter Prätext, in

---

kerngesund und ärgert sich bestimmt darüber. Aber lauf schön durch den Wald und komm nicht auf den Weg, auf dem das kleine, dicke Mädchen spazierengeht, du wirst dir sonst den Magen an ihm verderben.«

Da machte sich Rotkäppchen auf den Weg zu Großpapa.

Wie es aber so durch den Wald tappte, dachte es bei sich: »Was soll ich hier durch die Blumen stolpern, wenn es auch eine schöne Straße gibt?«, und sprang auf die Straße.

Doch kaum hatte es das getan, da kam auch schon das kleine dicke Mädchen daher und sprach: »Grüß dich, Rotkäppchen, wohin des Wegs?« »Zum Opa, Kuchen und Wein bringen, weil er noch so gesund ist.« »Ah«, sagte das kleine, dicke Mädchen, das auch noch gern dem Opa den Magen verdorben hätte, »wo wohnt denn dein Opa?« »Noch eine schlechte Viertelstunde die Straße hinunter,« sagte Rotkäppchen.

»Schau,« rief da das kleine Mädchen, »die vielen schönen Steinchen auf der Straße, geh und sammle dem Großvater dein Schnupftüchlein voll, das ärgert ihn auch.«

Das leuchtete Rotkäppchen ein, und es begann zu sammeln.«

In: H. Ritz, *Die Geschichte vom Rotkäppchen: Ursprünge, Analysen, Parodien eines Märchens* (Bad Homburg, [5]1983), S. 66f.

[16] Auf ähnlich witzige Weise funktioniert das Prinzip des Anagramms in der Rotkäppchen-Version im amerikanischen Militärjargon (Ritz, S. 105), dessen Anfang lautet: »TO: Whoever it may concern.
SUBJECT: HOOD, RED, RIDING, LITTLE«
Die anagrammatische Verfahrensweise basiert vornehmlich auf dem Registerwechsel.

[17] In: *Si tu t'imagines* (Paris, 1968), S. 272–274 (vgl. den Text des Gedichts im Anhang zu diesem Kapitel). Queneau baut darüber hinaus eine sekundäre, eher punktuelle, intertextuelle Relation zu Catull, 5, auf: »soles occidere et redire possunt«. Auf diese Stelle spielt Queneau an in: »soleils et planètes / tournent tous en rond«.

anagrammatischer Manier verarbeitet werden. Als systemreferentielle Elemente, die sich auf den ganzen Text verteilen, lassen sich typisch petrarkistische Argumente und Figurenkonstellationen erkennen: Ein erfahrener Liebender spricht zu einer unerfahrenen Dame; es geht um Vergänglichkeit der Liebe, das *carpe-diem*-Motiv und den positiven und negativen Schönheitskatalog. Als Isotopiebrüche fungieren die Interferenzen *genre* vs. Metrik und *genre* vs. Stil (z.B. »tu te goures«). Das anagrammatische Zerhakken wird besonders sinnfällig mit dem Ronsardschen Prätext vorgeführt,[18] wobei noch zusätzlich die metrische Struktur des Textes in komischer Funktion genutzt wird.

In allen hier vorgeführten Beispielen ließen sich die Reihenbildung mithilfe von Prätext-Elementen, daneben aber auch, da es sich um komische, ironische oder parodistische Texte handelt, Isotopiebrüche zeigen, die natürlich in genuin aemulativ-imitatorischen Texten nicht zu beobachten wären.

5. *Die Relation der Prätexte untereinander*

Gerade der Einbezug mehrerer unterschiedlicher Prätexte in einen neuen Text wirft die Frage nach deren gegenseitiger Perspektivierung auf. Die Bandbreite bewegt sich zwischen perspektivischer Gleichschaltung der einbezogenen (und damit meist homogenen)[19] Prätexte und deren gegenseitiger perspektivischer Brechung, die sich automatisch ergibt, wenn es sich um breitgestreute heterogene Prätexte handelt.

Wir unterscheiden grundsätzlich zwei intertextuelle Verfahren, die zu gegenseitiger Perspektivierung der Prätexte führen: Einmal können verschiedene Prätexte im neuen Text selbst korreliert werden, zum anderen kann ein Text auf einen oder mehrere Prätexte verweisen, die schon ihrerseits Prätexte haben, so daß auf diese Weise in diachronen Rückwärtsschritten Prätexte zueinander in Bezug gesetzt werden.

Der erste Fall ist in signifikanter Weise in Stoppards *Travesties* verwirk-

---

[18] Vgl. das Ronsard-Sonett 24 in: *Sonets pour Hélène* (LIVRE II), das beginnt mit: »Quand vous serez bien vieille, au soir à la chandelle« und dessen letzte Verszeile hier anagrammatisch zerhackt wird »Cueillez dès aujourd'huy les roses de la vie«. (Zitiert nach: Edition Weber [Paris, 1963], S. 431f.)

[19] Die Prätexte brauchen nicht *per se* als isolierte Texte bereits homogen sein, sie können auch durch die Integration in den neuen Kontext homogen ›gemacht‹ werden. Ein Beispiel dafür findet sich in M. Tourniers Erzählung »La fugue du petit poucet, conte de Noël« (in: *Le Cocq de bruyère* [Paris, 1978], S. 49–65), denn hier werden unter anderem zwei Prätexte, das Märchen vom kleinen Däumling und die Bibel, isoliert gesehen nicht unbedingt homogene Texte, nicht gegeneinander ausgespielt, sondern der gleichen Funktion dienstbar gemacht: Die Geschichte versucht, überkommene bürgerliche Moralvorstellungen gegen die Vorstellung vom natürlichen, naturverbundenen Leben abzuwägen.

licht, wo sich die Vielzahl heterogener Prätexte zu Prätextgruppen bündeln läßt, die über thematische und/oder formale Parallelen zueinander in Beziehung gesetzt werden. Dabei ist interessant, daß diese Perspektivierung der Prätexte untereinander nicht den ganzen Text hindurch die gleichen Prätexte bündeln muß und auch nicht alle Prätexte in gleicher Weise betrifft. So gibt es Passagen in *Travesties,* in denen verschiedene Shakespeare-Texte über die Themen ›Dichtungsästhetik‹ und ›Liebe‹ aufeinander bezogen sind;[20] gerade über das dichtungsästhetische Motiv werden aber auch etwa Shakespeare-, Joyce- und Wilde-Texte korreliert. Eine der auffälligsten Korrelierungen entsteht zwischen den Prätexten aus Joyce, Lenin und Tzara, die von Stoppard in vielfältiger perspektivischer Brechung zum Thema ›Politik und Ästhetik‹ eingesetzt werden. Wildes *The Importance of Being Earnest* dient Carrs literarischen Versuchen als dramentechnisches *pattern* und stellt damit, im Unterschied zu den vorhergenannten, einen Prätext dar, der in Bezug auf Stoppards eigenen Text gattungsrelevant ist.[21]

Da vor allem *The Importance of Being Earnest* und *Ulysses* als Prätexte bereits ihrerseits stark intertextuell strukturiert sind, repräsentieren die *Travesties* auch den oben erwähnten zweiten Strukturtyp für die Relationierung von Prätexten. Freilich ist dieser zweite Typ, die Reihenbildung durch immer neue Rückverweise von Texten auf die diesen jeweils vorhergehenden, praktisch immer gegeben, wenn man den weiteren Intertextualitätsbegriff, also die Systemreferenz ansetzt. Denn ein als Prätext übernommener Text wird praktisch immer seinerseits bereits in gattungsreferentiellem Zusammenhang mit anderen Texten vor ihm stehen und dieses ›Bedeutungspotential‹ sozusagen ›mitschleppen‹. Oft wird dieses globale ›Bedeutungspotential‹ aber bei seiner intertextuellen Verwendung in einem neuen Text reduziert, eingeschränkt und verkürzt.[22] Analyserelevanter sind solche Fälle von Prätextrelationierung, wo in zwei oder mehrmaligen Schritten zurück jeweils konkrete Prätexte als Folien dienen. So hat Baïf in *Les amours de Francine,* II,9, einen Text geschaffen, der sich deutlich auf Ronsards Sonett 60 in *Les Amours de Cassandre* rückbezieht, welches seinerseits Bembos Sonett 3 aus *Le rime* als prätextuellen Vorwurf zitiert. Ronsard reprodu-

---

[20] Z. B. in der oben bereits erwähnten Werbungsszene zwischen Tzara und Gwendolen.

[21] In *Rosencrantz and Guildenstern are Dead* werden die beiden Prätexte *Hamlet* und *Waiting for Godot* über Ähnlichkeiten auf der Figuren- und Handlungsebene zueinander in Beziehung gesetzt: In beiden Texten haben die ›Helden‹ Probleme mit dem Handeln, beide Prätexte repräsentieren die zu ihrer Zeit möglichen Formen des Tragischen.

[22] Die poststrukturalistische These, daß Texte nur noch bereits Gesagtes vertexten können, also in einem *regressus ad infinitum* intertextuell seien, erscheint richtig und *misleading* zugleich, da gerade durch intertextuelle Strukturierung eines neuen Textes das schon einmal aktualisierte Bedeutungspotential nicht nur potenziert, sondern normalerweise auch gleichzeitig wieder eingeschränkt wird.

ziert zwar den Bembo-Text auf allen Textebenen, setzt sich aber gleichzeitig in vielerlei Hinsicht von Bembo ab,[23] während Baïf sich unter Rückbezug auf Bembo, den Prätext ›zweiten Grades‹ aus seiner Sicht, stärker von Ronsard abhebt, so daß bis hierher also schon zwei Prätexte gegenseitig perspektiviert werden. Die Reihe der Prätexte ließe sich noch fortsetzen, da Bembo auf Petrarcas Gedicht 209 aus *Il canzoniere* zurückgreift (genauer nur auf das Sextett dieses Sonetts), das seinerseits auf einer Stelle aus der *Aeneis* (IV,69ff.) basiert. Freilich sind die beiden letztgenannten Prätexte in Baïf nicht mehr explizit greifbar, obwohl durch solche Prätextreihen der intertextuelle Rückgriff nur teilweise explizit, zum anderen Teil auch implizit potenziert wird.

6. *Abstraktionsniveau der Prätextelemente*

Es lassen sich zwei Prinzipien in der Relation der übernommenen Prätext-Elemente zum gegebenen Text unterscheiden. Wir wollen sie in Anlehnung an Renate Lachmann Kontiguitäts- und Similaritätsrelation nennen.[24]

Bei der Kontiguitätsrelation handelt es sich um ›zitierte‹ Elemente oder Verfahren, die im neuen Text wiederholt werden, also um eine unmittelbare Übernahme von Elementen. Diese Elemente aus den Prätexten können strukturell und funktional äquivalent (zu ihrer Verwendung im Prätext) im gegebenen Text auftauchen oder aber nur in einem der genannten Aspekte unverändert wiederholt werden.

Bei der Similaritätsrelation handelt es sich um analoge, nicht direkt äquivalente Elemente, deren Analogie sich auf einer höheren Abstraktionsstufe herstellt. In diesem Fall übernimmt der neue Text also Relationen zwischen Elementen, nicht aber die Elemente direkt. Beide Verfahren können natürlich in den Texten gemischt auftreten, ihre analysetheoretische Trennung erscheint aber geboten, weil Systemreferenzen etwa *per definitionem* ausschließlich auf Similaritätsrelationen beruhen können.[25]

So ist der *plot* in *Ulysses* im Verhältnis zu seinem epischen Prätext als analog anzusehen, da er auf handlungsstrukturellen Ähnlichkeiten basiert, während der *plot* in *Rosencrantz and Guildenstern are Dead* gleichzeitig zum *Hamlet*-Prätext in Kontiguitätsrelation steht und zum Beckett-Prätext *Waiting for Godot* in Similaritätsrelation, so daß die beiden Prätexte quasi

---

[23] Diese beiden Texte werden ausführlicher erläutert unter Punkt 7 (vgl. auch Anm. 35 und Anhang).

[24] R. Lachmann, »Ebenen«, S. 136.

[25] Das heißt aber nicht, daß die Unterscheidung in Kontiguität und Similarität gleichbedeutend wäre mit Einzeltext- und Systemreferenz. Gerade Rückbezüge auf einen oder mehrere Einzeltexte können sich auf den unterschiedlichsten Abstraktionsniveaus ansiedeln, also zwischen wörtlichem Zitat und abstrakt-struktureller Homologie liegen.

geschichtet erscheinen, da ihnen ein unterschiedlicher Grad an Abstraktheit zukommt und sie gleichzeitig für den Leser auch unterschiedlich pointiert und prägnant aufgerufen werden. Ein weiteres Beispiel kann den Sachverhalt auf der Figurenebene verdeutlichen: In *Joseph Andrews* ist die Figur der Pamela zum Richardson-Prätext kontig, die Figurenkonstellation Joseph/Parson Adams aber zum *Don Quijote*-Prätext analog. Die beiden Prätexte werden damit auch für den Rezipienten in unterschiedlicher Weise aufgerufen.

Die direkte Übernahme von Elementen sagt noch nichts darüber aus, bis zu welchem Grad die Wörtlichkeit der Wiederholung reicht. In Stoppards *Dogg's Hamlet, Cahoot's Macbeth* sind beide Shakespeare-Prätexte fast wörtlich übernommen – allerdings als Zitaten-Collage, wodurch sich der Prätext natürlich schon entscheidend ändert. Da sie zum größten Teil auch *en bloc* als längerer ›zusammengeschnittener‹ Textauszug übernommen werden, bleiben teilweise die Personenkonstellationen und bestimmte Handlungssequenzen (in starker Verkürzung freilich, die ihrerseits bereits stellenweise den Ernst des Prätextes in Komik verwandelt, wie vor allem aus dem Abschnitt »The Encore« in *Dogg's Hamlet* ersichtlich ist) die gleichen. Trotz dieses hohen Grades an ›Wörtlichkeit‹ aber ändert der völlig unterschiedliche pragmatische Kontext das Bedeutungspotential der Prätexte erheblich: So stellt die Polonius-Replik in *Dogg's Hamlet:* »Though this be madness, yet there is method in it« einen ironischen Kommentar zu den vorhergehenden sprachverwirrenden Dialogen dar, die ja gerade sprachliches Chaos mit System vorführen. Ganz ähnlich erhält in *Cahoot's Macbeth* Macbeths Replik: »Tonight we hold a solemn supper, sir, And I'll request your presence«[26] durch die Figur des Inspektors aktuelle politische – auf die derzeitige Situation der Intellektuellen in der Tschechoslowakei bezogene – Konnotationen von Verschwörung und Subversion. An dieser Stelle kann der Leser/Hörer frappiert an seinen eigenen Reaktionen nachvollziehen, wie das intertextuelle Zusammenspiel von wörtlicher Übernahme und Veränderung das Bedeutungspotential des Prätextes semantisch anreichern kann: Der Inspektor fungiert hier praktisch als ›Zwischenredner‹ des als Spiel-im-Spiel eingelagerten *Macbeth*-Textes und kommentiert und aktualisiert diesen Prätext von einer ganz anderen fiktiven Warte aus. Mit der Zeit liest/hört auch der Rezipient bei jedem entsprechenden Lexem aus *Macbeth* die politische Aktualisierung mit.

7. Integration der Prätext-Elemente in den neuen Kontext

Eng gekoppelt mit der Frage des Abstraktionsniveaus der Prätext-Elemente ist deren Integration in den neuen Text, die im vorherigen Abschnitt am

[26] Beide Zitate in: *Dogg's Hamlet, Cahoot's Macbeth* (London, 1980), S. 34 und 63.

Schluß schon angesprochen wurde. Wiederum kann man von einer Bandbreite von Möglichkeiten ausgehen, an deren einem Ende die größtmögliche Bruch- und Nahtlosigkeit, an deren anderem Ende die spannungsgeladene Kollision der übernommenen Elemente mit dem neuen Kontext steht. Der Beispiele für den letztgenannten Fall sind vor allem in den modernen und zeitgenössischen Texten Legion. Unabhängig von der Frage, ob die Prätext-Elemente wörtlich oder in Form der Anspielung, direkt oder auf abstraktem Niveau übernommen werden, für den Aspekt der Integration ist entscheidend, ob die (immer gegebene) Differenz[27] zwischen Text und Prätext in Form von Struktur- und Sinninterferenzen sichtbar gemacht wird. Grundsätzlich gibt es eine ganze Reihe von möglichen Interferenzen zwischen Prätext (beziehungsweise Gruppen von Prätexten) und gegebenem Text. So etwa können die eingelagerten Prätextelemente zu Differenzen zwischen Stil und Thema oder innerhalb der stilistischen Textur zu Differenzen zwischen verschiedenen Stilschichten führen, wie es gattungskonstituierend prototypisch im komischen Epos vorgeführt wird.[28] Weitere Möglichkeiten stellen die Interferenzen zwischen Gattung und einzelnen Textschichten (etwa zwischen Gattungskonventionen und Thematik in Form der hoch/niedrig-Dichotomie)[29] und zwischen nicht-kompatiblen Gattungstraditionen[30] dar. Auch hier liegt, wie bereits erwähnt, der Unterschied zwischen Einzeltext- und/oder Systemreferenz in der Pointiertheit des intertextuellen Rückverweises.

Wiederum kann Stoppards *Dogg's Hamlet, Cahoot's Macbeth* für das eine Extrem der oben erwähnten Skala als Beispiel herangezogen werden. In diesen beiden Texten stehen Prätext und neuer Text fast ›nebeneinander‹, so daß die Prätext-Elemente tatsächlich einen deutlichen Bruch der Textisotopie des gegebenen Textes darstellen. In *Dogg's Hamlet* wird das nicht, wie in vielen anderen Texten, als einfacher Stil- oder Registerkontrast markiert, sondern als ein Kontrast zwischen einem neu erfundenen englischen Idiom (nur Easy spricht ja einige wenige Sätze ›Normalenglisch‹) und der Shakespeare-Sprache. Daraus resultiert ein für einen sehr

---

27 Ein Grenzphänomen wäre etwa die wörtliche Wiederholung eines Prätextes, wobei aber immer noch eine kontextuelle Differenz gegeben ist, die sogar sehr groß sein kann, wenn man etwa an den Abdruck einer Telephonbuchseite in einer Lyrikanthologie denkt. Hier kann man füglich nicht mehr von zwei Texten sprechen – also streng genommen auch nicht mehr von intertextuell – sondern von einem Text, der sein Sinnpotential unter veränderten pragmatischen Bedingungen ändert, aber seinen ursprünglichen Sinn ›mitschleift‹.

28 Ein modernes Beispiel zu diesem Fall von Interferenzen stellt etwa das Rotkäppchen-Märchen auf Reklamedeutsch dar; vgl. Ritz, S. 114.

29 Beispiele dafür, wie etwa *A Modest Proposal,* finden sich in dem Beitrag von W. Weiß, »Intertextualität und Satire«, in diesem Band, S. 244–262.

30 Vgl. die Interpretation von *Mac Flecknoe* bei W. Weiß, in diesem Band (S. 253–257), die diese Interferenzen herausarbeitet.

modernen Text erstaunlicher Befund: Die fast einzigen für den Leser/Hörer auf Anhieb ›verständlichen‹ Textteile sind dem Prätext entnommen und entstammen auch noch dem 16. Jahrhundert. Durch diese Art der ›Integration‹ wird nun seinerseits der Prätext – der ja auf einer zweiten fiktiven Ebene dramentechnisch als Spiel-im-Spiel integriert ist – zu einem metasprachlichen,[31] metadramatischen[32] und metatheatralischen[33] Kommentar zur ersten weitgehend prätextlosen fiktiven Ebene umfunktioniert.[34]

Während in diesen Texten mit intertextuellen Inkompatibilitäten und Brüchen gespielt wird, siedeln sich Texte, die sich der Ästhetik der *imitatio* verpflichtet fühlen, oft am anderen Ende der Skala an. Als Beleg soll – noch einmal – Ronsards Sonett 60 aus *Les amours de Cassandre* dienen, das auf Bembos Sonett 3 aus *Le rime,* wie bereits erwähnt, als Prätext zurückgeht.[35] Dabei ist auch an der Relation dieser beiden Texte für den intendierten humanistisch vorgebildeten Leser eine Differenz zwischen Text und Prätext erkennbar, nur wird sie im Ronsard-Sonett in aemulativ-überbietendem Sinne gestaltet, wobei Ronsard zahlreiche Elemente des Bembo-Textes äquivalent übernimmt, an manchen Elementen Veränderungen vornimmt und ganz neue damit kombiniert. Im einzelnen reproduziert Ronsard die komplette Vergleichsstruktur der Vorlage, bis hin zu lexikalischen Parallelen und zur weitgespannten syntaktischen Struktur, ändert aber funktional wichtige Details – er ersetzt den Winter durch den Frühling, er baut Lexeme aus dem menschlichen Bereich ab,[36] anthropomorphisiert dafür aber Tier- und Naturwelt,[37] er gibt dem Text eine andere Fokussierung,[38] um nur einige Beispiele zu nennen. So bestimmt sich das Ronsard-

---

[31] Vgl. *Dogg's Hamlet,* S. 34 (Hamlet: »Words, words, words.«).

[32] Vgl. S. 35: Hamlet: »[...] I have heard that guilty creatures sitting at a play/ Have by the very cunning of the scene/ Been struck so to the soul that presently/ They have proclaimed their malefactions.« Hier potenzieren sich die fiktiven Ebenen, da nicht nur der gesamte Prätext ein Spiel-im-Spiel ist, sondern auch das Prätext-interne Hamletsche Spiel-im-Spiel teilweise mitübernommen wurde.

[33] Das schon innerhalb des *Hamlet*-Textes komplexe Diktum »To be or not to be« erscheint durch seine isolierte zweimalige Wiederholung (S. 31 und 35) wie ein ironischer Kommentar zu den Nicht-*Hamlet*-Figuren des Stücks.

[34] In *Cahoot's Macbeth* verläuft die Integration des Prätextes sozusagen ›spiegelbildlich‹ zu *Dogg's Hamlet.* Zwar ist der Prätext auch hier ein Spiel-im-Spiel, aber das Stück beginnt mit ›*Macbeth*‹ (während *Dogg's Hamlet* mit ›Hamlet‹ endet), so daß der dramatische Status des Prätextes bis zum Auftritt des Inspektors für den Zuschauer unklar und damit spannungsgeladen bleibt.

[35] Bembo, *Le rime,* in: *Prose e rime,* ed. C. Dionisotti, repr. 2. Aufl. (Turin, 1971 [1966]), S. 508f., und Ronsard, *Les Amours* (1552–1553), No. 60, in: Edition Weber, S. 39. – Vgl. die Texte im Anhang.

[36] Vgl. »bruit« – »case«; »chiens« – »pastori«; »trait« – »arcier«; die bei Bembo apostrophierte Dame wird eliminiert.

[37] Vgl. die Anthropomorphisierung des Hirschen.

[38] Ronsard rückt den Pfeil und den Vorgang der Verwundung in den Vordergrund, Bembo aber den Bogenschützen und die Wirkung der Augen.

Gedicht intertextuell zwar auch als ein Wechselspiel von Übernahme, Veränderung und Neukonstruktion, aber in doch ganz anderer Manier als der oben erwähnte Stoppard-Text. Denn das Ronsard-Sonett stellt sich von seiner Gesamtanlage her – und das ist für die Beurteilung der Integration des Prätextes entscheidend – zusammen mit dem Bembo-Text in die gleiche petrarkistische Tradition. Obwohl das Ronsard-Gedicht unter dem Blickwinkel von Selektivität (es weist pointiert auf Bembo zurück), Strukturalität (Bembo bildet die strukturelle Folie des gesamten Ronsard-Sonetts) und Kommunikativität (der Rezipient soll bewußt auf einen zentralen Text der petrarkistischen Tradition verwiesen werden) also hochgradig intertextuell einzustufen ist, legt er keine Brüche zwischen sich und dem Prätext ›bloß‹ und weist deshalb einen geringen Grad an Dialogizität auf.[39]

8. Thematisierung des intertextuellen Verfahrens

So wie Texte ihre eigenen sprachlichen und/oder gattungsmäßigen Konstituenten erörtern und damit sich selbst als Text thematisieren können, so kann ein Text auch seine eigene Intertextualität reflektieren, also intertextuell autoreflexiv sein.[40] Die Thematisierung der eigenen Intertextualität bringt es mit sich, daß der Text den Blick weglenkt vom Entwurf einer möglichen Lebensweltlichkeit und hin auf sich selbst als ein durch andere Texte konditioniertes Konstrukt. Die Thematisierung von Intertextualität kann allerdings in ihrer Intensität und Explizitheit graduell sehr unterschiedlich sein, so daß sich eine Skalierung von Möglichkeiten anbietet, die von der ausdrücklichen Kennzeichnung des Prätextes im gegebenen Text über die Kommentierung der Differenz zum Prätext bis zur Thematisierung der intertextuellen Textkonstitution selbst und ihrer ideologischen Implikationen reicht.

Die schwächste Form der Thematisierung stellt die einfache Kennzeichnung des Prätextes, etwa durch bloße Nennung von Titel, markante Zitate und ähnliches mehr dar. Während hier nur die Verwendung von Prätexten markiert, das intertextuelle Verfahren selbst aber noch nicht explizit Teil des Diskurses ist, geht die Kommentierung der Differenz zum Prätext einen Schritt weiter. So wird in der schon einmal zitierten Anouilh-Fabel »Le chêne et le roseau« über den Titel die La Fontaine-Fabel nicht nur pointiert aufgerufen, sondern der intertextuelle Rückgriff und die Differenz zum Prätext, unter dem negativen Blickwinkel der Eiche, auch thematisiert: »N'êtes-vous pas lassé d'écouter cette fable?« Durch solche thematisierende Äußerungen erhält die Intertextualität eines Textes eine bewußtere Dimension als durch das bloße Anwenden intertextueller Verfahren.

---

39 Zu allen Kriterien und der entsprechenden Terminologie vgl. Pfister, »Konzepte«, S. 26–30.

40 Vgl. Pfister, »Konzepte«, S. 27f.

Einen weiteren Schritt hin zu noch stärkerer Explizitheit stellen solche Texte dar, in denen das Verfahren der intertextuellen Textkonstitution selbst zum Thema wird. Das zerschnittene Shakespeare-Sonett 18 in Stoppards *Travesties*, aus dem Tzara und Gwendolen nach dem Prinzip der Kontiguität einen neuen Text basteln, der momentan die ›Wirklichkeit‹ ihrer eigenen Liebesbeziehung sozusagen literarisch aufhebt, kann hierfür als Beispiel herangezogen werden. Denn hier wird Intertextualität sinn- und augenfällig vorgeführt, und gleichzeitig stellt das Zerschneiden und Rekonstruieren eines Textes eine *mise en abîme* eines der wichtigsten Verfahren des gesamten Textes dar. Diese ganze Passage kann man auch als eine Art Variation von *Romeo and Juliet,* I,v lesen, da dort die Liebenden mit ihren Repliken ›unversehens‹ ein Sonett bilden, während hier – auch in einer Liebesszene – ein Sonett dekonstruiert wird. Darüberhinaus thematisiert Tzara an dieser Stelle seine Vorstellung von Literaturproduktion als einem intertextuellen Puzzle-Spiel, ein Credo, das durchaus bezogen auf den Gesamttext gelesen werden kann, als e i n e Perspektive – nicht aber als die vom Autor als einzig gültig akzeptierte – des Problemkomplexes, den der Text verhandelt: Literatur, so meint Tzara hier, ist Neu- und Umschreiben von Texten, das dekonstruktivistische Konzept von der *ré-écriture* wird der Leser hier assoziieren:

> All poetry is a reshuffling of a pack of picture cards, and all poets are cheats. I offer you a Shakespeare sonnet, but it is no longer his. It comes from the well-spring where my atoms are uniquely organised, and my signature is written in the hand of chance. (*Travesties,* S. 53)

Obwohl das Stoppard-Drama intensiv die Verfahren der intertextuellen Textkonstitution thematisiert, ist es als Gesamttext nicht in radikaler Form autoreflexiv, da es außer auf Intertextualität auch noch auf Wirklichkeit verweist, also mehr sein will als ein Konstrukt aus dem Universum der Texte. Die dekonstruktivistische These, wonach Wirklichkeit nur in ›Texten‹ existiere und jeder neue Text in gewisser Weise nur die alten Fiktionen reproduziere, wird dagegen in vielen modernen und postmodernen literarischen Texten vorexerziert. Als ein Beispiel für die Thematisierung solcher ideologischer Implikationen der Intertextualität kann John Barths *Lost in the Funhouse* dienen. Bereits die äußere Form des Textes ist signifikant: Die einzelnen kurzen Prosa-Erzählungen mit eigenen Titeln stellen, wie der Autor selbst sagt, »neither a collection nor a selection, but a series«[41] dar. Obwohl auf den ersten Blick heterogen, sind diese Erzählfragmente aufeinander bezogen, aber nicht über eine fortlaufende *histoire,* also gerade nicht über ›Wirklichkeitsmodelle‹, sondern auf einer abstrakteren Ebene über metakommunikative Äußerungen: Es werden nicht nur durchgängig die

[41] *Lost in the Funhouse,* Bantam Books (Toronto/New York, 1981), »Author's Note«, S. vii–ix, hier: S. vii. – Vgl. zu diesen Verfahren auch die Barthelme-Interpretation von Schöpp im vorliegenden Band, Kap. VI, 6.

poetologischen Voraussetzungen des Textes reflektiert – etwa die grammatische Form des Erzählens, der Aufbau der Handlung, das Moment der Spannung, die Relation Autor/Erzähler, die ›Wirklichkeit‹ von Fiktionen – sondern darüber hinaus kreisen alle Erzählungen explizit oder implizit um die dekonstruktivistische These des *re-writing*. Dem Autor scheint es dabei weniger um eine eindeutige, einsinnige Stellungnahme zu diesem Komplex zu gehen als vielmehr darum, die ideologischen Implikationen der Textkonstitution – wie kreiert sich ein fiktiver Text,[42] welchen Grad der ›Neuheit‹ kann ein Text heute noch erlangen,[43] kann ein Text überhaupt noch auf ›Wirklichkeit‹ rekurrieren oder bloß auf voraufgegangene Fiktionen und damit auf seine eigene Artifizialität,[44] wie verhält es sich mit der ›Wirklichkeit‹ des Autors und der ›Fiktionalität‹ seiner Figuren?[45] – zur Diskussion zu stellen. Damit reiht sich *Lost in the Funhouse* in die Gruppe jener Texte ein, die den Entwurf einer fiktiven ›Lebenswirklichkeit‹ ersetzen durch Reflexionen über die poetologischen und ideologischen Bedingungen eines solchen Entwurfs und die dabei sehr eingehend die intertextuelle Konditioniertheit von Texten als Problem auf der Produktions- und Rezeptionsseite bewußt machen.

---

[42] Besonders relevant hierfür »Autobiography: A Self-Recorded Fiction«: »I hope I'm a fiction without real hope. Where there's a voice there's a speaker.
I see I see myself as a halt narrative: first person, tiresome. Pronoun sans ante or precedent, warrant or respite. Surrogate for the substantive; contentless form, interestless principle; blind eye blinking at nothing. Who am I. A little *crise d'identité* for you.
I must compose myself.« (S. 33–37, hier: S. 33)
Vgl. zu diesem Komplex auch »Life-Story« (S. 113–126).

[43] Vgl. dazu »Title«: »The final possibility is to turn ultimacy, exhaustion, paralyzing self-consciousness and the adjective weight of accumulated history. ... Go on. Go on. To turn ultimacy against itself to make something new and valid, the essence whereof would be the impossibility of making something new.« (S. 106; ebenso S. 108)
Vgl. auch zur Sinnentleerung des Textes den Anfang von »Echo«.

[44] Vgl. die provokante, den Gesamttext ironisierende Äußerung des ›Autors‹ in »Life-Story«: »Another story about a writer writing a story! Another regressus in infinitum! Who doesn't prefer art that at least overtly imitates something other than its own processes? That doesn't continually proclaim ›Don't forget I'm an artifice!‹? That takes for granted its mimetic nature instead of asserting it in order (not so slyly after all) to deny it, or vice-versa?« (S. 114)

[45] Vgl. »Anonymiad«: »For eight jugsworth of years thereafter, saving the spells of inclement weather aforementioned, I gloried in my isolation and seeded the waters with its get, what I came to call *fiction*. That is, I found that by pretending that things had happened which in fact had not, and that people existed who didn't, I could achieve a lovely truth which actuality obscures – especially when I learned to abandon myth and pattern my fabrications on actual people and events: Menelaus, Helen, the Troyan War. It was *as if* there were this minstrel and this milkmaid, et cetera; one could I believe draw a whole philosophy from that *as if*.« (S. 163–194, hier: S. 186)

9. *Schlußbemerkung*

Es sollten in diesem Beitrag Möglichkeiten von intertextueller Textstrukturation aufgezeigt werden, wobei das Hauptaugenmerk auf dem strukturellen und analysetheoretischen Aspekt von Intertextualität lag und die Funktionen von intertextuellen Verfahrensweisen nur punktuell bei den einzelnen Textbeispielen zur Sprache kommen konnten.[46] Gleichwohl ist an allen Beispieltexten deutlich geworden, daß die Frage, was Autoren mit den verschiedensten Rückgriffen auf vorangegangene Texte bezwecken wollen, zentral ist und bei der Analyse jedes intertextuell strukturierten Textes neu gestellt und beantwortet werden muß. Die in diesem Beitrag verwendeten Beispieltexte decken eine Skala von möglichen ›Text-Intentionen‹ ab, die von imitatorischer *aemulatio* über spielerische, oft ironisierende Rückgriffe auf Prätexte bis zur kritischen, teils auch aggressiven Distanzierung vom Prätext reicht. Den diachron gesehen vorläufigen Schlußpunkt bilden diejenigen Texte, in denen Intertextualität zum zentralen Thema avanciert, Texte, die teils resignativ, teils humorvoll-ironisch sich sozusagen ausschließlich um ihre eigene literarische Achse drehen.

Es gilt daher nicht nur, Intertextualität in ihrem strukturellen Facettenreichtum zu analysieren, sondern auch in ihrer ideologischen Implikation zu begreifen. Die Bewußtheit über die intertextuellen Möglichkeiten und Abhängigkeiten des eigenen Textes wird jeder Autor zu jeder Zeit anders darstellen und formulieren. Bei manchen führt sie zur Flucht in radikal sujetlose, autoreflexive Texte, bei manchen aber auch nur zum ironischen intertextuellen Spiel mit den literarischen Vorgängern wie etwa in David Lodges *The British Museum is Falling Down*. Das Nachwort zu diesem Roman verrät, daß das Bewußtsein, daß sich hinter jeder Seite, hinter jeder Zeile eines Textes eine ganze Ahnenreihe von Prätexten verbergen könnte, nicht nur für den Leser zur Bürde werden kann, sondern auch der Autor schwer an der intertextuellen ›Last‹ trägt:

> No doubt the use of parody in this book was also, for me, a way of coping with what the American critic Harold Bloom has called ›Anxiety of Influence‹ – the sense every young writer must have of the daunting weight of the literary tradition he has inherited, the necessity and yet seeming impossibility of doing something in writing that has not been done before.[47]

---

[46] Vgl. dazu den Beitrag von B. Schulte-Middelich im vorliegenden Band, Kap. V.

[47] »An Afterword«, in: *The British Museum is Falling Down* (Harmondsworth, 1983), S. 163–174, hier: S. 168. Interessant an Lodge ist auch, wie sich hier ein Autor um die unterschiedlichen Leserreaktionen auf Intertextualität sorgt: »I was well aware that the extensive use of parody and pastiche was a risky device. There was, in particular, the danger of puzzling and alienating the reader who wouldn't recognize the allusions. My aim was to make the narrative and its frequent shifts of style fully intelligible and satisfying to such a reader, while offering the more literary reader the extra entertainment of spotting the parodies.« (S. 170)

Anhang

1. Raymond Queneau, »Si tu t'imagines«

Si tu t'imagines
si tu t'imagines
fillette fillette
si tu t'imagines
xa va xa va xa
va durer toujours
la saison des za
la saison des za
saison des amours
ce que tu te goures
fillette fillette
ce que tu te goures

Si tu crois petite
si tu crois ah ah
que ton teint de rose
ta taille de guêpe
tes mignons biceps
tes ongles d'émail
ta cuisse de nymphe
et ton pied léger
si tu crois petite
xa va xa va xa
va durer toujours
ce que tu te goures
fillette fillette
ce que tu te goures

les beaux jours s'en vont
les beaux jours de fête
soleils et planètes
tournent tous en rond
mais toi ma petite
tu marches tout droit
vers sque tu vois pas
très sournois s'approchent
la ride véloce
la pesante graisse
le menton triplé
le muscle avachi
allons cueille cueille
les roses les roses
roses de la vie
et que leurs pétales
soient la mer étale
de tous les bonheurs
allons cueille cueille
si tu le fais pas
ce que tu te goures
fillette fillette
ce que tu te goures

2. Pietro Bembo, Sonett 3

Sì come suol, poi che 'l verno aspro e rio
parte e dà loco alle stagion migliori,
giovene cervo uscir col giorno fuori
del solingo suo bosco almo natio,

et or su per un colle, or lungo un rio
gir lontano da case e da pastori,

erbe pascendo rugiadose e fiori,
ovunque più ne 'l porta il suo desio;

né teme di saetta o d'altro inganno,
se non quand'egli è colto in mezzo 'l fianco
da buon arcier, che di nascosto scocchi;

tal io senza temer vicino affanno
moss'il piede quel dì, che be' vostr'occhi
me 'mpiagar, Donna, tutto 'l lato manco.

3. Pierre Ronsard, Sonett 60

Comme un chevreuil, quand le printemps destruit
L'oyseaux crystal de la morne gelée,
Pour mieulx brouster l'herbette emmielée
Hors de son boys avec l'Aube s'en fuit,
Et seul, & seur, loing de chiens & de bruit,
Or sur un mont, or dans une vallée,
Or pres d'une onde à l'escart recelée,
Libre follastre où son pied le conduit:
De retz ne d'arc sa liberté n'a crainte,
Sinon alors que sa vie est attainte,
D'un trait meurtrier empourpré de son sang:
Ainsi j'alloy sans espoyr de dommage,
Le jour qu'un oueil sur l'avril de mon age
Tira d'un coup mille traitz dans mon flanc.

4. Zu den Versetzungsformen der Intertextualität

Ulrich Broich

Unter den außerordentlich vielfältigen Bezugsformen der Intertextualität, wie sie die vorangehenden drei Kapitel zu systematisieren und zu beschreiben suchten, bilden die Formen der Transponierung eines (in der Regel) ganzen Textes in ein anderes Zeichensystem beziehungsweise einen anderen Code eine besondere Gruppe. Das dieser Gruppe gemeinsame Verfahren, das im folgenden als Versetzung bezeichnet werden soll, dürfte zu den wichtigsten und häufigsten Verfahren der Intertextualität gehören.

Dabei verdienen drei dieser Versetzungsformen ein besonderes Interesse, und zwar

- die Versetzung eines Textes in eine andere Sprache (Sprachwechsel, Übersetzung), wobei es sich auch um eine andere historische Stufe der gleichen Sprache (z.B. bei der Übersetzung von Chaucers *Canterbury Tales* ins Neuenglische) oder um ein anderes Register der gleichen Sprache (z.B. bei einer Übertragung von Schillers »Die Glocke« ins Sächsische) handeln kann;

– die Versetzung eines Textes in eine andere Gattung (Gattungswechsel);
– die Versetzung eines Textes in ein anderes Medium (Medienwechsel, Intermedialität).

Genette führt in seinem Buch *Palimpsestes* darüber hinaus zahlreiche weitere Möglichkeiten der Versetzung – die er als »transposition« bezeichnet – auf, so z.B. die Übertragung eines Textes von der Prosa in Verse (»versification«), von Versen in Prosa (»prosification«), von einem Metrum in ein anderes (»transmétrisation«) oder in eine andere Stilebene (»transstylisation«) und andere mehr.[1] Dabei versucht er, zwischen solchen Versetzungsformen zu unterscheiden, die den Text bei seiner Transposition nur einer formalen Veränderung unterziehen, und solchen, die auch eine thematisch-semantische Veränderung zur Folge haben.[2]

Es ist jedoch kaum möglich, bestimmten Versetzungsformen wie bei Genette die Begriffe »formal« oder »thematisch« zuzuordnen. Auch wenn ein Autor bemüht ist, einen Text so adäquat wie möglich in ein anderes Zeichensystem zu übertragen, d.h. also auf ›fakultative‹ Änderungen soweit wie möglich zu verzichten, so ergeben sich doch aus dem anderen Zeichensystem oder Code ›obligatorische‹ Änderungen, die auch den Inhalt des Prätextes mehr oder weniger verändern können. Und diese Änderungen sind weniger von der gewählten Versetzungsform abhängig, sondern von der Relation der je spezifischen Zeichensysteme (beziehungsweise Codes) von Text und Prätext. So kann die Versetzungsform der »transmétrisation« ganz verschiedenartige Resultate bewirken, je nachdem, ob ein ernster Text z.B. vom Blankvers in das der gleichen Stilebene zuzuweisende *heroic couplet* oder aus dem *heroic couplet* in das lange Zeit als »low« und komisch konnotierte *octosyllabic couplet* (im Deutschen: Knittelvers) umgesetzt wird: Im England des 18. Jahrhunderts wäre im letzteren Fall fast ausnahmslos der Effekt der Travestie entstanden und der Prätext in seiner Substanz damit entscheidend verändert worden. Wir können daher davon ausgehen, daß jede Versetzung eines Textes in ein anderes Zeichensystem – gleichgültig, ob Übersetzung, Medienwechsel, »transmétrisation« oder andere – bestimmte obligatorische Änderungen zur Folge hat, die von der spezifischen Relation zwischen den beiden Zeichensystemen abhängen. Hinzu kommen meist fakultative Änderungen, die von der jeweiligen Autorintention abhängen und folglich quantitativ und qualitativ differieren können.

---

[1] *Palimpsestes* (Paris, 1982), S. 237–435. Genette bezeichnet mit »transposition« allerdings nicht nur die Versetzung eines Textes in ein anderes Zeichensystem, sondern jegliche Neufassung eines Textes nach einem bestimmten Prinzip. Er rechnet daher auch z.B. die Kürzung (»excision«, »concision«, »expurgation«, »condensation«, »digest«), die Amplifikation (»extension«, »expansion«, »amplification«) oder die Umwertung eines Textes zu den Formen der »transposition«.

[2] S. 238.

Jeder Autor, der einen Text in ein anderes Zeichensystem versetzt, wird sich eingehend mit diesem Text auseinandersetzen müssen. Ob aber auch der Rezipient über den versetzten Text auf den Prätext und damit auf den dem Text zugrunde liegenden »Dialog der Texte« hingewiesen wird, ist je nach der Intention des Autors verschieden. Zwar enthalten die meisten der zu dieser Gruppe gehörigen Texte Markierungen, die darauf verweisen, daß es sich um abgeleitete, versetzte Texte handelt (z. B. »aus dem Französischen«, »für das Fernsehen bearbeitet von ...«, »nach dem Roman von ...«). Wenn jedoch der Prätext dem Rezipienten unbekannt ist oder wenn der Autor den Prätext so getreu wie möglich in einem anderen Zeichensystem reproduzieren will, ist die dem auf diese Weise entstandenen Text eigene Dialogizität eher gering oder, genauer gesagt, sie kommt bei der Rezeption kaum zur Wirkung – so etwa bei einer Übersetzung aus dem Japanischen ins Deutsche oder bei der Verfilmung eines weitgehend unbekannten Romans. Groß ist dagegen die Dialogizität in der Regel bei solchen Texten dieser Gruppe, bei denen zum einen die Prätexte einem größeren Kreis von Rezipienten bekannt sind und bei denen der Autor zum anderen neben den obligatorischen durch fakultative Änderungen die Differenz zwischen Text und Prätext für diese Rezipienten zusätzlich thematisiert. Die Versetzung von Texten erfolgt daher – wie auch bei anderen Formen intertextueller Abhängigkeiten – stets im Spannungsfeld zwischen ›bloßer‹ Reproduktion und innovativer Auseinandersetzung mit dem Prätext, wobei Texte, die dem zweiten Pol näherstehen, für die Intertextualitätsforschung von besonderem Interesse sind.

Die drei folgenden Kapitel werden diese Fragestellung anhand von drei Versetzungsformen – Sprach-, Gattungs- und Medienwechsel – eingehender untersuchen.

4.1 Intertextualität und Sprachwechsel

Die literarische Übersetzung

Werner v. Koppenfels

1. Zum intertextuellen Status der literarischen Übersetzung

Mehr denn je steht heute die Textart Übersetzung zur Debatte. Linguistik, allgemeine und nationale Literaturwissenschaft und nicht zuletzt die Komparatistik entdecken in ihr einen zentralen, die Einzeldisziplinen verbindenden Gegenstand. Doch bei aller Fülle szientistisch anmutender Theorieentwürfe und konkreter Einzelanalysen fällt es schwer, dem Fazit von George Steiner zu widersprechen:

> Over some two thousand years of argument and precept, the beliefs and disagreements voiced about the nature of translation have been almost the same. Identical theses, familiar moves and refutations in debate recur [...] from Cicero and Quintilian to the present day.[1]

Der folgende Versuch, die literarische Übersetzung als Spielform von Intertextualität zu betrachten, d. h. als generischen Sonderfall einer »absorption et transformation d'un autre texte«,[2] will dieses begrenzte Ideenrepertoire weder grundsätzlich erweitern noch sich damit bescheiden, altbekannte Tatbestände neu zu etikettieren. Die neue Begrifflichkeit verheißt nicht mehr und nicht weniger als eine modifizierte und möglicherweise angemessenere Perspektive eines vertrauten Gegenstandes.

Übersetzung ist eine denkbar althergebrachte und zugleich höchst spezifische Art des Bezugs auf Fremdtexte, eine exemplarische, im konkreten Textvergleich optimal analysierbare Ausprägung von Intertextualität. Auf den Sprachwechsel literarischer Werke angewendet, erhält der umstrittene Modebegriff die Chance, sich aus seiner allzuengen Bindung an die alexandrinische Echokunst postmoderner Literatur und an die radikale Unbestimmtheit poststrukturaler Kritik zu lösen. Die literarische Übersetzung stiftet eine besonders intensive und problematische Form des intertextuellen Bezugs. Sie will über diachrone (geschichtliche) und synchrone (kulturgeographische) Distanz hinweg nationalsprachliche Grenzen überschreiten und dabei in hybridem Anspruch nicht nur das im Prätext Gesagte, sondern auch seine einmalige Art des Sagens nachbildend bewahren und erneuern. Sie zielt demnach *idealiter* auf totale Reproduktion der Vorlage in einem neuen sprachlichen Medium und gesellschaftlichen Kontext; nicht nur den paraphrasierbaren Textsinn, sondern auch die ästhetische Ausdrucksleistung und Interrelation von Rhythmik, Klang, Wortwahl, Grammatik und Satzbau des Originals gilt es zu übertragen. Doch als wahrhaft intertextuelle Schreibart steht die Übertragung nicht nur unter dem Gesetz der Wiederholung, sondern auch der Abänderung des Wiederholten. Der sprachliche und kulturelle Systemwechsel eines Textes ist bereits Gestaltwandel in diesem Sinn und im Hinblick auf die Utopie totaler semantischer Reproduktion zugleich Ursache tiefergreifender Wandlungen. Eine Version, die resignie-

---

[1] *After Babel* (London, 1975), S. 239. Vgl. A. Lefevere, »Poetics (Today) and Translation (Studies)«, in: *Modern Poetry in Translation: 1983,* ed. D. Weissbort (London/Manchester, 1983), S. 190–195, hier: S. 192: »Each time and place try to pass off their own ideal as the transcendent one, hence the succession of different ›ideals‹ of translated literature [...], the rather restricted turf on which traditional thinkers on the subject of literary translation have joined battle over the centuries with evermore sophisticated versions of basically the same old weapons.«

[2] J. Kristeva, »Bakhtine, le mot, le dialogue et le roman«, *Critique,* 23 (1967), 438–465, hier: 441.

rend auf jede ästhetische Nachbildung ihrer Vorlage verzichtet, ist nicht pure, sondern defizitäre Wiederholung, die ihre Ergänzungsbedürftigkeit offen anzeigt (in diesem Punkt ein Gegenstück zum – ebenfalls unliterarischen – Plagiat, das seine Abhängigkeit vom Prätext kaschiert).

Die literarische Übertragung jedoch, die diesen Namen verdient, begegnet dem Bedeutungsverlust, der angesichts der Systemdifferenz der Sprachen und des zeitlich/örtlich gesetzten kulturellen Abstandes unvermeidlich ist, durch Kompensation aus eigensprachlicher und -ästhetischer Energie. Dem (nach-)schöpferischen Umsetzen des Originals muß seine kritische Analyse und die Hierarchisierung seiner interpretierten Stilelemente vorausgehen, individuell und geschichtlich geprägt wie jede Textrezeption. Durch notwendig selektive Umwandlung der bedeutungsträchtigen Strukturen der Vorlage, in einer Rangfolge, die sich aus deren Komposition und ihrer kritischen Deutung ergibt, sowie in ihrer eigenen kompensatorischen Ausdruckskraft wird die Übersetzung selbst produktiv.[3] Übertragung als intertextuellen Prozeß begreifen heißt, Literatur als Rezeptionsform von Literatur, als poetische Hermeneutik zu betrachten; die – irreale – Forderung totaler Nachbildung ist nicht mehr die einzige Norm, nach der Übertragung zu beurteilen wäre – eine Norm, wie die Geschichte der Übersetzungskritik zeigt, die zwangsläufig zur Schulmeisterei führt, ohne höchst subjektive Wertung auszuschließen. Es geht vielmehr darum, die Dialektik von Nachvollzug und poetischer Eigenleistung als Wesen auch der Übersetzung zu erkennen: Der kunstvolle Bezug auf den Prätext bedeutet die Chance literarischen Eigenwertes und nicht mehr – wie in der traditionellen Übersetzungskritik – den Fluch zwangsläufiger Minderwertigkeit.

Die ästhetisch fruchtbare Spannung zur Fremdvorlage, die als Charakteristikum von Intertextualität schlechthin zu gelten hat, ist im janushaften Status der literarischen Übersetzung exemplarisch ausgebildet: Sie ist Reproduktion und Produktion zugleich, kritische Analyse und poetische Synthese, orientiert sich am fremden wie am eigenen Sprachsystem, an fremder und eigener Zeit und Gesellschaft, am übersetzten und übersetzenden Autor. Im Hinblick auf diese paradoxen Gegebenheiten könnte ein in seinem dynamischen Potential ernstgenommener Begriff von Intertextualität Eigenheiten des Übertragungsvorgangs besser klären und bewerten helfen und damit aus gewissen Sackgassen der Übersetzungskritik herausführen. Der Folgetext wäre so besehen nicht, wie in Gérard Genettes metaphorischem Titel seines jüngsten Buches zum Thema, ein ›Palimpsest‹ als Überlagerung zweier *écritures,* also ein Wortgebilde, unter dem das geschulte Auge den überdeckten Subtext entziffert, sondern das Ergebnis verbaler

[3] Vgl. dazu J. Levý, *Die literarische Übersetzung* (Frankfurt, 1969), Kap. 3; G. Steiner, Kap. 5; Vf., »Sir Th. Browne, G. Venzky und die Grenzen des ›geschickten Übersetzers‹«, *Arcadia,* 14 (1979), 237–253, hier: 237ff.

Interaktion mit einer kritisch aufgenommenen und aktiv anverwandelten Fremdvorlage. Intertextuelle Lektüre und Analyse zielt hier primär darauf ab, in der jeweils vorliegenden Übersetzung die Dynamik ihrer Entstehung aus, und ihrer Auseinandersetzung mit, dem Original zu erkennen. Eine solche Perspektive ist, ganz unabhängig von den wechselnden Moden und Modellen literartheoretischer Diskussion, für unser Verständnis literarischer Übertragung (d. h. Übersetzung von Literatur als Literatur) unverzichtbar.

2. *Kommunikativer Charakter und Markierung*

Literarische Übersetzung ist *eo ipso* eine sekundäre Gattung, »fremdbestimmte Textkonstitution«,[4] und somit ontologisch unvollständig.[5] Als kritisch und künstlerisch bewußter Bedeutungstransfer komplexer Ausdrucksstrukturen über Sprachgrenzen hinweg ist sie aber auch notwendigerweise ein absichtsvoll auktorialer Akt: Zufällige Übersetzung erscheint undenkbar. Wie aber steht es mit dem Modus ihrer Rezeption?

Üblicherweise gibt sie – in der Gegenwart schon aus Gründen des Copyright – dem Leser ihre Unselbständigkeit offen zu. Der Hinweis unter dem Kleingedruckten der Vorder- oder (häufiger) der Rückseite eines Titelblattes ist das Stenogramm einer derartigen Selbsterklärung. Doch versteht sich dieser Hinweis schon als Appell zu intertextueller Lektüre? Im Unterschied zu einer Parodie, deren Rezeption die Kenntnis (oder wenigstens Ahnung) der parodierten Vorlage voraussetzt, läßt sich die nach den ästhetischen Maßstäben der Zielsprache gelungene Übertragung bekanntlich ohne Vertrautheit mit dem Original, ja häufig sogar ohne Bewußtsein ihres Derivationscharakters aufnehmen.

Gerade die selbstbewußten Nachschöpfer und jene, die eine fremdsprachige Vorlage zugleich mit ihrer Übertragung in einen neuen Kontext eigener Dichtung verpflanzen, verzichten nicht selten darauf, die Entlehnung ausdrücklich als solche zu kennzeichnen. Die Balladen der *Dreigroschenoper* sind auch ohne Rückgriff auf die Originale Villons verständlich, den fehlenden Untertitel von Yeats' »When you are old«, der auf Ronsards »Quand vous serez bien vieille« verweisen müßte,[6] wird kein unbefangener Leser vermissen, und wo läge der kategoriale Unterschied zwischen jenen

---

[4] Vgl. K. Maurer, »Die literarische Übersetzung als Form fremdbestimmter Textkonstitution«, *Poetica,* 8 (1976), 233–257.

[5] Vgl. Steiners Definition des übersetzten Gedichts: »a poem which can be read and responded to independently but which is not ontologically complete, a previous poem being its occasion, begetter, and in the literal sense, raison d'être« (»Introduction«, in: *Poem Into Poem: World Poetry in Modern Verse Translation,* ed. G. Steiner [Harmondsworth, 1970], S. 21–35, hier: S. 34).

[6] Ein anderes Gedicht von Yeats, »At the Abbey Theatre«, trägt den Untertitel

Dante-Übertragungen, die T. S. Eliot in seinen Fußnoten zum *Waste Land* nachweist, und denen, die er in »Little Gidding« ohne Leserwarnung einmontiert? Übersetzung will ja in gewisser Hinsicht dem Sprachunkundigen das Original ›ersetzen‹; die ontologische Unselbständigkeit dieses Typus von Intertextualität scheint daher kaum als Zwang zum Rekurs auf den Prätext bestimmbar zu sein.

Doch wenn ein literarisches Gebilde in sich den Aufruf zu möglichst weitgehendem Verstehen seiner sprachkünstlerischen Strukturen enthält (hierin dem idealen Übersetzerauftrag vergleichbar, ein Maximum/Optimum dieser Struktur in der Zielsprache nachzubilden), so muß dies im Fall einer Übertragung die Erkenntnis der entlehnten und assimilierten Fremdkomposition, der Art, wie die ursprüngliche in der neuen Form dynamisch gegenwärtig ist, wesentlich miteinschließen. Jede Übertragung, die wir in ihrem ästhetischen Anspruch ernstnehmen, verweist uns unweigerlich auf ihren Prätext. Gerade in ihrer Eigenwertigkeit ist ihr die Metamorphose des Fremden unübersehbar eingeschrieben und verlangt danach, entschlüsselt zu werden.

Letztlich enthält auch die schlichte ›Eselsbrücke‹, wo sie nicht nur Inhalte paraphrasiert, sondern in bewußter Bescheidung als Form von Texterklärung Wortschatz, grammatische Bezüge und Syntax strikt nachbildet, den deutlichen Appell zur Hinwendung an das Original. Dies zeigt sich von den lateinischen Renaissanceversionen griechischer Schulautoren (dem Anfang zweisprachiger Klassikerausgaben) bis hin zu Hugo Friedrichs Wiedergaben italienischer Lyrik in rhythmisierter deutscher Prosa und zu Nabokovs reichkommentierter *Eugen Onegin*-Übertragung. Bilinguale Ausgaben volkssprachlicher Literatur verbinden schon früh die dienende Funktion einer Lesehilfe mit der Absicht, eine besonders prägnante Übersetzerleistung nachprüfbar zur Schau zu stellen. So informiert der Herausgeber von Richard Carews *Godfrey of Bulloigne* (1594), der ersten Teilübersetzung von Tassos *Gerusalemme Liberata* ins Englische, den Leser über diese doppelte Absicht:

> I haue caused the Italian to be Printed together with the English, for the delight and benefit of those Gentlemen, that loue that most liuely language. And thereby the learned reader [der *kundige* Leser] shall see to how strict a course the translator hath tyed himself in the whole work, usurping as little liberty as any whatsoeuer, that euer wrote with any commendations.[7]

Ähnliches gilt für die Ausgabe der *Celestina* (Rouen, 1633), die auf jeder Seite eine spanische und französische Textspalte einander exakt gegenüber-

---

»Imitated from Ronsard«; satirisches Signal, daß hier der Topos der Kritiker, denen es kein Autor recht machen kann, aus der Renaissance pointiert in die Gegenwart versetzt wurde.

7 »To the Reader«, in: *Godfrey of Bulloigne,* ed. W. v. Koppenfels (Hildesheim, 1980).

stellt und das starke Interesse an spanischer Sprache und Literatur im damaligen Frankreich anspricht. Die Übertragung von Alemáns umfangreichem *Guzmán de Alfarache* durch James Mabbe, die unter dem Titel *The Rogue* 1623 erschien, stellt durch Randglossen unübersetzbarer Wendungen des Originals und eine spanisch verfaßte Widmungsepistel des sprachgewandten Übersetzers, der wortspielerisch als Don Diego de Puede-Ser [aus Mabbe = may be] firmiert, den intertextuellen Charakter des Werkes selbstbewußt heraus.

Die normsetzenden Übertragungen des englischen Klassizismus, Drydens Vergil und Popes Homer, rechnen, wie aus den Vorreden und Kommentaren erkennbar, mit dem klassisch gebildeten *gentleman reader,* dem zumindest Teile der Vorlagen in der Originalsprache geläufig sind und der daher beides, die Nachahmung des Modells und den *wit* seiner Umsetzung in zeitgenössisches Stilempfinden, zu goutieren vermag. Im Genre der neoklassischen *Imitation* bedeutet die Übertragung antiker Texte in die Gegenwart, daß auch inhaltliche Bezüge auf den modernen Stand gebracht werden, um so die zeitüberdauernde Aktualität der klassischen Perspektiven pointiert zu beweisen. Da die witzige Systematik solcher Versatzkunst bewußte Aufnahme verlangt, ist hier – etwa in Popes *Imitations of Horace* oder Dr. Johnsons Juvenal-Nachdichtungen – der Abdruck der wichtigsten Originalpassagen unter dem Strich die Regel.

Vor allem seit der Romantik teilt die Übersetzung ihren intertextuellen Charakter immer wieder dadurch mit, daß sie absichtsvoll befremdend ursprungssprachliche und individualstilistische Strukturen der Vorlage unter Verletzung geltender Stilnormen in die Zielsprache übernimmt: Hölderlins Sophokles und Rudolf Borchardts Dante sind vielzitierte Beispiele für den Sprachschock, der von einer solchen Interlingua ausgehen kann. Diese verfremdende Übertragung, die mit höchst unterschiedlicher Radikalität realisiert wird, steht in aufschlußreicher Entsprechung zur modernistischen Verfremdungs-Poetik, die es bekanntlich darauf anlegt, die literarischen Rezeptionsgewohnheiten gründlich zu entautomatisieren. Die berühmten Montage-Texte der klassischen Moderne mit ihren krassen Bruchstellen und problematischen Übergängen bedeuten intertextuelle (meist auch internationale) Öffnung, Verfremdung als Aufruf zur Wahrnehmung und Integration der Fremdmaterialien. Sie schärfen die Optik ihrer Leser nicht nur für Anspielung, Adaption und Zitat, sondern auch für die mehr oder minder verdeckte, häufig durch ein Stilgefälle angezeigte Übersetzung und Aktualisierung des Übersetzten im neuen Kontext: In Pounds *Cantos,* in Eliots *Waste Land* und *Four Quartets* will die in neue Dichtung eingefügte poetische Übertragung auf diese Weise decodiert werden. Für den modernen Dichter und Übersetzer gleichermaßen aufschlußreich ist die Doppelfunktion dieses Dialogs mit der poetischen Überlieferung: Er soll durch den Rückgriff auf verborgene Schätze der Tradition die Gegenwart bereichern und doch den Abstand zwischen dem Fremden (Fremdgewordenen) und dem aktuell-Eigenen im Sinn einer Kulturkritik bewußthalten – ›Übertragung‹, die nicht aufgehen darf.

3. Spannung zwischen ausgangs- und zielsprachlicher Orientierung

Spätestens seit der lateinischen Übersetzungstradition (Cicero, Horaz, Quintilian, Hieronymus) wird die Opposition zwischen wort- und sinngetreuer, d.i. wörtlicher und freier Übertragung ausgiebig reflektiert und zur Grundlage von Normsetzungen gemacht. In jedem Fall wirkt sich der präskriptive Ansatz, ob er nun für eine mehr dienende oder stärker selbstherrliche Version plädiert oder aber für den goldenen Mittelweg zwischen beiden (und so die Alternative in eine Trias der Positionen überführt), als einschränkende Absolutsetzung geschichtlich wechselnder Emphasen aus. Dies bedeutet eine bis heute nicht überwundene Polarisierung der Debatte und für die Übersetzungskritik die Gefahr dogmatischer Scheuklappen.

Demgegenüber muß eine Theorie, die vornehmlich nach Art und Intensität des intertextuellen Bezugs fragt, inklusiv und funktionsanalytisch verfahren. Sie wird mit Rücksicht auf relevante Epochen- und Werkbezüge das vorliegende Spannungsverhältnis zwischen ausgangs- und zielsprachlicher Orientierung bestimmen – denn darauf läuft der althergebrachte, meist denkbar vage Gegensatz zwischen Wörtlichkeit und Freiheit letztlich hinaus. Ausgangs- beziehungsweise zielsprachliche Orientierung betrifft zugleich Sprachsystem und Einzeltext, national- und individualsprachliche Eigenheit, *langue* und *parole*. Wir beziehen die Formel auf den Einzeltext als sprach-bewußte Selektion und Konkretisierung der *langue*. Statt die Extreme Interlinearversion und Nachdichtung aus dem Bereich der literarischen Übertragung auszuschließen, empfiehlt es sich, da das Kriterium der Nähe zum Original problematisch und nicht ohne weiteres mit ästhetischer Wertung korrelierbar ist (asketische Worttreue kann ausdrucksstarke Übertragung bedeuten, Übersetzen als Dienst am Fremdtext und eigenständiges Dichten sind keineswegs unvereinbar), eine differenzierte gleitende Skalierung zwischen beiden Polen vorzunehmen.[8] Die Weigerung, dabei von einem kanonischen ›Mischungsverhältnis‹ auszugehen und die vorhandenen Übersetzungen mit diesem Maßstab zu werten, liefert den Kritiker keineswegs dem blanken Relativismus aus, sondern erlaubt ihm gerade, die spezi-

[8] Der relative Abstand einer Übertragung von Prätext läßt sich, ungeachtet subjektiver Rezeptionsbedingungen, auf phonetischer, lexikalischer, syntaktischer und semantischer Ebene recht präzise beschreiben. Bedeutungszentren und Stilmittel der Vorlage sind in ihrer Wechselbeziehung ebenso wahrnehmbar wie die Hierarchisierung der ›interpretierten‹ Stilzüge durch den Übersetzer und der Unterschied zwischen einer Abweichung als reproduktivem Mangel und produktiver Eigenleistung.

fische intertextuelle Leistung seines Textes unvoreingenommen zu erkennen und zu würdigen. Er wird in der freieren ebenso wie in der stärker wörtlichen Version den Durchdringungsprozeß zweier Texte und ihrer Kontexte beobachten und analysieren, dabei den historisch begründeten Normwechsel bedenken und die intertextuelle Verwandtschaft der einander angeblich ausschließenden Positionen im Blickfeld behalten.

Die Geschichte der Übersetzungspositionen beginnt mit einer Einstellung, die in starkem Maße theoretisch wie praktisch auf die Zielsprache ausgerichtet ist: der römischen. Freie Nachbildung, nicht sklavische Kopie ist das Ziel (Ciceros »ut orator, non ut interpres«), die *imitatio* versteht sich als selbstbewußte *aemulatio;* »Nec verbum verbo curabis reddere fidus/Interpres« heißt es bei Horaz, und noch in Hieronymus' stolzem Anspruch, die fremden (griechischen) Schriften *iure victoris* in lateinische Gesetzlichkeit zu überführen, ist dieser Standpunkt lebendig.[9] Doch auch die noch so selbstherrliche Übertragung lebt aus der Spannung der Sprachsysteme und Einzeltexte, bleibt Textdialog über sichtbare Grenzen hinweg, zeigt dem Kenner ihre Meisterschaft in virtuoser Beschränkung. So ruft etwa Catulls Gedicht »Ille mi par esse deo videtur« (LI) seinen Leser auf, im Vergleich mit der berühmten sapphischen Vorlage die assimilatorische Leistung des Übersetzers und seiner Zivilisation zu bewundern: Rom als legitimer Erbe, Wandler und Vollender der griechischen Kunstleistung! Für eine Literatur, die ganze Gattungen (wie Komödie oder erotische Elegie) frei aus dem Griechischen adaptiert hat, ist die Aneignung *iure victoris* ein Kernpunkt ihres Selbstverständnisses. Vergil dichtet für Homerkenner.

Das erwachende Eigenwertgefühl der Nationalliteraturen in der Renaissance und die Erwartung des *gentleman/honnête homme,* daß fremde Literatur dem eigenen Zeitgeschmack Reverenz zu erweisen habe, lassen den ciceronianischen Standpunkt im großen und ganzen bis an die Schwelle der Romantik als Norm wirksam bleiben. Durch den somit geforderten Abbau begrifflicher und stilistischer Fremdheit in der Übersetzung wird jedoch der intertextuelle Charakter der Übertragungen nicht gemindert oder gar aufgehoben. Wo der Übersetzer exemplarischer Texte seine eigenpoetische Leistung so sehr betont, muß der Anverwandlungsprozeß eine besonders spannungsreiche Auseinandersetzung mit der Vorlage bedeuten. Die Gültigkeit des Prätextes erweist sich in seiner Wandlungsfähigkeit, die Assimilationskunst des Übersetzers und seiner Gesellschaft an der Konsequenz

[9] Vgl. den Überblick über die historischen Positionen der Übersetzungstheorie bei R. Kloepfer, *Die Theorie der literarischen Übersetzung* (München, 1967); G. Steiner, *After Babel,* Kap. 4; L. G. Kelly, *The True Interpreter* (Oxford, 1979); B. Bassnett-McGuire, *Translation Studies* (London, 1980), Kap. 2; speziell für den englischen Bereich: T. R. Steiner, *English Translation Theory 1650–1800* (Amsterdam, 1975).

des Kostümwechsels, die die charakterliche Beständigkeit des Autors im modernen Stilgewand nur umso frappierender hervortreten läßt.

Freilich konnten neuere Studien in der hier so grob umrissenen Großepoche durchaus auch Ansätze zu einer strenger ausgangssprachlichen Ausrichtung der Übersetzungstheorie und -praxis nachweisen.[10] Hier mußte vor allem die theologische Ehrfurcht vor dem Bibelwort als Verbalinspiration des Heiligen Geistes zum Postulat einer entschiedeneren Unterordnung unter die ursprüngliche Einheit von Sinn und Form führen. Tatsächlich macht Hieronymus bei seinem Plädoyer für eine ciceronianische Übersetzung eine wichtige Einschränkung: »[...] abgesehen von den Heiligen Schriften, wo auch die Wortfolge ein Mysterium ist.«[11] Diese Haltung verbindet sich später mit dem stilkundigen, ›philologischen‹ Respekt der Humanisten vor der Ausdrucksleistung der klassischen Sprachen und Texte zu einem anspruchsvollen Konzept auch der profanen Übertragung, die entsagungsreiche Einfühlung in das Original ebenso fordert wie virtuose Kompetenz in Ausgangs- und Zielsprache.[12]

In England beansprucht Dryden, gegenüber den selbstherrlichen Übertragungen der Zeit (Cowleys Pindar; Denhams Vergil) zwischen den Polen der Wörtlichkeit und Freiheit die mathematische Mittelposition zu besetzen: Zwischen der Sklaverei der *metaphrase* und der Willkür der *imitation* liegt als sein *juste milieu* die *paraphrase* (hier wohl etymologisch verstanden als ›entsprechender Ausdruck‹). Damit scheint die intersprachliche und intertextuelle Spannung normativ auf ein Gleichgewicht der entgegenwirkenden Kräfte festgelegt, auf dynamische Balance als Idealform der Übertragung. Doch die Symmetrie des Modells trügt. Nicht nur verschwimmen die Grenzen nach beiden Seiten, Drydens eigene Position, die er als Mittel zwischen Extremen definiert, ist im wesentlichen noch die Ciceros: Vergil als Landsmann und Zeitgenosse der modernen Engländer![13]

Mit der Romantik (Humboldt, Schleiermacher) wird der Glaube an eine fraglose Übertragbarkeit von Worten und Texten unwiderruflich erschüttert. Eine vertiefte Einsicht in die gewachsene Einmaligkeit der Nationalsprachen erweist noch die allerwörtlichste Übersetzung als utopisch, da es im zwischensprachlichen Austausch keine volle Bedeutungsäquivalenz geben kann, lediglich semantische Annäherung, Substitution und Kompensie-

---

10 Hierzu R. Kloepfer; T. R. Steiner; L. G. Kelly, *passim.*

11 Vgl. R. Kloepfer, S. 30.

12 Vgl. etwa Leonardo Bruni (1440); P. D. Huet (1680); weitere Angaben bei R. Kloepfer, S. 39ff.

13 Robert Lowell z.B. übernimmt wörtlich die alte an Cicero orientierte Position Drydens: »I have tried to [...] do what my authors might have done if they were writing their poems now and in America«, und verwendet gleichzeitig mit dem Begriff *imitation* als Gattungsetikett Drydens Extremform freier Nachdichtung (*Imitations* [London, 1962], S. xi).

rung.[14] Andererseits ist damit auch die Übertragung von Dichtung als Extrem erschwerter Äquivalenz keine absolute, sondern nur relative Erschwernis, so apodiktisch der alte Topos, Dichtung sei, was in der Übertragung verlorengehe, von Dante und DuBellay bis hin zu Croce, Frost, Benn und Nabokov wiederholt wird.[15] Aus der Einsicht in die letztliche Unassimilierbarkeit des Sprachfremden erwächst folgerichtig die Bejahung ›fremdsprachlicher‹ Strukturen innerhalb der Übersetzung. Schleiermacher, aus der Überlieferung theologischer Hermeneutik schöpfend, sieht die Übertragung als sprachgeprägte und sprachprägende *via media* zwischen »Paraphrase« (formloser Wörtlichkeit) und »Nachbildung« angesiedelt; dies ist nur noch äußerlich die Drydensche Trias, denn die Verschiebung der Mittelposition von der Ziel- zur Ausgangssprache wird zum radikalen Programm eines neuen Übersetzungstypus. Er definiert sich als

> eine Haltung der Sprache, die nicht nur nicht alltäglich ist, sondern die auch ahnden läßt, daß sie nicht ganz frei gewachsen, vielmehr zu einer fremden Aehnlichkeit hinübergebogen sei.[16]

Hier, an der Schwelle zur Moderne, erhebt romantische Sprachphilosophie die Forderung, die der Übersetzung innewohnende Spannung zu Sprache, Zeit und Stil des Originals müsse als sprachlich-stilistische Gewaltsamkeit an der Textoberfläche sichtbar werden und so den Geist der Vorlage auf Kosten eingefahrener Rezeptionsgewohnheiten des zielsprachlichen Publikums proklamieren.

4. *Übersetzung als Inbegriff des hermeneutischen Dialogs*

In Schleiermachers Konzept einer verfremdenden Übertragung verkörpert sich das Grundprinzip aller Hermeneutik, die risikofreudige und bereichernde Auseinandersetzung des eigenen mit dem fremden Standpunkt. Schleiermacher sieht folgerichtig auch die Übersetzung als Paradigma einer »Kunst des Verstehens«, die überall im zwischenmenschlichen wie im interkulturellen Dialog gefordert ist. Übersetzung ist Auslegung, Entfaltung (Explikation) des fremden Diskurses *par excellence*, und als solche von Anfang an in die Nähe der Texterklärung gerückt, worauf der ursprüngliche Doppelsinn von *hermeneuein, interpretari* und *dolmetschen* deutlich genug hinweist. Als literarischer Sekundärtext hat sie zwangsläufig kritische und poetische Qualität. So kann Hans Georg Gadamer an zentraler Stelle von *Wahrheit und Methode* die Übersetzung als hermeneutische Grundsituation mit dem Bemühen um dialogische Verständigung vergleichen. Wie der ver-

---

14 Hierzu G. Steiner, *After Babel,* S. 78–86.

15 Vgl. G. Steiner, S. 239–244.

16 F. Schleiermacher, »Methoden des Übersetzens«, in: *Das Problem des Übersetzens,* ed. H. J. Störig (Darmstadt, [2]1973), S. 38–70, hier: S. 55.

ständnisbereite Dialogpartner müsse der Übersetzer versuchen, »das Fremde und Gegnerische bei sich selber gelten zu lassen«. Jeder Übersetzer ist zugleich Interpret: »Die Fremdsprachlichkeit bedeutet nur einen gesteigerten Fall von hermeneutischer Schwierigkeit, d. h. von Fremdheit und Überwindung derselben.«[17]

Wenn Roman Jakobson den Übersetzungsbegriff auf jeden Versuch ausweitet, über diachronen oder synchronen Abstand hinweg fremden Diskurs zu verstehen, also neben »interlingual translation« auch »rewording within the same language« als Form der Übersetzung betrachtet, so knüpft er dabei an die skizzierte Tradition der Hermeneutik an[18] und rückt zugleich die enge Verbindung zwischen intersprachlicher und innersprachlicher Intertextualität ins Blickfeld. Auch die innersprachliche Übertragung kann ›Eselsbrücke‹ zu einem sprachlich/poetisch schwierigen Text sein, wie Dámaso Alonsos Paraphrase der *Soledades* von Góngora (1927), geschrieben, nicht um ›das Unersetzliche zu ersetzen‹, sondern um zu beweisen, daß das Barockgedicht überhaupt einen paraphrasierbaren Textsinn besitze; ein offen reduktiver Zweittext, erklärtes Substrat, das als Hilfskonstruktion den Zugang zum wahren, zum ästhetischen Wesen des Originals erleichtern will. Wenn Alexander Pope »The Wife of Bath's Prologue« oder ausgewählte Satiren von John Donne in klassizistische *bienséance* übersetzt, so findet ein durch epochalen Geschmackswandel bedingter Codewechsel im Englischen statt, der weit über die linguistische Modernisierung der älteren Sprachstufen hinausreicht. Diese Versionen sind zugleich Texterklärungen und poetische Modernisierung, präsentieren Chaucer und Donne von allen Kruditäten gereinigt als ›zeitgenössische‹ Dichter. Da beide Autoren noch gelegentlich im Original gelesen wurden und für ihre stilistische *quaintness* und Kraßheit durchaus ein Begriff waren, stellen Popes Umdichtungen, nicht anders als seine Versionen Homers, ihre Nähe und Distanz zu den Vorlagen gleichzeitig zur Schau: *interpretatio* als zeitgebundene Erklärung eines fremden Originals und als eigenpoetische Textverwandlung auch in der innersprachlichen Übertragung. In welchem Sinn uns Pounds »Seafarer« als Übersetzung gilt, hängt davon ab, wie weit wir das Alt- und Neuenglische als getrennte Sprachsysteme auffassen. Indem sie eine Vorlage, die dem modernen englischen Leser zumindest als fremdsprachig erscheint, verständlich macht, gibt sich Pounds Version unübersehbar als modernes Gedicht zu erkennen: Vokabular, Stabreim und syntaktisch-rhythmische Strukturen des Angelsächsischen werden freilich in der Neufassung nicht getilgt, sondern als archaische Fremdkörper zur vitalen Erneuerung der poetischen Diktion dem Prinzip nachromantischer Euphonie entgegenge-

---

17 *Wahrheit und Methode* (Tübingen, 1960), S. 365.

18 »On Linguistic Aspects of Translation«, in: *On Translation,* ed. R. Brower (Cambridge/Mass., 1959), S. 232–239. Schon Schleiermacher setzt die innersprachliche von der zwischensprachlichen Übersetzung ab.

setzt, während Pound in dem Ich der alten Elegie eine Persona des unbehausten, exilierten Dichters der Moderne entdeckt. Inner- und intersprachliche Übertragung, verfremdete Wörtlichkeit und bewußt anachronistische Freiheit sind in diesem Text keine Gegensätze mehr.

Wenn der Übersetzer im hermeneutischen Zugriff versucht, sich das fremde Original zueigen zu machen, so bedeutet dies als konsequente Durchdringung des Fremden mit dem Eigenen immer ein Element subjektiver Freiheit (des Übersetzers und seiner Zeit), die sich in der notwendig auswählenden Adaption der Vorlage bewährt. Die Forderung der neueren Hermeneutik nach einer verfremdenden Übertragung (Schleiermacher), die nach Walter Benjamin »durchscheinend« sei, aus der »eine große Sehnsucht nach Sprachergänzung« sprechen müsse und die das Deutsche nach Rudolf Pannwitz »verindischen, vergriechischen, verenglischen« soll,[19] ist in diesem Sinne nicht einseitig als bloß ausgangssprachliche Orientierung und Prinzip dienender Wörtlichkeit zu verstehen. Beispiele moderner dichterischer Übertragung von Ezra Pound bis Robert Lowell zeigen, daß die Übernahme stilfremder Strukturen in die Zielsprache meist sehr selektiv erfolgt, sich mit stellenweise denkbar freier Wiedergabe durchaus verträgt und letztlich selbst eine außerordentliche poetische Lizenz darstellt, da ihr im Original keinerlei vergleichbare Kühnheiten des Ausdrucks entsprechen. Der hermeneutische Prozeß selbst will sich auf diese Weise im Sekundärtext abzeichnen: Die aufscheinende Sprachfremdheit drückt nicht nur die letztliche Unassimilierbarkeit der Fremdstruktur aus, sondern auch die Mühsal, Mangelhaftigkeit und Ausdrucksintensität einer hochgespannten Verständigungsanstrengung.[20] Mit Wolfgang Schadewaldt und Walter Benjamin betont solche Hermeneutik, daß das Ergebnis dieser Anstrengung nicht Ersatz, sondern Fortsetzung des Originaltextes sei, seine bereichernde Entfaltung als »Nachreife auch der festgelegten Worte«: »Denn in seinem Fortleben, das nicht so heißen dürfte, wenn es nicht Wandlung und Erneuerung des Lebendigen wäre, ändert sich das Original.« In George Steiners Formulierung: »Echo enriches.«[21]

5. *Intertextualität und Übersetzungskritik am Beispiel von Shakespeares Sonett 60 in zwei deutschen Versionen*

Die notwendige Frage, wie sich eine bewußt intertextuelle Perspektive auf die praktische Übersetzungskritik auswirkt, sei abschließend nicht nur ge-

---

[19] W. Benjamin, »Die Aufgabe des Übersetzers«, in: Störig, S. 156–169, hier: S. 166f.

[20] Vgl. hierzu M. Riffaterres Begriff der »intertextual incompatibilities«, in: *Semiotics of Poetry* (Bloomington, 1978), S. 130; und M. Pfister in diesem Band, S. 19f.

[21] W. Schadewaldt, »Das Problem des Übersetzens«, in: Störig, S. 223–241, hier: S. 235; W. Benjamin, in: Störig, S. 160; G. Steiner, *After Babel,* S. 301.

stellt, sondern auch an einem Beispiel knapp illustriert. Dabei wird sich die kritische Analyse auf das Spannungsverhältnis der Texte und die darin sichtbare dialogische Leistung der Übersetzung richten. Es gilt einem philologisch und kulturell hochinteressanten Prozeß des Austauschs und der Umwandlung von poetischer Energie auf die Spur zu kommen; zu diesem Zweck sind die Pole Absorption/Transformation (variierbar zu ausgangs- vs. zielsprachliche Orientierung; Reproduktion vs. Produktion; kritische Analyse vs. poetische Synthese) in ihrer Beziehung aufeinander möglichst genau zu beobachten und zu beschreiben. Vorrangiges Interesse verdient jede Betonung des syn- oder diachronen Abstandes, den die Übertragung überwindet, etwa als stilistisch-semantischer ›Widerspruch‹ im Sinne Riffaterres, als mehrschichtige Intertextualität, wenn zur unmittelbaren Vorlage sekundäre Prätexte hinzukommen (sei es, daß das Original selbst fremde Textspuren aufweist oder daß bereits vorliegende Versionen die Übertragung mitprägen), und schließlich als Autoren- oder Epochendialog.[22]

Besonders aufschlußreich ist es, ein denkbar weites Spektrum übersetzerischer Möglichkeiten an der Wiedergabe eines ›unübersetzbar‹ komplexen Originals durch mehrere sprachmächtige Nachdichter zu studieren. Ich wähle mit Shakespeares Sonett 60 ein knappes Meisterwerk, das ein Zentralthema der Sequenz selbst in Form einer Übertragung behandelt, und mit George und Celan zwei bedeutende und eigenwillige Lyriker der Moderne, deren Übertragungen wichtiger Teil des jeweiligen Gesamtwerkes sind.[23]

---

[22] Zur mehrschichtigen Intertextualität vgl. J. v. Stackelberg, *Übersetzungen aus zweiter Hand* (Berlin, 1984). – In ihrem Bezug auf antike Modelle führt die neuklassische *imitation* immer explizit einen Epochendialog, ebenso wie dies die Nationalepen untereinander tun: die *Aeneis* mit der *Ilias*, die *Divina Commedia* mit der *Aeneis* etc. – Eine Summe beider Verfahren bietet Pound, der als Dichter/Übersetzer im Canto I einen wahren Polylog mit der Tradition führt und die Hadesfahrt des Odysseus nach einer lateinischen Version der Renaissance mit Anleihen beim altenglischen »Seafarer« überträgt; so projiziert er drei epochale poetische Anfänge in seinen eigenen modernistischen Aufbruch und thematisiert die Übersetzung als Prinzip kultureller Erneuerung: »Odysseus goes down to where the world's whole past lives, and that the shades may live, brings them blood: a neat metaphor for translation.« (H. Kenner, *The Pound Era* [London, 1972], S. 360)

[23] Texte im folgenden nach: Shakespeare, *The Sonnets*, ed. J. D. Wilson (Cambridge, 1966), S. 32; Stefan George, *Shakespeare Sonette: Umdichtung* (Düsseldorf, 1964), S. 66; Paul Celan, *Gesammelte Werke* (Frankfurt, 1983), V, 333.

5.1 Bedeutungsstrukturen und intertextueller Bezug des Originals

Like as the waves make towards the pebbled shore,
So do our minutes hasten to their end,
Each changing place with that which goes before,
In sequent toil all forwards do contend.
Nativity, once in the main of light,
Crawls to maturity, wherewith being crowned,
Crookèd eclipses 'gainst his glory fight,
And Time that gave, doth now his gift confound.
Time doth transfix the flourish set on youth,
And delves the parallels in beauty's brow,
Feeds on the rarities of nature's truth,
And nothing stands but for his scythe to mow.
  And yet to times in hope, my verse shall stand
  Praising thy worth, despite his cruel hand.

Shakespeares Sonett 60 beschwört, wie andere berühmte Texte derselben Sammlung, die Zeit als übermächtigen Gegenspieler der höchsten Werte: Schönheit, Liebe, Poesie. In vollkommener Erfüllung der englischen Sonettstruktur entwickelt eine dreiphasige Bildbewegung das zerstörende und paradoxe Wirken dieser fatalen Dynamik, dem erst am Ende, in spannungsreicher Disproportion von Quartettfolge und Pointe, die Dichtung Einhalt gebietet. Ganz auf totalisierende Figuration der Vergänglichkeitserfahrung ausgerichtet, schließt das Gedicht Sprecher und Freund summarisch in die *conditio humana* ein; erst im Schlußcouplet spricht es vom Ich zum Du.

Die Abfolge der Bildzentren in den Quartetten prägt als zentrales Kunstmittel dem Sonett (wie so oft bei Shakespeare) einen eigentümlichen Motivrhythmus als Muster intellektuell-affektiver Aufnahme ein: vom Kleinen zum Großen (von Minuten zu Lebensaltern, vom Wellenlauf zu Gestirnbahnen); danach von der Quantität zur höchsten Qualität (Jugend, Schönheit, Köstlichkeit der Welt). Dieser Prozeß thematischer Entfaltung wird von einem zweiten kontrapunktiert: Die Zeit, anfänglich nur fließendes Element, tritt als Subjekt und Antagonist des Lebens immer deutlicher und gewaltsamer hervor, als Täter, der zu Boden wirft, durchbohrt und der Schönheit das Grab gräbt, der als kannibalischer Kronos/Chronos die Herrlichkeit der Schöpfung verschlingt und als Sensenmann alles unterschiedslos dahinmäht. Der Satzbau drückt im Wechsel seiner Strukturen diesen dramatischen Vorgang aus. Subtil sind die Bildzentren verbunden: Die Wellen wandeln sich zum Lichtozean und erstarren schließlich zum Parallelmuster auf der Stirn der Schönheit selbst.

Um den unvorstellbaren Vorgang der verderblich entgleitenden Zeit anschaulich zu machen, personifiziert der Dichter ihre Macht und mischt auf kühne Weise Abstraktes und Konkretes, gelehrten und alltäglichen Wortschatz. Er spricht nicht von Kind, Mann und Greis, sondern läßt »nativity« und »maturity« zur Mitte des Lebens/des Lichtes kriechen und nach dem Höhepunkt auf die sich verdunkelnde, abschüssige Bahn geraten. Das Allgemeine und Besondere ist syntaktisch, aber auch klanglich aufs engste verbunden: »trans*f*ix the *f*lourish«; »d*el*ves the parall*el*s in *b*eauty's *b*row«; Klangecho von »Time« und »scythe«. Das Schlußcouplet mit seinen akzentschweren Antithesen widerspricht dieser überwältigenden Evidenz des Vergehens nachdrücklich und lapidar. Gegen »time« und »scythe« spielt es die künftigen »times« aus, gegen »nothing stands« das imperativische Futur »shall stand«, mit »mow« assoniert kontrastiv das Wort »hope«. In den Klangentsprechungen vom »mý vérse«/»thý wórth« verbinden sich hohe Dichtung und hohe Liebe gegen die Negation aller Werte, die neuen Possessivpronomina »my«/»thy« gegen das allmächtige »his«. Letztlich erhebt sich die schreibende Hand des Dichters gegen die bohrende, grabende, mähende »cruel hand« der Zeit.

Shakespeares Sonett steht dreifach in intertextuellen Zusammenhängen. Es ist an die Motivstruktur der Gesamtsequenz angeschlossen, behandelt mit dem *mutability*-Thema einen lebendigen Topos der Epoche und ›überträgt‹ selbst selektiv einen Prätext: die große Pythagorasrede vom Ende der Ovidschen *Metamorphosen,* die das Grundgesetz allen Wandels im Wesen der Zeit dingfest macht. Shakespeare verdichtet den Wort- und Beispielreichtum der Vorlage aufs äußerste und unterdrückt den positiven Aspekt des Wandels bei Ovid, die ständige Erneuerung (»omnia mutantur, nihil interit«); sein Prinzip Hoffnung ist die Dichtung.

Nicht nur einzelne frappante Bilder, wie die an den Strand drängenden Wellen, das in Licht und Dunkel eintauchende Menschenkind oder die gefräßige Zeit, haben Shakespeare angesprochen, sondern auch der Rhythmus ihrer Entfaltung; so die auffälligen Wortverkettungen, die die unablässige Zeit-Folge bezeichnen:[24]

> ut unda impellitur unda
> urguetur eadem veniens, urguetque priorem,
> et nova sunt semper; nam quod fuit ante, relictum est,
> fitque quod haud fuerat, momentaque cuncta novantur [...]
> (XV, 181f.)

Mit einer verbalen Energie *(energeia),* wie sie die Elisabethaner bewunderten, kommt hier der Zeitprozeß zur Sprache, indem sich die Wörter selbst jagen und die gegensätzlichen grammatischen Kategorien – Subjekt/Objekt; Aktiv/Passiv; Vergangenheit/Gegenwart – pausenlos ineinander über-

---

[24] In A. Goldings Fassung, die Shakespeare mit Sicherheit vorgelegen hat, ist die rhythmische Dynamik der Wortverknüpfung geringer, aber durchaus noch spürbar. – Shakespeares Rückgriff auf das Original ist nicht unwahrscheinlich, zumal Sonett 60 keine Wortechos aus Golding enthält. Es ist jedoch auch eine ›Übertragung‹ denkbar, die durch die schwächere Version hindurch die Intensität der Vorlage intuitiv erfaßt und rekonstruiert.

gehen. Shakespeare nun überträgt die grammatischen Wiederholungsfiguren (Polyptota) in Klangverkettungen, die nicht nur die Vers-, sondern auch die Quartettgrenzen überspielen: »waves«, »make«, »hasten«, »changing«, »place«, »main«; die in »crawl«, »crowned«, »crooked«, »confound« Aufstieg, Zenit und Niedergang lautlich angleichen oder die bittere Konsequenz von »light«, »time«, »fight«, »scythe« echoartig betonen. Ein Vers wie »And delves the parallels in beauty's brow« thematisiert und instrumentiert den kontrastauflösenden Wellenlauf der Zeit. Klangrepetition und Bedeutungskontrast vereinen sich in der Wortfolge: »end«, »before«; »sequent«, »forward«; in der Paronomasie »nativity«/»maturity« und in der etymologischen Figur »gave«/»gift«. Die ewig weiterdrängende Bewegung, bei der jedes Vorrücken ein Rückschritt ist und das Präsens eine Illusion, realisiert Shakespeare mit ähnlicher grammatischer, etymologischer und klanglicher Intensität wie sein Prätext und läßt sie von der Wellenmetapher auf das ganze Gedicht ausgreifen.[25]

Er hat dabei sein weithin bekanntes Vorbild zugleich unerhört konzentriert und zu kühner Bildmischung pointiert. Aus dem alltäglichen »editus in lucem« (›ans Licht der Welt gebracht‹) macht er seinen Lichtozean, aus dem abschüssigen Pfad des Alters die ominösen »crooked eclipses«, aus Säugling und Mann enthumanisierend »nativity« und »maturity«. Sein Verspaar am Ende überträgt den Kontrast zwischen Ovids episch breiter Behandlung des universalen Wechsels und seiner abschließenden Verheißung des eigenen Dichterruhms:

> Iamque opus exegi, quid nec Iovis ira nec ignis
> nec poterit ferrum nec edax abolere vetustas [...]
> (XV, 871 f.)

Diesem Wortecho zur *tempus edax*-Rede, hunderte von Versen vorher, entspricht auf ihre Weise Shakespeares Gegenüberstellung von »nothing stands« / »my verse shall stand«. Sein 60. Sonett ist ein ›Auszug‹ des letzten Buches der *Metamorphosen,* als Auswahl und Konzentrat, übertragen in die besondere Liebes-, Zeit- und Dichtungsthematik der eigenen Gedichtsammlung.

[25] Der Topos der rastlos verströmenden Zeit und der illusionären Zeitstufen erhält – unter stoisch-pythagoreischem Einfluß – in der Epoche eine besondere Stilenergie, oft durch grammatisches Wortspiel. Vgl. den Ausklang von Montaignes Zentralessay (II, xii): »ce seroit grande sottise de dire que cela soit qui n'est pas encore en estre, ou qui desja a cessé d'estre [...]«; Shakespeares »Th'expense of spirit« (»had, having, and in quest to have [...]«) und Donnes »Farewell to Love« (»being had, enjoying it decays«) ›beweisen‹ auf diesem Weg, daß das erotische Präsens, die Liebeserfüllung, nicht existiert; die barocke Weltverneinung eines Quevedo findet hier ihre großen Formeln: »Ein War bin ich, und Wird, und müdes Ist./Das Heute, Morgen, Gestern dicht verwoben,/Windel zum Bahrtuch: meine Dauer mißt/Gleichzeitige Nacheinander nur von Toden« (*Aus dem Turm,* Sonette span.-deutsch, übers. vom Vf. [Berlin, 1981], S. 7).

5.2 Georges Version zwischen Präzision und Preziosität

Wie wogen drängen nach dem steinigen strand
Ziehn unsre stunden eilig an ihr end
Und jede tauscht mit der die vorher stand
Mühsamen zugs nach vorwärts nötigend.

Geburt · einstmals in einer flut von Licht ·
Kriecht bis zur reife .. kaum damit geschmückt ·
Droht schiefe finstrung die den glanz durchbricht
Und zeit die gab hat ihr geschenk entrückt.

Zeit sticht ins grün der jugend ihre spur
Und höhlt die linie in der schönheit braue ·
Frisst von den kostbarkeiten der natur ..
Nichts ist worein nicht ihre sense haue.

Doch hält mein vers für künftig alter stand ·
Preist deinen wert trotz ihrer grimmen hand.

Georges Umdichtung aller Shakespeare-Sonette, getragen von einem »sehr hohen verse-verständnis«, vom Verzicht auf jede Romantisierung, vom Nachvollzug ihrer »anbetung vor der schönheit« und ihres »glühenden verewigungsdrang[es]«,[26] setzt gegenüber den Vorgängern einen neuen Standard virtuoser Strenge. Doch dieses strenge Übersetzen ist kein Akt der poetischen Selbstverleugnung, sondern beispielhaftes Sich-Messen mit dem Größten an zeitlich und sprachlich fremder Dichtung: Dialog als Selbstbehauptung.

Durch unübersehbare formale Disziplin zeichnet sich auch in unserem Beispiel Georges Dialog mit dem Prätext aus. Nicht nur sind alle wesentlichen Begriffe übertragen (mit Ausnahme der Bescheidenheitsgeste »in hope« aus v. 13), die wichtigen Wörter behalten auch meist ihre Position, besonders im Reim (oft mit Rückgriff auf die germanische Verwandtschaft beider Sprachen), aber auch im emphatischen Versauftakt (z. B. in Quartett 3: Zeit sticht/ Und höhlt/ Frißt/ Nichts ist [...]; das Deutsche formuliert noch schneidender als das Original). George versteht, daß die Nachbildung der Wortstellung in diesem Sonett über den drängenden Rhythmus der Zeit mit seinen wechselnden Satzbögen der Antiklimax besonders dringlich ist. Im 4. Vers ist er bereit, dieses bei der Systemverschiedenheit beider Sprachen so schwer erreichbare Ziel mit einer befremdlichen Grammatikkonstruktion, dem Verlust des Gegensatzes »sequent«/»forwards« und einem schwachtonigen Reim zu erkaufen. Die Zäsuren, die besonders in Quartett 2 eine wichtige Rolle spielen, sind bewahrt und durch die eigenwillige Zeichensetzung abgestuft. Die beiden Punkte in v. 6 markieren die Peripetie der Lebensbahn und des Gedichts; dabei wird jedoch durch den Beginn eines neuen Satzverbandes die syntaktische Spannung des Prätextes abge-

[26] S. George, »Einleitung«, S. 5.

baut: Die beiden Phasen der Bewegung, auf deren unauflösbare Verflechtung es gerade ankommt, stehen so isoliert nebeneinander, in einer für Georges Übersetzungsstil charakteristischen Stasis.[27]

Aus Einsicht in ihre Funktion, aber auch mit dem ihm eigenen Respekt vor dem kanonischen Wort sucht der Übersetzer nicht nur die Wortstellung, sondern auch die Klangpositionen entschieden zu bewahren. Das Echo von »waves«/»hasten« drückt er durch steinig/eilig aus, die Wortverknüpfung »before«/»forwards« ist erhalten, und für das geopferte »changing place« wird im Ausgleich die etymologische Figur ziehn/zugs eingesetzt. Erstaunlich weit reicht die Konsequenz der Klangübertragung: »crawl«/»crooked« assoniert als kriecht/schief, »confound«/»flourish« als entrückt/grün, »delves«/»parallels« als höhlt/schönheit, obgleich »gräbt« statt »höhlt« metrisch ebenso passend und semantisch passender gewesen wäre. Klangentsprechung induziert Bildwechsel: Georges Zeit agiert nicht mehr als Totengräber, sondern als Bildhauer mit Stichel und Meißel. Im 3. Quartett instrumentiert der Übersetzer die zunehmende Aggressivität der Zeit durch einen i-Vokalismus: sticht/linie/frißt, und dreifach summierend »nichts ist, worein nicht [...]«. Vokalismus wie doppelte Verneinung sind Zutaten, um die nihilistische Wirkung der Zeit zu verstärken. Die gleiche Tendenz begegnet in der Lexik: »frißt« ist derber als »feeds«, »haue« krasser als »mow«.

Trotz aller bewundernswerter Konturenschärfe und einer spürbaren Radikalisierung der Kernidee (v. a. im 3. Quartett) findet insgesamt ein Prozeß semantischer Abschwächung statt. Die Spannung zwischen gelehrtem und vertrautem Wortschatz entfällt weitgehend, wird allenfalls durch ein gesuchtes Wort wie »finstrung« gehalten. Unter Reimzwang, dem selbst ein George nicht ganz entgeht, verblaßt »crowned« zu »geschmückt«, »confound« zu »entrückt«; die Reduktion von »flourish« (im Doppelsinn von Helmbusch/Blüte) zu »grün« und von »parallels« zu »linie« bedeutet eine merkliche Bildschwächung, doch durch die ungewöhnliche Verbverbindung »sticht ins grün«, »höhlt die linie« ist ein Element lexikalischer Spannung schöpferisch umgesetzt worden. Diese Umsetzung zeigt die Richtung des interpoetischen Dialogs: Sie bedeutet die Verwandlung des Komplexen in Preziosität. Gerade in seinem demonstrativ asketischen Dienst am Wort prägt George der Parnassien die Vorlage um. Seine virtuos silbensparende, wort- und klanggetreue Übertragung ist Nachfolge, die ihre eigene Künst-

---

[27] Wenn George »once« – im Sinne von ›soeben‹ – mit »einstmals« wiedergibt, so trennt er die Lebensphasen, auf deren Ineinanderfließen es ankommt, auch semantisch stärker voneinander ab. – Zu Georges Übersetzungsstil vgl. F. Hoffmann, »S. Georges Übertragung der Shakespeare-Sonette«, *Shakespeare Jahrbuch,* 92 (1956), 146–156; O. Marx, *S. George in seinen Übertragungen englischer Dichtung* (Amsterdam, 1967); F. Apel, *Sprachbewegung* (Heidelberg, 1982), S. 192–209.

lichkeit zur Schau stellt. Im gesuchten, feinziselierten Ausdruck zeigt sie Epochendistanz im doppelten Sinn an: Abstand der vergangenen Epoche kultureller Fülle und des eigenen Dichtungskultes von der vulgären Gegenwart. Durch das preziöse Wort nimmt der Übersetzer die Partei seines Dichters gegen eine anders und spezifischer verstandene ›Zeit‹.

5.3 Celan: Übertragung als poetologischer Widerspruch

> Gleichwie die Welle strand- und kieselwärts,
> so, ihrem Ende zu, enteilen uns die Stunden.
> In steter Mühsal und nach vorne zerrts;
> die kommt dahergerollt und jene ist entschwunden.
>
> Geburt, ins volle Licht gerückt, sie kraucht
> zur Reife hin; und so, gekrönt, umglänzt noch eben,
> wird sie in schiefe Finsternis getaucht,
> und sie, die Zeit, zerstört, was sie, die Zeit, gegeben.
>
> Der Jugend Blust: die Zeit durchbohrt ihn, gräbt
> der Stirn der Schönheit ein die Zeilen und die Zeichen;
> von allem Seltnen der Natur sie lebt;
> und was da bleibt und steht, die Schnittrin wirds erreichen.
>
> Grausam die Hand, die sie, die Zeit, erhoben;
> doch er, mein Vers, bleibt stehen, dich zu loben.

Über Celans Lyrik schreibt George Steiner den erhellenden Satz: »All of Celan's own poetry is translated *into* German.«[28] Das Deutsche war ihm eine prekäre Sprachheimat, die durch die Verfolgung eine tiefe Dimension des Un-heimlichen gewann. Aus einer Grundkenntnis seiner eigenen Dichtung läßt sich ahnen, was ihn an unserem Sonett angezogen haben mag: die paradoxe Beziehung von Dichtung und Zeit; das Gedicht, der Zeit abgerungen, von ihr zeugend als Versuch »durch die Zeit hindurchzugreifen«; Leben und Dichten im dauernden Bewußtsein des Todes, immer »unter dem Neigungswinkel seines Daseins«.[29] Die schwindelnde Semantik und Grammatik der verrinnenden Gegenwart kennt Celans Werk nur zu gut.[30] Auch das durch Klang-, Wort- und Sinnwiederholung insistierende Sprechen verbindet Original und Übersetzer, dazu in der Bildersprache die gewaltsame Verschränkung des Abstrakten und Konkreten, und die verborgen vollzogene Bildbewegung. Fremd ist Celan freilich bei aller Formkunst die geschlossene Regelarchitektur des Sonetts und die triumphale

---

28 *After Babel,* S. 389.

29 Auszüge aus Celans Reden in: *Gesammelte Werke,* III, 185–203, hier: 186 und 197; vgl. ebenda: »[Das Gedicht] ruft und holt sich, um bestehen zu können, unausgesetzt aus seinem Schon-nicht-mehr in sein Immer-noch zurück.«

30 »Es ist/ich weiß es, nicht wahr,/daß wir lebten, es ging/blind nur ein Atem zwischen/Dort und Nicht-da und Zuweilen [...]/da, wo's verglühte, stand/zitzenprächtig die Zeit,/an der schon empor- und hinab-/und hinwegwuchs, was/ist oder war oder sein wird –« (»Soviel Gestirne«, in: *Gesammelte Werke,* I, 217).

Selbstbestätigung am Ende, die so gut zu George paßt. Hoffnung, wenn überhaupt spürbar, drückt sich in seiner Dichtung unendlich behutsamer aus.

Nach diesem Blick auf einige Rahmenbedingungen des intertextuellen Dialogs erweist der erste Eindruck, daß Celan, verglichen mit George, erstaunlich ›frei‹ übersetzt. Statt solche Freiheit als Ungenauigkeit abzukanzeln,[31] sollte der Kritiker nach ihrem Sinn und ihrer Ausdrucksleistung ernsthaft fragen. Schon die erste auffällige Wendung, »strand- und kieselwärts« für das stilistisch unauffällige »towards the pebbled shore« gibt zu denken. Das Bild des Steines, etwa als Gegenbild zum prekären Leben, Ausdruck der Angst vor, aber auch Sehnsucht nach dem Verstummen, hat bei Celan Chiffrencharakter. Da Shakespeare das Auslaufen der Wellen am kiesigen Strand als Todesmetapher einsetzt, bereichert der Nachdichter für die Kenner der eigenen Lyrik intertextuell diesen Bezug. In dem seltsamen Richtungsadverb[32] sind »towards« und »pebbled« zu einem Neuwort vereint, das nun nicht mehr den Strand als letztes Ziel bezeichnet, sondern die wasserbrechende Härte des Kiesels. Auch die grammatische Zerstückelung ist charakteristisch: Suffixe und Präfixe werden entautomatisiert, in ihrer Eigenbedeutung durchsichtig; auf »-wärts« reimt »zerrts«, in einer Art, die die Gewaltsamkeit des Vorgangs (»toil«; »contend«) phonetisch, seine Unpersönlichkeit grammatisch knapp ausdrückt. Im 2. Vers lesen wir: »ihrem *Ende* zu *ent*eilen«, eine Klangverbindung, die das Präfix *ent-* als ›endgerichtet‹ gleichsam etymologisiert. Peter Szondi hat in einem übersubtilen, aber für Celans Übersetzerabsicht grundlegenden Aufsatz solche Formen grammatischer Aktivierung aus der modernen Dichtungsintention erklärt, die Sprache nicht nur ihr Thema »besprechen«, sondern »selbst sprechen« zu lassen.[33] Damit wird die Sprache von Anfang an zum Thema des Sonetts, was in der Vorlage ja erst am Ende geschieht.

---

[31] So liest man bei R. Borgmeier, *Shakespeares Sonett »When Forty Winters« und die deutschen Übersetzer* (München, 1970), herbe Tadelsworte über Celans Version: Sie insistiere übermäßig auf Klangeffekten (S. 57), sei ambitioniert modern, pedantisch kanzleistilhaft, bürokratisch kompliziert, bombastisch paradox, aussageleer, maßlos übersteigert, platt, pseudo-hintergründig, sinnlos (S. 75), etc. (vgl. S. 94, 106 und 150). Ohne echte intertextuelle Perspektive läuft Übersetzungskritik Gefahr, ihren Gegenstand zu verfehlen.

[32] Vgl. den Gedichttitel »Inselhin« und die Verszeile »Kiesel, abgrundhin rollend« (*Gesammelte Werke,* I, 141 und 128).

[33] »Poetry of Constancy – Poetik der Beständigkeit«, in: P. Szondi, *Celan-Studien* (Frankfurt, 1972), S. 13–45. – Vgl. auch F. Apel, *Sprachbewegung,* S. 224–238, und neuerdings, mit kritischem Bezug auf Szondi, R. Lengeler, »Shakespeares Sonette in Celans Übertragung« (erscheint im *Deutschen Shakespeare-Jahrbuch West*). – Celan konnte für seine Thematisierung des Sprachprozesses in Sonett 60 Ansätze in den Klang- und Sinnfiguren Shakespeares, dieser wieder bei Ovid finden – ein sprechendes Beispiel für den über Jahrhunderte hinweg lebendigen intertextuellen Übersetzerdialog.

Indem Celans Version ihre dialogische Spannung zum Modell weit deutlicher anzeigt als die Georges (auch daß er, im Gegensatz zum Vorgänger, den englischen Text selbst präsentiert, scheint bedeutsam), verweist sie auf den systematischen, aus spezifisch moderner Sprachhaltung erwachsenen Charakter der Abweichungen und fordert zur Reflexion über sie auf. Die Eingriffe sind schon beim Metrum unübersehbar. Celan hat jeden zweiten Vers um drei Silben verlängert und mit einem weiblichen Reim versehen. Er überträgt damit das alternierende Prinzip der Reime auf die Verslänge, schafft so eine markantere Zweitaktfolge der Verse und verweigert sich dem Gesetz einer – der deutschen Vielsilbigkeit wegen – wortknapperen Wiedergabe englischer Dichtung. Sollte mit diesem Zweitakt auch der Befund zusammenhängen, daß die Figur des Hendiadyoin die Übertragung so auffällig beherrscht? (wodurch sich der Nomen- und Verbbestand stark vermehrt: »strand- und kieselwärts«; »dahergerollt«/»entschwunden«; »gekrönt«/»umglänzt«; »parallels«: »die Zeilen und die Zeichen«; »stands«: »bleibt und steht«). Zumal die (summierenden) Schlußverse der Quartette sind ganz auf dieses Auf und Ab ausgerichtet. Wie die (neugeschaffenen) Enjambements hebt der Vokalanklang von »Geburt« und »Der Jugend Blust« im Auftakt der Quartette eine Entsprechung hervor, die das Original nicht aufweist. Gleichzeitig verbirgt die Analogie des Klanges und der (in Quartett 3 veränderten) Wortstellung einen Moment lang die Tatsache, daß »der Jugend Blust« nicht mehr Subjekt ist wie »Geburt«, sondern zum Objekt der Zeit degradiert wurde – grammatische Ambiguität als Pointe. Die befremdlichste Art von neugeschaffenem Parallelismus ist ohne Zweifel die Nachstellung des Nomens zu den gegensätzlichen Pronomina: »sie, die Zeit« (dreimal) vs. »er, mein Vers«. Hier scheint insistierende Wiederholung in reine Tautologie zu münden, aber zusätzliche Pronominalisierung, doppelte Wiederholung und der kontrastive Gleichklang sie/die; er/ Vers zeigen, wie sehr es darum geht, die Gewaltsamkeit des Umschlags und die magische Macht des Gegenprinzips Wort expressiv zu machen. Dem »bleibt und steht« antwortet das affirmative »bleibt stehn« erst im allerletzten Augenblick – eine Zeile später als bei Shakespeare.

Doch Celans Auseinandersetzung mit dem Modell geht über eigenstilistische Motivik und Manier, die Schaffung rhythmischer Wiederholungsmuster und die Verschärfung der Schlußantithese hinaus. Die Wiedergabe von »parallels« als »die Zeilen und die Zeichen« hat Schlüsselfunktion für sein Umdeuten und Weiterdichten der Vorlage. In den Worten steckt alliterativ und assonierend die ›Zeit‹ selbst; sie sind sprachgewordenes Parallelmuster, Rückspiegelung der Wellenstruktur vom Anfang und Vorwegnahme der ›Gedichtzeile‹ vom Ende, eine Verbindung, die vermuten läßt, daß Celan hier den ›Vers‹ *(versus)* zur ›Parallelfurche‹ etymologisiert. Celan läßt Sprache und Sonettform selbst den ewigen Wechsel sprechen, der ihr Thema ist, und erfüllt damit nicht nur eigenständig die Intention der Vorlage, sondern realisiert ihre latenten Möglichkeiten, indem er aus modernem Sprach- und Dichtungsbewußtsein eine Affinität zwischen den Gegenspielern Zeit und Vers entdeckt. Bei Celan ist das Renaissance-Glaubensbekenntnis an die Allmacht der Dichtung aus dem poetischen Krisenbewußtsein der Gegenwart durch die Einsicht unterlaufen, daß der Vers selbst eine Chiffre der Zeit und damit des Todes ist. Der Textdialog der Übersetzung bewahrt das Original, indem er es in Frage stellt.

Nach dem Versuch, die dialogische Übersetzerleistung Georges und Celans jeweils für sich zu würdigen, scheint die Warnung vor einem neuen, diesmal intertextuellen Wertungsschematismus auf diesem Gebiet nicht überflüssig. Wenn die utopische Forderung einer totalen Nachbildung des Prätextes den Eigenwert der Übertragung negierte und im Zeichen einer verabsolutierten Wörtlichkeit zu Beckmesserei führte, muß ein dialogischer Übersetzungsbegriff nicht zwangsläufig zur höheren Wertung selbstherrlicher Versionen führen. Entscheidend dafür, ob eine Übertragung die ästhetisch gültige Erneuerung ihres Originals bedeutet, ist die aktiv sprachgewordene Intensität ihrer Auseinandersetzung mit der Vorlage als bewußter Synthese von Einst und Jetzt, Dort und Hier. Diese Intensität ist philologisch analysierbar; sie war in der selbstbewußt dienenden Fassung Georges ebenso zu erkennen wie in der eigenwilligen, dialogisch motivierten Umdichtung Celans. Darüber hinaus scheint es weder sinnvoll, die mehr implizite von der stärker explizit dialogischen Übersetzung kategorial zu trennen (nach dem Muster: Übertragung vs. freie Nachdichtung), noch, die Gradation des Dialogischen mechanisch zu messen und die gewonnenen ›Meßdaten‹ auf eine Wertskala zu übertragen. Gerade herausragende Übersetzungsleistungen zeigen, daß die reproduktiven und produktiven Funktionen literarischer Übertragung eine untrennbare Einheit eingehen können und müssen.

4.2 Intertextualität und Gattungswechsel

Zur Transformation literarischer Gattungen

Bernd Lenz

1. Theoretische Überlegungen zum Gattungswechsel

Wenn man der Einteilung Gérard Genettes folgt,[1] dann gehört der Gattungswechsel zu der besonders intertextualitätsträchtigen vierten Katego-

[1] *Palimpsestes: La Littérature au second degré* (Paris, 1982), S. 11ff. Vgl. in diesem Band den Beitrag von M. Pfister, »Konzepte der Intertextualität«, S. 7.

rie, der Hypertextualität, und er ist dort noch nicht einmal unter seinem eigenen Namen vertreten, sondern muß sich unter dem Oberbegriff der Adaption den ihm zugewiesenen Rang mit anderen intertextuellen Erscheinungen teilen. Es ist daher nicht verwunderlich, wenn in der inzwischen intensiv betriebenen Intertextualitätsdiskussion, die die Formen und Funktionen der Intertextualität systematisch zu erfassen sucht, die Untersuchung von Detailfragen wie die nach den Versetzungsformen der Intertextualität noch weitgehend aussteht. Ein weiterer Grund ergibt sich daraus, daß als Konsequenz eines extensiven Intertextualitätsbegriffes – wie bei Julia Kristeva – das Kollektiv aller Texte in den Mittelpunkt rückte, während bei den Versetzungsformen vor allem die Beziehung zwischen einem einzigen Prätext und Folgetext im Vordergrund steht.

Bevor wir uns jedoch den intertextuellen Implikationen des Gattungswechsels zuwenden können, müssen wir diesen literartheoretisch bisher noch nicht fixierten Begriff zunächst definitorisch präzisieren und von verwandten Erscheinungen abgrenzen. Dabei bedarf es zuerst einer Klärung des dem Gattungswechsel zugrunde liegenden Gattungsbegriffs. Die nach wie vor bestehende Unsicherheit, wie sich historische Gattungen in systematische Ordnungen überführen lassen,[2] und die geschichtliche Veränderbarkeit des Systems der Gattungen legen es nahe, mit einem flexiblen Gattungsbegriff zu operieren. Wir wollen daher trotz der in der Literaturwissenschaft umstrittenen Einteilung in lyrische, dramatische und erzählende Texte und trotz der punktuellen Überschneidung mit dem Medienwechsel[3]

---

[2] Zu dieser Problematik vgl. U. Suerbaum, »Text und Gattung«, in: *Ein anglistischer Grundkurs,* ed. B. Fabian, Athenäum Taschenbücher Literaturwissenschaft (Königstein/Ts., [4]1981), S. 71–95; K. W. Hempfer, *Gattungstheorie,* UTB (München, 1973).

[3] Die enge Verknüpfung von Gattungs- und Medienwechsel läßt sich historisch weit zurückverfolgen. Schon die Naturformen der Trias waren ursprünglich auch mit einem Medienwechsel verbunden; die Ballade entwickelte sich weiter aus einem zunächst mündlichen, musikalisch unterlegten Text; und Bezeichnungen wie Lied, Hymne, Kanzone, Musikdrama und Melodrama verweisen schon im Namen auf die Synthese oder Verwandtschaft von Gattungen und Medien.
Definiert man nun Gattungen im Sinne der Trias, dann impliziert die Umarbeitung eines Romans oder eines Gedichts in ein Drama, ein Gattungswechsel also, zugleich auch wieder einen Medienwechsel, wenn man an Inszenierung und Aufführung denkt. Denn das Drama ist generell auf dem Schnittpunkt zweier Medien angesiedelt, zwischen literarischem Text, der häufig erst nach der Aufführung veröffentlicht wird, und szenischer Realisation auf der Bühne. Dabei muß die Publikation als Kriterium für die Eigenständigkeit eines literarischen Textes angesehen werden, denn die separate Veröffentlichung schafft die Möglichkeit einer von Theater, Film und Musik unabhängigen, wenn auch unvollständigen Rezeption, zumal sich die gedruckte Fassung durch Zusätze wie »historische Streiflichter« (vgl. Hochhuths *Der Stellvertreter*) und ausgedehnte Vorworte (z.B. in Shaws Dramen) erheblich von der Bühnenversion unterscheiden und einen literarischen Eigenwert gewinnen kann. Die Umwandlung eines Romans

von der klassischen Trias ausgehen, weil in diesem Bereich die Möglichkeiten des Gattungswechsels überschaubar bleiben und dadurch auch die Probleme klarer zutage treten. Des weiteren wird jedoch, durch ein Aufbrechen des triadischen Schemas, auch die Frage nach Gattungswechseln bei historischen Gattungen zur Diskussion stehen, beispielsweise die Umwandlung einer Tragödie in eine Tragikomödie oder ein Melodrama, die Umarbeitung einer Kurzgeschichte zu einem Roman oder eines Märchens zur Fabel. Nicht berücksichtigt werden dagegen intertextuelle Phänomene wie Parodie oder Satire, die zwar auch als Formen der Intertextualität aufgefaßt werden könnten, hier jedoch den Funktionen der Intertextualität zugewiesen und an anderer Stelle behandelt werden.[4]

Auf der Grundlage des zuvor erläuterten Gattungsbegriffs können wir nun versuchen, den Gattungswechsel genauer zu definieren und ihn von ähnlichen Erscheinungen zu unterscheiden.

So finden sich in der Literatur zahlreiche Beispiele dafür, daß Autoren ihre Texte mit gattungsfremden Elementen durchsetzen. Shakespeare kleidet das erste Gespräch zwischen Romeo und Julia, Konventionen der Liebesdichtung folgend, in die Form eines Sonetts;[5] einer der bedeutendsten Dichter der deutschen Romantik, Joseph Eichendorff, hat viele seiner Gedichte zuerst in Romane und Novellen eingearbeitet, allein etwa fünfzig in *Ahnung und Gegenwart*;[6] und Kurt Vonneguts Protagonist Rudolph Waltz kann in dem Roman *Deadeye Dick* seine unangenehmen Erinnerungen nur durch den Wechsel von der Ich-Erzählperspektive zur dramatischen Gestaltung wiedergeben.[7] Bei solchen Verschachtelungen von gattungsfremden und gattungskonformen Teilen handelt es sich jedoch nicht um Versetzungsformen, mithin auch nicht um eine intertextuelle Verarbeitung, da die interpolierten gattungsfremden Textelemente nicht den Status von Prätexten besitzen, sondern einzig und allein für den betreffenden Text geschaffen wurden, also lediglich eine Gattungsmischung konstituieren.

Anders verhält es sich bei der Übernahme schon existenter Text(teil)e in einen neuen Text. Wenn E. A. Poe sein zuvor separat veröffentlichtes

---

oder eines lyrischen Textes in ein Drama fällt deshalb unter den genannten Bedingungen in den Bereich des Gattungswechsels.

4 Vgl. in diesem Band die Beiträge von W. Weiß und B. Schulte-Middelich.

5 *Romeo and Juliet,* I,v, 93–106.

6 Wenn diese Gedichte später aus den Romanen herausgelöst werden, fallen sie formal unter die Versetzungsformen, doch erhalten sie nun, was für unsere Fragestellung unerheblich ist, einen ausschließlich lyrischen Status mit einer eigenständigen Rezeption. Vgl. den ähnlichen Verselbständigungsprozeß bei Poes Gedicht »The Conqueror Worm«, das auch zunächst als Teil der Kurzgeschichte »Ligeia« veröffentlicht wurde.

7 Diese Ereignisse werden dann auch wie Dramenteile im Roman abgedruckt. Vgl. *Deadeye Dick,* A Dell Book (New York, 1982), S. 84–87, 135–146, 179–184 und 201–207.

Gedicht »The Haunted Palace« (April 1839) wenig später in seine Erzählung »The Fall of the House of Usher« (September 1839) einbaut, dann erscheint das Gedicht kontextuell in einem neuen Licht, als Wortrhapsodie der Hauptfigur Roderick Usher. Trotzdem handelt es sich hierbei nicht um einen intertextuell zu verstehenden Gattungswechsel, weil Poe zum einen den intertextuellen Bezug gerade negiert – er ordnet dem Gedicht innerhalb der Erzählung ausdrücklich einen ontologisch anderen, nämlich fiktiven Status zu – und weil selbst die wörtliche Übernahme eines Textes in den Text einer anderen Gattung die Bedingungen für einen Gattungswechsel noch nicht erfüllt.

Den letzteren Aspekt wollen wir an zwei weiteren Beispielen verdeutlichen. Tom Stoppard markiert sogar in seinem Drama *Travesties* Shakespeares 18. Sonett eindeutig als Fremdtext, zitiert diesen dann anschließend in voller Länge und läßt Tzara und Gwendolen noch einmal Worte des Gedichts zu neuen Wortfolgen zusammensetzen. An diesem Beispiel kann man jedoch gut erkennen, daß lyrische Versetzungen in nicht-lyrische Kontexte keinen Gattungswechsel begründen. Stoppard geht es ausschließlich um den intertextuellen Bezug zu Shakespeares Sonett, das er, wie Tzara bekundet, als Demonstration für dadaistische Vorstellungen verwendet: »All poetry is a reshuffling of a pack of picture cards.«[8] Shakespeares Gedicht übernimmt eine Teilfunktion für Stoppards Drama, aber *Travesties* stellt keine Dramatisierung von Shakespeares Sonett dar.

Eine solche Funktionalisierung durch die Übernahme von Textteilen aus anderen Gattungen läßt sich besonders gut auch an Robert Lowells Gedichten nachvollziehen, an Lowells intensivem Dialog mit Jonathan Edwards' Traktaten, die oft ausgiebig wörtlich zitiert, jedoch neu zusammengestellt und interpretiert werden[9] – zweifellos ein hochintertextuelles Verfahren, durch das Lowell die puritanisch-calvinistische Grundhaltung Edwards' mit seiner eigenen katholischen Erfahrung kontrastiert. Doch auch Lowell zielt nicht in erster Linie auf den Gattungswechsel ab, sondern auf die Aussagekraft von Edwards' Werken für seine eigenen Texte. Wenn man in solchen Fällen den Begriff der Gattung überhaupt ins Spiel bringen will, dann sollte man statt von Gattungswechsel bestenfalls von Gattungsmontage oder -collage sprechen.[10]

---

[8] *Travesties,* Faber Paperbacks (London, 1975 u. ö.), S. 53.

[9] Vgl. die Hinweise in R. Lowell, *Gedichte,* Auswahl, Übertragung und Nachwort von M. Pfister (Stuttgart, 1982); des weiteren R. Lowell, *Poems,* ed. J. Raban (London, 1974), und A. Williamson, *Pity the Monsters* (New Haven/London, 1974), S. 22ff. Williamson erklärt dazu: »Lowell's Edwards poems [...] follow original documents with such an archaeological closeness that only a few phrases can be attributed solely to the poet's imagination.« Vgl. insbesondere den Beitrag von M. Pfister im vorliegenden Band, Kap. VI, 5.

[10] Zur möglichen Unterscheidung von Montage und Collage vgl. die theoretischen

Nachdem wir bisher den Gattungswechsel in Grenzbereichen diskutiert und *ex negativo* bestimmt haben,[11] können wir nun Bedingungen für das Zustandekommen von Gattungswechseln formulieren. Die vollständige wörtliche Versetzung eines Text(teil)es von einer Gattung in eine andere Gattung, etwa der Einbau eines Gedichts in eine Kurzgeschichte oder in einen Roman, begründet ebenso wenig einen Gattungswechsel wie andererseits die extreme Reduktion.[12] Ein Gattungswechsel kommt erst dann zustande, wenn zwischen Prätext und Text eine Übereinstimmung in wesentlichen Textmerkmalen und -elementen zu registrieren ist, beispielsweise im Figurenarsenal, in den behandelten Themen, im strukturellen Aufbau etc., wobei die Textverarbeitung in Prätext und Text nach unterschiedlichen gattungsmäßigen Kriterien erfolgen muß. Ob ein Gattungswechsel vorliegt, richtet sich aufgrund unserer Prämissen in entscheidendem Maße danach, inwieweit der Prätext insgesamt eine dem Rezipienten erkennbare Funktion als Vergleichsmaßstab für den Folgetext ausübt,[13] was häufig von den Autoren auch schon durch Markierungen im äußeren Kommunikationssystem (»adapted from ...«) angedeutet wird. Dabei braucht die intendierte Textaussage in beiden Texten nicht identisch zu sein – im Gegenteil: Je

Überlegungen bei U. Broich, »Montage und Collage in Shakespeare-Bearbeitungen der Gegenwart«, *Poetica,* 4 (1971), 333–360, hier: 336–338.

11 Ein weiteres, im Rahmen der Abgrenzung aufschlußreiches Beispiel ist John Philips' Gedicht *The Splendid Shilling* (1705) (in: *The Poems of J. P.,* ed. M. G. Lloyd Thomas [Oxford, 1927], getr. Pag.), auf das Sir Richard Steeles »History of a Shilling« Bezug nimmt (in: R. S., *The Tatler,* ed. L. Gibbs, Everyman's Library, 993 [London/New York, 1953 u.ö.], S. 261–264). Philips' Gedicht erzählt die Erlebnisse eines Schillings, an die Steele zum Schluß seines Traumberichts anknüpft: »The first was my being in a poet's pocket, who was taken with the brightness and novelty of my appearance that it gave occasion to the finest burlesque poem in the British language, entitled from me, *The Splendid Shilling.*« (S. 264) Hier handelt es sich trotz der Gattungsverschiedenheit eigentlich nur um die Referentialisierung eines Titels, durch die eine direkte Verbindung zwischen den beiden Texten hergestellt wird.

12 Wenn etwa R. P. Warren seinen Roman *All the King's Men* betitelt und damit aus dem Kindergedicht »Humpty Dumpty« zitiert (»And all the King's men/ Couldn't put Humpty together again«), dann bewirkt diese unmarkierte wörtliche Übernahme aus einem Gedicht noch keinen Gattungswechsel, obwohl dieses Zitat als Chiffre für teilweise inhaltliche Entsprechungen zwischen Gedicht und Roman aufgefaßt werden kann, etwa Humpty Dumptys Fall als Analogie zu Aufstieg und Fall des Politikers Willie Stark.

13 Das läßt sich an F. E. Emsons *Bumble's Courtship* nachweisen. Emson nimmt in seiner Dramatisierung von Dickens' *Oliver Twist* nicht aus Gattungsgründen eine Sinnreduktion vor, sondern wählt ein anderes Verfahren, indem er sich auf einen winzigen, allerdings fast wörtlichen Ausschnitt, die Kapitel 23 und 27, beschränkt, weil sich die dort beschriebene Brautwerbung Bumbles vorzüglich als »comic interlude« – so der Untertitel – und als »practical lesson« für die Zuschauer eignet.

mehr sich diese Aussagen unterscheiden, um so stärker kommt die für die Intertextualität so wesentliche sinnkonstituierende Dialogizität zum Tragen.[14]

Der Gattungswechsel hängt also von quantitativen und qualitativen Kriterien ab, von einer gewollten inhaltlichen Übereinstimmung, zugleich jedoch gattungsspezifisch unterschiedlichen Bearbeitung. Dies ist in ganz entscheidendem Maße eine Konsequenz der Intention des Autors. Damit sind all die Texte aus dem Untersuchungsbereich des Gattungswechsels ausgeschlossen, bei denen zwar Prätext und Text aus verschiedenen Gattungen stammen, die Einzeltextreferenz und der punktuelle Bezug aber gegenüber der Gattungsreferenz dominieren. Denn wie beim Medienwechsel die Verschiedenartigkeit der Zeichensysteme vorrangige Bedeutung erhält,[15] so geht es auch beim Gattungswechsel nicht primär um das generelle Spannungsverhältnis zwischen Prätext und Text, mithin also nicht um die fakultativen Änderungen, sondern um die speziellen, aus dem Wechsel von einer Gattung in eine andere entstehenden Probleme, die allerdings immer nur am Einzeltext zum Vorschein kommen und untersucht werden können. Im Gattungswechsel vereinen sich deshalb in jedem Fall Einzeltextreferenz und eine durch Prätext und Text jeweils verschieden verkörperte Systemreferenz.

Gattungswechsel sind theoretisch nicht auf literarische Texte eingegrenzt; daher muß einschränkend angemerkt werden, daß wir uns mit dem Gattungswechsel als innerliterarischem Vorgang befassen, ihn also nicht auf andere Medien ausweiten. Gattungswechsel innerhalb der Musik oder des Films können aufgrund der Eigengesetzlichkeiten dieser Medien und der dadurch entstehenden Materialfülle im Rahmen dieser begrenzten Untersuchung nicht berücksichtigt werden. Bei unserem Vorgehen wollen wir jedoch ganz bewußt auch Grenzfälle mit einbeziehen, um die wesentlichen Aspekte des Gattungswechsels, die gattungsmäßig bedingten Differenzen zwischen Prätext und Text, schärfer erfassen zu können.[16] Dabei muß sich dann herausstellen, ob auch die durch den Gattungswechsel bewirkte Adaption, analog zum Sprach- und Medienwechsel, das Spektrum zwischen

---

14 Vgl. bes. R. Lachmann, »Intertextualität als Sinnkonstitution: Andrej Belyjs *Petersburg* und die ›fremden‹ Texte«, *Poetica,* 15 (1983), 66–108, hier vor allem: 66–82.

15 Vgl. den Beitrag von H. Zander in diesem Band.

16 Ohne Einbettung in ein übergreifendes theoretisches Konzept werden Wechsel zwischen dramatischen und erzählenden Texten behandelt bei M. Bluestone, *From Story to Stage: The Dramatic Adaptation of Prose Fiction in the Period of Shakespeare and his Contemporaries,* Studies in English Literature, 70 (The Hague/Paris, 1974); S. M. Patsch, *Vom Buch zur Bühne: Dramatisierungen englischer Romane durch ihre Autoren.* Eine Studie zum Verhältnis zweier literarischer Gattungen (Innsbruck, 1980).

Nach- und Neuschaffen auslotet, sich zwischen am Prätext orientierter Reproduktion und mit Zusatzfunktionen versehener Innovation bewegt; ob schließlich Gattungen beliebig austauschbare Gewänder sind, wie man z. B. unter Berufung auf Luis de Góngora y Argote, der dasselbe Geschehen in drei verschiedenen Gattungen verarbeitete,[17] schließen könnte.

2. *Der Gattungswechsel auf der triadischen Ebene*

Die Vorstellung, jeder Text lasse sich ohne Schwierigkeiten in eine andere Gattung überführen, bestätigt sich bei einer Überprüfung der theoretisch möglichen Gattungswechsel auf der Ebene der Trias nicht. Von den sechs denkbaren Realisationen (lyrischer <=> dramatischer Text, lyrischer <=> erzählender Text, dramatischer <=> erzählender Text) sind wegen der historisch begründeten Sonderstellung der Lyrik die an sie geknüpften Wechsel nur selten anzutreffen, während die Nähe von dramatischem und erzählendem Text zu einer enormen Ballung in diesem Bereich führt.

Ein mit einem lyrischen Text verbundener Gattungswechsel stößt schon aus quantitativen Gründen auf erhebliche Schwierigkeiten, ganz zu schweigen von den differierenden Grundhaltungen, die man den einzelnen Gattungen meistens zuordnet. Aufgrund der unterschiedlichen Dominanz der Vertextungsmerkmale besteht zwischen lyrischen und nicht-lyrischen Texten trotz desselben Zeichensystems ein so starkes Spannungsverhältnis, daß es sogar äußerst schwer, wenn nicht unmöglich ist, Kriterien dafür anzugeben, wann denn ein Gedicht einen Gattungswechsel zum dramatischen oder erzählenden Text hin durchlaufen hat.[18]

Eines der wenigen Beispiele, für das der Begriff ›Gattungswechsel‹ überhaupt angemessen erscheinen könnte, ist John Barths Roman *The Sot-Weed Factor.* Barth zitiert nicht nur aus dem satirischen Gedicht gleichen Titels von Ebenezer Cooke und markiert im Vorwort zur zweiten Auflage ausdrücklich die intertextuelle Beziehung,[19] damit der Leser, der den weithin unbekannten Prätext sonst für fiktiv halten könnte, auch die intendierte Bearbeitung wahrnimmt; Dichter und Gedicht übernehmen für den gesamten Roman eine Vergleichsfunktion, so daß *The Sot-Weed Factor* als fiktio-

---

17 Vgl. M. Landmann, *Die absolute Dichtung: Essais zur philosophischen Poetik* (Stuttgart, 1963), S. 148.

18 In diesem Punkt können wir eine Parallele zum Medienwechsel Lyrik – Film notieren, der auch höchst selten – als Beispiel ließe sich die Verfilmung von Poes »The Raven« anführen – zu beobachten ist.

19 *The Sot-Weed Factor,* Bantam Books (New York, ^{2}1967), S. vii: »I've taken the opportunity to reread *The Sot-Weed Factor* with an eye to emending and revising the text of the original edition before its reissue, quite as Ebenezer Cooke himself did in 1731 with the poem from which this novel takes its title.«

naler Versuch bezeichnet werden kann, die Verssatire Cookes in ihrem historischen Kontext, doch in einer anderen Gattung nachzuschaffen.[20]

Zum Gattungswechsel kommt es am ehesten, wenn sich schon der lyrische Text qualitativ und quantitativ einer anderen Gattung, etwa dem Drama, annähert. So wurde Byrons fast 900 Verse langes Gedicht *Mazeppa,* die Schilderung einer fesselnden Handlung um den Kosakenführer Mazeppa, im 19. Jahrhundert mehrfach zu Hippodramen verarbeitet. Den Autoren ging es jedoch weder um eine möglichst werkgetreue Einrichtung von Byrons Gedicht für die Bühne noch um einen neuen, dramatisch präsentierten Sinnzusammenhang mit dem Prätext, sondern sie betonten einseitig die für das Theaterpublikum attraktiven melodramatischen Qualitäten des Gedichts. Dadurch gewinnt der dramatische Text einen vom lyrischen Prätext, den ohnehin nur wenige Zuschauer gekannt haben dürften, fast völlig unabhängigen Eigenwert.

Während die jeweiligen Gattungsbedingungen einen Wechsel zwischen lyrischen und nicht-lyrischen Texten beinahe ausschließen, zumindest sehr erschweren, liegt in der Verwandtschaft von dramatischem und erzählendem Text,[21] die Käte Hamburger sogar von Epik und Dramatik als einer Gattung mit mimetisch-fiktionalem Charakter sprechen läßt,[22] ein gewichtiger Grund dafür, warum wir in diesem Bereich so häufig Gattungswechsel vorfinden. Ähnliche oder gleiche Elemente der Textkonstitution – z. B. die zentrale Funktion des Dialogs,[23] die Figuren als Träger der Handlung, raumzeitliche Situierung und Plotsegmentierung – erleichtern den Übergang von narrativen zu dramatischen Texten und vice versa.

Die Ähnlichkeit zwischen beiden zeigt sich schon daran, daß bei einer extremen Reduktion des Erzähleranteils der Roman die Grenze zum Drama erreicht. So verwenden Ivy Compton-Burnett und Oscar Wilde in ihren Romanen seitenlang nur Dialogpassagen, die oft nicht einmal mehr – außer in der typographischen Zuordnung – mit Sprechern gekennzeichnet werden. Umgekehrt erweitert Shaw durch lange narrative Nebentexte die Grenzen des Dramas so erheblich, daß Kritiker ihm vorwarfen, seine Dramen seien doch eher ›dialogue novels‹. Die angesprochene gattungsmäßige Affinität und die schon in den Gattungen angelegten Möglichkeiten der Gattungsüberschreitung verführen geradezu zum Gattungswechsel in beiden Richtungen, wobei allerdings die Dramatisierung von Erzähltexten bei

---

[20] Zum Zusammenhang von Cookes Satire und Barths Roman vgl. Ph. E. Diser, »The Historical Ebenezer Cooke«, *Critique,* 10 (1968), 48–59.

[21] Zum Verhältnis dramatischer – narrativer Text vgl. M. Pfister, *Das Drama: Theorie und Analyse,* UTB (München, 1977), S. 19–24.

[22] *Die Logik der Dichtung* (Stuttgart, 1957), bes. S. 114–125.

[23] Es muß allerdings gleich differenzierend angemerkt werden, daß Dialog im Drama und Dialog im Roman durchaus qualitative Unterschiede, z. B. unter dem Gesichtspunkt der Performanz, aufweisen.

weitem dominiert, möglicherweise deshalb, weil eine Reduktion einfacher als eine Ausdehnung vorgenommen werden kann. Die Meinungen über den künstlerischen Wert solcher Gattungswechsel gehen jedoch weit auseinander. Wenn Guy de Maupassant die Dramatisierung eines Romans einmal eine tote Kunst genannt hat,[24] dann verweist er damit unbewußt auf die – intertextuell gefaßt – schwache Dialogizität, da das Aufbereiten des Erzähltextes für die Bedingungen von Drama und Theater im wesentlichen eine reproduktive Aufgabe darstellt.

An der Gegenüberstellung eines Ausschnittes aus Agatha Christies Kurzgeschichte »Three Blind Mice« und ihrem daraus entstandenen Drama *The Mousetrap* lassen sich die einfachsten Veränderungen exemplarisch aufzeigen.

»Those are the statements you made. I have no means of checking those statements. They may be true – they may not. To put it quite clearly – four of those statements are true – but *one of them is false*. Which one?« He looked from face to face. Nobody spoke. »Four of you are speaking the truth – one is lying. I have a plan that may help to discover the liar. And if I discover that one of you lied to me – then I know who the murderer is.«	TROTTER. Those were the statements you made. I had no means of checking these statements. They may be true – they may not. To put it quite clearly, five of those statements are true, but one is false – which one? (*He pauses while he looks from one to the other*) Five of you were speaking the truth, one of you was lying. I have a plan that may help me to discover the liar. And if I discover that one of you lied to me – then I know who the murderer is.
Giles said sharply, »Not necessarily. Someone might have lied – for some other reason.«	MISS CASEWELL. Not necessarily. Someone may have lied – for some other reason.
»I rather doubt that, Mr Davis.«	TROTTER. I rather doubt that.
»But what's the idea, man? You've just said you've no means of checking these statements?«	GILES. But what's the idea? You've just said you had no means of checking these statements.
»No, but supposing everyone was to go through these movements a second time.«	TROTTER. No, but supposing everyone was to go through these actions a second time.
»Bah,« said Major Metcalf disparagingly. »Reconstruction of the crime. Foreign idea.«	PARAVICINI. (*sighing*) Ah, that old chestnut. Reconstruction of the crime. GILES. That's a foreign idea.
»Not a reconstruction of the *crime*, Major Metcalf. A reconstruction of the movements of apparently innocent persons.«	TROTTER. Not a reconstruction of the *crime*, Mr Paravicini. A reconstruction of the movements of apparently innocent persons.
(A. Christie, »Three Blind Mice«)[25]	(A. Christie, *The Mousetrap*)[26]

---

24 Nach: Patsch, S. 103.

25 In: *The Mousetrap*, Dell Books (New York, 1976 [¹1953]), S. 7–82, hier: S. 73.

26 *A Play in Two Acts* (London, 1954), S. 58.

Bei diesem durch den Autor des Prätextes selbst vorgenommenen Gattungswechsel[27] nimmt die Anlehnung an den Prätext (Figuren, Handlungsablauf, Dialog/Polylog, Thematik) extreme Formen an.[28] Da schon die Kurzgeschichte äußerst dialogisch konstruiert ist und nur wenige ›inquit‹-Formeln enthält, braucht Christie die geringen Erzählanteile nur zu Regieanweisungen zu machen und den Text durch Sprecherzuweisungen auszuzeichnen. Diese sind im Drama, vor allem wohl zum Zweck einer gleichmäßigeren Verteilung der Redeeinheiten, geringfügig geändert. Zwischen Text und Prätext besteht, soweit das überhaupt denkbar ist, weitestgehende Identität. Ein solcher Gattungswechsel, der keinerlei Sinnabweichung erkennen läßt, sondern sich in extremer Reproduktion erschöpft, verfügt über so gut wie keine intertextuelle Relevanz.

Der diskutierte Ausschnitt stellt einen Ausnahmefall dar, doch sehen viele Bearbeiter in der wörtlichen Übernahme des Prätextes, die Eigentext und Abweichungen nur dort zuläßt, wo es die Differenz zwischen erzählendem und dramatischem Text erfordert (z.B. Reduktion der Schauplätze und der Anzahl der Figuren, chronologische Abfolge der Ereignisse), ihr oberstes Anliegen. So berichtet auch Carl Zuckmayer über seine mit Heinz Hilpert vorgenommene Dramatisierung von Hemingways *A Farewell to Arms*: »[...] wir arbeiteten mit vorsichtiger Hand wie Instrumentenbauer, nahmen alle Dialoge und überhaupt fast jeden Satz aus dem ursprünglichen Buch.«[29] Es ist offensichtlich, daß dieses Verfahren, selbst wenn es nicht so ausschließlich wie bei Christie gehandhabt wird, mit seiner reproduzierenden Tendenz kaum Sinnerweiterungen, eher schon Sinnverengungen bewirkt.[30]

Das zu beobachtende intertextuelle Defizit beim Gattungswechsel erzählender <=> dramatischer Text folgt schon aus Funktion und Selbstverständnis des Bearbeiters: Gewinnt für ihn beim Gattungswechsel die Treue gegenüber dem Prätext vorrangige Bedeutung, dann sind ihm keine fakultativen, sondern nur gattungsspezifische Änderungen gestattet; entschließt er sich aber zu tiefergehenden Eingriffen, die entsprechende Sinnabwei-

---

[27] Was beim Sprach- und Medienwechsel wegen der hohen Anforderung, gleichzeitig zwei Sprachen oder zwei Medien perfekt zu beherrschen, eher eine Seltenheit darstellt, nämlich das Verfahren der Adaption eines literarischen Textes durch die Autoren selbst, ist im Bereich des Gattungswechsels nichts Außergewöhnliches.

[28] In dem schon genannten *Bumble's Courtship* sieht das sogar so aus, daß narrative und dialogische Teile des Prätextes genau entsprechend zu Regieanweisungen und Dialogpassagen des Folgetextes werden.

[29] *Als wär's ein Stück von mir: Horen der Freundschaft* (Stuttgart/Hamburg, 1966), S. 508.

[30] Das läßt sich überzeugend an den massenhaften Dramatisierungen von Romanen im 19. Jahrhundert, besonders bei Dickens, nachweisen. Vgl. den Überblick bei Patsch, S. 35–61 und 93–112.

chungen gegenüber dem Prätext nach sich ziehen, dann wird der Gattungswechsel zu einem sekundären Phänomen.

Ein interessantes Beispiel ist in diesem Zusammenhang C. H. Hazlewoods Dramatisierung von M. E. Braddons Roman *Lady Audley's Secret.*[31] Hazlewood formt die *sensation novel* zu einem bühnenwirksamen Drama um, das zwar in Teilaspekten mit dem Roman übereinstimmt, jedoch die analytischen und psychologischen Begleitmomente der Handlung ebenso ausspart wie die kommentierende und manchmal auch Distanz schaffende Funktion des Erzählers. Der dramatische Text setzt sich aus einer Teilmenge von Elementen des Prätextes zusammen, die, neu angeordnet und verknüpft, eine Umdeutung bewirken: Unterstützt durch die szenische Realisation, die durch optische und akustische Untermalung (z. B. Tableau, Musik) den schon durch die Sprache vorgegebenen Appell an die Gefühle noch betont, entwickelt sich ein typisches Melodrama, das die Mehrschichtigkeit des Romans einem monopathischen Effekt opfert. Es entsteht also ein neuer Text mit einer Sinnänderung, für die sogar die Kenntnis des Prätextes erforderlich ist. Da dieser jedoch nicht thematisiert wird, werden kaum intertextuelle Impulse freigesetzt.

Die meisten Gattungswechsel im Bereich erzählender <=> dramatischer Text fallen deshalb in zwei Grobkategorien, nämlich Reproduktion oder Neuschaffen. Selbst Texte wie Charles und Mary Lambs *Tales from Shakespeare,* die die Dramen in Erzählform für junge Leser aufbereiten, damit ihr Interesse an Shakespeare geweckt wird, wollen in erster Linie das Verständnis für die Prätexte schaffen, nicht Shakespeare neu sehen lernen. Erst dadurch, daß dies in der Form einer auf Kinder zugeschnittenen, märchenhafte Züge tragenden Geschichte geschieht, entsteht eine neue, wiederum jedoch nur schwach intertextuell zu nennende Wirkung.

Sein intertextuelles Potential kann der Gattungswechsel am besten entfalten, wenn sich durch zeitliche Distanz zwischen Prätext und Text mit dem Gattungswechsel zugleich aktualisierende Sichtweisen aufdrängen oder zwangsläufig ergeben. Patrick M. Cleppers *Joseph Andrews,* eine – wenn man der Vorbemerkung Glauben schenkt – eigentlich eher reproduzierend gemeinte Dramatisierung von Fieldings Roman, verkennt die im Prätext mit der Komik verknüpften ernsthaften Absichten und deutet *Joseph Andrews* ausschließlich als »racy, robust, rowdy, riotous farce from the pen of Henry Fielding«.[32] Geradezu unbewußt entsteht so aus Fieldings subtilem »comic epic poem in prose« eine satirische Farce.

Eine vom Autor intendierte und vom Rezipienten kaum zu übersehende Dialogizität zeichnet dagegen Adrian Mitchells *Man Friday* aus, eine Dra-

---

[31] Vgl. dazu demnächst B. Lenz, »Sensation Novel und Melodrama: *Lady Audley's Secret* und *East Lynne* als Erzählungen und auf der Bühne«.

[32] *Joseph Andrews: A Comedy from the Novel by Henry Fielding* (London, 1978), S. iv.

matisierung des Defoeschen *Robinson Crusoe* aus der Sicht Fridays. Mitchell übernimmt – etwa im Gegensatz zu John Osbornes Dramatisierung des Wildeschen Ästhetizismus-Romans *The Picture of Dorian Gray* – kaum wörtliche Passagen aus dem Prätext, sondern läßt Crusoe und Friday wesentliche Episoden nachspielen und integriert diesen gerafften Handlungsablauf in eine neue Rahmenhandlung. Mit spezifisch dramatischen Mitteln, z.B. durch die Einbeziehung der Zuschauer, die zum Schluß die Entscheidung über Crusoes Schicksal fällen müssen, münzt Mitchell Defoes Puritanismus in eine Satire auf Crusoes kapitalistische und imperialistische Ideen um.

Kaum ein anderer Autor hat jedoch Prätexte aus den verschiedenen Gattungen so intensiv verarbeitet wie Shakespeare: dramatische Vorlagen wie Plautus' *Menaechmi* oder das anonyme Geschichtsdrama *The Famous Victories of Henry the Fifth,* die auf unserer jetzigen Argumentationsebene keinen Gattungswechsel konstituieren;[33] lyrische Prätexte, beispielsweise Arthur Brookes *The Tragical History of Romeus and Juliet* oder Ovids *Metamorphosen;* narrative Quellen wie Thomas Lodges *Rosalynde* oder Plutarchs *Parallelbiographien*; schließlich auch nichtfiktionale Texte wie Holinsheds *Chronicles.* Bei der Umarbeitung behält Shakespeare zwar wesentliche Merkmale der Prätexte bei, doch stattet er seine Dramatisierungen mit zusätzlichen oder veränderten Funktionen aus, die gerade erst den Shakespeareschen Stücken ihre eigentliche Bedeutung geben. Man wird sich allerdings fragen müssen, inwiefern hier ein dialogisches Prinzip zugrunde liegt, wenn markierte Rückverweise weitgehend fehlen und es in erster Linie dem Rezipienten überlassen ist, insbesondere dem klassisch gebildeten Shakespeare-Kenner, Bezüge zwischen den Dramatisierungen und den Prätexten herzustellen – ganz zu schweigen davon, daß die elisabethanische Rezeption von der heutigen stark abweichen dürfte. Versteht man Intertextualität als die ausdrückliche Thematisierung eines Prätextes, dann sind auch Shakespeares Dramen unter dem Aspekt des Gattungswechsels nicht als hochgradig intertextuell einzustufen.

Damit kehren wir zu unserer entscheidenden Problematik zurück, denn eine klare Grenzziehung zwischen fakultativen und gattungsbedingten Änderungen ist nicht immer möglich. Die Intertextualität geht jedoch nicht allein aus dem Gattungswechsel hervor, sondern – vielleicht sogar noch stärker – aus der Text-Text-Beziehung. Damit bestätigt sich die Vorstellung von zwei Kategorien, hier primär Gattungswechsel, doch im wesentlichen Reproduktion, dort Innovation, doch nur sekundär Gattungswechsel.

---

[33] Auf der untergeordneten Ebene dramatischer Gattungen kann man in manchen Fällen trotzdem von einem Gattungswechsel sprechen, denkt man z.B. an das Geschichtsdrama *The True Chronicle History of King Leir* mit glücklichem Ausgang und Shakespeares Tragödie *King Lear.*

Damit erhält auch das Kriterium der Dialogizität eine doppelte Ausrichtung. Auf der innovativen Seite behält es seine bekannte intertextuelle Bedeutung.[34] Im reproduktiven Bereich verkürzt sich jedoch der Prozeß der Dialogizität beim Gattungswechsel erzählender <=> dramatischer Text auf eine produktionsästhetische Relevanz. Jeder Bearbeiter, selbst wenn er einen Text nur in einer anderen Gattung reproduzieren will, begibt sich in einen unausweichlichen Dialog mit dem Prätext, um dessen Aussagen möglichst adäquat in die neue Gattung transferieren zu können.[35] Ob jedoch der Rezipient diese Form der Dialogizität wahrnehmen und teilen kann, hängt ganz von seinem Vorwissen ab, da sich Dialogizität nun nicht mehr intratextuell vollzieht.[36]

3. *Der Gattungswechsel bei den historischen Gattungen*

Nachdem wir den Gattungswechsel auf der triadischen Ebene untersucht haben, ist nun zu prüfen, inwiefern sich die bisher gewonnenen Erkenntnisse bei anderen Gattungsbegriffen bestätigen. Im Gegensatz zu der überschaubaren, mathematisch sogar fixierbaren Anzahl von Gattungswechseln bei der triadischen Einteilung sehen wir uns bei den historischen Gattungen theoretisch unendlichen Möglichkeiten des Gattungswechsels gegenüber. In der literarischen Praxis ergeben sich jedoch wiederum gattungsbedingte Eingrenzungen.

Die Schwierigkeiten beim Gattungswechsel lyrischer <=> dramatischer Text betreffen natürlich auch die untergeordnete Ebene, lyrische Gattun-

---

[34] Vgl. den Beitrag von M. Pfister in diesem Band, Kap. I.

[35] Besonders deutlich wird dies, wenn der Dialog nicht zu dem gewünschten Ergebnis führt, wie im Fall von Henry James. Er hat mehrfach versucht, seine äußerst erfolgreichen Erzählungen und Romane zu Dramen umzuarbeiten (vgl. Patsch, S. 63–91). Am Beispiel der frühen Erzählung *Daisy Miller* läßt sich nachweisen, daß James nicht – wie häufig behauptet – vorwiegend aus theatergeschichtlichen Gründen bei der Dramatisierung scheitert, sondern an Gattungsbedingungen (vgl. M. J. Mendelsohn, »›Drop a tear...‹: Henry James Dramatizes *Daisy Miller*«, *Modern Drama,* 7 [1964/1965], 60–64). Was in der Erzählung gelingt – die Abstimmung von Dialog- und Erzählpassagen, der Handlungsablauf mit dem notwendig tragischen Ende, die sprachliche Darstellung, Charakterisierungs- und Erzähltechnik –, funktioniert im Drama nicht mehr. Simple Dialoge, ein melodramatisches *happy ending,* Auslassen von dramatisch wirksamen Szenen aus der Vorlage, die bis zum Überdruß praktizierte Technik des ›aside‹ und flache Charaktere lassen Erzählung und Drama trotz der bisweilen wörtlichen Übereinstimmungen wie zwei völlig unterschiedliche Texte wirken.

[36] Ein ähnliches Problem ergibt sich beim Sprachwechsel, weil die meisten Leser nicht in erster Linie am Dialog des Übersetzers mit seiner Vorlage interessiert sind und auch nicht die Übersetzung mit dem Original vergleichen. Vgl. – auch wegen seiner z. T. abweichenden Position – den Beitrag von W. von Koppenfels in diesem Band, Kap. IV, 4.1.

gen <=> dramatische/erzählende Gattungen, und die theoretisch zusätzliche Möglichkeit lyrische Gattung <=> lyrische Gattung ist ebenfalls so gut wie nie zu beobachten. Die Konvertierbarkeit konzentriert sich deshalb vor allem wieder auf Gattungen aus dem dramatischen und erzählenden Bereich. Dabei können wir jetzt Gattungswechsel wie Kurzgeschichte <=> Drama, historischer Roman <=> historisches Drama oder Gothic novel <=> Melodrama vernachlässigen, weil sie prinzipiell ähnliche Fragen, wie zuvor bereits am Gattungswechsel dramatischer <=> erzählender Text demonstriert, aufwerfen. Neue Perspektiven eröffnen sich dagegen für unsere Fragestellung durch die Einengung auf Wechsel zwischen ausschließlich dramatischen oder ausschließlich erzählenden Gattungen, beispielsweise Tragödie <=> Tragikomödie, Kurzgeschichte <=> Roman, Märchen <=> Fabel.

Nahum Tate schuf bekanntlich die an klassizistischen Regeln ausgerichtete, wegen ihrer Beliebtheit fast 150 Jahre für die Shakespeare-Rezeption verbindliche Version des *King Lear*. Doch Tates Drama entfernt sich erheblich von der Tragödie Shakespeares.[37] Neben anderen Änderungen macht Tate wegen der von vielen Kritikern damals als unerträglich empfundenen Tragik aus Edgar und Cordelia ein Liebespaar mit neu eingefügten Szenen und veranschaulicht an ihrem Handeln die in der letzten Zeile des Stückes ausgesprochene Maxime »virtue shall at last succeed«, die, der poetischen Gerechtigkeit entsprechend, Edgar und Cordelia in Heirat und *happy ending* vereint. So durchläuft Shakespeares Tragödie einen Gattungswechsel zur Tragikomödie, die die ursprüngliche Tragik Shakespeares didaktisierend umdeutet.

Ähnlich wie Tate Dramentheorie und Publikumsgeschmack zur Umdeutung veranlassen, wandeln auch die Bearbeiter im 19. Jahrhundert Shakespeares Tragödien aufgrund der vorherrschenden Theater- und Dramenkonventionen zu Melodramen um. Wenn man, wie weithin üblich, das Melodrama als eigene Gattung auffaßt,[38] dann signalisiert die sinnverändernde Reduktion Shakespeares auf ein melodramatisches Modell einen Gattungswechsel, der jedoch, wie auch die Melodramatisierung in Shakespeare-Opern, weniger auf den Prätext als auf die Theaterkonventionen der Zeit verweist.

---

[37] Vgl. C. B. Young, »The Stage-History of *King Lear«,* in: William Shakespeare, *King Lear,* ed. G. I. Duthie/J. D. Wilson, The New Shakespeare (Cambridge, 1968 [[1]1960]), S. lvi–lxix, hier: S. lviiff.; William Shakespeare, *King Lear,* ed. K. Muir (London, 1965 [[1]1952]), »Introduction«, S. xliv.

[38] Vgl. M. R. Booth, *English Melodrama* (London, 1965); F. R. Rahill, *The World of Melodrama* (University Park, Pa./London, 1967); J. L. Smith, *Melodrama,* The Critical Idiom (London, 1973); J. N. Schmidt, *Ästhetik des Melodramas* (Phil. habil. masch. Hamburg, 1983).

Die in beiden Texten gegebene Problematik, inwiefern der Gattungswechsel intertextuell zu nennen ist, läßt sich an einem letzten Beispiel noch vertiefen. Mehrere Autoren bauen Romane auf Kurzgeschichten auf,[39] ohne daß sie dies explizit als Gattungswechsel markieren. So hat die Forschung zurecht auf die frappanten Übereinstimmungen zwischen Hemingways Roman *A Farewell to Arms* und seiner Kurzgeschichte »A Very Short Story« (einschließlich des dazugehörigen 6. Zwischenkapitels) verwiesen,[40] die wiederum auf eine Vignette in der Pariser Ausgabe des Kurzgeschichtenzyklus *In Our Time* zurückgeht.[41]

Hemingways Kurzgeschichte und Roman verdeutlichen die spezifische Leistungsfähigkeit beider Gattungen und die notwendigen Änderungen, die sich aus der Umwandlung einer Kurzgeschichte in einen Roman ergeben. »Chapter VI« und »A Very Short Story« behandeln auf äußerst knappem Raum in der Hemingway eigenen, oft distanziert und nüchtern wirkenden Art Krieg, Liebe, Verlust und Desillusionierung als zentralen Bestandteil des menschlichen Lebens. Das Zwischenkapitel beschreibt in wenigen, nur zweimal kurz durch Dialog unterbrochenen Sätzen Nick Adams' Verwundung und seine daraus resultierende Konsequenz des »separate peace«, während die nachfolgende, nur aus Erzählung bestehende Kurzgeschichte die Liebesbeziehung zwischen dem Protagonisten und der Krankenschwester Luz, die ihn nach seiner Verwundung pflegt, darstellt. Kurzgeschichte und Zwischenkapitel entwerfen zusammen die Vorstellung von einem physisch wie psychisch verwundeten Menschen, dessen Patriotismus und Liebe an der Realität des Krieges zerbrechen.

Was in Kurzgeschichte und Zwischenkapitel äußerst pointiert ausgesagt werden muß, weitet Hemingway unter Beibehaltung zentraler Elemente[42] zu einem breit angelegten Antikriegsroman aus. Damit stellt sich jedoch nicht nur ein quantitatives Problem, sondern der Umfang hat auch erhebli-

---

[39] Gemeint ist hier nicht das Verfahren, Kurzgeschichten später in Romane zu integrieren, wie dies in Faulkners *Go Down, Moses*, Hemingways *To Have and Have Not* oder Salingers *The Catcher in the Rye* geschieht. Solche Verfahren fallen in den Bereich der Gattungsmontage/-collage.

[40] Vgl. z.B. Ph. Young, »Adventures of Nick Adams«, in: *Hemingway: A Collection of Critical Essays,* ed. R. P. Weeks (Englewood Cliffs, N. J., 1962), S. 95–111, hier: S. 102; B. Oldsey, *Hemingway's Hidden Craft: The Writing of ›A Farewell to Arms‹* (University Park, Pa., 1979), S. 51.

[41] Die Pariser Ausgabe erschien 1924; *Chapter VI* und *A Very Short Story* sind erst in der New Yorker Ausgabe von 1925 enthalten.

[42] Hemingway übernimmt beispielsweise die raumzeitliche Situierung in Italien zur Zeit des Ersten Weltkrieges, nennt den Kriegskameraden des Protagonisten Rinaldo (statt vorher Rinaldi), verwendet durchlaufend die in der Kurzgeschichte angedeutete Symbolik des Regens als unheilstiftendes Zeichen und rückt vor allem die Leitidee des »separate peace« und die damit verknüpfte Liebesgeschichte in den Mittelpunkt.

che Auswirkungen auf Textstruktur und -aussage. So entwickelt sich die Idee des »separate peace« in einem langen Prozeß der Desillusionierung, aus der bewußten Ablehnung des Deserteurs, nicht unter dem spontanen Eindruck der Verwundung. Noch tiefgreifender sind die Folgen für die Liebesgeschichte. Die Kurzgeschichte, in der gar kein Raum für die Entwicklung einer tiefen Liebesbeziehung besteht, beendet Nicks Affäre sang- und klanglos. Im Roman dagegen erreicht das Verhältnis zwischen Frederic und Catherine dank der erzähltechnischen Möglichkeiten des Folgetextes (schrittweiser Aufbau, Perspektivierung, stärkere Dialogisierung) eine gefühlsmäßige Tiefe und Intensität, die dem Tod Catherines und dem Scheitern der Hoffnung, den im Krieg verlorengegangenen Sinn des Lebens durch den Rückzug ins Private wiederzugewinnen, tragische Züge verleiht.

Das Grundproblem bleibt in allen analysierten Beispielen gleich: Immer besteht zwischen Prätext und Text zwar eine beträchtliche, vor allem durch den Gattungswechsel bewirkte Differenz, doch existieren nur wenig Hinweise,[43] die darauf schließen lassen, daß es den Autoren primär um ein Bewußtwerden dieser Unterschiede, also um eine Thematisierung des Prätextes geht. Der Rezipient muß im wesentlichen erst durch Vergleich den intertextuellen Bezug selbst herstellen. In solchen Fällen, in denen das Zustandekommen von Dialogizität fast vollständig vom Rezipienten abhängt, ist die intertextuelle Relevanz trotz der erfolgten Bedeutungsänderung eher als schwach einzustufen.

Es gibt deshalb nur wenige Beispiele für Gattungswechsel, die als hochintertextuell gelten können, weil sie die Kriterien der Intertextualität auch überzeugend erfüllen: Der Gattungswechsel ist für den Autor das vorrangige Ziel und durch Markierung deutlich angezeigt; die Aktivierung des Prätextes bereitet dem Rezipienten keine größeren Schwierigkeiten; Einzeltextreferenz und Systemreferenz liegen nicht im Widerspruch, sondern ergänzen sich; der Folgetext bezieht seine zentrale Bedeutung durch die Thematisierung des Prätextes.

Einige der unzähligen »Rotkäppchen«-Bearbeitungen, die gerade durch die vorausgesetzte Kenntnis des Märchens neue Wirkungen erzielen[44] und zugleich einen Gattungswechsel durchlaufen,[45] können dem intertextuellen Anspruch des Gattungswechsels voll gerecht werden. Thaddäus Trolls

---

43 Als solcher hätte etwa der ursprünglich von Hemingway gedachte Titel *A Separate Peace* gelten können, weil er ein Zitat aus der Kurzgeschichte darstellt.

44 Vgl. H. Ritz, *Die Geschichte vom Rotkäppchen: Ursprünge, Analysen, Parodien eines Märchens* (Göttingen, 1983 [¹1981]); I. Fetscher, *Wer hat Dornröschen wachgeküßt? Das Märchen-Verwirrbuch* (Frankfurt a.M., 1974 [¹1972]), bes. S. 28–32: »Rotschöpfchen und der Wolf«.

45 Hier finden sich auch – allerdings wenig ergiebige – Beispiele für den Gattungswechsel erzählender Text => lyrischer Text, z.B. Wolfgang Sembdners »Rothkäppchen« oder Josef Wittmanns »rotkapperl«; beide in Ritz, S. 121f.

»Rotkäppchen auf Amtsdeutsch«[46] überführt das Märchen in ein amtliches Protokoll und verweist außer durch die Markierung im Titel auch zum Schluß explizit auf den Prätext: »Der Vorfall wurde von den kulturschaffenden Gebrüdern Grimm zu Protokoll genommen und stark bekinderten Familien in Märchenform zustellig gemacht.« (S. 103) Die Dialogizität entsteht in diesem Fall durch den Kontrast zwischen einer literarischen und einer nicht-literarischen Gattung, die sich besonders durch ihr sprachliches Register unterscheiden. Während sich die Handlung in Trolls Bericht eng an den Prätext anlehnt, geht wegen der Anforderung des Protokolls, die Vorgänge nüchtern und emotionslos zu registrieren, die einfache, volkstümliche Sprache des Märchens in bürokratisches Amtsdeutsch über:

> Vor ihrer Inmarschsetzung wurde die R. seitens ihrer Mutter über das Verbot betreffs Verlassens der Waldwege auf Kreisebene belehrt. Dieselbe machte sich in Nichtbeachtung dieser Vorschrift straffällig und begegnete beim Übertreten des amtlichen Blumenpflückverbots einem polizeilich nicht gemeldeten Wolf ohne festen Wohnsitz. Dieser verlangte in gesetzwidriger Amtsanmaßung Einsichtnahme in das zu Transportzwecken von Konsumgütern dienende Korbbehältnis und traf in Tötungsabsicht die Feststellung, daß die R. zu ihrer verschwägerten und verwandten, im Baumbestand angemieteten Großmutter eilend war. (S. 102)

Durch diesen gattungsbedingten sprachlichen Kontrast gehen der erzählerische Ton und die moralhafte Belehrung, die in Rotkäppchens Einsicht am Ende des Märchens gipfelt, verloren, und es dominieren statt dessen – wie in vielen modernen »Rotkäppchen«-Versionen – spielerische Komik und Parodie.

James Thurber betont dagegen in seiner »Rotkäppchen«-Adaption »The Little Girl and the Wolf«[47] nicht den Sprach-, sondern den Handlungskontrast, indem er das Märchengeschehen zu einer Fabel umarbeitet. Märchen und Fabel stehen sich als literarische Gattungen durch die beiden gemeinsame Belehrungsfunktion zwar nahe,[48] doch unterscheidet sich das Märchen von der Fabel durch handlungsorientierte Freude am Erzählen. Diese nimmt jedoch der pointiert aufgebauten, ganz auf das didaktische Ziel ausgerichteten Fabel einen Großteil ihrer Wirkung. Deshalb reduziert Thurber den Handlungsablauf auf zwei entscheidende Phasen, das erste Zusammentreffen der beiden Akteure im Wald und die abschließende Begegnung im Haus der Großmutter, und akzentuiert die für die Fabel typischen Merkmale: Der Wolf erscheint in seiner Rolle als gieriges und gefräßiges Lebewesen, märchenhafte Züge wie die Ablenkungsstrategie des Wolfes oder

---

46 In: Ritz, S. 102f.

47 In: J. Th., *Fables for Our Time* (New York, 1943), S. 5.

48 Zum Märchen vgl. M. Lüthi, *Märchen* (Stuttgart, ^{2}1964); zur Fabel R. Dithmar, *Die Fabel: Geschichte, Struktur, Didaktik* (Paderborn, ^{3}1974), und H. Lindner, *Fabeln der Neuzeit: England, Frankreich, Deutschland. Ein Lese- und Arbeitsbuch,* Kritische Information, 58 (München, 1978), bes. S. 12–46.

Rotkäppchens Dialog mit der vermeintlichen Großmutter entfallen, und außerdem läuft die gesamte Handlung in äußerst geraffter Form, ganz auf das Überraschungsmoment am Ende konzentriert, ab:

> When the little girl opened the door of her grandmother's house she saw that there was somebody in bed with a nightcap and nightgown on. She had approached no nearer than twenty-five feet from the bed when she saw that it was not her grandmother but the wolf, for even in a nightcap a wolf does not look any more like your grandmother than the Metro-Goldwyn lion looks like Calvin Coolidge. So the little girl took an automatic out of her basket and shot the wolf dead.
> *Moral: It is not so easy to fool little girls nowadays as it used to be.*

Durch diese aktualisierende Transformation des Märchens in eine Fabel entsteht nicht nur wie bei Troll eine amüsante Parodie, sondern Thurber setzt zusätzlich durch die Rollenverlagerung und die Umkehrung des Verhaltensschemas – Rotkäppchen handelt nicht mehr wie ein hilfloses kleines Mädchen, sondern macht dem Wolf resolut den Garaus – ein neues kritisch-didaktisches Potential frei: Der Leser wird zum Umdenken und zur Umdeutung, als Resümee in der abschließenden Moral noch einmal zusammengefaßt, gezwungen.

In den bisher erörterten Beispielen war die Systemreferenz jeweils durch einen einzelnen, konkret existierenden Prätext gegeben. Es ist jedoch zu fragen, ob der Prätext nicht auch durch ein theoretisches Konstrukt idealtypischer Gattungskonventionen verkörpert werden kann. Einige Kritiker sehen in Agatha Christies *The Mousetrap* einen Prätext für Stoppards *The Real Inspector Hound* und verweisen auf ähnliche Figurenkonstellationen, Handlungssequenzen und sprachliche Anspielungen. Letztlich referentialisiert Stoppards Drama jedoch nicht unbedingt einen konkreten Einzeltext, sondern bezieht sich auf eine Gattung, wie Birdboot schon gleich zu Beginn des Stücks erklärt: »That's what I heard. Who killed thing? – no one will leave the house. [...] It's a whodunnit, man!«[49] Stoppard bezieht sich deshalb auf einen theoretisch konstruierten Einzeltext, den Prototyp der Detektiverzählung, der einen Gattungswechsel zur Farce durchläuft.

Die analysierten Beispiele lassen erkennen, daß bei den historischen Gattungen hinsichtlich der Thematisierung des Prätextes durchaus ähnliche Probleme wie bei der triadischen Einteilung auftreten können. Im Gegensatz zum dominanten triadischen Gattungswechsel erzählender <=> dramatischer Text ist aber der Gattungswechsel bei den historischen Gattungen ausnahmslos von Sinnabweichungen geprägt, weil der Gattungswechsel nicht aus dem Wunsch zu reproduzieren, sondern aus der Absicht, eine neue Sicht zu vermitteln, resultiert. Bemerkenswert ist dabei, wie sich die dialogisch begründete Sinnerweiterung gerade in den hochintertextuellen

---

[49] *The Real Inspector Hound* (London, 1968), S. 11.

Beispielen aus der Kongruenz von Einzeltextreferenz und Systemreferenz entwickelt.

4. Zur intertextuellen Relevanz des Gattungswechsels

Unsere theoretischen Überlegungen und exemplarischen Untersuchungen auf der Basis unterschiedlicher Gattungsbegriffe lassen nun allgemeinere Schlußfolgerungen und Aussagen über die intertextuelle Relevanz von Gattungswechseln zu. Wie intensiv beim Gattungswechsel das Potential des Prätextes intertextuell genutzt wird, hängt von mehreren ästhetischen und außerästhetischen Faktoren ab. Beruhen Gattungswechsel vornehmlich auf außerästhetischen Faktoren, dann tendieren sie zur reinen Reproduktion, wie in England das Volkstheater, das im 19. Jahrhundert bei dem immensen Bedarf an neuen Stoffen den Roman für Dramatisierungen ausschlachtete, und die Copyright-Situation[50] verdeutlichen. Diese meist kommerzielle Ausnutzung eines erfolgreichen Textes, häufig schon durch die Synchronie der Bearbeitung angezeigt, läßt sich auch in unserem Jahrhundert immer wieder beobachten, heute vor allem als Medienwechsel literarischer Text => Film.

Es ist ein typisches Kennzeichen der Versetzungsformen, daß die Reproduktion das ausschließliche ästhetische Ziel darstellen kann. Trotzdem ist dies kein undialogischer Vorgang, denn die Reproduktion eines Textes in einer anderen Sprache, einer anderen Gattung oder einem anderen Medium verlangt eine intensive Auseinandersetzung des Bearbeiters mit dem Prätext und ist fast immer mit Sinnänderungen (Opfern oder Erweiterungen) verbunden. Da sich dieser Prozeß nicht mehr intratextuell abspielt – er läßt sich ja nicht etwa am Verhältnis Fremdtext – Eigentext ablesen –, sondern auf die Textgenese konzentriert ist, erscheint es bei den Versetzungsformen angebracht, den Begriff der Dialogizität weiter zu fassen.

Der Gattungswechsel selbst und seine konkrete Realisation werden, wie die Beispiele aus dem Bereich erzählender <=> dramatischer Text belegen, wesentlich durch die Affinität von Gattungen erleichtert. Deshalb sperren sich lyrische Texte eher gegen Gattungswechsel, während sie wegen ihrer Affinität zur Musik einem Medienwechsel entgegenkommen. So wurde Drydens Ode *Alexander's Feast; or, The Power of Musique* mehrfach vertont, unter anderem von Händel, dessen Librettist Newburgh Hamilton den Text fast wörtlich übernahm und ihn lediglich – analog zu Sprecherzuweisungen beim Drama – in Arien, Rezitative und Chöre einteilte; und auch

[50] Aufgrund des mangelnden Schutzes durch das Copyright waren die Autoren oft gezwungen, Romane möglichst umgehend zu dramatisieren und in Lesungen ›aufzuführen‹ oder auf der Bühne inszenieren zu lassen, wenn sie nicht ihre finanziellen Ansprüche auf den Text in der anderen Gattung verlieren wollten.

heute liegt die Vertonung lyrischer Texte näher als ihre Transformation in eine andere literarische Gattung.

Nun kann gerade die Unterschiedlichkeit von Gattungen auch ein Anreiz für einen Wechsel sein, doch nimmt die Kommunikativität im Normalfall ab, selbst wenn sich das im einzelnen, wie unser Beispiel Märchen => Protokoll andeutet, nicht immer hinderlich auswirken muß. Denn wie beim Medienwechsel mit der Differenz der Zeichensysteme auch die Differenz zum Prätext wächst, so resultiert aus der Differenz von Gattungen ebenfalls eine grundsätzlich stärkere Verschiedenheit von Text und Prätext.

Gattungswechsel erstrecken sich allerdings keineswegs gleichmäßig über eine Skala, die von der Reproduktion bis zur Innovation reicht; vielmehr ist eine Polarisierung zu erkennen: Gattungswechsel tendieren schon von der Autorintention her zur Reproduktion oder Innovation. Das hängt mit der zentralen Problematik des Gattungswechsels zusammen, der untrennbaren Verbindung von Einzeltextreferenz und Systemreferenz. Da nie Gattungen an sich, sondern immer nur Einzeltexte Wechsel vollziehen können, da weiter beim Gattungswechsel per Definition die Transformation des gesamten Prätextes und nicht nur von Textteilen (die intertextuell lediglich Zitate oder Anspielungen darstellen) gegeben sein muß, besteht produktionsästhetisch für eine intensive Intertextualität das nur schwer zu lösende Problem, die dem Wechsel immanente Notwendigkeit zur Reproduktion zugleich mit einer größtmöglichen Thematisierung des Prätextes zu verknüpfen. Das erklärt die Neigung zur Polarisierung: hier eher Reproduktion mit gattungsspezifischen Änderungen, also mit systemreferentiellem Charakter; dort Thematisierung mit einzeltextspezifischen Änderungen, jedoch auch mit weniger auffälliger Systemreferenz.

Intertextuell ist jedoch gerade die Zone zwischen diesen beiden Polen die interessanteste, wobei freilich in vielen Fällen die Schwierigkeit besteht, die fakultativen Änderungen von den gattungsspezifischen sauber trennen zu können. Außerdem erfüllen nur wenige Gattungswechsel – vor allem diachron zustandegekommene aus dem Bereich der historischen Gattungen – die Anforderung, Einzeltextreferenz und Systemreferenz weitgehend zur Deckung zu bringen und die Sinnkonstitution des Textes vor allem durch Gattungstransformation und Ausloten des neuen Gattungspotentials zu bewirken.[51] Erst dann aber erhält der Gattungswechsel ein Höchstmaß an intertextueller Relevanz und, wie Thurbers Fabel zeigt, eine in starkem Maße durch den Prätext mitdeterminierte literarische Bedeutung.

Durch die Einordnung des Gattungswechsels in den Rahmen der Intertextualität haben wir nicht nur eine alte Erscheinung theoretisch neu einge-

---

[51] Bei einem unserer Beispiele, der Umwandlung des Märchens in ein Protokoll, haben wir sogar schon die Grenze des literarischen Gegenstandsbereichs durchbrochen.

kleidet. Im weiterreichenden Kontext der Versetzungsformen allgemein werden durch das Leitprinzip der Intertextualität ähnliche theoretische Probleme sichtbar, und in der Praxis lassen sich gegenseitige Einflußnahmen und Überlagerungen der verschiedenen Wechsel präziser erfassen. Speziell auf den Gattungswechsel bezogen, verrät erst der intertextuelle Blickwinkel die durch die Interdependenz von Einzeltextreferenz und Systemreferenz bedingte Neigung zur Polarisierung und das Überlagern gattungsspezifischer Eingriffe durch Abweichungen, die aus den besonderen Intentionen des Bearbeiters entstehen.

Neben diesem heuristischen Wert der intertextuellen Perspektive für Probleme des Gattungswechsels darf jedoch abschließend auch gefragt werden, ob der so untersuchte Gattungswechsel nun rückwirkend auch Einsichten für die Intertextualität generell vermittelt. Legt man die von Pfister vorgeschlagenen qualitativen Kriterien zugrunde,[52] so kann man feststellen, daß Gattungswechsel im Hinblick auf Referentialität, Kommunikativität und Selektivität die Skala der Intensität voll abdecken können, dagegen die metakommunikative Autoreflexivität nur schwach verwirklichen; demgegenüber entfalten Gattungswechsel unter dem Aspekt der Strukturalität ein Höchstmaß an intertextueller Wirkung. Mißt man jedoch, worüber sich natürlich streiten ließe, einmal der Dialogizität im Kriterienkatalog Pfisters eine vorrangige Bedeutung zu, dann zeigen die Ergebnisse unserer Untersuchung, daß die Intertextualität beim Gattungswechsel wohl eher gering zu veranschlagen ist. So gesehen zählt der Gattungswechsel sicher nicht zu den zentralen Erscheinungen der Intertextualität.

4.3 Intertextualität und Medienwechsel

Horst Zander

Ein Bereich, der von der Intertextualitätsforschung bisher weitgehend vernachlässigt wurde, ist die Intertextualität zwischen Texten in verschiedenen Medien (gelegentlich Intermedialität genannt).[1] Die Forscher, die einen

---

[52] Vgl. in diesem Band seinen Beitrag »Konzepte der Intertextualität«, S. 26–30.

[1] Vgl. z.B. A. A. Hansen-Löve, »Intermedialität und Intertextualität: Probleme der Korrelation von Wort- und Bildkunst – Am Beispiel der russischen Moderne«, in: *Dialog der Texte: Hamburger Kolloquium zur Intertextualität*, ed. W. Schmid/W.-D. Stempel, Wiener Slavistischer Almanach, Sonderband 11 (Wien, 1983), S. 291–360. – Wir verzichten auf den Begriff »Intermedialität«, um mit »Intertextualität« Analogien sowie Differenzen zwischen Erscheinungsformen des Medienwechsels und den Phänomenen einer innerliterarischen Intertextualität schärfer hervorzuheben.

betont engen Intertextualitätsbegriff verwenden, mußten diesen Aspekt aus ihren Überlegungen ausklammern, weil sie entweder die Intertextualität von vornherein auf eine literarische Intertextualität beschränkten oder aber weil sie die Zeichensysteme anderer Medien nicht als Texte betrachteten und folglich andere Künste als die Literatur nicht unter dem Vorzeichen der Intertextualität analysieren konnten.[2] Doch auch die Philologen mit einem extensiven Intertextualitätsbegriff haben sich nur selten mit dem Medienwechsel beschäftigt; wenn andere Kunstformen ins Blickfeld traten, dann stand zumeist der dialogische Bezug zwischen Texten innerhalb des anderen Mediums zur Diskussion, nicht jedoch die Intertextualität zwischen verschiedenen Medien.[3]

Diese Ausführungen implizieren bereits, daß im folgenden ein weiterer Intertextualitätsbegriff zur Anwendung kommen muß als bei denjenigen, die Intertextualität für literarische Intertextualität reservieren. Andererseits soll Intertextualität hier aber nicht als so universelles Phänomen aufgefaßt werden wie etwa bei Julia Kristeva oder Roland Barthes, denn ein derart extensiver Intertextualitätsbegriff droht zur Metapher ohne heuristischen Wert zu verwässern. Den vielfach geäußerten, berechtigten Zweifeln am praktischen Erkenntniswert des neuen Etiketts Intertextualität[4] wollen wir dahingehend Rechnung tragen, daß wir bei unseren nachfolgenden Ausführungen unter Intertextualität allein den Rückverweis eines Textes auf einen oder mehrere Prätexte verstehen (also einen Verweis in eine der der traditionellen Einflußforschung genau entgegengesetzte Richtung).

Dabei bietet sich für eine Skizze intertextueller Erscheinungsformen zwischen verschiedenen Medien die Konzentration auf einen Autor wie Shakespeare an. Die besondere Bekanntheit seiner Dramen hat einmal zur Folge, daß auch deren Umsetzungen in andere Medien in besonderem Maße intertextuell rezipiert werden. Zum anderen läßt sich an diesem Paradigma das recht diffuse Feld des Medienwechsels überschaubar gestalten. Gewiß werden aber auch unsere Überlegungen das konstatierte Defizit in der Forschung nicht beheben – schon aus Raumgründen, aber auch deshalb, weil eine gleichberechtigte Würdigung literarischer und medienspezifischer

---

[2] Zu den verschiedenen Positionen in der Intertextualitätsdiskussion vgl. den Forschungsbericht von Manfred Pfister am Anfang dieses Bandes. – Gérard Genette behandelt allerdings intertextuelle Bezüge innerhalb der Malerei und der Musik, obgleich er bezweifelt, daß man die Zeichensysteme dieser Künste als Texte auffassen kann (*Palimpsestes: La littérature au second degré* [Paris, 1982], S. 435–445).

[3] Neben den erwähnten Ausführungen Genettes vgl. besonders V. Karbusicky, »Intertextualität in der Musik«, in: *Dialog der Texte*, S. 361–398. Hier wird immerhin auch kurz der Medienwechsel gestreift (S. 382–390).

[4] Zu dieser Kritik siehe vor allem W.-D. Stempel, »Intertextualität und Rezeption«, in: *Dialog der Texte*, S. 85–109.

Aspekte mangels Vorarbeiten zur Zeit kaum leistbar ist. Hier könnte ein Dialog der Wissenschaften weiterhelfen.

1. Vom Wort zur Bühne

Trotz der erwähnten Vernachlässigung des Medienwechsels in der Intertextualitätsdiskussion ist die Versetzung eines sprachlich manifestierten Textes in das Zeichensystem eines anderen Mediums und der entsprechende Rückverweis des so konstituierten Posttextes auf den Prätext eine der gängigsten Formen eines intertextuellen Bezugs – jedenfalls nach unserer Fassung des Terminus Intertextualität. Ein Dramentext, speziell ein Shakespeare-Text, wird auf der Bühne inszeniert oder wird verfilmt, als Hörspiel aufbereitet, in ein Puppentheater transponiert, zur Oper, zum Ballett oder zum Musical umgeformt, in instrumentale Musik oder in die bildende Kunst überführt,[5] wobei die neuen Texte zumeist den jeweiligen Shakespeareschen Prätext referentialisieren und diese Referentialisierung gewöhnlich in der einen oder anderen Weise markiert ist.[6]

Die mit Abstand häufigste Form eines solchen Medienwechsels stellt die Inszenierung dar, also die Produktion eines visuellen und akustischen Textes auf der Bühne,[7] der auf die sprachliche Vorlage Bezug nimmt. Während man eine Inszenierung – jedenfalls die eines bereits publizierten Dramas[8] – *per se* als ein intertextuelles Phänomen zu werten hat (und dabei Begleittexte wie Programmhefte den Dialog mit dem Prätext explizieren), finden sich darüber hinaus gerade bei einem Klassiker wie Shakespeare gelegentlich Aufführungen, die einen solchen Dialog auch im inneren Kommunikationssystem thematisieren. So tritt bei der *Richard II*-Inszenierung von John Barton (Stratford, 1973) zu Anfang des Spiels eine Shakespeare-Figur mit einem Shakespeare-Textbuch auf die Bühne; die beiden Schauspieler, die für die Hauptrollen vorgesehen sind, losen aus, wer an jenem Abend den Part des Bolingbroke und wer den Part des Richard spielen soll, und seine ersten Zeilen im Textbuch suchend, beginnt der Richard-Darsteller sodann mit der eigentlichen Eröffnung des Stücks.[9]

---

[5] Die Transformation eines Shakespeare-Dramas in einen narrativen Text (wie sie z.B. in den bekannten *Tales from Shakespeare* von Charles und Mary Lamb [1807] vorliegt) ist eher dem Gattungswechsel als dem Medienwechsel zuzurechnen. Zur Problematik einer solchen Abgrenzung sowie zum Gattungswechsel generell vgl. den Beitrag von Bernd Lenz in diesem Band.

[6] Zur Markierung intertextueller Bezüge vgl. den Beitrag von Ulrich Broich in diesem Band.

[7] Auf eine weitere Differenzierung der verschiedenen visuellen und akustischen Codes (etwa in Gestik, Mimik, Sprachduktus etc.) muß hier verzichtet werden.

[8] Vgl. dazu wiederum Bernd Lenz.

[9] Zu dieser recht anspruchsvollen Inszenierung vgl. H. Zander, »Bearbeitungen von Historien: John Barton/Peter Hall, *The Wars of the Roses*; John Barton,

Bei einem Autor wie Shakespeare ist das Bewußtsein einer derartigen Form von Intertextualität in aller Regel auch auf der Rezipientenseite vorhanden. Während viele moderne Dramen (besonders unbekannterer Autoren) dem Zuschauer nur durch die entsprechende Inszenierung und nicht durch die Lektüre des Bezugstextes vermittelt werden, muß man bei einem Dramatiker wie Shakespeare davon ausgehen, daß große Teile des Publikums den Bezugstext unabhängig vom jeweils produzierten Posttext vor Augen haben. Durch die Lektüre des Dramas oder durch die Rezeption anderer Inszenierungen des Dramas hat sich bei vielen Zuschauern ein bestimmter Erwartungshorizont herausgebildet, und sie messen die jeweilige Inszenierung häufig an ihrem Verhältnis zum Prätext beziehungsweise an ihrem Verhältnis zu anderen Posttexten des Prätextes. Bei solchen Shakespeare-Inszenierungen, die den Referenztext massiv abändern, wird diese Erwartungshaltung und das Bewußtsein des intertextuellen Dialogs in dem alten Zuschauer-, Kritiker-, Philologen-Seufzer: »Das ist doch kein Shakespeare mehr«, manifest.

Diese Ausführungen deuten zugleich an, daß man sowohl auf der Produzenten- als auch auf der Rezipientenseite in Hinblick auf den Prätext weiter differenzieren muß. So werden Shakespeares Dramen in der Bundesrepublik zumeist in einer Übersetzung aufgeführt, und auch die erwähnte Textfolie der Theaterbesucher ist im allgemeinen statt des englischen Shakespeare-Textes eine deutsche Übersetzung, gewöhnlich immer noch Schlegel/Tieck. Das heißt aber, daß eine Inszenierung nicht unmittelbar auf den Shakespeare-Text verweist, sondern auf einen literarischen Posttext, der seinerseits wiederum den Shakespeare-Text referentialisiert.

Darüber hinaus ist jedoch, wie erwähnt, der Referenztext oft nicht nur ein Posttext in Form einer Übersetzung, sondern ein Posttext in Form einer anderen Inszenierung, die gleichfalls auf einer Übersetzung basiert. Daher liegt bei einer solchen Rezeption eine Kette intertextueller Bezüge vor (Inszenierung [→ Übersetzung] → Inszenierung [→ Übersetzung] → Shakespeare-Text), wobei der ursprüngliche Prätext durch mehrere Posttexte gebrochen und gefiltert erscheint.

Was sich nun bei einer Inszenierung, der Umsetzung des Shakespeare-Textes beziehungsweise eines literarischen Posttextes des Shakespeare-Textes auf der Bühne, vollzieht, ist unter anderem die Aktualisierung und damit die Konkretisation der Vorlage unter den Bedingungen des Mediums (etwa dadurch, daß ein bestimmter Schauspieler eine bestimmte Figur verkörpert, eine bestimmte Spielführung Vorgänge festlegt, bestimmte Zeilen in einer bestimmten Art gesprochen werden). Eine solche Konkretisation

Richard II; John Barton, *King John*«, in: *Anglo-amerikanische Shakespeare-Bearbeitungen des 20. Jahrhunderts*, ed. H. Prießnitz, Ars interpretandi, 9 (Darmstadt, 1980), S. 44–63, hier: S. 50–55.

bedeutet jedoch gleichzeitig immer eine spezifizierende Reduktion, folglich eine Interpretation und in diesem Sinne eine Adaption der Vorlage.[10] Entscheidend bei einer derartigen Interpretation und Adaption ist in jedem Falle die Differenz zwischen dem Posttext und dem Prätext oder den Prätexten, was zugleich impliziert, daß die Kenntnis des Prätextes beim Rezipienten erforderlich ist. Gewiß sehen auch ständig wieder Zuschauer ohne eine solche Folie eine Shakespeare-Inszenierung, doch kann dem intertextuellen Bezug dann keine dialogische Zusatzfunktion neben der Aktualisierung selbst abgewonnen und die Inszenierung genaugenommen noch nicht einmal als Interpretation rezipiert werden. Diesen Umstand unterstreichen jene Aufführungen besonders deutlich, die nicht (nur) auf eine literarische Shakespeare-Vorlage, sondern auf andere Inszenierungen oder gar auf eine Inszenierungstradition zielen und in der Regel gegen etablierte Regiekonventionen inszeniert sind.[11] Wenn etwa Peter Zadek in seiner *Hamlet*-Version (Bochum, 1977) seinen Schauspieler den »Sein oder Nichtsein«-Monolog nur ganz beiläufig herunterplappern läßt (während der Zuschauer große Deklamationen erwartet), dann können die mit dieser Strategie verbundenen Intentionen des Regisseurs nur unter der Bedingung realisiert werden, daß das Publikum tatsächlich eine solche Erwartungshaltung hat; dem Zuschauer ohne die entsprechende Folie bleibt die Zusatzfunktion dieser Spielweise verschlossen.

Die erwähnte Differenz zwischen dem literarischen Prätext und dem Inszenierungstext wird dabei, wie angedeutet, allein schon durch die Andersartigkeit und Eigengesetzlichkeit des medienspezifischen Zeichensystems konstituiert. Sie kann dann aber darüber hinaus durch weitere fakultative Veränderungen neben diesen medienspezifischen und also obligatorischen Veränderungen – und somit durch eine weitere Zunahme des Eigentextes gegenüber dem Fremdtext – vergrößert werden.[12] Und mit dem

---

[10] Vgl. dazu H. Zander, *Shakespeare »bearbeitet«: Eine Untersuchung am Beispiel der Historien-Inszenierungen 1945–1975 in der Bundesrepublik Deutschland*, Tübinger Beiträge zur Anglistik, 3 (Tübingen, 1983), S. 25–34 und *passim.* Auch die im folgenden erwähnten Historien-Inszenierungen werden in dieser Untersuchung ausführlich analysiert.

[11] Bereits eine Übersetzung kann sich bewußt gegen eine andere Übersetzung wenden. So hat der frühere Bochumer ›Hausübersetzer‹ Karsten Schälike seine Shakespeare-Übertragungen teilweise gegen die Versionen Schlegels/Tiecks angelegt.

[12] Die Unterscheidung zwischen obligatorischen und fakultativen Änderungen ist nicht immer eindeutig. Sinnfälliger als beim Sprechtheater wird dieser Umstand beim Musiktheater, etwa bei der Oper, die von ihrer medienspezifischen Anlage her eine einfachere Handlungsstruktur erfordert und also weniger Szenenwechsel zuläßt, als sie oft bei Shakespeare vorgegeben sind. Man kann jedoch kaum entscheiden, wie viele Schauplatzzusammenlegungen nun obligatorisch und wie viele fakultativ sind. Zur Oper vgl. weiter unten, S. 187f.

Anwachsen der Differenz zwischen dem Posttext und dem Prätext wächst zugleich das Potential, diese Differenz in Hinblick auf Zusatzfunktionen (neben der Aktualisierung oder Reproduktion) zu aktivieren. Zumeist laufen derartige Zusatzfunktionen auf eine Thematisierung des Prätextes hinaus, wobei diese Thematisierung im Einzelfall eine Affirmation des Prätextes bedeuten kann, gerade auf dem modernen Theater aber eher zu einer kritischen Auseinandersetzung mit dem Prätext tendiert.

Damit kommen wir zu Inszenierungen, die gewöhnlich als Adaptionen im engeren Sinne klassifiziert werden und die den Prätext – unabhängig vom Zwang des Mediums – mehr oder weniger stark verändern und durch die Veränderung thematisieren. Bereits eine massive Verfremdung bei der Darstellung kann eine solche Thematisierung anklingen lassen. Wenn z. B. in der *König Johann*-Version von Hartmut Lange und Dieter Reible (Frankfurt, 1969) Konstanze ihre Klagen singt statt spricht, dann wird auch ein ironisches Licht auf den Prätext geworfen.

Nachhaltiger ist eine kritische Beleuchtung des Verweistextes in Friedrich Dürrenmatts bekannter Adaption des gleichen Dramas (Basel, 1968), wenn bei der Verhandlung zwischen Johann und Philipp vor Angers der englische König den französischen nach der Legitimation für seine Forderungen fragt und dieser, erst nach einer Beratung mit seinem Vertrauten Chatillon, antwortet, er habe sie »von Gott«. Gewiß werden hier in erster Linie die Bühnencharaktere Dürrenmatts decouvriert, doch setzt eine solche Anlage des Textes auch hinter den Referenztext ein unübersehbares Fragezeichen.

Gleiches gilt für eine einschneidende Abänderung der Handlung oder eine Umpolung der Figuren der Vorlage durch eine Inszenierung (für beides liefert Dürrenmatts *König Johann* Beispiele), so daß jedesmal die entsprechend andere Konzeption des Prätextes in den Blickpunkt gerückt und hinterfragt oder in Frage gestellt wird. Extremere Ausprägungen einer solchen Thematisierung des Prätextes fallen schließlich mit historisch etablierten Formen eines intertextuellen Bezugs wie Parodie und Travestie zusammen (Züge beider Formen finden sich wiederum in Dürrenmatts *König Johann* sowie beispielsweise in Peter Zadeks *Held Henry* [Bremen, 1964]).

Gerade die Adaptionen im engeren Sinne verweisen aber nicht nur auf den Prätext des inszenierten Dramas, sondern spielen auf weitere Texte an oder zitieren diese. Bei Shakespeare-Inszenierungen sind das in der Regel weitere Shakespeare-Texte neben der konkreten Vorlage (in dieser Hinsicht haben sich vor allem Peter Palitzsch und Jörg Wehmeier bei ihren Historien-Bearbeitungen profiliert),[13] doch gelegentlich handelt es sich auch um Texte anderer Autoren oder um Texte aus anderen Medien. So hat

[13] Hierzu sowie zu den folgenden Ausführungen vgl. wiederum Zander, *Shakespeare »bearbeitet«*, *passim*.

die Interrelation, die Jan Kott zwischen Shakespeare und dem modernen Theater erstellt hat, dazu geführt, daß zahlreiche Shakespeare-Inszenierungen in den sechziger und siebziger Jahren Samuel Becketts Stücke referentialisierten – sei es verbal, sei es durch die Spielführung (indem etwa in Hans-Georg Behrs *König Lear* [Bremen, 1971] die Titelfigur am Ende in der Mülltonne landet).

Die Möglichkeiten solcher fakultativen Änderungen der Vorlage umfassen natürlich ein breites Spektrum, und gerade die jüngste Adaptionswelle auf dem deutschsprachigen Shakespeare-Theater, der die hier erwähnten Aufführungen entstammen, hat diese Möglichkeiten weidlich ausgenutzt. Doch wenngleich derartige Inszenierungen das interessanteste Material für einen intertextuellen Dialog mit dem Prätext liefern, sind diese Aspekte des Dialogs, wie dargelegt, strenggenommen nicht medienspezifisch beziehungsweise das Resultat des Medienwechsels. Gleiches gilt entsprechend für die fakultativen Veränderungen der Vorlage in anderen Medien.

2. *Vom Wort zum Film*

Als nächstes wollen wir die Verfilmung Shakespeares betrachten, die einerseits eine Reihe von Analogien zur Inszenierung aufweist, andererseits aber doch auch deutlich anderen Bedingungen unterworfen ist.

Diese Unterschiede zeigen sich etwa beim Zielpublikum, auf das die oben postulierten Merkmale der Theaterzuschauer nur in eingeschränktem Maße zutreffen. Denn im Gegensatz zum recht elitären Theaterpublikum mit seinen Vorkenntnissen über Shakespeare handelt es sich beim Kinopublikum eher um ein unspezifisches Publikum, bei dem die Regisseure nicht davon ausgehen können, daß ihm der Verweistext als Folie präsent ist.

Dennoch läßt sich nicht feststellen, daß der Film diesem Umstand Rechnung trägt, indem fakultative Veränderungen, welche die Anlage des Prätextes thematisieren, in Shakespeare-Verfilmungen weniger häufig auftreten als in Shakespeare-Inszenierungen;[14] vielmehr bietet die Geschichte der Shakespeare-Verfilmung Beispiele für Veränderungen jeglicher Art.

Zudem wird der genannte Unterschied durch die gegenüber dem Theater größere Differenz des Zeichensystems im Film vom Zeichensystem in der Vorlage kompensiert. Denn während bei der Umsetzung Shakespeares auf dem Theater, für das das Drama geschaffen wurde und auf das es zielt, nur wenige Veränderungen der Vorlage im engeren Sinne obligatorisch sind

---

[14] Dies gilt allerdings für zahlreiche Fernsehinszenierungen Shakespeares. Das Fernsehpublikum ist gewiß noch unspezifischer als das Kinopublikum, und dementsprechend verfolgen z.B. die BBC-Produktionen der Shakespeare-Dramen (*The BBC Television Shakespeare*, ab 1976/1977, gesendet ab 1979) kaum weitere Intentionen neben der Aktualisierung.

(das hängt z.B. von der Bühnenform ab), erweisen sich bei der Versetzung des Dramas in die ganz andersgearteten Codes des Films eine Reihe von Änderungen als notwendig und zwangsläufig.

Doch auch bei diesem Aspekt darf man nicht vorschnell verallgemeinern, sondern muß in der Geschichte des Films differenzieren. So war die Shakespeare-Verfilmung in ihrer Frühzeit stark dem Theater verhaftet und bestand in der Regel nur aus abgefilmten Bühnenszenen (aufgenommen mit starrer Kamera, wobei Bildtafeln Teile des Shakespeareschen Sprechtextes einblendeten). Erst allmählich fand die Shakespeare-Verfilmung den Weg von einer derartigen Reproduktion zur sogenannten »filmischen« Umsetzung,[15] also zur vollen Ausschöpfung der Möglichkeiten des Zeichensystems, wobei aber viele Shakespeare-Filme weiterhin an bestimmten Bühnenkonventionen orientiert blieben.[16]

Sofern jedoch das Aussagepotential der medienspezifischen Codes ausgeschöpft wird, erfolgt im Film eine deutlich stärkere Konkretisation, eine nachhaltigere Reduktion von Shakespeares Multiperspektivik und mithin eine noch einengendere Interpretation des Prätextes als im Theater. Das gilt etwa für die Darstellung des Raums, bei der das Theater oft noch Leerstellen läßt, während der Film den Raum häufig ›realistisch‹ ausmalt.[17] Gleiches trifft auf die Transponierung sprachlicher Bilder in filmische Bilder zu (vgl. das Bild der zu großen Kleider in *Macbeth,* das sowohl Orson Welles [1948] als auch Roman Polanski [1971] in ihren Versionen des Dramas teilweise visuell umsetzen).[18] Darüber hinaus generiert aber bereits die generelle Dominanz der visuellen Komponente im Film, gegenüber der die Bedeutung des Wortes zurücktritt, eine entsprechende Festlegung und eine entsprechende Umakzentuierung der Vorlage. Nimmt man noch hinzu, daß die Kamera die einzelnen Szenen und Sequenzen in epischer Weise miteinander verknüpft, aber auch schon eine jeweilige Szene in ihrem Ausschnitt und ihrer Perspektive von der zwischengeschalteten Erzählinstanz Kamera vermittelt ist, dann wird sinnfällig, welch markante Veränderung der Vorlage allein diese spezifischen Eigenheiten des Mediums bewirken. Das bedeutet aber zugleich, daß eine solche Differenz zum Bezugstext entsteht, die diesen für den Rezipienten, der über die jeweilige Folie verfügt, bereits durch die medienspezifische Differenz thematisch werden läßt.

---

15 Eine frühe »filmische« Umsetzung finden wir jedoch bereits in Georges Méliès' *Hamlet*-Version (1907).

16 Vgl. etwa die kulissenhaften Bauten in Orson Welles' *Macbeth* (1948) sowie Laurence Oliviers *Henry V*-Version (1944), die teilweise sogar im Globe Theatre spielt.

17 Vgl. besonders Franco Zeffirellis *Giulietta e Romeo*-Verfilmung (1968), in der Verona fast zum Protagonisten wird. Andererseits bewahren, wie gesagt, Shakespeare-Filme oft bewußt eine künstliche Kulisse.

18 Zur Umsetzung sprachlicher Bilder in filmische Bilder siehe J. J. Jorgens, *Shakespeare on Film* (Bloomington/London, 1977), S. 16–20 und *passim.*

Daneben greift der Film aber zu all den Formen einer fakultativen Veränderung der Vorlage, die sich auch auf dem Theater finden (Abänderung von Figuren, Handlung etc.), und mit solchen Veränderungen wird die Differenz des filmischen Posttextes zum literarischen Prätext und die tendenzielle Thematisierung des Prätextes verstärkt. Wenn etwa in der bekannten *Richard III*-Verfilmung von Laurence Olivier (1956) die Figur der Margaret fehlt, dann wird durch diese Abweichung von der Vorlage wiederum auch der Prätext ins Blickfeld gerückt. Eine noch einschneidendere Adaption (wie beispielsweise Akira Kurosawas *Macbeth*-Version [1957]) generiert eine demgemäß ausgeprägtere Thematisierung der Vorlage, so daß man auch beim Film davon ausgehen kann, daß mit der Zunahme des Eigentextes und somit der Differenz zwischen dem aktualisierten Text und dem Prätext die Möglichkeit zur Thematisierung des Prätextes wächst. Und in diesem Medium reicht das Spektrum der Thematisierung dann gleichfalls von der Sinnaffirmation bis hin zur Parodierung und Travestierung des Referenztextes (vgl. Joseph J. Franz' *A Sage Brush Hamlet* [1919] sowie Ernst Lubitschs *Romeo und Julia im Schnee* [1920]).

Wie das Beispiel des erwähnten *Richard III* von Olivier und die Bemerkungen zur Frühgeschichte des Films dokumentieren, weist eine Verfilmung ebenso häufig wie das Theater aber nicht unmittelbar auf den ursprünglichen Prätext Shakespeare zurück, sondern auf andere Posttexte der Vorlage (im Falle von Oliviers *Richard III* auf die *Richard III*-Adaption von Colley Cibber [1700]). Dabei präsentierte bereits die allererste ›Shakespeare-Verfilmung‹ (1899) keine Shakespeare-Szene, sondern die Magna-Charta-Szene, die Herbert Beerbohm Tree bei seiner Bühneninszenierung in die *King John*-Vorlage eingefügt hatte. Somit finden wir ähnlich wie beim Theater auch bei der Aktualisierung Shakespeares im Medium Film statt einer linearen Referentialisierung des Shakespeareschen Prätextes wiederum eine intertextuelle Kette, hier eine Kette der Art Verfilmung → Inszenierung (Adaption) → Shakespeare, wobei der ganze Prozeß noch durch die Synchronisation (Übersetzung) überlagert werden kann.

Schließlich verweisen die Filmversionen wie die Bühnenversionen nicht nur auf literarische und theatralische Posttexte des jeweiligen Prätextes, sondern sie zitieren oder spielen an auf weitere Shakespeare-Stücke, auf Werke weiterer Autoren sowie auf Texte aus anderen Medien als Literatur, Theater und Film. Prägnante Beispiele für das letztgenannte Vorgehen liefern Max Reinhardts und William Dieterles *A Midsummer Night's Dream*-Verfilmung (1935), die die Ouvertüre zu dem Drama von Felix Mendelssohn-Bartholdy (1826) verwendet,[19] sowie Oliviers *Hamlet*-Film (1948), dessen Szene mit der toten Ophelia die bekannte Ophelia-Darstellung von John Everett Millais (1852) zitiert. Doch gerade ein dialogischer

[19] Vgl. weiter unten, S. 188.

Bezug wie das Millais-Zitat – so sollte man noch einmal einschränken – wird wohl nur vom geringsten Teil des Kinopublikums registriert.

Diese Bemerkungen deuten zugleich darauf hin, daß man sich das Verhältnis der verschiedenen Medien untereinander, in denen die Shakespeare-Vorlage aktualisiert wird, nicht als hierarchisch gegliedert vorstellen darf. Vielmehr greift z.B. der Film – außer auf Texte aus seinem eigenen Medium und Zeichensystem – sowohl auf Theatertexte zurück, deren Zeichensystem dem ursprünglichen Prätext näher verwandt erscheinen als sein eigenes Zeichensystem, als auch auf Texte aus der bildenden Kunst und Musik, deren Codes sich vom Prätext offenbar weiter entfernen als filmische Codes.

Zudem ist beim Film, dann weniger in seiner Eigenschaft als Kunstform denn als technisches Reproduktionsmittel, zu berücksichtigen, daß er teilweise ›quer‹ zu anderen Medien liegt und neben Theaterinszenierungen etwa auch Opern, Ballette und Musicals verfilmt werden.

3. *Vom Wort zur Musik*

Bei der Umsetzung Shakespeares in die Musik sind die Verhältnisse erneut anders gelagert. Hier treffen wir zwar wieder auf ein eher spezifisches Publikum (dem größtenteils wohl die jeweilige Vorlage vertraut ist und das die Texte des Mediums in dem Bewußtsein rezipiert, daß diese die entsprechenden Prätexte referentialisieren), doch um so unspezifischer ist die Semantik im Zeichensystem der Musik.

Daher bleibt selbst bei einer Oper, die über verbalen Text und ähnliche Darstellungsmittel verfügt wie das Sprechtheater, häufig unklar, ob sie auf ein Shakespeare-Drama rekurriert oder lediglich den gleichen Stoff verwendet wie Shakespeare (die meisten *Julius Caesar-, Cleopatra-, Coriolanus-* und *Henry V*-Opern beziehen sich nicht auf Shakespeare).[20] Doch auch bei solchen Opern, die einen eindeutigen Bezug zu Shakespeare aufweisen und ihn in Begleittexten markieren, ist der intertextuelle Bezug aufgrund des anderen Zeichensystems durchweg weniger konkret als im Theater oder im Film.

Dabei haben die musikalischen Codes ein entsprechendes Eigengewicht, das zwangsläufig zu einer nicht unerheblichen Veränderung der Vorlage führt. Ablesbar ist dies etwa an der Figurencharakterisierung, die im Musiktheater in hohem Maße durch die Stimmfachzuweisung erfolgt (vgl. z.B. Tenor *vs.* Tenorbuffo), oder an der vielfach anzutreffenden Umformung einer argumentativen Auseinandersetzung des Prätextes in ein Liedduell in der Oper. Doch sind bereits die Unterschiede zwischen einer Arie und

---

20 Siehe dazu W. Dean, »Shakespeare and Opera«, in: *Shakespeare in Music*, ed. Ph. Hartnoll (London, 1964), S. 89–175, hier: S. 96, Anm. 1.

einem Monolog, einem Duett und einem Dialog, einem Ensemble und einer Staatsszene häufig so beträchtlich, daß man kaum mehr von bloßer Aktualisierung in diesem Medium sprechen kann und allein durch die Medialisierung eine markante Differenz zum Bezugstext generiert wird.[21]

Hinzu kommt, daß Opern meistens auch Adaptionen im engeren Sinne sind, also eine Vielzahl fakultativer Veränderungen enthalten. Oft entfernen sie sich dahingehend von der Vorlage, daß sie die tragischen Schlüsse entschärfen und beispielsweise Romeo und Julia am Ende als glückliches Paar vereinen oder Hamlet den Thron besteigen lassen; aber auch die Libretti der hochgelobten Opern Giuseppe Verdis, die den tragischen Ton bewahren, verändern die Anlage des Shakespeare-Textes in einschneidender Weise.

Somit wird bei der Veroperung – nachhaltiger noch als beim Film – durch die Eigenwertigkeit des medienspezifischen Zeichensystems und das hohe Maß an fakultativem Eigentext eine Differenz zum Bezugstext erzeugt, die den Bezugstext massiv thematisiert. Allerdings gelangt man wohl spätestens hier in den Bereich, wo die Differenz derart groß werden kann, daß der Mechanismus einer solchen Thematisierung umschlägt und die Eigenwertigkeit des neuen Textes so stark wird, daß er den Prätext vollständig überlagert – und dieser Prätext auch einem Rezipienten, der über die Shakespeare-Folie verfügt, aus dem Blickfeld gerät.[22]

Bei der Instrumentalmusik sind die skizzierten Gegebenheiten in der Regel noch weiter zugespitzt. Hier erweist sich die Semantik als noch reduzierter, und entsprechend stark wird der vielschichtige Prätext auf einen Ausschnitt seines Sinnpotentials verengt. Um so größere Bedeutung gewinnen bei der Instrumentalmusik die Begleittexte beziehungsweise die Titel der Werke mit ihrer Markierungsfunktion, die zwar eine massive Aufforderung zur intertextuellen Rezeption darstellen, ohne die sich der Shakespearesche Prätext jedoch häufig nur mit Mühe oder auch gar nicht identifizieren ließe. Gewiß beziehen sich die vier verschiedenen Themenbereiche in Felix Mendelssohn-Bartholdys *Sommernachtstraum*-Ouvertüre (1826)

---

[21] Einsicht in die Transformation eines Shakespeare-Dramas in eine Oper vermittelt – trotz unübersehbarer Schwächen – die Dissertation von K.-F. Dürr, *Opern nach literarischen Vorlagen. Shakespeares: The Merry Wives of Windsor in den Vertonungen von Mosenthal–Nicolai: Die lustigen Weiber von Windsor und Boito–Verdi: Falstaff. Ein Beitrag zum Thema Gattungstransformation*[!], Stuttgarter Arbeiten zur Germanistik, 62 (Stuttgart, 1979).

[22] Gewiß kann ein solcher Umschlag auch auf dem Theater oder beim Film stattfinden, dort allerdings allein durch fakultative Veränderungen. Dabei handelt es sich dann zumeist um solche Texte, bei denen strittig ist, ob sie noch als Adaptionen Shakespeares oder bereits als eigenständige Werke einzustufen sind. Im Bereich des Dramas beziehungsweise des Theaters gilt dies etwa für Edward Bonds *Lear* (1971), beim Film für Robert Wises und Jerome Robbins' Filmfassung des Musicals *West Side Story* (1961).

auf die vier verschiedenen Charaktergruppen in Shakespeares Drama, und Hector Berlioz' dramatische Symphonie *Roméo et Juliette* (1839) reflektiert den Bezugstext sogar in allen wesentlichen Zügen der Handlung und der Figurengestaltung. Doch selbst bei einer solchen deskriptiven Programmmusik bleibt der Verweis auf den Referenztext recht vage, und je mehr ein Musikwerk zur absoluten Musik tendiert (und je stärker es auch in fakultativer Hinsicht die Shakespeare-Vorlage adaptiert und schließlich nur noch eine Fantasie etwa zu *Romeo und Julia* darstellt), desto weniger konkret gestaltet sich der intertextuelle Verweis auf den Prätext. So ist Ludwig van Beethovens Bemerkung, man möge zum Verständnis seiner Sonate d-Moll, op. 31 Nr. 2, Shakespeares *Sturm* lesen, fast die einzige Gewähr für diesen dialogischen Bezug. Somit wächst zwar die Differenz zur Vorlage und folglich auch die potentielle Thematisierung des Prätextes, doch noch eher als bei der Oper kann hier der Umschlagpunkt erreicht werden, bei dem die Differenz eine solche Form annimmt, daß der Verweistext völlig in den Hintergrund tritt und nicht mehr als Folie bei der Rezeption dient.

Von derartigen medienspezifischen Besonderheiten abgesehen, gelten für die Medialisierung Shakespeares in der Musik ähnliche Bedingungen, wie sie bei der Verfilmung genannt worden sind. Auch der musikalische Text referentialisiert nicht unbedingt den originären Shakespeare-Text, sondern andere Posttexte des Shakespeare-Textes. Berlioz' erwähnte *Roméo et Juliette*-Symphonie etwa verweist nicht unmittelbar auf die literarische Vorlage, sondern zunächst auf die Realisierung des Shakespeare-Dramas im Theater, und zwar auf David Garricks Adaption von *Romeo and Juliet* (1748).[23] Und wie sich das Shakespeare-Theater gern auf andere Inszenierungen und die Shakespeare-Verfilmung oft auf andere Verfilmungen bezieht, so beziehen sich auf Shakespeare basierende und (mittelbar) auf Shakespeare zurückweisende Musikstücke häufig auf andere Musikstücke, die gleichfalls auf Shakespeare Bezug nehmen, wobei gelegentlich noch ein Gattungswechsel innerhalb des Mediums Musik hinzukommt (Antonin Dvořáks *Othello*-Ouvertüre [1891] rekurriert z.B. auf Giuseppe Verdis *Otello*-Oper [1887]).[24]

---

[23] So finden sich in Berlioz' Symphonie gegen Ende eine dialogische Passage zwischen Klarinette und Baßcello sowie eine als »joie délirante« ausgewiesene Stelle, für die es in der Shakespeare-Tragödie keine Entsprechungen im fünften Akt gibt. In Garricks Version hingegen stirbt Romeo nicht sofort nach Einnahme des Giftes, sondern führt noch einen längeren Dialog mit der erwachten Juliet (Cello – Klarinette), der bei seinem Tode in einer leidenschaftlichen Liebeserklärung kulminiert (»joie délirante«). Vgl. dazu R. Fiske, »Shakespeare in the Concert Hall«, in: *Shakespeare in Music*, S. 177–245, hier: S. 192–195.

[24] Vgl. Fiske, S. 214. – Ähnlich wie wir es oben für das Theater gezeigt haben, referentialisieren auf Shakespeare verweisende Musikstücke häufig zugleich andere musikalische Schöpfungen, die in keinem Zusammenhang mit einem Shakespeareschen Prätext stehen. So zitiert Verdis *Falstaff*-Oper (1893) unter anderem

4. Vom Wort zur bildenden Kunst

Als letztes soll noch kurz die bildende Kunst betrachtet werden, ein Medium mit einem Zeichensystem, das zwar semantisch konkreter ist als das der Musik, im Gegensatz zu den musikalischen Codes aber nur in äußerst begrenztem Maße eine Handlung abbilden kann.[25] Somit wird auch hier nur ein bestimmter Ausschnitt, und zwar gleichsam nur eine Momentaufnahme, des Prätextes präsentiert, die den Prätext entsprechend festlegt und eingrenzt.

Trotz der Konkretheit der Darstellung ergibt sich in der bildenden Kunst ähnlich wie in der Musik ein Problem bei der Markierung des Verweises auf den Prätext. Zwar ist bei einem Motiv wie dem von Hamlet mit dem Totenschädel der dialogische Bezug zum Shakespeareschen Prätext eindeutig,[26] doch wie – so muß man sich fragen – vermag eine Abbildung, die etwa die Ermordung Caesars zeigt, zu signalisieren, daß sie sich auf die Shakespearesche Vorlage und nicht auf den historischen Vorgang bezieht?[27]

In der Praxis hat sich dieses Problem jedoch kaum ergeben, da der intertextuelle Bezug zum Prätext in der Regel durch den Kontext, in dem die Shakespeare-Darstellungen erschienen, markiert wurde. Illustrationen zu Shakespeares Dramen wurden nämlich meist im Rahmen Shakespearescher Werkausgaben (zuerst in der Ausgabe von Nicholas Rowe [1709]) oder bestimmter Editionen einzelner Stücke publiziert. Auch die berühmte Boydellsche Shakespeare-Galerie (als Ausstellung [1789 eröffnet] sowie als Buchpublikation [1802–1805]) und die zahlreichen weiteren Shakespeare-Galerien waren durch den Zusammenhang eindeutig auf den Prätext bezogen.

Wolfgang Amadeus Mozarts *Die Hochzeit des Figaro* (1786), Ludwig van Beethovens Neunte Symphonie (komponiert 1823) und Richard Wagners *Die Meistersinger von Nürnberg* (1868). Darüber hinaus bezieht sich diese Falstaff-Oper nicht allein auf Shakespeares *The Merry Wives of Windsor*, sondern teilweise auch auf *Henry IV*.

25 Den brauchbarsten Überblick über Shakespeare in der bildenden Kunst bietet immer noch W. M. Merchant, *Shakespeare and the Artist* (London, 1959).

26 Bei Pablo Picassos bekannter Bildfolge zur Totengräberszene (1964), die auf jedem Blatt zusätzlich das Shakespeare-Portrait präsentiert, ist der Verweis auf den Prätext natürlich überdeutlich.

27 Ein Bild Claes Berchems (ca. 1665), das keinen Titel und also keine klare Markierung hat, zeigt eine Frau in blauseidenem Kleid auf den Stufen eines Landsitzes, die gerade einen Schwarzen empfängt. Man hat diese Darstellung gelegentlich als Empfang Othellos durch Desdemona bezeichnet. Diesen Hinweis verdanke ich K. Woermann, *Shakespeare und die bildenden Künste*, Abhandlungen der philologisch-historischen Klasse der Sächsischen Akademie der Wissenschaften, 41, Nr. 3 (Leipzig, 1930), S. 117.

Derartige Darstellungen zu den Werken Shakespeares wurden zwar durch die Eigenwertigkeit des Zeichensystems in der Kunst geprägt, doch beschränkten sie sich häufig auf eine weitgehende Reproduktion bestimmter Szenen im anderen Medium, verblieben im Illustrativen und fungierten primär als Kommentar zum abgedruckten sprachlichen Text.

Daneben gab es jedoch bereits recht früh Darstellungen, die von einer solch reproduzierenden Umsetzung der Vorlage zur konsequenteren Interpretation und Adaption übergingen und etwa sprachliche Metaphern visuell konkretisierten. Das gilt für John Runcimans *King Lear in the Storm* (1767), bei dem die Metaphern des sturmgepeitschten Meeres in der Weise ins Bild umgesetzt werden, daß Lear nicht mehr in einer Heidelandschaft, sondern vor einem tosenden Meer steht (vgl. auch William Blakes Transponierung des Vergleichs: »Pity, like a naked new-born babe«, aus *Macbeth*, wobei dann »Pity« bildlich als nackter Säugling präsentiert wird [ca. 1795]).[28] Besonders im 20. Jahrhundert entfernten sich Darstellungen, die intertextuell auf Shakespeares Dramen verwiesen, mehr und mehr vom bloß Illustrativen und rückten derartige Adaptionen in den Vordergrund. Bezeichnenderweise trägt eine der ersten Shakespeare-Galerien in diesem Jahrhundert den Titel *Shakespeare Visionen* (1918; unter anderem mit Beiträgen von Lovis Corinth, Oskar Kokoschka und Max Beckmann).

In solchen Darstellungen wird dann neben der Differenz, die durch die Eigengesetzlichkeit des Zeichensystems in der Malerei hervorgerufen wird, auch wieder eine Differenz zur Vorlage durch fakultative Veränderungen greifbar, die zu einer entsprechenden Thematisierung des Referenztextes führt (wobei in diesem Bereich erneut von einem Rezipientenkreis auszugehen ist, der größtenteils über die Shakespeare-Folie verfügt). Allerdings gilt für die bildende Kunst ähnlich wie für die Musik, daß die Differenz zwischen dem aktualisierten Text und dem Prätext so groß werden kann (man denke an Salvador Dalis *Macbeth*-Darstellungen [1946]), daß selbst der Shakespeare-Kenner in Anbetracht der Differenz den Prätext aus dem Auge verliert und also bei der Rezeption des Posttextes den intertextuellen Bezug außer acht läßt.

Und auch in den bildenden Künsten ist der Referenztext einer Darstellung häufig nicht primär der ursprüngliche Shakespeare-Text, sondern ein Posttext des gleichen Mediums (so referentialisiert William Blakes Gestaltung von Richard III mit den Geistern [ca. 1806] zunächst Johann Heinrich

---

[28] Der zweite – vom Betrachter abgewandte – Cherubim dieses Drucks, den die ersten beiden Entwürfe zu dem Werk nicht enthalten, stellt eine nahezu getreue Übernahme aus einem Fresko Raffaels in den Loggien des Vatikans dar (1519 vollendet). Vgl. dazu A. Blunt, *The Art of William Blake*, Bampton Lectures in America, 12 (New York, 1959), S. 36, sowie Abbildungen 28a, 29a, 29b und 32d.

Füsslis Werk des gleichen Motivs [1777])[29] oder ein Posttext in einem anderen Medium – dann vorzugsweise ein bestimmter Inszenierungstext.[30] Besonders im 18. und 19. Jahrhundert bildeten Maler Schauspielerpersönlichkeiten in prominenten Rollen ab oder präsentierten Szenen, die nicht im Shakespeare-Text, wohl aber in bestimmten Adaptionen der Shakespeare-Dramen zu finden waren. Abbildungen, die neben einem Theatertableau auch noch Teile des Theater- und Zuschauerraums zeigen, bewegen sich wohl auf der Grenze einer Referentialisierung Shakespeares und einer extratextuellen Referentialisierung.

5. *Weitere Formen und Aspekte des Medienwechsels*

Nun müssen wir unseren skizzenhaften Überblick über intertextuelle Phänomene im Zusammenhang mit dem Medienwechsel auf die vier besprochenen Medien beschränken. Wie oben teilweise angedeutet, finden wir den Shakespeareschen Prätext darüber hinaus z. B. als Ballett und Musical, im Puppentheater und in anderen Formen des Sondertheaters (etwa im Kinder- und sogar im Gehörlosentheater), als Hörspiel- und Fernsehinszenierung sowie auch als *comic strip*.[31] Allerdings würde die Betrachtung weiterer Medien kaum Gewinn in bezug auf die grundsätzlichen Überlegungen bringen. Vielmehr gilt auch für diese Medien, daß der Prätext zum einen in das spezifische Zeichensystem der jeweiligen Kommunikationssituation übertragen wird, zum anderen diese medienspezifischen Formen der Intertextualität überdies aber mit all den – dann fakultativen – Formen verbunden werden können, die sich auch bei einer innerliterarischen Intertextualität finden. Und bei diesen Medien bleibt gleichfalls festzuhalten,

---

[29] Vgl. H. Hammerschmidt, »Johann Heinrich Füsslis Illustrationen zu Shakespeares *Macbeth* unter besonderer Berücksichtigung seiner Kunsttheorie«, in: *Anglistentag 1984: Passau*, ed. M. Pfister (Gießen, 1985), S. 261–274. – Noch stärkere gegenseitige Übernahmen und entsprechende intertextuelle Rückverweise als bei der Darstellung von Shakespeare-Motiven finden sich in der Vergangenheit in England bei Motiven aus John Miltons *Paradise Lost* (1667). So haben z. B. William Hogarth (ca. 1735–1740), Johann Heinrich Füssli (1776), George Romney (1790), James Barry (o. J., wahrscheinlich Spätphase), William Blake (1807) und Jonathan Martin (1830) jeweils Darstellungen von *Satan, Sin and Death* angefertigt, die sich dialogisch aufeinander beziehen, und zwar bis zur Zitat- beziehungsweise Kopienähe. Vgl. dazu D. Bindman, »Hogarth's ›Satan, Sin and Death‹ and its influence«, *The Burlington Magazine*, 112, Nr. 104 (1970), 153–158. Zu Milton in der bildenden Kunst allgemein siehe M. R. Pointon, *Milton & English Art* (Manchester, 1970).

[30] Bereits die Kupferstiche in Rowes Shakespeare-Ausgabe verweisen teilweise auf Bühnendarstellungen.

[31] Neuerdings erscheinen sogar *comic strips* mit dem vollständigen Shakespeare-Text auf dem Markt. Vgl. etwa den *Macbeth* und *Othello* des Verlags Oval Projects (ed. D. Gibson/A. Tauté [London, 1982 und 1983]).

daß sich mit der Zunahme des – obligatorischen sowie fakultativen – Eigentextes gegenüber dem Fremdtext die Differenz des aktualisierten Textes zum Prätext vergrößert und diese Differenz in Richtung auf eine Thematisierung des Prätextes funktionalisiert werden kann.

Wesentlicher als die Untersuchung weiterer Medien ist die Frage, welche prinzipiellen Aspekte des intertextuellen Medienwechsels das Shakespeare-Paradigma nicht abdeckt, das heißt welche Relativierungen in Hinblick auf unsere obigen Ausführungen erforderlich sind. Dabei wäre zunächst zu erwähnen, daß der Shakespeare-Text in unserer Beispielreihe immer den Ausgangspunkt für den Medienwechsel bildet, grundsätzlich jedoch natürlich weder eine bestimmte literarische Gattung wie das Drama noch überhaupt ein rein sprachlicher Text am Beginn des Medienwechsels stehen muß. So hat Friedrich Dürrenmatt seinen Roman *Das Versprechen* (1958) erst nach der Filmversion *Es geschah am hellichten Tage* (1956) verfaßt,[32] und bekanntlich waren bildliche Darstellungen oft Ausgangspunkt für musikalische Werke. (Eines der geläufigsten Beispiele finden wir in dem 1922 von Maurice Ravel orchestrierten Klavierwerk Modest Mussorgskijs, *Bilder einer Ausstellung* [1874], einer Programmusik, die Zeichnungen und Aquarelle von Mussorgskijs Freund Victor Hartmann referentialisiert.)

Eng verbunden mit diesem Aspekt, den das Shakespeare-Paradigma unberücksichtigt läßt, ist ein Medienwechsel, der nicht von einem Text ausgeht, der im gleichen Sinne sprachlich fixiert und geformt ist wie Shakespeares Dramen, sondern der einen Text im Sinne eines Motivs, eines Stoffes oder eines Mythos' darstellt. Derartig strukturierte Formen können in ganz ähnlicher Weise wie literarische Texte innerhalb eines Mediums und von verschiedenen Medien ständig neu aufgegriffen werden, wobei dies gelegentlich, wie bei der Behandlung des Salome-Motivs im England des 19. Jahrhunderts, das in den unterschiedlichsten literarischen Gattungen, im Theater, in der Musik und in der Malerei immer wieder behandelt wurde, zu regelrechten Adaptionswellen führen kann. Allerdings wäre hier zu fragen, inwiefern man beispielsweise ein Motiv oder einen Mythos als Text auffassen und folglich unter dem Blickwinkel der Intertextualität betrachten will.[33]

Auch bestimmte historische Sonderformen eines Medienwechsels sowie spezifische Integrationsformen verschiedener Medien und die daraus resultierenden Erwägungen sind oben außer acht gelassen worden. Dafür nur

---

[32] Die Regie des Films, zu dem Dürrenmatt das Drehbuch geschrieben hatte, führte Ladislav Wajda. Der Fernsehfilm *Das Versprechen* von Alberto Negrin (1980) folgte dann wiederum dem Roman, der seinerseits wesentliche Änderungen gegenüber der ersten Filmversion aufweist.

[33] Siehe dazu die Ausführungen von Manfred Pfister in Kapitel III, 2, S. 56f.

ein Beispiel: Stellt sich bereits bei illustrierten Shakespeare-Ausgaben die Frage, inwieweit Bild und sprachlicher Text zusammengehören, so pointiert sich die Fragestellung bei noch intensiverer Integration von sprachlichen und visuellen Codes.[34] Das Schaffen des bereits erwähnten William Blake, der wohl einer der interessantesten Künstler in Hinblick auf den Dialog zwischen sprachlichem Text und visuellem Text ist, erhellt verschiedene Seiten des Problems in besonders sinnfälliger Weise.

Während in Blakes *Illuminated Books,* die in hohem Maße den sprachlichen Text mit bildlichen Darstellungen verbinden,[35] Wort wie Bild vom gleichen Autor stammen und daher die Betrachtung dieser Werke unter intertextuellen Vorzeichen strittig bleiben mag, haben wir es etwa bei Blakes Illustrationen zu Edward Youngs *Night Thoughts* (1797) eindeutig mit intertextuellen Phänomenen zu tun. Und anders als in illustrierten Shakespeare-Editionen, in denen der Dramentext und die Stiche nebeneinander angeordnet sind, wird bei Blake Wort- und Bildkunst miteinander verwoben, das heißt die Verse werden in das Bild eingebettet, wobei die Stiche häufig ergänzende Gedanken zum sprachlichen Text präsentieren. Steht in dieser Ausgabe der sprachliche Text im Zentrum eines ihn umgebenden Bildes, so bestimmt bei Blakes *Illustrations of the Book of Job* (1825/1826) die bildliche Darstellung das Zentrum der Buchseite, wohingegen der Bibeltext an den Rand rutscht. Durch die jeweiligen Darstellungen sowie durch die spezifische Auswahl von Bibelzitaten und Abänderungen des Bibeltextes unterwirft Blake dabei das Buch Hiob einer eigenen und eigenwilligen Interpretation. Somit werden hier der sprachliche Text und die bildlichen Darstellungen zu einander ergänzenden Bedeutungsträgern, die nicht voneinander abtrennbar sind, sondern das intendierte Aussagepotential allein in ihrer Gesamtheit vermitteln können.

Ein weiterer Aspekt, der in der skizzierten Shakespeare-Beispielreihe nur am Rande erwähnt wurde, prinzipiell jedoch Gewicht hat, ist die Rezeption eines Posttextes durch ein Publikum, das den Prätext nicht kennt. Wie oben angedeutet, wird z. B. bei der Inszenierung unbekannterer Dramatiker eine solche Rezeption die Regel darstellen. In diesem Falle können keine intertextuellen Zusatzfunktionen aktiviert werden, das dialogische Moment entfällt, und der Medienwechsel bleibt auf die Aktualisierung des Prätextes im neuen Medium beschränkt. Dabei gewinnen dann auch einschneidende fakultative Veränderungen der Vorlage keine Funktionen in Hinblick auf eine Thematisierung des Referenztextes.

In bezug auf die Verwendung eines Klassikers wie Shakespeare in einem anderen Medium wäre gleichfalls einzuschränken, daß beim Medienwech-

---

[34] Vgl. Hansen-Löve, »Intermedialität und Intertextualität«, S. 321–334.

[35] Zu Blakes Verschmelzung von Wort- und Bildkunst in den *Illuminated Books* vgl. besonders D. Bindman, *Blake as an artist* (Oxford, 1977).

sel der Dialog mit dem Prätext nicht unbedingt im Mittelpunkt stehen muß – wie besonders auch jene Shakespeareschen Posttexte illustrieren, die ob ihrer großen Differenz zum Prätext diesen bei der Rezeption völlig in den Hintergrund treten lassen. Regisseure, Maler und Komponisten rekurrieren vor allem deswegen auf Shakespeares Dramen, weil sich die Texte zur attraktiven Gestaltung im jeweils anderen Medium eignen; das Aufgreifen von Shakespeares Stücken unter primär intertextuellem Gesichtspunkt hingegen bildet eher die Ausnahme. Selbst bei fakultativen Veränderungen der Vorlage, bei denen dialogische Erwägungen häufiger sind, kann man wohl nicht vom Primat eines intertextuellen Bezugs ausgehen.

Ähnlich wie auf der Produzentenseite wäre die Bedeutung der intertextuellen Relation auf der Rezipientenseite zu modifizieren. Gewiß spielt, wie erläutert, der Dialog mit dem Prätext für den Großteil der Zuschauer einer Klassikerinszenierung eine zentrale Rolle, doch inwiefern dieser Dialog die Rezeption einer Aufführung oder eines Films bis ins einzelne steuert, muß dahingestellt bleiben.

Zusammenfassend läßt sich festhalten, daß bei der Intertextualität zwischen verschiedenen Medien im Gegensatz zur innerliterarischen Intertextualität der intertextuelle Bezug immer dann besonders stark funktionalisiert werden kann, wenn der Posttext ein hohes Maß an Eigentext enthält. Während man etwa bei dem Bezug eines Romans auf einen anderen Roman davon ausgehen muß, daß durch ausnehmend häufige Verweise und Zitate, also durch ausnehmend viel Fremdtext, die Bedeutung des intertextuellen Bezugs zunimmt, wächst hier, wo das ›Zitieren‹, das heißt die Reproduktion des Prätextes, den Ausgangspunkt bildet, die potentielle Relevanz des intertextuellen Bezugs mit der Reduktion des Prätextes und dem vermehrten Gewicht des Eigentextes[36] (jedenfalls bis zu dem Punkt, an dem der Eigentext den Fremdtext und mithin der Posttext den Prätext völlig überlagert). Eine ›reine‹ Reproduktion (auch wenn diese grundsätzlich nicht möglich ist, da das neue Medium immer neuen ›Text‹ zum Prätext hinzufügt) hätte keine weitere intertextuelle Funktion als die der Reproduktion selbst; erst durch den Eigentext – sei es der des medienspezifischen Zeichensystems, sei es der fakultativer Änderungen –, der den Posttext vom Referenztext abhebt, können echte Zusatzfunktionen generiert werden.

Schließlich noch eine Bemerkung zur Wertung. Unsere Ausführungen mögen implizieren, daß stark intertextuelle Formen des Medienwechsels qualitativ hochwertiger seien als solche, in denen die dialogischen Funktionen zurücktreten (und in der Tat erheben manche Dekonstruktivisten den intertextuellen Gehalt eines Werkes implizit zum Maßstab seiner Qualität).

---

[36] Für Zitate und Verweise, die sich auf andere Texte als den zentralen Prätext beziehen, gilt dies natürlich nicht. Mit deren Zunahme erhöhen sich die intertextuellen Funktionen.

Doch obwohl hochintertextuelle Posttexte eine zusätzliche Sinnschicht gegenüber weitgehend bloß reproduzierenden Posttexten aufweisen, kann man hochdialogischen Posttexten dennoch keine prinzipielle Überlegenheit über dialogisch weniger funktionalisierte Posttexte zuschreiben. Vielmehr ist eine solche Evaluation das Resultat einer Verzerrung, die sich aus der intertextuellen Perspektive ergibt. Denn Kriterium bei der Beurteilung eines Posttextes in einem anderen Medium ist zunächst und in erster Linie nicht die intertextuelle, sondern die intratextuelle, in diesem Fall die medienspezifische Realisierung des Posttextes (wobei allerdings eine besonders mediengerechte Realisierung durch ihre Differenz zur Vorlage zugleich eine besonders dialogische sein kann). Obgleich der hier paradigmatisch behandelte Autor Shakespeare selbst ein hochkarätig intertextueller Dramatiker ist, konstituiert dieser Aspekt seiner Stücke seinen literarischen Rang doch allenfalls ganz am Rande. Auch hat z.B. Dürrenmatt bessere Theaterstücke gemacht, Welles bessere Filme gedreht, Beethoven bessere Stücke komponiert und Dali bessere Bilder gemalt als die, die – durch den Medienwechsel – einen dialogischen Bezug zu Shakespeare aufweisen. Neben den eingangs angedeuteten Mängeln eines intertextuellen Ansatzes liegt in dieser verzerrenden Wertung offenbar eine weitere Gefahr intertextueller Forschung.

V. Funktionen intertextueller Textkonstitution

Bernd Schulte-Middelich

Das *New York Literary Forum* schließt seinen Band zum Problem der Intertextualität mit einer Glosse von Jeanine P. Plottel unter dem Titel »Semioschizocomicobuttonanalysis« ab. Zunächst wohl eher als literarischer Gag gedacht, gewinnt dieser *mock*-intertextuelle Diskussionsbeitrag auf dem Hintergrund der seit den späten sechziger Jahren verstärkt geführten und sich immer wieder verselbständigenden Methodendiskussion tiefere Bedeutung. Denn Pseudoregeln wie –

> The first rule [...] is to use currently fashionable French literary terminology whenever possible or, at the very least, words coined by Italian semioticians. [...] Establishing categories is the second rule of our system. [...][1]

– und die Art und Weise, in der verschiedene intertextuell begründete Analyseverfahren *ad absurdum* geführt werden, demaskieren so manche modische Wissenschaftsattitüde der Gegenwart. Plottel unterstreicht damit die sehr ernste Forderung an die heutige Sprach- und Literaturwissenschaft, daß sich nach einer Inflation von -ismen und -täten neue Begriffe in besonderer Weise auf ihre Brauchbarkeit in der Textinterpretation und auf den mit ihnen erreichbaren Erkenntnisfortschritt befragen lassen müssen.

Gerade die Frage nach der Funktion intertextueller Textkonstitution, der Hauptaspekt dieses Beitrags, in Verbindung mit der bisher meist vernachlässigten Problematik der Rezeption von Intertextualität und der intertextuellen Rezeption, scheinen besonders geeignet, die Legitimität, möglicherweise sogar die Notwendigkeit, des neuen Begriffs zu belegen.[2] Doch selbst in diesen Bereichen ist der Versuch einer Begründung nicht ohne Schwierigkeiten: Intertextualität ist ja, auch wenn das angesichts der provozierenden Andersartigkeit und ›Unlesbarkeit‹ vieler postmoderner

---

[1] 2 (1978), 281–287, hier: 282f.

[2] Bezeichnenderweise geht auch Wolf-Dieter Stempel vom Bereich der Rezeption aus, wenn er einige kritische Fragen zum Erkenntnisfortschritt durch den neuen Begriff formuliert (»Intertextualität und Rezeption«, in: *Dialog der Texte: Hamburger Kolloquium zur Intertextualität,* ed. W. Schmid/W.-D. Stempel, Wiener Slawistischer Almanach, Sonderband 11 [Wien, 1983], S. 85–109). Vgl. auch P. J. Rabinowitz, »›What's Hecuba to Us?‹ The Audience's Experience of Literary Borrowing«, in: *The Reader in the Text: Essays on Audience and Interpretation,* ed. S. R. Suleiman/I. Crosman (Princeton, 1980), S. 241–263.

Texte[3] mitunter aus dem Blickfeld gerät, ein in Kunst und Literatur seit langem bekanntes und bewußt eingesetztes Verfahren der Bedeutungskonstitution.[4] Die verschiedenen Formen und Verfahren der Intertextualität sind auch früher bereits interpretiert, begrifflich kategorisiert und auf ihre Funktion oder Rezeption untersucht worden. Man trifft also heute bei dem Versuch einer systematischen Darstellung des Funktionsproblems auf eine Vielzahl historisch gewachsener, sich durch die Jahrhunderte oft wandelnder und in der wechselnden Rezeption zusätzlich relativierter Begriffe und Funktionszuweisungen, deren komplizierte Relation zu dem neuen Begriff Intertextualität und dessen Funktionspotential erst zu diskutieren wäre – eine Aufgabe, die natürlich gemessen am derzeitigen Forschungsstand und im Rahmen des an dieser Stelle Möglichen auch nur ansatzweise nicht zu leisten ist.

Eines aber ist, so lehrt ein Blick in die Aporien der Begriffsgeschichte, schon jetzt sicher: Angesichts der unterschiedlichen Effizienz systematischer und historischer Begriffe erscheint die direkte Beziehung systematischer Begriffe auf sich wandelnde, an Analyseobjekte und spezifische Kontexte gebundene historische Begriffe, die insofern immer auch selbst als Analyseobjekte ins Blickfeld treten, intersubjektiv oft nur schwer vermittelbar und als eine Quelle neuer, letztlich vielleicht unlösbarer Konflikte.

1. Probleme des Funktionsbegriffs

Aussagen über mögliche Funktionen von Intertextualität setzen eine Verständigung über den Begriff der Intertextualität selbst voraus. Dabei sollte man sich in einem systematischen Versuch wie dem hier unternommenen[5] stets auch der Geschichte der Begriffsbildung und der verschiedenen be- und entgrenzenden Definitionsversuche[6] bewußt sein. Denn angesichts der Vielfalt der bisher diskutierten Konzepte von Intertextualität leuchtet unmittelbar ein, daß die Diskussion um die Funktion intertextueller Texte

---

[3] Vgl. R. Federman, »What Are Experimental Novels and Why Are There So Many Left Unread?«, *Genre,* 14 (1981), 23–31.

[4] Vgl. die auch im vorliegenden Band behandelten Formen der Übersetzung und der Parodie oder die Epoche des Klassizismus, die man, ähnlich wie die heutige Postmoderne, als eine offenbar besonders intertextuell interessierte Spätzeit bezeichnen kann.

[5] Den bisher einzigen Versuch einer systematisch angelegten Klärung hat Gérard Genette in *Palimpsestes: La littérature au second degré* (Paris, 1982) unternommen. Wir kommen auf die Probleme dieser Systematik noch zurück. Vgl. auch einen anderen, allerdings nur punktuell vorgehenden Beitrag von Gerhard Goebel: »Funktionen des ›Buches im Buche‹ in Werken zweier Repräsentanten des ›Nouveau Roman‹«, in: *Interpretation und Vergleich,* ed. E. Leube/L. Schrader (Berlin, 1972), S. 34–52.

[6] Vgl. M. Pfister, »Konzepte der Intertextualität«, in diesem Band.

kaum weniger komplex sein kann. Aus der Art der jeweils nebeneinanderstehenden oder miteinander konkurrierenden Intertextualitätsbegriffe kann zudem auf die jeweils spezifische Begründung und Abhängigkeit korrespondierender Funktionsbegriffe geschlossen werden; und schließlich zeichnen sich aus der Entwicklung der Intertextualitätskonzeptionen einige Diskussionsschwerpunkte in dem im übrigen eher unabschließbaren Feld möglicher funktionaler Zuweisungen ab.

Allerdings haben zum einen solche gehäuft auftretenden Deutungsmodelle nicht selten dazu geführt, daß man daraus allgemeine, grundsätzliche und doch meist zu enge Aussagen zum Funktionsbegriff abgeleitet hat, ohne die historische, wissenschaftssystematische, philosophische usw. Bedingtheit dieser Modelle zu berücksichtigen. Dies gilt in exemplarischer Weise für das Begriffspaar »Affirmation *vs.* Destruktion«, das, seit Bachtin sein Dialogizitätskonzept entwarf, in der weiteren Theoriediskussion immer wieder und fast ausschließlich im Mittelpunkt intertextueller Funktionsmodelle stand. Bachtins These –

> es gilt, gegen oder für alte literarische Formen zu kämpfen, sie zu benutzen und zu kombinieren, ihr Widerstand ist zu überwinden oder in ihnen ist Unterstützung zu suchen.[7]

– ist aber zunächst selbst historisch zu deuten z. B. aus dem Kampf gegen die vordringenden Ideen eines sozialistischen Realismus, sie ist zu sehen auf dem Hintergrund der Gedanken der Russischen Formalisten über die Automatisierung bzw. Entautomatisierung der Wahrnehmung und der literarischen Formensprache – Ideen, die sich in Ansätzen bis in die romantische ästhetische Theorie zurückverfolgen lassen.

Dennoch hat die nachweisbare historische Bedingtheit der fraglichen Begriffsopposition nicht verhindert, daß sich auch Gérard Genette in seiner – ohne sie so zu nennen – Funktionsanalyse der Intertextualität mit Begriffen wie »valorisation« und »dévalorisation« eng an das vorgegebene Modell anlehnt.[8] Trotz einer Vielzahl höchst aufschlußreicher Textbeispiele bleibt als Schwäche unübersehbar, daß die Genettesche Systematik zu eng angelegt und einseitig an der Frage nach der Bewertung des Prätextes orientiert ist.[9] Lediglich der neue Begriff der »transvalorisation« (= Abwertung des Prätextes und Auffüllen von dessen formalem Gerüst mit einem neuen Wertesystem) eröffnet neue Möglichkeiten der Analyse. Streng genommen handelt es sich hier jedoch nicht um die Erweiterung zu einer echten Begriffstrias, sondern eher um verschiedene – zudem durch den Begriff selbst

---

[7] *Die Ästhetik des Wortes,* ed. R. Grübel (Frankfurt, 1979), S. 120.

[8] *Palimpsestes,* S. 393 ff.

[9] Es fehlt bei Genette nicht nur eine, zumindest methodisch zugrunde gelegte, klare Trennung von Prätext und Folgetext, auch die Wahl seiner Beispiele meist aus dem Bereich der Bearbeitung von Texten zeigt diese Einseitigkeit.

nicht differenzierbare – Misch- oder Sonderformen von »valorisation« und »dévalorisation«. Allein die Einführung eines neuen Begriffs wie »transvalorisation« verweist jedoch, auch wenn Genette selbst dies so nicht explizit formuliert, nachhaltig auf die Schwäche der bisherigen Opposition und auf die Notwendigkeit, bei der Interpretation den Mischformen und Abweichungen zumindest ebenso große Aufmerksamkeit zu widmen wie den tradierten ›reinen‹ Formen der Affirmation und der Destruktion.

Die vorgetragenen Bedenken gelten schließlich auch für eine weitere Position, die spätestens seit Hans Robert Jauß' Aufforderung zum Paradigmawechsel in der allgemeinen literaturtheoretischen Diskussion umfassende und überzeitliche Geltung zu beanspruchen begann:

> Die Distanz zwischen Erwartungshorizont und Werk, zwischen dem schon Vertrauten der bisherigen ästhetischen Erfahrung und dem mit der Aufnahme des neuen Werkes geforderten »Horizontwandel«, bestimmt rezeptionsästhetisch den Kunstcharakter eines literarischen Werkes: in dem Maße wie sich diese Distanz verringert, dem rezipierenden Bewußtsein keine Umwendung auf den Horizont noch unbekannter Erfahrung abverlangt wird, nähert sich das Werk dem Bereich der ›kulinarischen‹ oder Unterhaltungskunst.[10]

Diese These vom notwendigen Horizontwandel – bezeichnenderweise aus rezeptionsästhetischer Sicht vorgetragen – läßt sich *mutatis mutandis* auch auf die Deutung der funktionalen Abhängigkeiten bei intertextuellen Texten übertragen. Nach Jauß ist letztlich das breite Spektrum konkreter Textkonfigurationen auf die Grundopposition zwischen der Affirmation der im Erwartungshorizont eingeschriebenen Texte und Textmodelle und deren Destruktion durch das im neuen, also Folge-Text repräsentierte »Unbekannte« reduzierbar. Der Ansatz verdeutlicht gleichzeitig eine problematische Verbindung von Beschreibungs- und Wertungskriterien, in der, wiederum angewendet auf intertextuelle Texte, m. E. zu Unrecht den Folgetexten grundsätzlich gegenüber den Prätexten eine dominierende Funktion zugestanden wird, will der jeweilige Text künstlerischen Rang beanspruchen. Anders gewendet: Bachtins duale These vom Kampf »gegen oder für alte literarische Formen« verengt sich in der späteren Theorie- und offenbar erst recht in der Wertungsdiskussion nur zu oft auf den Aspekt des Innovatorischen, auf die Überwindung des Widerstands der Prätexte.

Allerdings war es neben anderen Kritikern gerade auch Jauß selbst, der später vor einer unkritischen Verabsolutierung dieses Begriffspaares und vor einer simplifizierten Anwendung gewarnt hat:

> Der kategoriale Rahmen von Emanzipation und Affirmation, Innovation und Reproduktion wird der Geschichtlichkeit wie der gesellschaftlichen Rolle und Leistung der Kunst indes nicht in vollem Maße gerecht. Der besondere Status der ästhetischen Erfahrung im Kommunikationsprozeß der gesellschaftlichen Praxis

10 *Literaturgeschichte als Provokation* (Frankfurt, 1970), S. 178.

> ist unvollständig beschrieben, solange die normbrechende Leistung der Kunst allein mit ihren normerfüllenden Funktionen konfrontiert wird. Daß zwischen diesen Extremen der Negation oder Affirmation ein weiter Spielraum liegt, in dem sich Normen sozialen Handelns über kommunikative Muster der ästhetischen Identifikation bilden können – daran zu erinnern schien mir das Risiko wert zu sein, das man mit einem ersten Versuch auf dem noch ungesicherten Feld einer Hermeneutik eingehen muß [...][11]

Ein systematischer Ansatz darf zum zweiten nicht den Blick verstellen für die Notwendigkeit, den Funktionsbegriff – wenn man ihn überhaupt hinterfragen will – selbst historisch-funktional zu begreifen, d.h. differenziert in synchroner Anwendung, erst recht aber bei diachroner Untersuchung von Intertextualität und ihren sich wandelnden Konkretisationen und Intentionen. Rainer Warning hat daher die für viele Theoretiker der Intertextualität eher befremdliche, weil überflüssige Forderung eigens unterstrichen, wenn er sagt, es müsse

> das generelle Konzept poetischer Intertextualität historisch differenziert werden, soll es seinen operationalen Wert behalten.[12]

Auch Renate Lachmann deutet die Notwendigkeit einer synchronen wie diachronen Differenzierung an, wenn sie metakritisch dem Konzept der Intertextualität eine Doppelfunktion zuweist:

> Die Literatur [...], die mit Beginn des 20. Jahrhunderts in eine neue Phase getreten ist, weist dem Intertextualitätskonzept eine Doppelfunktion zu: zum einen die Funktion einer Reinterpretation bekannter außenseiterischer Texte, die den klassischen Kanon der Literatur von jeher provoziert haben, zum anderen die einer Erstinterpretation von zeitgenössischen Texten, in denen das Machen aus den Fertigteilen der Literatur sowohl verfeinert wie radikalisiert erscheint durch potenzierte Formen der Zitatzitate, Polyvalenzstrategien, Montage- und Textspielverfahren. Gerade wo es in der zweiten Funktion eingesetzt wird, muß sowohl der Stellenwert des Intertextualitätskonzepts innerhalb der bestehenden Methoden der Betrachtung als auch sein Bezug zur gleichzeitigen poetischen Praxis vergegenwärtigt werden.[13]

Dem wäre allerdings hinzuzufügen, daß es bei der »Reinterpretation«, also der ersten Funktion, nicht nur um Texte geht, die als »Außenseiter« der wissenschaftlichen und meist auch der sogenannten normalen Lektüre immer schon Schwierigkeiten bereitet haben, sondern ebenso um Texte, die, wie auch verschiedene Textinterpretationen des vorliegenden Bandes belegen, durchaus zum etablierten, klassischen Textkanon gehören und bei

---

[11] »Negativität und Identifikation: Versuch zur Theorie der ästhetischen Erfahrung«, in: *Positionen der Negativität,* ed. H. Weinrich, Poetik und Hermeneutik, 6 (München, 1975), S. 263–339, hier: S. 339.

[12] »Imitatio und Intertextualität«, in: *Interpretationen: Das Paradigma der Europäischen Renaissance-Literatur,* ed. K. W. Hempfer/G. Regn (Wiesbaden, 1983), S. 288–317, hier: S. 300.

[13] »Intertextualität als Sinnkonstitution«, *Poetica,* 15 (1983), 66–107, hier: 68.

denen dennoch durch das neue Konzept überraschende zusätzliche Sinnschichten erschlossen werden können.

Drittens und in der Hauptsache aber ist zu konstatieren, daß die radikale Ausweitung des Intertextualitätsbegriffs durch Julia Kristeva und ihre Nachfolger in der Tradition der Postmoderne den Zugang zu einem operationalisierbaren Funktionsbegriff weitgehend verschüttet hat. Denn wenn die Individualität und Subjektivität des Autors als intentionale Instanz zum bloßen Medium herabsinkt, dessen sich das universelle Spiel intertextueller Referenzen undifferenziert bedient, wenn auch die Instanz des Lesers ihre klare Identität verliert und stattdessen aufgeht in der Pluralität eines universellen Intertextes und wenn schließlich auch der Text sich entgrenzt zu einer Momentaufnahme in einem Universum der Texte, einem Kontinuum der pluralen Codes, bei denen selbst die elementare Verbindung von Signifikant und Signifikat nicht mehr trägt,[14] dann wird in gleichem Maße auch die Frage nach der Funktion entgrenzt und zunehmend gegenstandslos. Denn wie etwa der Begriff des Raumes als eine der elementaren Begrenzungen durch ständige Erweiterung der Grenzen letztlich in den Nicht-Raum umschlägt und sein Erkenntnispotential einbüßt, so verliert auch – einfachen Sätzen der Logik folgend – ein Funktionsbegriff, der die Relationierung zweier nicht identischer variabler Größen voraussetzt, bei zunehmender Identität der Bezugsgrößen (z.B. Leser – Autor, Text – Text usw.) seine Spannung und fällt bei der behaupteten allumfassenden Totalität des Intertextes quasi auf Null zurück.

Zu ähnlichen Konsequenzen führt der Versuch einer Funktionsbestimmung auf dem Weg über den Fiktionalitätsbegriff. Folgt man einem eher philosophisch-ontologischen Ansatz, nach dem das Fiktive auf einen »garantierten Sinnzusammenhang« zielt und somit im Vergleich etwa zum Imaginären von sich aus »wohlbestimmt« ist, so ergibt sich für Dieter Henrich und Wolfgang Iser:

> Eine Fiktion erfolgt um eines Gebrauches willen, der von ihr zu machen ist, und dieser bestimmt ihre Funktion. So ist ihre Bestimmtheit abgeleitet von der Weise, in der sie verwendet werden soll. Daher verweist die Fiktion – obgleich sie über das Reale hinausgeht – auf das Reale in einer Weise, welche zugleich die Determiniertheit des Realen wiederholt, – allerdings, um in solcher Wiederholung einen Zweck zu erfüllen. Das Fiktive bezieht sich durch seinen Gebrauch auf Reales, überschießt dieses, ohne jedoch zu einem Imaginären zu werden, da es, obgleich ein Nichtreales, im Gegensatz zum Imaginären auch ein Wohlbestimmtes ist.[15]

Entscheidend für konkrete Funktionszuweisungen des Fiktionalen sind also einmal die unlösbare Verbindung zum Realen, ohne daß beide Größen ineinander aufgehen dürfen,[16] und zum zweiten das »Überschuß«-Potential,

[14] Vgl. Pfister, »Konzepte der Intertextualität«, S. 9.

[15] »Entfaltung der Problemlage«, in: *Funktionen des Fiktiven,* ed. D. Henrich/W. Iser, Poetik und Hermeneutik, 10 (München, 1983), S. 9–14, hier: S. 9.

das dem jeweiligen fiktionalen Text beispielsweise seine spezifische Zweckgerichtetheit verleiht. Aus dem Kriterium der Differenz zwischen dem Realen und der Fiktion lassen sich die ausschlaggebenden Signale der Rezeptionssteuerung auch und gerade bei intertextuellen Texten und ihren konkreten Funktionen herleiten.

Eine Schule jedoch, die wie in der zeitgenössischen französischen Literaturtheorie oder in der heutigen postmodernen Romanpraxis nicht nur dezidiert den »garantierten Sinnzusammenhang« leugnet, sondern auch das Spannungsverhältnis von Realität und Fiktion wie etwa Ronald Sukenick durch die Annahme einer Identität beider Bereiche grundsätzlich aufzuheben versucht,[17] muß notwendig jeden Verweisungscharakter von Texten negieren. »No intention«[18] bedeutet »no function« oder, in einer Formulierung Vonneguts, »no moral, no causes, no effects«[19].

Vor diesem Hintergrund ist auch die These kritisch zu prüfen, die Pfister unter Hinweis auf Charles Grivel in seiner Einleitung wiedergibt, daß »die Situierung der Subjekte und Texte im universalen Intertext [...] nach der poststrukturalistischen Theorie [...] nicht funktionslos«[20] sei. Das von Grivel und anderen angebotene Begriffspaar Repetition *vs.* Differenz kaschiert eher die Aporie, in die sich die Poststrukturalisten durch die Radikalität ihrer Prämissen selbst manövriert haben, als daß es für einen spezifizierbaren Funktionsbegriff nutzbar gemacht werden könnte. Repetition, Zwang zur Wiederholung, zur Uneigentlichkeit ist keine Funktionsbestimmung, sondern eher (folgt man den Prämissen dieser Theorie) die Konstatierung und Anerkenntnis eines anthropologischen, ja pathologischen Zwanges,[21]

---

16 Vgl. zum schwierigen Problem der Abgrenzung von Realität und Fiktion u.a. H. R. Jauß, »Zur historischen Genese der Scheidung von Fiktion und Realität«, in: *Funktionen des Fiktiven,* S. 423–431, aber auch die Beiträge von Theoretikern wie K. Stierle oder J. Anderegg, die eher für eine klare Trennung als für eine Verbindung beider Bereiche eintreten.

17 »[...] the act of composing a novel is basically not different from that of composing one's reality.« (»The New Tradition«, *Partisan Review,* 39 [1972], 580–588, hier: 584) Vgl. auch die einschlägigen Beiträge in dem Band *Surfiction: Fiction Now ... and Tomorrow,* ed. R. Federman (Chicago, 1975).

18 Vgl. Federmans Formulierung »demolish its purpose, its intentionality« (»Imagination as Plagiarism [an unfinished paper...]«, *New Literary History,* 7 [1975/1976], 563–578, hier: 570, ebenso 574).

19 *Slaughterhouse-Five* (New York, 1969), S. 76. – Vgl. allgemein *Textual Strategies: Perspectives in Post-Structuralist Criticism,* ed. J. V. Harari (Ithaca, N. Y., 1979), *Untying the Text: A Post-Structuralist Reader,* ed. R. Young (Boston/London, 1981), sowie V. B. Leitch, *Deconstructive Criticism* (New York, 1982), und Ch. Norris, *Deconstruction: Theory and Practice* (London/New York, 1982).

20 »Konzepte der Intertextualität«, S. 21. Vgl. zur generellen Kritik H. Felperin, *Beyond Deconstruction: The Uses and Abuses of Literary Theory* (Oxford, 1985).

21 Vgl. den Titel der Studie von F. Jameson, *The Prison-House of Language* (Princeton, 1972), oder die Situationsbeschreibung bei I. Hassan, »Wars of Desire, Politics of the Word«, *Salmagundi,* 55 (1982), 110–118.

und der beobachtete – oder nur postulierte(?) – Differenzcharakter ist ebenfalls funktional kaum nutzbar, fehlt ihm doch die entscheidende Spannung und Zielgerichtetheit. Gerade das konsequente Festhalten an der Totalität des Intertextes (dessen philosophische Berechtigung hier nicht diskutiert werden kann) verbietet es eigentlich, durch die Einführung eines funktionalen Differenzbegriffs den früheren Begriff der Innovation als Ablösung eines verbrauchten Konventionssystems durch ein neues System quasi in ›anderem Gewand‹ wiederzubeleben. So bleibt Raymond Federman angesichts des beschriebenen poststrukturalistischen Textverständnisses nur die offene Frage (»These are questions to which the theory of intentionality can no longer provide satisfactory answers.«[22]) oder das kokette Paradox (»there is no message, only messengers, and that is the message«[23]) zur Beschreibung einer funktionslosen und nur noch funktionierenden Literatur. Ähnlich den absurden Philosophen der fünfziger Jahre, die in ihren Texten eine radikale, alle bisherigen philosophischen Ansätze *ad absurdum* führende Weltdeutung propagierten, obwohl sie aufgrund der eigenen Prämissen eigentlich gerade diesen philosophischen, Realität deutenden Charakter ihrer Texte hätten dementieren müssen, produzieren moderne Autoren eine »literature of exhaustion«, die nicht mehr Wirklichkeit deuten, sondern allenfalls die Aporien ihrer eigenen Genese verdeutlichen will.

Was für die Intertextualität als Gesamtphänomen gilt, muß notwendig und besonders für Einzeltextbezüge angenommen werden. Es ist im Rahmen postmoderner Prämissen nicht möglich, Textsegmente funktional fest zu ›verorten‹[24] oder gar von strukturierenden Dominanzen innerhalb eines Textes zu sprechen. Diese sind nur bei Annahme individueller, partieller und konkret gewichteter Intertextualitätsbezüge sinnvoll beschreibbar. Dem aber steht nicht nur Jonathan Cullers Hinweis auf die Theoreme Roland Barthes' entgegen, wenn er zitiert: »The quotations of which a text is made are anonymous, untraceable, and nevertheless already read.«[25] Ein ähnliches Selbstverständnis formuliert Federman, wenn er der ›Gebrauchsanweisung‹ (»recommendations«) zu seinem Roman *Take It or Leave It* als »note« hinzufügt: »Those who wish to find the original source may do so at their own risk [...]«[26], oder wenn er an anderer Stelle prosaisch direkt konstatiert:

---

22 »Imagination as Plagiarism«, 574.

23 »What Are Experimental Novels?«, 25.

24 Dies ist schon allein deshalb nicht möglich, weil in postmodernen Texten immer wieder die Abfolge der einzelnen Sätze und Textpassagen als willkürlich und veränderbar bezeichnet wird.

25 *The Pursuit of Signs* (London, 1981), S. 103.

26 Kap. 0: »suppositions & prelibations«, in: *Take It or Leave It* (New York, 1976). Der Roman ist unpaginiert.

Therefore I shall not reveal my sources because these sources are now lost in my own discourse, and, moreover, because there are no sacred sources for thinking and writing.[27]

Insbesondere die auch von Pfister referierte Übertragung der Relation Repetition – Differenz auf das Paradigma Klassizismus – Moderne verdeutlicht schließlich das Dilemma einer Theorie, die aufgrund ihrer Prämissen ahistorisch, alle Texte umfassend auftritt und dennoch vor dem als Faktum nicht zu verdrängenden Hintergrund der Geschichte, auch der Literaturgeschichte, eine konkrete Standortbestimmung zu versuchen aufgefordert ist. Das »Aufbrechen aller Regeln« im Poststrukturalismus setzt die frühere Existenz und die zumindest temporäre Geltung eben dieser Regeln voraus. Eine solche Standortbestimmung müßte aber zwangsläufig zur Einsicht in historische Entwicklungsprozesse und insofern zur Konfrontation mit der eigenen historischen Bedingtheit führen. Nicht zum ersten Male in der langen Geschichte menschlicher Ideen scheint mir hier ein universalistischer Denkansatz von seiner eigenen geschichtlichen Gewordenheit eingeholt zu werden.

2. Intertextualität als kommunikationstheoretisches Phänomen

In dieser Situation geht es bei der Entscheidung für einen engeren oder weiteren Intertextualitätsbegriff also nicht nur um dessen Praktikabilität, die effektivere Benutzbarkeit in der konkreten Textanalyse, es geht vor allem um die grundsätzliche Frage, ob Literatur jenseits des Spiels amorpher Codes und Textkonglomerationen, d.h. jenseits ihrer prinzipiellen intertextuellen Gebundenheit,[28] ihre Funktionalität wiedergewinnen will oder nicht, und damit ist letztlich die Legitimität der Sinnfrage in menschlicher Existenz überhaupt angesprochen. Die Antwort auf dieses Problem kann m.E. nur sein, wie in den letzten Jahren innerhalb und außerhalb der Literaturwissenschaft immer wieder versucht wurde, Texte allgemein und im besonderen literarische Texte als Teil kommunikativen Handelns zu erfassen,[29] sie wieder in den Kontext von Produktions- und Rezeptionsvorgängen zu stellen und Literatur wie andere Lebensäußerungen auch als Versuch einer Wirklichkeitsmodellierung zu deuten.

---

27 »Imagination as Plagiarism«, 566.

28 Vgl. Stempel, »Intertextualität und Rezeption«, S. 87.

29 Vgl. aus der großen Zahl von Untersuchungen die Arbeiten von R. Breuer, *Literatur: Entwurf einer kommunikationsorientierten Theorie des sprachlichen Kunstwerks* (Heidelberg, 1984), und E. W. B. Hess-Lüttich, *Kommunikation als ästhetisches Problem* (Tübingen, 1984); zum Rezeptionsvorgang vgl. H. Aust, *Lesen: Überlegungen zum sprachlichen Verstehen* (Tübingen, 1983); zum Hintergrund sehr anregend U. Matthiesen, *Das Dickicht der Lebenswelt und die Theorie des kommunikativen Handelns* (München, 1983), und der ›Klassiker‹ von J. Habermas, *Theorie des kommunikativen Handelns,* 2 Bde. (Frankfurt, 1981).

Nun muß man sich bei der Diskussion der Sinnfrage nicht unbedingt um metaphysische oder philosophische Begründungen bemühen, man kann sich ebenso an ›säkulare‹ Vorstellungen etwa der modernen Ideologietheorie eines Karl Otto Apel oder Jürgen Habermas anschließen, für die Wahrheit als Gegenbegriff zur Ideologie nicht

> eine objektiv feststehende, ontologische Größe [ist], der man sich z. B. mit naturwissenschaftlichen Methoden allmählich annähern kann, sondern [sich] als Aussagen- und Vorstellungskomplex definiert, der sich als Konsensus in herrschaftsfreier, zwangloser Kommunikation herausgebildet hat.[30]

Wie auch immer in dieser Grundsatzfrage die Fundamente gelegt werden, allein die Annahme einer Zielgerichtetheit des literarischen Diskurses ermöglicht, im Bereich literarischer Kommunikation den Funktionsbegriff zurückzugewinnen und entsprechend das Phänomen der Intertextualität funktional zu betrachten. Ich gehe daher grundsätzlich von der einen kompletten intertextuellen Vorgang bezeichnenden und – gemessen an der zwangsläufigen Interferenz zwischen Autor- und Rezipientencode – idealtypischen These aus: Im Bereich literarischer Produktion werden intertextuelle Verfahren Rezipienten-bezogen funktionalisiert. Notwendige Voraussetzung sind Intentionalität einerseits und durch bewußt gesetzte Signale gewährleistete Erkennbarkeit der intertextuellen Verfahren andererseits; entscheidende Folge sind Mehrfachkodierungen, Zusatzstrukturierungen oder Sinnkomplexionen im Text. Wenn akzeptiert ist, daß Literatur letztlich Sinndeutung zu geben versucht und als Teil der Wirklichkeit auf eben diese Wirklichkeit prägend einwirken kann, dann geht es hier um die – allerdings nicht weniger schwierige – Frage, wie Literatur im Einzelfall diese Wirklichkeitsmodellierung anstrebt: Intertextualität erscheint dann, jenseits aller philosophischen Implikationen, als ein spezifisch benennbares, konkret lokalisierbares und im Detail analysierbares Verfahren neben anderen. Es ist also sinnvoll, hinter Kristeva wieder auf Bachtin zurückzugehen, der bereits unterschieden hatte zwischen der primären Frage nach der Auseinandersetzung mit der Wirklichkeit und der sekundären Frage nach der Art der konkreten Umsetzung im literarischen Werk als Kampf für oder gegen die literarische Tradition.[31] Diese Position findet sich später auch im tschechischen Strukturalismus, z. B. bei Jan Mukařowský, der überzeugend differenziert:

> Jede Veränderung in der künstlerischen Struktur wird von außen herbeigeführt, entweder direkt, unter dem unmittelbaren Eindruck sozialer Veränderungen, oder indirekt, unter dem Einfluß einer Entwicklung auf einem der benachbarten

---

30 Th. Anz, »Wertungskriterien und Probleme literaturwissenschaftlicher Ideologiekritik«, in: *Beschreiben, Interpretieren, Werten,* ed. B. Lenz/B. Schulte-Middelich (München, 1982), S. 214–247, hier: S. 239f.

31 Vgl. Pfister, »Konzepte der Intertextualität«, S. 2.

kulturellen Gebiete, wie der Wissenschaft, Wirtschaft, Politik, Sprache etc. Die Art und Weise jedoch, in der man dem jeweiligen Andringen von außen begegnet und die Form, die dadurch entsteht, hängen von Faktoren ab, die der künstlerischen Struktur angehören.[32]

Die im Rahmen einer universalistischen Intertextualitätstheorie verdrängten, in der historisch-konkreten und oft auch empirisch analysierbaren Kommunikationssituation aber im Vordergrund stehenden Fragen nach Textkenntnis und Intention des Autors, nach Interferenzen zwischen Code des Autors und Code des Lesers, nach den Mechanismen der Textkonstitution und der Rezipientensteuerung durch den Text, nach den Gründen unterschiedlicher Rezeptionserlebnisse usw.[33] können auf diese Weise wieder in ihr Recht eingesetzt werden.

Es bleibt in diesem Zusammenhang noch anzumerken, daß es als unnötige und wenig überzeugende Einschränkung erscheint, wenn nicht nur bei den Poststrukturalisten die These vertreten wird, der Bezug in einem Folgetext auf einen Prätext und die daraus resultierenden Einsichten oder Probleme verhinderten, wenigstens teilweise, die außertextliche, die lebensweltliche Gerichtetheit des Folgetextes, deckten vielmehr für jeden sichtbar mehr oder weniger partiell die »Scheinbarkeit« des späteren Textes auf.[34] Solange man nicht, wie es bei führenden Theoretikern immer noch diskutiert wird, eine kategoriale Trennung von Literatur und Leben unterstellt,[35] ist der lebensweltliche Bezug auch durch Intertextualitätsverfahren nicht unterbunden, denn auch der Prätext ist Teil der Wirklichkeit, auch er versucht eine Modellierung von Wirklichkeit; durch die Verbindung mit dem Koordinatensystem des Folgetextes wird der Bezug auf Wirklichkeit eher komplexer und tiefer. Auch Linda Hutcheon hat in ihrer Untersuchung des Bereichs des *Narcissistic Narrative. The Metafictional Paradox* überzeugend nachgewiesen, daß gerade intertextuelle Verfahren »function as the means by which new extramural connections are forged between art and life«, und ihre Erkenntnisse anschließend ohne Zögern ins Allgemeine gewendet:

> Self-reflective fiction, even in its most overt diegetic form, does not mean the death of the novel as a mimetic genre but perhaps rather its salvation.[36]

Analyseparameter für funktionale Intertextualität ist die bekannte Trias des Kommunikationssystems Autor – Text – Rezipient. Im Regelfall setzt der Autor den intertextuellen Bezug zielgerichtet ein, der Text gibt die

---

32 »Tschechische Poetik«, zitiert nach der Übersetzung in: V. Erlich, *Russischer Formalismus* (München, 1964), S. 287.

33 Vgl. auch die Hinweise bei Pfister, »Konzepte der Intertextualität«, S. 22.

34 So erst kürzlich wieder in Lachmann, »Intertextualität«, 80f.

35 Vgl. zur Kritik an dieser Position B. W. Seiler, *Die leidigen Tatsachen* (Stuttgart, 1983).

36 (Waterloo, Can., 1980), S. 70.

entsprechenden rezeptionssteuernden Signale, und der Rezipient verarbeitet den Bezug im vom Autor intendierten Sinne. Wie sich aber bereits in ›normaler‹ nicht-literarischer Kommunikation Fehlleistungen, Mißverständnisse, aber auch ungewollt neue Einsichten, überraschende, ungeplante Impulse einstellen können, so muß erst recht in der komplexeren literarischen Kommunikation mit Störungen gerechnet werden: So gibt es Beispiele von intertextuellen Bezügen, die zunächst nur Autor und Text betreffen. Ein Text kann in diesen Fällen funktional deutbar sein, ohne daß die intertextuellen Bezüge bei der Rezeption aufgenommen wurden. Ursache kann eine Code-Interferenz zwischen Autor und Rezipient sein. Die hochgradig intertextuellen Verweise in Eliots *The Waste Land* überforderten offenbar zunächst viele Leser, auch wenn der Text ohne diese Bezüge durchaus deutbar war. Eliot mußte erläuternde Fußnoten anfügen, damit die vielfältigen Hinweise auf Fremdtexte ihre Bedeutung entfalten und somit dem Gesamttext neue, zusätzliche Sinndimensionen erschlossen werden konnten.[37] Arno Schmidts Leser benötigen die Hilfe des sogenannten Dechiffrier-Syndikats, um zusätzliche Sinnpotentiale jenseits der Oberflächenstruktur zu erschließen. Hier allerdings ist der Vorgang vom Autor offenbar beabsichtigt und selbst wiederum funktional deutbar. Parodien und Satiren sind nach längerer Zeit infolge historisch bedingter Informationsdefizite oft nur durch Erläuterungen oder umfangreiche Kommentare intertextuell beziehbar. In Einzelfällen weisen Texte sogar, wie Karlheinz Stierle oder Rainer Warning gezeigt haben, über einen großen Zeitraum eine scheinbar ›normale‹ Rezeptionsgeschichte auf, ehe z. B. durch eine plötzliche Entdekkung überraschende Intertextualitätsbezüge durch den Rezipienten aktualisiert werden können.[38]

Bemerkenswert aber sind nicht allein diese ›Störungen‹ an den verschiedenen Stationen von der Intention bis zur Rezeption, von grundsätzlicher Bedeutung sind die Probleme, die sich aus einer Lockerung oder gar Auflösung der notwendigen Zuordnung von Autorintention und adäquater Rezeption ergeben können.

2.1 So erweist sich die Forderung nach einer in jedem Fall nachweisbaren Autorintention als strittig. Auch wenn die steuernde Hand des Autors in vielen Texten gegeben ist und analysiert werden kann, sollte man doch unter bestimmten Bedingungen die Möglichkeit eines intertextuellen Bezu-

---

[37] Vgl. die verschiedenen Rezeptionsbeispiele in Stempels »Intertextualität und Rezeption«, ferner die Probleme einer vom Rezipienten nicht wahrgenommenen Intertextualität, die sich z. B. beim Medienwechsel ergeben können (H. Zander, »Intertextualität und Medienwechsel«, in diesem Band).

[38] K. Stierle, »Werk und Intertextualität«, in: *Dialog der Texte,* S. 7–26, hier: S. 9 f.; zu Warning vgl. die Diskussion bei Stempel, »Intertextualität und Rezeption«, S. 98 ff.

ges auf der Ebene zwischen Text und Leser nicht gänzlich ausschließen, dessen sich der Autor nicht bewußt war oder bewußt sein konnte. Denn es sind eine Reihe von Möglichkeiten denkbar und historisch belegbar, daß nicht durch ›willkürliche‹ Setzung des Rezipienten eine Relationierung erfolgt, sondern daß der Text selbst intertextuell erfahrbare Strukturen und Signale enthält, die produktionsseitig nicht abgedeckt sind. Als Beispiel sei verwiesen auf das Phänomen Friederike Kempner (1836–1904), deren Gedichte sich heute lesen lassen – und gelesen werden – wie intendierte Parodien um ihrer komischen Wirkung willen. Wegen der nicht leichten Zugänglichkeit der Texte hier einige Kostproben:

Beispiel 1. DIE POESIE

DIE Poesie, die Poesie,
Die Poesie hat immer Recht,
Sie ist von höherer Natur,
Von übermenschlichem Geschlecht.

Und kränkt ihr sie, und drückt ihr sie,
Sie schimpfet nie, sie grollet nie,
Sie legt sich in das grüne Moos,
Beklagend ihr poetisch Loos!

Beispiel 2. ZU des Orkus finsteren Gewalten
Lege ich mein lebensmüdes Haupt,
Ungeheuer öffne Deine Falten,
Viel hab' ich gestrebt und viel geglaubt!

Jung und kräftig und vom Mute strahlend,
Lebenswarm die Brust, das weiche Herz:
Mitwelt, Deine Schuld bezahlend,
Gräbt die Nachwelt einst mein Bild in Erz.

Beispiel 3. KENNST Du das Land
Wo die Lianen blühn,
Und himmelhoch
Sich rankt des Urwalds Grün?
Wo Niagara aus dem Felsen bricht,
Und Sonnenglut den freien Scheitel sticht? –

Kennst Du das Land
Wohin Märtyrer ziehn,
Und wo sie still
Wie Alpenröslein glühn?
Kennst Du das Land, kennst Du es nicht?
Die zweite Heimat ist's, so mancher spricht![39]

Unschwer erkennbar enthalten diese Texte eine Vielzahl von Anspielungen auf Motive, auf Klischees der Lyrik vor allem des 19. Jahrhunderts, die in ihrer komischen Verfremdung ohne Kenntnis des Kontextes als intendierte Parodierung einer bestimmten Lyriktradition erscheinen können. Aus der

---

39 *Ausgewählte Gedichte* (Berlin, 1929), S. 7, 9, 32.

Biographie der Verfasserin allerdings weiß man, daß nichts weniger als Parodie, Herabsetzung der Prätexte Friederike Kempners Absicht war. Ihre Gedichte und Novellen sind vielmehr Zeugnis einer Produktionshaltung, die – ohne fundierte Vorbildung, wenn auch nicht immer ohne Talent – naiv und in affirmativ-nachahmender Absicht Texte entstehen läßt, deren Funktion gerade durch die nicht vermutete Mischung aus Talent und Naivität bezüglich der Autorintention mißverstanden werden müssen. Umstritten ist Friederike Kempner gleichwohl heute nicht mehr, denn es ist gerade die Parodie wider willen, das Naiv-Komische, das die jetzige ›Gemeinde‹ von Kempner-Lesern besonders goutiert.

2.2 Unstrittig ist auch, zumindest hinsichtlich des Phänomens als solchen, daß es eine praxisbedingte Variabilität der Rezeption gibt, aufgrund derer die Leser eines Textes je nach Leseintensität, Bildungsstand oder Lektüreerfahrung zu unterschiedlich intensiver Nutzung des intertextuellen Potentials gelangen können beziehungsweise, wie Laurence Lerner an mehreren Beispielen verdeutlicht hat,[40] je nach Art und Umfang der Informationsvergabe und z. B. ideologischer Steuerung der Rezeption gelangen sollen. Erst jüngst hat zudem Wolf-Dieter Stempel mit Nachdruck darauf verwiesen, daß der individuellen und gruppenspezifischen Leserdifferenzierung gerade im Rahmen der Intertextualitätsdiskussion besondere Bedeutung zukommt.[41] Inwieweit intertextuelle Signale im Rezeptionsakt funktionalisiert werden, ist nicht nur eine diachrone Frage der historischen Unterschiede in den Lesevoraussetzungen, nicht nur eine synchrone Frage im Hinblick auf individuelle Erfahrungen und Erwartungen, die in die jeweiligen Lesekonkretisationen eingehen, es ist, so Stempel, vor allem die Fragestellung, wo sich die Rollen des (wenn auch gebildeten) Amateurlesers und des mit wissenschaftlicher Methodik arbeitenden Interpreten deutlich scheiden. Während der ›Amateur‹ sich durch seine primäre, ästhetisch gerichtete und den Bezug zur eigenen Lebenssituation einschließende Rezeption kennzeichnen läßt, sieht Stempel den Wissenschaftler durch die Sekundär-Rolle des »Beobachters«[42] geprägt, dessen notwendige Distanz bei der Suche nach der »lecture complète«[43] den genuin ästhetischen Rezeptionsakt eher verschüttet. Die durchgehende »kontrastive Präsenthaltung«[44] von Prätext und Folgetext, die künstliche Zweidimensionalität des wissenschaftlichen Konkretisationsprozesses, läßt sich mit der »grundsätzlichen Eindimensionalität der ›participant‹-Perspektive« oft nur schwer vermitteln.

---

40 Vgl. »Romantik, Realismus und negierte Intertextualität«, in diesem Band.
41 Vgl. »Intertextualität und Rezeption«.
42 Ebd., S. 98.
43 M. Riffaterre, »Sémiotique intertextuelle: L'Interprétant«, in: A. Vigh u. a., *Rhétoriques, Sémiotiques,* Le monde en 10/18, 1324 (Paris, 1979), S. 128–146, hier: S. 138 (= *Revue d'Esthétique* [1979], 1/2).
44 »Intertextualität und Rezeption«, S. 97.

Ohne Zweifel ließe sich gegen diese pointierten Thesen Verschiedenes einwenden; ohne Zweifel erklären sie sich auch aus kompensatorischem Engagement in einer nur zu oft von seiten der Wissenschaft verdrängten Fragestellung.[45] Stempel selbst räumt an anderer Stelle ein, daß die Unterschiede der beschriebenen Wahrnehmungshaltungen letztlich doch gradueller Natur sind und daß die genannten Diskrepanzen weniger bei direkten Einzeltextreferenzen als vielmehr bei der Ausweitung auf generische Strukturen, Gattungs- und andere Systemreferenzen also, zum Tragen kommen. Umgekehrt aber sind gerade in der Moderne Autoren und Theoretiker bei hochgradig intertextuellen Werken der Gefahr einer offensichtlichen Spaltung der Rezipienten in Amateure und Experten immer wieder erlegen mit der Folge, daß die intertextuelle Dimension dieser Texte doppelt funktionslos blieb: funktionslos für den Amateur, von dem eine komplizierte zweifach oder mehrfach dimensionierte Rezeption häufig nicht zu leisten ist; funktionslos auch für den Experten, den die Distanz-schaffenden wissenschaftlich-analytischen Verfahren daran hindern, beim unmittelbaren Zugang zum Werk und seinen genuin ästhetischen Funktionen mit dem Amateur angemessen ›mitzuhalten‹.

2.3 Besonders strittig sind schließlich die Fälle, in denen über die nachweisbare Autorintention hinaus weitere intertextuelle Einzelbezüge scheinbar willkürlich vom Rezipienten gesetzt und funktionalisiert werden. Stierle etwa billigt jedem Leser zunächst das Recht zu, prinzipiell jedes Werk, selbst zufällige und individuell begrenzte Leseerfahrungen, intertextuell zu einem anderen Werk in Beziehung zu setzen: »Jede Korrelation solcher Art ist ein vom Interpreten in Gang gesetztes Experiment, das das Bewußtsein des Werks steigert.«[46]

Was hier in Anlehnung an kunsttheoretische Überlegungen Walter Benjamins begründet wird mit dem Ziel, »Stereotypen der Wahrnehmung aufzubrechen und das Werk in ungewohnte Beleuchtungen zu stellen«, läßt sich durch einige wahrnehmungstheoretische Überlegungen zusätzlich erklären und vertiefen.[47] Menschliche Wahrnehmung ist grundsätzlich total

---

[45] Einer der wenigen Versuche, zwischen dem »Nicht-Spezialisten und dem Experten« zu vermitteln, findet sich in E. Lehmann, »Literaturgeschichte, Geschichte der Kritik und Kritik der Wertung«, in: *Beschreiben, Interpretieren, Werten,* S. 248–269.

[46] »Werk und Intertextualität«, S. 10.

[47] Vgl. hierzu insbesondere M. Smuda, »Wahrnehmungstheorie und Literaturwissenschaft«, in: *Sozialität und Intersubjektivität,* ed. R. Grathoff/B. Waldenfels (München, 1983), S. 272–292, und »›Stream of consciousness‹ und ›durée‹ – Das Problem ihrer Realisation und Wirkung im modernen englischen Roman«, *Poetica,* 13 (1981), 309–326. Im englischsprachigen Bereich vgl. G. D. Martin, *The Architecture of Experience* (Edinburgh, 1981).

als ein unabschließbarer Prozeß der Kenntnisnahme der Umwelt. Ein Kontinuum von heterogenen Eindrücken, »an incessant shower of innumerable atoms«, so konstatierte bereits 1925 Virginia Woolf,[48] prägt das menschliche Bewußtseinsfeld, das allerdings in jedem Moment offenbar von unterschiedlich gewichtigen Akzenten der Aufmerksamkeit strukturiert wird. Unter Berufung auf Modelle von Alfred Schütz und insbesondere Aron Gurwitsch hat Manfred Smuda überzeugend vorgeschlagen, diese Strukturierungsmechanismen mit der Relation »Thema – thematisches Feld – Rand« zu erfassen, um Funktion und Wandel der Einzeleindrücke exakter differenzieren zu können. Im Zentrum unserer Aufmerksamkeit steht das Thema, ihm angelagert ist – weil sachlich mit dem Thema verbunden – als Basis und Hintergrund das thematische Feld, dies wiederum ist umgeben vom Rand, d. h. von Phänomenen, »die zwar kopräsent, aber ohne sachlichen Bezug zum Thema gegeben sind«[49]. Diese drei Faktoren bilden eine höchst komplexe Einheit, die sich zudem durch ständigen Wandel im Innern des Systems auszeichnet. Je nach Disposition des Trägers des Bewußtseins und je nach äußeren Impulsen können sich die Relationen der drei Bereiche verschieben, aber auch Randphänomene ins Thema wandern, wenn sie entsprechend adaptiert werden.

Ähnlich verhält es sich mit der Wahrnehmung literarischer Texte. Auch ihre Rezeption ist grundsätzlich total, intertextuell unabschließbar und unendlich funktionalisierbar. Den vor allem produktionsseitig relevanten Prämissen der poststrukturalistischen Theoretiker entsprechen also – was in der bisherigen Forschung noch nicht ausreichend gewürdigt wurde – einige zentrale rezeptionsseitig bedeutsame Thesen der modernen Wahrnehmungstheoretiker. Im thematischen Zentrum der Wahrnehmung stehen im Text dominante intertextuelle Bezüge; aber auch hier gibt es, je allgemeiner die generischen, die Systembezüge werden, thematische Felder und schließlich Randbereiche mit kopräsenten (»sachlich unverbundenen«) und zunächst nur potentiell für das Zentrum virulenten Texten. Während Thema und thematisches Feld von der Autorintention erfaßt und gesteuert werden können, fällt der »Rand« angelagerter Texte allein in die individuelle Verantwortlichkeit des Rezipienten, ohne daß man diesen Bereich von vornherein als weniger relevant betrachten darf. Nimmt man die Systematik des vorgestellten Modells und die Möglichkeit permanenter interner Umorganisation des Materials ernst, dann sind auch Text- und Rezipienten-seitig begründete Intertextualitätsbezüge und ihre Funktionen legitimer Gegen-

---

48 Vgl. den berühmten Essay »Modern Fiction«, in: *The Common Reader,* First Series (London, 1975 [[1]1925]), S. 184–195, hier: S. 189f.

49 Smuda, »›Stream of consciousness‹ und ›durée‹«, 325. – Smuda bezieht sich auf A. Gurwitsch, *Théorie du champ de la conscience* (Paris, 1957), bes. »Le Champ thématique«, S. 246–298.

stand interpretatorischen Bemühens. Um es am Beispiel Shakespeares zu verdeutlichen: Eine Rezeptionsweise, die den in Shakespeares Dramen sicher nicht »thematischen«, geschweige denn zentralen Gedanken von der Absurdität menschlicher Existenz unter dem Eindruck der absurden Philosophie unseres Jahrhunderts plötzlich ins Zentrum der Interpretation rückt, mag sie zunächst als willkürliche Setzung von Autoren wie Jan Kott oder Tom Stoppard erscheinen, verdient doch, als produktive Auseinandersetzung mit Shakespeares Werken beachtet zu werden. In der Postmoderne wiederum wird die Aufforderung an den Rezipienten, den intertextuellen ›Faden‹ ohne Rücksicht auf die ohnehin bereits destruierte Autorintention ›weiterzuspinnen‹ und im kreativen Leseakt ständig neue, reizvolle Bezüge zum unendlichen Intertext zu entdecken, geradezu ein Markenzeichen und ein konstitutiver Bestandteil einer ganzen Gruppe von Texten.[50]

Es sei allerdings nicht verschwiegen, daß man in der heutigen Situation – die Begründung einer empirischen Literaturwissenschaft im Sinne etwa S. J. Schmidts steckt noch in den Anfängen[51] – bei der Fülle der sich im Zusammenhang mit einer umfassenden intertextuellen Rezeption eröffnenden Fragestellungen schnell an die Grenze des wissenschaftlich ›Machbaren‹ stößt, will man nicht wie früher in Spekulationen und problematischen Hilfskonstruktionen (wie dem ›Normalleser‹) die Lösung suchen. Man sollte daher bereit sein zuzugestehen, daß es trotz der interessanten Fälle, in denen intertextuelle Bezüge produktions- oder rezeptionsseitig nicht abgedeckt sind, aus methodischen wie praktischen Gründen legitim sein kann, als »privilegiert«[52] im Sinne der oben aufgestellten idealtypischen These zunächst die Beispiele zu setzen, in denen sich eine vollständige intertextuelle Kommunikation vom Autor über den Text bis zum Rezipienten nachweisen läßt, eine Einschränkung, die nicht zuletzt auch das im Rahmen dieses Beitrags Erfaßbare nahelegt.

---

50 Vgl. Kotts Studie *Shakespeare heute* (München/Wien, 1965) oder Stoppards Drama *Rosencrantz and Guildenstern are Dead* (London, 1967); zur Postmoderne vgl. den Beitrag von J. C. Schöpp, in diesem Band, S. 332–336.

51 Vgl. S. J. Schmidt, »The Empirical Science of Literature: A New Paradigm«, *Poetics,* 12 (1983), 19–34, *Empirie in Literatur- und Kunstwissenschaft,* ed. S. J. Schmidt (München, 1979), insbesondere aber die Reihe »Konzeption Empirische Literaturwissenschaft«, ed. Arbeitsgruppe NIKOL (d.i. S. J. Schmidt u.a.) (Braunschweig, 1980ff.), die Schmidt mit dem zweibändigen *Grundriß der Empirischen Literaturwissenschaft* eröffnete. Zur empirischen Rezeptionsforschung vgl. N. Groeben, *Rezeptionsforschung als empirische Literaturwissenschaft* (Kronberg, Ts., 1977), *Rezeptionspragmatik,* ed. G. Köpf (München, 1981), E. Klemenz-Belgardt, *Amerikanische Leserforschung* (Tübingen, 1982) und *Werkstruktur und Rezeptionsverhalten,* ed. H. Heuermann u.a. (Göttingen, 1982).

52 Stierle, »Werk und Intertextualität«, S. 10.

3. Funktionen der Intertextualität – Versuch einer Systematisierung

Diese Vorüberlegungen zu verschiedenen Möglichkeiten und Grenzen einer historischen Perspektive erscheinen auch und gerade in einem systematisch angelegten Beitrag über die Funktionen intertextueller Textkonstitution von großer Bedeutung, will man trotz der sich aus jeder Systematik ergebenden Zwänge offen bleiben für neue Impulse, die von der Vielgestaltigkeit des historischen Materials ausgehen. Nach der Diskussion der Begriffe der Intentionalität und der Rezeption verbleibt nun noch der Hinweis auf den dritten der oben genannten Begriffsbereiche, Mehrfachkodierung oder Sinnkomplexion, die sich als Oberbegriffe anbieten für einzelne Arten der Kodierung und die zudem den Vorteil haben, daß sie auch bei einer Ausweitung des Intertextualitätsbegriffs über den hier durch die Bedingung der Intentionalität gesetzten Rahmen hinaus weiter benutzbar bleiben.

Intendierte und funktional wirksame Sinnkomplexion muß sich im Text nachweisen lassen. Wenn man daher, vereinfacht gesprochen, Intertextualität als das Vorhandensein eines (oder mehrerer) Prätexte in einem späteren Text auffaßt, dann lassen sich folgende vier Typen als systematische Orte oder als Funktionsrichtungen für die Beschreibung einzelner Funktionen ableiten:

Funktionstyp 1. Der Prätext erhält zumindest eine Zusatzkodierung.

Funktionstyp 2. Der Folgetext oder Textteile (= Folgetext ohne Prätextanteile) erhalten zumindest eine Zusatzkodierung.

Funktionstyp 3. Der Prätext und der Folgetext beziehungsweise die entsprechenden Textteile erhalten gemeinsam jeweils zumindest eine Zusatzkodierung.

Funktionstyp 4. Jenseits von Prätext und/oder Folgetext oder -textteil entsteht auf einer Metaebene zumindest eine neue Kodierung.

Erst wenn auf dieser allgemeinen, formalen Ebene der Rahmen und die Positionen möglicher Funktionszuweisungen (= F_o) abgesteckt sind, kann man auf weiteren darüberliegenden und jeweils spezieller werdenden Ebenen (= F_{1-x}) konkrete Funktionen zuordnen, um die Abhängigkeiten ebenso wie die unterschiedlichen Wertigkeiten einzelner Funktionen differenziert darstellbar zu machen.

So ließen sich auf einer ersten konkreteren Ebene (F_1) einzelne intertextuelle Funktionen, wenn auch noch in sehr allgemeiner Form, beschreiben; als mögliche Skala – neben anderen – bietet sich beispielsweise an:

selbstzweckhaft/ spielerisch (Freude am intellektuellen Spiel mit Texten usw.)	einzel-zweckgerichtet (Problembewußtsein schaffen, aufrütteln usw.)[53]	gesamt-zweckgerichtet (Gesamtstruktur des Textes als philosophische Aussage usw.)[54]

Greifen wir nun einzelne Punkte dieser Skala heraus, z.B. den quantitativ sehr ergiebigen Bereich »einzel-zweckgerichtet«, so lassen sich die funktionalen Zuweisungen auf einer nächsten Ebene (F_2) weiter präzisieren. Hier kann – wiederum als eine Möglichkeit neben anderen – die bereits diskutierte Skala ihren Platz finden:

affirmative Wirkungsstrategie	neutrale Position	kritische Wirkungsstrategie

Durch diese Skala zeigt sich auch, wie eine historisch gewachsene Begrifflichkeit und systematischer Anspruch sinnvoll miteinander verbunden werden können, denn die eingangs vorgetragenen Bedenken gegen das Bachtinsche Begriffspaar richteten sich ja nicht gegen die Verwendung an sich, sondern lediglich gegen eine systematisch unreflektierte Verabsolutierung eines in der Praxis sehr hilfreichen Ansatzes.

Eine weitere Skala auf dieser Ebene, bezogen diesmal auf den Folgetext, ließe sich aus folgenden Funktionen bilden:

Sinnstützung/ Sinnerweiterung	neutrale Sinnkonstitution	Sinnkontrastierung

Greifen wir auf der Ebene F_2 erneut eine Position heraus, z.B. »kritische Wirkungsstrategie«, so läßt sich auf einer nächsten Ebene (F_3) die intertextuelle Funktionszuweisung nochmals präzisieren. Als weitere Skala bietet sich an:

Kritik an der Form	Kritik an Form und Thematik	Kritik an der Thematik

Es wäre nun sicher reizvoll, dieses Modell theoretisch auf weiteren Ebenen zu verfeinern und auf den vorgeschlagenen Ebenen die Modellbildung durch weitere Skalen zu ergänzen. Um jedoch nicht der Gefahr einer letztlich einseitig theorielastigen und – wie so oft in der vergangenen Methodendiskussion – sich in Taxonomien und Modellen verlierenden Darstellungsweise zu erliegen, deren Applikation in der konkreten Textinterpretation nicht selten auf Schwierigkeiten stößt, mögen die bisherigen Hinweise auf verschiedene systematische Ebenen der Zuordnung einstweilen genü-

---

53 Vgl. z.B. den Klappentext zu E. R. Carmins Roman *Fünf Minuten vor Orwell* (1979), der durch den Bezug auf *1984* »aufrütteln« will, oder E. Callenbachs *Ecotopia* (1975), ein Text, der neben der Auseinandersetzung mit der utopischen Tradition vor allem auch der Weckung des ökologischen Gewissens dienen will.

54 Diese Funktion ist z.B. bei einem Text wie *Take It or Leave It* nachweisbar.

gen. Stattdessen soll die Relevanz einer solchen Modellbildung an einigen praktischen Textbeispielen erläutert werden. Als Ordnungsprinzip bietet sich die Reihe der vorgeschlagenen 4 Grundtypen einer funktionalen ›Verortung‹ an.

Typ 1: Dieser Typus ist vor allem (aber nicht nur) interessant in den Fällen, in denen es um die Vermittlung einer bestimmten Perspektive des Prätextes geht. Im Unterschied zu dem vergleichbaren Fall, daß eine direkte Lektüre eines älteren Textes zu neuen Rezeptionsperspektiven führen kann, verwendet der Autor bei der Präsentation eines fremden Textes im intertextuellen Verfahren einen indirekten Weg, indem er den Text nicht nur erneut einem Publikum vorstellt, sondern durch die Art der intertextuellen Präsentation gleichzeitig eine Steuerung, eine ›Kanalisierung‹, der Rezeption vornimmt. Der Prätext wird in seiner Bedeutung bestätigt, oder er erhält neue Bedeutungen. Bedeutungsbestätigung kann differenziert werden in möglichst originalgetreue Speicherung und Weitergabe des Textes (vgl. die sogenannte dienende Übersetzung, die ›werkgetreue‹ Inszenierung usw.) und in indirekte Bestätigung durch Aktualisierung (aktualisierte Inszenierung, Adaption tradierter Stoffe usw.). Brecht z.B. verändert in seinen Bearbeitungen von Marlowes *Edward II* und Shakespeares *Coriolanus* die Prätexte zwar massiv, aber wenn er zentrale Züge seiner Vorlagen aufgreift, neu gestaltet, steigert und seiner Zeit anpaßt, dann unterstellt er selbst zumindest eine Rückkehr zu den Originalen, eine Bestätigung von deren Geist und Intention.[55] Nichts anderes steht wohl letztlich auch hinter Ecos Bekenntnis, wenn er mit Blick auf seinen hochintertextuellen Bestseller *Il nome della rosa* über die Funktionen der Prätexte in einem historischen Roman schreibt:

> [...] man erzählt sie [eine Geschichte aus ferner Vergangenheit] ja auch, um uns Heutigen besser begreiflich zu machen, was damals geschehen ist und inwiefern das damals Geschehene uns noch heute betrifft.[56]

Bedeutungsbestätigung kann gesteigert werden zur explizit affirmativen Intention, wenn sich etwa durch Kontrast zum Folgetext das Koordinatensystem des Prätextes als überlegen erweist. Der klassizistische Dichter schreibt im Geiste der antiken Muster aus dem erklärten Bewußtsein der Minderwertigkeit der Literatur seiner Gegenwart heraus,[57] Goethes *Werther* wird in Plenzdorfs *Die neuen Leiden des jungen W.* bestätigt auf dem

---

[55] Vgl. »Gespräch über Klassiker«, in: ders., *Schriften zum Theater,* Bd. 1 (Frankfurt, 1963), S. 146–156, bes. S. 147–149.

[56] *Nachschrift zum »Namen der Rose«,* übers. B. Kroeber (München, 1984), S. 44.

[57] Vgl. die zahlreichen theoretischen Äußerungen führender Klassizisten zu dieser Funktionszuweisung, z.B. Popes *Essay on Man* oder auch den Vertreter der klassizistischen Position in Drydens *Essay of Dramatic Poesy*.

Hintergrund des tristen DDR-Alltags, der phantasielosen DDR-Kultur – übrigens auch zur großen Überraschung des Protagonisten.

Einen Prätext mit neuen Bedeutungen zu verbinden, kann zunächst aus einer neutralen Position erfolgen. Ein bestimmter Text kann als Beispiel für archetypische Modellbildung verwendet werden; bei der Benutzung mehrerer Prätexte kann die gegenseitige (u. U. auch gegen die Chronologie vorgenommene) Spiegelung zu neuen Bedeutungen führen, die sich weder aus dem Ursprungstext allein noch aus der ursprünglichen Autorintention nachweisen lassen. Besonders signifikant jedoch wird die Bedeutungsänderung, wenn sie mit einer kritisch wertenden Intention verbunden ist. Die Möglichkeiten reichen auf der vorgeschlagenen Skala von einer vorsichtigen Relativierung des Prätextes bis hin zu einer totalen Ablehnung von dessen Wirklichkeitsmodell. Giraudoux' Suzanne in *Suzanne et le Pacifique* (1921) findet auf ihrer Insel ein Exemplar des *Robinson Crusoe* und setzt sich selbst und ihr Handeln bewußt und wertend in scharfen Kontrast zu ihrem ›Vorgänger‹. Adrian Mitchells Drama *Man Friday* (1974) konstituiert sich ebenfalls aus der Destruktion des Wertesystems in Defoes Vorlage – interessanterweise ja bereits äußerlich dadurch, daß die Form des Romans durch die des dramatischen Spiels ersetzt wird, eine Form, die dem Puritaner Crusoe zutiefst fremd sein mußte.

Auch Anthony Burgess' *1985* (1978) versucht intertextuell, den Prätext, Orwells *1984,* zu destruieren, und stellt seinem Text explizit und provozierend die Maxime voran: »to see where he [Orwell] went wrong.«[58] Interessant für uns ist dabei vor allem folgender Aspekt: Burgess fügt erzähltechnisch der Intertextualität eine weitere Ebene hinzu, wenn er den fiktionalen Rahmen des Textes sprengt und in der Form eines diskursiven, expositorischen Essays die Formen der Abhängigkeit vom Prätext unverschlüsselt diskutiert. Er geht damit noch einen Schritt weiter als andere Autoren (wie John Fowles), die intertextuelle Verweise bereits in Form von expositorischen Fußnoten verwendet haben. Dieser Weg, einen Text in einen fiktionalen und einen expositorischen Teil des intertextuellen Bezugs aufzuspalten, bedeutet aber mit Blick auf die Funktionszuweisung ein erhebliches Risiko, dem Burgess offenbar erlegen ist. Nicht nur der Vergleich des Prätextes mit dem Folgetext ist zur Realisierung der Autorintention gefordert, auch Folgetext 1 muß mit Folgetext 2 vergleichbar sein und verglichen werden. Was in *1985* (Teil 1) an Kritik und Destruktion von Orwells Welt- und Menschenbild vielleicht noch nachvollziehbar erscheint, wird in *1985* (Teil 2) wieder in Frage gestellt. Eine detaillierte Analyse von Teil 2 belegt,[59] daß insgesamt der Folgetext den Prätext entgegen der erklärten Ab-

---

[58] *1985* (London, 1980 [[1]1978]), S. 19.

[59] Vgl. Vf., »›1984 is not going to be like that at all.‹ Anthony Burgess' Alternative in *1985*«, *Literatur in Wissenschaft und Unterricht,* 17 (1984), 211–231.

sicht des Autors eher bestätigt als widerlegt. Burgess liefert also – wenn auch unfreiwillig – eine weitere Spielart der Intertextualität, eine Art Intra-Intertextualität, bei der sich der Folgetext durch eine Aufspaltung in mehrere Teile sozusagen selber destruiert.

Es sind jedoch nicht nur Einzeltexte, die sich dieser intertextuellen Verfahren des Typus 1 bedienen. Burgess' *1985* steht gleichzeitig als Beispiel für den Bezug eines Textes auf eine Gruppe von Texten, die durch Rückgriff auf eine Gattungstradition und an zusätzliche Textkenntnisse und eine spezifische Gattungserwartung des Rezipienten anknüpfend auf ihre Weise zum intertextuellen Vergleich herausfordern. Gleich ob bei der hier angesprochenen Gattung der Utopie oder etwa der des Detektivromans[60] geht es neben einzelnen konkret zitierten Prätexten meist um das gesamte System von Gattungskonventionen, zu dem der entsprechende Folgetext Stellung bezieht. Dabei läßt sich im Laufe der langen Reihe von Konkretisationen des Gattungsmodells natürlich die große Bandbreite verschiedenster Funktionszuweisungen, also auch affirmativer bis kritischer Absichten, besonders anschaulich machen.

Formal wird, ähnlich wie in Burgess' *1985* der Einzeltextbezug auf Orwells *1984,* in mehreren Texten die Gattungstradition und die Leistung des jeweiligen Modells nicht nur implizit durch den in die Verantwortung des Rezipienten gestellten Textvergleich, sondern auch explizit metakritisch diskutiert. So führt z. B. Dürrenmatt in *Das Versprechen* nicht nur durch Charakterzeichnung, Handlungsstruktur und Romanschluß wichtige Prämissen des Detektivromans *ad absurdum*, einige Figuren erörtern auch ausdrücklich innerhalb des Romans die problematischen Implikationen des traditionellen Weltbildes innerhalb dieser Gattung.

Einen weiteren Beleg schließlich, wie Textgruppen insgesamt und sozusagen *per definitionem* intertextuell angelegt sind, liefern Gattungen wie Parodie oder Satire. Stellvertretend zwei Passagen aus »An Extravagant Fondness for the Love of Women«, einer Parodie Malcolm Bradburys:

> Strange, I thought the other day, when some persecuting critic explained to me that all modern academic novels were forged out of putting together C. P. Snow's Lewis Eliot with Kingsley Amis's Jim Dixon – strange that neither of those two distinguished novelists actually recorded the occasion. Happily I was wrong, as this extract shows. I won't say which of the two did it, though the fact that it comes from a forty-volume *roman-fleuve* called *Staircases of Disputation* may be a clue to some.
>
> An idea struck me. If I loosened up my clauses, let my dialogue dangle a bit, and twisted my plot into a grimace, I could make my style exactly like Kingsley Amis's. I put it to the test. ›Filthy grass-eating codpiece,‹ I said to my features. ›Toad-faced hanger about ladies' lavatories,‹ I continued. The image stared stiffly

---

60 Vgl. dazu U. Suerbaum, »Intertextualität und Gattung«, in diesem Band.

back and then suddenly yielded; and a moment later, when my gyp came in, I was doing a gibbering ape imitation about the room.[61]

Dieser Text, Beispiel aus einer Sammlung von Parodien über beinahe alle Autoren, die im modernen englischsprachigen Roman Rang und Namen haben, schildert im Stile des Universitätsromans die ›längst überfällige‹ Begegnung der bekannten Protagonisten aus der Amis- und der Snow-Welt. Beide trennen Abgründe in Sprache, Denken und Gewohnheiten. Ihre Begegnung, in deren Verlauf auf der Beschreibungsebene die markanten Charakteristika der Figuren, zum Klischee gesteigert, genüßlich gegeneinander ausgespielt werden und auf der Handlungsebene Dixon, der »young rebel«, den typischen Cambridge Fellow Eliot dazu bringt, angeblich aus Protest gegen das Establishment, in Wirklichkeit aber aus nichtigem Anlaß einen Teil des College in Schutt und Asche zu legen, führt schließlich zu einer kuriosen gegenseitigen Anpassung. Die Parodie destruiert in den zahlreichen intertextuellen Verweisen bis ins Detail Charaktere und Weltbild beider Vorlagengruppen ebenso wie das ›Strickmuster‹ so mancher »academic novel«. Zwar ist der Text als Satire auf universitäres Leben allgemein und Campusbetrieb in Cambridge im besonderen zunächst aus sich selbst heraus verständlich. Voll goutieren allerdings wird man ihn nur dann, wenn man die Kenntnis der konkreten Prätexte und der Systemreferenz intertextuell mit in das Verständnis einbringt.

Zusätzlich verdeutlicht der Fall der Parodie sehr anschaulich, in welch starkem Maße dem intertextuellen Verfahren ein Element des Selbstzweckhaften, Spielerischen und der intellektuellen Brillanz jenseits ›seriöser‹ Funktionszuweisungen innewohnt. Die Strömung im abendländischen Literaturverständnis, die – offenbar einem Grundbedürfnis der Rezipienten, aber auch der Autoren folgend – die horazsche Alternative des »prodesse aut delectare« (mit deutlichem Akzent auf »prodesse«) in England z.B. in die bekannte Doppelfunktion des »profit and delight« umgewandelt hat, sie scheint im intertextuellen Kontext den Akzent einmal mehr auf das »delight« zu verlagern.[62]

Entsprechend auffällig ist, und das gilt natürlich nicht nur für die Beispiele des Typs 1, wie massiert durch die verschiedenen Jahrhunderte intertextuelle Autoren von Fielding bis Federman, von Boccaccio bis Barth oder Barthes und von Eliot bis Eco in ihren Selbstäußerungen immer wieder auf den Charakter des »entertainment« abheben. Während einst Aristoteles in seiner *Poetik* die Funktion der Literatur auch in der Freude am Wiedererkennen der nachgeahmten Natur und menschlichen Handelns be-

61 *Who Do You Think You Are? Stories and Parodies* (London, 1976), S. 143 und 151.

62 Vgl. P. Waugh, »Play, games and metafiction«, in: dies., *Metafiction: The Theory and Practice of Self-Conscious Fiction* (London/New York, 1984), S. 34–48.

gründet sah, so sind es später die Theoretiker und Praktiker der Intertextualität, die der aristotelischen Charakterisierung die Freude am Wiedererkennen, am Entschlüsseln von Prätexten hinzufügen oder – wie in jüngster Zeit – eines gegen das andere auszutauschen versuchen.

Abschließend sei auf zwei Sonderformen verwiesen, um die Komplexität der Verfahren unter Typ 1 zu demonstrieren:

– Kritische Rezeption kann sich weniger oder gar nicht gegen den Prätext selbst, sondern gegen bestimmte Automatisierungsprozesse in der Rezeption, gegen ›falsche‹ Rezeption bestimmter Rezipientengruppen usw. richten;[63] häufig ist mit der Kritik an bestimmten Rezeptionshaltungen ausdrücklich die Affirmation des Originaltextes verbunden.

– Ein Folgetext, der am Beispiel eines bestimmten Sonetts die Problematik der Sonettform generell diskutiert, meint nicht den Prätext allein, sondern primär das System, für das dieser Text steht. Ähnlich zielt Stoppards Farce *The Real Inspector Hound* trotz unübersehbarer Hinweise auf einen konkreten Prätext wie Agatha Christies *The Mousetrap* wohl eher auf die Strukturen der Kriminalerzählung generell. Die hier zusätzlich ins Blickfeld rückende Frage der Abgrenzung von Einzeltext- und Systemreferenz ist, so wichtig sie in systematischer Hinsicht sein mag,[64] unter rezeptionsbezogenen Gesichtspunkten nicht vordringlich.

Typ 2: Da nach dem oben skizzierten Intertextualitätsverständnis der Begriff der Funktion die Relationierung mindestens zweier separater Texte voraussetzt, liegt nahe, daß die unter Typ 1 beschriebenen neuen Sinnzuweisungen des Prätextes jeweils auch direkt und komplementär Auswirkungen auf den Folgetext haben müssen. Aus methodischen Erwägungen aber soll zunächst getrennt untersucht werden, welches Spektrum von zusätzlichen Sinnzuweisungen sich aus dem intertextuellen Verfahren für den Folgetext ergibt. Als neutrale Stufe können die intertextuellen Hinweise gelten, die zum Zweck einer ökonomischeren Informationsvergabe in den Folgetext eingearbeitet werden (Sinnkonstitution): Nachdem Conan Doyle im ersten Sherlock-Holmes-Roman ausführlich auf verschiedene Details bezüglich Aussehen, Habitus, Charakter und Gewohnheiten seines Helden eingegangen war, genügt in den folgenden Romanen bereits eine kurze Anspielung z. B. auf die Form der Hände, auf einen Gesichtsausdruck oder auf eine bekannte Gewohnheit, um für den Leser assoziativ ein ganzes Bündel von Zusatzinformationen freizusetzen. Stempel hat ferner auf Gérard de Nervals Sonett »El Desdichado« hingewiesen, dessen Fülle

[63] Diese Intention unterliegt nicht nur vielen Parodien klassischer Texte, sie findet sich auch – wenn auch in anderer Form – in Brechts Klassiker-Konzeption, nach der der »Materialwert« dieser Texte dadurch wiederhergestellt werden kann, daß man sie vom »Ruß« falscher bürgerlicher Rezeption befreit.

[64] Vgl. die Beiträge von U. Broich und M. Pfister in diesem Band, S. 51 f. bzw. S. 53.

intertextueller Verweise von der Antike bis ins 19. Jahrhundert in erster Linie als »atmosphärische Evokation« bedeutsam erscheint. Weniger Rezeptionssteuerung im Hinblick auf spezifizierbare Einzelbezüge als vielmehr Sinnkonstitution auf engstem Raum beim Aufbau einer komplexen »mythischen Innenwelt« haben offenbar den Autor das intertextuelle Verfahren wählen lassen.[65]

Ein zentraler Bereich der genannten Skala ist nun die Sinn-stützende Funktion für den Folgetext. Der Hinweis auf ›Vorgänger‹, das Zitat ähnlicher Prätexte (beliebt lange Zeit z.B. in der Form des Rekurses auf antike Gewährsmänner) stützt die Valenz des Wirklichkeitsmodells im Folgetext. Oft ist dieses Verfahren verbunden mit der nächsten Stufe, der Sinn-Erweiterung. Durch die Parallelfolie des Prätextes kann der Anspruch allgemeinerer, gegebenenfalls sogar universeller Gültigkeit des Wertesystems im Folgetext erhoben werden. Gerade hier zeigt sich auch, daß intertextuelle Zitate nicht den Blick auf die Wirklichkeit verstellen müssen, sondern daß die dem Rezipienten im Folgetext angebotene Wirklichkeitsmodellierung durch zusätzliche Applikation des Systems des Prätextes nachdrücklich in ihrem Anspruch vertieft werden kann.

Sinn-Erweiterung liegt ferner vor in all den Fällen, in denen Intertextualität ordnungstiftende Funktion übernimmt. Der Titel eines Textes, das Motto an seinem Anfang oder vor einzelnen Teilen, der Epilog usw. können neben der Sinn-stützenden Funktion so weit strukturbildend aufgewertet werden, daß sie erst den oder einen zusätzlichen Schlüssel zu einem vertieften Verständnis des Textes liefern. Dies gilt für die Bibelstelle oder den Kinderreim am Anfang eines Kriminalromans, hinter denen sich jeweils die Lösungen verbergen; dies gilt auch für den Schluß von John Wains *Hurry on Down,* als sich die Geliebte des Protagonisten telefonisch als Moll Flanders melden läßt und durch diesen Rekurs auf Defoes Roman den neuen Text noch einmal explizit in die Tradition des pikaresken Romans mit seinem spezifischen Strukturmuster und seinem typischen Weltbild rückt.

Letzteres Beispiel zeigt außerdem die Rezipienten-bezogene Bedingtheit ebenso wie die Flexibilität des hier verwendeten Begriffssystems. Während für den literarisch erfahrenen Leser in *Hurry on Down* auch vor dem deutlichen Hinweis am Schluß bereits das pikarische Grundmuster erkennbar ist und dem Namen Moll Flanders eher eine zusätzlich Sinn-stützende Funktion zukommt, wird für den weniger belesenen Rezipienten derselbe Hinweis vermutlich erst am Schluß die Welt des pikaresken Erzählens erschließen und insofern Sinn-erweiternd wirken.

Die hier beschriebene Funktion wird sichtbar in intertextuellen Anspielungen, die auf einzelne Teile eines Folgetextes beschränkt bleiben (vgl.

---

[65] Stempel, »Intertextualität und Rezeption«, S. 96.

Lottes Ausruf »Klopstock!« in Goethes *Werther*); sie kann aber auch weit über den Einzeltext hinausgreifen, wenn Anthony Powell etwa seinen ehrgeizigen Zyklus von 12 Romanen, *A Dance to the Music of Time* (1951–1975), in vier Trilogien intertextuell auf das Bild *Die vier Jahreszeiten* des Barockmalers Nicolas Poussin bezieht. Obwohl dieser einzige dominant übergreifende intertextuelle Bezug nur einmal zu Beginn des Zyklus ins Blickfeld rückt, sind jedoch die thematischen wie strukturellen Auswirkungen dieses Bezugs über die gesamte Sequenz ordnungstiftend spürbar und für das Weltbild bei Powell von zentraler Bedeutung. So ist nicht nur die Grobeinteilung der einzelnen Romane in verschiedene »movements« vorgenommen, auch sonst sind Gliederungs- und Strukturprinzipien der Musik und der Choreographie stets spürbar. Es gibt Kontrapunkte, Parallelführungen, Wiederholungen, Crescendos, Diminuendos usw. Ebenso dominiert thematisch – es geht um das Wesen des Menschen im Wandel der Zeit – der Gedanke der Musik in Verbindung mit den vier Jahreszeiten. Die Musik wird in der Dimension der Zeit als ein sich ständig wandelndes Stück aufgeführt, sie kehrt aber auch wie die Jahreszeiten stets wieder an den Ausgangspunkt zurück und signalisiert somit im Wandel das ewig Gleiche. Der Mensch spielt als Tänzer in diesem Reigen eine tragische und zugleich komische Rolle. Unfähig, die Richtung und den Ablauf, die Wiederholungen des Tanzes zu erkennen, geschweige denn die Gesetzmäßigkeit des Systems zu beeinflussen, wirkt der Mensch hilflos wie eine Marionette, vereint in der Gemeinschaft der Tanzenden und doch letztlich allein.

> These classical projections, and something in the physical attitudes of the men themselves as they turned from the fire, suddenly suggested Poussin's scene in which the Seasons, hand in hand and facing outward, tread in rhythm to the notes of the lyre that the winged and naked greybeard plays. The image of Time brought thoughts of mortality: of human beings, facing outward like the Seasons, moving hand in hand in intricate measure: stepping slowly, methodically, sometimes a trifle awkwardly, in evolutions that take recognisable shape: or breaking into seemingly meaningless gyrations, while partners disappear only to reappear again, once more giving pattern to the spectacle: unable to control the melody, unable, perhaps, to control the steps of the dance.[66]

Diese Sätze stehen programmatisch am Anfang des ersten Romans, *A Question of Upbringing* (1951), sie durchziehen wie ein Leitmotiv die ganze Sequenz und gelten 1975, als Powell mit *Hearing Secret Harmonies* die 12 Romane abschließt, unverändert bis zum letzten Satz: »Even the formal measure of the Seasons seemed suspended in the wintry silence.«

Die ordnungstiftende und strukturbildende Funktion des »Dance to the Music of Time« erweist sich darstellungstechnisch umso notwendiger, als Powell in dem Bestreben, der Vielzahl seiner Charaktere über einen Zeit-

---

[66] *A Question of Upbringing* (London, 1951), S. 2.

raum von 50 Jahren (1921–1971) in der Komplexität ihrer Verhaltensweisen, Entwicklungen, sozialen und historischen Einbindungen gerecht zu werden, ein episch breites Panorama oft heterogener Informationen ausbreitet, das zunächst einer zentralen Sinnebene zu entbehren scheint. Erst durch die vom Rezipienten immer wieder geforderte intertextuelle Rückbindung an die Zentralidee ordnet sich scheinbar Unverbundenes, Zufälliges, enthüllt sich in der Doppelsicht von Gegenwart und Vergangenheit das den Protagonisten meist Verborgene, der »geheime Plan der Zeit«[67]. Nur durch die Einbettung des Individuums in das Kontinuum der Geschichte, der Kultur und der Kunst[68] definiert sich der Platz des Einzelnen in der historisch-konkret zu bewältigenden Lebenssituation.

Das konstante Zentrum des Romanzyklus in der Folge des intertextuellen Bezugs auf Poussins Bild ist auch insofern bemerkenswert, als Powell hinter der diffizilen historischen und soziologischen Analyse eines weltpolitisch für das 20. Jahrhundert entscheidenden Zeitraums eine statische und letztlich konservative Geschichtsphilosophie sichtbar macht. Offensichtlich bewußt gegen einen fortschrittsgläubigen und auf Revolution oder zumindest Evolution ausgerichteten Zeitgeist der Moderne schreibend und im Bewußtsein der Kritik an dieser Haltung evoziert Powell eine eher melancholisch-elegische Sicht der Geschichte, deren Kontinuität durch das Zeichen des ewigen Kreislaufs und deren negative Aspekte durch das Motto aus Robert Burtons *Anatomy of Melancholy* (1621) signifikant herausgehoben werden. Spätestens seit *Books Do Furnish a Room,* dem Beginn der abschließenden Trilogie, bietet sich somit ein zweites intertextuelles Motiv zur Deutung des Powellschen Kosmos an – beide Motive komplementär in ihrer Programmatik und parallel in der Zielrichtung. Die Wahl der intertextuellen Bezüge wird zur politischen Botschaft, legt die anthropologische Maxime fest.

Schließlich kann intertextuelles Verweisen durch Sinnkontrast zu einer Auf- oder Abwertung des Wirklichkeitsmodells im Folgetext führen. Das Verfahren der Aufwertung führen die bereits genannten Texte *Suzanne et le Pacifique* und *Man Friday* exemplarisch vor – auch deshalb, weil ja die Robinsonade bereits gattungsbedingt existentielle Fragen der Wirklichkeitsbewältigung, der Neuschöpfung (oder Wiederholung) von Gesellschaftsmodellen behandelt. Zu nennen wären ferner jüngere Detektivromane wie Dürrenmatts *Das Versprechen,* in dem das neue Wirklichkeitsmo-

---

[67] J. Schäfer, »Anthony Powell, *Books Do Furnish a Room*«, in: *Englische Literatur der Gegenwart, 1971–1975,* ed. R. Lengeler (Düsseldorf, 1977), S. 242–256, hier: S. 248.

[68] Die große Zahl zusätzlicher intertextueller Verweise auf verschiedenste Werke von der Literatur bis zu Musik und Architektur sind nicht nur Zeichen für eine übergeordnete anthropologische Struktur, sie sind gleichzeitig selbst Teil dieser Struktur und Basis menschlicher Existenz.

dell (des Folgetextes) auch durch die explizite Zurückweisung des Modells des klassischen Detektivromans sichtbar gemacht wird, oder die sozialkritischen Detektivromane von Leonardo Sciascia und Maj Sjöwall/Per Wahlöö, in denen sich die Erschließung neuer Themenbereiche der Wirklichkeit (nach Typ 2) und die Überwindung tradierter genrebedingter Strukturen (nach Typ 1) gegenseitig bedingen und fördern.

Das umgekehrte Verfahren, die Abwertung der Gegenwart durch die intertextuelle Kontrastfolie früherer Texte und ihrer Systeme, findet sich in vielen modernen Antiutopien, in denen die Texte der klassischen Literatur die Verarmung der geistigen und kulturellen Situation in der Welt des Folgetextes (als Extrapolation der Gegenwart) sinnfällig machen, immer wieder zum Ausgangspunkt für Rebellionen gegen die jeweiligen totalitären Systeme werden, als letzte Residuen von Humanität die inhumane Wirklichkeit der Gegenwart demaskieren und oft als letztes Zeichen der Hoffnung am Ende stehen bleiben. Gleichzeitig bedingt das Verfahren der Antiutopie aber auch durch die Destruktion des Modells der positiven Utopie zumindest indirekt eine Aufwertung der Gegenwart des Rezipienten, in der man aus den Fehlleinschätzungen früherer utopischer Autoren von Morus bis H. G. Wells gelernt und die oft naive Zukunftsgläubigkeit vergangener Jahrhunderte überwunden zu haben glaubt.

Plenzdorfs *Neue Leiden des jungen W.* funktionalisiert ebenfalls den Sinnkontrast zwischen Prätext und Folgetext zur Kritik an der Gegenwart. Dies wird auch sprachlich verdeutlicht, wenn im Zuge einer schrittweisen ›Einebnung‹ der Fremdartigkeit des Goethetextes in den neuen Text die zunächst dominierende Jeans-Prosa bei Edgar zurücktritt und einem reflektierteren und differenzierteren Umgang mit Sprache Platz macht. Insbesondere im thematischen Bereich aber werden sowohl das Rezeptionsverhalten gegenüber den sogenannten Klassikern und der Kunstgeschmack des DDR-Bildungsbürgertums durch die Konfrontation mit dem originalen Goethetext denunziert als auch allgemein das Wirklichkeitsmodell der Gegenwarts-DDR durch den Aussteiger Edgar/Werther demontiert und schließlich der Versuch einer neuen Sinnfindung durch den Prätext vorgeführt. Diese Ziele ließen sich natürlich auch ohne intertextuelle Verfahren realisieren. Wenn Plenzdorf aber, und nicht nur er, zur Durchsetzung seiner Wirkungsabsicht offenbar bewußt intertextuelle Verweise einsetzt, dann wird durch diese Signale unübersehbar vom (intendierten) Leser eine besondere Rezeptionshaltung verlangt. Auch der reale Leser, gleich mit welchem Grad an literarischer Vorbildung, kann hier im Unterschied zu den bei Stempel, Stierle oder Lerner diskutierten Beispielen dem intertextuellen Anspruch des Textes nicht ausweichen. Bis in die typographische Gestaltung hinein (Kursivsatz bei den Goethezitaten) wird die Existenz einer Folie in Form des Prätextes bewußt gemacht. Selbst dem völligen literarischen ›Laien‹ bleibt so nur die Alternative, sich entweder die nötigen Zusatzinformationen über den Prätext und die besondere Art des hier gewählten Verfahrens hinzuzuerwerben oder sich dem Anspruch des Textes durch bewußte Entscheidung in der Lektüre zu verschließen. Außerdem zeigt dieses in der Praxis der Textproduktion so oft angewandte Verfahren erneut, daß die Analyse von konkreter, im Detail nachweisbarer und intendierter Intertextualität zumindest ein ebenso legitimes Analyseobjekt der wissenschaftlichen Untersuchung darstellt wie die allgemeine, unbewußte Intertextualität, von der die postmodernen Theoretiker ausgehen.

Typ 3: Aus den bisherigen Beobachtungen zu den Funktionstypen 1 und 2 ergibt sich, daß der Einsatz intertextueller Strategien zur Zusatzkodierung von Prätext oder Folgetext/-textteil jeweils komplementär Auswirkungen auch auf die Funktionszuweisungen im jeweils anderen Text/Textteil hat. Die vorgestellten Beispiele ließen jedoch ebenfalls den Schluß zu, daß sich die Verfahren des Autors/Textes, durch Zusatzbedeutungen ein besonderes intertextuelles Rezeptionsverhalten zu ›provozieren‹, oft erkennbar dominant auf Prätext oder Folgetext richten; bei einigen intertextuellen Fallgruppen wie der Übersetzung oder der Parodie sind diese Dominanzen bereits aus den Definitionsmerkmalen der Textsorte selbst abzuleiten. Als dritte Möglichkeit, die allerdings nicht immer klar von den Funktionstypen 1 und 2 zu trennen sein wird, können Prätext und Folgetext so zueinander in Spannung gesetzt werden, daß die Sinnkonstitution beider Texte in gleicher Weise betroffen ist, daß sich die jeweiligen Wirklichkeitsmodelle gegenseitig spiegeln und gegebenenfalls relativieren, mit den möglichen Zielen, aus beiden Modellen eine Synthese zu schaffen, alternativ ein drittes Modell dagegenzusetzen oder auf die Propagierung eines verbindlichen Modells von Sinngebung ganz zu verzichten.

Im Gegensatz zu der aus der bisher dargestellten Systematik der Funktionalisierungsmöglichkeiten vielleicht abzuleitenden These, jeder Autor sei frei in der Wahl des jeweiligen Typs von intertextuellen Verfahren und Funktionen, wird nun bei Typ 3 und insbesondere bei Typ 4 deutlich, daß die historische Bedingtheit und Verfügbarkeit einzelner Verfahren notwendig mit in die Funktionsanalyse einzubeziehen ist. So läßt sich etwa die genannte Zielsetzung, bei einer intertextuellen Kontrastierung zweier Texte auf die Einführung eines zentralen, vermittelnden Sinnsystems zu verzichten oder die Möglichkeit zum Entwurf eines allgemeine Verbindlichkeit beanspruchenden Wirklichkeitsmodells ausdrücklich zu leugnen, natürlich historisch nicht zu jeder Zeit nachweisen. Sie ist vielmehr ein signifikantes Merkmal vor allem der modernen und der postmodernen Literatur des 20. Jahrhunderts, das nach der traumatischen Erfahrung zweier Weltkriege und der Konfrontation mit den ebenso erschreckenden wie faszinierenden Ideen der Existenzphilosophie den Glauben an die einfachen Erklärungen und die Vermittelbarkeit grundlegender Sinnzuweisungen weitgehend verloren hat.

Auch der an dieser Stelle zu diskutierende Roman, John Fowles' *The French Lieutenant's Woman* (1969), ist insofern ein moderner Text, als er zentral die Frage behandelt, ob die Entwicklungslinien der menschlichen Geschichte, des menschlichen Bewußtseins ebenso wie der Literaturgeschichte positiv zu einem Mehr an Fortschritt, zu jeweils sinnvolleren Wirklichkeitsmodellen, zu Antworten auf die existentiellen Fragen führen oder nicht: Das Bild der Sphinx wird – offenbar wegen seines zusätzlichen mythologischen Potentials gewählt – am Schluß des Romans unübersehbar zitiert.[69]

Fowles baut in seinem Roman durch Einzeltext- und Systemreferenzen bis ins Detail thematisch und vor allem strukturell die viktorianische Welt und den viktorianischen Roman nach. Literatur, Geistesgeschichte, Wissenschaft, Soziologie usw. liefern die Materialien, die nicht nur als je einzelne Prätexte ihre funktionale Bedeutung im engeren Kontext entfalten, sondern auch als Gesamtsystem eine übergeordnete Bezugsfolie bilden, deren Funktion zunächst ist, eine möglichst vollständige Authentizitätsfiktion entstehen zu lassen.[70] Diesem Zweck dienen neben den Prätexten, die *per* Zitat oder Anspielung in den Haupttext eingebracht werden, vor allem die zahlreichen viktorianischen Texte auf der Nebentextebene. Jedes der 61 Kapitel des Romans hat z.B. ein Motto oder gar mehrere Motti. Deren Vielfalt reicht vom Folksong über die Lyrik Hardys, Tennysons, Cloughs oder Arnolds, die Romane Jane Austens bis zu expositorischen Texten: Auszüge aus Werken von Leslie Stephen, Marx, Darwin, dem »Children's Employment Commission Report« (1867), aus Drysdales ›sex manual‹ *The Elements of Social Science* (1854) oder aus E. Royston Pikes Quellensammlung *Human Documents of the Victorian Golden Age* (1967) steuern die Rezeption des ›eigentlichen‹ Romans, spiegeln sich aber auch gegenseitig. Verschiedene Fußnoten unterstützen die Aufforderung zur ständigen intertextuellen Lektüre.

Auf der anderen Seite aber fließt, zunächst eher punktuell, etwa ab der Mitte des Romans (Kap. 35) dann massiver, auch die Perspektive des modernen Bewußtseins, moderner Texte ein. Dadurch entsteht eine entscheidende Spannung zwischen den historischen, ideologischen, moralischen und literarischen Koordinatensystemen von 1867 und 1967, zwischen der – wie Fowles an anderer Stelle formuliert[71] – »Adam society« der Viktorianer und der »Eve society« der Moderne, die sich in ihren Verhältnissen jeweils wechselseitig spiegeln. Da Fowles als Thema das Problem der Abhängigkeit menschlichen, individuellen Handelns vom gesellschaftlichen Umfeld wählt und auf Fragen vor allem sexueller Repression, auf Tabus,

---

[69] Verwendete Ausgabe: London, 1977 u.ö., Zitat S. 399.

[70] Diese Funktion wird zusätzlich unterstrichen, wenn sie mehrfach auf den verschiedenen Textebenen des Romans selbst wieder thematisiert wird.

[71] *The Aristos* (London, 1981 [[1]1964]), S. 157f.

die Rolle der Frau, ihre Emanzipations- oder besser Selbstfindungsversuche u. ä. eingeht, scheint angesichts der immer wieder unterstellten repressiven viktorianischen Gesellschaftsmoral[72] das Intertextualitätsverfahren zunächst eindeutig auf eine kritische Deutung der zitierten und kommentierten Prätexte zugunsten der fortschrittlicheren Gegenwart der Erzählinstanz des Autors und der modernen Texte, also des Bewußtseins im Folgetext, ausgerichtet zu sein. Dies wird in der folgenden Charakterisierung von Charles, dem Protagonisten, als typischem Viktorianer deutlich:

> It is true that to explain his obscure feeling of malaise, of inappropriateness, of limitation, he went back closer home – to Rousseau, and the childish myths of a Golden Age and the Noble Savage. That is, he tried to dismiss the inadequacies of his own time's approach to nature by supposing that one cannot re-enter a legend. [...] After all, he was a Victorian. We could not expect him to see what we are only just beginning – and with so much more knowledge and the lessons of existentialist philosophy at our disposal – to realize ourselves: that the desire to hold and the desire to enjoy are mutually destructive. His statement to himself should have been, ›I possess this now, therefore I am happy‹, instead of what it so Victorianly was: ›I cannot possess this for ever, and therefore am sad.‹ (S. 63)

Doch dieser Eindruck trügt bezogen auf das Romanganze. Bei aller Kritik an viktorianischer Enge und Gehemmtheit liegt es Fowles sichtlich fern, die Kritik durch gleichzeitige Aufwertung der Welt des Folgetextes, also der eigenen Gegenwart der Elektronik, der totalen Kommunikation, der unmenschlichen Versachlichung, zu verstärken. Im Gegenteil: Gerade die vom Leser erwartete dauernde Kontrastierung beider Jahrhunderte und der sich aus der kontrapunktischen Mehrstimmigkeit zwischen viktorianischen Autoren und dem kommentierenden Erzähler-/Autorbewußtsein aufdrängende Wertevergleich eröffnen den Blick auf das Negative auch unserer Zeit und lassen sogar – überraschenderweise – Sympathie, fast wehmütige Erinnerung an positive Aspekte des 19. Jahrhunderts aufkommen.

> In a way, by transferring to the public imagination what they left to the private, we are the more Victorian – in the derogatory sense of the word – century, since we have, in destroying so much of the mystery, the difficulty, the aura of the forbidden, destroyed also a great deal of the pleasure. Of course we cannot measure comparative degrees of pleasure; but it may be luckier for us than for the Victorians that we cannot. And in addition their method gave them a bonus of surplus energy. That secrecy, that gap between the sexes which so troubled Charles when Sarah tried to diminish it, certainly produced a greater force, and very often a greater frankness, in every other field. (S. 234)

Insbesondere wird durch dieses Verfahren die Gefahr sichtbar, daß unser Jahrhundert mit seinem fast total verfügbaren Wissen, seinem weit entwik-

---

[72] Zur Problematik der Klischeevorstellungen über die viktorianische Epoche vgl. auch Vf., »The Other Victorians: Viktorianismus und sexuelle Revolution«, in: *Die 'Nineties,* ed. M. Pfister/B. Schulte-Middelich (München, 1983), S. 115–146.

kelten Bewußtsein und seiner Tendenz zur unbegrenzten Offenheit auch uns als Menschen fast beliebig verfügbar gemacht hat und uns damit in der Massengesellschaft der Individualität als des unverzichtbaren Residuums menschlichen Wesens zu berauben droht. Die Beschreibung der Begrenztheit viktorianischer Charaktere lenkt den Blick auf den entgrenzten modernen Menschen, dessen Freiheit nur zu oft mit Schutz- und Spannungslosigkeit erkauft wird:

> People [...] knew less of each other, perhaps, but they felt more free of each other, and so were more individual. The entire world was not for them only a push or a switch away. Strangers were strange, and sometimes with an exciting, beautiful strangeness. It may be better for humanity that we should communicate more and more. But I am a heretic, I think our ancestors' isolation was like the greater space they enjoyed; it can only be envied. The world is only literally too much with us now. (S. 115)

So führt die durch den intertextuellen Kontrast aufgebaute Spannung zwischen zwei historisch verschiedenen Bewußtseinsstufen gerade durch den Reichtum und die Konsequenz der wechselseitigen Spiegelung zu einer überraschenden Wendung, die das Wirklichkeitsmodell des Lesers ebenso wie das seiner ›Vorfahren‹ in Frage stellt.

Vor diesem Hintergrund ist auch die schwierige Frage nach den unterschiedlichen Schlußversionen des Romans[73] zu diskutieren: Handelt es sich bei der geschlossenen viktorianischen (»conventions of Victorian fiction [...] allowed no place for the open [...] ending«; S. 348) und der offenen modernen Version um eine echte Alternative, wie der plötzlich im Roman persönlich auftretende und eine Münze werfende Autor (S. 348f.) glauben machen will? Zweifellos wird gerade der (nach Stempels Unterscheidung) professionelle Leser des »age of Alain Robbe-Grillet and Roland Barthes« (S. 85) Fowles' Haltung ähnlich wie bei den Thesen über die sich einem festen Konzept des Autors entziehenden Romancharaktere (S. 86f.) eher für eine wohl kalkulierte Pose halten. Zweifellos hat die *de facto* am Schluß stehende Version, das gesteht auch Fowles mit seinem Hinweis auf die »tyranny of the last chapter« offen ein, zunächst die Tendenz, als die »›real‹ version« zu erscheinen (S. 349). Das im Romanganzen spürbare Prinzip der gegenseitigen intertextuellen Spiegelung und Relativierung der zwei Weltsichten soll jedoch offenbar auch bei der Rezeption des Schlusses zur Wirkung kommen. Der emanzipatorische Fortschritt, wie er für das moderne Bewußtsein sichtbar wird, hat gerade auch in den zwischenmenschlichen Beziehungen einen hohen Preis: Arnolds für das 19. Jahrhundert positive, fortschrittliche Maxime »True piety is *acting what one knows*« (S. 394) wirft

[73] Vgl. D. Lodge, »Ambiguously Ever After: Problematical Endings in English Fiction«, in: ders., *Working with Structuralism* (London, 1982), S. 143–155.

in ihrer Radikalität Charaktere wie Sarah oder Charles isoliert auf sich selbst zurück und führt in die Einsamkeit – ein, so soll der moderne Leser spüren, vielleicht zu hoher Preis.

Fowles selbst erklärt die Spannung zwischen den Schlußversionen aus dem grundsätzlich im Menschen liegenden Zwiespalt zweier unterschiedlicher Bedürfnisse und Erwartungshaltungen, wie er sie als Autor ebenfalls gespürt hat:

> I wrote and printed two endings to *The French Lieutenant's Woman* entirely because from early in the first draft I was torn intolerably between wishing to reward the male protagonist (my surrogate) with the woman he loved and wishing to deprive him from her – that is, I wanted to pander to both the adult and the child in myself. I had experienced a very similar predicament in my two previous novels. Yet I am now very clear that I am happier, where I gave two, with the unhappy ending, and not in any way for objective critical reasons, but simply because it has seemed more fertile and onward to my whole being as a writer.[74]

Diese unprätentiöse Selbstanalyse kann in ihrem ersten Teil nicht nur die Entstehungsbedingungen des Textes verdeutlichen, sondern auch einen Hinweis auf die Rezeptionsdisposition vieler (nach Stempel) Amateur-Leser geben, während man die sich anschließende Erklärung von Fowles' eigener Wahl, gerade weil sie ihre Subjektivität nicht leugnet, in ihrer Bedingtheit eher zu akzeptieren bereit ist als die sogenannten objektiven kritischen Analysen der professionellen Interpreten, für die es am (Roman-) Ende keine Alternative mehr gibt.

Schließlich wird durch dies, wie Fowles in den auktorialen Einschüben immer wieder anklingen läßt, nur in der Kunst mögliche komplizierte und komplexe Geflecht von intertextuellen Beziehungen, Brechungen oder Wertungen eben dieser Kunst eine damals wie heute zentrale Funktion im kommunikativen Prozeß zugeschrieben. Kunst ermöglicht in ihrer modellbildenden und modellzerstörenden Funktion die Vermittlung von kritischen Einsichten in gesellschaftliche (Fehl-)Entwicklungen auf eine Weise, die den Wissenschaften z.B. nicht annähernd zur Verfügung steht. Fowles knüpft daher trotz aller Modernität seiner Romane an einen eigentlich alten Topos an, wenn er formuliert:

> The specific value of art for man is that it is closer to reality than science; that it is not dominated, as science must be, by logic and reason; that it is therefore essentially a liberating activity while science – for excellent and necessary causes – is a constricting one. Finally [...] it is the best, because richest, most complex and most easily comprehensible, medium of communication between human beings.[75]

---

[74] »Hardy and the Hag«, in: *Thomas Hardy After Fifty Years,* ed. L. St. J. Butler (London, 1977), S. 28–42, hier: S. 35.

[75] *The Aristos,* S. 174.

Diese Sätze können wie ein Leitmotiv durch das gesamte Werk von Fowles verfolgt werden; sie sind zugleich das einzige und letzte Zeichen der Hoffnung, das der moderne Autor dem rationalen, isolierten und kommunikationsunfähigen Menschen seiner Zeit noch vermitteln zu können glaubt.

Typ 4: Eine letzte Stufe intertextueller Funktionalisierung liegt dort vor, wo sich Intention und Rezeption nicht mehr primär auf Prätext und/oder Folgetext richten, sondern wo jenseits der Bedeutung der benutzten individuellen Texte auf einer höheren Ebene metakommunikativ auch das Verfahren und die Funktion der intertextuellen Techniken selbst thematisch werden. Hier zu berücksichtigen sind insbesondere die alten oder modernen Texte, die das Spiel mit der Kunst, mit der Sprache, die Virtuosität im Umgang mit tradierten Themen, Formen und Verfahren explizit machen, ebenso wie Texte, die das Funktionieren von Kunst, ihren Illusionscharakter, ihre eigene ›Machart‹ dem Rezipienten vorführen – und sei es nur auf eine eher spielerische, unterhaltsame Weise. In besonderer, vielleicht extremer Form funktional eingesetzt aber wird dieser Typ von Intertextualität, wenn der Text nicht nur die Brüchigkeit tradierter Kunstbegriffe und der Kunst allgemein zu beschreiben sucht, sondern gleichzeitig in seiner intertextuellen Struktur selbst zur Metapher für die Brüchigkeit unserer Wirklichkeitsmodelle, für die Vergeblichkeit fester Wirklichkeitszugriffe werden soll, wie es vom poststrukturalistischen, dekonstruktionistischen Ansatz aus in der praktischen Textproduktion versucht wird, auch wenn – wie eingangs diskutiert – diese Funktionszuweisung streng genommen im Widerspruch zu den theoretischen Implikationen der philosophischen Grundlagen dieser Schule steht. Die Variationsbreite der auf diese Weise erfaßbaren Texte besonders unserer Gegenwart zeigt sich als erstaunlich groß, so daß man nicht durch vorschnelle Festlegung auf wenige, oft äußerliche Kriterien die Textbasis unstatthaft einschränken darf. Die Welten, die zwischen den hier abschließend zu diskutierenden drei Romanen zu liegen scheinen, belegen dies sinnfällig.

Bei David Lodges *The British Museum is falling Down* (1965)[76] haben nicht nur Texte in der Tradition des Universitätsromans intertextuell Pate gestanden, sondern auch viele Größen der Literatur des 20. Jahrhunderts allgemein. Unübersehbar ist zunächst ein starker parodistisch-satirischer, oft auch selbstzweckhaft komischer Zug des Romans, also Intertextualität nach den oben behandelten Funktionstypen 1 und 2. Die Darstellung, wie Adam (!), der Protagonist, im Lesesaal des British Museum versucht, durch Entwerfen eines Werbespots Geld zu verdienen, spricht für sich selbst:

> The Reading Room was almost empty, and an official lingered impatiently near Adam, waiting for him to leave. But Adam refused to be hurried as he penned his

---

[76] Verwendete Ausgabe: Harmondsworth, 1983.

couplet in a bold, clear script. He leaned back and regarded it with satisfaction. It had the hard-edged clarity of a good imagist lyric, the subtle reverberations of a fine *haiku,* the economy of a classic epigram.

> I always choose a Brownlong chair,
> Because it's stuffed with pubic hair. (S. 147f.)

Adam hat nun zwei, so scheint es, sehr unterschiedliche Probleme, die Fertigstellung seiner überfälligen Dissertation über den modernen englischen Roman und die Schwierigkeit, als Katholik mit dem Verbot der Empfängnisverhütung ins Reine zu kommen. Zwei Koordinatensysteme stehen sich also gegenüber, die geordnete, katalogisierte Welt der Literatur und die bedrängende, eher chaotische Alltagswelt, die Realität. Beide Bereiche rücken im Verlauf des Romans durch ständige intertextuelle Spiegelung immer enger zusammen, bedingen sich letztlich. Dabei werden die Bezüge nicht nur durch Kalauer wie den folgenden herausgestellt: »Literature is mostly about having sex and not much about having children. Life is the other way round.« (S. 56) Literatur und Alltagswelt fallen schließlich für den Protagonisten ununterscheidbar zusammen, ja die literarischen Schemata überwuchern mehr und mehr die Realität gemäß der Maxime Oscar Wildes »Life imitates art«, die bereits als Motto des Romans das erste intertextuelle Signal setzt:

> [...] his humble life fell into moulds prepared by literature. Or was it, he wondered, picking his nose, the result of closely studying the sentence structure of the English novelists? One had resigned oneself to having no private language any more, but one had clung wistfully to the illusion of a personal property of events. A fond and fruitless illusion, it seemed. (S. 32)

Adam verfällt bei der Bewältigung seiner Alltagsprobleme immer wieder in literarische Klischees – signifikanterweise ist jede Episode des Romans nach dem Modell eines anderen Schriftstellers gestaltet – und verfehlt die Realität jedesmal gründlich.

Nicht nur die Entlarvung der jeweiligen inadäquaten Verhaltens- und Wirklichkeitsmodelle aus den Prätexten ist hier jedoch intendiert, Adam steht auch zunehmend deutlicher vor dem Problem des Identitätsverlustes, fühlt sich als hilfloses Glied in dem endlosen Prozeß des »literary recycling«[77], der Individualität und Originalität ausschließt. Adams Formel für diese Situation –

> [...] there've been such a fantastic number of novels written in the last couple of centuries that they've just about exhausted the possibilities of life. So all of us, you see, are really enacting events that have already been written about in some novel or other. Of course, most people don't realize this – they fondly imagine that their little lives are unique ... (S. 118f.)

---

77 Rabinowitz, »›What's Hecuba to Us?‹«, S. 46.

– erweist sich im Romanganzen aber nicht nur als fatale Lage dessen, der durch das Literaturstudium sein Leben verfehlt, sondern auch als die Aporie des modernen Autors, der offenbar Originalität nur noch im Schreiben über das Problem, originell zu sein, finden zu können glaubt – und damit ist entsprechend dem Typ 4 jenseits der benutzten Texte eine neue Bedeutung angesprochen. Nicht ohne Grund verweist Lodge in seinem »Afterword« von 1980 auf Harold Blooms *Anxiety of Influence*[78] und umreißt damit – als Romancier und Literaturwissenschaftler nicht ohne Selbstironie – die tragikomische Situation der Generation von Autoren der Postmoderne. Intertextualität erscheint nicht mehr wie bei Fielding noch als Segen, sondern als Fluch, der produktives individuelles Schaffen lähmt. Der Roman gibt sich, so Lodges eigene Deutung, als selbstreflexives Medium, das die Brüchigkeit prätextueller Wirklichkeitsmodelle verdeutlicht.

Nun ist es unstreitig das Verdienst von David Lodge, bereits sehr früh durch seinen Roman auf die Schwierigkeiten von Autoren einer Spätzeit hingewiesen zu haben – Jahre bevor sich John Barth in seinem berühmten Essay »The Literature of Exhaustion« (1967) als Autor und Bloom als Literaturwissenschaftler öffentlich zu diesem Thema äußerten. Dennoch kann man wohl nicht, und dies gilt auch mit Blick auf Lodges Selbststilisierung in dem später hinzugefügten »Afterword«, *The British Museum is falling Down* unter dem Eindruck heutiger aktueller Romanentwicklungen nachträglich wie einen typischen postmodernen Text lesen. Viele Kritiker und Leser haben entgegen der Intention des Autors im Jahre 1965 die verschiedenen intertextuellen Bezüge nicht bemerkt oder mißverstanden.[79] Die Konventionalität seiner äußeren Form, die ›handfeste‹ *story* und die deutlich parodistisch-satirische Intention in Verbindung mit einer eher spielerisch-selbstzweckhaften Attitüde in manchen Passagen[80] belegen die eher traditionellen Züge dieses Romans, mit dessen anderen, postmodernen Zügen allerdings auch das Tor zum späteren experimentellen Roman aufgestoßen war.

Raymond Federmans *Take It or Leave It* (1976) dagegen präsentiert sich bereits äußerlich, optisch, in der scheinbaren Regellosigkeit seiner Textgestaltung als postmodern.[81] Aber nicht nur die im Text mehrfach so bezeich-

---

78 New York, 1973.

79 Lodge weist selbst in seinem »Afterword« auf diese Rezeptionsstörung hin (S. 171).

80 Der spielerische Charakter zeigt sich auch, wenn Lodge im »Afterword« die zitierten Prätexte in alphabetischer Reihenfolge nennt, um dem Leser »the extra entertainment of spotting the parodies« nicht zu nehmen. Federman dagegen, als unstreitig postmoderner Autor, nennt seine Quellen aus grundsätzlichen philosophischen Überlegungen nicht (vgl. oben S. 205).

81 Vgl. zum Folgenden besonders L. Truchlar, »›Critifiction‹ und ›pla(y)giarism‹: Zum Literaturentwurf Raymond Federmans«, *Poetica*, 15 (1983), 329–341. –

nete »leap-frog technique«, zu der man beim Lesen gezwungen ist, vor allem der systematische Verzicht auf raumzeitliche Fixierung des Erzählten, auf Kontinuität der Erzählung, der Charakterkonzeptionen, der thematischen Vorwürfe sollen jeden Orientierungsversuch des Lesers im Keim ersticken: »All sections in this tale are interchangeable«, so schreibt Federman zu Anfang – und läßt die Paginierung des Romans tilgen. Nicht Kommunikation über die Wirklichkeitsmodelle von Prätexten und Folgetext auf der gesicherten Basis einer klaren Zuordnung von Signifikant und Signifikat, nicht Verweis auf eine übergeordnete Erzählhaltung oder auf Realität will dieser Text sein, sondern nur Rückverweis auf sich selbst: »[...] allowing the work of literature to reflect upon itself, to reveal its innermost secrets (its mechanisms of imperfections, deficiencies, but also its possibilities) [...]«[82]

Wesentlich radikaler als bei Lodge wird die Differenz zwischen Literatur und Leben, zwischen Fiktion und Wirklichkeit geleugnet, Literatur wird zum Ersatz für das Leben stilisiert. Der Roman verdrängt in seinen Reflexionen über die Möglichkeiten des Erzählens seinen eigentlichen Gegenstand, das Erzählte. Das »prison-house of language«[83] hat keinen Ausgang mehr. Diese Darstellungsintention läßt sich an der Funktionalisierung des intertextuellen Verfahrens besonders prägnant ablesen. Zum einen fällt auf, daß dort, wo Prätexte oder Konventionssysteme entgegen Federmans eingangs zitierter Überzeugung doch markiert sind, diese überwiegend aus Bereichen stammen, die zum Ideengut des Poststrukturalismus eine besonders enge Beziehung haben oder zu haben scheinen: Neben einem geradezu narzißtischen Hang zum Selbstzitat aus früheren Werken werden Fremdtexte vorgeführt von Derrida und den »TEL QUEL boys«, von »Barth, Beckett & Borges«, aber auch vom ›Modernisten‹ Sterne, dessen »THEORY of digressions« aus dem *Tristram Shandy* wegen ihrer Thematik und der dahinter vermuteten Geisteshaltung vom Hombre De La Pluma, dem erzählten Erzähler, ausführlich rezitiert wird (Kap. 21: »Critifiction: Crap Lie or Die«). Was man jedoch zunächst für eine konkrete, isolierbare Funktion halten könnte, nämlich entsprechend Funktionstyp 2 Sinnstützung für den Folgetext, erweist sich rasch als Trugschluß angesichts der eine durchgehende kontextbezogene Funktionalisierung verhindernden Beliebigkeit der Textauswahl und -montage. Zudem erscheinen die modernen und postmodernen Prätexte, obwohl sie im Dienste eines offenbar nicht parodistisch

---

Vorher bereits J. C. Schöpp, »Multiple ›Pretexts‹: Raymond Federmans zerrüttete Autobiographie«, *Arbeiten aus Anglistik und Amerikanistik,* 6 (1981), 41–55.

[82] Federman, »Imagination as Plagiarism«, 571f.

[83] Der bekannte Buchtitel von F. Jameson hat offenbar mittlerweile bereits weitergewirkt, wenn Christopher Norris vom »prison-house of concepts« spricht (*Deconstruction,* S. 3–7).

oder satirisch gemeinten (wie bei Typ 1) postmodernen Folgetextes stehen, durchweg verfremdet, ironisch gebrochen oder in deutliche Distanz gerückt. Die »TEL QUEL boys« sind »some odd strangers«, auf »Barth, Beckett & Borges« folgt »sounds like a vaudeville team« oder »(*Who the fuck are all these guys? Never heard of them!*)«, und Derrida wird in folgender Form präsentiert:

Writing is not an order of inde *pendent signification, it is an*
enfeebled utterance, not at all *a dead thing : a living dead, a*
dead in reprieve, a differed li *fe, a semblance of breath. The*
phantom the phantasm the simu **D** *lacrum of living discourse in n*
ot inanimate, is not insignific *ant, it simply signifies little*
and always identically; this si *gnifier of little, this discour*
se without great respondent, is **E** *like all phantasms : wandering!*
Having lost the straight path, *the right direction, the rule o*
f rectitude, the norm, it rolls *here and there like someone who*
does not know where he is going **R** *but also like someone who has l*
ost his rights, like an outlaw, *a bad lot, a thief, a bum or an*
adventurer. Wandering in the st *reets he does not even know who*
D E R ? I D A
he is, what is his identity, if *he has one, and a name, that of*
his father. He repeats the same *thing when questioned at street*
corners, but he does not know h **I** *ow to repeat his origin. Not to*
know from where one comes and *where one is going, for a discou*
rse without respondent, is not *to know how to speak, it is the*
state of infancy. Himself unroo *ted, anonymous, without ties wi*
th his country and his home, th **D** *is most insignificant signifier*
is at the disposal of everyone, *of the competent as well as the*
incompetent, of those who under *stand or think they understand,*
of those who have no concern in **A** *it, knowing nothing of it, none*
theless afflict it with imperti *nence. Available for one and al*
l, offered on the sidewalk, isn *'t writing above all democratic*
(Kap. 7)

Entgegen dem traditionellen Rezeptionsverhalten, die einzelnen Prätextreferenzen im Kontext auf individuelle Funktionen festzulegen, soll offenbar jeder Versuch der Sinnstiftung durch die unmittelbar folgende Destruktion als unsinnig demaskiert werden.

Die vielfachen Anspielungen, Zitate, Selbstzitate in *Take It or Leave It* dienen also nicht der Kontrastierung oder Parallelisierung unterschiedlicher Wirklichkeitsmodelle, sondern allein der zentralen Absicht des Autors, die sich bereits im Motto des Textes niedergeschlagen hat: »All the characters and places in this book are real, they are made of words.« Der Roman soll nicht die verschiedenen Bedeutungen seiner Prätexte und Zeichen diskutieren, er wird selbst zum – auch optisch herausgehobenen – Zeichen des übergeordneten poststrukturalistischen Credos von der Totalität des Intertextes:

TONS & TONS TONS & TONS

P P
I I
L L
E E
S & S

every-thing

| **platoaristotlevirgilsaintbricolagecalvindescartes** |
| **pascalmalebranchevoltairediderotrousseaukanthegel** |
| **ofcoursedarwinmarxspinozaschopenhaueraugustecomte** |
| **nietzschefreudbergsonmustnotforgetthesethreelenin** |
| **engelsheideggercertainlyhusserlcamussartremerleau** |
| **pontyandallthephenomenologistsexistentialistsupto** |
| **thestructuralistslevistraussfoucaultdeleuzeserres** |
| **lacanderridaandlegroupetelquelsollersetsabandeles** |
| **garsdelavantgardeetcteraandperhapshombredelapluma** |

(Kap. 7)

Zum zweiten aber eignet sich selbst das Schreiben, der Strom der Sprache, nicht mehr zum Fixieren des Augenblicks und zur Benennung eines Ziels der auf der Metaebene des Romans permanent fortlaufenden Reflexionen:

> It was not going very well already in the kingdom of literature since le nouveau roman that great triumph of sing-my-ass we were going quite helpless copiously robbe-grilladized semiotized infull from salsify to chinese lanterns but now we are truly moving tumbling into shit here we are fallen crestfallen to the underlevel of undersollersism into the invertebrate desensibilized by barthist analism zerofied offhandedly materialized getting closer to objects and facts than causes emasculated scientifically by shameless daily gossiping superjerking scenarios moving now towards the immense the endless organic debacle towards the great deluge of low-down tricks the crashup of confusionism [...] (Kap. 14)

Dieses – mitten im Roman stehende – »Postscript«, scheinbar zunächst der Versuch einer intertextuellen Reflexion über den *nouveau roman,* verliert zusehends an Konturen und endet in der Konfusion der Anspielungen und offensichtlich auch der Sprache. Das Schreiben destruiert sich also im Erzählvorgang unablässig selbst, erweist sich als unabschließbare, stets unfertige Vorstufe. Nicht zufällig stellt Federman das tradierte Motiv der Reise in den Mittelpunkt, eine Reihe scheinbar pikaresker Episoden. Aber die Reise quer durch den weiten Kontinent (das klassische Motiv des amerikanischen Romans) führt nicht zum Ziel, sie führt im Kreis herum, ja durch Untertitel (»an exaggerated second-hand tale«) und Motto wird selbst die Realität der Reise von Anfang an in Frage gestellt. Den Episoden fehlt die sinnstiftende Gerichtetheit, das Unterwegs-Sein, nicht die Ankunft zählt.

Die unabschließbare Reise, ganz ähnlich wie die zum Dauerzustand erstarrten Übergangs- oder Schwellensituationen bei anderen Autoren,[84] sie wird bei Federman zur Metapher für den unabschließbaren Vorgang des Schreibens in einem endlosen Strom von anderen Texten, dem unbegrenzten Intertext. Das Ergebnis bleibt ein »PRE-TEXT to a finished TEXT ... which might never be written«[85]. Spätestens hier wird allerdings auch die Paradoxie der Idee vom »PRE-Text« sichtbar: Eine Reise, die sich als Metapher für das Schreiben deuten läßt, ein Roman, der in Form und Inhalt Metapher sein will für eine philosophische These, beides widerspricht der Auffassung vom beliebigen »displacement of words« (»Pretext«) und deutet auf Sinn und Ziel.

Es ist zwar keine Frage, daß ein Text wie dieser konsequent das eingangs diskutierte Programm in die Praxis umzusetzen sucht, das Theoretiker wie Kristeva, Barthes oder Derrida in ihren Sprach- und Literaturkonzeptionen entwickelt haben. Der beabsichtigte Nachweis des totalen Bruchs mit der Tradition bisheriger ›geregelter‹ Textproduktion und -rezeption scheint mir gleichwohl damit nicht gelungen. Bereits Joseph C. Schöpp hat darauf hingewiesen, wie schnell ein Leser möglicherweise den Schock der Textzerrüttung, den botschaftslosen Text als Kalkül durchschaut, als rational konstruierten Plan zur Vermittlung einer intersubjektiv eindeutig benennbaren sprach- und existenzphilosophischen Botschaft,[86] die es ja in einer konsequent entsubjektivierten beziehungsweise relativierten Text- oder Wert-Welt eigentlich nicht geben kann.

Daraus ergeben sich für unsere Diskussion der Funktionalisierungsmöglichkeiten von Intertextualität einige Konsequenzen. Zum einen widerlegt offenbar, folgt man den vorgetragenen Einwänden, die literarische Praxis einige der entscheidenden radikalen Prämissen poststrukturalistischer Theorie. ›Normale‹ Rezipienten ebenso wie mancher professionelle Rezipient (das zeigt Schöpp) werden sich nicht davon abbringen lassen, in einem Text selbst die Leugnung der Sinnfrage als eine Auseinandersetzung mit der Sinnfrage funktional zu deuten, selbst die Leugnung valenter Wirklichkeitsmodelle hinter den Texten als Auseinandersetzung mit dem Problem der Modellierungsmöglichkeiten menschlicher Wirklichkeit sinnvoll zu interpretieren. Wenn aber die Annahme eines totalen, undifferenzierbaren Intertextes für die konkreten Produktions- und Rezeptionsprozesse einzelner Texte offenbar kaum von Bedeutung ist, dann folgt zum zweiten, daß man

---

[84] So hat H.-P. Bayerdörfer die Schwellensituation als signifikantes Zeichen vieler Stücke von Botho Strauß herausgestellt (»Raumproportionen: Versuch einer gattungsgeschichtlichen Spurensicherung in der Dramatik von Botho Strauß«, in: *Studien zur Dramatik in der Bundesrepublik Deutschland,* ed. G. Kluge [Amsterdam, 1983], S. 31–68, bes. S. 58–68).

[85] »Imagination as Plagiarism«, 564.

[86] »Multiple ›Pretexts‹«, 53–55.

versuchen kann und muß, selbst einen Text wie *Take It or Leave It* im Rahmen der vorgeschlagenen Typologie – vielleicht als Extremvariation – zu untersuchen und dabei einen konkreten, differenzierten Intertextualitätsbegriff und seine Funktionen anzuwenden, wie es sich beim Reisemotiv anbietet.

Schließlich zeigt Schöpps Auseinandersetzung mit Federman, daß für ein Gelingen des intertextuellen Kommunikationsvorgangs zwischen Autor und Rezipient nicht nur die Frage der Markierung und in Verbindung damit die Höhe der »Signalschwelle«[87] für eine adäquate Funktionalisierung von großer Bedeutung sind. Ebenso wichtig scheint, zumindest in schwierigen Grenzfällen, ob der Rezipient selbst bei klar erkennbarer Autorintention die Intertextualität im Rahmen der Gesamtstrategie des Textes für plausibel und nachvollziehbar hält. Anders als bei Friederike Kempners Gedichten, bei denen man aus historischer Sicht heute von einer objektiv falschen Produktions- und Rezeptionsweise sprechen würde, läßt sich bei der Rezeption eines postmodernen Textes angesichts des grundsätzlichen Streits um die philosophischen Prämissen eine Entscheidung für eine bestimmte Rezeptionsweise wohl nicht in derselben Eindeutigkeit treffen oder objektiv beweisen.

Vor dem Hintergrund der Radikalität poststrukturalistischer Thesen und der offenkundigen Schwierigkeiten bei deren Applikation im Umgang mit literarischen Texten stellt sich Kritik nicht nur in theoretischer, sondern meist auch in – dem Medium angemessen – literarischer Form fast notwendig ein. Wenn wir Lodges Roman als frühes Beispiel postmoderner experimenteller Romanversuche in England gedeutet haben, so kann man John Fowles' *Mantissa* (1982)[88] wegen seiner parodistischen Untertöne vielleicht bereits als Zeichen des nahenden Endes dieses Romantyps verstehen. Denn Fowles konstruiert aus seinen ›Kleinigkeiten‹ (Bedeutung von »mantissa« nach dem *OED*) einen Roman, der nicht nur souverän all die bekannten Themen und Techniken der Poststrukturalismus-Dekonstruktivismus-Debatte im Zitat aufgreift und verarbeitet. Gleichzeitig dekonstruiert er sie gerade durch die Art des Zitierens ebenso gekonnt und versucht, so meine ich, diese Schule durch deutliche Übertreibung parodistisch *ad absurdum* zu führen, ohne sich allerdings auf eine der beiden Tendenzen eindeutig festlegen zu lassen. Immerhin bietet er eine amüsante Mischung getreu Umberto Ecos Vorstellung von »Postmodernismus, Ironie und Vergnügen«[89], die intertextuell anknüpft an die bereits in *The French Lieutenant's Woman*

---

87 R. Warning, »Ironiesignale und ironische Solidarisierung«, in: *Das Komische,* ed. R. Warning/W. Preisendanz, Poetik und Hermeneutik, 7 (München, 1976), S. 416–423, hier: S. 420–422.

88 Verwendete Ausgabe: New York, 1982.

89 Vgl. das gleichnamige Kapitel in Ecos *Nachschrift,* S. 76–82.

diskutierte Thematik von der Beziehung zwischen der auktorialen Machtvollkommenheit des Autors und dem unkontrollierbaren Eigenleben der Romancharaktere.[90]

Inspiriert durch den »Irish gentleman« (S. 20), Flann O'Brien mit seinem Roman *At Swim-Two-Birds* (1939), weitet Fowles das Motiv des Aufstands der Romanfiguren gegen ihren Autor aus zur Grundsatzfrage, in welchem Verhältnis das willkürliche, logische, intellektuell-berechenbare, abstrakt-philosophische Prinzip im kreativen Schaffensprozeß zum Prinzip des Unwillkürlichen, Emotionalen, Unberechenbar-Imaginativen steht. Als personifizierte Diskutanten in diesem zu drei Vierteln aus Dialogen zusammengesetzten Roman werden eingeführt ein fiktiver Romanschriftsteller namens Miles Green (als Vertreter des willkürlichen, logischen Prinzips) und seine Muse Erato (als Vertreterin des emotionalen, imaginativen Prinzips). Ort des Geschehens ist, ebenfalls verschlüsselt, der von der Außenwelt weitgehend abgeschlossene Innenraum des menschlichen Gehirns (»Grey walls, grey cells. Grey matter«; S. 143). Miles Green und Erato, die nebenbei auch eine Neuauflage des vielzitierten – verbalen und körperlichen – Geschlechterkampfes liefern, versuchen, die gegensätzlichen und intertextuell durch die jeweiligen Prätexte als ›Kronzeugen‹ untermauerten Romanmodelle auf verschiedenen Fiktionsebenen des Textes, mal auf der Objekt-, mal auf der Metaebene, ›durchzuspielen‹. Die Dialektik ihrer Argumentation (symbolisiert durch den Wechsel von Streit und sexueller Vereinigung) prägt die Struktur des Romans, ohne daß es trotz einer schon fast pedantisch wirkenden intertextuellen Systematik zu einer Lösung kommen kann. Auch die (literarische) Reise dieses Romans bleibt zirkulär, vergeblich. Das Schlußbild des über den Wassern schwebenden entpersönlichten, neutralen Bewußtseins zitiert wörtlich das Anfangsbild, die nächste ›Runde‹ im Kampf des schreibenden Einzelnen mit dem übermächtigen Universum der Texte und Systeme ist bereits eingeläutet. Die Kreisform des Romans wird selbst zum Zeichen der Aporie eines intertextuell verstandenen Romanmodells, sie unterstreicht jenseits aller Funktionalisierung

---

90 Dieses Thema ist im übrigen selbst wieder intertextuell ›verarbeitet‹ worden, wenn sich z.B. in Bradburys Parodie auf Muriel Sparks *The Abbess of Crewe* folgender Dialog findet –

»I wish we could get ourselves into the hands of Mr Fowles«, says Sister Mercy, as they walk back in their dark habits, »He's much kinder, and allows his people an extraordinary freedom of choice.« »We understand your feelings«, says Sister Georgina, »but it's a very secular judgment. In any case, you'd find with him that what's sauce for the goose is sauce for the gander, if you understand me.« »I think not«, says Mercy. »One would almost certainly find oneself being rogered by one of his libidinous heroes«, says Felicity. »At least our context here is not particularly Freudian.« »It could be interesting«, says Mercy.

– bevor Schwester Mercy offenbar zur Strafe vom Blitz erschlagen wird. (»Last Things«, in: *Who Do You Think You Are?*, S. 169–176, hier: S. 173f.)

von Einzeltext- und Systemreferenzen auf der Metaebene die Hilflosigkeit des modernen Autors vor dem Problem der Individualität und Originalität.

In dieser Auseinandersetzung gewinnt der intertextuelle Aspekt des Kontinuums der literarischen Tradition aber auch eine weitere Bedeutung. Wenn Erato den gesamten Komplex der abendländischen Literatur, ihre Modelle, Typen und Epochen, zum Zeugen aufruft, um Miles Green von der Sterilität seiner Literaturkonzeption zu überzeugen (»logic [...] is the mental equivalent of the chastity belt«; S. 184), so parodiert sie sich unfreiwillig durch die Naivität und Vordergründigkeit mancher ihrer Thesen selbst und wird daher nicht ohne Grund als »at least three hundred years out of date« (S. 144) bezeichnet. Miles auf der anderen Seite, ebenso unkritisch sich selbst gegenüber wie Erato, stellt den zitierten ›veralteten‹ Texten, Literaturmodellen und Epochencharakteristika seine poststrukturalistische Theorie entgegen, übersteigert aber die ›klassischen‹ Leitsätze auf eine Weise, die ihn selbst zur Karikatur des modernen Autors werden läßt:

> Serious modern fiction has only one subject: the difficulty of writing serious modern fiction. [...] Second. The natural consequence of this is that writing *about* fiction has become a far more important matter than writing fiction itself. It's one of the best ways you can tell the true novelist nowadays. [...] Third, and most important. At the creative level there is in any case no connection whatever between author and text. [...] The deconstructivists have proved that beyond a shadow of doubt. [...] He has no more significant a status than the bookshop assistant or the librarian who hands the text *qua* object to the reader. (S. 146f.)

Der Autor Miles (als »automatic typewriter«; S. 157) sieht sein Ideal in einem –

> [... absolutely impossible ...
> Unwritable ...
> Unfinishable ...
> Unimaginable ...
> Endlessly revisable ...
> Text without words ... (S. 197f.)

– und über den typischen offenen beziehungsweise mehrfach variierten Romanschluß heißt es:

> Again and again you've made me cut out the best stuff. That text where I had twelve different endings – it was perfect as it was, no one had ever done that before. Then you get at it, and I'm left with just three. The whole point of the thing was missed. Wasted. (S. 157)

An diesen Stellen schlägt die Diskussion der alten, kontroversen und durchaus nicht komischen Frage nach dem Verhältnis von Ratio und Imagination im kreativen Akt beziehungsweise nach dem Stellenwert der literarischen Tradition klar ins Komisch-Parodistische um; und offenbar zur Unterstreichung dieser Absicht läßt Fowles seinen Protagonisten, eigentlich ein Verfechter einer intellektuell-unterkühlten, ›klinisch reinen‹ Sexualität, sich am Ende in einen lüsternen Satyr verwandeln, vor dem sich die sonst der Sinnlichkeit durchaus zugeneigte Erato nur durch ihre sofortige Entmaterialisierung in Sicherheit bringen kann.[91]

Angesichts dieses Nebeneinanders von postmodernen und die Postmoderne parodierenden Zügen in *Mantissa* ergibt sich eine mehrfache intertextuelle Funktionszuweisung. Bezogen auf das intertextuelle Material aus der Literaturgeschichte, das, weitgehend entindividualisiert und oft selbstzweckhaft, auf der Metaebene zur Demonstration und Unterstützung poststrukturalistischer Thesen benutzt wird, liegt ein Verfahren nach Funktionstyp 4 vor. Betrachtet man dagegen den Poststrukturalismus als zitierten Prätext, so legt das parodistische Element der Darstellung eine Einordnung nach Typ 1 nahe. Da sich schließlich traditionelle und postmoderne Konzeptionen gegenseitig relativieren, ohne daß eine direkte Aufwertung einer Seite beabsichtigt scheint, könnte man auch von Typ 3 sprechen. In der Schwierigkeit einer klaren Zuordnung liegt wohl nicht zuletzt die Ratlosigkeit der Kritiker, aber auch das Vergnügen vieler Leser bei diesem Roman begründet.

4. Systematische und historische Aspekte intertextueller Funktionen

Die Applikation der systematischen Funktionstypen auf die verschiedenen vorgestellten Textbeispiele hat immer wieder die Notwendigkeit unterstrichen, in der praktischen Interpretation Aspekte mit zu berücksichtigen, die sich aus der historischen Würdigung der vorliegenden intertextuellen Texte ableiten lassen. Denn trotz einer anstrebenswerten Systematik in der Typologie darf nicht außer acht bleiben, daß gerade Funktionsbegriffe dem historischen Wandel unterliegen. Eng verbunden mit der historischen Dimension ist die Frage nach der spezifischen Rezeption von Intertextualität. Aus produktions- oder textbezogenen Systematiken gewonnene Funktionen müssen sich der Überprüfung und gegebenenfalls Korrektur durch rezipientenbezogene Untersuchungen stellen.

Schließlich ergab die Summe der Textanalysen, daß auch Funktionen selbst wieder, vom Autor wie vom Rezipienten intentional gesteuert oder unbeabsichtigt, variabel funktionalisiert werden können, wie folgende Beobachtungen belegen:

---

91 Nebenbei benutzt Fowles auch die Gelegenheit in diesem Roman zu etlichen boshaften Seitenhieben auf den zeitgenössischen Literaturbetrieb. So beruft er sich auf die »academic readers, who are the only ones who count nowadays« (S. 148), oder er läßt auf den Hinweis: »God, no wonder the *Times Literary Supplement* calls you an affront to serious English fiction«, die Replik folgen: »I happen to regard that as one of the finest feathers in my cap.« (S. 185)

1. Bei allen intertextuellen Funktionen ist auch die Möglichkeit bewußter Irreführung oder spielerischer Verwendung durch den Autor gegeben.
2. Intertextuelle Autorintention – Textintention – Rezeption stimmen im Idealfall überein, die Möglichkeit von Abweichungen und unbewußten Fehlleistungen ist jedoch nicht auszuschließen.
3. Intertextuelle Funktionen können im innertextuellen und/oder im außertextuellen Kommunikationssystem relevant sein.
4. Intertextualität hat, wie die Zuordnung einzelner Texte zu mehreren Typen zeigt, in einem Ganztext oft mehrere Funktionen, die sich in verschiedenen Formen überlagern können.
5. Intertextuelle Funktionen können sich auf den gesamten Text, aber auch nur auf einzelne Teile beziehen.
6. Eine intertextuelle Funktion kann sich innerhalb eines Textes wandeln.
7. Bei mehreren intertextuellen Funktionen sind u. U. Dominanzen in der Gewichtung für das Textganze oder einzelne Teile festzustellen.[92]
8. Intertextuelle Funktionen sind zwar grundsätzlich gebunden an die intertextuellen Verfahren, einzelne Funktionen sind aber in der Praxis der Texte nicht automatisch und untrennbar mit einzelnen Verfahren gekoppelt.

Diese auch auf andere Textbeispiele übertragbaren Beobachtungen sind weder hierarchisch geordnet noch vollständig. Eine historische Beschreibung von Funktionen kann nicht abschließend sein, denn wie das menschliche Bewußtsein dialogisch vorwärtsdenkt,[93] so entwickelt sich auch die Dialektik intertextueller Beziehungen unaufhaltsam weiter, solange es überhaupt Texte gibt.

Es wäre nun am Schluß reizvoll, einige Spekulationen über den historischen Wandel intertextueller Funktionen anzustellen. Solange aber eine – bisher fehlende – Geschichte der Intertextualität das hier notwendige Material nicht zusammengetragen hat, müssen Spekulationen sehr vage bleiben. Nicht einmal über die Häufigkeit des Auftretens bestimmter Funktionen zu bestimmten Zeiten lassen sich abschließende Aussagen machen, denn die Tatsache z. B., daß auf dem Hintergrund der sprachphilosophischen und textanalytischen Bemühungen der Poststrukturalisten bestimmte Texte heute als progressiv bezeichnet werden und besonders ins Blickfeld der Wissenschaft rücken (gerückt werden?), sagt statistisch gesehen noch wenig über die Gesamtsituation der Literatur aus. Allenfalls läßt sich wohl die These rechtfertigen, daß die Autoren heute bei der Nutzung intertextueller Funktionen experimentierfreudiger geworden sind und daß in Verbin-

---

92 Goebels Kriterium der Handlungsrelevanz allerdings reicht zur Bestimmung von Dominanzen nicht aus (»Funktionen des ›Buches im Buche‹«, S. 49f.).

93 Vgl. H.-R. Jauß, »Zum Problem des dialogischen Verstehens«, in: *Dialogizität*, ed. R. Lachmann (München, 1982), S. 11–24.

dung mit dem Wandel des Welt- und Menschenbildes im 20. Jahrhundert die beschriebenen Typen 3 und 4 unseres Systems verstärkt Beachtung gefunden haben. Eine radikale Problematisierung des Kunstbegriffs mit dem Ziel eines Nachweises der Brüchigkeit aller Wirklichkeitsmodelle hat es trotz vieler älterer Versuche zur intertextuellen »Runderneuerung«[94], trotz vieler Parallelen im intertextuellen Verfahren in der langen Reihe metafiktionaler Ansätze von Fielding über Sterne bis in die Moderne jedenfalls früher noch nicht gegeben.

Eines allerdings läßt sich im Hinblick auf die Fülle von intertextuellen Formen und Funktionen mit Sicherheit sagen: Trotz der eingangs geäußerten Skepsis gegenüber der Erfindung von immer neuen -täten im Wissenschaftsjargon, trifft hier Peter Demetz' sarkastischer Hieb auf die heutige Literaturwissenschaft (»Literatur? Hauptsache die Theorie funkelt!«[95]) wohl nicht, denn gerade durch die Funktionsbestimmung intertextueller Verfahren kann ein Weg für die praktische Anwendung des neuen Begriffs in einem wichtigen Teilbereich der Interpretation geebnet werden.

---

[94] Nach Botho Strauß, *Kalldewey. Farce* (München/Wien, 1981), S. 50.
[95] *Die Zeit,* Nr. 28 vom 2. Juni 1976.

VI. Interpretationen

Zur Beispielwahl

Manfred Pfister

Intertextualität ist ein wesentlicher Faktor in der Herausbildung dessen, was man literarische Tradition und Literaturgeschichte nennt, und in ihr vor allem konstituiert sich auch jener Gesamtzusammenhang aller Literaturen, den Goethe in seiner Utopie einer Weltliteratur anvisierte.[1] Intertextualität ist aber nicht nur ein geschichtsbildender Faktor, sondern selbst geschichtlich, indem sie historisch spezifische Formen und Strukturen – spezifisch für bestimmte Schulen, Gattungen, Epochen oder Einzelautoren – annimmt. Dies soll im folgenden an einer Reihe von Fallstudien veranschaulicht werden, die eine Geschichte der Intertextualität, wie sie derzeit selbst in kollektiver Erarbeitung noch nicht möglich ist, zumindest vorbereiten kann. Daß wir uns dabei den engeren Rahmen der Literatur einer Sprache, der englischen, gesteckt haben, soll der Beispielreihe ein bestimmtes Maß an Prägnanz und Kohärenz verleihen; die weltliterarischen Dimensionen des intertextuellen Verkehrs zwischen den Sprachen und Nationalliteraturen werden dabei freilich, wie schon im Vorausgehenden, immer offengehalten werden. Schwerpunkt bleibt dabei weiterhin die englische Literatur, wenn wir auch in den letzten beiden Beiträgen – zu Robert Lowell und Donald Barthelme – ins Amerikanische ausgreifen, weil sich gerade in den letzten Jahrzehnten in Amerika besonders intensive und komplexe Formen modernistischer und postmoderner Intertextualität herausgebildet haben.

Die einzelnen Beispiele zusammengenommen decken die verschiedenen Epochen der englischen Literatur ab und schließen auch moderne Positionen der amerikanischen Literatur ein. Der Beitrag von Wolfgang Weiß zur Intertextualität in der Satire schlägt einen weiten Bogen vom Mittelalter über die Renaissance bis zum Klassizismus des 18. Jahrhunderts, das auch noch in Ulrich Broichs intertextueller Analyse von Fieldings *Joseph Andrews* exemplarisch gewürdigt wird. Kürzere, aber historisch nicht minder

[1] Vgl. dazu *Weltliteratur: Die Lust am Übersetzen im Jahrhundert Goethes,* ed. R. Tgahrt, Marbacher Kataloge, 37 (München, 1982).

signifikante Bögen schlagen auch Laurence Lerner und Gisela Ecker in ihren Beiträgen, die von der Romantik bis zum Realismus beziehungsweise von diesem bis zur Moderne und Postmoderne führen; gemeinsam ist diesen beiden Fallstudien auch, daß sie auf die Negation von Intertextualität als einer spezifischen Form intertextuellen Verweisens abheben. Dem Modernismus und der Postmoderne sind schließlich die beiden Essays von Manfred Pfister und Joseph C. Schöpp gewidmet. In der historischen Verteilung der Beispiele zeichnet sich damit, der besonderen Affinität zwischen einer poststrukturalistischen Intertextualitätstheorie und aktueller Literaturproduktion entsprechend, ein gewisser Schwerpunkt im 20. Jahrhundert ab; die Fallstudien zu früheren Jahrhunderten, wie auch die zahlreich angeführten Beispiele aus den verschiedensten Epochen im theoretischen Teil, verhindern jedoch, daß der falsche Eindruck entstehen könnte, Intertextualität sei *per se* ein Privileg der Moderne und Postmoderne.

Bewußt breit gestreut sind die exemplarischen Studien auch im Hinblick auf Gattungen, berücksichtigen sie doch die Satire in ihren verschiedenen Formtypen einschließlich des satirischen Dramas (Weiß), die narrativen Gattungen von Epos und Roman (Broich, Lerner, Ecker, Schöpp) und die Versdichtung bzw. Lyrik (Weiß, Pfister). Und schließlich sind auch die einzelnen Paradigmen unterschiedlich konzipiert: Hier reicht das Spektrum von Einzelwerkinterpretationen (Broich, Schöpp) über Betrachtungen zum Gesamtwerk eines Autors (Pfister) bis hin zum Gattungslängsschnitt (Weiß) und zur epochenüberschreitenden Darstellung eines bestimmten Fragenkomplexes (Lerner, Ecker).

Diese Fallstudien sind gewissermaßen die Probe aufs Exempel der in den vorausgegangenen Kapiteln entwickelten theoretischen Konzepte und somit auf diese rückgebunden, so wie ja auch die zahlreichen konkreten Textverweise der theoretischen Kapitel die Fallstudien vorbereiten. Damit wird auch der vorliegende Band selbst zu einem ausgeprägten Beispiel für Intertextualität im literaturwissenschaftlichen Diskurs, indem er weiterspinnt an jenem Netzwerk der Bezüge von Text zu Text, das er beschreibt, und selbst an jenem Universum der Texte teilhat, von dem er handelt.

1. Satirische Dialogizität und satirische Intertextualität

Wolfgang Weiß

1. Bachtins Verständnis der Satire

Michail Bachtin erörtert die Satire, genauer die Menippea, im Zusammenhang mit der Entstehung des modernen Romans und in Verbindung mit seinen Dostoevskij-Studien.[1] Insbesondere in letzterem Werk versucht er, einen breiter angelegten historischen Aufriß und eine kulturphilosophische Deutung der karnevalisierten Literatur, der auch die Menippea zugehört, zu geben. Um die Eigenart von Bachtins Ansatz verstehen und dessen Fruchtbarkeit für ein tieferes Verständnis der Satire beurteilen zu können, ist zunächst eine Erfassung des »karnevalistischen Weltempfindens« geboten, in dem Bachtin auch den Ursprung der Satire sieht. Bachtin stellt dem sogenannten normalen Weltempfinden, das von Autorität und Hierarchie, von Mythos und Tradition, von Dekorum und Würde bestimmt ist, die karnevalistische Weltsicht gegenüber, die vom Pathos des Wechsels und der Veränderung, des Todes und der Erneuerung geprägt ist. In ihr wird die Welt ohne Gliederung und Trennung der Bereiche in chaotischer Vielfalt, im ständigen Werden und Vergehen erfahren. Dieser Erfahrung entspricht die karnevalistische Urzeremonie der närrischen Krönung und anschließenden Erniedrigung des Karnevalskönigs.

Dieses Weltempfinden, das bis zum Beginn der Neuzeit in einer lebendigen Folklore von Zeremonien, Riten und Spielen seinen Ausdruck in der Gesellschaft fand, brachte auch eine Literatur hervor, die in der Antike im Gegensatz zu Epos, Tragödie, Historie und klassischer Rhetorik – der Literatur und Sprache der Ordnung, des Mythos und der Autorität –, unter dem Begriff des *spoudo geloion* zusammengefaßt wurde. Zu ihr wurden neben dem sokratischen Dialog, der bukolischen Dichtung unter anderem auch die menippeische Satire gezählt. Ihre gemeinsamen Merkmale sind der Vorrang der Gegenwart vor Tradition und Mythos, das Vorherrschen der Erfahrung und der freien Erfindung sowie die Vielzahl der Stimmen und Stile, die in diesen Texten versammelt werden.

Zur Menippea im besonderen führt Bachtin aus, daß in ihr einerseits eine der Hauptquellen für den modernen dialogischen Roman gesehen werden muß, daß sie andererseits aber in den verschiedensten Formen bis in die Neuzeit erhalten blieb und zur wichtigsten literarischen Ausdrucksform des karnevalistischen Weltempfindens wurde. Ihre Merkmale sind neben dem karnevalistischen Lachen im Angesicht von Autorität und Tod die Freiheit in der Erfindung des Sujets und die Überprüfung einer philosophischen Idee, d.h. der Entwurf phantastischer Welten erfolgt nicht um ihrer selbst willen, sondern immer zur Prüfung einer Idee und zur Wahrheitssuche. Die Menippea wird deshalb bevorzugt für die Erörterung letzter Fragen verwendet, wofür nicht selten die Situation des Todes gewählt wird, und sie neigt zu moralisch-philosophischen Experimenten, die in Grenzsituationen

[1] Die Darstellung stützt sich auf M. Bachtin, *Probleme der Poetik Dostoevskijs: Literatur als Kunst* (München, 1971), S. 119ff., und ders., »Aus der Vorgeschichte des Romanwortes«, in: ders., *Die Ästhetik des Wortes,* ed. R. Grübel, edition suhrkamp, 967 (Frankfurt, 1979), S. 301–337.

veranstaltet werden. Ihre bevorzugten Darstellungsbereiche sind soziale Milieus, die sich der Autorität und Ordnung entziehen, also Elendsviertel, die Schicht der Gauner und Vagabunden, die Welt der Triebbefriedigung, der Bordelle und Tavernen. Kennzeichnend ist für die Menippea die Darstellung des Skandalösen, des Exzentrischen, des Obszönen, die Vorliebe für scharfe Kontraste in Figuren und sozialen Schichten, die Entwertung gesellschaftlicher Positionen zum relativierenden Rollenspiel. Sie reagiert bevorzugt auf historische Situationen und Tagesereignisse, bedient sich aber zugleich der Elemente der Utopie.

Zur historischen Entwicklung der Menippea stellt Bachtin die These auf, daß diese von der Antike bis zur Renaissance noch unmittelbar von der lebendigen karnevalistischen Folklore gespeist wurde; in der Neuzeit sei jedoch die karnevalistische Praxis, die zuvor Teil des gesellschaftlichen Lebens war, zunehmend zurückgedrängt worden. Dadurch sei die Menippea zur Gattung, zur rein literarischen Form erstarrt.

2. Intertextualität und die aggressive Tendenz der Satire

Diese anthropologische und kulturphilosophische Wesensbestimmung der Menippea ist für das Grundverständnis satirischer Praxis außerordentlich fruchtbar, weil in ihr die verschiedenen Merkmale und Konventionen der Satire, aber auch die Position des Satirikers aus einem dominanten Weltempfinden abgeleitet und damit kulturanthropologisch fundiert werden können. Insbesondere können damit die Elemente des Subversiven, des Phantastischen und des Derb-Obszönen, die Darstellung des Menschen in seiner Triebhaftigkeit und ekelerregenden Körperlichkeit, die chaotisch anmutende Präsentation des satirischen Vortrags und das Spiel mit etablierten Formen und Stilen überzeugend aus dem Karneval begründet werden. Gerade dieser Zusammenhang birgt aber die Gefahr in sich, ein wesentliches Element der Satire in den Hintergrund treten zu lassen, das diese von der phantastischen Schreibweise wesentlich unterscheidet, nämlich deren aggressive Tendenz, die sich nicht mit einer »fröhlichen Relativität« (Bachtin) begnügt, sondern auf die verbale und damit soziale Vernichtung des satirischen Opfers abzielt. Die Satire gibt damit nicht nur eine alternative und komplementäre Weltsicht, sondern sie wendet sich auch aggressiv und entlarvend gegen angemaßte Autorität, gegen lebensbedrohende Ordnungen und falsche Normen.

Diese aggressive Tendenz in Verbindung mit der persuasiven Absicht bestimmt nicht nur die Struktur und Darstellung satirischer Texte, sondern auch die intertextuellen Beziehungen zu anderen Texten, vor allem solchen, die nach Bachtin den gesellschaftlich sanktionierten Gattungen angehören. Da das satirische Objekt in seiner sozialen Bedeutung und damit aus der Perspektive des Satirikers in seiner Bedrohlichkeit oder Verwerflichkeit nur über die Sprachen und Texte erfaßt werden kann, in denen es üblicherweise besprochen bzw. dargestellt wird, ist es Aufgabe des Satirikers, diese in seiner Sicht falsche Darstellung dem Leser bewußt zu machen und zugleich seine eigene negative Wertung zu vermitteln. Diese aggressive Tendenz richtet sich damit nicht nur auf Personen oder auf Zustände und Normen der sozialen Wirklichkeit, sondern sie muß notwendig auch diejenigen Texte in ihre satirische Praxis einbeziehen, in denen das Opfer der Satire sich selbst äußert oder in der normalen, nicht-karnevalistischen Weltsicht zur Darstellung gebracht wird. Darin ist nicht nur im Sinne Bachtins der »dialogische« Charakter der Satire begründet, sondern zugleich ihre Intertextualität im Sinne der späteren über Bachtin hinausführenden Diskussion.

Freilich erweist sich für die Analyse spezifisch satirischer intertextueller Beziehungen ein kategoriales System, wie es am differenziertesten von Gérard Genette entwickelt wurde,[2] von nur begrenztem heuristischen Wert, weil in diesem Ansatz lediglich der formale Aspekt der Textrelationen in den Blick gerät, nicht aber die determinierende Funktion, die im Falle der Satire eine über den Text hinausweisende Tendenz ist, und auch nicht die spezifische Art der karnevalistischen Welterfahrung, von der aus die Abbildung fremder Texte vorgenommen wird. Für Genette reduziert sich z.B. die Satire zur »fonction« oder zum »régime« eines Textes. Gleichzeitig wäre mit diesem Intertextualitätsverständnis eine wenig erkenntnisfördernde Einschränkung intertextueller Beziehungen auf literarische Texte gegeben, die den gesamten Diskurs in allen seinen Textsorten und Sprachen, mit denen sich der Satiriker auseinandersetzt, vernachlässigen würde.

Untersucht man die intertextuellen Beziehungen in der satirischen Praxis mit den skalierenden Kategorien wechselnder Intensität der Referentialität, Kommunikativität, Autoreflexivität, Strukturalität, Selektivität und Dialogizität, wie Pfister dies vorschlägt (S. 26–30), so zeigt sich, daß wegen der aggressiven Tendenz und der persuasiven Orientierung satirischer Texte die Aspekte der Referentialität und Kommunikativität intertextueller Beziehungen besonders intensiv auftreten. Das Kriterium der Strukturalität erweist sich für satirische Texte ebenfalls als besonders bedeutsam, weil die satirische Schreibweise literarische und nichtliterarische Textsorten überformt, um durch die parodistische Entlarvung der Konventionen und Darstellungsnormen die Unangemessenheit der normalen Weltsicht zu demonstrieren. Die Strukturalität bezieht sich allerdings nur im Falle der Literatursatire auf einzelne Texte; zumeist werden Gattungskonventionen abgebildet, deren Kenntnis der Satiriker beim Leser voraussetzt, um aus der diskrepanten Erfüllung seine tendenziöse Präsentation entfalten zu können. Eine geringe Rolle spielt dagegen das Kriterium der Autoreflexivität in der

2 Vgl. *Palimpsestes* (Paris, 1982).

satirischen Intertextualität, während das Kriterium der Selektivität entsprechend seiner satirischen Leistung, die es im Kontrast erbringt, variiert.

Legt man an die Satiren das Kriterium der Dialogizität an, so erweist es sich als Grundkriterium der Satire, weil ein satirischer Text zu den vorgegebenen Texten immer in einer extremen semantischen, normativen und ideologischen Spannung schon deshalb steht, weil deren Denunziation der Grund für die intertextuelle satirische Praxis ist.

Daraus ergeben sich zugleich Konsequenzen dafür, wie die Rolle des Autors satirischer Texte aufzufassen ist. Aufgrund der aggressiven Tendenz, die sich gegen Texte, Gattungen und Sprachen und gegen die ihnen zugrundeliegenden Normen einerseits richtet, und der besonderen persuasiven Intention andererseits, kann der Satiriker nicht als »Echokammer« begriffen werden, in der sich ein bewußt erlebter oder unbewußt ablaufender Dialog mit fremden Texten vollzieht, sondern nur als Autor, der den gesamten Diskurs seiner Gesellschaft und damit die Gesellschaft selbst ständig von der Gefahr bedroht sieht, in lebensfeindlichen Ordnungsschemata und in einer dogmatischen Weltinterpretation zu erstarren. Als Konsequenz bezieht er deshalb die Position »karnevalistischen Weltempfindens«, um von ihr aus die Verbindlichkeit und Autorität des herrschenden Diskurses und der ihm zugrundeliegenden Normen parodierend in Frage zu stellen.

3. Beispiele satirischer Dialogizität und Intertextualität

Die folgenden Beispiele sind so gewählt, daß in ihnen nicht nur die verschiedenen Formen, in denen sich das zugrundeliegende karnevalistische Weltempfinden äußert, sichtbar werden, sondern zugleich die intertextuellen Verfahren beobachtet werden können, mit denen der Satiriker in Abhängigkeit von seinem satirischen Thema arbeitet. Da die Satiren aus verschiedenen Epochen gewählt wurden, können gleichzeitig Einflüsse beobachtet werden, die vom intendierten Publikum und dessen Textkenntnis, vom allgemeinen poetologischen Horizont einer Epoche und insbesondere vom systematischen Ort, den die Satire im poetologischen System einnimmt, auf die Gestaltung der Satiren und ihrer Intertextualität ausgehen.

3.1 »Land of Cockaygne«[3] – Satirische Parodie eines Selbstverständnisses

Auf den intertextuellen Charakter dieses wahrscheinlich im 14. Jahrhundert in Irland entstandenen Gedichts von 190 Zeilen weist bereits die Kontroverse in der Kritik hin, von der es abwechselnd als Utopie, als Parodie oder als

---

[3] MS Harleian 913, B. M., in: *Early Middle English Verse and Prose*, ed. J. A. W. Bennett/G. V. Smithers (London, 1966), S. 136–144.

Satire gedeutet wurde.[4] Der gelehrte Verfasser, der aufgrund der im Gedicht zum Ausdruck gebrachten Kritik am Reichtum der etablierten Mönchsorden und der Einbeziehung der Perspektive des Dritten Standes im Franziskanerorden oder dessen Umkreis zu vermuten ist, hat Motive verschiedenster Herkunft miteinander verknüpft, um das satirische Thema, die Degeneration des asketischen Ideals der Mönchsorden zu einem Leben in Reichtum, Faulheit und sexueller Freizügigkeit und damit den Widerspruch von Anspruch und Wirklichkeit darzustellen. Ansatzpunkt für die satirische Entfaltung des Themas ist die im Mittelalter verbreitete Deutung der mönchischen Existenz als engelgleich und die Interpretation des Klosters als irdischer Vorwegnahme des Paradieses, die im asketischen Schrifttum ebenso wie in der Klosterarchitektur und in der Namengebung vielfach zum Ausdruck kam und Anspruch und Selbstverständnis der Mönche bestimmte.[5] Im Gedicht wird dieses Selbstverständnis dadurch attackiert, daß ein westlich von Spanien liegendes Land Cockaygne mit einer von weißen und grauen Mönchen bewohnten Abtei als Schlaraffenland geschildert wird, das ironisch in Gegensatz zum fast menschenleeren, nur aus Wiesen und Feldern bestehenden irdischen Paradies gesetzt wird:

Fur in see be west Spaynge
Is a lond ihote Cokaygne.
Þer nis lond under heuenriche
Of wel, of godnis, hit iliche.
Þoȝ Paradis be miri and briȝt,
Cokaygn is of fairir siȝt.
What is þer in Paradis
Bot grasse and flure and grene ris?
Þoȝ þer be ioi and gret dute,
Þer nis met bote frute;
Þer nis halle, bure, no bench,
Bot watir manis þurst to quench.
Beþ þer no men bot two –
Hely and Enok also;
(Z. 1–14)

In diesem Kontrast wird das ursprünglich asketische Ideal und seine durch die geographische Angabe zugleich negativ konnotierte Degenerationserscheinung exponiert. Das intertextuelle Verfahren, das bei der Beschreibung von Cockaygne als eines pervertierten irdischen Paradieses angewandt wird, ist nicht auf einzelne identifizierbare Texte bezogen, sondern auf

---

4 W. Weiß, »Land of Cockaygne – Utopie, Parodie oder Satire?«, in: *Die englische Satire,* ed. W. Weiß, WdF, 562 (Darmstadt, 1982), S. 124–134.

5 J. Leclercq, *La Vie parfaite: points de vue sur l'essence de l'état religieux* (Paris, 1948); D. R. Howard, *The Three Temptations: Medieval Man in Search of the World* (Princeton, 1966); M. W. Bloomfield, »Piers Plowman and the Three Grades of Chastity«, *Anglia,* 76 (1958), 227–253.

Motive, die zum Teil schriftlich, zum Teil mündlich tradiert wurden. So übernimmt der Autor Motivelemente aus der lukianischen Tradition der Utopie-Parodie ebenso wie aus den Paradiesbeschreibungen der patristischen Literatur und der mittelalterlichen Dichtung, wie z. B. Flüsse, die Milch, Honig, Öl und Wein, Quellen, die Balsam und Arzneien führen, sowie Gewürz- und Juwelenkataloge.[6] Diese werden verknüpft mit Motiven der Schlaraffenlandtradition, wie z. B. die fliegenden Gänse- und Lerchenbraten. Ein besonderer satirischer Bezug auf die engelgleiche mönchische Existenz wird durch die tagsüber fliegenden Mönche hergestellt, die abends nur auf drastische Weise vom Abt zum Landen bewogen werden können. Die Episode, in der Mönche Nonnen beim Baden überraschen, rundet die Schilderung der Abtei als Paradies sexueller Freizügigkeit ab. Am Schluß des Gedichts werden als Qualifikationen für das Amt des Abtes Faulheit und sexuelle Potenz genannt.

Der Verfasser zielt in seiner Satire auf die Kluft zwischen mönchischer Selbstdeutung und wirklicher Mönchsexistenz, wie sie sich aus der Sicht des Satirikers darstellte. Beide Positionen werden von ihm durch die Aufspaltung des Paradiesmotivs als Idealvorstellungen menschlicher Existenz gesehen, die jedoch in extremer Opposition zueinander stehen: Die erste ist der Inbegriff eines vollkommen spirituellen Lebens, die andere beschreibt den Zustand totaler Triebbefriedigung. Der mönchische Anspruch der Vorwegnahme paradiesischer Existenz wird vom Satiriker ironisch bestätigt und zugleich satirisch als Heuchelei entlarvt, indem das irdische Paradies in der karnevalistischen Utopievorstellung abgebildet wird. Dabei kommt der Aufnahme des Schlaraffenland-Motivs in diese Mönchssatire, die bereits vorher andeutungsweise in Mönchssatiren zu finden ist,[7] insofern persuasive Funktion zu, als in ihr die phantastischen Utopievorstellungen der bäuerlichen Schichten als Wirklichkeit der mönchischen Existenz ausgegeben werden und damit deren sozialkritisches Potential in die Satire miteinbezogen wird.

---

6 J. Poeschel, »Das Märchen vom Schlaraffenland«, *Beiträge zur Geschichte der deutschen Sprache und Literatur,* 5 (1878), 389–427; A. Graf, *Miti, Leggende, e Superstizioni del Medio Evo*, 2 Bde. (Turin, 1892/1893; repr. New York, 1971), S. 169–175; V. Väänänen, »Le fabliau de Cocayne«, *Neuphilologische Mitteilungen,* 48 (1947), 3–36; H. R. Patch, *The Other World* (London, 1950), S. 7–22 und 134–174.

7 »Novus ordo Brunelli«, Nigel de Longchamps, *Speculum Stultorum,* ed. J. H. Mozley/R. R. Raymo, University of California Publications, English Studies, 18 (Berkeley/London, 1960), Z. 2413–2464. »Ordre de bel ayse«, in: *Anglo-Norman Political Songs,* ed. J. S. T. Aspin (Oxford, 1953), S. 130–142 (Nr. XII).

3.2 Ben Jonson, »The Alchemist«[8] – Die satirische Abbildung einer Gesellschaft

Ben Jonsons Position als Komödiendichter ist bestimmt durch sein Bestreben, anstelle der populären romanesken Komödien oder Farcen seiner Zeitgenossen einen humanistischen, an klassischen Vorbildern orientierten Komödientypus durchzusetzen, der zugleich als Instrument satirischer Gesellschaftskritik eingesetzt werden konnte. In der Serie seiner dramatisch-satirischen Experimente, die mit der »comical satire« *Everyman Out of His Humour* begann, stellt *The Alchemist* neben *Volpone* insofern einen Höhepunkt dar, als in dieser Komödie die dialogische Abbildung im Sinne Bachtins auf allen Ebenen von den Gattungskonventionen bis hin zur Sprache erfolgt und damit alle Aspekte des Stückes zu Ausdrucksträgern der satirischen Tendenz gemacht werden. Jonsons satirisches Ziel in dieser Komödie sind die beherrschenden Handlungsmotive und Verhaltensnormen in der Gesellschaft seiner Zeit, die er als Habgier und gesellschaftlichen Ehrgeiz identifiziert. Die entsprechenden Vorstellungen einer idealen Gesellschaft finden ihren Ausdruck in phantastischen Utopien allgemeinen Reichtums und totaler Lusterfüllung:

Mammon: Come on Sir. Now, you set your foot on shore
In novo orbe; Here's the rich Peru:
And there within, sir, are the golden mines,
Great Salomon's Ophir! He was sayling to't,
Three yeeres, but we have reach'd it in ten months.
This is the day, wherin, to all my friends,
I will pronounce the happy word, be rich.
(II, 1, Z. 1–7)

Als Gattung wählte Jonson die Gaunerkomödie, in der ein Trio, bestehend aus einer Hure, einem Betrüger und einem Diener, repräsentative Typen der adeligen und bürgerlichen Schichten durch Vorspiegelung raschen Reichtums und gesellschaftlichen Erfolgs um ihr Geld zu bringen versuchen. Mit diesem Sujet wird die bürgerliche Welt im Gaunermilieu, dem bevorzugten Milieu dialogischer Literatur, im Sinne Bachtins abgebildet, insofern die Gauner von den gleichen Motiven geleitet werden wie die Bürger, nur mit dem Unterschied, daß letztere nicht die Täter, sondern die Opfer sind. Die Handlung, die daraus entfaltet wird, erfährt gegenüber der Gattungskonvention eine charakteristische Umformung, durch die auf die Identität der Handlungsnormen der bürgerlichen Welt und des Gaunermilieus hingewiesen wird: Während in der Gattungstradition am Schluß die Betrüger bestraft werden und die gesellschaftliche Ordnung wiederherge-

---

8 Uraufgeführt 1610; Erstdruck 1612. Alle Zitate nach: *Ben Jonson,* ed. C. H. Herford/P. Simpson, Bd. 5 (Oxford, 1937), S. 273–408.

stellt wird, erfolgt das *dénouement* in *The Alchemist* durch den Besitzbürger Lovewit, in dessen Haus sich die Gauner während seiner Abwesenheit eingerichtet hatten. Er bemächtigt sich geistesgegenwärtig und skrupellos der darin aufgehäuften Schätze, gewinnt die reiche Witwe und verzeiht seinem Diener Face, dem Mitglied des Gaunertrios. Gemeinsam stellen sie sich dem Publikum, um Beifall für ihr Handeln mit der Begründung zu heischen, daß ein solches Verhalten den gesellschaftlichen Handlungsnormen vollkommen entspreche.

Die Betrugsmanöver werden vor allem mit Hilfe der Alchemie durchgeführt, deren Fachsprache Jonson mit großer Präzision in die Komödie einführt,[9] sowie mit einer Reihe anderer magischer Praktiken. Damit wird die scheinbare Rationalität der Handlungsmotive und der Zielsetzungen der bürgerlichen Gesellschaft in der Irrationalität alchemistischer und magischer Erwartungen in extremer dialogischer Spannung abgebildet und entlarvt. Die Analoga, die diese satirische Repräsentation ermöglichen, sind die Hoffnung auf unbegrenzte Produktion von Gold, das alchemistische Streben niederer Materie zu höheren Seinsstufen und die von der Alchemie erwartete absolute Herrschaft über die Natur. Dementsprechend werden gesellschaftliche Vorgänge im alchemistischen Fachjargon ausgedrückt:

Subtle: Thou vermine, haue I tane thee, out of dung
So poore, so wretched, when no liuing thing
Would keepe thee companie, but a spider, or worse?
Rais'd thee from broomes, and dust, and watring pots?
Sublim'd thee, and *exalted* thee, and *fix'd* thee
I' the *third region,* call'd our *state of grace?*
Wrought thee to *spirit,* to *quintessence,* with pains
Would twise haue won me the *philosophers worke?*
Put thee in words, and fashion? made thee fit
For more then ordinarie fellowships?
Giu'n thee thy othes, thy quarrelling dimensions?
(I, 1, Z. 64–74)

Die Explosion, in der die alchemistischen Experimente schließlich enden, symbolisiert die Vergeblichkeit der Hoffnungen der Bürger.

In extremer semantischer Spannung erfolgt auch die dialogische Abbildung des gesellschaftlichen Diskurses, in dem sich, gegliedert in die verschiedenen Fachsprachen der Politik, des Rechts, der Theologie, der Wissenschaft und des Handels, die Ordnungsvorstellungen, die Ideale und das Selbstverständnis der Gesellschaft artikulieren. Indem die Gauner sich virtuos der verschiedenen Fachjargons bedienen und sich zugleich untereinander abwechselnd mit Staatstiteln anreden und ordinär beschimpfen, wird

9 E. H. Duncan, »Jonson's *Alchemist* and the Literature of Alchemy«, *PMLA,* 61 (1946), 699–710.

das Publikum gezwungen, die eigene soziale Welt in diesem sprachlichen Zerrspiegel wahrzunehmen und neu zu beurteilen.[10]

Das Beispiel dieser Komödie zeigt, daß in einem literarischen Werk, das nicht nur einzelne satirische Aspekte aufweist, sondern in dem alle Ebenen Ausdrucksträger einer satirischen Intention sind, die sich gegen die Welt bürgerlicher Normalität wendet, die intertextuellen Beziehungen nicht beliebig zu wählen sind, sondern von jenen Positionen bestimmt werden, die Bachtin als »dialogisch« oder »karnevalistisch« definierte. Nur in diesen Gegenpositionen des satirischen Angriffsziels findet die Normalität ihre parodistisch-entlarvende Abbildung, durch die beim Publikum die Urteilsbildung ausgelöst werden soll, auf die der Satiriker zielt.

3.3 John Dryden, »Mac Flecknoe«[11] – Satirische Inthronisation und menippeische Gattungsmischung

Die Satire der Restaurationszeit und des 18. Jahrhunderts ist wesentlich geprägt durch ihre Aufnahme in den Literaturkanon, die im Zeichen des Wandels des Literaturverständnisses hin zu einer stärker pragmatischen Orientierung und der Durchsetzung des Klassizismus in England erfolgte. Drydens *Discourse Concerning the Original and Progress of Satire* (1693) ist die programmatische Schrift, in der das neue Verständnis theoretisch begründet wird. Damit war die Satire nicht nur als genuine Gattung anerkannt, sondern zugleich dem Imitationsprinzip unterworfen, als dessen Modelle einmal die klassische Verssatire beziehungsweise die satirische Epistel, zum anderen aber die gesamte Formenvielfalt des Literaturkanons bereitstanden, wobei letztere durch die menippeische Tradition gerechtfertigt war. Damit kann die »Karnevalisierung« nur noch innerhalb eines normativen poetologischen Horizonts erfolgen, der auch die Satire zur Auseinandersetzung mit den Gattungskonventionen und der strengen Gattungstrennung zwingt. Die von Bachtin festgestellte Erstarrung der menippeischen Tradition zur reinen Form am Beginn der Neuzeit hat vor allem hierin ihren Ursprung. Für die satirische Praxis bedeutet dies, daß nun die literarische Form der Satire an Bedeutung gewinnt. Die Satire gibt sich durch Gattungsbezeichnungen, Anspielungen oder Zitate und durch genaue Erfüllung der Konventionen als eine der kanonisierten literarischen Formen zu erkennen, wie z. B. als klassische Verssatire, als satirische Epi-

---

10 Die Gauner reden sich als »Soueraigne« und »General« an. Dol, die Hure, versteht sich als »republique«. Die betrügerische Zusammenarbeit wird als »confederacie« beziehungsweise »Venter tripartite« verstanden, die sich auf »articles« und »instruments« stützen kann.

11 Erschienen 1682. Alle Zitate nach: *The Works of John Dryden*, ed. H. T. Swedenberg, Bd. 2 (Berkeley/Los Angeles/London, 1972), S. 54–60.

stel, als satirische Elegie, *mock-heroic poem* usw. Dies hat für die Entwicklung der Satire eine Reihe von Konsequenzen. Die Satire wird »literarischer«, d.h. als Texte, die in ihr abgebildet werden, erscheinen bevorzugt ästhetisch geformte; das nichtliterarische Wort wird vorwiegend als Mittel der Ironie und des Kontrastes gegen das literarisch sanktionierte eingesetzt. Das satirische Verfahren besteht in diesem poetologischen Horizont vorwiegend darin, die Gattungserwartungen in ironischer Weise zu erfüllen, d.h. die Regeln und Normen der Figuren und Weltdarstellungen, die einer Gattung zugrundeliegen, bewußt zu verletzen und dadurch das satirische Objekt bloßzustellen. Der Verlust, der sich dadurch an karnevalistischen Elementen im Sinne Bachtins ergibt, wird wettgemacht durch die breite Skala von ironisch-parodierenden Bezügen, die sich aus dem Spiel mit den Gattungskonventionen ergeben, wobei zumeist satirische Diskrepanzen zwischen Gattungskonventionen, Thema, Stil und Sprecher erzeugt werden.

Das normative Beispiel eines solchen satirischen Verfahrens im Horizont eines klassizistischen Satireverständnisses lieferte Dryden mit *Mac Flecknoe,* der Satire auf Thomas Shadwell. In ihr ist ein besonders komplexes Verfahren, Diskrepanzen zwischen Gattungstradition, Stil und Sprecher zum Zweck der Satire zu erzeugen, zu beobachten, ein Verfahren, das vom Leser eine genaue Kenntnis der Konventionen und poetologischen Normen für die Entschlüsselung voraussetzt.

Die Gattung, die Dryden für die Satirisierung Shadwells wählte, ist das sogenannte *session-poem*,[12] eine zumeist ironisch vorgenommene Würdigung der Dichterkollegen in der Form einer imaginären Dichterversammlung, die dem Würdigsten den Lorbeer verleihen soll. Dieser Gedichttypus wurde, nachdem er von John Suckling mit dem Gedicht *The Wits* (1637)[13] in die englische Literatur eingeführt worden war, von einer Reihe von Dichtern aufgegriffen und weitergeführt, darunter von Dryden mit *Mac Flecknoe* und von Pope mit *The Dunciad* als den berühmtesten dieser Gattung. In *The Wits* wird eine Dichterversammlung unter Apollos Vorsitz geschildert, wobei jeder Dichter mit ironischen Kommentaren bedacht wird. Typisch ist dabei, daß Dichter mit ihren eigenen Figuren oder Werken konfrontiert und mit persönlichen oder stilistischen Eigentümlichkeiten ironisch charakterisiert werden. So wird z.B. Ben Jonson von Apollo zum *host* der *New Inn* gemacht. Das Gedicht Sucklings endet damit, daß Apollo den Lorbeer an einen unpoetischen Alderman verleiht, weil er als einziger Teilnehmer der Versammlung Geld besitzt. In Samuel Johnsons *Lives of the*

---

12 Zur Tradition des *session-poem* vgl. *The Works of Sir John Suckling: The Non-Dramatic Works,* ed. Th. Clayton (Oxford, 1971), S. 266–278.

13 *The Wits: A Session of the Poets,* in: *The Works of Sir John Suckling*, S. 71–76.

English Poets (»A. Cowley«) wird die Bekanntheit dieses Genres bestätigt und auf Sucklings Gedicht hingewiesen.[14]

Die *session-poems* bildeten eine intertextuelle Gattung *par excellence*, die aber deshalb noch nicht unbedingt satirisch ist, sondern in der eher gutmütiger Kollegenspott und ironische Betrachtung des literarischen Lebens ihren Ausdruck fanden. Voraussetzung für die satirische Verwendung dieser Gattung ist ihre »Karnevalisierung«, die in *Mac Flecknoe* zunächst durch das Motiv der närrischen Inthronisation erfolgt, in der ein poetischer Herrschaftsanspruch dadurch bekämpft wird, daß er der Lächerlichkeit preisgegeben wird. Die Entfaltung des Motivs der Narrenkrönung erfolgt dann in der dialogischen Abbildung der monologischen Gattungstradition der Epik, die schon durch ihre Anwendung auf eine poetologische Thematik und durch ihren Sprecher in extremer semantischer und normativer Spannung parodiert wird. Drydens Satire zielt auf Thomas Shadwell, den er als Nachfolger Flecknoes, des langjährigen Monarchen im Reich der Dummheit, präsentiert. Da Flecknoe zu Drydens Zeit als Inbegriff eines Poetasters galt, wird Shadwell allein schon durch diese poetische Erbfolge zum Dichterling degradiert. Während man über die persönlichen Motive Drydens, Shadwell zu satirisieren, nur Vermutungen anstellen kann, treten die literarischen Gründe der Fehde klar hervor: Dryden wollte in Shadwell eine poetische Praxis attackieren, die die Durchsetzung eines Klassizismus im Sinne Drydens gefährdete. Zu diesem Angriff fühlte sich Dryden umso mehr herausgefordert, als sowohl er selbst als auch Shadwell sich als Nachfolger und Sachwalter Ben Jonsons verstanden, in dem beide den Stammvater des englischen Klassizismus sahen.

Aus den epischen Formelementen wählt Dryden die große Preisrede, die Beschreibung des Ortes und die Inthronisationszeremonie. In den Preisreden werden die panegyrischen Grundmuster exakt reproduziert, die jedoch wie in der *laus stultitiae*-Tradition durch den Sprecher Flecknoe reziprok zu entschlüsseln sind:

And pond'ring which of all his Sons was fit
To Reign, and wage immortal War with Wit;
Cry'd, 'tis resolv'd; for Nature pleads that He
Should onely rule, who most resembles me:
Sh – alone my perfect image bears,
Mature in dullness from his tender years.
Sh – alone, of all my Sons, is he
Who stand confirm'd in full stupidity.
The rest to some faint meaning make pretence,
But Sh – never deviates into sense.

(Z. 11–20)

---

14 *Lives of the English Poets,* Everyman's Library, I (London, 1925 u.ö.), S. 1–46, hier: S. 8f.

Sowohl die klassische wie die biblische Epentradition werden für den gebildeten Leser durch zahllose, oft grotesk gemischte Anspielungen auf Vergil, Milton und Cowley eingebracht. Flecknoe wird mit Augustus verglichen, und er versteht sich gleichzeitig als prophetischer Vorläufer eines poetischen Messias der Mittelmäßigkeit:

> *Heywood* and *Shirley* were but Types of thee,
> Thou last great Prophet of Tautology:
> Even I, a dunce of more renown than they,
> Was sent before but to prepare thy way;
> And coursly clad in Norwich Drugget came
> To teach the Nations in thy greater name.
> (Z. 29–34)

Als Ort der Krönung wird entsprechend der Karnevalisierung des Vorgangs das übelbeleumundete Londoner Viertel der Bordelle und Theater gewählt, das im epischen Stil als Hölle beschrieben wird. Zur Huldigung Shadwells strömen Dichterlinge aus Vergangenheit und Gegenwart:

> No Persian Carpets spread th' Imperial Way,
> But scatter'd Limbs of mangled Poets lay:
> From dusty shops neglected Authors come,
> Martyrs of Pies, and Reliques of the Bum.
> (Z. 98–101)

Dies gibt Dryden die Gelegenheit, durch eine Reihe von Namen, Werktiteln und Anspielungen die gesamte poetische Opposition unter Shadwells Regierung der Dummheit zu versammeln und sie als zwar eifrig produzierende, aber erfolglose Schreiber abzutun, die vor Plagiaten nicht zurückschrecken und, weil sie unfähig sind, dem neuen Ideal des eleganten *wit* zu folgen, dem veralteten Stil des *metaphysical wit* anhängen, der vor Anagrammata und Figurengedichten nicht zurückschreckt, wie dies am Ende Shadwell unterstellt wird:

> Thy Genius calls thee not to purchase fame
> In keen Iambicks, but mild Anagram:
> Leave writing Plays, and chuse for thy command
> Some peacefull Province in Acrostick Land.
> There thou maist wings display and Altars raise,
> And torture one poor word ten Thousand ways.
> (Z. 203–208)

Die närrische Inthronisation endet anstelle der üblichen Apotheose mit dem Verschwinden Mac Flecknoes durch eine Falltür. Dieses ebenso theatralische wie schmähliche Ende wird bezeichnenderweise von zwei Komödienfiguren Shadwells herbeigeführt. Der Krönungsmantel wird von einem Höllenwind dem Nachfolger auf die Schultern geweht. Durch diese Veränderung der karnevalistischen Urzeremonie, die jeweils mit dem Sturz des Narrenkönigs endet, macht Dryden ähnlich wie Pope am Ende der *Dunciad* deutlich, daß die Dummheit nicht etwa besiegbar ist, sondern als Bedrohung des Geistes fortbesteht.

Die poetologische Aufwertung der Satire am Ende des 17. Jahrhunderts führte dazu, daß sie verstärkt in den »monologischen« Formen der herrschenden literarischen Kultur wie der klassischen Rhetorik, der epischen Tradition und in den kleineren Formen, wie z.B. der Epistel oder der Fabel, auftritt. Als im 18. Jahrhundert in zunehmendem Maße der Bürger zum Adressaten der satirischen Literatur wird, werden vor allem durch Swift zusätzlich die bevorzugten Prosaformen dieser Schicht wie Meditationen, Essays, Berichte oder Reisebeschreibungen in den Kanon normengerechter satirischer Formen aufgenommen. Mit Rücksicht auf die eigene poetologische Position und den gebildeten Leser erfolgt die dialogische Veränderung – jeweils unter genauer Erfüllung der formalen Konventionen dieser Gattungen – durch Verletzungen derjenigen Normen, als deren ursprüngliche Ausdrucksträger diese Gattungen fungierten.

3.4 Swifts »Strephon and Chloe«[15] – Die satirische Funktion der Obszönität

Dem karnevalistischen Weltempfinden im Sinne Bachtins entspricht eine Darstellung des Menschen, die nicht dessen charakterliche, ethische oder geistige Qualitäten, seine soziale Position oder seine Verdienste in den Blick nimmt oder bei der Darstellung seiner physischen Erscheinung sich an den Normen des geltenden Schönheitsideals orientiert, sondern eine Darstellung, die den Menschen als ein von physiologischen Vorgängen determiniertes Wesen sieht, dessen Körperlichkeit Ekel erregt und das der Krankheit, dem Verfall und dem Tod ausgeliefert ist. Von daher sind die vielen Schilderungen und Anspielungen auf körperliche Mängel bei satirisierten Personen ebenso zu deuten wie die Beschreibung des Menschen als triebhaftes und exkrementierendes Lebewesen.[16] Die Kritik hat auf diese satirisch-karnevalistische Darstellung häufig aus der Sicht des sozialen und literarischen Dekorums reagiert und Begründungen in der Psychopathologie des Autors gesucht, wobei zumeist die satirische Funktion übersehen wurde, die auf die Zerstörung des satirischen Objekts ebenso zielt, wie sie den Schock des Lesers einkalkuliert. Auch Swifts *scatological poems* sind in diesem Zusammenhang weniger als Satiren, sondern als Dokumente frühkindlicher Prägungen ihres Autors gedeutet worden.[17] Aus der satirischen

---

[15] Erstdruck 1734. Alle Zitate nach: *The Poems of Jonathan Swift,* ed. H. Williams, Bd. 2 (Oxford, 1937), S. 584–593.

[16] J. Bentley, »Semantic Gravitation: An Essay in Satiric Reduction«, *MLQ,* 30 (1969), 3–19.

[17] Ph. Greenacre, *Swift and Carroll: A Psychoanalytic Study of Two Lives* (New York, 1955).

Darstellungstradition gesehen, erweisen sich diese jedoch als Angriffe auf soziale Normen im Parodieverfahren gerade dieser Gedichtformen, in denen diese Normen ihren formalen Ausdruck finden.

»Strephon and Chloe« ist ein satirisches Epithalamium, das die Konventionen dieser Gattung ebenso genau abbildet, wie es auf der Ebene des Dargestellten das Dekorum verletzt. Die Gattung Epithalamium wurde in England aufgrund antiker Vorbilder und kontinentaler Vorbilder im 16. Jahrhundert in die Literatur eingeführt, wobei insbesondere Spensers Epithalamium für dessen zweite Ehe und in kleinerem Maße Sidneys und Donnes Vorbilder stilbildend wirkten. Diese Gattung ist geprägt von petrarkistischen Ausdrucksformen, die gegen Ende des 16. Jahrhunderts für die Darstellung des Eheverständnisses in christlich-humanistischer Sicht verwendet wurden. Nach Spensers Vorbild wird dem strophischen Gedicht zumeist der Ablauf des Hochzeitstages vom Erwachen bis zur Hochzeitsnacht als episches Strukturmuster zugrundegelegt; zumeist wird auch ein Refrain eingeführt. Zum Motivbestand gehören die Ungeduld des Bräutigams, das Erwachen und Ankleiden der Braut, der Schönheitskatalog, die Beschreibung der kirchlichen und weltlichen Hochzeitsfeier beziehungsweise des Hochzeitszuges, die Mitfeier der Natur, Mahnungen an das Paar zu Eintracht und Harmonie, Bitten um Glück und Nachkommenschaft. Die Brautleute erscheinen in christlich-humanistischer Sicht als auserwählte, exemplarische Menschen, die berufen sind, durch ihre Ehe am Fortbestand der Menschheit und des Kosmos mitzuwirken. Durch mythologische Vergleiche wird auf die Würde und Bedeutung dieses Ereignisses hingewiesen.

Bereits im 17. Jahrhundert wurde diese Gattung ironisiert,[18] und im 18. Jahrhundert wurde sie nur noch formelhaft als Gratulationsgedicht weitergeführt.[19] Das Epithalamium blieb allerdings lyrische Ausdrucksform für die soziale Norm, das weibliche Geschlecht als höheren Sphären entstammend und damit nicht der Triebhaftigkeit unterworfen dem männlichen Geschlecht zu präsentieren, eine Norm, die die Begegnung der Brautleute in der Hochzeitsnacht bestimmte. Hier liegt der Ansatzpunkt für Swifts Satire. Die satirische Karnevalisierung des Epithalamiums und seiner Konventionen und Normen erzielt Swift dadurch, daß er anstelle der monologisch-normativen Darstellung der Brautleute, bei der vor allem deren Tugend, deren körperliche Schönheit und als deren psychische Gestimmtheit nur deren Sehnsucht nach der Liebesvereinigung betont wird, das dialogische Prinzip tabuverletzender Detailbeschreibung setzt, die ebenso die Ängste des Bräutigams wie auch die Verdauungsvorgänge, die den Liebesakt stören, einbezieht. Entsprechend diesem dialogischen Prinzip wird als

---

[18] Z.B. in Sir John Suckling, »A Ballade: Upon a Wedding«, in: *The Works of Sir John Suckling,* S. 79–84.

[19] Vgl. *English Epithalamies,* ed. R. H. Case (London, 1896).

Höhepunkt der Hochzeitsnacht nicht die Vereinigung der Liebenden geschildert, sondern in grotesker Vertauschung der Sexual- mit der Analebene die Verrichtung der Notdurft in das gemeinsame Nachtgeschirr.

Swift übernimmt zwar das epische Schema des Hochzeitstages, aber er bildet es dialogisch ab, indem er Stil und Erzählzeiten entsprechend verändert: Während die Ereignisse des Tages mit den kirchlichen Zeremonien und weltlichen Feiern sowie der Rückblick auf die Zeit der Werbung entgegen der Tradition in äußerster Raffung und in gelangweilt-nüchternem Stil berichtet werden, sind die Vorgänge während der Nacht breit und detailliert entfaltet:

> But, *Strephon* sigh'd so loud and strong,
> He blew a Settlement along;
> And, bravely drove his Rivals down
> With Coach and Six, and House in Town:
> (Z. 39–42)
>
> The charming couple now unites;
> Proceed we to the Marriage Rites.
> Imprimis, at the Temple Porch
> Stood *Hymen* with a flaming Torch.
> (Z. 45–48)
>
> The Rites perform'd, the Parson paid,
> In State return'd the grand Parade;
> With loud Huzza's from all the Boys,
> That now the Pair must *crown their Joys.*
> (Z. 67–70)

Auch die Konvention des Schönheitskatalogs wird von Swift übernommen, freilich in entsprechend dialogischer, ständig auf Ausscheidungen und Geruch wie Urin, Fuß- und Achselschweiß anspielender Abbildung, die den Menschen in karnevalisierter Perspektive, d. h. als ein seinen Körperfunktionen ausgeliefertes Wesen, präsentiert. Neben der körperlichen Schönheit Chloes wird vor allem ihre Reinlichkeit und Prüderie betont, die dann allerdings in der Hochzeitsnacht, durch die »Necessities of Nature« (Z. 20) ausgelöst, in vulgäre Schamlosigkeit umschlägt:

> Such Cleanliness from Head to Heel:
> No Humours gross, or frowzy Steams,
> No noisom Whiffs, or sweaty Streams,
> Before, behind, above, below,
> Could from her taintless Body flow.
> Would so discreetly Things dispose,
> None ever saw her pluck a Rose.
> Her dearest Comrades never caught her
> Squat on her Hams, to make Maid's Water.
> You'd swear, that so divine a Creature
> Felt no Necessities of Nature.
> (Z. 10–20)

Die Zeile 13 ist ein charakteristisch umreferentialisiertes Zitat aus Donnes

»Elegy XIX«, die sich dort auf die Hand des Liebhabers bezieht, der den Körper seiner Geliebten entdeckt.

Die traditionellen mythologischen Anspielungen werden bei Swift dazu verwendet, den Kontrast zwischen der normativen Tradition und der konkreten Erfahrung herauszuarbeiten, durch den bei Strephon Ängste und Minderwertigkeitsgefühle ausgelöst werden.

And, *Venus*-like, her fragrant Skin
Exhal'd *Ambrosia* from within:
Can such a Deity endure
A mortal human Touch impure?
How did the humbled Swain detest
His prickled Beard, and hairy Breast!
(Z. 87–92)

A certain Goddess, God knows who,
(As in a Book he heard it read)
Took Col'nel *Peleus* to her Bed.
But, what if he should lose his Life
By vent'ring on his heav'nly Wife?
(Z. 100–104)

Ein wichtiges Stilmittel der Epithalamiumtradition ist das pastorale Element. Durch die pastorale Konvention wird die Idealität des Paares und der Gesellschaft, die diese Vereinigung feiern, betont und die Wirklichkeit ausgeblendet. Swift bildet auch diese Tradition dialogisch ab, z.B. durch die Namen des Paares, die Bezeichnung ›Nymph‹ für Chloe und durch groteske Übertragungen von pastoralen Naturschilderungen auf Körperausscheidungen:

Twelve Cups of Tea (with Grief I speak)
Had now constrain'd the Nymph to leak.
This Point must needs be settled first;
The Bride must either void or burst.
(Z. 163–166)

The Nymph opprest before, behind
As Ships are toss'd by Waves and Wind,
Steals out her Hand by Nature led,
And brings a Vessel into Bed:
(Z. 169–172)

Strephon, who heard a fuming Rill
As from a mossy Cliff distill;
Cry'd out, ye Gods, what Sound is this?
Can *Chloe,* heav'nly *Chloe* – ?
(Z. 175–178)

Adieu to ravishing Delights,
High Raptures, and romantick Flights;
To Goddesses so heav'nly sweet,
Expiring Shepherds at their Feet;
To silver Meads, and shady Bow'rs,
Drest up with *Amaranthine* Flow'rs.
(Z. 197–202)

Die traditionellen Ermahnungen des Paares werden von Swift zunächst durch einen an die Brauteltern gerichteten komischen Exkurs über die Bedeutung einer nicht harntreibenden und blähungsfreien Diät für Töchter am Hochzeitstag ersetzt, in dem Anspielungen auf das pythagoreische Bohnenverbot und auf die Vorschriften aus *Regimen Sanitatis,* einem medizinischen Standardwerk des Spätmittelalters, den Sprecher in komischer Besorgtheit erscheinen lassen.

Die ernstgemeinte Ermahnung, in der der satirische Sprecher seine rationale Norm den falschen Normen der Epithalamiumtradition entgegensetzt, schließt erst an die Katastrophe im Hochzeitsbett an, als ein lauter Furz Strephons die das Bett umschwirrenden Eroten auf immer vertreibt:

The little Cupids hov'ring round,
(As Pictures prove) with Garlands crown'd,
Abasht at what they saw and heard,
Flew off, nor evermore appear'd.
(Z. 193–196)

Im Gegensatz zu *Mac Flecknoe,* in dem Elemente verschiedener Gattungen menippeisch gemischt erscheinen, ist »Strephon and Chloe« ein Beispiel dafür, wie eine Gattung unter Beibehaltung ihrer Konventionen, Formelemente und Stilmittel satirisiert werden kann. Die Dialogisierung erfolgt in diesem Fall dadurch, daß anstelle ihrer idealisierenden Funktionen realistische, detaillierte Beschreibungen, die insbesondere auch tabuisierte Bereiche einbeziehen, treten. Damit setzt Swift der Tradition einer verklärenden Menschendarstellung die menippeische Position der Betonung der animalischen Natur des Menschen und seiner Abhängigkeit von Körperfunktionen entgegen, die es ihm dann ermöglicht, für seine Norm der ›*fair decency*‹ zu plädieren, die er anstelle falscher Idealisierungen, wie sie das Epithalamium tradierte, etabliert sehen will.

4. Zusammenfassung

Wie die angeführten Beispiele belegen, kann die intertextuelle Literaturbetrachtung auf die Satire nur dann sinnvoll angewandt werden, wenn diese sich nicht auf die Analyse und Kategorisierung der Relationen zwischen Texten beschränkt, sondern wenn sie von dem spezifischen Verständnis der Dialogizität, wie es Bachtin nicht zuletzt aus der Analyse der Menippea entwickelt hat, ausgeht. Denn die spezifisch satirische Intertextualität ist wesentlich bestimmt von der fundamentalen Opposition der normativen und karnevalistischen Weltinterpretation, die im Falle der Satire nicht im Verhältnis der Alternative oder Komplementarität zueinander stehen, sondern in antagonistischer aggressiver Beziehung aufeinander bezogen sind. Aus dieser Opposition ergibt sich die jeweils entlarvende und verurteilende Funktion der Textrelationen, die ihrerseits wiederum die extreme dialogische Spannung in semantischer, ästhetischer, normativer und ideologischer Hinsicht zwischen den Bezugstexten und ihrem Erscheinen im satirischen Text erzeugt. Damit könnte der Satire kein Intertextualitätsverständnis gerecht werden, das den Bezug literarischer Texte zur gesellschaftlichen Wirklichkeit ebenso vernachlässigen würde wie Textsorten und Sprachen außerhalb des akzeptierten Literaturkanons. Denn die Satire zielt nicht nur auf die normative literarische Präsentation von Menschen und deren sozialen Beziehungen, sondern immer auch auf die Normen, die Strukturen und die Ideologie, die eine Gesellschaft prägen und wie sie sowohl in der Sprache, im literarischen Gattungssystem und in einzelnen Texten ihren Ausdruck, ihre Bestätigung und ihre Verbreitung finden. Es ist ein Verdienst Bachtins, mit dem Begriff der Dialogizität die Möglichkeit eröffnet zu haben, die spezifische Position des Satirikers und das ästhetische Grundverfahren der Satire in vertiefter Weise zu verstehen, eine Möglichkeit, die durch ein rein formales, auf literarische Texte eingegrenztes Verständnis der Intertextualität nicht preisgegeben werden sollte.

2. Intertextualität in Fieldings *Joseph Andrews*

Ulrich Broich

Poststrukturalistische und dekonstruktionistische Kritiker haben, seit Julia Kristeva den Begriff der Intertextualität prägte, bei ihren konkreten Textanalysen durchweg moderne und postmoderne Werke bevorzugt. John Barth bietet in seinem bekannten Essay »The Literature of Exhaustion« implizit eine Erklärung für diese Präferenz. Nach Barth leben wir in einer Zeit, in der alle literarischen Formen verbraucht sind und in der Literatur nur noch als Nachahmung von und als Spiel mit älteren literarischen Texten möglich ist. Folglich könne er auch seine eigenen Romane nicht als Romane bezeichnen, die von einem Autor geschrieben wurden, sondern nur als Romane, welche die Form des Romans nachahmen und welche geschrieben wurden von einem Autor, der die Rolle eines Autors imitierte.[1] Ganz ähnlich sagt bereits Adrian Leverkühn in Thomas Manns *Doktor Faustus* über die Lage der Kunst in unserer Zeit:

> Warum muß es mir vorkommen, als ob fast alle, nein, alle Mittel und Konvenienzen der Kunst *heute nur noch zur Parodie taugen?*[2]

---

[1] Barth nennt seine Romane »novels which imitate the form of the Novel, by an author who imitates the role of Author«. (»The Literature of Exhaustion«, in: *The American Novel since World War II,* ed. M. Klein [New York, 1969 ([1]1967)], S. 267–279, hier: S. 275)

[2] *Doktor Faustus,* Gesammelte Werke, 6 (Frankfurt/M., 1960), S. 180.

Intertextualität scheint daher ein typisches Phänomen der Literatur einer Spätzeit zu sein.

Um jedoch die generelle Tragfähigkeit des Begriffs zu prüfen, soll hier die Intertextualität an einem Text untersucht werden, der nicht einer »literature of exhaustion« zuzuordnen ist, sondern einer Periode des Aufbruchs und Neubeginns, und zwar an einem Roman des 18. Jahrhunderts, das ja als die Zeit des »Aufstiegs des Romans« gilt.[3] Dabei bietet sich Fieldings *Joseph Andrews* in besonderem Maße an: zum einen, weil Fielding, außer Sterne, wohl der am stärksten intertextuell arbeitende englische Romanschriftsteller des 18. Jahrhunderts ist, und zum anderen, weil *Joseph Andrews* als der am stärksten intertextuelle Roman Fieldings angesehen werden kann.[4]

Eine solche Analyse soll zugleich zwei noch grundsätzlicheren Zielen dienen. Einerseits kann sie dabei helfen festzustellen, ob der Begriff der Intertextualität, der in so starkem Maße aus den erkenntnistheoretischen und ästhetischen Prämissen der Poststrukturalisten und Dekonstruktionisten erwachsen ist, auch dann sinnvoll verwendet werden kann, wenn man sich den bis zum Extrem getriebenen skeptischen, relativistischen und nominalistischen Grundannahmen dieser Richtungen nicht anschließt. Andererseits liegt gerade bei Fieldings *Joseph Andrews* eine große Zahl von Einzeluntersuchungen über die Beziehung dieses Romans zu Prätexten vor.[5] Es ist daher ebenfalls die Frage im Auge zu behalten, ob Intertextuali-

---

[3] Dies bringt z. B. der Titel von Ian Watts Studie *The Rise of the Novel* (London, 1957) zum Ausdruck.

[4] Gewiß ist die Intertextualität in Fieldings *Shamela* noch intensiver, dafür ist hier jedoch die Zahl der Bezugstexte und der Bezugsformen erheblich kleiner.

[5] Charakteristisch für die Forschungslage sind allerdings Aufsätze, die den Bezug zwischen *Joseph Andrews* und nur einem anderen Text analysieren, so z. B.:

zu *Pamela:*

D. Brooks, »Richardson's *Pamela* and Fielding's *Joseph Andrews*«, *Essays in Criticism,* 17 (1967), 158–168; R. A. Donovan, »*Joseph Andrews* as Parody«, in: ders., *Shaping Vision: Imagination in the English Novel from Defoe to Dickens* (Ithaca, N. Y., 1966), S. 68–88; M. Mack, »*Joseph Andrews* and *Pamela*«, in: *Fielding: A Collection of Critical Essays,* ed. R. Paulson (Englewood Cliffs, N. J., 1962), S. 52–58 (auch in: *Henry Fielding und der englische Roman des 18. Jahrhunderts,* ed. W. Iser [Darmstadt, 1972], S. 32–40); M. Lenta, »From *Pamela* to *Joseph Andrews* – An Investigation of the Relationship between Two Originals«, *English Studies in Africa. A Journal of the Humanities,* 23 (1980), 63–74.

zu Cervantes:

G. Buck, »Written in the Manner of Cervantes«, *GRM,* 29 (1941), 53–61; J. Camineiro, »*Joseph Andrews* y Don Quijote de la Mancha: Dos castos varones«, *Letras de Deusto,* 9, XVIII (1979), 95–129; H. Goldberg, »The Interpolated Stories in *Joseph Andrews* or ›The History of the World in General‹ Satirically Revised«, *Modern Philology,* 63 (1966), 295–310; A. R. Penner, »Fielding and Cervantes: The Contribution of *Don Quixote* to *Joseph Andrews* and *Tom*

tät nicht lediglich ein neues Etikett für vertraute Begriffe wie Parodie, Travestie, Imitation, Einfluß usw. ist oder ob die Verwendung des neuen Begriffs auch bei der konkreten Textanalyse Vorteile gegenüber den historisch gewachsenen Begriffen bietet.

1. Ebenen der Intertextualität

Zunächst soll in einer kurzen und notgedrungen vereinfachenden Bestandsaufnahme festgestellt werden, welches die wichtigsten Bezugstexte und Bezugsformen der Intertextualität in *Joseph Andrews* sind und welchen strukturellen Ebenen des Romans sie zugeordnet werden können.

A) Die erste für die Intertextualität von *Joseph Andrews* relevante Ebene bilden Passagen, in denen sich der auktoriale Erzähler außerhalb des narrativen Diskurses begibt. Dies ist in besonderem Maße der Fall in den Einleitungskapiteln der ersten drei Bücher. Wegen seiner Ähnlichkeit wäre hier auch das »Author's Preface« zu nennen, obwohl es sich bei dessen Sprecher nicht um den fiktionalen Erzähler, sondern um den historischen Autor handelt.

Jones«, DAI, 26 (1966), 6720 A, und »Fielding's Adaptation of Cervantes' Knight and Squire: The Character of Joseph«, *Revue de Littérature Comparée,* 41 (1967), 508–514; S. Staves, *Don Quixote* in Eighteenth-Century England«, *Comparative Literature,* 24 (1972), 193–215.

zur Bibel:
M. C. Battestin, *The Moral Basis of Fielding's Art: A Study of »Joseph Andrews«* (Middletown, Conn., 1959), S. 94 ff.; M. Johnson, »A Comic Mythology: *Joseph Andrews*«, in: ders., *Fielding's Art of Fiction* (Philadelphia, 1961), S. 73–82; R. Paulson, »Models and Paradigms: *Joseph Andrews*, Hogarth's *The Good Samaritan,* and Fénelon's *Télémaque«, Modern Language Notes,* 91 (1976), 1186–1207.

zum klassischen Epos:
D. Brooks, »Abraham Adams and Parson Trulliber: The Meaning of *Joseph Andrews*, Book II, Chapter 14«, *Modern Language Review,* 63 (1968), 794–801; L. Gottfried, »The Odyssean Form: An Exploratory Essay«, in: *Essays on European Literature in Honor of Liselotte Dieckmann,* ed. P. E. Hohendahl u. a. (St. Louis, 1972), S. 19–44.

Demgegenüber sind es lediglich die Studien von Homer Goldberg, *The Art of Joseph Andrews* (Chicago, 1969), und die Dissertation von Helen Bartschi, *The Doing and Undoing of Fiction: A Study of »Joseph Andrews«* (Bern, Frankfurt/M., New York, 1983), die mehrere Bezugstexte – keinesfalls alle – der Intertextualität in *Joseph Andrews* im Zusammenhang untersuchen. Während Goldberg aber nicht genügend zwischen intendierter Intertextualität und Einfluß unterscheidet, beschränkt sich Bartschi in dem der Intertextualität in *Joseph Andrews* gewidmeten Kapitel ausschließlich auf die Reden einiger weniger Charaktere, wobei zahlreiche Ebenen, Gegenstände und Formen der Intertextualität unbeachtet bleiben.

In diesen Passagen bringt Fielding seinen Roman in eine Beziehung zu anderen literarischen Werken. Im »Author's Preface« vergleicht er *Joseph Andrews* mit dem heroischen Epos und mit dem komischen Epos von der Art des *Margites* und überdies mit dem, was er als »serious romance« bezeichnet. Im ersten Kapitel des ersten Buches stellt er seinen Roman in eine Reihe mit anderen ›Biographien‹ wie Cibbers Autobiographie oder Richardsons *Pamela* und gibt ironisch vor, Richardsons Werk in einer eigenen »authentic History«[6] nachzuahmen. Im Einleitungskapitel des zweiten Buches parallelisiert er die Einteilung seines Romans in Bücher und Kapitel mit der Einteilung von Homers, Vergils und Miltons Epen in Gesänge. Im ersten Kapitel des dritten Buches stellt er seinen Roman auf die gleiche Ebene wie *Don Quijote, Marianne, Le paysan parvenu* oder *Gil Blas* und vergleicht diese Werke, die er als »histories« bezeichnet, mit Geschichtsbüchern, die er »romances« nennt – eine Problematisierung der Abgrenzung von fiktionalen und nichtfiktionalen Texten, die *mutatis mutandis* auch von einem Kritiker unserer Zeit stammen könnte. Abgesehen von diesen Kapiteln, die von der eigentlichen Erzählung klar getrennt sind, unterbricht der auktoriale Erzähler auch den narrativen Diskurs selbst hin und wieder durch intertextuelle Verweise (wie z.B. die kritischen Äußerungen über Conyers Middletons *Life of Cicero* [S. 239] oder den Vergleich zwischen dem Schluß seines Romans mit dem von Sophokles' *Oidipus* [S. 336]).

Man kann daher die erste Form der Intertextualität in *Joseph Andrews* als – direkte oder ironische – Literaturkritik bezeichnen. Diese findet sich häufig auch in postmodernen Romanen; und auch in diesen ist es oft schwer, eine klare Trennungslinie zwischen kritischem und narrativem Diskurs zu ziehen. Raymond Federman bezeichnet seine Romane daher als »critifiction«,[7] ein Begriff, der sich durchaus auch auf Fieldings *Joseph Andrews* anwenden ließe.

B) Die zweite für die Intertextualität in diesem Roman relevante Ebene ist die des narrativen Diskurses. Hier sind es vor allem vier Texte oder Gattungen, auf die sich Fielding durchlaufend bezieht. Intertextuelle Verweise auf weitere Prätexte tragen dagegen eher okkasionellen Charakter:

1) Insbesondere in seiner Diktion lehnt sich der auktoriale Erzähler immer wieder an das ernste klassische Epos an. Wenn man die historischen Begriffe für Formen der Intertextualität verwenden will, wird man die Mehrzahl dieser Passagen als *mock-heroic* bezeichnen, während einige Passagen mehr der Definition der Travestie entsprechen.

---

6 *Joseph Andrews*, ed. M. C. Battestin, The Wesleyan Edition of the Works of Henry Fielding (Oxford, 1967), S. 19f. Alle Seitenangaben beziehen sich, wenn nicht anders angegeben, auf diese Ausgabe.

7 In seinem – unpaginierten – Roman *Take It or Leave It* (New York, 1967). Vgl. dazu L. Truchlar, »›critifiction‹ und ›pla(y)giarism‹. Zum Literaturentwurf Raymond Federmans«, *Poetica,* 15 (1983), 329–341.

2) Vor allem im ersten und vierten Buch bezieht sich Fielding häufig auf Richardsons *Pamela*. Diese Verweise tragen teilweise parodistischen Charakter, wie z. B. in Josephs Briefen an seine Schwester. Häufiger jedoch können Szenen in *Joseph Andrews* als Umkehrungen ähnlicher Szenen in *Pamela* charakterisiert werden – wie z. B. die ersten beiden Verführungsszenen des ersten Buches. Eine weitere Form der Intertextualität findet sich schließlich im vierten Buch, wo Pamela, ihr Mann und ihre Eltern, als Charaktere aus dem Roman eines anderen Schriftstellers, in Fieldings Roman leibhaftig auftreten.[8]

3) Im Verlauf des gesamten Romans beziehen sich Charaktere und Szenen auf den *Don Quijote* des Cervantes. So ist Parson Adams teilweise dem Protagonisten des spanischen Romans nachgebildet. Darüber hinaus erinnern mehrere Episoden – so z. B. die »roasting scene« im dritten Buch, die Szene mit den verwechselten Betten im vierten Buch und die eingefügten drei Novellen – an den *Don Quijote*. Diese Form der Intertextualität könnte als Imitation bezeichnet werden.

4) Noch wichtiger sind die Verweise auf die Bibel. Bereits im ersten Buch erinnern die beiden Szenen, in denen Lady Booby Joseph verführen will, an die Szene im Alten Testament, in der die Frau des Potiphar ebenfalls einen keuschen Joseph vergeblich in Versuchung führt. Ähnliches gilt für die Episode, in der Joseph von Straßenräubern ausgeraubt wird, von den Insassen einer Kutsche keine Hilfe erfährt und schließlich nur durch einen armen Postillion gerettet wird: Diese Szene erinnert an das Gleichnis im Neuen Testament von dem Mann, der unter die Räuber fällt, vom Pharisäer und vom Leviten am Straßenrand liegengelassen und erst durch den armen Samariter versorgt wird. Solche Allusionen oder Analogien lassen sich im Verlauf des ganzen Romans nachweisen.[9]

All diese intertextuellen Verweise sollen den Leser daran hindern, sich ausschließlich auf die Handlung des Romans zu konzentrieren. Fielding erwartet vielmehr, daß seine Leser ihre Aufmerksamkeit ständig auf zwei Textebenen zugleich richten: auf die Ebene seiner eigenen Erzählung und auf die vielen Prätexte, die – wie in einem Palimpsest[10] – darunter entziffert werden können. Auf diese Weise betont Fielding, wenn auch im Kontext und mit den Mitteln seiner Zeit, wie viele postmoderne Autoren immer wieder die Fiktionalität seiner Erzählung. Er unterscheidet sich damit grundlegend von seinen Zeitgenossen Defoe und Richardson, die ihre Romane als »just histor[ies] of fact«[11] charakterisieren und die dementsprechend mit intertextuellen Verweisen erheblich sparsamer umgehen.

---

8 Vgl. Kap. II, bes. S. 40.

9 Vgl. Kap. II, bes. S. 43f.

10 Zu dieser Metapher vgl. G. Genette, *Palimpsestes* (Paris, 1982).

11 So schreibt Defoe im Vorwort zu *Robinson Crusoe:* »The editor believes the thing

Diese ›palimpsestische‹ Struktur läßt sich auch bei den Romanfiguren nachweisen. Joseph ist nicht nur ein Charakter in der Geschichte von Fielding, er ist zugleich auch der Joseph des Alten Testaments, der Mann, der im Gleichnis des Neuen Testaments unter die Räuber fällt, ein epischer Held, Sancho Pansa – und Pamela. Ganz ähnlich ist Lady Booby gleichzeitig eine Figur in der Erzählung von Fielding, Potiphars Weib – und Richardsons Mr. B. Es könnte daher scheinen, als ob in Fieldings Roman die Charaktere wie auch die Handlung mit Hilfe von intertextuellen Verweisen auf ähnliche Weise ›dekonstruiert‹, d.h. ihrer Eigentlichkeit beraubt würden, wie dies im postmodernen Roman so oft der Fall ist.

C) Die dritte strukturelle Ebene des Romans wird von den Dialogen zwischen den Charakteren gebildet. Da die Romanfiguren sich immer wieder auf literarische Texte beziehen, sind auch auf dieser Ebene Prätexte ständig präsent – eine Tatsache, die in den bisherigen Interpretationen von *Joseph Andrews* meist vernachlässigt wurde.[12]

Die Vertrautheit der Romanfiguren mit literarischen Texten ist naheliegend: Einige der Charaktere haben sich selbst literarisch betätigt. Adams hat Predigten verfaßt – die nie gedruckt wurden. Mr. Wilson hat in seiner Jugend ein Drama geschrieben – das nie aufgeführt wurde. Unter den Domestiken des »roasting squire« befindet sich ein Dichter – der als »dull« charakterisiert wird. Darüber hinaus gibt Fieldings Erzähler vor zu glauben, daß Pamela das langweilige Buch gleichen Namens verfaßt habe – so daß auch Pamela als Schriftstellerin anzusehen wäre. Offensichtlich sind also alle Schriftsteller in *Joseph Andrews* »dull« – mit Ausnahme des auktorialen Erzählers, der ja durchaus zu den Charakteren des Romans gerechnet werden kann!

Fast alle Charaktere jedoch – mit Fanny als bezeichnender Ausnahme – sind Leser. Am belesensten von ihnen ist natürlich Parson Adams, der immer wieder über literarische Texte spricht und aus ihnen zitiert. Darüber hinaus gibt es in *Joseph Andrews* eine große Zahl von anderen Charakteren, die, wenn auch sehr viel weniger belesen, in ihren Dialogen literarische Texte erwähnen und ihre Konversation mit Zitaten garnieren. Sogar der Diener Joseph macht keine Ausnahme: Er kennt die Bibel, Thomas à Kempis, Richard Bakers *Chronicle* und Pamelas Briefe; er äußert sich klug über Popes Episteln und zitiert treffend aus Shakespeares *Macbeth.* Die Charaktere in *Joseph Andrews* bilden mithin eine Gesellschaft von Lesern – wie auch die Figuren in vielen modernen und postmodernen Romanen.

---

to be a just history of fact; neither is there any appearance of fiction in it [...].« (Everyman Edition [London, 1945 u.ö.], S. 1).

12 Vgl. hierzu neuerdings Bartschi, *The Doing and Undoing of Fiction,* die allerdings ihre Untersuchung nicht weit genug anlegt (s. Anm. 5).

Die zahlreichen intertextuellen Verweise auf allen strukturellen Ebenen bewirken also, daß in Fieldings Roman die gesamte Tradition der abendländischen Literatur von Homer über Shakespeare bis zur – damaligen – Gegenwart präsent ist. In dieser Hinsicht läßt sich *Joseph Andrews* durchaus mit einem Roman unserer heutigen Zeit wie dem *Ulysses* vergleichen.

2. *Markierung der Intertextualität*

Man könnte daraus schließen, daß Fielding seinen Roman für eine kleine Elite von Literaturkennern geschrieben habe – wie Joyce, T. S. Eliot, Ezra Pound, Nabokov, Arno Schmidt oder Borges. Diese Vermutung wird scheinbar bestätigt durch seine Feststellung im »Author's Preface«, der Roman enthalte zahlreiche »burleske« Passagen »not necessary to be pointed out to the Classical Reader, for whose Entertainment those Parodies or Burlesque Imitations are chiefly calculated« (S. 4).

Indem Fielding jedoch betont, daß eine bestimmte Form von Intertextualität in *Joseph Andrews* in erster Linie (»chiefly«) für eine bestimmte Gruppe von Lesern bestimmt sei, sagt er zugleich, daß sich der Roman als Ganzes an einen weiteren Leserkreis richtet. In der Tat gibt sich Fielding große Mühe, auch den »general reader« immer wieder auf die intertextuellen Bezüge seines Romans hinzuweisen, indem er diese Bezüge auf die eine oder andere Weise markiert.[13]

Bereits der Titel enthält verschiedene Markierungen, welche diesem Ziel dienen. Der volle Titel des Romans lautet:

> The History of the Adventures of Joseph Andrews and his Friend Abraham Adams. Written in Imitation of the Manner of Cervantes, Author of *Don Quixote*.

Die Vornamen der beiden Hauptcharaktere im Titel, Joseph und Abraham, spielen auf jene beiden Charaktere im Alten Testament an, denen sie auf eine Weise ähneln, die im Verlauf des Romans immer offensichtlicher wird. Josephs Nachname Andrews verweist natürlich auf Pamela Andrews; und noch offenkundiger ist die Markierung der Beziehung zwischen *Joseph Andrews* und *Don Quijote*.

Im Roman selbst werden die Bezüge auf Richardsons *Pamela* mit einer Deutlichkeit markiert, daß sie wohl keinem Leser entgehen können. Fielding beginnt mit einem ironischen Lob auf Richardsons Roman im ersten Kapitel und führt im zweiten Kapitel Joseph als Pamelas Bruder ein. Später begründet Joseph seine Unempfänglichkeit für die Reize der Lady Booby mit dem Vorbild seiner Schwester Pamela, und im letzten Buch tritt Pamela sogar leibhaftig auf.

---

[13] Vgl. Kap. II.

Was die intertextuellen Bezüge zum klassischen Epos betrifft, so markiert Fielding, wenn schon nicht für den erfahrenen »classical reader«, so doch für den ›normalen‹ Leser diese Passagen in aller Deutlichkeit. Er beginnt z.B. die berühmte Hundeschlacht im dritten Buch mit einer Anrufung der Muse in einem gehobenen Stil, der stark mit dem Stil der vorhergehenden Passagen kontrastiert, ein Kontrast, der als Markierung der Intertextualität in der eigentlichen ›Schlachtbeschreibung‹ dient. Ebenso klar macht Fielding jedem Leser, wo die auf das klassische Epos verweisende Passage endet, indem er schreibt:

> Thus far the Muse hath with her usual Dignity related this prodigious Battle, [...] and having brought it to a Conclusion, she ceased; we shall proceed therefore in our ordinary Style [...] (S. 242)

Im Vergleich zu den Verweisen auf *Pamela* und das klassische Epos sind die Parallelen zwischen Charakteren und Szenen in *Joseph Andrews* und solchen in der Bibel so gut wie gar nicht markiert. Fielding konnte sich jedoch darauf verlassen, daß auch seine weniger belesenen Leser sich in der Bibel auskannten und in der Lage waren, solche Parallelen zu erkennen. Überdies trägt auch die Wiederholung zur Erkennbarkeit der Verweise auf die Heilige Schrift bei. Durch die besondere Gestaltung der Episode, in der Joseph unter die Räuber fällt, wird die Analogie zum Gleichnis vom barmherzigen Samariter sofort offensichtlich. Dieses Handlungsmuster – ein Mensch, der Hilfe benötigt, Menschen, die es ablehnen, ihm zu helfen, und schließlich der Außenseiter, der Hilfe gewährt – kehrt dann in veränderter Form in späteren Szenen wieder. Durch die gezielte Wiederholung konnte sich Fielding darauf verlassen, daß der Leser den Bezug auf das biblische Gleichnis erkannte, auch wenn die Analogie in diesen Fällen nicht eigens markiert ist.[14]

Noch weniger offensichtlich erscheint schließlich die Markierung der Verweise auf den *Don Quijote*. Cervantes oder der Titel seines Romans werden zwar im *Joseph Andrews* mehrfach erwähnt, aber in allen Szenen, in denen Fielding entsprechende Szenen seines Prätextes nachahmt, fehlt jegliche Markierung. Allerdings hat Fielding bereits im Untertitel dieser intertextuellen Beziehung die deutlichste überhaupt denkbare Markierung gegeben: »Written in Imitation of the Manner of Cervantes, Author of *Don Quixote*«.

In den Gesprächen der Charaktere schließlich werden die erwähnten, diskutierten oder zitierten literarischen Werke durchweg so eindeutig markiert, daß auch der weniger gebildete Leser in Fieldings Zeit keiner weiteren Hilfen bedurfte. Für den heutigen Durchschnittsleser – und dazu gehören auch viele Studenten der Anglistik! – dürften diese Markierungen aller-

---

[14] Vgl. dazu Paulson, »Models and Paradigms«, 1196ff.

dings nicht mehr ausreichen. Martin Battestin hat dies offensichtlich erkannt und gibt daher in den Anmerkungen zur Riverside Edition des *Joseph Andrews* zahlreiche zusätzliche Informationen.[15]

Fieldings Art der Markierung unterscheidet sich somit stark von der Praxis zahlreicher moderner und postmoderner Autoren, die, wie in einem früheren Kapitel gezeigt worden ist,[16] oft auf jegliche Einzelmarkierung von Prätexten verzichten und sich an eine *in-group* von Lesern wenden, die auch ohne explizite Markierung die subtilsten Anspielungen auf die entlegensten Texte zu dechiffrieren in der Lage sind. Fielding dagegen konstruiert seinen Roman nicht nur aus einer Vielzahl von anderen Texten, sondern er weist in einer Deutlichkeit, die auch für den »general reader« seiner Zeit ausreichend gewesen sein dürfte, ständig auf den intertextuellen Charakter des *Joseph Andrews* hin.

Deshalb sind jedoch Zweifel erlaubt, wenn manche Anglisten glaubten, durchlaufende intertextuelle Bezüge auch zur *Odyssee,* zur *Aeneis,* zu Fénelons *Télémaque* und weiteren Prätexten nachweisen zu können.[17] Hier mag es sich vielleicht um Einflüsse handeln, kaum aber um eine intendierte Intertextualität, eben weil Fielding seine intertextuellen Verweise durchweg mehr oder weniger deutlich markierte.

3. *Funktionen der Intertextualität*

Abschließend sollen einige Funktionen der Intertextualität in Fieldings Roman etwas eingehender untersucht werden.[18]

1) Heutige Autoren und Kritiker haben immer wieder auf den spielerischen Charakter der ›Wiederaufbereitung‹ älterer Texte in Texten unserer Zeit hingewiesen. Eben dies meint Raymond Federman, wenn er den intertextuellen Charakter seiner Romane als »pla(y)giarism« bezeichnet,[19] oder Roland Barthes, wenn er das Verfahren des Schriftstellers generell mit dem Satz charakterisiert: »L'écrivain est quelqu'un qui joue avec le corps de sa mère.«[20] Hinter diesen und ähnlichen Metaphern steht eine Konzeption

---

[15] So geht er z. B. davon aus, daß der heutige Student nicht mehr weiß, wer Aeschylos, Plutarch oder Hippokrates sind. Vgl. *Joseph Andrews and Shamela,* ed. M. C. Battestin (Boston, 1961), S. 350, 342, 346.

[16] Vgl. Kap. II, S. 47.

[17] Vgl. dazu z. B. die erwähnten Aufsätze von Paulson und Brooks (»Abraham Adams and Parson Trulliber«); ferner: J. E. Evans, »Fielding's Lady Booby and Fénelon's Calypso«, *Studies in the Novel,* 17 (1972), 416–418.

[18] Natürlich gibt es noch weitere Funktionen der Intertextualität in *Joseph Andrews* – so z. B. für die Charakterdarstellung.

[19] Ebenfalls in *Take It or Leave It.*

[20] *Le Plaisir du texte* (Paris, 1973), S. 60. Was Barthes hier über den Umgang des Schriftstellers mit der Sprache sagt, läßt sich analog auf den Umgang mit Texten übertragen.

der Literatur als »Sprachspiel«, als einer zweckfreien Tätigkeit, die sich gegen die Unterordnung unter von der Gesellschaft vorgegebene Ziele oder Funktionen sperrt – und oft genug ebenfalls die Konzeption einer Literatur, die sich nicht auf Wirklichkeit, sondern nur auf Texte bezieht.

Auch im *Joseph Andrews* finden wir natürlich den von Federman und Barthes gemeinten Spielcharakter der Intertextualität. Dies gilt besonders für die als *mock-heroic* bezeichneten Passagen. Das Epos dient hier weder als Vehikel für die Satire – wie z. B. in Popes *Dunciad* –, noch sollen diese Passagen das klassische Epos auf ähnliche Weise verspotten, wie Fieldings *Shamela* und manche Stellen in *Joseph Andrews* Richardsons *Pamela* lächerlich machen. Wenn Fielding etwa in der ›Hundeschlacht‹ Joseph wie einen epischen Helden beschreibt, Josephs Knüttel wie den Schild des Achill und den Jäger, der in die Schlacht eingreift, wie die Göttin Diana, dann tut er dies in erster Linie aus Freude am Sprachspiel, oder mit den Worten des »Author's Preface«, »[for] the entertainment of the classical reader«. Zugleich ist das Spiel mit den tradierten Konventionen des Epos aber auch ein Indiz dafür, daß diese Konventionen in Fieldings Zeit unangemessen geworden sind. Besonders deutlich wird dies in der Musenanrufung am Anfang der ›Hundeschlacht‹ oder kurz darauf in der Feststellung des Erzählers, daß kein episches Gleichnis Joseph angemessen beschreiben könne. Auch wenn Fielding und seine Zeitgenossen das Epos grundsätzlich als die höchste Form in der Hierarchie der literarischen Gattungen ansahen, so verraten die *mock-heroic passages* im *Joseph Andrews* doch zumindest eine unterschwellige Erkenntnis des Autors, daß er mit den Konventionen einer im 18. Jahrhundert verbrauchten und erschöpften Gattung spielt.[21]

2) Eine zweite Funktion der Intertextualität ist eng mit den Romanfiguren verbunden. Wie bereits gezeigt, weisen die Charaktere eine ›palimpsestische‹ Strukturierung auf, die zunächst an Texte des 20. Jahrhunderts erinnert. Ein wesentlicher Unterschied besteht allerdings bereits darin, daß Fieldings Charaktere meist nur in den ersten Kapiteln nach ihrer Einführung auf die Charaktere in anderen Texten verweisen; im weiteren Verlauf des Romans erscheinen Joseph, Adams, Lady Booby oder Pamela jedoch mehr und mehr als eigenständige Charaktere.

Wichtiger aber ist, daß Fielding seine Figuren selbst da, wo hinter ihnen Charaktere aus Prätexten sichtbar werden, diese nicht ›dekonstruieren‹ will, sondern dabei eine in der heutigen Literatur völlig unzeitgemäße Zielsetzung im Blick hat. Wenn Joseph vielen Charakteren in anderen literarischen Texten ähnelt, kann Fielding auf diese Weise deutlich machen, daß er Menschen beschreibt, die zu allen Zeiten leben könnten. Was in den inter-

21 Zu diesem z. T. äußerst prekären Nebeneinander von Bewunderung und Kritik in bezug auf das klassische Epos im 18. Jahrhundert vgl. U. Broich, *Studien zum komischen Epos* (Tübingen, 1968).

textuellen Analogien zur Bibel, zum *Don Quijote* und zu anderen Prätexten nur implizit sichtbar ist, wird *expressis verbis* zu Beginn des dritten Buches in der klassischen Passage gesagt:

> I declare here once for all, I describe not Men, but Manners, not an Individual, but a Species. (S. 189)

Als Beispiel nennt Fielding in der Szene, welche auf das Gleichnis vom barmherzigen Samariter anspielt, den Hilfe verweigernden Rechtsanwalt. Dieser Anwalt, schreibt Fielding, »is not only alive, but hath been so for 4000 Years, and I hope G- will indulge his Life as many yet to come« (S. 189). Auf diese Weise versucht Fielding, den Lesern zu verdeutlichen, daß seine Charaktere nicht Individuen und auch nicht primär Produkte einer ganz bestimmten historischen Epoche sind, sondern Beispiele für Erscheinungsformen der menschlichen Natur, die er und seine Zeitgenossen als konstant ansahen.[22] Die intertextuellen Verweise gehören somit zu den Verfahren, die diese Konstanz der menschlichen Natur sichtbar machen sollen. Die Verweise auf andere Texte sind nicht wie im postmodernen Roman ein Indiz dafür, daß Fielding die Nachahmung der Wirklichkeit durch die Nachahmung von Texten ersetzt hat. Vielmehr wird die Nachahmung der Natur in *Joseph Andrews* durch die Nachahmung von Texten gleichsam ›stabilisiert‹. Aus diesem Grund lobt Fielding Cervantes' *Don Quijote,* sein großes Vorbild, im ersten Kapitel des dritten Buches: Der Roman des Cervantes, so schreibt er, sei nicht »confined to a particular Period of Time, and to a particular Nation; but is the History of the World in general« (S. 188). Man könnte daher in Abwandlung einer Zeile aus Popes *Essay on Criticism*[23] sagen: »to copy *Don Quixote* is to copy nature.«

3) Eine dritte Funktion der intertextuellen Verweise in *Joseph Andrews* besteht schließlich darin, daß sie ein System literarischer Normen erstellen.

A) Explizit ist dies in den nicht-narrativen Teilen des Romans der Fall, wenn Fielding z. B. in seinem »Author's Preface« eine Poetik des Romans liefert, in der er zwischen richtigen und falschen Formen des Schreibens unterscheidet und dabei Oppositionen wie etwa »true to nature« – »unnatural« oder »comic« – »burlesque« benützt. Die Einleitungskapitel der ersten drei Bücher führen diese Bemühungen fort, da sie auf direkte oder ironische Weise andere literarische Werke bewerten und weitere Unterscheidungen zwischen falschen und richtigen Formen des Schreibens entwickeln. Als Beispiel sei nur die Unterscheidung zwischen »libel« und »satire« am Anfang des dritten Buches genannt.

---

22 Dem entspricht das Bestreben der Maler des 18. Jahrhunderts, nicht eine bestimmte Landschaft, sondern »general nature« darzustellen.

23 Learn hence for Ancient *Rules* a just Esteem;
To copy *Nature* is to copy *Them.*
(vv. 139f.)

B) Die gleiche Funktion kommt den intertextuellen Verweisen auf der Ebene des narrativen Diskurses zu. Indem Fielding bei seinen Verweisen auf literarische Prätexte jeweils verschiedene Bezugsformen der Intertextualität verwendet, kann er deutlich machen, daß der Leser zwischen nachgeahmten und den als Vorbild abgelehnten Texten unterscheiden muß, so z.B. zwischen dem *Don Quijote* und dem Neuen Testament einerseits und *Pamela* und wohl auch dem heroischen Epos andererseits.

C) Die Ebene des Diskurses zwischen den Charakteren ist etwas ausführlicher zu untersuchen, weil sie, wie angedeutet, bisher auch unter funktionalen Gesichtspunkten kaum analysiert worden ist. Auf dieser Ebene geht es Fielding nicht so sehr um eine Poetik der Produktion als vielmehr um eine Poetik der Rezeption von Literatur und darüber hinaus um eine Poetik des richtigen und falschen Gebrauchs von Literatur, wobei er auch hier seine Normen unter anderem mit Hilfe von zahlreichen intertextuellen Verweisen entwickelt.

Die einfachste Form des falschen Gebrauchs von Literatur ist wohl das fehlerhafte Zitat. Da ist z.B. der »wit«, der, nachdem Adams als Straßenräuber verhaftet worden ist, mit Hilfe lateinischer Zitate zeigen will, daß der angebliche Geistliche kein Latein kennt. In seinen Zitaten verstümmelt er jedoch die lateinischen Klassiker bis zur Unverständlichkeit, so etwa wenn er Ovids *Heroides* folgendermaßen zitiert: »Molle meum levibus cord est vilebile Telis« (statt: »Molle meum levibusque cor est violabile telis«) oder Ovids *Tristia:* »Si licet, ut fulvum spectatur in ignibus haurum« statt »Scilicet ut fulvum spectatur in ignibus aurum« (S. 146).[24] Dem »wit« in dieser Szene entspricht in einer späteren Episode ein Reisender, der ebenfalls mit seiner Belesenheit angeben möchte. Dort hat sich Adams auf ein Handgemenge mit einem Wirt eingelassen und ist im Verlauf der Prügelei mit einem Kessel Schweineblut übergossen worden. Der Reisende versucht nun zu beschreiben, wie Adams nach diesem Mißgeschick aussieht, und verwechselt dabei ein Zitat:

> He then went up to Adams, and telling him he looked like the Ghost of Othello, bid him, *not shake his gory Locks at him, for he could not say he did it.* (S. 121)[25]

In beiden Fällen bewirken die Zitate nicht, wie von den Zitierenden beabsichtigt, eine Komisierung von Adams, sondern die Zitierenden stellen sich selbst und ihre »affectation of learning« bloß und zeigen damit, daß auch sie in Fieldings Porträtgalerie von Charakteren gehören, welche auf verschie-

---

[24] Zitiert werden *Heroides* XV, v. 79 (»Sappho Phaoni«) und *Tristia* I, v. 25.

[25] Das Zitat aus *Macbeth* lautet wörtlich:

> Thou canst not say I did it. Never shake
> Thy gory locks at me.
> (III, 4, vv. 50f.)

dene Weise die Untugend der »vanity« verkörpern. Damit wird zugleich deutlich, daß Fielding entstellte Zitate nicht benützt, um die entsprechenden literarischen Prätexte zu ›dekonstruieren‹, sondern um zu zeigen, daß auch falsches Zitieren Indiz für ein moralisches Fehlverhalten sein kann.

Es gibt jedoch in *Joseph Andrews* noch verwerflichere Formen des falschen Gebrauchs von Literatur. Häufig berufen sich Charaktere auf die Bibel, um auf diese Weise ihre eigene Selbstsucht zu tarnen. Einer von ihnen ist der Vater Leonoras in der ersten der in den Roman eingeschalteten Novellen. Er zitiert den Ausspruch Salomons: »He that spareth the rod, spoileth the child«, um zu ›begründen‹, warum er aus Geiz seiner Tochter die Mitgift vorenthält und ihr so die Möglichkeit zu einer standesgemäßen Heirat verwehrt. Eine weitere Stelle aus der Bibel, die aus ähnlichen Gründen von Charakteren des Romans gern mißbraucht wird, ist die Stelle im Römerbrief (3,28), in der der Vorrang des Glaubens vor den guten Werken betont wird. Insbesondere Geistliche im Roman verweisen gern auf diese Stelle, wenn sie ihre Weigerung, Nächstenliebe zu üben, rechtfertigen wollen. Bei diesen Beispielen für falsche Literaturverwendung geht es Fielding also nicht mehr um eine Satire auf »vanity«, sondern auf »hypocrisy«.

Ein weiterer Mißbrauch von Literatur findet sich bei dem Schauspieler, der ebenso wie der langweilige Dichter zu den Domestiken des »roasting squire« gehört. Während der Dichter Fieldings literarische Normen dadurch verletzt, daß er ein Gedicht verfaßt, in dem er Parson Adams verspottet und das daher ein »libel« statt einer Satire ist (S. 189), mißbraucht der Schauspieler die Literatur, indem er mit Hilfe von Zitaten aus Dramen »the whole Body of the Clergy« (S. 246) satirisiert.

Bei keinem anderen Charakter finden wir jedoch so viele verschiedene Formen eines falschen Umgangs mit Literatur wie bei Parson Adams. Im Unterschied zu Don Quijote und zahlreichen ähnlichen Charakteren im Roman des 18. Jahrhunderts[26] – bis zu Maria Edgeworths *Leonora* und Flauberts *Madame Bovary* – liest Parson Adams zwar die richtigen Bücher; und Fielding kritisiert ihn keineswegs, weil er Homer, Aeschylos oder die Bibel liebt,[27] sondern aus anderen Gründen.

Adams würde natürlich niemals die Bibel oder die Klassiker falsch zitieren. Aber selbst er erliegt hin und wieder der Versuchung, mit Hilfe literarischer Zitate seine Bildung zur Schau zu stellen. So beschließt er z.B. ein Gespräch mit Joseph

---

[26] Vgl. dazu W. G. Müller, »Charlotte Lennox' *The Female Quixote* und die Geschichte des englischen Romans«, *Poetica,* 11 (1979), 369–393.

[27] Nicht einer Meinung scheint Fielding allerdings mit Adams zu sein, wenn dieser von den Dramen seiner Zeit ausschließlich Steeles *The Conscious Lovers* und Addisons *Cato* für lesenswert hält (S. 267).

with a Verse out of *Theocritus,* which signifies no more than, *that sometimes it rains, and sometimes the Sun shines.* (S. 93)[28]

Um einen solchen Gemeinplatz zu formulieren, hätte es natürlich keines Theokrit-Zitats bedurft; und überdies spricht Joseph kein Wort Griechisch. Aber Adams ist ebenso eitel in bezug auf seine Belesenheit wie der erwähnte »wit« und der Reisende (und übrigens genauso eitel wie der auktoriale Erzähler, der ebenfalls gerne Zitate verwendet, um mit seiner Belesenheit anzugeben).

Adams würde zwar nicht ein Zitat aus der Bibel manipulieren, um auf diese Weise selbstsüchtige Motive zu tarnen, wie andere Charaktere im Roman. Aber selbst er ist durchaus in der Lage, Bibelzitate aus anderen Gründen zu mißbrauchen. Da ist z. B. die Szene gegen Ende des Romans, wo Adams Joseph wegen der Sinnlichkeit seiner Zuneigung zu Fanny zurechtweisen möchte und sagt:

I shall give you a Sermon *gratis,* wherein I shall demonstrate how little Regard ought to be had to the Flesh [...]. The Text will be, Child, Matthew the 5th, and Part of the 28th Verse: *Whosoever looketh on a Woman so as to lust after her.* The latter Part I shall omit, as foreign to my Purpose. (S. 307 f.)

Natürlich hat Adams die Worte »[...] hath committed adultery with her already in his heart«, die in diesem Fall nicht paßten, absichtlich weggelassen. So kann Fielding deutlich machen, daß Adams das Neue Testament nicht nur in seinem Zitat ›manipuliert‹, sondern überhaupt mißverstanden hat, wenn er ihm eine grundsätzliche Ablehnung der Freuden des Fleisches unterstellt.

Wesentlich aufschlußreicher ist jedoch Adams' falsche Sicht der Beziehung zwischen Literatur und Wirklichkeit, welche Fielding ebenfalls mit Hilfe von intertextuellen Verfahren, aber auch auf andere Weise verdeutlicht. Einer der diesbezüglichen Fehler von Adams besteht darin, daß er daran glaubt, die Handlungen der Menschen würden durch ihre Lektüre von Texten bestimmt, und insbesondere, Menschen, welche die Bibel gelesen haben, würden auch nach dieser Lektüre handeln. Einen noch gravierenderen Fehler macht Adams, wenn er glaubt, daß man aus Texten alles über die Realität lernen könne. Ein Beispiel dafür bietet die Szene, in der sich ein Gutsherr auf eine für Adams unverständliche Weise verhalten hat und Joseph seinem väterlichen Freund dessen Verhalten zu erklären versucht. Adams tadelt daraufhin Joseph, weil er glaube, daß man Erkenntnisse über das Wesen der Menschen aus der Erfahrung gewinnen könne, und sagt:

Knowledge of Men is only learnt from books, Plato and Seneca for that; and those are Authors, I am afraid, Child, you never read. (S. 176)

---

[28] Adams zitiert Theokrit, *Eidyllia* IV, vv. 41–43.

Und in einer späteren Szene behauptet Adams: »[...] books [are] the only way of travelling by which any Knowledge is to be acquired.« (S. 182) Offensichtlich war für Fielding der direkte praktische Nutzen von Literatur eng begrenzt![29]

Auf diese Weise kann Fielding anhand von Parson Adams und anderen Charakteren zahlreiche Formen eines falschen Umgangs mit Literatur satirisieren. Positive Normen für den Gebrauch von Literatur gestaltet er dagegen weit seltener. Aber es scheint, als ob zumindest Joseph solche positive Normen verkörpere: Für einen Diener hat er erstaunlich viel gelesen, ohne sich jemals mit seiner Belesenheit zu brüsten; er kennt nicht nur die Bibel, sondern handelt auch danach; er hat phantastische Literatur gelesen,[30] ohne den Sinn für die Unterscheidung zwischen Literatur und Realität zu verlieren; und wenn er über die didaktische Intention von Popes Episteln spricht (S. 235), scheint seine Position sich mit der des Autors zu decken.

Fieldings Verwendung von Intertextualität auf der Ebene des Diskurses der Charaktere hat also vornehmlich eine metaliterarische und gleichzeitig eine normative Funktion, der auch die Intertextualität auf anderen strukturellen Ebenen des Romans dient. Dabei geht es ihm weit mehr um ethische als um ästhetische Normen. Im postmodernen Roman dagegen ist dieser Glaube an Literatur als ein Mittel zur Etablierung von Normen weithin verlorengegangen.

4. Ergebnisse der Untersuchung

Es bleibt abschließend zu fragen, ob die eingangs formulierten Ziele dieser Untersuchung erreicht werden konnten. Zunächst muß noch einmal betont werden, daß die meisten der hier erwähnten Bezugstexte und -formen der Intertextualität in *Joseph Andrews* seit langem bekannt sind. Trotzdem hat es sich als Vorteil erwiesen, mit dem Begriff der Intertextualität zu arbeiten. Da er umfassender als die traditionellen historischen Begriffe ist, verlangt er geradezu eine systematische Analyse aller Prätexte, die in einem bestimmten Text präsent sind, und ebenso eine systematische Analyse aller Formen, die bei der Integration dieser Prätexte in einen Text verwendet werden. Auf diese Weise konnte gezeigt werden, daß sich Intertextualität in *Joseph Andrews* manifestiert als literarische Kritik, als Parodie, Travestie, *mock-heroic* und Imitation, als Zitat, Anspielung und literarische Diskussion. Darüber hinaus konnten auch die verschiedenen Funktionen der Intertextualität in *Joseph Andrews* systematisch untersucht werden. Eine sol-

---

[29] Nur so ist es zu erklären, daß Fanny, die weder lesen noch schreiben kann, die einzige Figur des Romans ist, die an keiner Stelle komisch wirkt.

[30] Vgl. S. 24: insbesondere phantastische Passagen in Richard Bakers *Chronicle of the Kings of England* (London, 1643).

che systematische Analyse der Bezugstexte, Formen und Funktionen der Intertextualität in Fieldings Roman ist bisher noch nicht geleistet worden.

Aber das Konzept der Intertextualität impliziert zusätzlich, daß die verschiedenen Aspekte der Intertextualität im Text selbst eine Art System bilden. Dementsprechend konnte gezeigt werden, daß die Verweise auf andere Texte in Fieldings Roman auf allen strukturellen Ebenen miteinander zusammenhängen und gemeinsam ein System von Normen erstellen – von Normen der Produktion und Rezeption von Literatur wie auch des Gebrauchs von Literatur im Leben, wobei diese Normen, wie schon gesagt, eher ethischer als ästhetischer Natur sind.

Dadurch ließ sich nicht nur der ›palimpsestische‹ Charakter des *Joseph Andrews* deutlicher herausstellen als in früheren Arbeiten, sondern zugleich auch die die vielen ›palimpsestischen‹ Schichten des Romans umgreifende neue Einheit.

Schließlich hat die Untersuchung ergeben, daß in mancher Hinsicht eine überraschende Affinität zwischen Fieldings Roman und Romanen unserer eigenen Zeit besteht. Dies könnte erklären, warum manche Verfasser postmoderner Romane neben Cervantes und Sterne auch Fielding als nachahmenswertes Vorbild ansehen. In der Tat hat sich ja etwa John Barth in seinem Roman *The Sot-Weed Factor* auch Fieldings *Tom Jones* zum Vorbild genommen.

Trotzdem liegen natürlich Welten zwischen den Autoren unserer eigenen Zeit und Fielding.[31] Fieldings Glaube an die Intertextualität als literarisches Verfahren hinderte ihn nicht daran, in der Nachahmung der Natur das oberste Ziel des Romanschriftstellers zu sehen. Für ihn war Intertextualität nicht die Konsequenz einer Aporie, nicht primär Selbstzweck, sondern Mittel, das dem Schriftsteller bei der Nachahmung der Natur – und bei der Etablierung von Normen – helfen konnte, während in der postmodernen Literatur Intertextualität geradezu ein Ersatz für Mimesis und für Normen geworden ist. Außerdem hinderte Fielding sein Verfahren einer ständigen ›Wiederaufbereitung‹ anderer Texte keineswegs daran, zu glauben, daß Originalität in der Literatur möglich sei und daß er selbst in der Lage sei »[to found] a new Province of Writing«, »[a] Species of Writing [...] hitherto unattempted in our Language«.[32] Trotz seiner hohen Intertextualitätsdichte erscheint *Joseph Andrews* daher nicht als das Produkt einer »literature of

---

[31] Diesen wesentlichen Unterschied verwischt z. B. Bartschi, wenn sie in *The Doing and Undoing of Fiction Joseph Andrews* zu einseitig als experimentellen, anti-illusionistischen, auto-reflexiven Roman interpretiert und ihn auf eine Stufe etwa mit Texten von Joyce stellt.

[32] *The History of Tom Jones. A Foundling,* ed. F. Bowers, The Wesleyan Edition of the Works of Henry Fielding (Oxford, 1974), S. 77, und *Joseph Andrews*, S. 10.

exhaustion«, sondern, um den Titel eines neueren Aufsatzes von John Barth zu verwenden, als Beispiel einer »literature of replenishment«.[33]

Wenn aber auch ein solcher Text mit Hilfe des Konzepts der Intertextualität erfolgreich untersucht werden kann, so ist das ein Beweis dafür, daß dieses Konzept durchaus von den ästhetischen und weltanschaulichen Prämissen der Poststrukturalisten und Dekonstruktionisten gelöst und auf Texte bezogen werden kann, die wie der *Joseph Andrews* auf diametral entgegengesetzten Prämissen basieren.

3. Romantik, Realismus und negierte Intertextualität

Laurence Lerner

1. Zum Begriff der Intertextualität

Den Begriff der Intertextualität kann man sehr leicht auf alles ausdehnen. So sagt Bernard Berenson:

> You cannot open your lips without being used as a mouthpiece by myriads upon myriads of the dead. You are little more than a disc recording the reproducing traditions that no awareness can fathom.[1]

Wenn ich »Bitte reichen Sie mir das Salz« sage, sprechen aus mir zumindest drei Traditionen: eine Tradition der Kenntnis der Natur, die Geschmack und chemische Substanzen unterscheidet und sie mit Substantiven voneinander abgrenzt; eine Tradition der sozialen Verhaltensweisen, die Wunschäußerungen ermöglicht und dabei Höflichkeit verlangt; und schließlich eine diesen beiden zugrunde liegende Tradition der Kommunikation, die uns befähigt, miteinander zu sprechen und einander zuzuhören – nämlich die Sprache. Sprache ist von Natur aus intertextuell, und kein sprachlicher Akt kann selbstgenügsam sein.

Wenn dies für »Bitte reichen Sie mir das Salz« gilt, um wieviel mehr gilt es auch für jene hochentwickelte und kultivierte Tätigkeit, die wir Literatur nennen. Man kann kein Gedicht schreiben, das die Existenz anderer Gedichte ignoriert. Wenn wir in einem der allerpersönlichsten Gedichte lesen –

---

33 »The Literature of Replenishment: Postmodern Fiction«, *The Atlantic,* 245 (Jan. 1980), 65–71.

1 *Aesthetics and History in the Visual Arts* (1948), zitiert nach: C. Uhlig, *Theorie der Literarhistorie* (Heidelberg, 1982), S. 60.

Away! away! for I will fly to thee
Not charioted by Bacchus and his pards,
But on the viewless wings of Poesy [...][2]

– erfahren wir nicht nur, daß der Dichter letzten Endes keinen Wein trinken wird. Wir werden auf den Pegasus-Mythos verwiesen, auf jenes geflügelte Pferd, das die dichterische Inspiration repräsentiert; sowie auf den Bacchus-Mythos, der ja für weit mehr als die Wirkungen des Alkohols steht; auch auf Tizians Gemälde von Bacchus und Ariadne, in dem auch sein Wagen, seine Leoparden und die Einladung, mit ihm zu kommen, dargestellt werden. Schließlich werden wir, wenn wir das Werk des Dichters kennen, auf Keats' eigenen früheren Gebrauch dieses Bildes in *Endymion* aufmerksam gemacht, wo Bacchus' Erscheinen die »Indian maid« von Einsamkeit und Kummer erlöste.[3] So wird die Flucht aus der Trübsal mit Hilfe des Mythos und zugleich auch ohne ihn dargestellt. Der Unterschied zwischen diesen Zeilen und ihrer plumpen Paraphrase hängt davon ab, ob wir uns der in ihrer Sprache enthaltenen Traditionen, d.h. der Forderung bewußt sind, daß sie intertextuell gelesen werden sollen.

Ein Begriff, der alles erklärt, läuft Gefahr, gar nichts zu erklären. Es ist richtig, daß unser ganzes Lesen, vor allem das von Literatur, notwendig intertextuell ist. Aber es ist gleichermaßen richtig, daß unsere Lektüre individuell geprägt ist und die emotionale Situation des Lesers widerspiegelt; daß sie sozial geprägt ist, da jeder Text Zeit, Ort und Situation seines Autors widerspiegelt; und daß sie religiös geprägt ist, denn jeder Text muß – zumindest implizit – eine Sicht der Natur der letzten Dinge enthalten. Diese Lesarten mögen alle gleich wahr sein, jedoch müssen sie nicht immer gleich nützlich sein. Deshalb möchte ich einen sehr pragmatischen Weg einschlagen und nicht nur fragen, wann wir einen Text intertextuell lesen sollten, sondern auch wann nicht, d.h. welche Alternativen es zur Intertextualität gibt.

2. *Negierte Intertextualität in der Romantik*

Zweifelsohne hat es immer Alternativen gegeben: Ich möchte die beiden behandeln, die für das 19. Jahrhundert von zentraler Bedeutung sind, Romantik und Realismus. Zuerst sei erläutert, warum ich diese Bewegungen als Negierung der Intertextualität bezeichnen will.

Im 8. Buch von *The Prelude* kontrastiert William Wordsworth sein Gedicht mit der pastoralen Tradition. Schäfer, erzählt er uns, »waren da vor allen Menschen die, die am frühsten mein Gefallen fanden«, und er erklärt

[2] John Keats, »Ode to a Nightingale« (vv. 31–33), in: *The Poems of John Keats*, ed. M. Alloff (London, 1970), S. 523–532, hier: S. 527.

[3] *Endymion* (IV, vv. 182–272), in: *The Poems of John Keats*, S. 116–284, hier: S. 253ff.

weiter, sie waren »nicht solche, wie sie einst Saturn beherrschte in Latiums freier Landschaft«, noch solche, die »ins sorgenfreie Land Arkadien entrückt [...] die Dichtung der Griechen rühmend feiert«.[4] Dann beschreibt er das idyllische Dasein jener Schäfer, deren härteste Arbeit es war, einen Napf aus Buchenholz zu schnitzen, und illustriert dies mit Bildern aus der Fiktion, Bildern aus Legenden und Bildern von Goslar, das er nur so kurz besucht hatte, daß es nie Wirklichkeit für ihn wurde. Dagegen setzt er die fleißige, erschreckend harte, aber auch anregende Arbeit der Schäfer im Lake District, Beispiele des »Man free, man working for himself, with choice/Of time, and place, and object«[5] – Beispiele eines harten und keines sanften Primitivismus. Hier wird eine idealisierte nicht durch eine reale Version des ländlichen Lebens ersetzt: Die flüchtigen Eindrücke, die Wordsworth von den örtlichen Schäfern beim Blick durch Nebel oder gegen die Abendsonne erhielt – »Removed, and to a distance that was fit«[6] –, sind genauso idealisiert wie die Welt des Theokrit oder Vergil, aber es ist eine persönliche und keine konventionelle Idealisierung. Der Dichter verlangt von uns, bestimmte traditionelle, erwartete Elemente aus unserem Verständnis seines Werkes zu eliminieren.

Dies möchte ich an einem Beispiel aus »Home at Grasmere« verdeutlichen, dem einzigen Fragment von *The Recluse*, das niedergeschrieben wurde. Auch hier ist die gleiche Forderung enthalten:

> Dismissing therefore all Arcadian dreams,
> All golden fancies of the golden Age [...][7]

Vieles in »Home at Grasmere« ist ein Loblied auf die bäuerliche Zufriedenheit. In der pastoralen Tradition sind diese Loblieder wohlbekannt, der *locus classicus* ist sicherlich die Eröffnungsrede des Herzogs in Shakespeares *As You Like It*, »Now my co-mates and brothers in exile«,[8] wo in

---

4 *The Prelude* [1850] (VIII, vv. 128–135), ed. J. Wordsworth/M. H. Abrams/St. Gill (New York, 1979), S. 277:

> And Shepherds were the men that pleased me first;
> Not such as Saturn ruled 'mid Latian wilds,
> With arts and laws so tempered, that their lives
> Left, even to us toiling in this late day,
> A bright tradition of the golden age;
> Not such as, 'mid Arcadian fastnesses
> Sequestered, handed down among themselves
> Felicity, in Grecian song renowned.

Deutscher Text nach: *Präludium*, übers. H. Fischer (Stuttgart, 1974), S. 205.

5 *The Prelude* (VIII, vv. 104f.), S. 275.

6 *The Prelude* (VIII, v. 305), S. 289.

7 »Home at Grasmere« (= *The Recluse*, I,1), vv. 625f., ed. B. Darlington, The Cornell Wordsworth (Ithaca, N. Y., 1977), S. 91.

8 *As You Like It* (II.i.1ff.), ed. A. Labham, The Arden Shakespeare (London, 1975), S. 29.

einer geschliffenen Sittenpredigt die Künstlichkeit der Situation durch die Künstlichkeit der Bilder enthüllt wird. Hiermit kontrastiert das Loblied der ländlichen Zufriedenheit in »Home at Grasmere«:

> What want we? Have we not perpetual streams,
> Warm woods, and sunny hills, and fresh green fields,
> And mountains not less green, and flocks, and herds,
> And thickets full of songsters, and the voice
> Of lordly birds, an unexpected sound
> Heard now and then from morn till latest eve,
> Admonishing the man who walks below
> Of solitude and silence in the sky?[9]

Wenn wir diesen Text intertextuell lesen wollen, werden wir feststellen, daß der Dichter, der hinter ihm steht, Milton ist. Nun repräsentierte Milton, trotz seines berühmten manierierten Stils, für Wordsworth die Emanzipation von der Künstlichkeit des Pastoralen, denn er hatte die Internalisierung der Landschaft begonnen, und sogar der einen wunderbaren Zeile Wordsworths in diesem Abschnitt – »Of solitude and silence in the sky« – liegt in einem entfernten Sinn Milton zugrunde. Ihre Feierlichkeit und Generalisierung sind das vollkommene Gegenteil der eleganten Ironien pastoraler Dichtung. Zwei Details in diesem Abschnitt bestätigen dies. Das erste ist »unexpected«. Vogelstimmen mögen für Shakespeares Herzog unerwartet sein, aber sie wären es deshalb, weil sie jemandem das Landleben ins Gedächtnis rufen, der in eben diesem Moment an den Hof denkt, und weil sie ihn zu dem angenehm überraschten Ausruf veranlassen: »This is no flattery!« Bei Wordsworth muß man jedoch das Wort ganz wörtlich nehmen – der Mann, der draußen spazieren ging, hatte den Vogel nicht bemerkt, bis er zu singen begann. Das andere Detail ist »man«. Der pastorale Dichter hätte sich die Gelegenheit nicht entgehen lassen, uns zu berichten, ob der Mann kultiviert und weltmännisch war oder nicht, und hätte ihn entweder »brother in exile«, »one that has been a courtier«, »swain«, »shepherd« oder sogar »Corin« oder »Thyrsis« genannt. Für Wordsworth den Demokraten ist er Jedermann – und damit er selbst.

Die Negierung des Pastoralen ist in »Home at Grasmere« nicht so explizit wie in *The Prelude*, und die bereits zitierten Zeilen über die Ablehnung arkadischer Träume sind in ihrem klaren Gattungsbezug außergewöhnlich; aber etwas hat hier das Pastorale ersetzt:

> What happy fortune were it here to live!
> And, if a thought of dying, if a thought
> Of mortal separation, could intrude
> With paradise before him, here to die.[10]

---

[9] »Home at Grasmere« (vv. 126–133), S. 47.
[10] »Home at Grasmere« (vv. 11–14), S. 39.

So fühlte der junge Wordsworth als »roving schoolboy«, als das Erlebnis des Tales von Grasmere zum ersten Mal über ihn hereinbrach. Persönliche Erinnerung hat die literarische Konvention ersetzt, und anstelle von Arkadien haben wir hier die Kindheit: Dieser frühe Eindruck hat die Szenerie des »beloved vale« genauso stark geprägt wie Vergil zuvor die idyllische Hirtendichtung späterer Dichter. Da zur Konvention pastoraler Dichtung immer auch die Nostalgie gehört, ist dies mehr als ein Zufall: Wordsworth bietet uns eine neue Theorie der pastoralen Dichtung an.

In Übereinstimmung mit der Ablehnung der traditionellen Hirtendichtung in Buch 8 von *The Prelude* (und auch an anderer Stelle bei Wordsworth) steht die Negierung des Epischen im gesamten Gedicht. Wieder ist der Einfluß Miltons von Bedeutung. Die Anklänge an Milton im 1. Buch des *Prelude* sind wohlbekannt und machen deutlich, daß uns das Gedicht als modernes Äquivalent zu *Paradise Lost* angeboten wird. Hier werden wir mit einem Paradox konfrontiert. Einerseits sollen wir sicherlich das Gedicht intertextuell lesen und uns der Gegenwart Miltons bewußt sein; bei der Behandlung des Gedichtes in einem Seminar beispielsweise würde man selbstverständlich darauf achten, daß die Studenten dies erkennen. Aber die Bewußtheit ist zugleich eine Ablehnung. Wordsworth glaubt, daß der wahre Erbe Miltons heute nicht über heroische Taten schreibt, sondern über sich und seine Entwicklung; der lange Abschnitt, in dem er mögliche heroische Themen aufzählt, ist als falsche Fährte gedacht, von der er selbst abgewichen ist. Während Milton sein Gedicht mit »the world was all before them«[11] beschließt, beginnt Wordsworth mit »The earth is all before me«.[12] Im weiteren Verlauf des Gedichtes hören die Bezüge zu Milton auf, und die Geschichte der eigenen Kindheit des Dichters wird direkt und lebensnah geschildert und nicht nach einem literarischen Stereotyp geformt. Man könnte daher argumentieren, daß derjenige Student, dem es nicht gelingt, die Bezüge zu Milton zu entdecken, in einem gewissen Sinn das Gedicht richtig liest. Ich werde auf diesen Punkt zurückkommen.

Die andere berühmte romantische Ablehnung Miltons ist die von Keats. Keats brach *Hyperion* ab und veröffentlichte ihn nur als Fragment, weil sich darin »too many Miltonic inversions« befanden: »Miltonic verse cannot be written except in an artful, or, rather, artist's humour.«[13] Es gibt jedoch Unterschiede zwischen diesen beiden Arten der Ablehnung, die auf einen allgemeineren Unterschied zwischen den beiden Dichtern hinweisen.

Ganz allgemein ist Keats der intertextuellere Dichter: Viele der Erfahrungen, die in seinen Gedichten Ausdruck finden, sind literarischer Natur

---

[11] *Paradise Lost* (XII, v. 646), ed. S. Elledge (New York, 1975), S. 281.

[12] *The Prelude* (I, v. 14), S. 29.

[13] »To John Hamilton Reynolds, 21. Sept. 1819« (Nr. 151), in: *The Letters of John Keats*, ed. M. B. Forman (London, 1952), S. 383–386, hier: S. 384.

(»On First Looking into Chapman's Homer«, »Sleep and Poetry«), viele seiner Gedichte sind ausdrücklich an Vorgänger adressiert (»Bards of Passion and Mirth«), und die mythologische Anspielung ist ein zentrales Element seiner Dichtung. Der Einfluß Miltons wird in *Hyperion* weit augenscheinlicher als in *The Prelude*. Obschon er im Vordergrund steht, so wird er doch nicht explizit, und Keats fühlte sicherlich, daß die Milton entlehnten Elemente ein Makel waren, und bat daher Reynolds, »to pick some lines from *Hyperion* and put a mark to the false beauty proceeding from art, and one to the true voice of feeling«.[14] Hier wird angenommen, daß Dichtung dem Gefühl entspringt und daß Kunst lediglich ein Ersatz ist, wenn das Gefühl fehlt: Milton fungiert in dem Gedicht weder als Teil des Themas noch als bedeutungskonstituierendes Element, als Bezugsfolie, an der das Gedicht zu messen ist, sondern lediglich als unzureichender Ersatz für das Echte und Wahre. Die Leser Wordsworths sollen die Gegenwart Miltons bemerken; Keats fürchtet, daß sie sie zu sehr bemerken könnten.

In der romantischen Poetik gibt es zwei Elemente, die dem Konzept der Intertextualität zuwiderlaufen. Das eine ist, wie wir gerade gesehen haben, die wahre Stimme des Gefühls: Ein Gedicht, das aus dem Innersten des Dichters kommt, sollte keine äußerlich sichtbaren Stützen benötigen. Das andere Element ist dagegen deutlich sichtbar: Es ist dies der Ersatz des Geschliffenen und Kultivierten durch das Volkstümliche, der literarischen Sprache durch die Sprache des Volkes. Ersteres leitet sich von der Doktrin ab, daß Dichtung »the spontaneous overflow of powerful feelings« sei, letzteres von der Vorliebe für das anspruchslose Landleben, »[where the] essential passions of the heart find a better soil«.[15] Diese beiden Elemente kann man als die subjektive und objektive Seite der romantischen Poetik bezeichnen, und beide werden in Wordsworths »Preface« zu den *Lyrical Ballads* dargelegt. Die objektive Seite verbindet Wordsworth mit Scott und der romantischen Vorliebe für Volkstraditionen und die Ballade: Es ist die Romantik Herders und von *Des Knaben Wunderhorn*; und wenngleich ihre Ablehnung der Intertextualität sehr offen zutage tritt, wird sie doch nicht zum Prinzip erhoben. Diese Dichtung entspringt nicht den unmittelbar vorausgehenden literarischen Texten, sondern einer Quelle, die weiter zurück und zudem an der Grenze dessen liegt, was als Text bezeichnet werden kann: an der Grenze zur mündlichen Tradition, zum volkstümlichen Erzählen, zu den sich immer ändernden Fassungen der Balladen.

Bei den anderen großen englischen Romantikern wird dieses ›objektive‹ Element wenig hervorgehoben. Byron, Shelley und Keats verwerfen Intertextualität nur zugunsten der »wahren Stimme des Gefühls«. Dafür gibt es

---

14 »To John Hamilton Reynolds«, S. 384.

15 Wordsworth, »Preface« [1800], in: Wordsworth and Coleridge, *Lyrical Ballads*, ed. R. L. Brett/A. R. Jones (London, 1963), S. 235–266, hier: S. 239.

unzählige Beispiele, und vielleicht ist keines einleuchtender als Shelleys »To a Skylark«:

We look before and after,
And pine for what is not:
Our sincerest laughter
With some pain is fraught;
Our sweetest songs are those that tell of saddest thought.[16]

Diese Zeilen sind zutiefst ambivalent. Einerseits betrauern sie die menschliche Lage, die mit einer Traurigkeit belastet ist, von der die Lerche frei ist, andererseits übermitteln und wiederholen sie die poetische Fülle der menschlichen Literatur, die aus dieser Traurigkeit entsteht. Vom Schmerz zu schreiben, heißt von seinem Ausdruck schreiben. Im Gegensatz dazu ist die Lerche nicht nur glücklich, sondern sie ist spontan: Ihr Lied ist unwissend, da es das menschliche Leiden nicht kennt.

Better than all measures
Of delightful sound,
Better than all treasures
That in books are found,
Thy skill to poet were, thou scorner of the ground![17]

Die Lerche wäre (ist?) ein besserer Dichter als jeder Mensch, weil sie die wahre Stimme des Gefühls besitzt; wie eine Lerche singen, heißt, sich von den Schätzen, die man in Büchern findet, lösen, d.h. über die Intertextualität hinauszuwachsen. Aber weil die extremen Beispiele solch einer Echtheit die Lerche, der Wind, der Mond, der Ozean sind, würde man aufhören, menschlich zu sein, wenn man sie erreicht hätte. Unverfälschte Spontaneität ist ein Absolutum, nach dem wir uns nur sehnen können; was wir Sterblichen schreiben, wird immer mit vorausgegangenen Texten in Verbindung stehen.

Bei den Romantikern findet man die extreme Ablehnung der Intertextualität in der Lyrik, der dem direkten Gefühlsausdruck angemessensten Gattung. Das bedeutet, daß wir sie weder in der Satire finden (*Don Juan, The Vision of Judgement*) noch im epischen Drama (*Prometheus Unbound*) oder Märchen (»The Eve of St. Agnes«) – dies alles sind ja Gattungen, die ein notwendiges Maß an Intertextualität besitzen. Sogar in der Lyrik sind die Elemente impliziter Intertextualität unzählbar (Reim und Metrum sind hier zuerst zu nennen), und die wahre Stimme des Gefühls hält nicht inne, um zu sagen, sie sei die wahre Stimme des Gefühls. Lediglich wenn ein lyrisches Gedicht weniger intensiv und weniger direkt ist, betont es seine negierte Intertextualität.

---

16 »To a Skylark«, in: *The Complete Poetical Works of Percy Bysshe Shelley*, ed. Th. Hutchinson (London, 1943 u.ö.), S. 603.

17 »To a Skylark«, S. 603.

Dies ist also, kurz gesagt, die Art und Weise, in der uns die romantischen Dichter einladen, ihr Werk von den durch unsere frühere Lektüre von Dichtung geprägten Erwartungen zu lösen. Ganz anders, aber offensichtlich parallel, liegt der Fall beim realistischen Roman.

3. Zum Begriff des Realismus

Als eine ihrer selbst bewußte literarische Bewegung begann der Realismus in Frankreich, und es existieren entsprechende theoretische Äußerungen von Stendhal, Mérimée und Balzac. Der Ausdruck selbst erscheint zuerst um 1840.[18] Stendhal erweckt eine alte Metapher zu neuem Leben, indem er den Roman als »un miroir qui se promène sur une grande route«[19] bezeichnet. Zwei Generationen später sieht Zola mit seinem ausführlichen Vergleich des Romanciers mit dem experimentierenden Wissenschaftler und dessen Anspruch auf Objektivität die Aufgabe des Romanschriftstellers wieder einmal als die Suche nach der Wahrheit.[20] Durch die kritischen Schriften von G. H. Lewes, in denen einige der klarsten Erläuterungen eines oft undifferenzierten Credos enthalten sind, gelangte die Bewegung nach England. Nach Lewes ist das Gegenteil von Realismus nicht Idealismus, sondern »falsism«; unter diesem Begriff subsumiert er einen guten Teil der Konventionen des populären Romans. Er schreibt:

> [...] it is quite fair to praise Miss Braddon for the skill she undoubtedly displays in plot-interest of a certain kind [...] but [...] I have no hesitation in concluding that her grasp of character, her vision of realities, her regard for probabilities and her theoretical views of human life are very far from being on a level with her power over plot-interest.[21]

Ganz offensichtlich wird hier Realismus als normativer Begriff verstanden. Miss Braddons Unterlegenheit wird durch die Tatsache verdeutlicht, daß sie sich nur bestimmten literarischen Konventionen, nicht aber der Wahrhaftigkeit der besten Literatur gewachsen erweist. Der Gegensatz ist klar: Die von früheren Romanen geprägten Erwartungen des Lesers werden kontrastiert mit einem Realismus, der einen direkteren Lebensbezug impli-

---

[18] Vgl. B. Weinberg, *French Realism: The Critical Reaction* (New York/London, 1937).

[19] *Le Rouge et le Noir* (Paris, 1973), S. 342 (vgl. auch das Motto zu Kap. 3, S. 72 und *passim*; dieser Gedanke ist offenbar eine Lieblingsidee Stendhals).

[20] *Le Roman expérimental* (Paris, 1902).

[21] »Criticism in Relation to Novels«, *Fortnightly Review*, 3 (1865–1866), 352–361, hier: 354. Vgl. auch »Realism in Art: Recent German Fiction«, *Westminster Review*, 70 (1858), 488–518 und »Dickens in Relation to Criticism«, *Fortnightly Review*, 17 (1872), 143–151; letzterer nachgedruckt in: *Literary Criticism of George Henry Lewes*, ed. A. R. Kaminsky (Lincoln, Neb., 1964), S. 94–105.

ziert. Diese These kann am Beispiel beinahe aller großen Romanschriftsteller des 19. Jahrhunderts veranschaulicht werden. Ein einfaches Beispiel aus George Eliots *Adam Bede* mag dies belegen:

> Falsehood is so easy, truth so difficult. The pencil is conscious of a delightful facility in drawing a griffin – the longer the claws, and the larger the wings, the better; but that marvellous facility which we mistook for genius is apt to forsake us when we want to draw a real unexaggerated lion.[22]

Der Sinn, in dem Greife intertextueller sind als Löwen, ist offensichtlich: Die einzige Quelle für die Kenntnis des Greifs ist die Mythologie, gleich, ob es sich um eine wörtliche oder bildliche Tradition handelt; und wer mit dieser Tradition nicht vertraut ist, kann die Bedeutung des Wortes nicht kennen. Jedoch muß man nicht *The Faerie Queene* oder *The Lion, the Witch and the Wardrobe* gelesen haben, um etwas über Löwen zu wissen: Die Quelle unseres Wissens kann auch nicht-literarischer Art sein, und sogar (falls wir in Kenia leben oder den Zoo besuchen) aus direkter Anschauung stammen.

Hier ein komplexeres Beispiel aus *Daniel Deronda:*

> It would be a little hard to blame the rector of Pennicote that in the course of looking at things from every point of view, he looked at Gwendolen as a girl likely to make a brilliant marriage. Why should he be expected to differ from his contemporaries in this matter, and wish his niece a worse end of her charming maidenhood than they would approve as the best possible? It is rather to be set down to his credit that his feelings on the subject were entirely good-natured. And in considering the relation of means to ends, it would have been mere folly to have been guided by the exceptional and idyllic – to have recommended that Gwendolen should wear a gown as shabby as Griselda's in order that a marquis might fall in love with her, or to have insisted that since a fair maiden was to be sought, she should keep herself out of the way. Mr. Gascoigne's calculations were of the kind called rational, and he did not even think of getting a too frisky horse in order that Gwendolen might be threatened with an accident and be rescued by a man of property. He wished his niece well, and he meant her to be seen to advantage in the best society of the neighbourhood.[23]

Dieser Abschnitt verdeutlicht das Problem sehr gut, denn Mr. Gascoigne ist kein außergewöhnlicher Mann. Wir müssen mit dem Unterschied zwischen dem Ziel und den Mitteln beginnen. Sein Ziel ist ein vollkommen konventionelles: seiner Nichte zu einer guten Partie zu verhelfen. In welcher Richtung hofft er die geeigneten Mittel zu finden? Wenn er romantisch wäre (das ist sicherlich das Gegenteil von »rational« in diesem Abschnitt), würde er auf die Konventionen der »romance« vertrauen, von denen einige für uns aufgezählt werden; statt dessen schaut er sich um und beobachtet das wirkliche Benehmen der Menschen. Hierin verhält er sich analog zur Autorin –

---

[22] *Adam Bede* (Kap. 17) (London, 1906 u.ö.), S. 173.
[23] *Daniel Deronda* (Kap. 4) (New York, 1961), S. 25.

im Gegensatz etwa zu Mrs. Arrowpoint, die »romances« von der Art schreibt, wie sie George Eliot als »silly novels by lady novelists«[24] charakterisierte. Aber wenn es um die Verheiratung ihrer eigenen Tochter geht, ist Mrs. Arrowpoint ebenso nüchtern wie Mr. Gascoigne, daher besteht die eigentliche Überlegenheit des Pfarrers ihr gegenüber nicht in seiner Bewußtheit, sondern in seiner Konsequenz – oder, so man will, Integrität. Die deutlich implizierte Billigung Mr. Gascoignes ist deshalb von Bedeutung, weil der Abschnitt eine indirekte Bestätigung des eigenen Glaubensbekenntnisses der Autorin ist. Die Passage ist nicht ohne Ironie gestaltet, aber deren Subtilität (und Begrenztheit) wird aus dem Wort »rational« ersichtlich. Mr. Gascoigne ist rational, weil er keine Phantasie besitzt; kein erfolgreicher Roman kann ohne Phantasie geschrieben werden, jedoch schadet es dem Schriftsteller nicht, bei denen in die Schule zu gehen, deren Mangel an Phantasie sie von den Klischees der »romance« fernhält.

Ein anderes Verfahren negativer Intertextualität läßt sich bei Thackeray beobachten: Hier ein auffallendes Beispiel aus *Vanity Fair*:

> We might have treated this subject in the genteel, or in the romantic, or in the facetious manner. Suppose we had laid the scene in Grosvenor Square, with the very same adventures – would not some people have listened? Suppose we had shown how Lord Joseph Sedley fell in love, and the Marquis of Osborne became attached to Lady Amelia, with the full consent of the Duke, her noble father: Or instead of the supremely genteel, suppose we had resorted to the entirely low, and described what was going on in Mr Sedley's kitchen; – how black Sambo was in love with the cook (as indeed he was), and how he fought a battle with the coachman in her behalf [...] Or if, on the contrary, we had taken a fancy for the terrible, and made the lover of the new *femme de chambre* a professional burglar, who bursts into the house with his band, slaughters black Sambo at the feet of his master, and carries off Amelia in her nightdress, not to be let loose again till the third volume, we should easily have constructed a tale of thrilling interest [...][25]

Es wird deutlich, daß hier andere mögliche Schreibkonventionen, durch Übertreibung parodiert, zurückgewiesen werden. Aber nicht nur die Darstellungsweisen des »genteel«, »romantic« und »facetious« werden parodiert, sondern auch der Vorgang des Wählens zwischen ihnen. Diese Wahl einer Schreibweise war ihrerseits ein Topos z.B. in der Ependichtung: Milton, »long choosing and beginning late«, erzählt uns von seinem Zögern bei der Wahl zwischen verschiedenen Versionen von Tragödie und Epos. Der Erzähler komischer Prosa aber gibt nur vor zu zögern: Für ihn ist keine dieser narrativen Darstellungsweisen annehmbar, da sie nur austauschbare Konventionen darstellen, er selbst jedoch ein realistischer Erzähler ist.

»Comic«, »prose«, »epic«: Die Verbindung dieser Begriffe macht klar, daß Thackeray in dem, was er tut, einen Vorläufer hat: Seine Parodie

---

24 »Silly Novels by Lady Novelists«, *Westminster Review*, October 1856; nachgedruckt in: *Essays of George Eliot*, ed. Th. Pinney (London, 1963), S. 300–324.

25 Everyman's Library (London, 1908 u.ö.), S. 50.

erinnert an Fieldings »comic epic in prose«, in dem der Autor ausführlich den Anschein zu erwecken versucht, daß er Entscheidungsprozesse analog zu denen im klassischen Epos durchlaufe. An Thackerays Bewunderung für Fielding gibt es keinen Zweifel, und sicher geht viel in *Vanity Fair* auf *Tom Jones* zurück. Aber literarischer Einfluß ist natürlich nicht dasselbe wie Intertextualität, und es ist zum vollen Verständnis der Passage nicht notwendig, die Anlehnung an Fielding zu erkennen. Thackerays Textstelle ist intertextuell auf einer Ebene und parodistisch auf zweien. Da Fielding das Epos ernster nimmt als Thackeray die Darstellungsweisen des »genteel« oder »romantic«, liegen hier zwei Ebenen der Parodie vor. Fielding parodiert das Epos, und Thackeray parodiert Fieldings komische Auseinandersetzung mit Gattungsfragen. Bei der Lektüre von *Tom Jones* ist die erste Ebene nicht zu übersehen; bei der Lektüre von *Vanity Fair* jedoch mag sich der Leser der zweiten Ebene nicht bewußt sein, und in diesem Fall wäre die Lektüre nicht intertextuell.[26]

Intertextualität taucht jedoch auch noch in einer anderen Form am Ende des zitierten Abschnitts auf:

> But my readers must hope for no such romance, only a homely story, and must be content with a chapter about Vauxhall, which is so short that it scarce deserves to be called a chapter at all. And yet it is a chapter, and a very important one too. Are there not little chapters in everybody's life, that seem to be nothing, and yet affect all the rest of the history?[27]

»A homely story«: Es ist derselbe Ton einer nur vorgetäuschten Selbstabwertung, den George Eliot anschlägt, wenn sie ihre Geschichte mit holländischer Malerei vergleicht, »faithful pictures of a monotonous homely existence«. Dies hier soll nicht als Literatur gelten, sondern als wirkliches Leben, nicht als Konvention, sondern als Realismus; »and yet it is a chapter« – denn das Leben hat die Eigenschaften eines Textes. Thackeray, immer für eine Überraschung gut, scheint mit den Thesen Kristevas sein Spiel zu treiben.

Soweit ist alles ganz einfach: Daß der Realismus wie vor ihm die Romantik auf verschiedene Weise eine Ablehnung der Präsenz älterer Literatur beinhaltet, ist bekannt. Und ebenfalls bekannt ist die Entgegnung der modernen Kritik: Es ist die Behauptung, daß wir hier nicht mit einer Ablehnung der Konvention konfrontiert sind, sondern mit dem Austausch eines

---

26 In diesem Fall träfe dann allerdings ähnlich wie bei der Anlehnung der Romantiker an die Tradition der Volksliteratur auch hier zu, daß – um ein Wort von John Barth abzuwandeln – negierte Intertextualität im Sinne eines Kampfes gegen die literarischen ›Väter‹ das Borgen bei der Generation der ›Großväter‹ oder ›Onkel‹ nicht ausschließt; vgl. »The Literature of Replenishment« (1980), in: *The Literature of Exhaustion and The Literature of Replenishment* (Northridge, Cal., 1982), S. 21–39, hier: S. 34.

27 *Vanity Fair*, S. 50f.

Systems von Konventionen durch ein anderes. Man sollte, so heißt es, Realismus nicht als den direkten Kontakt mit der Wirklichkeit verstehen (eine Chimäre), sondern als eine literarische Bewegung unter anderen.

Ich wähle hier das Beispiel des Realismus auch deshalb, weil der Angriff auf ihn besser bekannt ist und auffallendere ideologische Implikationen besitzt; auf die Romantik komme ich später zurück. Zwei der bekanntesten modernen Versuche, den Anspruch des Realismus zu stürzen, sind die von Roman Jakobson und Roland Barthes. Ich beginne mit dem gemäßigteren Jakobson, dessen Überlegungen nicht wirklich als Angriff gelten können.

In seinem Essay »Über den Realismus in der Kunst«[28] schlägt Jakobson für den Begriff die fünf folgenden Bedeutungen vor:

1. das, was vom Autor als realistisch verstanden wird (unterteilt in »Die Tendenz zur Deformation bestehender künstlerischer Kanones, aufgefaßt als Annäherung an die Realität« und »die konservative Tendenz im Rahmen einer herrschenden künstlerischen Tradition, die als Wirklichkeitstreue aufgefaßt wird«);
2. das, was der Leser für realistisch hält;
3. eine spezielle Bewegung im 19. Jahrhundert, die als Realismus bezeichnet wird;
4. eine Verdichtung der Erzählung, wobei irrelevante Details eingebracht werden, um einen Anschein von Tatsächlichkeit zu bewirken (z.B. die Einführung von Anna Kareninas roter Handtasche während ihres Selbstmordes);
5. Konsistenz der Motivation bei den Charakteren.

Diese Bedeutungen, so fordert Jakobson, sollten alle getrennt bleiben, und das, was in dem einen Sinn als realistisch bezeichnet wird, muß in einem anderen nicht unbedingt genauso gesehen werden.

Jakobsons Sicht ist in einer wichtigen Hinsicht wertfrei. Als Kritiker glaubt er nicht, die Wirklichkeit direkt betrachten und den Anspruch auf Realismus, den verschiedene Autoren erheben, vergleichend bewerten zu müssen; ihn interessieren vielmehr nur die terminologische Exaktheit und die Klassifizierung der künstlerischen Verfahren. Ohne jeden Zweifel wird der Begriff »realistisch« auf sehr verschiedene Arten benützt, und sicherlich sind Jakobsons Unterscheidungen von großem Wert; aber für den realistischen Schriftsteller, der sich seiner Verfahren bewußt ist, mag die Forderung, die fünf Bedeutungen getrennt zu halten, nicht akzeptabel sein. Ein Schüler von Stendhal und Lewes mag dagegen vielleicht behaupten, daß er sie alle bejaht, da die ersten beiden die letzten beiden zur Folge haben, wie man am Phänomen des Realismus im 19. Jahrhundert (der dritten Bedeutung) ablesen kann.

---

[28] In: *Texte der russischen Formalisten. I*, ed. J. Striedter (München, 1969), S. 373–391.

Barthes greift den Realismus auf eine viel fundamentalere und auch für den Kritiker entscheidendere Weise an, da die Abneigung gegenüber dem »vraisemblable« eines der wichtigsten Elemente seiner literarischen Philosophie ist. Er erhebt Einwände gegen den Realismus, da dieser, indem er unsere Aufmerksamkeit auf den »référent« lenke, vor uns die Bedeutung der Beziehung zwischen dem »énonciateur« und der »énonciation« verberge.

> [La littérature] ne peut tout dire [...] elle ne peut rendre compte des objets, des spectacles, des événements qui la surprendraient au point de la stupéfier [...] Ceci explique peut-être l'impuissance où nous sommes de produire aujourd'hui une littérature réaliste [...] Le réalisme est toujours timide, et il y a trop de *surprise* dans un monde que l'information de masse et la généralisation de la politique ont rendu si profus qu'il n'est plus possible de le figurer projectivement: le monde, comme objet littéraire, échappe; le savoir déserte la littérature qui ne peut plus être ni *Mimésis*, ni *Mathésis*, mais seulement *Sémiosis*, aventure de l'impossible langagier, en un mot: *Texte* (il est faux de dire que la notion de »texte« redouble la notion de »littérature«: la littérature représente un monde fini, le texte *figure* l'infini du langage: sans savoir, sans raison, sans intelligence).[29]

In einem noch extremeren Text bezieht Barthes diese Position in der literarischen und semiotischen Theorie auf seinen politischen und sozialen Radikalismus: Indem er von sich in der dritten Person schreibt, stellt er fest:

> [Il] ne sortait pas de cette idée sombre, que la vraie violence, c'est celle du *cela-va-de-soi*: ce qui est évident est violent, même si cette évidence est représentée doucement, libéralement, démocratiquement; ce qui est paradoxal, ce qui ne tombe pas sous le sens, l'est moins, même si c'est imposé arbitrairement: un tyran qui promulguerait des lois sangrenues serait à tout prendre moins violent qu'une masse qui se contenterait d'énoncer *ce qui va de soi*: le »naturel« est en somme *le dernier des outrages*.[30]

Dies klingt wie die Stimme eines Menschen, der nie unter den »lois sangrenues« eines Tyrannen gelitten hat. Diese Position steht Marcuses Doktrin von der repressiven Toleranz sehr nahe; und ich möchte sogar unterstellen, daß darin noch die wirren Töne der Stimmen von 1968 zu hören sind, die behaupteten, daß die Unterdrückung durch die ›normale‹ bürgerliche Gesellschaft so groß sei, daß keine noch so radikale Gewalt oder kein noch so großer Irrsinn schlimmer sein könne. Die gleiche Art von Rhetorik, der Barthes oft erliegt, erscheint in seiner Charakterisierung des realistischen Programms als einer »totalitarian ideology of the referent«:[31] Man könnte

---

[29] »La Littérature comme mathésis«, in: *Roland Barthes par Roland Barthes* (Paris, 1975), S. 122f.

[30] »Violence, évidence, nature«, in: *Roland Barthes par Roland Barthes*, S. 88.

[31] »To Write: An Intransitive Verb?«, in: *The Language of Criticism and the Sciences of Man: The Structuralist Controversy*, ed. R. Macksey/E. Donato (Baltimore, 1970), S. 134–145, hier: S. 138.

dann nämlich Barthes' eigene Position mit derselben Berechtigung als eine totalitäre Ideologie des »signifier« bezeichnen; denn seine Ansicht, daß die »facts of language«, die der Realismus verhüllt (die Beziehung zwischen »énonciateur« und »énonciation«), in einem absoluten Sinne wichtiger sind als die Beziehung zwischen »énonciateur« und »référent«, wird nie schlüssig bewiesen. Natürlich sind diese Fakten für den Semiotiker wichtig, weil sie Gegenstand der Semiotik sind, aber es ist nicht leicht, ein gemeinsames Kriterium zu finden, mit dem man die Belange des Realismus und die der Semiotik gegeneinander aufwiegen und eine der beiden Positionen der anderen vorziehen kann.

Dieser fundamentale Gegensatz zwischen Barthes' Ansicht auf der einen und der der Realisten des 19. Jahrhunderts auf der anderen Seite sollte uns nicht über eine bedeutende Ähnlichkeit hinwegtäuschen. So schreibt Barthes in *Critique et Vérité*:

> Le vraisemblable ne correspond pas fatalement à ce qui a été [...] ni à ce qui doit être [...] mais simplement à ce que le publique croit possible, et qui peut être tout différent du réel historique ou du possible scientifique.[32]

George Eliot würde dem ohne Bedenken zugestimmt haben, aber sie würde natürlich »le vraisemblable« als literarische Konvention verstanden haben, deren Realitätsferne genau das war, was sie mit ihrem Programm zu überwinden hoffte. Beide, Barthes und Eliot, erkennen, daß das Stereotyp vielleicht nicht die Wirklichkeit ist; der realistische Roman lehnt es zugunsten einer neuen Sicht der Welt ab, der Semiotiker schließt daraus, daß Literatur nur Semiosis ist und jede Ähnlichkeit mit der Welt eine Chimäre.

Hier wird Jakobsons Unterscheidung zwischen den beiden Unterteilungen seiner ersten Bedeutung wichtig. Wenn Barthes über die zeitgenössische Situation schreibt, sieht er in den Worten Jakobsons den Realismus als »herrschende künstlerische Tradition«, die sich als »Wirklichkeitstreue« ausgebe; mit der möglichen Ausnahme von Balzac könne man bei allen großen Realisten des 19. Jahrhunderts eine im Namen der »Annäherung an die Realität« stattfindende Ablehnung (oder, wie Jakobson formuliert, »Deformierung«) der existierenden literarischen Verfahren feststellen. Barthes scheint zu glauben (und diese Ansicht ist weit verbreitet), daß die Semiotik notwendigerweise etwas sehr Radikales an sich habe. Zweifelsohne ist dies wahr, insofern sie von uns verlangt, das, was wir bis dahin für selbstverständlich hielten, anzuzweifeln; aber um wirkliche Veränderungen in gesellschaftlichen Institutionen und bei der Machtverteilung herbeizuführen, ist ein direkteres Interesse am »referent« vielleicht zu wünschen, wenn nicht notwendig; und der schlaue Verteidiger des Status quo mag gut damit beraten sein, die Intellektuellen mit dem Studium des Spiels der »signifiers« abzulenken.

32 *Critique et Vérité* (Paris, 1966), S. 14f.

Die Verbindung dieser Kontroverse zur Intertextualität ist somit klar. Wenn der Realismus sich selbst betrügt, indem er den Anspruch erhebt, eine direkte Transkription der sozialen Wirklichkeit zu bieten, wenn die Romantik sich selbst betrügt, indem sie den »spontaneous overflow of powerful feelings« anbietet, dann stehen diese beiden Programme mehr unter dem Einfluß vorangegangener literarischer Modelle, als sie selbst wissen. Der spontane Überschwang kann selbst zu einer Konvention werden, ein Vorgang, der Kritikern elisabethanischer Lyrik sehr vertraut ist, wenn man beachtet, wie leicht der Topos des »Look in thy heart and write« (Sir Philip Sidney) in die Konventionen des Liebes-Sonetts einfließt. Jedoch müssen wir nochmals klarstellen, daß der romantische Dichter aus seiner Sicht diese Generalisierung nicht akzeptieren könnte. Ohne Zweifel waren sich die Romantiker sehr wohl darüber im klaren, daß diese Konventionalisierung geschehen kann, aber anstatt sie als unausweichlich hinzunehmen, betrachteten sie sie als Verrat an der Aufgabe des Schriftstellers.

4. Negierte Intertextualität als Spielform von Intertextualität

Wenn es nun richtig ist, Realismus und Romantik als Formen der Negierung von Intertextualität zu verstehen, müssen wir daraus schließen, daß intertextuelle Bezüge in ihren Werken mehr Ornament als für die Bedeutung notwendige Elemente sind. Wenn ich unter negierter Intertextualität schlicht und einfach das Vermeiden intertextueller Bezüge verstehe, mag der Titel meines Aufsatzes anmaßend erscheinen. Ich meine damit jedoch auch eine bedeutungsvollere Variante des Begriffs. Denn jedwedes literarische Programm wird seine Vorgänger wahrscheinlich nicht nur ignorieren, sondern ausdrücklich ablehnen; und wir können trotzdem feststellen, daß sowohl Romantiker als auch Realisten sich recht ausdrücklich an die Modelle der Vorgänger anlehnen, die sie doch glauben abzulehnen – auch wenn es sich statt der Modelle der Vorgänger oft um die der Vor-Vorgänger handelt. Der Bericht, wie Mr. Gascoigne in George Eliots Roman daran ging, einen Mann für seine Nichte zu finden, bezieht einen guten Teil seiner Wirkung aus der Interaktion mit Erwartungen, die dem Leser offensichtlich vertraut sind: Der Marquis, der dem Aschenbrödel den Hof macht, der Held, der das Opfer eines durchgehenden Pferdes rettet – sie alle spielen ihren negativen Part in der Gesamtwirkung der zitierten Textpassage. Und bei diesem Roman ist diese intertextuelle Perspektive auch von großer intratextueller Bedeutung. Wenn Deronda sich aufmacht, Mirahs Bruder zu suchen, dann tut er genau das, was Mr. Gascoigne vernünftigerweise nicht tun wollte: Er durchstreift das Judenviertel von London. Warum benimmt er sich nicht vernünftiger? »Why did he not address himself to an influential Rabbi or other member of a Jewish community?«[33] Die Antwort ist, daß Deronda den Unterschied zwischen den Konventionen der »romance« und rationalem Benehmen sehr wohl kennt und noch nicht bereit ist, erstere zugunsten von letzterem aufzugeben. Er wehrt sich gegen den Gedanken, daß Mirahs Bruder, wenn man ihn findet, nur allzudeutlich der Welt der Tatsachen angehören könnte – »that hard unaccommodating Actual, which has never consulted our taste and is entirely unselect«.[34] (Für jemanden, der nicht an die Erkennbarkeit oder nicht einmal an die Existenz der harten, unverfälschten Wirklichkeit glaubt, wäre der Zwiespalt nicht vorhanden.) Derondas Enthusiasmus kann »garlic bread in the middle ages« ertragen, aber er hat nicht die wahre Sympathie gelernt, die sich »commonplace, perhaps half-repulsive objects which are really the beloved ideas made flesh«[35] unterordnen kann. Deronda, so kann man es ausdrükken, muß lernen, ein Realist zu sein.

Wenn er es jedoch lernt, muß er es teilweise wieder vergessen. Es ist ein Gemeinplatz, daß *Daniel Deronda* in zwei sehr unterschiedliche Handlungen zerfällt. Alle nicht-jüdischen Leser stimmen darin überein, daß sie die Gwendolen-Handlung der um Mirah und Mordecai bei weitem vorziehen. Ohne dieser Vorliebe zu widersprechen, möchte ich doch klarstellen, daß zwischen den beiden Handlungen sowohl ein Unterschied hinsichtlich des Genre als auch der Qualität besteht: Die jüdische Handlung ist weniger realistisch und kann sogar als Ausdruck einer Unzufriedenheit mit dem Realismus gesehen werden, welche die Autorin selbst empfunden haben mag. Hier Derondas erster Eindruck von Mordecai:

> But instead of the ordinary tradesman, he saw, on the dark background of books in the long narrow shop, a figure that was somewhat startling in its unusualness. A man in threadbare clothing, whose age was difficult to guess – from the dead yellowish flatness of the flesh something like an old ivory carving – was seated on a stool against some bookshelves that projected beyond the short counter, doing nothing more remarkable than reading yesterday's *Times*; but when he let the paper rest on his lap and looked at the incoming customer, the thought glanced through Deronda that precisely such a physiognomy as that might possibly have been seen in a prophet of the Exile, or in some New Hebrew poet of medieval time.[36]

Wir beginnen mit der Erwartung des Beobachters; dieses Mal erwartet er nämlich alltägliche Wirklichkeit und bekommt das Außergewöhnliche. Zweck dieser Textpassage ist es, uns von den Erwartungen gesellschaftlichen und rationalen Verständnisses abzubringen, in deren Erfüllung die große Leistung der Gwendolen-Handlung besteht, und uns zu erzählen, daß

33 *Daniel Deronda* (Kap. 33), S. 284.
34 S. 284.
35 S. 284.
36 S. 288.

es hier einen Mann gibt, dem man mit der scharfsichtigen Wahrnehmungsfähigkeit, die aus der Charakterzeichnung von Gwendolen und Grandcourt hervorsticht, nicht gerecht würde. Deshalb werden wir auf einen früheren Kontext verwiesen: Man muß Mordecai in Beziehung zu einem »old ivory carving«, einem »prophet of the Exile«, setzen, um ihn zu verstehen. Um solch eine Figur zu finden, war es schließlich gar nicht so töricht, ziellos durch das Judenviertel von London zu streifen.

Natürlich ist George Eliots realistisches Gewissen zu stark, um ihr zu gestatten, jeglichen Kontakt mit ihren üblichen Verfahren zu verlieren. Was diese verwirrende Figur tut, ist »nothing more remarkable than reading yesterday's *Times*«; wenn eine Seite später Mordecai Derondas Arm drückt und »in a hoarse, excited voice« sagt, »you are perhaps of our race«, erleben wir Derondas englische Verlegenheit und den Zusammenbruch des »prophet of the Exile«, der sich in den Gehilfen des Buchhändlers verwandelt, den wir hier ohnehin erwartet hätten: »I believe Mr. Ram will be satisfied with half-a-crown, sir.«

Diesem Beispiel, das wie der ganze Teil des Buches, der die »romance« evoziert, auch realistische Anklänge hat, sei ein Beispiel des eigentlichen realistischen Teils entgegengesetzt, der seine eigenen Begrenzungen erforscht und folglich mit zumindest einem intertextuellen Bezug versucht, sie zu überwinden:

> Lush had had his patron under close observation for many years, and knew him perhaps better than he knew any other subject; but to know Grandcourt was to doubt what he would do in any particular case. It might happen that he would behave with an apparent magnanimity, like the hero of a modern French drama, whose sudden start into moral splendour after much lying and meanness leaves you little confidence as to any part of his career that may follow the fall of the curtain.[37]

Nach Jakobsons fünftem Kriterium ist Realismus die Konsistenz der Motivation; jedoch macht es gerade seine Kenntnis von Grandcourt Lush schwer, Konsistenz zu finden, nicht weil es keinen konsequenten Charakter gäbe, sondern weil die Komplexität unsere Wahrnehmungsfähigkeit übersteigen kann. Und so werden wir zur nicht-realistischen Form des – damals – modernen französischen Dramas zurückgeführt, jedoch nicht für lange. Weil dieses das nicht-wahrscheinliche Verhalten seiner Figuren nicht dazu benützt zu zeigen, daß Wahrheit sich der Wahrscheinlichkeit entziehen kann, sondern schlicht und einfach um des dramatischen Effekts und der moralischen Erbauung willen, wird dieser Stil von George Eliot nur evoziert, um sogleich verworfen zu werden. Tatsächlich könnte Jakobsons Formulierung leicht in die Irre führen, da es ja die »humours« der traditionellen Komödie sind, die sich mit vollkommener Konsequenz verhalten. Der

---

37 Kap. 25, S. 209.

Realismus dagegen ersetzt die leichtfertige Überzeugung von der Konsistenz menschlichen Handelns durch die Erkenntnis, daß Grandcourts »fitful obstinacy« lediglich langsam und geduldig zu entschlüsseln sei. Lush, der so sehr damit beschäftigt ist, Grandcourt nicht falsch zu interpretieren, eignet sich besonders gut zum realistischen Schriftsteller.

5. Schluß

Negierte Intertextualität als ausdrücklicher Verweis auf eine Konvention oder einen Vergleich, deren man sich gerade nicht bedient, kann auch mit den bereits zitierten Zeilen Wordsworths illustriert werden. Ist es möglich, so kann man fragen, ihre Verwandtschaft mit früherer Hirtendichtung aus ihrer Bedeutung zu tilgen?

> From crowded streets remote,
> Far from the living and dead wilderness
> Of the thronged world [...][38]

Ist dies nicht eine modernisierte Version jener Ablehnung von »painted pomp« und geschäftiger Betriebsamkeit, die ja das charakteristische Merkmal des Lobs der ländlichen Stille bildet? Da sich Bedeutung aus der Interaktion der Leserkompetenz (und -erwartung) mit den Worten des Textes konstituiert, können wir fragen, ob es lediglich des Lesers Kenntnis der pastoralen Tradition ist, die deren Präsenz hier sichert. Dies muß konsequenterweise zu der Frage führen, was geschieht, wenn ein Leser diese Kenntnis nicht besitzt (wie sicher viele der späteren Leser). Ein guter Testfall ist der Untertitel von »Michael«: »a pastoral poem«. Der Primitivismus dieses Gedichts ist hart, nicht weich; schon Michaels Name ist repräsentativ für seine radikale Verschiedenheit von den idealisierten Corins und Thyrses der pastoralen Konvention. In »Michael« gibt es keine dekorative Künstlichkeit im Stil, kein Wissen um einen Theokrit oder Vergil, kein Lob der ländlichen Zufriedenheit. Dieses rauhe Gedicht ist so verschieden von der traditionsgemäß so bezeichneten Hirtendichtung, wie es nur sein kann, und die einzig mögliche Bedeutung seines Untertitels ist »Ein Gedicht über einen Schäfer«. Daher müssen wir sicherlich diese Wendung als einen Akt der Herausforderung verstehen: »Dies«, so erfahren wir, »ist es, was ich unter ›pastoral‹ verstehe.« Noch einmal: Dies ist eine in einem Seminar erwähnenswerte Einzelheit. Aber ist nicht gerade die Tatsache, daß man sie erwähnen muß, Beweis für ihre Unnötigkeit? Wenn Wordsworth uns sagt, daß »pastoral« für ihn nicht eine Idylle nach Theokrit bedeutet, sondern ein

---

38 Wordsworth, »Home at Grasmere« (vv. 612–614), S. 91.

Gedicht über einen Schäfer – über einen wirklichen Schäfer[39] –, müssen wir dann überhaupt das Textverständnis des modernen Lesers korrigieren, der eben dies ja zuerst für die Bedeutung des Untertitels hielt? Wenn Unkenntnis hier ein Segen war, ist Aufklärung dann nicht Torheit?

Es stehen sich hier zwei Auffassungen von Bedeutung gegenüber, die ich mit der Art vergleichen möchte, wie man die Bedeutung eines Gebäudes verstehen könnte. Es geschieht ja ziemlich häufig, daß Gebäude ihre Funktion ändern – so wird z. B. eine katholische Kirche zu einer protestantischen, eine christliche Kirche zu einer Moschee, eine Kirche zu einem weltlichen Gebäude, ein Palast zu einem Museum, ein im Besitz einer Familie befindliches Herrenhaus zu einem Sanatorium oder einer Schule. Wenn die neue Funktion die eines Museums ist, kann man nicht umhin, das Wissen um die frühere zu erhalten; in vielen anderen Fällen könnte jedoch die neue Funktion genauso gut, wenn nicht sogar besser erfüllt werden, wenn die alte vergessen wäre. Das Wissen um die Familie, die einst hier lebte, wird den Rekonvaleszenten bei ihrer Heilung nicht helfen.

Dies gilt jedoch nur dann, wenn die neue Funktion kein Element historischen Wissens beinhaltet. Wenn das Hauptquartier der kommunistischen Partei einst ein Palast gewesen ist, möchten wir, daß diese Tatsache im Bewußtsein der jetzigen Besitzer verankert ist? Man kann argumentieren, daß der Erfolg der Revolution eben an unserer Fähigkeit, diese Tatsache zu vergessen, gemessen werden kann, wie der Erfolg von Wordsworths Revolution an unserer modernen Annahme gemessen werden kann, daß er selbstverständlich über Ereignisse und Situationen des einfachen Lebens schrieb. Man kann aber auch argumentieren, daß die neue politische Ordnung das Wissen um ihre Entstehung bewahren muß, nicht zuletzt um sich die Gefahren der Konterrevolution zu vergegenwärtigen und um vor allem ein umfassendes historisches Verständnis der gegenwärtigen Gesellschaft zu besitzen. Wenn also Dichtung in der Nachfolge Wordsworths nur unter Einbeziehung ihrer historischen Dimension völlig verstanden werden kann, dann müssen wir nicht nur wissen, was das Gedicht »Michael« ist, sondern auch, was es nicht ist; und der Akt der Negierung in seinem Untertitel kann nicht von der Gesamtbedeutung abgetrennt werden, ohne diese zu verstümmeln.

(Übersetzt von Barbara Schaff)

---

39 Vgl. zu diesem neuen Konzept des Pastoralen auch R. Borgmeier, *The Dying Shepherd: Die Tradition der englischen Ekloge von Pope bis Wordsworth* (Tübingen, 1976).

4. »A Map for Rereading«[1]

Intertextualität aus der Perspektive einer feministischen Literaturwissenschaft

Gisela Ecker

›Oh he has his dissertation to write‹, said Mr. Ramsay. She knew all about *that*, said Mrs. Ramsay. He talked of nothing else. It was about the influence of somebody upon something.[2]

[...] it is so ernormously important for women to write fiction *as* women – it is part of the slow process of decolonialising our language and our basic habits of thought.[3]

Liebe A., glaubst Du, daß dies das objektive Denken ist, aus dem eine ›objektive‹ Ästhetik entsteht? Sage Dir alle großen Namen der abendländischen Literatur auf, vergiß weder Homer noch Brecht, und frage Dich, bei welchem dieser Geistesriesen Du, als Schreibende, anknüpfen könntest. Wir haben keine authentischen Muster, das kostet uns Zeit, Umwege, Irrtümer, aber es muß ja nicht nur ein Nachteil sein.[4]

Diese Textstellen enthalten bereits viele Stellungnahmen zu Problemen der Intertextualität, die in der feministischen Diskussion eine wichtige Rolle spielen. Es werden Schwierigkeiten beim intertextuellen Umgang mit einem Bildungserbe angesprochen, in dem Frauen sich nur verzerrt wiederfinden; die Reaktionen reichen von ironischer Distanz über Betroffenheit und deutliche Absage bis zu Entschlossenheit zur Spurensuche und Bereitschaft zur Veränderung der eigenen Schreibweise. Aufgrund der Forschung der letzten zehn Jahre dürfte kein Zweifel mehr darüber bestehen, daß es keine ungehindert reziproke Intertextualität zwischen Texten der Geschlechter gegeben hat. Dies liegt an unserer Kultur, in der sich die männliche Perspektive, zum Allgemein-Menschlichen erklärt, als ›natürlich‹ und automatisiert durchgesetzt hat. Die verschiedenen Möglichkeiten, die beschritten werden, um dieser Asymmetrie zu begegnen, nämlich sich um den Preis der Selbstentfremdung an ein falsches Ideal von Geschlechtsneutralität anzupassen, sich zu separieren und die Gebundenheit an diese Kultur zu negieren oder sich auf die parallele Suche nach einer eigenen Tradition zu begeben – alle diese Möglichkeiten sind *per se* nicht perfekt und bringen ihre eigenen Probleme mit sich. Diese Situation ist zu berücksichtigen,

1 A. Kolodny, »A Map for Rereading: Or, Gender and the Interpretation of Literary Texts«, *New Literary History,* 11 (1980), 451–467.

2 V. Woolf, *To the Lighthouse,* Panther edition (St. Albans, 1977), S. 64.

3 A. Carter, »Notes from the front line«, in: *On Gender and Writing*, ed. M. Wandor (London, 1983), S. 69–77.

4 Ch. Wolf, *Voraussetzungen einer Erzählung: Kassandra*, Frankfurter Poetik-Vorlesungen (Darmstadt, 1983), S. 146.

wenn ich im folgenden drei Bereiche herausgreifen werde, in denen es zu Fragen der Intertextualität von der Seite feministischer Literaturwissenschaft ganz spezifische Problemkonstellationen gibt.

Daß im Rahmen dieses Beitrags auf die von den Poststrukturalisten entwickelte Definition von Intertextualität zurückgegriffen wird, hat eine doppelte Begründung. Zum einen enthält deren globale (in vielem allerdings auch problematische) Kritik am westlichen metaphysischen Denken auch potentiell feministische Positionen,[5] die von einigen Vertretern auch explizit benannt sind,[6] zum anderen scheinen mir in der Erweiterung des Begriffs auch erweiterte Anwendungsmöglichkeiten zu liegen. Daneben wird innerhalb dieser Theorie dezidierten Erkenntnisinteressen Raum gewährt, denn bei der Untersuchung von Intertextualität im weiteren Sinn, also »the relationship between a text and the various languages or signifying practices of a culture«,[7] treffen mehrere Systeme aufeinander: der im Mittelpunkt stehende Text, die mit diesem in Relation gesetzten »signifying systems« (die wiederum in Form von Texten auftreten können) und nicht zu vergessen die jeweils eingesetzte literaturwissenschaftliche Position, die in sich ebenfalls intertextuell verankert ist. Die letztere ist umso wichtiger, als mit dem genannten Konzept von Intertextualität im Prinzip sehr wenig Grenzen gezogen werden, da man – so eine häufige Kritik – alles mit allem in Beziehung setzen könne und somit das Problemfeld im Grunde wenig vorstrukturiert werde. Barthes' Beschwörung eines universellen Intertexts verdeutlicht zum Beispiel auf ironische Weise, daß kein Interpretationsakt je die Polyphonie der beteiligten Stimmen erfassen könnte und daß der Text (als »Intertext«) einen unbegrenzten Fundus an Anschlußmöglichkeiten bietet. Der hypothetisch unendlich plurale Text ist das beängstigende wie stimulierende Produkt der Texttheorie von Kristeva, Barthes, Derrida und anderen. Die als Konsequenz für jegliche Anwendung dieser Theorie nötige Entscheidungsleistung der beteiligten Forscher liegt im Bereich der Selektion des untersuchten Texts, der Auswahl und Art der Vergleichstexte und schließlich der Vergleichspunkte selbst. Die spezifische Parteilichkeit eines feministischen Erkenntnisinteresses[8] läßt sich so in die Untersuchung von Intertextualität integrieren.

---

[5] Mit dieser Problematik setze ich mich detaillierter auseinander in: »Poststrukturalismus und feministische Wissenschaft: Eine heimliche oder unheimliche Allianz?«, in: *Frauen – Weiblichkeit – Schrift,* ed. R. Berger u.a. (Berlin, 1985), S. 8–20 und in meiner »Introduction« zu *Feminist Aesthetics,* ed. G. Ecker (London, 1985), S. X–XVII.

[6] J. Derrida, *Spurs: Nietzsche's Styles* (Chicago, 1979); ders., »Becoming Woman«, *Semiotext(e),* 3 (1978); W. C. Booth, »Freedom of Interpretation: Bakhtin and the Challenge of Feminist Criticism«, *Critical Inquiry,* 9 (1982), 45–76; J. Culler, *On Deconstruction* (London, 1983).

[7] J. Culler, *The Pursuit of Signs* (New York, 1981), S. 103.

[8] Vgl. dazu N. Würzbach, »Feministische Forschung in Literaturwissenschaft und

1. *Negierung von Intertextualität im Programm der »écriture féminine«*

»Den Körper schreiben« ist ein zentrales Konzept der französischen Feministinnen, das implizit Stellungnahmen zur Intertextualität enthält. Es ist aus dem poststrukturalistischen Programm der Lust hervorgegangen, das am explizitesten von Roland Barthes[9] formuliert wurde. *Jouissance* als körperliches Empfinden drückt unbewußtes Begehren und instinkthafte Triebe aus, die im Prozeß des Schreibens und Lesens auftauchen. Kristeva entwikkelt daraus ihre Theorie der symbolischen und semiotischen Anteile der Schrift, nach der das Körperliche, d. h. Semiotische, über das Symbolische hinausgeht, es in Frage stellt, es de-zentriert.[10] Bei Kristeva und Derrida stellt ein Schreiben, das diesen Prozessen Raum gibt, eine avantgardistische ästhetische Möglichkeit dar, die grundsätzlich beiden Geschlechtern offensteht, die aber gleichzeitig bereits mit dem Etikett »weiblich« versehen wurde. Obgleich »weibliches Schreiben« zunächst nur als Gegenbegriff zum »phallozentrischen« Schreiben fungieren sollte, verlor dieses Konzept später seine universale Zugänglichkeit und wurde auf reale Frauen projiziert:

> Wenn eine Frau in der zeitlichen symbolischen Ordnung nur zur Existenz gelangt, indem sie sich mit dem Vater identifiziert, so versteht man, daß sie sich [...] vervollkommnet, sobald sich das durchsetzt, was sich in ihr dieser Identifikation entzieht und nun ganz anders, in unmittelbarer Nähe des Traums oder des mütterlichen Körpers, handelt. Und hiermit erhält die weibliche Besonderheit in einer patrilinearen Gesellschaft ihre Konturen: Spezialistinnen für das Unbewußte, Hexen, Bacchantinnen, die sich in einer anti-apollinischen, dionysischen Orgie dem Sinnenrausch hingeben.[11]

Cixous, Irigaray, Clément, Duras und andere[12] formulieren daraus ein explizites feministisches Programm mit eben dem Argument, daß Frauen dafür besonders privilegiert seien, weil sie sowieso immer schon innerhalb der symbolischen kulturellen Ordnungen eine marginale Stellung innehatten.

Volkskunde: Neue Fragestellungen und Probleme der Theoriebildung«, in: *Die Frau und das Märchen*, ed. S. Früh/R. Wehse (Kassel, 1984), S. 192–214.

9 Vgl. z. B. folgende seiner Texte: *Roland Barthes par Roland Barthes* (1975); *Le Grain de la voix* (1981); *Le Plaisir du texte* (1973); *Fragment d'un discours amoureux* (1977).

10 J. Kristeva, *Die Revolution der poetischen Sprache* (Frankfurt, 1978) und dies., *Desire in Language: A Semiotic Approach to Literature and Art* (Oxford, 1980).

11 J. Kristeva, *Die Chinesin* (Frankfurt, 1982), S. 264.

12 Vgl. H. Cixous, *Weiblichkeit in der Schrift* (Berlin, 1980); L. Irigaray, *Speculum: Spiegel des anderen Geschlechts* (Frankfurt, 1980); die Beiträge in *Alternative*, 108/109 (1976); *New French Feminism: An Anthology*, ed. E. Marx/I. de Courtivron (Amherst, 1980); zur englischen, amerikanischen und deutschen Rezeption vgl. A. R. Jones, »Writing the body: Toward an understanding of l'écriture féminine«, *Feminist Studies*, 7 (1982), 247–263; N. Miller, »The text's heroine: A feminist critic and her fictions«, *Diacritics*, 12 (1982), 48–53; F. Hassauer, »Der ver-rückte Diskurs der Sprachlosen«, *Notizbuch*, 2 (1980), 48–65.

Der symbolische Bereich, der zugunsten eines freieren Ausdrucks von Körperlichkeit zurückgedrängt werden soll, umfaßt neben der allgemeinen Bildung auch die kanonisierte Literatur, das Inventar der verfügbaren literarischen Formen. Die Zuwendung zur *jouissance* des Körpers bedeutet also gleichzeitig eine Negierung dessen, was »Bildungsintertextualität« genannt werden kann. Obwohl sie aus ganz anderen Zusammenhängen entstanden ist, trifft sich die Negierung von Intertextualität bei den Französinnen mit einer schon seit dem 19. Jahrhundert geäußerten[13] und dann bei Virginia Woolf und in den siebziger Jahren wieder aufgenommenen Klage über die Beschaffenheit des »Universums der Texte«, die das Zitieren und Wiederverwenden so kompliziert gestaltet:

> But after all, look at what we read. I read Schopenhauer and Nietzsche and Wittgenstein and Freud and Erickson; I read de Montherland and Joyce and Lawrence and sillier people like Miller and Mailer and Roth and Philip Wylie [...] I read or read about, without much question, the Hindus and the Jews, Pythagoras and Aristotle, Seneca, Cato, St. Paul, Luther, Sam Johnson, Rousseau, Swift ... well, you understand. For years I didn't take it personally.[14]

Aus der Not des Ausschlusses wird im Programm der *écriture féminine* eine Tugend gemacht. Problematisch daran ist nun weniger die Theorie als deren Niederschlag in konkreten literarischen Texten. Der Theorie nämlich kann kaum mehr ein platter Biologismus unterstellt werden, wenn sie derart explizit darauf insistiert, daß der Körper nicht dominant abbildhaft auf den Geschlechtscharakter verweist, sondern eingesetzt wird, um verfestigte Codierungen in Bewegung geraten zu lassen. Dies verlangt allerdings veränderte Leseeinstellungen, vor allem die Bereitschaft, die Skepsis der Poststrukturalisten an der Referentialität des Zeichens zu teilen. Gleichzeitig aber – und darin manifestiert sich eine paradoxe Situation – liegt es in der Natur literarischer Texte, daß nicht nur der intendierte intertextuelle Bezug (das heißt hier: die negierte Intertextualität) zum Tragen kommt, sondern alles, was vom Leser und der Leserin als ein solcher erkannt und assoziativ verbunden wird. Dies ist ein wichtiges Postulat der Intertextualitätsdebatte, die sich der erweiterten Definition des Begriffs bedient. Wie schon im Beitrag von Lerner deutlich wurde, ist es schwierig, wenn nicht unmöglich, der Intertextualität zu entfliehen. Es entstehen nicht-reflektierte intertextuelle Anschlüsse. So korrespondiert zum Beispiel das Weiblichkeitsideal der *écriture féminine* bis in den Wortlaut hinein mit den um die Jahrhundertwende in der Literatur männlicher Autoren auftauchenden sinnlichen Frauenbildern von Lulu bis Molly, »Spezialistinnen«, von denen Kristeva sprach und die ihrerseits bereits viele Vorbilder hatten. Ein solches radikales »Her-

---

[13] So z.B. an mehreren Stellen bei Elizabeth Barrett Browning, *Aurora Leigh* (1857).

[14] M. French, *The Women's Room* (London, 1978), S. 267.

austreten aus der Kultur – an deren Konstitution als, wenn auch schweigende, Folie die Frau immer beteiligt war«[15] – ist eben unmöglich und schafft gefährliche Anbindungen an Stereotypen, die andernorts attackiert werden.

Ähnliche Vorbehalte gelten auch für Texte, die nicht explizit aus dem Programm der *écriture féminine* erwachsen sind, aber den gleichen Gestus des entschlossenen Nicht-Partizipierens an einer sie ausschließenden Tradition aufweisen. Die vielen Krankheitsgeschichten, in denen die Illusion vermittelt wird, daß körperliche und psychische Extremzustände ohne stilistische Formgebung dargestellt werden, stellen einen unfreiwilligen Bezug zum Typus der kränkelnden und passiven Frau in der Literatur mehrerer Jahrhunderte her. Als besonders problematisch gilt diese potentielle und – auf die Autorinnen bezogen – ungewollte Intertextualität bei Texten, in denen weibliche Protagonisten durch den Rückzug in die Natur, der gleichzeitig ein intensiveres Körpererleben mit sich bringt, zu einem neuen Identitätsgefühl gelangen, zum Beispiel in Kate Chopin, *The Awakening*, Joan Barfoot, *Gaining Ground*, Margaret Atwood, *Surfacing* und vielen weiteren Texten, die in Gefahr kommen könnten, in die Nähe der vielfältigen Stereotypen von der Frau als Naturwesen zu geraten, eines jener erstarrten Frauenbilder, die zu Recht heftig angegriffen worden sind.

Sicher ist es wichtig, die Probleme einer solchen Intertextualität zu erkennen und auch im Werk von Autorinnen kritisch zu behandeln, wenn sie zu so starren Festlegungen führen, wie sie zum Beispiel bei D. H. Lawrence zu finden sind. In den drei genannten Romanen jedoch sollen die Protagonistinnen gerade nicht in eine patriarchalische Gesellschaft integriert werden. Die metonymische Angleichung an Natur bedeutet für Edna (Chopin), Abra (Barfoot) und die bezeichnenderweise namenlose Hauptfigur bei Atwood erst einmal den ersten gesellschaftlich möglichen Schritt zu einer weniger entfremdeten Existenz, und aus der Negation der kulturellen Codierungen erwächst ein Veränderungsprozeß, der im Gegensatz zu einer fest umschriebenen Rolle steht. So gesehen könnte eine Untersuchung der intertextuellen Relation zu entsprechenden männlichen Weiblichkeitsmythen sogar zu einer differenzierteren Erkenntnis der eigentlichen Leistung dieser Romane führen. Auch »writing the body« wird immer als dynamischer Prozeß und nicht als biologistische Reduktion definiert.

Das Schreiben nach dem Diktat der *jouissance* bringt daneben auch hochgradig intertextuelle Texte hervor, wie sich am Beispiel von Barthes oder bei den von den Poststrukturalisten favorisierten Autoren zeigen läßt. Auch Cixous produziert intertextuell dichte Prosa, wenn sie sich auf Dora, Clarice Lispecteur oder Eurydike bezieht und dabei mit symbiotischen For-

---

[15] R. Lachmann, »Thesen zu einer weiblichen Ästhetik«, in: *Weiblichkeit oder Feminismus?*, ed. C. Opitz (Weingarten, 1984), S. 181–194.

men der Aneignung und Verarbeitung eines Prätexts experimentiert. Die entstehenden systemreferentiellen Bezüge verweisen auf das automatische, vom Unterbewußten gesteuerte Schreiben der Surrealisten.

2. *»A Map for Rereading« als feministisches Forschungsprogramm*

Eine Vielzahl von Untersuchungen gilt heute der Erforschung einer parallelen Literaturgeschichte von Frauen. Aufgrund der feministischen Analyse herkömmlicher Literaturwissenschaft und -geschichte – die ich hier als bekannt voraussetzen möchte – wurden Revisionsprozesse verlangt und auch bereits in Angriff genommen, die nicht nur ein Auffüllen der Literaturgeschichte um die bisher nicht berücksichtigten Texte von Autorinnen verlangten, sondern auch ein Wiederlesen bereits kanonisierter Schriftstellerinnen.[16] Probleme der Intertextualität gehen auf vielfältige Weise in ein solches Forschungsprogramm ein, denn sowohl Einzeltext- als auch Systemreferenz sind wichtige Aspekte einer jeden Literaturgeschichte, die Traditionslinien und Gruppenbildungen herausstellen will.

Es bestehen unterschiedliche Meinungen darüber, ob es eine lückenlose parallele Geschichte überhaupt gibt, denn:

> Zu schemenhaft voneinander getrennt geistern die Künstlerinnen durch die Geschichte, ihr Tun blieb nach ihnen zumeist folgenlos, ihr Schaffen wurde bis auf weniges aufgesogen in den männlichen Traditionen, als daß sich eine ganz selbständige gegenläufige Tradition nachträglich konstruieren ließe.[17]

Dagegen sind amerikanische und englische Wissenschaftlerinnen sehr viel optimistischer:

> [...] one can perform two simultaneous and compensatory gestures: the archaeological and rehabilitative act of discovering and recovering »lost« women writers and the reconstructive and re-evaluative act of establishing a parallel literary tradition [...] The advantage of these moves is that they make visible an otherwise invisible intertext: a reconstituted record of predecession and prefiguration, debts acknowledged and unacknowledged, anxieties and enthusiasms.[18]

Ungeachtet dieser Unterschiede besteht dahingehend Einigkeit, daß auf diesem Gebiet die Forschung weiter betrieben werden muß.

Dabei ergibt sich eine paradoxe Situation: Einerseits werden bestehende Ausgrenzungen kritisiert, auch wenn sie so rührend schmeichelhaft ausfallen wie Max Wildis Charakterisierung des »Frauenromans«, dessen Kenn-

---

[16] Vgl. E. Moers, *Literary Women* (New York, 1977) und E. Showalter, *A Literature of Their Own* (London, 1978).

[17] S. Bovenschen, »Über die Frage: Gibt es eine ›weibliche‹ Ästhetik?«, *Ästhetik und Kommunikation*, 7 (1976), 60–75.

[18] N. Miller, »Emphasis Added: Plots and Plausibilities in Women's Fiction«, *PLMA*, 96 (1981), 36–48, hier: 37.

zeichen »ein zartes, empfindliches Gefühl für Maß und Rundung« und dessen »Gewebe [...] in seinen Proportionen reiner und im Ganzen durchsichtiger«[19] sei, andererseits werden mit diesem Forschungsprogramm ganz offensichtlich zunächst Texte von Frauen in ihren Relationen zueinander untersucht und aus der allgemeinen Literaturgeschichte isoliert. Die Betonung muß hier auf »zunächst« liegen, denn die bestehende Asymmetrie kann nicht allein durch quantitatives Aufstocken ausgeglichen werden. In die Definition von Bildungsroman sind zum Beispiel so viele typische Elemente männlicher Sozialisation als Strukturelemente eingegangen, daß Romane von Schriftstellerinnen mit weiblichen Protagonisten, wie etwa Antonia White, *Frost in May*, Dorothy Richardson, *Pilgrimage* oder Rita Mae Brown, *Ruby Fruit Jungle*, immer wieder durch die verfügbaren Raster fallen und in allgemeinen Abhandlungen fehlen. Einzeluntersuchungen haben bereits gezeigt, daß die Struktur der Suche (*quest*) anders aussehen wird, daß die Position der Mutter stärker besetzt ist und daß Handeln anders definiert wird.[20] Da also der Einzeltext immer wieder demselben Selektionsprinzip unterworfen wird, nämlich daß er aufgrund der einseitigen Kriterien als deviant erkannt und ausgegrenzt wird, kann eine Veränderung der Gattungsdefinitionen selbst nur über eine intertextuelle Analyse der ausgegrenzten Texte laufen. Dabei geht es vorwiegend um Fragen der Motivübernahme, der Wiederholung und Variation von Themen und in jedem Fall neben den explizit markierten auch die weniger markierten intertextuellen Anknüpfungen. Ein – allerdings noch recht weit entferntes – Ziel einer solchen Praxis könnte gerade eine gerechtere und weniger asymmetrische allgemeine Literaturgeschichte sein.

Als Sammelbegriff für das einer Vielzahl von Einzeluntersuchungen zugrundeliegende Zielprojekt eignet sich der der Literaturgeschichte nur bedingt, da zum Beispiel der Aspekt der Chronologie nur von sekundärer Relevanz ist. Kolodnys »map for rereading« verweist mit dem Bild der Landkarte auf die Idee einer flächendeckenden Intertextualität, die bewußt nicht nach den Prinzipien linearer Genealogie konzipiert ist. Virginia Woolf und viele nach ihr haben das Bewußtsein dafür geschärft, daß ein solches »parallel mapping of a new geography« nur unter Berücksichtigung der spezifischen Produktions- und Rezeptionsbedingungen erstellt werden kann. Dabei wird sowohl die Geschichte von Behinderungen, von Rollen-

---

19 M. Wildi, *Der englische Frauenroman und andere Aufsätze* (Bern, 1976), S. 15.

20 Vgl. A. Pratt, *Archetypal Patterns in Women's Fiction* (Brighton, 1982); N. Baym, »Melodramas of Beset Manhood: How theories of American fiction exclude women authors«, *American Quarterly*, 33 (1981), 123–139; S. Rosowski, »The Novel of Awakening«, *Genre*, 12 (1979), 313–332; L. R. Edwards, »The Labors of Psyche: Toward a theory of female heroism«, *Critical Inquiry*, 6 (1979), 33–49; C. Pearson/K. Pope, *The Female Hero in American and British Literature* (New York, 1981).

konflikten und den daraus resultierenden »*Silences*«[21] erforscht als auch versucht, auf konstruktive Weise die möglichen positiven Rückkopplungen zwischen sozialen Bedingungen und Texten zu erfassen. Eine eben projektierte komparatistisch angelegte Literaturgeschichte weiblicher Texte fragt unter anderem nach den Orten der Literaturproduktion, von mittelalterlichen Klöstern über Höfe, Salons, dem Familieneßtisch bis zum »room of one's own«. Wenn mit Intertextualität »less a name for a work's relation to particular prior texts than a designation of its participation in the discursive space of a culture«[22] gemeint ist, dann wird eine solche Literaturgeschichte zur Kulturgeschichte[23] erweitert, innerhalb derer Prozesse der Textualisierung von Kontext erforscht werden.

Mit dem neuen Forschungsinteresse sind viele deutlich markierte intertextuelle Bezüge erst ins Blickfeld gerückt. Am offensichtlichsten ist ein solches gegenseitiges Zitieren bei Lyrikerinnen. Die Countess of Winchilsea greift Sappho auf, Elizabeth Barrett-Browning schreibt über George Sand, Amy Lowell über Barrett-Browning, Lola Ridge über Amy Lowell, Elizabeth Bishop über Marianne Moore, Anne Sexton über Silvia Plath, Denise Levertov und Adrienne Rich über eine große Zahl von Vorgängerinnen, und so ließe sich die Reihe weiter ausbauen.[24] Bei aller Verschiedenheit des Sprechtons und der poetischen Mittel läßt sich als Gemeinsamkeit die positive Anknüpfung erkennen, die als Preis, in Form von Referenz auf die Biographie der Vorgängerin, und im Vergleich mit der eigenen poetologischen Selbstaussage erfolgt. Borges' Aussage »The fact that every writer creates his own precursor«[25] wird in einer ganz spezifischen Weise auf »her precursors« ausgedehnt, die Gilbert und Gubar mit der ungleich schwierigeren Position von Lyrikerinnen (im Vergleich von Romanautorinnen) erklären.[26] Es läßt sich leicht nachweisen, daß noch bis in dieses Jahr-

---

[21] T. Olsen, *Silences* (London, 1980).

[22] Culler, *The Pursuit of Signs,* S. 103.

[23] V. B. Leitch, *Deconstructive Criticism* (London, 1983), S. 123.

[24] Material dazu ist in den Anthologien der Werke aller Lyrikerinnen in sehr großer Anzahl zu finden; daneben in den neueren Sammlungen von Gedichten von Frauen; u.a. *The World Split Open*, ed. L. Bernikow (London, 1974); *Salt and Bitter And Good*, ed. C. Kaplan (New York/London, 1975); *No More Masks,* ed. F. Howe/E. Bass (New York, 1973); *Mountain Moving Day*, ed. E. Gill (New York, 1973); *Bread and Roses*, ed. D. Scott (London, 1982); *One Foot on the Mountain*, ed. L. Mohin (London, 1979). – Wie differenziert bereits die Forschungsansätze zur Lyrik sind, läßt sich zeigen an den Beiträgen in *Shakespeare's Sisters*, ed. S. M. Gilbert/S. Gubar (Bloomington, 1978); vgl. auch C. Kaplan, »The Indefinite Disclosed: Christina Rossetti and Emily Dickinson«, in: *Women Writing and Writing about Women*, ed. M. Jacobus (London, 1979), S. 61–79.

[25] J. L. Borges, *Labyrinths* (Harmondsworth, 1981), S. 236.

[26] S. M. Gilbert/S. Gubar, *The Madwoman in the Attic* (New Haven/London, 1979), S. 49 und dies., »Gender, Creativity and the Woman Poet«, in: *Shakespeare's*

hundert hinein die Rolle der Dichterin als »angemaßte« und als unweibliche betrachtet wurde, zumal ja auch die Position Frau für die Muse und das besungene Objekt reserviert war. In der Lyrik ist diese Vorstellung des Weiterschreibens besonders ausgeprägt und historisch durchgängig zu finden, während sie in der Romanliteratur erst seit Virginia Woolf und verstärkt in der Literatur der siebziger Jahre auftaucht.

Als Beispiel für komplex strukturierte Einzeltextreferenz könnte man Jean Rhys' Geschichte der »madwoman in the attic« aus *Jane Eyre* in ihrem Roman *Wide Sargasso Sea* und das Umschreiben desselben Texts in Daphne du Mauriers *Rebecca* anführen;[27] ein wichtiges intertextuelles Motiv ist zum Beispiel der Geschlechtertausch;[28] ein bis zu Virginia Woolfs Bemerkungen in *A Room of One's Own* nicht beachtetes intertextuelles Thema ist das der Beziehungen zwischen Frauen in Romanen von Schriftstellerinnen;[29] eine Herstellung der Gattungsreferenz feministischer Utopien von Gilman, LeGuin, Russ und Piercy fördert neue Perspektiven zum Thema »alternative Welten«;[30] zum Komplex rekurrierender Bilder gibt es trotz bereits vorliegender Einzeluntersuchungen noch viel zu entdecken; im Bereich der Systemreferenz »*plot*-Struktur« muß noch weiter an der Untersuchung der geschlechtsspezifischen Dramatisierung des »divided self« in Texten von Plath, Gilman, Sexton, H. D., Lessing, Mortimer, Piercy, Ferguson gearbeitet werden.[31]

Mit dem Referenzbezug »Mythos« läßt sich eine ganz andere intertextuelle Reihe beschreiben. Er findet sich zum Beispiel bei so unterschiedlichen Autorinnen wie H. D., Adrienne Rich, Christa Wolf oder Angela Carter.[32]

Sisters, S. XV–XXVI. Zu dieser typischen Funktion der Intertextualität vgl. auch G. Brinker-Gablers Einleitung zu *Deutsche Dichterinnen vom 16. Jahrhundert bis zur Gegenwart*, ed. G. Brinker-Gabler (Frankfurt, 1978), S. 17–66.

27 Vgl. A. Light, »›Returning to Manderley‹ – Romance Fiction, Female Sexuality and Class«, *Feminist Review*, 16 (1984), 7–25; R. Scharfman, »Mirroring and Mothering in Simone Schwarz-Bart's *Pluie et vent sur Télumée Miracle* and Jean Rhys' *Wide Sargasso Sea«, Yale French Studies,* 62 (1981), 88–106.

28 I. Stephan, »›Daß ich Eins und doppelt bin ...‹ Geschlechtertausch als literarisches Thema«, in: I. Stephan/S. Weigel, *Die Verborgene Frau* (Berlin, 1983), S. 153–175; S. M. Gilbert, »Costumes of the Mind: Transvestism as Metaphor in Modern Literature«, in: *Writing and Sexual Difference*, ed. E. Abel (Brighton, 1982), S. 193–220.

29 E. Abel, »(E)Merging Identities: The Dynamics of Female Friendship in Contemporary Fiction by Women«, *Signs*, 6 (1981), 413–435; N. Auerbach, *Communities of Women* (Cambridge, Mass., 1978).

30 Vgl. meinen Artikel »The Politics of Fantasy in Recent American Women's Novels«, *EASt*, 6 (1984), 503–510.

31 B. H. Rigney, *Madness and Sexual Politics in the Feminist Novel* (Madison, 1982), bietet hier nur einen ersten Einstieg; die psychoanalytischen Theorien der letzten Jahre liefern neue Anregungen zum Thema.

32 Vgl. Ch. Wolf, *Kassandra* (Darmstadt, 1983) und *Voraussetzungen einer Erzählung: Kassandra*; A. Carter, *The Passion of New Eve* (London, 1977).

In der Forschung hat sich in den letzten Jahren eine verstärkte Beschäftigung mit der dichterischen Verarbeitung von Mythen abgezeichnet, aus der sich auch neue theoretische Zugänge entwickelten. Ausgangspunkt ist die These, daß die Spurensuche nach dem weiblichen Intertext bis in präpatriarchalische Gesellschaften zurückgehen muß. »Wir haben keine authentischen Muster«, sagt Christa Wolf in ihren Frankfurter Vorlesungen, und die Forschung von Heide Göttner-Abendroth[33] verbindet diese Suche nach der intertextuellen Spur mit der Definition eines anderen Kunstbegriffs, der das Rituelle mit einbezieht, zu einem utopischen Konzept »matriarchaler Kunstausübung«. Göttner-Abendroths Thesen sind hierzulande sehr umstritten, wären aber durchaus an Kristevas Vorstellung vom »kollektiven Erinnern« und an Foucaults weit gefaßtes Konzept des »Archivs« anschließbar.

Die Behandlung des Themas Sexualität im Roman einer Schriftstellerin wird so gut wie nie von der traditionellen Literaturkritik als akzeptabel befunden. Dabei reicht die Palette der Verdikte von der frustrierten Pastorentochter über die frigide Intellektuelle bis zur nymphomanischen Zeitgenossin. Eine Möglichkeit, jenseits dieser häßlichen Projektionen zwischen Verklärung und Verteufelung zu einer adäquateren Einschätzung zu kommen, ist nur in Sicht, wenn erstens die üblichen biographistischen Kurzschlüsse aufgegeben werden, zweitens im intertextuellen Vergleich erst einmal die Bandbreite der fiktionalen Umsetzungen des Themas Sexualität erforscht und ernsthaft als Aussage eines literarisch und biographisch definierten »Subjekts« zur Kenntnis genommen wird und drittens, wenn dann auch in Relation zu den jeweiligen historischen Normen »Frauenphantasien« genauso als kulturspezifischer Ausdruck differenziert betrachtet werden, wie es offensichtlich im Fall der »Männerphantasien« leichter möglich ist.

Aus diesen Beispielen sollte ersichtlich werden, daß die ganze Bandbreite von Typen und Bezugsformen der Intertextualität in einem solchen Forschungsprogramm vertreten ist. Das Wichtige dabei ist die durchgehend erkennbare Tendenz der Einzeluntersuchungen, es nicht bei der Analyse von intertextuellen Bezügen zu belassen, sondern gleichzeitig auf gängige Beurteilungskriterien verändernd einzuwirken. Es wird sich noch zeigen müssen, wo Gattungsdefinitionen grundsätzlich verändert werden müssen, um Texte von Frauen aufnehmen zu können, wo Sonderformen eingefügt werden müssen und überhaupt welche Formen solch eine (utopische) Literaturgeschichte annehmen müßte, um dem im allgemeinen gesetzten Anspruch der Universalität gerecht zu werden.

---

33 Vgl. *Die Göttin und ihr Heros* (München, 1980) und *Die Tanzende Göttin: Prinzipien einer matriarchalen Ästhetik* (München, 1982); vgl. auch z. B. die Beiträge in: *Philosophische Beiträge zur Frauenforschung*, ed. R. Großmaß/Ch. Schmerl (Bochum, 1981).

3. *Der Einzeltext im Spannungsfeld widersprüchlicher Teilnahme an kulturellen Codes*

Während intertextuelle Bezüge durch die Literaturwissenschaft im allgemeinen unter dem Aspekt der Verarbeitung und der Einverleibung in einen neuen kohärenten Text untersucht werden, verlagern die Poststrukturalisten den Schwerpunkt ihres Interesses auf die in einem Werk intertextuell evozierten Texte selbst und auf das Spannungsverhältnis, das sich aus ihrem Zusammentreffen ergibt. Anstatt sich wie bisher auf das Aufgehen der Prätexte in einer neuen ästhetischen Konstruktion zu konzentrieren, gestatten sie den »fremden Texten« ein stärkeres Eigenleben; diese werden auf eine Weise erneut »ins Spiel« gebracht, daß sie selbst wiederum als Vertreter literarischer und gesellschaftlicher Diskurse aktiv werden, die sich nicht immer problemlos aufeinander projizieren lassen. Das intertextuelle Spiel innerhalb eines Einzeltexts wird vorwiegend in Brüchen und Widersprüchen eines Werks lokalisiert und als ein dialogisches Einschreiben heterogener Elemente und Textwelten betrachtet, deren Reibungsflächen neue Lesarten ermöglichen. Die dekonstruktivistische Praxis so unterschiedlicher Autoren wie Derrida, J. Hillis Miller oder de Man setzt jeweils bei einer solchen Erforschung von Diskontinuitäten an.

Das Konzept des dialogischen Texts bietet Anknüpfungspunkte für die Analyse von Texten weiblicher Autoren. Es kann nämlich davon ausgegangen werden, daß im Werk von Autorinnen keinesfalls authentische »Weiblichkeitsaussagen« zu finden sind, sondern daß Frauen auf eine spezifische Weise an der gesellschaftlichen Realität teilhaben, indem sie nur teilweise und immer gespalten an den öffentlichen Diskursen beteiligt sind, und daß sich diese Situation in den Kulturprodukten von Frauen niederschlagen wird. Die Möglichkeiten, die Sigrid Weigel mit der Metapher des »schielenden Blicks« zusammenfaßt, sind vielfältig, so zum Beispiel »partielle Anpassung und Unterwerfung – als Strategie, als Schutz oder auch ganz unproblematisiert als verinnerlichte Verhaltensnorm«.[34] Da es in der literarischen Produktion um eine Wiederverarbeitung von Kultur geht, muß sich ein solcher Konflikt zwischen Affirmation und Distanz von kulturellen Codierungen von Weiblichkeit in der dialogischen Struktur eines Textes spiegeln. Intratextuelle dialogische Formen können als Widerstreit zwischen der eigenen und den fremden Stimmen als auch zwischen den fremden Prätexten untereinander auftreten. Bei Nancy Miller erscheint die »eigene Stimme« als eine zusätzliche Struktur, als »emphasis added«, die über den im Text geleisteten Anschluß an die dominante Kultur hinausreicht: »the emphasis is always there to be read, and it points to another text«.[35] An

---

[34] »Der schielende Blick: Thesen zur Geschichte weiblicher Schreibpraxis«, in: Weigel/Stephan, *Die Verborgene Frau*, S. 89.

[35] »Emphasis Added«, 47.

anderer Stelle bezeichnet sie dieses Phänomen als »italicization«, »the extravagant wish for a story that would turn out differently«.[36]

Aus diesen Formulierungen geht hervor, daß es sich um eine im Akt des Rezipierens konstituierte Dialogizität handelt, um eine nachträgliche Setzung, die keiner bewußten auktorialen Intention entsprechen muß. »But there is one place where this multiplicity is focused and that place is the reader, not, as was hitherto said, the autor«,[37] so Barthes' Kommentar zu den Konsequenzen einer Sicht des Texts als Polylog. Bei der beschriebenen Betrachtungsweise jedoch, nach der bestimmte dialogische Strukturen als ästhetische Transformation der sozialen und kulturellen Position von Schriftstellerinnen aufgefaßt werden, muß die von Barthes postulierte Unbegrenztheit der Herstellung intertextueller Bezüge eingeschränkt werden auf die historisch möglichen und auf diejenigen, die an der Konstruktion von Weiblichkeit teilhaben. Auch das Subjekt tritt uns hier nicht als völlig dezentriertes gegenüber, da es als historisches Subjekt erhalten bleibt, das allerdings gleichzeitig in seiner Eigenart als Schnittpunkt divergierender Codierungen ins Blickfeld gerät. Daß trotz dieser Eingrenzungen das so verstandene Konzept der Dialogizität mehr leistet als nur eine Erhellung des Kontexts, soll an den beiden folgenden Beispielen kurz vorgeführt werden. Sie sind bewußt nicht aus dem Bereich der Moderne, dem privilegierten Anwendungsbereich poststrukturalistischer Theorien, gewählt. Es soll deutlich werden, daß sich in den gezeigten heterogenen Textstrukturen generalisierbare Widersprüche manifestieren, die sich aus der Teilnahme der Autorinnen an einer geschlechtsdichotom geteilten Kultur ergeben.

Der Typ der selbständigen bis kratzbürstigen Frau hat bei Jane Austen eine recht differenzierte Ausprägung erfahren. Doch ausnahmslos landen diese Heldinnen in konventionellen Ehen, in denen sämtliche Schwierigkeiten, die die Protagonistinnen zunächst mit den Normen der Gesellschaft hatten, ausgeräumt scheinen. Diese Widersprüchlichkeit findet auch eine Entsprechung in formaler Hinsicht, denn während Jane Austen mittels subtil ausgestalteter Dialoge und einem Wechsel von ironischem Erzählerbericht und Reflexionen der Hauptfiguren deren Sich-Querstellen gegen die gesellschaftlichen Vorstellungen von Weiblichkeit breit entfaltet, sind bereits die Heiratsanträge und das kurz darauffolgende Ende der Romane eigentümlich farblos. Die dialogische Umsetzung fehlt oder ist stark reduziert, die Heldin reflektiert nicht mehr. Jane Austen setzt ihre stilistischen Fähigkeiten deutlich merkbar nicht mehr ein, so daß das Ende der Romane nur mehr bedingt einen Höhepunkt darstellt, so wie es in konventionellen Frauenromanen üblich ist. Es wäre sicher zu weit gegangen, hier eine implizite aber deutliche Stellungnahme gegen die Ehe zu sehen (und damit eine

---

36 »Emphasis Added«, 44.
37 *Image-Music-Text* (London, 1977), S. 146.

Reduktion zugunsten einer eindeutigen Emanzipationsaussage vorzunehmen); vielmehr wird hier ein Widerspruch deutlich, der nicht aufgelöst werden kann: Zeitgenössisch vorstellbar sind viele differenzierte Formen von Auflehnung und weiblicher Individualisierung abseits vom Stereotyp, nicht aber Konsequenzen in Form von großen Lösungen. Intertextuell lassen sich sowohl die zeitgenössischen *conduct books* als auch die Texte der bereits etablierten Gegenkonvention der »disagreeable woman«[38] anschließen (als »lesbare« Versionen etwa John Gregory, *A Father's Legacy to His Daughters* gegen Mary Wollstonecraft, *A Vindication of the Rights of Woman*). Es könnten – ganz im Stil einer dekonstruktivistischen Lesart – jeweils Textzitate angeführt werden, die ein deutliches Echo zu diesen beiden Texten anklingen lassen. Die Formen der schlagfertigen Replik, der aufmüpfigen Verhaltensweisen und der gelegentlich radikal eigensüchtigen Einstellungen dürfen weder verabsolutiert werden noch vom Ausgang her eine Relativierung erfahren. Es spricht viel dafür, daß das gesamte Spannungsverhältnis der beteiligten Diskurse, auch das historische Dilemma der Autorin, bei dem auch die Normen des Romantypus eine Rolle spielen, aufrecht erhalten wird.

In Charlotte Brontës Roman *Jane Eyre* wird im Verlauf des Texts in einem rationalen Diskurs das Bestreben der Hauptfigur nach Gleichstellung mit Rochester vorgeführt. Jane ist *agens* der Handlung auch durch ihr Argumentieren und durch den vorübergehenden Rückzug. Sie insistiert auf »equality« und ist selbstbewußt stolz darauf, daß sie die Bedingungen angibt, unter denen die Beziehung eingegangen wird. Indem Rochester noch von anderer Seite her, nämlich durch das Schicksal, auf ihre Stufe gebracht wird, ergibt sich ein deutlicher Bruch in der Motivierung der Handlung. Das Schicksal als *agens* eines *plot* wäre poetologisch keine Besonderheit, wohl aber in diesem Roman, in dem die aktive Heldin sich dieser Rolle selbst bewußt ist. Zwischen der Vehemenz von Janes Aufbegehren und der Passivität in der Annahme des (allerdings nach ihren Wünschen sich vollziehenden) Schicksals besteht ein Widerspruch, der nicht einfach aufgelöst werden kann.

Gilbert und Gubar haben detailliert eine in der Forschung auch anderweitig bestehende Interpretation der »madwoman in the attic« herausgearbeitet, nach der Bertha als Projektionsgestalt des in dieser Emanzipationsgeschichte Verdrängten gesehen werden kann.[39] Dies geschieht allerdings auf eine implizite Weise, durch Parallelkonstruktionen und durch die Bilder. Die Ich-Erzählerin Jane, die sonst alles explizit kommentiert, verstummt in ihrer analysierenden Funktion und nimmt eine lediglich beschreibende Haltung ein. Der leidenschaftliche, aber rationale Diskurs gilt dem

[38] Vgl. D. Spender, *Women of Ideas* (London, 1982), S. 117ff.
[39] *The Madwoman in the Attic*, S. 368ff.

Thema »equality«; was sonst an (sexuellem?) Begehren, Auflehnung und Widersprüchen bei Jane auftaucht, wird in den melodramatischen Bereich von Irresein und monströser Bestialität abgeschoben. Der Vollzug der Beziehung wird nur möglich, wenn er zum karitativen Akt reduziert ist. Obwohl keinerlei Einigung in der Forschung über die genauere inhaltliche Füllung des Bildbereichs der »madwoman« und der Funktion des Schicksals besteht, werden diese Punkte durchgehend als »Ungereimtheit« des Texts bezeichnet. Doch gerade durch diese Ungereimtheiten wird für uns der Status der vorgeführten Utopie als historisch bedingte Teillösung erkennbar, eine »union of equal minds« (aber eben nur von »minds«), eine ästhetisch umgesetzte Forderung der in der Tradition der Aufklärung stehenden feministischen Debatte. Gerade dadurch, daß diese Brüche – zwischen realistischen und melodramatischen Erzählelementen, zwischen expliziter Kommentierung und Beschreibung, zwischen widersprüchlichen Prinzipien der *plot*-Gestaltung – erkennbar werden, weist der Roman so deutlich wie wenige andere über sich hinaus und gestaltet, nach Maßgabe der zeitgenössischen narrativen Mittel und unter Verwendung des Bilds der »madwoman« poetisch verschlüsselt, das rational nicht Denkbare und unter den historischen Bedingungen nicht Ausdrückbare mit.

Das Hauptinteresse einer solchen Analyse gilt der Sinnkonstitution,[40] die anders ausfällt, wenn der Text als grundsätzlich dialogisch behandelt wird. Die Untersuchung der beteiligten literarischen, philosophischen, gesellschaftlichen etc. Sinnsysteme wird bei einer feministischen Analyse eingegrenzt (es wird nie der Anspruch auf Vollständigkeit erhoben) auf solche, die an der jeweiligen Konstruktion des Weiblichen teilhaben. Erforscht werden Diskontinuitäten in literarischen Texten als Kulturäußerung einer Gruppe, deren Teilhabe an und Ausschluß von öffentlichen Diskursen zum jeweiligen historischen Zeitpunkt interdisziplinär untersucht werden kann (und die sich intertextuell manifestiert). Diese Diskontinuitäten verweisen auf einen weiteren Text »zwischen den Zeilen«, auf »emphasis added« oder einen strategischen Fluchtpunkt.

In den Ansätzen, die ich hier vorgeführt habe, ist es müßig zu fragen, welche generellen Unterschiede denn zwischen Texten männlicher und weiblicher Autoren bestünden. Die benützten Konzepte von Intertextualität erlauben es, als heuristische Schaltstellen für eine Reihe von Einzelproblemen benützt zu werden und damit über allzu platt antagonistische Problemkonstruktionen hinauszugehen. Zwar können Prozesse der Differenzierung sichtbar gemacht werden, aber nicht Universalien geschlechtsspezi-

---

[40] Vgl. R. Lachmann, »Intertextualität als Sinnkonstitution: Andrej Belyjs *Petersburg* und die ›fremden‹ Texte«, *Poetica*, 15 (1983), 66–107, und dies., »Dialogizität und poetische Sprache«, in: *Dialogizität*, ed. R. Lachmann (München, 1982), S. 51–62.

fischer Ausdrucksformen. Als ein weiterer positiver Anknüpfungspunkt für feministische Forschung mag die Tatsache gelten, daß poststrukturalistische Theorien Positionen außerhalb festgefahrener literaturwissenschaftlicher Praktiken markieren, von denen aus das Unternehmen einer »map for re-reading« möglich wird.

5. Imitation und Intertextualität bei Robert Lowell

Manfred Pfister

1. Intertextualität im Werk Robert Lowells

Robert Lowell gilt vielen Kritikern als der bedeutendste amerikanische Dichter der Moderne seit T. S. Eliot und Ezra Pound, und ihren wie seinen Werken ist als eine Bedingung dieser Bedeutsamkeit gemeinsam, daß ihnen die Sprach- und Stimmenvielfalt der Weltliteratur eingeschrieben ist. Lowells Werk, das nun seit seinem Tod 1977 zumindest äußerlich abgeschlossen vor uns liegt, entfaltet sich, ähnlich dem Eliots und Pounds und hierin deutlich in deren Nachfolge stehend, als ein dichtes und komplexes Netzwerk intertextueller Bezüge, als ein Rhizom von Wurzeln und Spuren, das immer wieder die eigene Situation und den eigenen Text mehr oder weniger deutlich oder verdeckt mit früheren und fremden Texten verbindet.

Gemeinsame biographische Voraussetzung ist dabei bei allen dreien schon, daß sie vielfältig belesen und sprachkundig waren. Während jedoch Eliot und Pound ihre Belesenheit nach anfänglichen philosophischen Universitätsstudien außerhalb akademischer Institutionen sozusagen privat erweiterten und vertieften, kehrte Lowell, einer der führenden Familien des gesellschaftlichen und kulturellen Establishments von New England entstammend, Zeit seines Lebens nie ganz *academia* den Rücken. Er verkörpert damit die Reinform des modernen *poeta doctus*, den dozierenden Dichter beziehungsweise dichtenden Literaturdozenten, und diese Personalunion von Dichter und Kritiker bedingt und begünstigt natürlich die Entwicklung eines anspielungs- und beziehungsreichen Werkes, dessen intendierte und ideale Rezipienten, wie oft kritisch überpointiert eingewendet wird, selbst wieder Literaturwissenschaftler sind.[1] Eine solche Dichtung steht damit immer in der Gefahr, sich in hermetischer Unzugänglichkeit abzuschließen und in einer kurzgeschlossenen innerakademischen Zirkula-

[1] Einen analogen Fall stellen die aktuellen *campus novels* eines Malcolm Bradbury oder David Lodge dar: Lodges *Small World* (1984) z. B. setzt für ein angemessenes Verständnis beim Leser solide Kenntnisse der Geschichte nicht nur der Literatur, sondern auch der Literaturwissenschaft voraus.

tion zu erschöpfen. Daß nicht nur Eliot und Pound, sondern auch Lowell diesen Zirkel durchbrach, ist ein literatursoziologisches Faktum; literarästhetisch jedoch bleibt zu klären, wie das möglich war, d.h. was an ihren Werken es bedingte, daß sie trotz ihrer gelehrten Intertextualität nicht zur exklusiven Gelehrtenpoesie verkamen, und wie diese Intertextualität beschaffen ist, daß sie eine breitere Publikumswirkung nicht abblockte.

Eine zweite Voraussetzung kommt hinzu, die bei Eliot und Pound ebenso wie bei Lowell die Entfaltung eines Dialogs mit fremden Texten begünstigte: Sie sind alle Amerikaner, die stark auf Europa hin orientiert sind. Lowell hat zwar nicht wie Eliot und Pound den Großteil seines Lebens in England oder auf dem Kontinent verbracht, doch verlegte auch er nach mehreren längeren Studienaufenthalten in Europa seinen Hauptwohnsitz von 1970–1977 nach England. Sein Neu-Engländertum bedeutet zudem bereits eine besondere Bindung an das europäische Mutterland, wie auch sein Studium der Klassischen Philologie (1937–1940) und seine Konversion zum Römischen Katholizismus (1940) einen engen Bezug auf europäische Kulturen und Literaturen beinhalten. So wurde er wie Eliot und Pound zu einer Vermittlerfigur zwischen Europa und Amerika, und die weiten Horizonte seiner literarischen Studien und Lehrtätigkeit erlaubten es ihm, die eigene individuelle Erfahrung – die Revolte gegen das großbürgerlich-puritanische Elternhaus, Konversion und Glaubensverlust, Kriegsdienstverweigerung im Zweiten Weltkrieg und Kampf gegen den Vietnam-Krieg, wiederholte Anfälle von Geisteskrankheit und die Geschichte seiner drei Ehen – auf die umfassenden Panoramen der amerikanischen und der Weltgeschichte, der amerikanischen und der abendländischen Literatur und des antiken und christlichen Mythos zu beziehen.[2]

»Circle to circle« – so charakterisiert Lowell in dem Gedicht »Reading Myself« rückblickend den Wachstumsprozeß und die Struktur seines lyrischen Œuvres,[3] und man kann dabei von fünf Bezugskreisen ausgehen, die, vielfältig ineinander verschränkt, sich aufeinander öffnen und in immer neuen Abstufungen und Gewichtungen den thematischen Vorwurf seiner Gedichte abgeben. Es sind dies – in einander umschließenden Horizonten – seine individuelle Biographie, der Familienzusammenhang seiner Eltern und Ahnen, die Geschichte Neu-Englands, die Universalgeschichte und der Mythos. Und diese Bezugskreise stellen immer schon auch textuelle Vorgaben dar und können damit zum Auslöser intertextueller Dialoge werden. Selbst Lowells Biographie ist ja in einem ganz wesentlichen Aspekt die Biographie des Lesers Lowell und seiner Kontakte mit befreundeten Litera-

---

[2] Vgl. dazu M. Pfister, »Nachwort« zu R. Lowell, *Gedichte* (Stuttgart, 1982), S. 186–206, hier: S. 187–193.

[3] *Notebook* (New York, ^{3}1970), S. 213; auch in *Gedichte*, 112f.; vgl. dazu St. Yenser, *Circle to Circle: The Poetry of Robert Lowell* (Berkeley, 1975).

ten, wie z. B. die Gedichte von »Part Three« der *Life Studies* (1959) und zahlreiche Gedichte aus *Notebook* (1969; 1970) und *History* (1973) belegen, und auch sein Familienkontext ist bei so öffentlich wirksamen Ahnen – zu ihnen gehören mütterlicherseits Edward Winslow, einer der Pilgrim Fathers, der Gouverneur der Plymouth Colony, Josuah Winslow, und der Revolutionsgeneral John Stark und väterlicherseits die Dichter James Russell Lowell und Amy Lowell – immer wieder an Texten festzumachen, auf die sich seine Gedichte dann beziehen, wie etwa »For the Union Dead« (1964) auf James Russell Lowells Festode für die gefallenen Unionssoldaten von 1865.[4]

Von daher sollte es sich schon verbieten, Lowells Dichtung allzu einseitig und undialektisch auf einen unmittelbaren und unverstellten, d. h. nicht durch andere Texte vermittelten Zugriff auf die Erfahrungswirklichkeit festzulegen und sie ausschließlich im Licht von Schlagwörtern wie »The Cult of Experience«[5] oder »Confessional Poetry«[6] erfassen zu wollen, auch wenn eine Reihe von theoretischen Äußerungen Lowells selbst, ja einige der Titel seiner Gedichtbände – *Life Studies, Notebook, Day by Day* (1977) – programmatisch in die Richtung eines direkten Bezugs auf die erlebte Wirklichkeit zu verweisen scheinen. Denn die »words meat-hooked from the living steer«, die er in dem Gedicht »The Nihilist as Hero« fordert,[7] machen nur einen Teil seines poetischen Vokabulars aus und treten ständig in einen Dialog mit erinnerten fremden Wörtern, wie ja auch in diesem Gedicht der Forderung nach dem roh dem Leben entrissenen Wort ein Zitat Paul Valérys unmittelbar vorausgeht. Erlebte und erlesene Erfahrung schließen so einander nicht aus, sondern bilden eine Einheit, indem sie sich wechselseitig bereichern und verfremden. Freilich verschieben sich in den einzelnen Phasen seiner Entwicklung die Akzente zwischen diesen Polen des mimetischen Wirklichkeitsbezugs und des intertextuellen Bezugs immer wieder, womit sich seine Dichtung in eben jenem Spannungsfeld bewegt, das Lowell in seiner Dankrede für den National Book Award 1960 mit dem Gegensatz von »raw« und »cooked poetry« umschrieben hat:

> The cooked, marvelously expert, often seems laboriously concocted to be tasted and digested by a graduate seminar. The raw, huge blood-dripping gobbets of unseasoned experience are dished up for midnight listeners. There is a poetry that can only be studied, and a poetry that can only be declaimed, a poetry of pedantry, and a poetry of scandal.[8]

---

[4] Zu Lowells Biographie vgl. neuerdings I. Hamilton, *Robert Lowell: A Biography* (New York, 1982).

[5] Geprägt von Ph. Rahv, »The Cult of Experience in American Writing«, *Partisan Review,* 7 (1940), 412–424; zur Anwendung dieses Begriffs auf Lowell vgl. St. G. Axelrod, *Robert Lowell: Life and Art* (Princeton, N. J., 1978), S. 8f.

[6] Vgl. dazu Axelrod, S. 97–99.

[7] *Notebook,* S. 211; *Gedichte*, S. 94f.

[8] Vgl. Axelrod, S. 253, und Hamilton, S. 277.

Beide Extremsituationen sind zu vermeiden, und da sich Lowell in seinen ersten Gedichtbänden – *Land of Unlikeness* (1944), *Lord Weary's Castle* (1946) und *The Mills of the Kavanaughs* (1951) – mit ihrem düsteren rhetorischen Prunk, ihren komplizierten Versmaßen und ihrem hermetischen Dunkel gelehrt literarischer und theologischer Anspielungen als einer der Hauptvertreter der »cooked poetry« eingeführt hatte, öffnete er sich in den fünfziger Jahren bewußt und programmatisch den Einflüssen einer »raw poetry«, ohne dabei aber je auf die Vermittlung von erlebter Erfahrung und literarischen Vorgaben ganz zu verzichten.

Lowell ist also ein Dichter, der in der ständigen Transposition der Motive vom Privaten ins Öffentliche und in der Vermittlung des Aktuellen mit dem historisch Vergangenen und von amerikanischen mit europäischen Bewußtseinsformen immer schon »übersetzt«. Übersetzer ist Lowell aber auch in einem wörtlicheren Sinn. So übersetzt er nicht nur Racines *Phaedra* (1961),[9] Aischylos' *Prometheus Bound* (1969)[10] und dessen *Oresteia* (1978 postum veröffentlicht) für die Bühne, sondern überträgt er auch immer wieder fremdsprachliche Dichtung in sein eigenes Idiom.

Schon in *Lord Weary's Castle* und *The Mills of the Kavanaughs* finden sich immer wieder Gedichte eingestreut, die durch den Untertitel »After ...« als Version lateinischer, französischer oder deutscher Originale ausgewiesen werden, wobei sich Lowell freilich in einer einleitenden Notiz ausdrücklich dagegen verwahrt, hier von Übersetzungen im engeren Sinne zu sprechen: »When I use the word *after* below the title of a poem, what follows is not a translation but an imitation which should be read as though it were an original English poem.«[11] In dem Band *Near the Ocean* (1967) besteht die ganze zweite Hälfte aus freien »translations« nach Horaz, Juvenal, Dante, Quevedo und Góngora. Sie sind, wie er vorausschickt, durch das Thema »Rome, the greatness and horror of the Empire«, verknüpft, und er gibt es damit dem Leser selbst auf, den Verfall des römischen und des amerikanischen Imperiums aufeinander zu beziehen: »How one jumps from Rome to the America of my own poems is something of a mystery to me.«[12] Der Gedichtband mit dem programmatischen Titel *Imitations* (1961) schließlich enthält kein einziges Gedicht, das nicht auf ein fremdsprachiges Original zurückginge; ihm wollen wir uns daher als besonders interessantem Fall später im Detail zuwenden.

---

[9] Vgl. dazu S. Solomon »Racine und Lowell«, *London Magazine*, New Series, VI, 7 (1966), 39–42, und J. Mazzaro, »The Classicism of Robert Lowell's *Phaedra*«, *Contemporary Drama,* 7 (1973), 87–106.

[10] Vgl. dazu J. Mazzaro, »*Prometheus Bound*: Robert Lowell and Aeschylus«, *Contemporary Drama*, 7 (1973/1974), 278–290.

[11] *Lord Weary's Castle and The Mills of the Kavanaughs* (New York, 1974), S. 5. Die beste Studie zu den Vorlagen und Quellen der frühen und mittleren Gedichte Lowells ist J. Mazzaro, *The Poetic Themes of Robert Lowell* (Ann Arbor, 1965).

[12] *Near the Ocean* (New York, 1967), S. 9.

Der Anteil fremder Texte in Lowells Dichtung erweist sich als noch umfangreicher und gewichtiger, wenn man nicht nur die Gedichte berücksichtigt, die in ihrer Gänze auf Vorlagen beruhen, sondern auch jene, die sich bloß in einzelnen Abschnitten oder Versen auf poetische Prätexte beziehen. So ist etwa der letzte Vers von »Mother Marie Therese« aus *The Mills of the Kavanaughs* – »My mother's hollow sockets fill with tears« – eine modifizierte Version des Schlußverses von Baudelaires »La servante au grand cœur« aus den *Tableaux Parisiens* – »Voyant tomber des pleurs de sa paupière creuse« –, wobei Lowell durch dieses punktuelle Zitat seine noch ganz im 19. Jahrhundert befangene franko-kanadische Oberin beziehungsreich mit Baudelaires »âme pieuse« verknüpft. Das ganze Gedicht Baudelaires geht schließlich als »The Servant« in die *Imitations* ein und steht dort dann in einem doppelten intertextuellen Bezug zum einen auf das französische Original, zum andern auf dessen Zitat in »Mother Marie Therese«.[13]

Das Beispiel ist bewußt gewählt, denn die Spuren und Echos keines anderen Dichters durchdringen Lowells Gesamtwerk so sehr wie die Baudelaires. Dies beschränkt sich nicht auf Übersetzungen und genau lokalisierbare Zitate, sondern umschließt eine große Zahl von mehr oder weniger deutlichen Anspielungen, von einzelnen Formulierungen oder von Übernahmen einzelner Bildkomplexe und Motivdetails. In »Mother Marie Therese« z.B. ist das ganze letzte Drittel von solchen verdeckten intertextuellen Verweisen auf Baudelaire geradezu durchwirkt, die dann durch das wörtliche Zitat der Schlußzeile bloßgelegt werden. In ähnlicher Weise durchdringen Baudelairesche Wendungen, Bilder und Motive zahlreiche Gedichte von den frühen bis zu den späten Gedichtbänden Lowells, und es ist sicher kein Zufall, daß in *Imitations* die Baudelaire-Bearbeitungen sowohl dem Umfang als auch der Anordnung nach das Zentrum des ganzen Bandes bilden. In Baudelaire finden Lowells Pessimismus, seine tragische Sicht des entfremdeten Künstlers und einer gefallenen Gesellschaft und seine Gefühle spiritueller Apathie und geistigen *ennuis* ihren Fokus, so daß Baudelaires Stimme – sei es im deutlicheren Echo von Übersetzungen und Zitaten oder im gedämpfteren Nachhall von Anspielungen, Reminiszenzen und Korrespondenzen in Stimmung und Sujet – zu einer der wichtigsten Stimmen in jenem vielstimmigen Dialog wird, als der sich uns Lowells Lyrik präsentiert.[14]

---

[13] *Lord Weary's Castle and The Mills of the Kavanaughs,* S. 109; *Les Fleurs du Mal,* ed. V. Pichois (Paris, 1965), S. 117; *Imitations* (New York, 1961), S. 63. – Indem Lowell in »The Servant« nicht nur auf Baudelaire, sondern auch auf sein früheres Baudelaire-Zitat zurückverweist, liegt hier das vor, was I. P. Smirnov das »zitierte Zitat« genannt hat. Vgl. »Das zitierte Zitat« in: *Dialog der Texte*, ed. W. Schmid/W.-D. Stempel (Wien, 1983), S. 273–290. Man kann solchen potenzierten Zitaten häufig bei Lowell begegnen.

[14] Zu Lowell und Baudelaire vgl. den vorzüglichen Aufsatz von St. Axelrod, »Bau-

Es sind jedoch nicht nur fremdsprachige Stimmen, die in den intertextuellen Dialog der Lowellschen Lyrik eingehen, denn Lowell als Vermittler zwischen Europa und Amerika öffnet seine Gedichte auch der heimischen Tradition und läßt somit europäische und amerikanische Bewußtseinslagen einander ergänzen und relativieren. Auch hier kann man wieder in einem übertragenen Sinn von Übersetzungen sprechen: Es wird dabei zwar nicht von einer Nationalsprache in eine andere übersetzt, wohl aber von einer historischen Entwicklungsstufe der Sprache und des Bewußtseins in eine andere und meist auch von einer Gattung in eine andere. So gehen etwa von den drei Dramen seiner Trilogie zur amerikanischen Geschichte, *The Old Glory* (1964; rev. 1968), die ersten beiden, *Endecott and the Red Cross* und *My Kinsman, Major Molineux* auf gleichnamige Kurzgeschichten und Skizzen Nathaniel Hawthornes und das letzte, *Benito Cereno*, auf Herman Melvilles Erzählung gleichen Titels zurück, und dies nicht nur im Stoff, sondern auch in der Sprachgebung. Und so wie er hier die Prosa seiner Vorlagen in Vers übersetzt, integriert er auch in seine Lyrik immer wieder die Prosa narrativer oder expositorischer Schriften, die er durch ebenso behutsame wie effektvolle Verdichtung und Rhythmisierung versifiziert. Vor allem die Predigten und Traktate des neuenglischen Puritaners aus dem frühen 18. Jahrhundert, Jonathan Edwards, ziehen ihn immer wieder an, und seine Gedichte über ihn, »Mr. Edwards and the Spider«, »After the Surprising Conversions« und »Jonathan Edwards in Western Massachusetts«, die weitgehend Zitatmontagen aus Edwards' Schriften darstellen, führen puritanischen Prädestinationsglauben und puritanische Seelenqual nicht nur kritisch distanziert, sondern auch existentiell betroffen und fasziniert vor.[15]

Oft montiert Lowell dabei Prätexte verschiedener Autoren: In »Jonathan Edwards in Western Massachusetts« z. B. verwendet er neben Passagen aus Edwards' »Of Insects«, »Personal Narrative«, »Sarah Pierrepont« und »Sinners in the Hands of an Angry God« auch ein längeres Zitat aus Bacons Essay »Of Gardens« und ein kürzeres aus »Of Great Places«, und auch sein wohl bekanntestes Gedicht, »The Quaker Graveyard in Nantucket« aus *Lord Weary's Castle*, ist aus mehreren versifizierten Prosapassagen aus Edwards' Traktat »Sinners in the Hands of an Angry God« (Teil III, Vers 55 ff.), aus Thoreaus Beschreibung eines Schiffbruchs in *Cape Cod*

---

delaire and the Poetry of Robert Lowell«, *Twentieth Century Literature,* 17 (1971), 257–274. – Zum Konzept einer dialogischen Lyrik, das sich gegen Bachtins Bewertung des poetischen Textes als eines notwendig monologischen wendet, vgl. R. Lachmann »Dialogizität und poetische Sprache«, in: *Dialogizität*, ed. R. Lachmann (München, 1982), S. 51–62.

15 »Mr. Edwards and the Spider« und »After the Surprising Conversions«, in: *Lord Weary's Castle,* S. 64 f.; »Jonathan Edwards in Western Massachusetts«, in: *For the Union Dead* (New York, 1964), S. 40–44. Vgl. auch Lowell, *Gedichte*, S. 20 ff., 24 ff. und 62 ff. und die Quellennachweise in den Anmerkungen.

(Teil I) und aus Edward Watkins *Catholic Art and Culture* (Teil IV) aufgebaut.[16] Darüber hinaus zitiert dieses Gedicht – wie so oft in Lowells früher Lyrik – wiederholt das Alte Testament. Der intertextuelle Beziehungsreichtum von Lowells Elegie auf seinen Cousin Warren Winslow, der 1944 mit seinem Zerstörer im Ambrose Channel unterging, erschöpft sich jedoch nicht in solchen direkten Zitaten, sondern schließt überdies auf indirektere Weise noch weitere Texte ein: Schon als Elegie stellt sich das Gedicht bewußt in die Tradition großer abendländischer Elegien, wobei die Bezüge auf Miltons »Lycidas« besonders pointiert sind, und vom Schauplatz und vom Sujet her verweist es auf Melvilles Roman-Epos *Moby Dick* und verleiht damit seinem Vorwurf eine gleichzeitig historische und archetypische Dimension.

Diese wenigen Beispiele müssen genügen, die verschiedenen Formen und das Ausmaß der Präsenz fremder Texte in Lowells Dichtung anzudeuten. Dabei wurde wohl auch schon deutlich, daß die vielfältigen Verfahren des Zitats, der Übersetzung, der Imitation, der Adaption und der Allusion in einem so komplex intertextuellen Werk wie dem Lowells ständig ineinanderspielen und in ihren Übergängen fließend werden. Als zentrales Verfahren, dem die anderen als mehr oder weniger große Modifikationen zugeordnet werden können, erweist sich jedoch die frei übersetzende und bearbeitende Nachschöpfung. Während bei Eliot und Pound die Montage und Collage die dominante Form des Einbezugs fremder Texte in den eigenen Text war, ist dies nun bei Lowell die Imitation. Und damit nimmt auch das Spannungsfeld zwischen fremden und eigenen Texten eine andere Struktur an: Treten bei Eliot und Pound die aus Prätexten übernommenen Passagen zueinander und zum Eigentext als abgrenzbare Textsegmente in Spannung, so verquicken sich in Lowells Übersetzungen, Imitationen und Adaptionen das übernommene Textmaterial und das eigene Idiom vollständig. Damit werden einerseits gewaltsame Bruchstellen vermieden und die Spannungsbögen zwischen dem Eigenen und dem Fremden verkürzt, andererseits aber wird die dialogische Spannung nach innen gewendet und intensiviert. Wir wollen dies an den *Imitations* zeigen, jenem Band, in dem Lowells Verfahren der imitierenden Adaption fremder Texte gleichsam in Reinkultur auftritt, und wollen dabei zunächst von einem Einzelbeispiel ausgehen.

2. *Robert Lowells »Imitations«. Ein Beispiel*

Robert Lowell präsentiert *Imitations* als »a small anthology of European poetry«,[17] die von Homer und Sappho bis zu Eugenio Montale und Boris Pasternak mehr als zweieinhalb Jahrtausende und fünf Nationalsprachen

[16] *Lord Weary's Castle*, S. 14ff.; *Gedichte*, S. 6ff.
[17] »Introduction«, in: *Imitations* (New York, 1961), S. xi–xiii, hier: S. xi.

umspannt. Die deutsche Dichtung ist dabei durch das sogenannte »Kindheitslied« des wilden Alexander aus dem späten 13. Jahrhundert und durch Johann Peter Hebel, Heine und Rilke vertreten. Von Heine wählt Lowell drei späte Gedichte aus, die er unter dem Titel »Heine Dying in Paris« zu einer kleinen Sequenz verknüpft: »Death and Morphine« nach Heines »Morphine«, »Every idle desire has died in my heart« nach »Der Scheidende« und »My zenith was luckily happier than my night« nach »Mein Tag war heiter, glücklich meine Nacht«.[18] Daß es sich bei diesen drei Gedichten, wie bei allen anderen dieses Bandes, nicht um Originalgedichte Lowells handelt, machen nicht nur der Titel *Imitations* und die programmatische »Introduction« deutlich, sondern wird auch innerhalb der Sammlung selbst durch den Hinweis auf die jeweiligen Originale markiert.

Wie sich diese Imitationen zu ihren Originalen verhalten, soll nun anhand eines detaillierteren Vergleichs von Heines »Mein Tag war heiter, glücklich meine Nacht« mit Lowells »My zenith was luckily happier than my night« exemplarisch dargestellt werden:[19]

Mein Tag war heiter, glücklich meine Nacht. Mir jauchzte stets mein Volk, wenn ich die Leier Der Dichtkunst schlug. Mein Lied war Lust und Feuer, Hat manche schöne Gluten angefacht.	My zenith was luckily happier than my night: whenever I touched the lyre of inspiration, I smote the Chosen People. Often – all sex and thunder – I pierced those overblown and summer clouds...
Noch blüht mein Sommer, dennoch eingebracht Hab ich die Ernte schon in meine Scheuer – Und jetzt soll ich verlassen, was so teuer, So lieb und teuer mir die Welt gemacht!	But my summer has flowered. My sword is scabbarde in the marrow of my spinal discs. Soon I must lose all these half-gods that made my world so agonizingly half-joyful.
Der Hand entsinkt das Saitenspiel. In Scherben Zerbricht das Glas, das ich so fröhlich eben An meine übermüt'gen Lippen preßte.	The hand clangs to a close on the dominant; the champagne glass of orange sherbet breaks on my lips – all glass; straws in the wind?
O Gott! wie häßlich bitter ist das Sterben! O Gott! wie süß und traulich läßt sich leben In diesem traulich süßen Erdenneste!	Little Aristophanes? I give my sugared leasehold on li to the great Aristophanes and author of life – midsummer's frail and green-juice bird's-nest.

---

[18] *Imitations*, S. 38–40: zu den Prätexten vgl. H. Heine, *Sämtliche Werke*, ed. H. Kaufmann (München, 1964), IV, 102, 105 und 95.

[19] Ähnliche Detailvergleiche zu anderen der *Imitations* finden sich in R. Hecht, »Rilke in Translation«, *Sewanee Review*, 71 (1963), 513–522; L. Simpson, »Matters of Tact«, und B. Belitt, »*Imitations*: Translation as a Personal Mode«, in: *Robert Lowell: A Portrait of the Artist in His Time,* ed. M. London/R. Boyers (New York, 1970), S. 109–114 und S. 115–129; J. Simon, »Abuse of Privilege: Lowell as Translator«, *Hudson Review*, 20 (1967/1968), 543–562; D. Carne-Ross, »The Two Voices of Translation«, in: *Robert Lowell: A Collection of Critical Essays,* ed. Th. Parkinson (Englewood Cliffs, N. J., 1968), S. 152–170; M. J. Perloff, *The Poetic Art of Robert Lowell* (Ithaca, N. Y., 1973), S. 55–79; B. Raffel, *Robert Lowell* (New York, 1981), S. 99–122; M. Rudman, *Robert Lowell: An Introduction to the Poetry* (New York, 1983), S. 97–103.

Die beiden Gedichte unterscheiden sich schon in ihrer äußeren Form, indem Lowell in seiner Version darauf verzichtet, das Versmaß und seine rhythmische Gestaltung genau zu reproduzieren: Von Heines strenger italienischer Sonettform bleibt nur noch die Vierzehnzeiligkeit, während das komplizierte Reimschema, ja der Reim insgesamt aufgehoben wird, und die bei Heine recht regelmäßigen fünfhebigen jambischen Verse werden stark aufgerauht und in Vers 12 auf acht Hebungen erweitert. Nicht weniger frei geht Lowell mit der Semantik seiner Vorlage um. Was bei Heine Rückblick auf glückliche Tage und Nächte ist, gerät bei Lowell (zwar nicht ganz sinnentstellend, aber doch den Rückblick aus der »Matratzengruft« entscheidend eindüsternd) zu einer Kontrastierung von glücklichem Lebensmittag und glückfernem Lebensabend. Und ebenso weicht die uneingeschränkte positive Reaktion der Leserschaft bei Heine (Vers. 2–4) in Lowells Version einer zutiefst zwiespältigen Beziehung zwischen dem Dichter und seinem Publikum, das zudem nicht einfach als »Volk« apostrophiert wird, sondern in einer, bezogen auf den deutsch-jüdischen Dichter Heine und im Licht auch der deutsch-jüdischen Katastrophe des zwanzigsten Jahrhunderts, äußerst bedenklichen biblischen Wendung als »Chosen People« aufscheint. Die Feuermetaphorik in Heines Vers 3/4 wird von Lowell durch ein heftigeres Gewitterbild ersetzt, das zudem noch stark erotisch aufgeladen ist. Dies ergibt sich schon aus der Übersetzung von »Lust« als »sex«, der wohl als etymologisches Bindeglied die semantisch irreführende Gleichung von deutsch »Lust« mit englisch »lust« zugrundeliegen dürfte.

Vom zweiten Quartett Heines wird eigentlich nur noch der Kontrast von sommerlicher Fülle und Todesnähe aufgenommen, und selbst dieser wird entscheidend verschoben: Heines Ich empfindet sich noch ganz der Blüte des Sommers und der reichen Ernte des Herbstes verbunden, während bei Lowell dies in eine Vergangenheitsperspektive gerückt wird. Dafür dominiert nun die Verknüpfung von Eros und Thanatos im gewaltsamen, aus Heines Biographie abgeleiteten Bild vom Schwert in der Scheide des Rückgrats – ein Bild, das ebensosehr Lowells eigene, frei erfundene Zudichtung ist wie die Mythologie der Halbgötter und der Parallelismus von »half-gods« und »half-joyful« (Vers 7/8). Das erste Terzett Heines scheint dann aber wieder deutlicher durch Lowells Version hindurch, wenn auch Lowell weit über Heine hinausgehend partikularisiert und konkretisiert: Das Glas wird zum »champagne glass of orange sherbet«, wobei man sich vorstellen kann, daß sich Lowell durch das deutsche »Scherben« mutwillig zum völlig sinnfernen, aber klangverwandten »sherbet« anregen ließ. Die letzten drei Zeilen schließlich sind bei Heine wie bei Lowell durch Apostrophen hervorgehoben, doch wird das zweimalige »Gott« bei Heine durch Lowells zweimaliges »Aristophanes« ersetzt. Mit »Little Aristophanes« bezieht sich wohl Lowells Sprecher-Persona Heine fragend auf sich selbst, auf sich als den Ironiker und Komödianten, während der »great Aristophanes« eine Umschreibung für Gott darstellt, eine Periphrase im Sinn des Topos von der Welt als Komödie und Gott als Komödiendichter. Zudem bindet Aristophanes, der Dichter der *Wolken* und *Vögel*, im intertextuellen Verweis die Wolken- und Vogelmetaphorik des Gedichtanfangs und -endes zusammen.

Was soll man von so freien, ja oft willkürlich erscheinenden Übertragungen halten? Die unmittelbaren Reaktionen auf Lowells *Imitations* waren jedenfalls überwiegend negativ – verunsichert bis verärgert. Wenn man von den beherzten Verteidigungen Alfred Alvarez' und Edmund Wilsons absieht,[20] bestimmten herablassende oder kritische Stimmen wie die von Dudley Fitts, Thom Gunn, Louis Simpson oder John Simon den Ton.[21] Besonders heftig waren die kritischen Angriffe aus Frankreich, wo Lowells Versionen von Gedichten Villons, Baudelaires, Mallarmés und Rimbauds als Sakrileg empfunden wurden; aber auch in Italien meldeten sich prominente Übersetzer und Kritiker wie Carlo Izzo und Leone Traverso engagiert und enragiert zu Lowells angeblich willkürlichen Verstümmelungen und Verzerrungen vor allem der Gedichte Eugenio Montales zu Wort.[22]

Um diese kritischen Einwände an einem besonders vehementen »Verriß« zu illustrieren: John Simon in seiner detaillierten Abrechnung mit Lowells *Imitations* und dessen freier Übersetzung von *Prometheus Bound* versucht an einzelnen Beispielen nachzuweisen, daß Lowell nicht nur, wie er selbst in der »Introduction« zu *Imitations* zugegeben hatte (S. xii), keinerlei Russisch-Kenntnisse habe, sondern auch im Französischen, Italienischen und Deutschen nur stümperhaft Bescheid wisse. So nennt er etwa Lowells Übersetzung von »Lust« als »sex« in unserem Heine-Gedicht einen »traditional freshman boner« und sieht die ganze Heine-Version als »painful mixture of deliberate and inadvertent misreading«, als »not only an act of poetic vandalism«, sondern auch »a falsification of Heine's life and of Heine's evaluation of his life« (S. 554). Und die exemplarische Analyse der Version von Rilkes »Orpheus. Eurydike. Hermes« gipfelt in dem Verdikt: »what Lowell has done with Rilke's poem is neither a decent translation nor a good original work, merely a disaster« (S. 549). Schuld daran seien Lowells mangelnde Sprachkenntnisse, seine Eitelkeit – »Lowell translates [...] not so much out of love for the poem translated as out of love for the sound of his own poetic voice« (S. 549) – und schließlich ein allgemeines

---

20 Alvarez in: *Observer*, 26. Mai 1962; Wilson in: *New Yorker,* 2. Juni 1962. Zur Rezeption der *Imitations* vgl. I. Hamilton, *Robert Lowell,* S. 289–293.

21 *New York Times Book Review,* 12. Nov. 1961, 5ff.; *Yale Review,* 51 (1962), 480f.; *Hudson Review*, 14 (1961/1962), 614–617; »Abuse of Privilege: Lowell as Translator«, *Hudson Review*, 20 (1967/1968), 543–652.

22 Zur französischen und italienischen Rezeption vgl. A. Rizzardi, »Robert Lowell's Imitations of Italian Poetry«, in: *Robert Lowell: A Tribute,* ed. R. Anzilotti (Pisa, 1979), S. 135–142.

Klima der Sterilität, das sich in parasitärer Intertextualität erschöpft oder darin sein Heil sucht:

> There are two principles at work here. First, by adapting a celebrated poem or play [...] one cashes in on the original's prestige while also exhibiting one's prowess in the alterations [...]. Secondly, one uses this as a surrogate for whatever creativity one finds oneself lacking. A poet runs out of poetry of his own, so he makes it out of someone else's, rather like the fly that lays its eggs in the living body of a certain caterpillar for the larvae to feed on. (S. 362)

Lowell war äußerst bestürzt über solche Reaktionen und versuchte, ihnen auf zweifache Weise zu begegnen – zum einen, indem er seine Nachdichtungen oder *Imitations* weiter theoretisch zu begründen suchte (dazu gleich mehr!), zum andern, indem er gelegentlich Änderungen vornahm, die vor allem den Vorwurf mangelnder Sprachkenntnis und damit banaler Übersetzungsfehler ausräumen sollten. So gibt es von unserem Heine-Gedicht eine zweite Lowell-Version; sie findet sich in dem Gedichtband *History*, einer Sammlung reimloser Sonette, wie sie für den späten Lowell charakteristisch sind.

Charakteristisch für den späten Lowell ist dabei auch schon die bloße Tatsache der Überarbeitung von eigenen früheren Fassungen: Von *Notebook 1967–1968* (1969) über *Notebook* (1970) bis zu *History* (1973) und *For Lizzie and Harriet* (1973), in denen die beiden Stränge des *Notebook*, der historisch-politische und der persönliche seiner Familienbeziehungen, entflochten werden, bietet Lowell »in another order, in other versions«[23] immer wieder bereits publizierte Gedichte an, behandelt also, wie er in der »Note to the New Edition« des *Notebook* schreibt, »my published book as if it were manuscript«.[24] Indem das Heine-Gedicht aus *Imitations* in einer veränderten Fassung in *History* aufgenommen wird, wächst ihm somit eine weitere intertextuelle Dimension zu, denn es kann nun vor dem Hintergrund sowohl des Heineschen Originals als auch der früheren *Imitations*-Fassung gelesen werden. Da beide Fassungen veröffentlicht sind, ist dieser für Lowells Werk so bedeutsame »auto-intertextuelle« Bezug, wie wir ihn nennen wollen, auch nicht der zunächst rein private werkgenetischer Varianten, sondern erfüllt das Kriterium der Kommunikativität, nach dem wir in »Konzepte der Intertextualität« zwischen mehr oder weniger intensiven Formen des intertextuellen Zusammenspiels differenziert haben.

Das erneute *re-make* wird unter dem Titel »Heine Dying in Paris 2« als zweites Gedicht eines Gedichtpaares von Heine-Imitationen in das historisch-chronologische Schema von *History* eingerückt und steht nun im Kontext einer Reihe von Gedichten nach oder über romantische Dichtung:

---

23 »Note« zu *For Lizzie and Harriet* (New York, 1973), S. 7.
24 *Notebook* (New York, 1970), S. 264.

My day was luckily happier than my night;
whenever I struck the lyre of inspiration,
my people clapped; my lieder, all joy and fire,
pierced Germany's suffocating summer cloud.
Summer still glows, but my harvest is in the barn,
my sword's scabbarded in my spinal marrow,
and soon I must give up the half-gods
that made my world so agonizingly half-joyful.
My hand clangs to its close on the lyre's dominant;
my insolently raised champagne glass breaks at my lips....
If I can forgive the great Aristophanes
and Author of Being his joke, he can forgive me –
God, how hatefully bitter it is to die,
how snugly one lives in this snug earthly nest![25]

Hier sind, bis auf die immer noch sinnverändernde Übertragung des ersten Verses, Simons detaillierte Kritikpunkte berücksichtigt: »Lust« erscheint nun als »joy«, und das doppeldeutige »Chosen People« ist getilgt. Das vorliegende Gedicht bildet damit den Endpunkt einer klar verfolgbaren intertextuellen Kette, die von Heines Original über Lowells erste Fassung und Simons kritischen Text dazu bis zur Fassung in *History* reicht. Insgesamt ist diese neue Version enger an das Original angelehnt als die aus *Imitations*; vor allem sind die beiden Schlußverse nun eine fast wörtliche Übersetzung von Heines Schlußterzett. Das heißt aber nicht, daß Lowell sein Übersetzungskonzept grundsätzlich revidiert hätte, denn auch jetzt noch bleiben mehrere Verse seine freie Schöpfung, die er gegenüber der ersten Fassung jedoch klärend vereinfacht hat. Diesem Übersetzungskonzept, das ja eine Programmatik des intertextuellen Bezugs beinhaltet, wollen wir uns nun zuwenden, müssen dazu aber geschichtlich etwas weiter ausholen.

3. Robert Lowell und die Tradition der Imitation

Die Kontroverse um Lowells *Imitations* hat einen wichtigen und für die Geschichte der Intertextualität im 20. Jahrhundert aufschlußreichen Präzedenzfall: 1919 veröffentlichte Ezra Pound unter dem Titel *Homage to Sextus Propertius* einen Gedichtzyklus auf der Grundlage von Gedichten des römischen Elegikers Propertius. Sein teilweiser Vorabdruck 1919 rief bereits die Entrüstung des klassischen Philologen William Gardner Hale hervor, der Pound »three score errors« im Textverständnis vorrechnete,[26] und diese ist bis heute nicht verstummt. Eine solche Kritik beruht auf einem Mißverständnis oder einer Mißbilligung der Intentionen Pounds, der in einem Brief an A. R. Orage betonte, »there was never any question of translation,

25 *History* (New York, 1973), S. 84.

26 »Pegasus Impounded«, *Poetry*, 14 (April, 1919), 52–55; auch in *Ezra Pound: The Critical Heritage* ed. E. Homberger (London, 1972), S. 155–157, hier: S. 156.

let alone literal translation. My job was to bring a dead man to life, to present a living figure«.[27] Pound ging es also nicht nur um eine Übersetzung im Sinne der bloßen Übertragung von einer Sprache in eine andere, sondern um eine historische Versetzung der Figur und Position des Properz aus der Vergangenheit in die Gegenwart. Es ging ihm, wie er Thomas Hardy schrieb, um ein »doubling of me and Propertius, England today, and Rome under Augustus«,[28] um eine doppelte Projektion also, die durch eine Analogie zwischen Pounds und Properz' historischer Situation und zwischen seinem und dessen analytisch-satirischem Witz möglich und triftig wurde. So schreibt er erläuternd zur *Homage*:

> [...] it presents certain emotions as vital to me in 1917, faced with the infinite and ineffable imbecility of the British Empire, as they were to Propertius some centuries earlier, when faced with the infinite and ineffable imbecility of the Roman Empire. These emotions are defined largely, but not entirely, in Propertius' own terms.[29]

Eine solche freie, kreative Nachbildung des Originals ergab sich als notwendige Übersetzungsstrategie für Pound nicht nur aus dem Bestreben der Aktualisierung, des »bringing a dead man to life«, sondern auch aus seiner Überzeugung, daß ganze Schichten eines Gedichtes prinzipiell unübersetzbar seien. Von den drei Aspekten der Poesie – der musikalischen Klangwirkung der *melopoeia*, den Bildern der *phanopoeia* und dem Spiel mit semantischen Obertönen, Konnotationen und Assoziationen der *logopoeia* – sei überhaupt nur die phanopoetische Bildersprache direkt übersetzbar, während die melopoetische Klangorchestrierung nur in einzelnen Glücksfällen und auch dann nur punktuell wiederzugeben sei und das logopoetische Spiel der Bedeutungsnuancen und Ambiguitäten überhaupt nicht direkt, nicht »locally«, zu übersetzen sei, sondern nur in freier Äquivalenzfindung.[30] Gegenüber einer solchen grundlegenden Neukonstitution der Textbedeutung im veränderten Medium erscheint die Treue gegenüber technischen Einzelheiten der metrischen und rhetorisch-stilistischen Gestaltung, erscheinen Fragen des historischen Stils als zweitrangig: »almost the only technique perceptible to a foreigner is the presentation of content as free as possible from the clutteration of dead technicalities.«[31]

[27] *Selected Letters: 1907–1941,* ed. D. D. Paige (New York, 1950), S. 148f.; vgl. auch S. 229–231. Zu *Homage to Sextus Propertius* als Übersetzung vgl. J. P. Sullivan, *Ezra Pound and Sextus Propertius: A Study in Creative Translation* (Austin, 1964).

[28] Zitiert nach P. Brooker, *A Student's Guide to the Selected Poems of Ezra Pound* (London, 1979), S. 109.

[29] *Selected Letters,* S. 231.

[30] »How to Read«, in: *Literary Essays of Ezra Pound*, ed. T. S. Eliot (London, 1954), S. 15–40, hier: S. 25. Vgl. dazu auch D. Davie, *Poetry in Translation* (Milton Keynes, 1975), S. 34ff.

[31] *Make It New* (London, 1934), S. 159f.

Hier haben wir ganz deutlich Lowells unmittelbares Vorbild für seine eigene Übersetzungspraxis und -programmatik vor uns. Wie Pound scheute sich auch er nicht, aus Sprachen zu übertragen, die er gar nicht oder nur passiv und unvollkommen beherrschte, wenn ihm nur zuverlässige Informanten oder semantisch genaue Paraphrasen zur Verfügung standen,[32] und wie dieser zielt er nicht auf eine semantisch wörtliche oder formal getreue Übersetzung ab, sondern auf eine den veränderten Kontext berücksichtigende Neukonstitution des Originals. So schreibt er in der »Introduction« zu den *Imitations*: »I have tried to keep something equivalent to the fire and finish of my originals. This has forced me to do considerable re-writing.« Und den »strict metrical translators« wirft er vor: »They seem to live in a pure world untouched by contemporary poetry. [...] they are taxidermists, not poets, and their poems are likely to be stuffed birds.« (S. xi)

Wörtlichen Prosaparaphrasen, die, ohne ästhetischen Eigenwert zu beanspruchen, als bloße sprachliche Verständigungsbrücke zum Original hinführen wollen, räumt er zwar durchaus ihre praktische Bedeutung ein, doch könnten sie nicht den Versuch ersetzen, die eigene Literatur auf der Grundlage eines fremdsprachigen Originals durch ein neues Gedicht zu bereichern. Hierbei sieht er sich in einer weit zurückreichenden Tradition, wie er 1962 in einer Erwiderung im *Encounter* auf den öffentlichen Protest französischer Dichter gegen seine Rimbaud-Versionen schreibt:

> I know perfectly well what Rimbaud means. Exact prose translations are very useful. There should be accurate scholarly editions of the great modern European poets with literal translations and footnotes. Such editions would replace the innumerable slap-dash free renderings which are neither informative nor good poetry on their own.
> This isn't what I tried to do. Robert Frost says that poetry can't be translated. To make something that is poetry in one's own language is impossible unless one is a poet. My method is nothing new: the example I had in mind when I was working on Rimbaud was Sir Thomas Wyatt's versions of Petrarch.[33]

---

[32] Rizzardis Bericht über seine Hilfestellung bei Lowells Übersetzungen aus dem Italienischen belegt eindeutig »Lowell's full awareness of his misinterpretations«, die also nicht zu linguistisch inkompetenten Fehlleistungen banalisiert werden können (vgl. Rizzardi, S. 137). Vgl. dazu auch Lowells eigenen Hinweis auf die Rolle etwa des *Penguin Book of Italian Verse* mit seinen genauen Prosaübersetzungen bei der Arbeit an den *imitations* italienischer Gedichte (»Introduction« zu *Imitations*, S. xi).

[33] Zitiert nach Rizzardi, S. 138f. Zu Robert Frosts Maxime, Dichtung sei »what gets lost in translation«, auf die Lowell hier anspielt, vgl. *Robert Frost on Writing*, ed. E. Barry (New Brunswick, N. J., 1973), S. 159. Lowell hätte sich hier auch auf Gottfried Benns noch apodiktischere Formulierung beziehen können: »Man kann das Gedicht als das Unübersetzbare definieren«; vgl. »Probleme der Lyrik«, in: *Gesammelte Werke*, ed. D. Wellershoff, 4 Bde. (Wiesbaden, 1959), I, 494–532, hier: 510.

Indem Lowell seine eigene Art der »poetic translation« als »imitation« bezeichnet (S. xii), knüpft er explizit an diese intertextuelle Tradition an, die schon in der Antike, im Mittelalter und in der Renaissance gepflegt wurde und für die im englischen Klassizismus vor allem John Dryden und Dr. Johnson die theoretische Rechtfertigung lieferten. So greift schon Lowells programmatische Formulierung, »I have tried to write alive English and to do what my authors might have done if they were writing their poems now and in America« (S. xi), nicht nur auf Pounds Programm »to bring a dead man to life« zurück, sondern erweist sich als frei paraphrasierendes Zitat einer Äußerung Drydens: »I have endeavoured to make Virgil speak such English as he would himself have spoken, if he had been born in England, and in this present age.«[34]

Was hier vorliegt, ist also gleichzeitig ein Programm der Intertextualität und dessen intertextuell-anspielungsreiche Formulierung! Drydens maßgebende Definition der *imitation* findet sich in seinem »Preface« zu *Ovid's Epistles* (1680), in dem er zwischen drei Typen der Übersetzung unterscheidet:

> First, that of metaphrase, or turning an author word by word, and line by line, from one language into another [...]. The second way is that of paraphrase, or translation with latitude [...]. The third way is imitation, where the translator (if now he has not lost that name) assumes the liberty not only to vary from the words and sense, but to forsake them both as he sees occasion; and taking only some general hints from the original, to run division on the ground-work, as he pleases.[35]

Lowells freie Nachdichtungen greifen also, angeregt vor allem durch Pounds Nachdichtungen altenglischer, lateinischer, chinesischer und provençalischer Texte, auf die klassizistische Theorie und Praxis der *imitation* zurück, und dieser Rückgriff wird bereits durch den Titel programmatisch

---

34 »Dedication of the Aeneis«, in: *Essays of John Dryden*, ed. W. P. Ker, 2 Bde. (Oxford, 1926), II, 154–240, hier: 228. Siehe dazu auch Drydens Beteuerung, er habe sich in seiner Juvenal-Übersetzung bemüht, »to make him speak that kind of English, which he would have spoken had he lived in England and had written to this age« (John Dryden, *Selected Criticism*, ed. J. Kinsley/G. Parfitt [Oxford, 1970], S. 278; vgl. auch S. 195).

35 In: *Selected Criticism*, S. 184. Zu Johnsons Programm einer Befreiung der Übersetzung von »the drudgery of counting lines and interpreting single words« vgl. dessen Essay über Sir John Denham in *Lives of the English Poets* (London, 1925), I, 47–53, hier: 51. Drydens Übersetzungstheorie diskutiert W. Frost, *Dryden and the Art of Translation* (New Haven, 1955), und einen guten Abriß der abendländischen Übersetzungstheorie im Spannungsfeld von wörtlicher Treue und freier Nachdichtung bietet R. Kloepfer, *Die Theorie der literarischen Übersetzung* (München, 1967), S. 16–83. Zum Verhältnis von Übersetzung und Imitation vgl. auch R. Brower, *Mirror on Mirror: Translation – Imitation – Parody* (Cambridge, Mass., 1974).

angekündigt.[36] Er sah sich in dieser Titelwahl auch durch T. S. Eliot bestätigt, der ihm von Allen Tates Titelvorschlag, *Versions*, nachdrücklich abriet:

> your translations are indeed imitations, and if you use the word translation in the subtitle it will attract all these meticulous little critics who delight in finding what seem to them mis-translations. You will remember all the fuss about Ezra Pound's *Propertius*. Keep the word translation out of it.[37]

Hätte er sich nur an Eliots Rat gehalten und nicht in der Einleitung dann doch seine *Imitations* als »poetic translations« bezeichnet! Vielleicht wäre dann die Rezeption anders verlaufen, und vielleicht hätten sich seine Kritiker dann mehr um die intertextuellen Funktionszusammenhänge der Schnitte, Zudichtungen, formalen Eingriffe und semantischen Verschiebungen gekümmert und diese nicht nur als mutwillige oder ignorante Sakrilege gebrandmarkt.

4. Vertikale und horizontale Dimensionen der Intertextualität bei Lowell

Fragen wir also am Beispiel der Heine-Imitation, aber auch der *Imitations* als Ganzen und, zumindest in Ausblicken, des Gesamtwerks von Robert Lowell nach den Formen und Funktionen des intertextuellen Zusammenspiels, ohne uns dabei auf die immer auch moralisch gefärbte Frage nach der Treue der Übersetzung – im Sinn des alten traduttori/traditori-Wortspiels – einzulassen! Dabei wollen wir, zusätzlich zu den bereits eingeführten Differenzierungen wie Einzeltext- vs. Systemreferenz oder wörtliche vs. nicht-wörtliche Intertextualität, zwischen vertikalen und horizontalen Dimensionen der Intertextualität unterscheiden. Ein Text, jeder Text, steht immer in zwei Bezugssystemen: zum einen dem vertikalen oder diachronen des Bezugs auf einen früheren Text, frühere Texte oder frühere Textbildungssysteme, zum anderen dem horizontalen oder synchronen des Bezugs auf gleichzeitig entstandene Texte oder zu dieser Zeit operative Textbildungssysteme. So ist etwa eine Übersetzung, um ein besonders klares Beispiel zu wählen, immer sowohl in ihrem vertikalen Bezug auf das Original und eventuell auch auf frühere Übersetzungen davon zu sehen als auch in ihrem horizontalen Bezug auf die aktuellen stilistischen und ästhetischen Normen und eventuell die des literarischen Werks des Übersetzers.[38]

---

[36] Vgl. dazu auch G. Steiner, *After Babel: Aspects of Language and Translation* (London, 1975), S. 441f.

[37] Zitiert nach Hamilton, *Robert Lowell*, S. 289.

[38] Am Beispiel der Shakespeare-Übersetzung finden sich dazu wichtige Hinweise in U. Suerbaum, »Der deutsche Shakespeare: Übersetzungsgeschichte und Übersetzungstheorie«, in: *Shakespeare: Eine Einführung*, ed. K. Muir/S. Schoenbaum (Stuttgart, 1972), S. 259–274. – Wir verwenden hier den Gegensatz von »verti-

»Horizontal« beziehungsweise »synchron« ist dabei natürlich nicht als strikte Gleichzeitigkeit, als idealer, zeitloser Schnitt auf der Zeitachse zu verstehen, sondern im Sinne einer Betrachtungsweise, die von der zeitlich-diachronen Dimension abstrahiert. Das Gesamtwerk Lowells z. B. kann als horizontales intertextuelles Bezugssystem, sozusagen als ein einziger umfassender Prätext für eine einzelne *imitation* gesehen werden, aber auch, wenn es dem Interpreten um Entwicklungsperspektiven innerhalb des Werks geht, als eine Serie einzelner Prätexte, die für die jeweilige *imitation* intertextuell mehr oder weniger relevant sein können. Diese zweite, die vertikale Sichtweise haben wir gewählt, als wir die Heine-Imitation in *History* textgenetisch auf die in den *Imitations* bezogen haben; für die erste Perspektive eines horizontalen »spatial approach« hat Lowell selbst die Rechtfertigung gegeben, als er betonte: »All your poems are in a sense one poem.«[39] Als unmittelbarer horizontaler Kontext innerhalb des Gesamtwerks ist dabei selbstverständlich der jeweilige Gedichtband besonders relevant: Die einzelne *imitation* steht in zumindest ebenso intensivem intertextuellen Bezug zu den anderen Gedichten der *Imitations* wie zum Original. Auch dies hat Lowell ausdrücklich betont, und zwar in der programmatischen Einleitung zu den *Imitations*:

> This book is partly self-sufficient and separate from its sources, and should be first read as a sequence, one voice running through many personalities, contrasts, and repetitions. (S. xi)

Die vertikalen Dimensionen der Intertextualität sind ebenso vielschichtig wie die horizontalen. Sie erschöpfen sich nicht in dem Bezug auf ein Original als individuellen Prätext, sondern suggerieren über ein einzelnes oder einige wenige Gedichte das Gesamtwerk des »imitierten« Autors oder montieren aus mehreren seiner Gedichte einen neuen Text. Ein besonders instruktives Beispiel ist hier »Hamlet in Russia, A Soliloquy«,[40] das sich auf drei Gedichte von Boris Pasternak bezieht, von denen keines diesen Titel trägt: »Mit ruhenden Rudern« und »Meine Schwester – das Leben« aus Pasternaks erstem Gedichtband *Meine Schwester – das Leben* (1917) und »Hamlet«, das Eröffnungsgedicht aus dem Zyklus »Schiwagos Gedichte«, der den Roman *Doktor Schiwago* (1957) abschließt.[41]

---

kal« und »horizontal« in anderem Sinn als in »Konzepte der Intertextualität«, s. o. S. 11.

39 F. Seidel, »Robert Lowell«, in: *Writers at Work: The Paris Review Interviews, Second Series* (New York, 1963), S. 335–368, hier: S. 349; vgl. auch S. 366.

40 *Imitations*, S. 147 f.

41 *Sôcinenija*, ed. G. P. Struve/B. A. Filippova (Ann Arbor, 1961), S. 375 und 5. Deutsche Übersetzungen dazu finden sich in B. Pasternak, *Meine Schwester – das Leben*, übers. u. ed. O. A. Carlisle (Luzern, 1976), S. 41, 19 und 103. (Diese und weitere Hinweise verdanke ich meinen Passauer Studentinnen Frau Nora Damrosch und Frau Barbara Schaff.)

Zu Pasternaks Werk hatte Lowell eine ebenso intensive Beziehung wie zu den Franzosen Baudelaire und Rimbaud und zum Italiener Eugenio Montale, und diese besondere Affinität, die sich über deren Werke hinaus auch auf deren Künstlerexistenz als unangepaßte Außenseiter erstreckte, spiegelt sich schon in dem großzügig bemessenen Raum und der hervorgehobenen Position wider, die er ihnen in der Komposition der *Imitations* einräumt. »Hamlet in Russia« ist wie Pasternaks »Hamlet« ein *dramatic monologue* über die Möglichkeiten und Schwierigkeiten öffentlichen Handelns, wobei freilich Lowell Pasternaks heroisch-tragische Hamlet-Deutung, nach der Hamlet »nicht ein Drama eines wankelmütigen Charakters, sondern ein Drama von Pflicht und Selbstverleugnung« sei,[42] im frei hinzugefügten Bild der Marionette am Draht beziehungsweise des Opfers am Fleischerhaken zurücknimmt: »take me off the hooks tonight« (S. 148). Die Intertextualität, die dabei ins Spiel kommt, ist eine potenzierte: Lowell bearbeitet ein Gedicht Pasternaks, das sich selbst wieder auf ein Drama Shakespeares bezieht, und nicht nur auf dieses Drama selbst, sondern auch auf die Geschichte seiner Rezeption als Chiffre für politische Unentschlossenheit und intellektuelle Überreflektiertheit. Und Lowell läßt die Hamlet-Welt auch auf die beiden anderen Gedichte Pasternaks ausstrahlen, die in seine Montage eingehen, indem er die Schwester zu einer Ophelia-Figur und die Flußlandschaft von »Mit ruhenden Rudern« zum *willow brook* von Shakespeares *Hamlet* (IV, 7) transformiert. Potenzierte Intertextualität stellt schließlich auch das Bibelzitat dar, das Lowell aus Pasternaks »Hamlet« übernimmt: Bei Pasternak wie bei Lowell spricht die Hamlet-Persona an der Stelle, an der man den berühmten Monolog »To be, or not to be« erwartet, die Worte Christi in Gethsemane (Mk 14, 36): »Abba, Father, all things are possible with thee – take away this cup.« (S. 148)

Zu den vertikalen Dimensionen der Intertextualität dieses Gedichts gehören auch, über die angedeuteten Einzeltextreferenzen hinausgehend, seine vielfältigen Bezüge auf historisch vorgegebene Vertextungssysteme. Wir können hier nur jene kurz benennen, die besonders relevant sind: Als *imitation* steht auch »Hamlet in Russia« in einem generischen Intertextualitätsverhältnis mit dem Textbildungstyp der *imitation*, wie wir es bereits für die *Imitations* insgesamt dargestellt haben. Lowell knüpft hier bewußt an die Neubelebung dieser »Gattung« in der Moderne an, aber auch an die modernistischen Programme einer freien Übersetzung. Pasternak wird ihm dabei zu einem Kronzeugen, stellt ihm also nicht nur Originale zur frei bearbeitenden Übersetzung bereit, sondern auch das Vorbild und das Programm für solche Übersetzungen. In der »Introduction« zu *Imitations* ver-

---

42 So Pasternak in einem kurz nach dem Krieg veröffentlichten Aufsatz; zitiert und übersetzt nach: P. A. Bodin, *Nine Poems from Doktor Zhivago* (Stockholm, 1976), S. 27f.

weist Lowell ausdrücklich auf dessen Übersetzungen aus dem Georgischen (S. xii) und zitiert dessen Übersetzungsprogrammatik als auch für ihn selbst verbindlich:

> Boris Pasternak has said that the usual reliable translator gets the literal meaning but misses the tone, and that in poetry tone is of course everything. I have been reckless with literal meaning, and labored hard to get the tone. (S. xi)[43]

Und schließlich verweist Lowells »Hamlet in Russia« schon durch seinen Untertitel, »A Soliloquy«, auf die Tradition des *dramatic monologue*, der ebenfalls in der Dichtung der »klassischen« Moderne zu neuer Bedeutung gelangt war. In diese Richtung verweisen ja nicht nur der Untertitel und die Sprechsituation, sondern auch das Format (die Ausweitung der sechzehn Verse von Pasternaks »Hamlet-Monolog« auf fünfunddreißig), die Auflösung der Strophenform, die Leitmotivtechnik und das Thema entfremdeten Handelns. Zusammengenommen verdichten sich diese Systemreferenzen zum Verweis auf einen individuellen Prätext, auf Eliots *Love Song of J. Alfred Prufrock,* ein ebenfalls hochintertextuelles Gedicht, das zudem in seinen zentralen Passagen ebenfalls auf die Hamlet-Folie rekurriert.

Kehren wir abschließend zu unserer Heine-Imitation zurück, um an ihr die horizontalen Dimensionen der Intertextualität weiter zu konkretisieren! Dabei wird sich zeigen, daß die horizontalen und die vertikalen Dimensionen einander bedingen. Dies gilt schon für die metrische Form, denn Lowells Verzicht auf das Reimschema des Sonetts erweist sich nun als insofern funktional, als Lowell damit gleichsam die Künstlichkeit der italienischen Sonettstruktur in die Formensprache modernistischer Lyrik übersetzt, innerhalb derer die Schematisiertheit des Sonetts sehr viel stärker markiert wäre, als sie das im Rahmen romantischer Poesie war. Es geht ihm also offensichtlich nicht um Identität der Strukturen, sondern um funktionale Äquivalente, und dieses Prinzip bestätigt auch eine vergleichende Analyse des Stils von Original und *imitation*. Lowell tilgt alles, was an Heines Vorlage bloßes Versatzstück romantischer *poetic diction* ist: »Lust und Feuer« und die »schönen Gluten«, die Ernte, die schon in die Scheuer eingebracht ist, und das Saitenspiel, das der Hand entsinkt – sie alle müssen konkreteren, oft drastischen und auch klanglich härteren Formulierungen weichen, und dort, wo er solche Klischees beibehält, z.B. die Leier (Vers 2), verfremdet er sie durch den Kontext. Er übersetzt damit auch den Stil in einen anderen, den romantischen in einen modernen, und dieser neue Stil ist

---

[43] Lowell bezieht sich hier auf ein Interview mit O. A. Carlisle, in dem sich Pasternak über die Übersetzer seines Romans *Doktor Schiwago* folgendermaßen äußerte: »Übrigens, die Übersetzer des Dr. Schiwago sollte man nicht zu sehr tadeln. Es ist nicht ihre Schuld. Sie neigen, wie alle Übersetzer, dazu, die wörtliche Bedeutung zu übersetzen, nicht den Tonfall; beim Übersetzen ist aber der Tonfall das Entscheidende.« Vgl. *Meine Schwester – das Leben*, S. 110.

deutlich sein eigener, ist, wie Thom Gunn – aus seiner Sicht kritisch – anmerkte, »the unmistakable voice of Robert Lowell«,[44] rauh, gewaltsam, sprunghaft und griffig. Und auch die semantischen Änderungen tendieren dazu, das Original aufzurauhen und mit physischer Gewalt und erotischen Suggestionen aufzuladen. Lowell übersetzt hier nicht nur, er interpretiert gleichzeitig und versucht damit, zwischen Heine und dem amerikanischen Leser des 20. Jahrhunderts zu vermitteln. So projiziert er Ironien und Ambiguitäten in seine Version, wie sie nicht nur für modernistische Lyrik, sondern auch für Heine selbst charakteristisch sind, in dieser Vorlage jedoch gerade fehlen. Ebenso ist das Bild der Welt als Komödie, Gottes als Komödiendichter und des Menschen als Komödianten gleichzeitig eine Vorstellung Heines und der deutschen Romantik und ein Paradigma der Moderne, so daß auch dieser Zusatz nicht als Fremdkörper erscheint. Und die Metapher vom Schwert im Rückgrat schließlich hat über ihren poetischen Wert hinausgehend eine vermittelnde Kommentarfunktion, indem sie dem modernen amerikanischen Leser Heines Situation in Erinnerung bringt – seine Rückenmarkschwindsucht, die ihn von 1848 bis zu seinem Tode 1856 gelähmt in seiner »Matratzengruft« festhielt.[45]

Verändert wird das Heinesche Original jedoch nicht nur durch solche stilistische Umformungen und semantische Eingriffe, die das Gedicht in die Sprache modernistischer Lyrik und in Lowells eigenes poetisches Idiom übersetzen; verändert wird es allein auch schon dadurch, daß es Lowell in einen neuen Gesamtkontext einfügt und damit neue intertextuelle Bezüge und Verweise stiftet. Es ist dies der Gesamtkontext der *Imitations*, für die Lowell eine gewisse thematische Geschlossenheit und Einheitlichkeit des Tons beansprucht:

> I have hoped somehow for a whole, to make a single volume, a small anthology of European poetry. The dark and against the grain stand out, but there are modifying strands. (S. xi)

Der Gedichtband, hier die Montage von Stimmen aus mehreren Ländern und Jahrtausenden, stellt also das unmittelbare horizontale Bezugssystem des intertextuellen Dialogs dar. Eine Reihe wiederkehrender Themen oder Leitmotive geben ihm seine spannungsreiche, vielfach gebrochene und unterbrochene Einheit und beziehen die einzelnen Texte aufeinander. Eines dieser Leitmotive ist *mania* – Besessenheit oder Wahn in den verschiedensten Formen der Depression und Ekstase. Schon der erste Vers der Sammlung, das homerische »Sing for me, Muse, the mania of Achilles« (S. 1) führt es ein, und der letzte Vers, Rilkes »miraculously multiplied by its mania to return« (S. 149), schließt diese Klammer. Darüber hinaus stellt

[44] Zitiert nach Hamilton, *Robert Lowell*, S. 291.

[45] Heine selbst hat in seinen Gedichten explizit darauf verwiesen; vgl. das Gedicht »Mittelalterliche Roheit«, in: *Sämtliche Werke*, IV, 95 f.

Imitations eine fortgesetzte Meditation über den Tod dar, vor allem den Tod von Dichtern – »Villon's Epitaph« (S. 23f.), »Heine Dying in Paris«, Victor Hugos und Mallarmés »At Gautier's Grave« (S. 44f., 92ff.) –, und diese Meditation reicht von einer Vergegenwärtigung des physischen Horrors bis hin zu den tröstlicheren Perspektiven einer christlichen *ars moriendi,* wenn auch die düsteren Töne der Verzweiflung und der fortschreitenden Isolation und Entfremdung vor allem auch des Dichters von sich und der Welt vorherrschen. Insofern sind Lowells *Imitations* – wie Eliots *Waste Land*, das ebenfalls in Übersetzungen, Zitaten und Anspielungen ein historisches Panorama der Vergeblichkeit und Sinnleere entfaltet – eine Studie in Fragmentarisierung und moralischer Desintegration. So beschwört Lowell hier noch einmal jene »dark night« der Seele, wie sie schon seine *Life Studies* umkreist hatten, deren dritter Teil ja auch schon toten oder sterbenden Dichtern gewidmet war,[46] diesmal jedoch nicht in einer Versenkung ins eigene Ich, sondern in ständig wechselnden, die ganze abendländische Poesie heranzitierenden Rollen und Konfigurationen. Aufbauprinzip ist dabei zunächst die reine Chronologie, doch sind die Gedichte so ausgewählt, daß sich gleichzeitig eine Bewegung vom Zweifel und der Niedergeschlagenheit des Anfangs über die tiefste Verzweiflung der zentralen Baudelaire-Versionen bis hin zu der skeptischen, verhaltenen Affirmation der letzten Gedichte ergibt.[47]

Dies ist also der Zusammenhang, durch den hier Heines drei Gedichte aus der Matratzengruft neu perspektiviert werden, und dieser Zusammenhang bedingt die Eindunklung des Horizonts dieser Gedichte und die Betonung der entfremdeten Exilsituation, der bitteren Ironie und der physischen Agonie. Es ist ein Heine *in extremis*, den Lowell hier präsentiert, ein Heine als *poète maudit*, angenähert an den Ekel und *ennui* Baudelaires und an Lowells eigenen existentiellen Horror. Hier ist keine Willkür am Werk, kein selbstgefälliges Posieren eines Übersetzers, der sich in den Vordergrund spielen will, und schon gar nicht ein ignorantes Mißverstehen. Hier vollzieht sich vielmehr ein spannungsreiches Zusammenspiel zwischen den vertikalen und horizontalen Dimensionen der Intertextualität, wie es zu einem gewissen Grad bei jeder Übersetzung gegeben ist, hier aber dramatisch bloßgelegt wird. »Translation in this sense«, schreibt Donald Carne-Ross,

> means that two languages, two cultural traditions, grow into each other, making both demands and concessions, appropriating areas of foreign territory and ceding some of their own. And it involves the confrontation of two literary

---

46 *Life Studies* (New York, 1959), S. 90; *Gedichte*, S. 54.

47 Den inneren Zusammenhang der *Imitations* betonen auch Mazzaro, *The Poetic Themes of Robert Lowell,* S. 120ff.; Belitt, »*Imitations*: Translation as a Personal Mode«; Yenser, *Circle to Circle,* S. 6, 165ff.; R. J. Fein, *Robert Lowell*, (Boston, ²1979), S. 93–112.

> personalities: Baudelaire [respectively Heine] remains Baudelaire [resp. Heine] and yet begins to resemble Lowell, but a more Baudelairean [resp. Heinean] Lowell than elsewhere. This dialogue, or tension, between the two texts, the two linguistic and cultural mediums, and between the two writers, is the differentia of true translation.[48]

Und gerade diese innere Dialogisierung des poetischen Worts ist es, wofür uns die Intertextualitätstheorie seit Bachtin das Ohr geöffnet und sensibilisiert hat. Diese Theorie erlaubt es uns, die vielfältigen Weisen der Präsenz fremder Texte im Werk eines Dichters wie Robert Lowell in ihrem strukturellen und funktionalen Gesamtzusammenhang zu sehen und einem Werk wie *Imitations* gerechter zu werden als jene, die hier nur beckmesserisch angebliche Übersetzungsfehler aufrechnen können oder hierin nichts anderes zu sehen vermögen als den Ausdruck einer Schaffenskrise.[49]

6. »Endmeshed in endtanglements«

Intertextualität in Donald Barthelmes *The Dead Father*

Joseph C. Schöpp

> Every book is a quotation; and every house is a quotation out of all forests and mines and stone-quarries, and every man is a quotation from all his ancestors.
>
> R. W. Emerson

Ihab Hassan, der zur Charakterisierung unserer Zeit den Begriff der Postmoderne, wenn schon nicht erfunden, so doch zumindest propagandistisch in Umlauf gesetzt hat, hat ihr jüngst auch noch das Siegel der Intertextualität aufgedrückt. In diesen intertextuellen Zeiten, in denen Wiederholung

---

[48] »The Two Voices of Translation«, S. 153.

[49] Dieser letztgenannte Aspekt spielte in der Genese der *Imitations* durchaus eine Rolle, wie ja Lowell selbst in seiner »Introduction« andeutet: »The book was written from time to time when I was unable to do anything of my own.« (S. xii) Im gleichen Sinn schrieb Lowell an Randall Jarrell: »While I was in hospital and nothing original came I tried a few translations mostly from an Italian poet of Eliot's generation, named Montale.« (Zitiert nach Hamilton, *Robert Lowell*, S. 276.) Dabei darf jedoch nicht übersehen werden, daß es sich hier nicht nur um den Ausdruck einer Schaffenskrise handelt, sondern auch um den Versuch, diese durch die experimentell-spielerische Erprobung neuer Stile, Formen und Themen im Übersetzen zu überwinden: »One wants a whole new deck of cards to play with, or at least new rules for the old ones.« (S. 276)

zum Zwang und das Zitat zum Konstituens eines jeden neuen Textes werde, so Hassan, sei es schwer, Originäres zu sagen.[1] Ein nur flüchtiger Blick auf die Bereiche Architektur und Literatur, in denen der Terminus Postmoderne sich bereits mit einigem Erfolg als Epochenbegriff durchzusetzen vermochte, scheint die Diagnose Hassans zu bestätigen.[2] Architekten zitieren heutzutage bei ihren Entwürfen mit Vorliebe Baustile und Bauformen voraufgegangener Epochen; sie arrangieren sie jeweils neu und bekunden im Arrangement einen letzten Rest von schöpferischer Originalität. Die Literatur praktiziert getreu dem Diktum John Barths, wonach wir in einer Zeit der Erschöpfung aller Formen leben,[3] ein ähnliches Verfahren, bei dem plagiatorisches und parodistisches Spiel mit dem Tradierten zum gleichsam letzten Ausweis künstlerischer Subjektivität wird. Postmoderne und Intertextualität scheinen also tatsächlich so etwas wie Synonyme zu bilden. Der eine Begriff scheint den jeweils anderen einzuschließen; bei der Nennung des einen scheint der andere immer auch mitzuschwingen. Wie anders ließe sich sonst erklären, daß Demonstrationen intertextueller Verfahrensweisen mit Vorliebe und mit besonderem Erfolg an postmodernen Texten versucht werden?

In solchen Texten wird nämlich mit einer Intensität und Zwanghaftigkeit zitiert, wie dies vor allem in kulturellen Spätzeiten üblich ist, in denen Kreativität sich zuallererst im Rückgriff auf Vorgängiges manifestiert. Daß diese alexandrinische Praxis an sich jedoch beileibe kein postmodernes Privileg ist, daß jeder Text, ontologisch betrachtet, vielmehr immer in einem Kon-Text, d. h. einem vielfältigen Bezug zu anderen, fremden Texten zu lesen ist, ja nur vor deren Hintergrund seine jeweilige Eigentümlichkeit erhält, haben die in diesem Band gesammelten Einzeluntersuchungen von Texten aus historisch ganz unterschiedlichen Epochen exemplarisch zu zeigen vermocht. Sie demonstrieren darüber hinaus aber auch noch ein Zweites: daß die jeweiligen intertextuellen Verfahren ganz offenkundig einem Funktionswandel unterliegen, mal häufiger, mal weniger häufig anzutreffen sind, mal bejaht und mal geleugnet und unterdrückt werden. Welche spezifische Funktion der Intertextualität in der Postmoderne zukommt, soll abschließend anhand eines Romans deutlich werden, dessen Autor gemeinhin als ein Meister des Zitats gilt und der sich nur dann in vollem Umfang verstehen und goutieren läßt, wenn man auch die vielfältigen offenen und versteckten Verweise, mit denen der Text strategisch geschickt operiert, zu entdecken bereit und imstande ist.

---

1 »Wars of Desire, Politics of the Word«, *Salmagundi*, 55 (1982), 110–118, hier: 116.

2 Durch die hier versuchte parallele Sicht von Literatur und Architektur sollen natürlich die auch nachweisbaren Unterschiede in der Entwicklung beider Bereiche nicht geleugnet werden.

3 »The Literature of Exhaustion«, *Atlantic Monthly*, 220 (August 1967), 29–34.

1. Der postmoderne Denkhorizont: Intertextualität als Schicksal

Vorab sei jedoch kurz der Horizont entworfen, vor dem man sich die Genese eines postmodernen Textes vorzustellen hat. Vor einem solchen Hintergrund wird letztlich erst ganz verständlich, weshalb Intertextualität heutzutage derart manisch praktiziert wird und »in these intertextual times« (Hassan) folgerichtig zum Gegenstand theoretischer Reflexion avancieren mußte. Dieser Horizont ist im wesentlichen zweifach bestimmbar, nämlich sprachphilosophisch und sprachsoziologisch.

Sprachphilosophisch steht der postmoderne Text ganz unter dem Diktat poststrukturalistischer Denkprämissen. Intertextualität gehört danach geradezu zu seinem unabwendbaren Schicksal. Da die Verweiskraft des sprachlichen Zeichens nach dieser Theorie nicht länger in außersprachliche Zonen hinausreicht, *signifiant* und *référent* vielmehr radikal diskontinuierlich und intransigent sind, kann Sprache, sofern sie auf ihre Bezeichnungsfunktion und damit auf die Hervorbringung von Bedeutung nicht verzichten möchte, diese nur noch aus dem sprachlichen Binnenraum, d. h. aus den »Oppositionsbeziehungen zu anderen Texten innerhalb eines umfassenden differentiellen Systems von Texten«[4] beziehen. Alles ist danach nur noch Text: die Welt nur noch begreifbar als ein intrikates Textgeflecht, als großer »Inter-Text«, was nach Roland Barthes soviel bedeutet wie

> l'impossibilité de vivre hors du texte infini – que ce texte soit Proust, ou le journal quotidien, ou l'écran télévisuel: le livre fait le sens, le sens fait la vie.[5]

Diese Vorstellung vom absoluten Primat des Textes, der immer schon da ist und ›das Leben‹ erst eigentlich hervorbringt, hat natürlich auch weitreichende Folgen für die Produktion neuer Texte. Sie werden nun nicht mehr, wie dies etwa noch in der romantischen Vorstellung vom genialisch-kreativen Subjekt geschah, analog zum göttlichen Schöpfungsakt gleichsam *ex nihilo* hervorgebracht,[6] sondern aus dem Dunkel eines immer schon als vorhanden angenommenen Makrotextes ans Licht gehoben. So hat Felix Philipp Ingold im Hinblick auf den poststrukturalistischen Textemacher Edmond Jabès einmal formuliert:

> Alle Literatur ist demzufolge sichtbar gemachte, sichtbar gewordene – *gerettete* – Schrift. Der Schriftsteller [...] erfindet seine Texte nicht, er findet sie; er stellt sie nicht her, er entziffert sie, schreibt sie nach.[7]

---

4 R. Warning, »Imitatio und Intertextualität: Zur Geschichte lyrischer Dekonstruktion der Amortheologie: Dante, Petrarca, Baudelaire«, in: *Interpretation: Das Paradigma der europäischen Renaissanceliteratur*, ed. K. W. Hempfer/G. Regn (Wiesbaden, 1983), S. 288–317, hier: S. 298.

5 *Le plaisir du texte* (Paris, 1973), S. 58f.; vgl. auch dts. als *Die Lust am Text*, übers. T. König (Frankfurt/Main, 1974), S. 53f.

6 Vgl. hierzu den Beitrag von L. Lerner in diesem Band, S. 279–285.

7 »Das Buch im Buch: Versuch über Edmond Jabès«, *Akzente*, 26 (1979), 632–636, hier: 634.

Schreiben ist also zur Intertextualität geradezu verdammt, weil es sich immer nur noch im »prison-house of language«[8] abspielt.

Die sprachsoziologische Komponente hängt eng mit der eben skizzierten zusammen. Die Annahme, der Schreibende sei nie mit den Dingen an sich (*référents*), sondern immer schon mit deren besprochenen und beschrifteten Formen und Verarbeitungen befaßt, was ihnen den unschuldigen Naturstatus nimmt und sie in ein Netz vorgegebener Bedeutungen einbindet, muß gerade zu einer Zeit und in einer Phase der historischen Entwicklung Triumphe feiern, da durch eine wahre Flut von technologischen Kommunikationsmöglichkeiten so etwas wie ein unbesprochener, freier Naturraum so gut wie undenkbar geworden ist und selbst so gesellschaftsferne Zonen und angestammte Projektionsräume für fiktionale Alternativentwürfe wie der Weltraum Kosmos und der Innenraum Psyche immer mehr als bereits besprochen und beschriftet angesehen werden müssen. Soziologisch gesehen, wird so die Welt als Ganzes immer mehr zu einer von der Vielfalt der Medien und Diskurse beherrschten Echokammer, in der sich Interpretationen und Ausdeutungen konkurrierend überlagern, ohne daß in diesem Stimmgewirr noch so etwas wie ein Stimmführer eindeutig auszumachen wäre. Und weil sich in einer Echokammer Aussagen endlos wiederholen und aufgrund von Reduplikation und Reproduktion nicht gerade origineller werden, ist auch so etwas wie eine rapide Inflationierung der Sprache zu beobachten. Sie verliert zunehmend ihre Griffigkeit und versandet immer mehr in leerer Begrifflichkeit. Befördert durch die technische Reproduzierbarkeit wird sie in Klischees und Stereotypen verschlissen. Das einst sprachschöpferische Subjekt gerät so zunehmend in Sprachnot; das klassische Verhältnis zwischen Mensch und Sprache kehrt sich um: Der Mensch, vormals noch ganz Herr über die Sprache, steht nun, wie schon Hugo von Hofmannsthal es formuliert, »in der Gewalt der Worte«, so daß immer dann, wenn er den Mund auftut, mindestens »zehntausend Tote« mitzureden beginnen.[9]

Weil also alles immer schon unendlich oft gesagt und besprochen scheint, wird der Wiederholungszwang zum Los der Postmoderne. Die Rede läuft jetzt Gefahr, zum Gerede zu verkommen, aus dem *homo loquens* wird ein *homo loquax*. Der Literatur bleibt ähnlich wie der Kunst in der Gestalt der Pop Art, die von etwa denselben Denkprämissen ausgeht, nur noch ein probates Mittel, um die ihr wesenseigene schöpferische Potenz wenigstens noch in Ansätzen zu realisieren. Alle Literatur, so ließe sich jetzt das weiter oben verwendete Zitat Ingolds abwandeln, ist vor diesem Denkhorizont nur noch denkbar als sichtbar gemachtes, sichtbar gewordenes – »gerettetes« – Klischee. Der Schriftsteller (gleich dem Pop-Künstler)

---

[8] Vgl. F. Jameson, *The Prison-House of Language* (Princeton, 1972).

[9] *Prosa I* (Frankfurt/Main, 1950), S. 267.

erfindet seine Gegenstände nicht mehr, er findet sie nur noch vor; er stellt sie nicht mehr her, er stellt sie vielmehr nur noch in einem Kunstraum aus, der einmal als »espace textuel«[10] und das andere Mal als Museum zu bezeichnen wäre. Auf den Müllhalden der Wegwerfgesellschaft sucht und findet der eine seine *Ballantines*-Bierdosen und *Campbells*-Konserven; von den »Halden der Sprache«[11] bezieht der andere sein Material. »The glut of cultural goods«, so die Diagnose Susan Sontags, »creates a kind of fatigue – having too many models, too many stimuli.«[12] Gegen die Erschöpfung und Ermüdung der Erfindungs- und Einbildungskraft hilft nur noch die parodistische Überzeichnung der Textvorlagen bzw. der »pla(y)giarism«,[13] der in spielerischer Absicht mit seinem literarischen Diebesgut hantiert, dieses in einen jeweils neuen Kontext stellt und so gewissermaßen ent-stellt. Durch diese Deformation, die auch eine Form der Verfremdung ist, macht ein solches Werk unablässig auf die eigene Machart sowie Herkunft und Stereotypie des Materials aufmerksam. Machen von Literatur bedeutet jetzt, wie es bei Renate Lachmann heißt, »in erster Linie Machen aus Literatur, das heißt Weiter- und Wiederschreiben«.[14]

2. Donald Barthelme: ein Meister des »pla(y)giarism«

Wenn es nun nach einer Reihe von Einzeluntersuchungen englischer Texte in diesem Beitrag um die postmoderne amerikanische Literatur geht, weil in ihr das Bewußtsein von »so much replication, so much waste«[15] aufgrund des weiter fortgeschrittenen Zustands der Industriegesellschaft sicher deutlicher zutagetritt als in manch anderer Nationalliteratur, so wird immer wieder der Name eines Autors bemüht, der es in der Kunst des Weiter- und Wiederschreibens wie kaum ein anderer zur Meisterschaft gebracht hat: Donald Barthelme. In Philadelphia geboren, in Houston aufgewachsen, läßt er sich schließlich nicht ohne Grund in New York nieder. Hier veröffentlicht er mit Vorliebe in der Zeitschrift *The New Yorker*, wohl weil er deren urban-versierter, weltläufiger Leserschaft am ehesten zutraut, die vielfältigen Anspielungen und versteckten Verweise auf fremde Texte auch

---

10 J. Kristeva, *Sémeiotiké: Recherches pour une sémanalyse* (Paris, 1969), S. 255.

11 K. Korn, *Sprache in der verwalteten Welt* (München, 1962), S. 11.

12 »Susan Sontag Interviewed by Joe David Bellamy«, in: *The New Fiction: Interviews with Innovative American Writers*, ed. J. D. Bellamy (Urbana, Ill., 1974), S. 113–129, hier: S. 128.

13 Den semantisch uneindeutigen Begriff, in dem ›Spiel‹ (»play«) und ›Plagiat‹ (»plagiarism«) ineinander verschwimmen, hat Raymond Federman geprägt. Vgl. dazu besonders »Imagination as Plagiarism [an unfinished paper ...]«, *New Literary History*, 7 (1976), 563–578.

14 »Intertextualität als Sinnkonstitution: Andrej Belyjs *Petersburg* und die ›fremden‹ Texte«, *Poetica*, 15 (1983), 66–107, hier: 66f.

15 Th. Pynchon, *Gravity's Rainbow* (New York, 1973), S. 590.

nur annähernd zu erkennen und entsprechend auszukosten. Er benötigt, so scheint es, die Megalopolis und Medienmetropole, wo Fernseh- und Rundfunkstationen, Werbeagenturen und Verlage miteinander konkurrieren und propagandistisch-wortreich einander zu überbieten suchen, so daß man sich Tag und Nacht dem Lärm und Beschuß der Meinungsmacher ausgesetzt sieht. New York scheint Barthelme just den Stoff zu bieten, aus dem dann seine Texte sind. Und wie die Stadt mit diesen ihren Materialien umzugehen pflegt, wird für ihn ästhetisch geradezu beispielhaft. Er greift begierig auf, was die Stadt ihm bietet, und verschneidet dieses Angebot zu einem großangelegten Arrangement, wobei die handschriftliche Signatur des Autors unverkennbar bleibt. Aus den Gesprächsfetzen, den Bildfragmenten und Textausrissen der kommerziellen Welt schafft er nach dem Vorbild eines Kurt Schwitters, auf den er sich im übrigen wiederholt beruft,[16] eine Art MERZ-Collage, die durch die Streichung des Präfixums (KOM-) den eigenen Warencharakter zu negieren versucht. Hier werden die aus der Warenwelt geborgten Versatzstücke entkommerzialisiert, in einem musealen Raum ›Text‹ ausgestellt und dem Rezipienten zur Anschauung angeboten.

Die enge Verbindung zur amerikanischen Kunstszene der sechziger Jahre, insbesondere der Pop Art, mit der Barthelme immer wieder und nicht ganz ohne Grund assoziiert wird (auch wenn er dies nicht allzu gerne hört) und mit der er als Berater, dann als Direktor des Houston Contemporary Arts Museum sowie als Freund des New Yorker Kunstkritikers Harold Rosenberg engen Kontakt hatte, ist unverkennbar. So gilt für seine Texte, was auch auf die Bilder der Pop Art zutrifft: Mitten aus einem medial bis in den letzten Winkel ausgedeuteten urbanen Environment beziehen sie die nachhaltigsten künstlerischen Impulse. New York verkörpert für ihn deshalb, wie er selbst einräumt, nicht »the anxiety but the pleasure of influence«.[17] Der Wortmüll der Großstadt, von der hohen Kunst bislang gerne verworfen, wird von Barthelme geradezu gierig aufgegriffen. Künstlerische Produktion wird für ihn zum Synonym für die Wiederaufbereitung solch verworfener Abfälle, einer Form von Recycling, wo es nach der Devise geht: »Garbage in, art out.«[18] Statt die Worthalden weiter wachsen und wuchern zu lassen, werden sie hier auf wieder verwertbares Material hin

[16] So z.B. in dem Interview »The Art of Fiction (LXVI)«, *Paris Review*, 80 (1981), 180–210, hier: 202.

[17] »The Art of Fiction«, 186. Barthelme bezieht sich mit dieser Formulierung natürlich auf Harold Bloom (*The Anxiety of Influence: A Theory of Poetry* [New York, 1973]) und stellt dessen These (»[...] the covert subject of most poetry for the last three centuries has been the anxiety of influence, each poet's fear that no proper work remains for him to perform«, S. 146) für seine Art von Prosa regelrecht auf den Kopf.

[18] »The Art of Fiction«, 202.

durchsucht; die dabei gemachten Funde werden ausgestellt und dem Betrachter entfunktionalisiert und ironisch gebrochen als das präsentiert, was sie letzten Endes sind: Abfälle, die jedoch immer noch zur Kunstproduktion taugen und gerade aufgrund ihrer ästhetischen Wiederverwendung am allerwenigsten Gefahr laufen, einmal mehr dem ökonomischen Verwertungszyklus zum Opfer zu fallen und erneut auf den Müllhalden zu landen, auch wenn dieses Schicksal im Zeitalter technischer Reproduzierbarkeit selbst einem Kunstwerk nicht mehr unbedingt erspart bleibt.

Barthelmes erster Roman *Snow White* (1967) war bereits randvoll vom Sprachdreck und -müll der Konsumgesellschaft; er machte sich aus der Reproduktion dieses Abfalls geradezu einen Spaß, und aus der Sprachnot wurde eine künstlerische Tugend. Sein zweiter und bislang letzter Roman *The Dead Father* (1975) eignet sich für eine Demonstration postmoderner Intertextualitätsverfahren insofern noch besser, als hier Intertextualität nicht nur auf der Ebene des *discours* für jeden augenfällig praktiziert wird, indem die aus fremden Vorlagen stammenden Materialien vom Sprachabfall bis zur Klassikeranspielung durch eine besondere Form der Zuordnung den Anschein des Neuen erwecken. Hier wird über Intertextualität darüber hinaus auch immer wieder ausgiebig reflektiert;[19] die ganze *histoire* vom Vatermord läßt sich mühelos als eine Art Allegorese der postmodernen Intertextualitätsproblematik lesen und verstehen.[20]

3. Die intertextuelle Praxis: Die histoire *als Verschnitt*

Bereits im Titel, auf den an anderer Stelle noch gesondert einzugehen sein wird, vor allem aber in der dem eigentlichen Haupttext vorangestellten, durch Kursivdruck bereits typographisch abgesetzten Einleitung, die wie ein Kulissenentwurf zu dem Drama vom Vatermord anmutet, wird die intertextuelle Dichte überdeutlich. Die Anleihen, die dieser Nebentext von kaum mehr als zwei Seiten macht, sind derart zahlreich, daß er sich in der Tat »comme mosaïque de citations«[21] liest. Dem Leser, der den Roman aufschlägt, wird dadurch von Anfang an signalisiert, daß der ganze folgende Text vor einer derartigen Kulisse »im Horizont der Intertextualitätstheorie verfaßt«[22] und dementsprechend zu rezipieren ist. Der moderne *auctor doctus*, der auf einen globalen Makrotext zurückgreifen kann und muß, weil ihm nur noch über ihn die Welt verfügbar wird, hat im *lector doctus*, der die

---

[19] Vgl. M. Pfisters »Konzepte der Intertextualität« in diesem Band, S. 27f.

[20] Vgl. zum Thema des Vatermords auch D. Schwanitz, »Stephen's Interpretation of *Hamlet* in James Joyce's *Ulysses*«, in: *Anglistentag 1982: Zürich*, ed. U. Fries/J. Hasler (Gießen, 1984), S. 269–290.

[21] Kristeva, *Sémeiotiké*, S. 146.

[22] Vgl. Pfister, »Konzepte der Intertextualität«, S. 28.

nur schwach markierten intertextuellen Bezüge mit seinem Spürsinn erst im einzelnen zu entdecken hat, sein nahezu gleichwertiges Pendant. Der Leser hat kreativ Beziehungen herzustellen, die vom Autor zwar eindeutig intendiert, jedoch so uneindeutig markiert worden sind, daß im Moment des Wiedererkennens – einer rein auf die Textbeziehungen beschränkten *anagnorisis* – der besondere Reiz der Lektüre solcher Texte liegt.[23] Daß bei einer derartig ungesicherten Spurenlage vom Leser gelegentlich eine intertextuelle Dichte unterstellt werden kann, die der Autor vielleicht nicht einmal im entferntesten beabsichtigt hatte, versteht sich von selbst. Diese Unterstellung gehört wesentlich zum kreativen Leseakt und zur besonderen Machart solcher Texte, in denen vornehmlich ein Anreiz zu immer neuen potentiellen Verbindungen gegeben wird, während die tatsächlichen Einzeltextbeziehungen keine Rolle spielen.

Es scheint deshalb lohnend, einmal anhand des rezeptionslenkenden Vorspanns auf die besondere intertextuelle Machart des hier verwendeten *discours* einzugehen. Die Titelfigur des ›toten Vaters‹ wird darin Schritt für Schritt, gleichsam von Kopf bis Fuß als ein *mixtum compositum* aus diversen, collageartig verschnittenen ›Sagen‹- und ›Legenden‹-Fragmenten entworfen.[24] Zuerst entsteht vor dem inneren Auge des Lesers ein imposanter Kopf, den Blick starr gen Himmel gerichtet, mit schulterlangem Haar und gestrenger Miene: eine Pantokrator-Ikone byzantinischen Zuschnitts, die freilich ikonographisch alles andere als konsistent wirkt. Andere, sehr profane Bildanteile schieben sich immer wieder störend dazwischen. Das Blau der Augen wird mit dem Blau einer *Gitanes*-Packung assoziiert; der Mund läßt strahlend weiße, entweder werbewirksam gepflegte natürliche oder aus Porzellan gefertigte künstliche Zähne erkennen, die lediglich an einigen wenigen Stellen – »*a consequence of addiction to tobacco*« (S. 9) – gelblich verfärbt bzw. ansatzweise kariös erscheinen, worauf die Makrelensalatreste zwischen den Zähnen hindeuten (S. 10). Das Heilige interferiert stark mit dem Profanen; die Ikone changiert ständig mit Bildern aus der Werbung, ohne daß sich je die eine oder die andere Vorstellung im Rezipienten als dominant durchsetzte und verfestigte. Wie bei einer Collage sieht das Auge sich vielmehr gezwungen, zwischen den ineinandermontierten Bildanteilen hin und her schweifend zu vermitteln. Die Unauflösbarkeit ist für diese Art von Textverschnitt gleichsam konstitutiv, die Auflösung ähnlich wie bei einer Collage nicht beabsichtigt. Im ›Dazwischen‹ (*intra*) der Texte bewährt sich der Inter-Text.

---

23 Vgl. U. Broich, »Formen der Markierung«, in diesem Band, S. 47.

24 Der Verweis auf »legends« und »sagas« wird explizit gegeben (S. 9f.). Hier wie im folgenden, wo die Seitenangaben jeweils in den fortlaufenden Text gesetzt werden, wird nach der leicht zugänglichen *Pocket Books*-Ausgabe des Romans zitiert (New York, 1976).

Je weiter die Titelfigur sich vor dem Auge des Lesers konstituiert, je vollständiger sie ins Bild tritt, desto mehr verwandelt sich die Pantokrator-Ikone in profanem Gewand in ein monströses, überdimensional aufgeblähtes Monument eines politischen Potentaten »*working ceaselessly night and day through all the hours for the good of all*« (S. 10). Er kontrolliert den Markt, das Militär und die Meinungen, ist also eine Art absolutistische Herrscherfigur, deren letztes Stündlein nun freilich gekommen zu sein scheint; denn das Standbild soll nun – so wie man dies von Bildern über politische Machtwechsel in totalitären Staaten zur Genüge kennt – geschleift werden. Das Stahlseil, das bereits um die Beine geschlungen ist, deutet auf eine Ikonoklastie, die dann im Haupttext bis in alle Einzelheiten hinein inszeniert werden soll. Doch auch dieses Standbild, das jenes der Ikone zunehmend überblendet, ist alles andere als in sich stimmig; zu heterogen sind die Versatzstücke, aus denen die Figur collageartig zusammengesetzt ist. Eines ihrer Beine ist künstlich und dient als eine Art Verwaltungszentrum für die diversen Institutionen, die eine Gesellschaft benötigt, um als geordnetes Staatswesen zu funktionieren, bis hin zum Beichtstuhl, in dem der Beichtvater die Schuldbekenntnisse der Beichtkinder auf Tonband aufzeichnet, um sie am Ende – ähnlich wie der Roman selbst dies tut – als großen Intertext »*scrambled, recomposed, dramatized*« (S. 10) zur Aufführung zu bringen. Das andere, natürliche Bein – »*most ordinary*« – wirkt freilich in der Art, wie es beschrieben wird, alles andere als ›natürlich‹ und ›gewöhnlich‹; die Beschreibung liest sich vielmehr eher wie ein Ausriß aus einem Anatomielehrbuch, da auch hier offensichtlich alles, was es zu sagen und zu schreiben gilt, nur noch im Rückgriff auf bereits Gesagtes und Geschriebenes zur Sprache kommen kann:

> *We encounter for example the rectus femoris, the saphenous nerve, the iliotibial tract, the femoral artery, the vastus medialis, the vastus lateralis, the vastus intermedius, the gracilis, the adductor magnus, the adductor longus, the intermediate femoral cutaneous nerve and other simple premechanical devices of this nature.* (S. 11)

Diese detaillierte Analyse des Romananfangs, der ästhetisch wichtige Vorentscheidungen trifft und gleichsam den Horizont entwirft, vor dem sich dann der weitere Text konkretisiert, zeigt eines sehr deutlich: wie bewußt und nahezu ausschließlich Barthelme auf massenhaft in Umlauf gebrachte und deshalb im Leserbewußtsein verankerte Texte und Bilder aus Religion und Mythos, Wissenschaft und populärer Kultur, Werbung und sonstigen Medienprodukten rekurriert, um aus diesem Fremdmaterial einen Text mit eigener, unverwechselbarer Handschrift zu verfertigen. Der Vater, dessen Tod auf diesen Anfangsseiten in Szene gesetzt wird, erhält so ähnlich wie in Freuds Schrift *Totem und Tabu*, in der wie hier viel von der »Beseitigung des Urvaters durch die Brüderschar« die Rede ist und die insofern als ein möglicher Prätext denkbar ist, eine wenigstens vierfache Bedeutung: Er wird wie bei Freud zum Symbol »von Religion, Sittlichkeit, Gesellschaft und Kunst«.[25] In diesen intertextuellen Zeiten vom Vater zu sprechen, scheint also nur noch möglich vor der Folie der vielfältigen Vaterbilder, die mehr oder minder markant und markiert Eingang in den neuen Text finden. Unbefangenheit, Natürlichkeit, Einmaligkeit und Originalität werden als die wahren Mythen der Zeit demaskiert. Die *origo* eines Textes liegt nicht mehr in der Subjektivität des Autors begründet, sondern in einer objektiv gegebenen und verfügbaren Vielzahl von Prä- und Kontexten, die jeweils ›zur Hand sind‹. Aus ›Überbleibseln von früheren Konstruktionen und Destruktionen‹ werden, so Claude Lévi-Strauss, jetzt die Texte gebaut und gebastelt, was den postmodernen Autor als eine Art »bricoleur« (Bastler) erscheinen läßt, der seine Produkte als spielerische Arrangements (»bricolages«) von wahllos herumliegenden »objets trouvés« begreift.[26] Der Roman *The Dead Father* wird so ganz folgerichtig zu einer Kette solcher »found images strung together on a very slender thread«.[27]

Nicht einmal der rote Faden selbst, der sich durch den Roman hindurchzieht und die einzelnen Funde zu einer Erzählung verbindet, kann als originell, geschweige denn als originär bezeichnet werden. Er ist seinerseits bereits in einer ganzen Reihe von Prätexten zu finden, die im Zeichen einer Quest stehen und auf die immer wieder mehr oder minder versteckt Bezug genommen wird. Der Treck, der hier mit der körperlich wie seelisch reichlich hinfälligen Vaterfigur vor dem Auge des Lesers inszeniert wird – unsicher, umwegig und auf holprigen Pfaden mäandrierend – gibt sich praktisch von Anfang an als eine Art postmoderner Argonautenzug auf der Suche nach dem Goldenen Vlies zu erkennen, in das der sieche Vater sich zu hüllen wünscht, weil er sich davon ›Verjüngung‹ (S. 16) verspricht. Gerade diese Vorstellung von ›Verjüngung‹ und ›Wiederbelebung‹ (S. 47) koppelt den Argonautenmythos wiederum an eine andere Quest, die variantenreiche Gralslegende des Mittelalters, die ihrerseits wieder eine ganze Reihe orientalischer, christlicher und märchenhafter Vorstellungen aufgriff: der greise Vater also auch mit unüberhörbaren Anklängen an die sieche Amfortasfigur, in der wiederum Vorstellungen vom Fischer-König, von Tammuz, Adonis oder Christus assoziativ mitschwingen.[28] Der postmo-

---

[25] S. Freud, *Fragen der Gesellschaft, Ursprünge der Religiosität,* Studienausgabe (Frankfurt/Main, 1974), X, 438f.

[26] Vgl. zum Begriff des »bricoleur« z. B. C. Lévi-Strauss, *Das wilde Denken*, übers. H. Naumann (Frankfurt/Main, 1973), S. 30.

[27] Vgl. die Romanrezension von R. Shattuck in *The New York Times Book Review* (Nov. 9, 1975), 50.

[28] Zum Zusammenhang dieses Mythenkomplexes vgl. J. L. Weston, *From Ritual to Romance* (Garden City, Kan., 1957), bes. S. 37ff., sowie B. Maloy, »Barthelme's *The Dead Father*: Analysis of an Allegory«, *Linguistics in Literature,* 2, ii (1977), 43–119, bes. 92ff., die sehr detailliert die Mythenverweise herauspräpariert.

derne Anstrich besteht darin, daß die Quest hier von Anfang an unter einem äußerst ungünstigen Stern steht, Zweifel sich einstellen und ›Zweck‹ und ›Ziel‹ der Suche zunehmend fragwürdig erscheinen, so daß am Ende die Frage völlig zu Recht gestellt wird: »What purpose? What entelechy?« (S. 209) Heilung, Verjüngung, Wiedereinsetzung der väterlichen *auctoritas* bleiben ganz folgerichtig aus. Selbst der Tod des Vaters, den es am Ende des Romans zu vermelden gilt, verheißt, anders als noch der Tod von Adonis oder Christus, keine wirkliche Auferstehung des Fleisches mehr. Bestenfalls noch symbolisch, d.h. als internalisierte religiöse, sittliche, gesellschaftliche und künstlerische Instanz, lebt der Vater als »dead father« fort.

Die auf diesen Erzählfaden aufgereihten Einzelepisoden – Einlagen und Kostproben vom einstigen Können des schon leicht debilen Vaters; Geschichten, die man sich am Wegrand beim Rasten erzählt; das *Manual for Sons*, aus dem man sich des Nachts vorliest und das in vollem Umfang im Roman abgedruckt ist – sind ähnlich wie der Quest-Faden selbst auf vielfältige Vorlagen rückführbar. So glaubt man als Leser das epische Gemetzel, das der Vater gleich zu Beginn des Romans mit seinem Schwert anrichtet und das sich am Ende als bloßes Scheingefecht mit Pappfiguren herausstellt (S. 18–20), in der *Ilias* oder im *Don Quijote* schon einmal gelesen zu haben. Lediglich in dem collageartigen Zusammenschnitt von Homer und Cervantes sowie dem unverkennbar postmodernen Hinweis, daß die Figuren eben nur noch als papierene Textfiguren zu verstehen sind, liegt der Reiz des Neuen. Auch die Geschichten, die man sich hier wie einst im *Decamerone* oder in den *Canterbury Tales* auf der Reise erzählt, sind alles andere als originäre Produkte. Ihre Originalität liegt wiederum im Arrangement. So ist etwa die ›einfach unglaubliche‹ (*infuckingcredible*, S. 51) *tall tale* von der Zeugung des »Pool Table of Ballambangjang« (S. 47–51) ein ziemlich trivialer, leicht durchschaubarer Mythenverschnitt: Auf Zeus und Danaë wird dabei ebenso angespielt wie auf Orpheus und Eurydike und die damit eng verbundene, aber auch aus den großen Epen von Homer über Vergil bis hin zu Dante bekannte *katabasis* ins Totenreich. Und da es sich schließlich um eine postmodern-parodistische Zeugungsgeschichte handelt, in der der ganze Kulturmüll einer Überflußgesellschaft von der völlig überflüssigen Gummibrezel bis hin zum Pantographen (ein weiterer versteckter Hinweis auf das eigene Schreibverfahren der Allesverwertung!) produziert wird, darf natürlich auch der überlange priapeische Penis aus dem Umkreis der Fruchtbarkeitsmythologie nicht fehlen, an dem sich der Vater hier wie an den eigenen Haaren aus dem Sumpf des Styx befreit: alles in allem eine ›einfach unglaubliche‹ Mythenparodie, die Vorlagen überzeichnet und neu arrangiert, weil nur noch Karikatur und neuartige Zuordnung alten Materials so etwas wie Originalität verbürgen.

Kaum weniger parodistisch mutet die Initiationsgeschichte an, die der

Sohn, um es dem Vater gleichzutun, großmäulig wie dieser erzählt (S. 53–60): eine Mischung aus Gangsterstory, Western und Märchen, in der der Junge von dubiosen Ganoven »in dark suits with shirts and ties and attaché cases containing Uzi submachine guns« zu Pferde entführt wird und immer tiefer in einen Märchen- und Mythenwald hineingerät, wo er schließlich auf die Große-Vater-Schlange trifft, eine Art mythische Sphinx, deren Funktion darin besteht, Rätsel aufzugeben, die der Junge freilich listig, trickreich und ohne Mühe zu erraten vermag. Die Antwort auf das Rätsel lautet hier in Anspielung auf den Ödipusmythos, in dem schon einmal ein Sohn seinen Vater erschlug, schlicht und einfach »*murderinging*« (S. 60). Die postmoderne Brechung liegt darin, daß hier der Patrizid jeder menschlichen Tragik entbehrt und mit voller Kenntnis, ja in bewußter Nachahmung des antiken Vorbilds verübt wird. Die Antworten, so muß der Leser jedenfalls vermuten, sind schließlich nicht unerschöpflich. Im Gegenteil: Alles ist mindestens immer schon einmal gesagt.

Durch derart assoziationsreiche Anspielungen, mit denen *The Dead Father* operiert, wird der Leser herausgefordert, nach immer neuen Bezügen zu suchen, auch wenn der Text diese nicht mehr unbedingt kenntlich macht. Ein von vornherein im Horizont der Intertextualitätstheorie verfaßter Text begreift sich schließlich nur noch als Parasit, der ausschließlich auf Kosten anderer existiert. Die Suche nach immer neuen Verbindungen ist deshalb gleichsam konstitutiv für die Konkretisierung eines solchen Textes, und jede Neuentdeckung intertextueller Bezüge – gleichgültig ob beabsichtigt oder nicht – schafft neue reizvolle Lektüremomente. Auch Kafkas »Brief an den Vater«, in dem der Autor eine erdrückende Autoritätsfigur entwirft, die sich mit ihrer bloßen Körperlichkeit über die Erdkarte hin ausstreckt und mit der Tyrannei ihres Wesens den verschüchterten Sohn (wie übrigens auch in *The Dead Father*) nur noch stockend stammeln läßt,[29] könnte unterschwellig bei der Textgenese mit am Werk gewesen sein (auch wenn sich Barthelme einer tatsächlichen Einwirkung des Kafka-Textes nicht bewußt ist)[30] ebenso wie *Finnegans Wake*, in dessen HCE Joyce ebenfalls alle nur denkbaren Vaterfiguren vom biblischen Adam bis hin zu Tim Finnegan, der irischen Balladenfigur, die ›stirbt‹, um am Ende wundersame Auferstehung zu feiern, wie in einem »collideorscape« verschwimmen läßt und dessen beziehungsreiche Sprachspielerei in *The Dead Father* Nachahmung findet. Die jeweilige Quelle exakt auszumachen, fällt meist sehr schwer und ist letztlich auch unwichtig; wichtig ist das Bewußtsein des

---

[29] Dieser Satz meines Beitrags ist selbst eine Zitatenmontage aus Kafkas »Brief an den Vater« (in: *Hochzeitsvorbereitungen auf dem Lande und andere Prosa aus dem Nachlaß* [New York, 1953], S. 162–223). Die Versatzstücke, aus denen der Satz zusammengesetzt ist, finden sich auf den Seiten 168, 217, 192 und 175.

[30] Vgl. J. Brans, »Embracing the World: An Interview with Donald Barthelme«, *Southwest Review,* 67 (1982), 121–137, hier: 123.

Lesers von den potentiell endlosen Beziehungen in einem solchen Textgewebe, das vor dem Horizont der Intertextualitätstheorie gesponnen wird.

4. Der discours *als intertextuelle Reflexion*

Die bisher beschriebene, meist sehr indirekte Zitierpraxis ist nur die eine Seite des Romans; die andere – für einen postmodernen Erzähltext geradezu selbstverständlich – ist darin zu sehen, daß diese Praxis innerhalb der Fiktion immer auch ihre theoretische Begründung erfährt. Zumindest implizite metafiktionale Selbstreflexivität ist für postmoderne Fiktionen ebenfalls konstitutiv, was sich hier bereits im Titel manifestiert. Der dort apostrophierte ›tote Vater‹, der jedoch nur ›in einem bestimmten Sinne‹ tot ist, während er zumindest symbolisch immer noch ›unter uns‹ weilt (S. 91 und 10), wird so neben den bereits genannten mythisch-religiösen Anspielungen, die in dieser scheinbaren Paradoxie mitschwingen, auch zu einem Synonym für die Sprache und damit für den Text *The Dead Father* selbst. Wie die Autorität des Vaters auch nach dessen physischer Beseitigung in den verschiedensten Kulturbereichen (religiös, sittlich, gesellschaftlich) weiterwirkt, so vor allem natürlich in dem nach postmoderner Auffassung absolut primären Bereich der Sprache. Lacan meint:

> C'est dans le *nom du père* qu'il nous faut reconnaître le support de la fonction symbolique qui, depuis l'orée des temps historiques, identifie sa personne à la figure de la loi.[31]

Und in der englischen Übersetzung eines anderen Lacan-Zitats ist »the symbolic Father [...], in so far as he signifies, the dead Father«:[32] Die im Romantitel enthaltene Anspielung auf die poststrukturalistische Sprachtheorie springt sofort ins Auge. Roland Barthes schließlich überträgt die legislative Vaterfunktion, die geordnete religiöse, soziale und sittliche Verhältnisse garantiert, entsprechend folgerichtig auch auf den Kunstbereich der Narrativik, die ohne ein Mindestmaß an raum-zeitlicher Ordnung nicht auskommt:

> Paradoxalement (puisqu'il est de consommation massive), c'est un plaisir bien plus intellectuel que l'autre: plaisir œdipéen (dénuder, savoir, connaître l'origine et la fin), s'il est vrai que tout récit (tout dévoilement de la vérité) est une mise en scène du Père (absent, caché ou hypostasié) [...][33]

---

[31] »Fonction et champ de la parole et du langage en psychanalyse«, in: J. Lacan, *Écrits 1* (Paris, 1970 [[1]1966]), S. 111–208, hier: S. 157 f.; vgl. auch dts. als »Funktion und Feld des Sprechens und der Sprache in der Psychoanalyse«, in: *Schriften I*, ed. N. Haas, übers. N. Haas u. a. (Frankfurt/Main, 1975), S. 119.

[32] Zitiert nach R. C. Davis, »Post-Modern Paternity: Donald Barthelme's *The Dead Father*«, in: *The Fictional Father: Lacanian Readings of the Text*, ed. R. C. Davis (Amherst, Mass., 1981), S. 169–182, hier: S. 177. Davis bezieht sich auf Lacan, *Écrits: A Selection*, übers. A. Sheridan (New York, 1977), S. 199.

[33] *Le Plaisir du texte*, S. 20; vgl. dts. *Die Lust am Text*, S. 17.

So ist also für jeden, der im Poststrukturalismus versiert ist und in dessen Kategorien zu denken vermag, der Titel selbst bereits vielfältig von anderen, fremden Texten überlagert, die unmißverständlich zu erkennen geben, daß hier ein Text sich unter anderem auch selbst thematisiert und über seine eigene Praxis reflektiert.

Dadurch daß der Vater im Laufe der Erzählung eine schrittweise Demontage erfährt, muß er jedoch als Garant der einen Wahrheit, für die er kraft seiner Autorität einsteht und die es für Barthes im Erzählakt zu enthüllen gilt, zunehmend ausfallen. Er schafft dadurch Raum für eine Wahrheitsvielfalt. »All lines my lines. All figure and all ground mine, out of my head. All colors mine« (S. 28): Dieser anfangs noch sehr selbstbewußt vorgetragene Allmachtsanspruch verwandelt sich zunehmend in eine Art Ohnmacht. Der Fall des Vaters führt folgerichtig zu einem Verfall der narrativen Ordnung, gleichzeitig aber auch zu einer schrittweisen Befreiung der Sprache von der einen Bedeutung. Der autoritäre Vatermonolog öffnet sich, je mehr Insignien der *auctoritas* der Vater einbüßt, auf einen wirklichen Polylog hin. Der eine ontotheologische Text, vom »All-Father« (S. 178) noch reklamiert, verwandelt sich immer mehr in einen wahren Intertext. Der Verlust des Schlüssels als des letzten Vaterattributs hat schließlich zur Folge, daß der Vater selbst in einer nicht mehr eindeutig zu entziffernden Art (»endshrouded in endigmas«) zu sprechen beginnt und, »endmeshed in endtanglements« (S. 214), sich in einem Gestrüpp von Zitaten verfängt. Vieldeutig wie in *Finnegans Wake* verschlüsseln sich oft in einem einzigen Wort mehrere, oft kontradiktorische Bedeutungen, so daß der eine Sinn vielsinnig changiert, wenn nicht gar unsinnig sich verdunkelt. »A darkening of the truth« (S. 118) wird jedenfalls schon zur Romanmitte hin vom Text selbst konstatiert. Der Vater muß auf den Leser gerade deshalb wie eine parodistische Zerrform wirken, weil er allmachtsbesessen alles als Eigentum deklariert, was dem geübten Leser längst als sprachliches Diebesgut, als Plagiat also, aufgefallen ist. Der Vater, der hier noch vorgibt, *ex auctoritate* zu sprechen und entsprechende Urheberrechte beansprucht, will nicht einsehen, daß er letztlich nur noch die Sprache der anderen reproduziert. Die Blindheit in bezug auf die vermeintlich eigenen Vor-Schriften, die bei Lichte besehen nur noch Nach-Schriften anderer Texte sind, wird ihm schließlich zum Verhängnis:

> In the end the Dead Father's concentration upon one text constitutes a crucial failure of imagination and will eventually result in disaster; the man who weds himself to one text will become the victim of that text.[34]

Ein ganz anderes Verhalten zueinander und zum Text zeigen die Kinder, die den Vatermord betreiben. Bei ihnen fällt nicht nur auf, daß der Autori-

---

[34] P. Bruss, *Victims: Textual Strategies in Recent American Fiction* (Lewisburg, Pa., 1981), S. 154f.

tätsschwund des Vaters, wie Freud ihn etwa in *Totem und Tabu* diagnostiziert hat, immer wieder zu Übertretungen herkömmlicher sozialer Normen führt. So wird etwa das Inzestverbot als Garant familialer und sozialer Ordnung von ihnen ständig mißachtet. Entsprechend zeigt sich im Sprach- und Textverhalten, vor allem aber in den Wortwechseln zwischen Julie und Emma, eine permanente Verletzung narrativer Gesetzmäßigkeiten. Insbesondere die beiden Frauen werfen sich die Wörter wie Bälle zu, tauschen Floskeln aus, die man immer schon mindestens einmal gehört zu haben glaubt, und versorgen sich gegenseitig mit den neuesten Nachrichten aus den Klatschspalten der Weltpresse. Getreu der Etymologie des Wortes Diskurs laufen hier die Signifikanten auf weite Strecken nur noch leer hin und her, ohne ihre jeweiligen Bezugsobjekte (*référents*) noch mit Sinn zu besetzen. ›Voraussetzungslos‹ (»presuppositionless«, S. 97) bleibt alles vielmehr nur noch in der Schwebe. Der Leser weiß nicht einmal mehr, wer im Einzelfalle jeweils spricht; denn die Markierungen, die eine Replik jeweils einem bestimmten Sprecher zuschreiben, fehlen in den Frauen-Dialogen völlig. Im Zweifelsfall hat man sich vorzustellen, die Sprache spreche hier selbst, flottiere unverankert in einem grenzenlosen »espace textuel multiple« und produziere, wie es die refrainartigen Wiederholungen anzeigen, nur noch reine Sprachrhythmik und Sprachmusik. Bruss bezeichnet deshalb diese Dialoge völlig zu Recht als Texte »in a new key«,[35] die ihre Vaterschaft abstreiten und eine radikale *écriture féminine* praktizieren, wie sie etwa in den feministischen Schreibkursen einer Hélène Cixous in Paris erprobt wurden.[36] »In order to decenter the privilege of voice which in the Judeo-Christian world has devolved from the authority of a god or father«,[37] wird der Diskurs so gestaltet, daß nicht mehr eine Stimme spricht, sondern eine Vielzahl und so eine unprivilegierte Polyphonie entsteht. Der Diskurs der beiden Frauen ist ›vaterlos‹; er realisiert ästhetisch jenen Karneval der Wörter, den Bachtin als Voraussetzung jeder wirklichen Intertextualität ansieht; denn der

> Karneval feiert den Wechsel, den Vorgang der Abfolge – nicht das, was der Wechsel jeweils bringt. Der Karneval ist funktionell und nicht substantiell. Er verabsolutiert nichts, er verkündet die fröhliche Relativität eines jeden.[38]

Diese alternative Gesprächsform, wie sie von den beiden Frauen gepflegt wird, ist jedoch, da sie »purpose« und »entelechy« völlig vermissen läßt, immer in Gefahr, zirkulär und ziellos zu werden. Es ist eine Alternati-

---

[35] *Victims*, S. 161.

[36] Vgl. G. Ecker, »A Map for Re-reading«, in diesem Band, S. 299–302.

[37] V. Andermatt, »Hélène Cixous and the Uncovery of a Feminine Language«, *Women & Literature*, 7, i (1979), 38–48, hier: 38.

[38] *Literatur und Karneval: Zur Romantheorie und Lachkultur*, übers. A. Kaempfe (München, 1969), S. 51.

ve, die in ihrer radikalen Realisierung Erzählen im herkömmlichen Sinn unmöglich macht; denn Sprache steht hier nicht mehr im Dienste eines narrativen Fortschritts; die einzelnen Episoden sind nicht mehr auf die Perlenschnur einer *histoire* aufgezogen, sondern liegen stattdessen ungeordnet und wirr im »espace textuel« umher. Es bedarf offensichtlich eines Vaters als Sinngaranten, wenn Sprache nicht un-sinnig werden soll. Eine radikale Intertextualität – dies jedenfalls macht der Text in der extremen Form des weiblichen Diskurses sinnfällig –, in der ausschließlich freies Spiel und fröhliche Relativität dominieren, ohne daß noch eine Anbindung der Wörter an ein transzendentales Signifikat erfolgte, ist also gleichbedeutend mit dem Ende allen Erzählens als »Enthüllung der Wahrheit«. Die Alternative, die *The Dead Father* zum monologen Vaterdiskurs und zum polylogen Diskurs der Frauen anzubieten hat, liegt, wie es im *Manual for Sons* heißt, offensichtlich irgendwo zwischen den Extremen: »*Fatherhood can be, if not conquered, at least ›turned down‹ in this generation* – by the combined efforts of all of us together.« (S. 180) Konkreten Ausdruck findet diese ›Anstrengung‹ im Roman selbst, wo der Sohn Thomas – ein nur noch matter Abglanz seines Vaters – den ›Argonautenzug‹ weiterführt und die Erzählung zu einem, wenn auch nur noch mühsamen Ende bringt. Der Sohn, in dem die *auctoritas* des Vaters langsam verdämmert, wird zum ›Garanten‹ einer neuen, umwegig-postmodernen Art des Erzählens.

So liefert *The Dead Father* theoretisch wie praktisch ein anschauliches Lehrstück dafür, wie sich in diesen intertextuellen Zeiten, in denen sprachlicher Wiederholungszwang vielen Autoren wie ein unabwendbares Schicksal erscheint und nur noch aus den narrativen Bausteinen vorgängiger Texte Neues entstehen kann, immer noch erzählen läßt. Emersons Motto zu seinem Essay »Quotation and Originality«, das auch diesem Beitrag programmatisch als Vorspruch diente, zeigt nur die eine Seite der Medaille. Gewiß ist jedes Buch Zitat; »and every house« – auch jedes *house of fiction* – »is a quotation out of all forests and mines and stone-quarries; and every man is a quotation from all his ancestors«.[39] Die andere Seite ist die, die bereits im Titel seines Essays zur Sprache kommt. Ohne ›Originalität‹ als Ausdruck einer »indefeasible persistency of the individual to be himself«[40] bleibt alles nur Zitat. Zwar ist im Gegensatz zum romantisch-imperialen Ich Emersons[41] der Traum vom allmächtigen Subjekt bei Barthelme weitgehend ausgeträumt und das Ich auf eine Schwundstufe seines einstigen Selbst reduziert. Doch Reste von Originalität sind geblieben. Erst wenn sich auch diese

39 »Quotation and Originality«, in: *Centenary Edition,* ed. E. W. Emerson, 12 Bde. (Boston, o. J.), VIII, S. 176–204, hier: S. 176.

40 S. 200f.

41 Vgl. Q. Anderson, *The Imperial Self: An Essay in American Literary and Cultural History* (New York, 1972).

Rudimente eines Ich einmal in einem globalen Makrotext auflösen sollten, triebe die Sprache wirklich nur noch richtungslos in der Weite des Raums. Erzählen als Inszenesetzen des Vaters, als Sinngebung und Wahrheitsfindung wären dann endgültig am Ende. Ein Text »in a new key« träte dann wohl an die Stelle, für den es den Schlüssel freilich erst noch zu finden gälte.

VII. Bibliographie

Die Kurztitel *Dialogizität, Dialog der Texte* und *Das Gespräch* verweisen auf die von R. Lachmann, W. Schmid/W.-D. Stempel und K. Stierle/R. Warning herausgegebenen Sammelbände. Die vollständigen bibliographischen Angaben dazu finden sich unter den Herausgebernamen in Teil 1 der Bibliographie.

1. Allgemeines

M. Angenot, »L'›Intertextualité‹: enquête sur l'émergence et la diffusion d'un champ notionnel«, *Revue des sciences humaines,* 60/189 (1983), 121–135.

M. Arrivé, »Pour une théorie des textes poly-isotopiques«, *Langages*, 31 (1973), 53–63.

M. Bachtin, *Literatur und Karneval: Zur Romantheorie und Lachkultur*, ed. A. Kaempfe (München, 1969).

M. Bachtin, *Probleme der Poetik Dostoevskijs* (München, 1971; russ. 1928).

M. Bachtin, *Die Ästhetik des Wortes,* ed. R. Grübel (Frankfurt, 1979).

J. Barth, »The Literature of Exhaustion«, *Atlantic Monthly*, 220 (Aug. 1967), 29–34; auch in: M. Klein (ed.), *The American Novel Since World War II* (New York, 1969), S. 267–278, und M. Bradbury (ed.), *The Novel Today: Contemporary Writers on Modern Fiction* (London, 1977), S. 70–83.

J. Barth, »The Literature of Replenishment: Postmodern Fiction«, *The Atlantic*, 245 (Jan. 1980), 65–71.

J. Barth, *The Literature of Exhaustion and The Literature of Replenishment* (Northridge, Cal., 1982).

R. Barthes, *Critique et Vérité* (Paris, 1966).

R. Barthes, *S/Z* (Paris, 1970); deutsch als: *S/Z* (Frankfurt, 1976).

R. Barthes, »To Write: An Intransitive Verb?«, in: R. Macksey/E. Donato (ed.), *The Language of Criticism and the Sciences of Man* (Baltimore, 1970), S. 134–145.

R. Barthes, »De l'œuvre au texte«, *Revue d'esthétique,* 3 (1971); engl. in: ders., *Image-Music-Text* (London, 1977), S. 155–164.

R. Barthes, *Le Plaisir du texte* (Paris, 1973), deutsch als: *Die Lust am Text* (Frankfurt, 1974).

Roland Barthes par Roland Barthes (Paris, 1975); deutsch als: *Roland Barthes: Über mich selbst* (München, 1978).

R. Barthes, »Theory of the Text«, in: R. Young (ed.), *Untying the Text: A Post-Structuralist Reader* (London, 1981), S. 31–47, bes. S. 39.

R.-A. de Beaugrande, *Text, Discourse, and Process: Toward a Multidisciplinary Science of Texts* (Norwood, N. J., 1980).

R.-A. de Beaugrande/W. Dressler, *Einführung in die Textlinguistik* (Tübingen, 1981), bes. S. 188–215.

J. Bellemin-Noël, *Le Texte et l'Avant-texte* (Paris, 1972).

H. Bloom, *The Anxiety of Influence: A Theory of Poetry* (New York, 1973).
H. Bloom, *A Map of Misreading* (New York, 1975).
H. Bloom, *Kabbalah and Criticism* (New York, 1975).
H. Bloom, *Poetry and Repression* (New Haven, 1976).
W. C. Booth, »Freedom of Interpretation: Bakhtin and the Challenge of Feminist Criticism«, *Critical Inquiry*, 9 (1982), 45–76.
J. L. Borges, *Ficciones* (Buenos Aires, 1956); deutsch in: *Sämtliche Erzählungen* (München, 1970), S. 133–270; englisch in: *Labyrinths: Selected Stories and other Writings* (Harmondsworth, 1970 u. ö.), S. 27–207.
D. Breuer/H. Schanze (ed.), *Topik: Beiträge zur interdisziplinären Diskussion* (München, 1981).
P. Bruss, *Victims: Textual Strategies in Recent American Fiction* (Lewisburg, Pa., 1981).
R. Coward/J. Ellis, *Language and Materialism: Developments in Semiology and the Theory of the Subject* (London, 1977).
J. Culler, »Presupposition and Intertextuality«, in: ders., *The Pursuit of Signs* (London, 1981), S. 100–118.
J. Culler, *On Deconstruction* (London, 1983), bes. S. 266–268.
E. R. Curtius, *Europäische Literatur und lateinisches Mittelalter* (Bern/München, 1948 u. ö.).
L. Dällenbach, »Intertexte et autotexte«, *Poétique*, 27 (1976), 282–296.
R. C. Davis (ed.), *The Fictional Father: Lacanian Readings of the Text* (Amherst, Mass., 1981).
J. Derrida, *De la grammatologie* (Paris, 1967); deutsch als: *Grammatologie* (Frankfurt, 1983).
J. Derrida, »Avoir l'oreille de la philosophie«, in: L. Finas u. a. (ed.), *Écarts: Quatre essais à propos de Jacques Derrida* (Paris, 1973), S. 301–312.
J. Derrida, *Glas* (Paris, 1974).
U. Eco, *Postille a ›Il nome della rosa‹* (Mailand, 1984); deutsch als: *Nachschrift zum ›Namen der Rose‹* (München, 1984).
R. Federman (ed.), *Surfiction: Fiction Now ... and Tomorrow* (Chicago, 1975).
R. Federman, »Imagination as Plagiarism [an unfinished paper ...]«, *New Literary History*, 7 (1975/1976), 563–578.
R. Federman, »What Are Experimental Novels and Why Are There So Many Left Unread?«, *Genre*, 14 (1981), 23–31.
H. Felperin, *Beyond Deconstruction: The Uses and Abuses of Literary Theory* (Oxford, 1985).
J. Fowles, *The Aristos* (London, 1981 [1964]).
M. Gasparov, »Michail Bachtins Stellung in der russischen Kultur des 20. Jahrhunderts«, in: *Dialogizität*, S. 256–259.
G. Genette, *Palimpsestes: La littérature au second degré* (Paris, 1982).
Ch. Grivel, »Les universaux de textes«, *Littérature*, 30 (1978), 25–50.
Ch. Grivel, »Thèses préparatoires sur les intertextes«, in: *Dialogizität*, S. 237–249.
Ch. Grivel, »Serien textueller Perzeption: Eine Skizze«, in: *Dialog der Texte*, S. 53–83.
J. V. Harari (ed.), *Textual Strategies: Perspectives in Post-Structuralist Criticism* (Ithaca, N. Y., 1979).
G. H. Hartman, *Criticism in the Wilderness: The Study of Literature Today* (New Haven, Conn., 1980).
K. W. Hempfer, *Poststrukturale Texttheorie und Narrative Praxis* (München, 1976), bes. S. 53–55.
K. W. Hempfer, »Überlegungen zu einem Gültigkeitskriterium für Interpretationen

und ein komplexer Fall: Die italienische Ritterepik der Renaissance«, in: K. W. Hempfer/G. Regn (ed.), *Interpretation: Das Paradigma der europäischen Renaissance-Literatur. Festschrift für Alfred Noyer-Weidner zum 60. Geburtstag* (Wiesbaden, 1983), S. 1–31, bes. S. 14–18.

F. Jameson, *The Prison-House of Language* (Princeton, 1972).

H. R. Jauß, »Zum Problem des dialogischen Verstehens«, in: *Dialogizität*, S. 11–24.

A. Jefferson, »Intertextuality and the Poetics of Fiction«, *Comparative Criticism*, 2 (1980), 235–250.

L. Jenny, »La stratégie de la forme«, *Poétique*, 27 (1976), 257–281.

V. Karbusicky, »Intertextualität in der Musik«, in: *Dialog der Texte*, S. 361–398.

R. Kloepfer, »Grundlagen des ›dialogischen Prinzips‹ in der Literatur«, in: *Dialogizität*, S. 85–106.

Z. Konstantinović, »Verwandlung im Wandel: Komparatistische Betrachtungen zur Kategorie der Dialogizität und Alterität«, in: *Dialogizität*, S. 168–184.

J. Kristeva, »Bakhtine, le mot, le dialogue et le roman«, *Critique*, 23 (1967), 438–465; deutsch in: J. Ihwe (ed.), *Literaturwissenschaft und Linguistik: Ergebnisse und Perspektiven*, III (Frankfurt, 1972), S. 345–375.

J. Kristeva, »Problèmes de la structuration du texte«, in: *Théorie d'ensemble*, Collection Tel Quel (Paris, 1968), S. 297–316; deutsch in: J. Ihwe (ed.), *Literaturwissenschaft und Linguistik: Ergebnisse und Perspektiven,* II/2 (Frankfurt, 1971/1972), S. 484–507.

J. Kristeva, *Sémeiotiké: Recherches pour une sémanalyse* (Paris, 1969).

J. Kristeva, *Le texte du roman* (Paris, 1970).

J. Kristeva, *La Révolution du langage poétique* (Paris, 1974); deutsch als: *Die Revolution der poetischen Sprache* (Frankfurt, 1978).

J. Kristeva, *Polylogue* (Paris, 1977).

J. Kristeva, *Desire in Language: A Semiotic Approach to Literature and Art* (Oxford, 1980).

M. Krupnick (ed.), *Displacement: Derrida and After* (Bloomington, Ind., 1983).

R. Lachmann (ed.), *Dialogizität*, Theorie und Geschichte der Literatur und der schönen Künste, Reihe A, Bd. 1 (München, 1982).

R. Lachmann, »Der Potebnjasche Bildbegriff als Beitrag zu einer Theorie der ästhetischen Kommunikation (Zur Vorgeschichte der Bachtinschen ›Dialogizität‹)«, in: *Dialogizität*, S. 29–50.

R. Lachmann, »Dialogizität und poetische Sprache«, in: *Dialogizität*, S. 51–62.

R. Lachmann, »Intertextualität als Sinnkonstitution«, *Poetica*, 15 (1983), 66–107.

R. Lachmann, »Ebenen des Intertextualitätsbegriffs«, in: *Das Gespräch*, S. 113–138.

R. Lachmann, »Zur Semantik metonymischer Intertextualität«, in: *Das Gespräch*, S. 517–523.

H. Lausberg, *Handbuch der literarischen Rhetorik*, 2 Bde. (München, 1960).

J. Lehmann, »Ambivalenz und Dialogizität – Zur Theorie der Rede bei Michail Bachtin«, in: F. A. Kittler/H. Turk (ed.), *Urszenen – Literaturwissenschaft als Diskursanalyse und Diskurskritik* (Frankfurt, 1977), S. 355–380.

V. B. Leitch, »Versions of Textuality and Intertextuality: Contemporary Theories of Literature and Tradition«, in: ders., *Deconstructive Criticism: An Advanced Introduction* (London, 1983), S. 55–164.

J. Lipman/R. Marshall, *Art about Art* (New York, 1978).

M. McLuhan, *From Cliché to Archetype* (New York, 1970).

New York Literary Forum, 2 (1978) [Sondernummer: *Intertextuality: New Perspectives in Criticism*, ed. J. P. Plottel/ H. Charney].

F. Nies, »Frage und Antwort als dialogische Struktur im Verhältnis von Autor zu Autor (Werk zu Werk)«, in: *Dialogizität*, S. 185–189.

Ch. Norris, *Deconstruction: Theory and Practice* (London, 1982).
L. Perrone-Moisés, »L'intertextualité critique«, *Poétique*, 27 (1976), 372–384.
Poétique, 27 (1976) [Sondernummer zur Intertextualität].
R. Poirier, *The Performing Self* (London, 1971).
W. Preisendanz, »Zum Beitrag von R. Lachmann ›Dialogizität und poetische Sprache‹«, in: *Dialogizität*, S. 25–28.
P. C. Rabinowitz, »What's Hecuba to Us? The Audience's Experience of Literary Borrowing«, in: S. R. Suleiman/I. Crosman (ed.), *The Reader in the Text: Essays on Audience and Interpretation* (Princeton, 1980), S. 241–263.
M. Riffaterre, »The Poetic Functions of Intertextual Humor«, *Romanic Review*, 65 (1974), 278–293.
M. Riffaterre, *La production du texte* (Paris, 1979).
M. Riffaterre, »La syllepse intertextuelle«, *Poétique*, 40 (1979), 496–501.
M. Riffaterre, »Sémiotique intertextuelle: L'Interprétant«, in: A. Vigh u. a., *Rhétoriques, Sémiotiques* (Paris, 1979), S. 128–146 [= *Revue d'Esthétique* (1979), 1/2].
M. Riffaterre, »Syllepsis«, *Critical Inquiry*, 6 (1980), 625–638.
M. Riffaterre, *The Semiotics of Poetry* (London, 1980), bes. S. 82–86 und 124–150.
H. G. Ruprecht, *Du formant intertextuel: Remarques sur un objet ethnosémiotique*, Documents De Recherche du groupe de recherches sémio-linguistiques, III, 21 (Paris, 1981).
H. G. Ruprecht, »Intertextualité«, *Texte*, 2 (1983), 13–22.
E. Rusinko, »Intertextuality: The Soviet Approach to Subtext«, *Dispositio*, IV/11–12 (1979), 213–235.
K. K. Ruthven, *Critical Assumptions* (Cambridge, 1969), S. 102–134.
C. Schaar, »Linear Sequence, Spatial Structure, Complex Sign, and Vertical Context System«, *Poetics*, 7 (1978), 377–388.
C. Schaar, »Vertical Context Systems«, in: H. Ringbohm u. a. (ed.), *Style and Text* (Stockholm, 1975), S. 146–157.
C. Schaar, *The full-voic'd quire below: Vertical Context Systems in ›Paradise Lost‹* (Lund, 1982).
I. Schabert, »Interauktorialität«, *DVLG*, 57 (1983), 679–701.
W. Schmid/W.-D. Stempel (ed.), *Dialog der Texte: Hamburger Kolloquium zur Intertextualität*, Wiener Slawistischer Almanach, Sonderband 11 (Wien, 1983).
R. Scholes, *Fabulation and Metafiction* (Urbana, Ill., 1979).
G. Schwab, »Die Subjektgenese, das Imaginäre und die poetische Sprache«, in: *Dialogizität*, S. 63–84.
D. Schwanitz, »Intertextualität und Äquivalenzfunktionalismus: Vorschläge zu einer vergleichenden Analytik von Geschichten«, in: *Dialog der Texte*, S. 27–51.
J. Starobinski, »Le texte dans le texte«, *Tel Quel*, 37 (1969), 25–33.
J. Starobinski, *Les mots sous les mots – Les anagrammes de Ferdinand de Saussure* (Paris, 1971).
W.-D. Stempel, »Intertextualität und Rezeption«, in: *Dialog der Texte*, S. 85–109.
K. Stierle, »Werk und Intertextualität«, in: *Dialog der Texte*, S. 7–26; auch in: *Das Gespräch*, S. 139–150.
K. Stierle/R. Warning (ed.), *Das Gespräch*, Poetik und Hermeneutik, 11 (München, 1984).
R. Sukenick, »The New Tradition«, *Partisan Review*, 39 (1972), 580–588.
Tekst v tekste (Tartu, 1981) [Sondernummer: *Trudy po znakovym sistemam*, 14].
T. Todorov, *Mikhaïl Bakhtine* (Paris, 1981).
V. N. Vološinov, *Marxismus und Sprachphilosophie*, ed. S. M. Weber (Frankfurt, 1975).
R. Warning, »Ironiesignale und ironische Solidarisierung«, in: R. Warning/W. Prei-

sendanz (ed.), *Das Komische*, Poetik und Hermeneutik, 7 (München, 1976), S. 416–423.

P. Waugh, *Metafiction: The Theory and Practice of Self-Conscious Fiction* (London/New York, 1984).

H. Weinrich, *Sprache in Texten* (Stuttgart, 1976).

A. White, »Bakhtine, Sociolinguistics and Deconstruction«, in: F. Gloversmith (ed.), *The Theory of Reading* (Brighton, 1984), S. 123–146.

R. Young (ed.), *Untying the Text: A Post-Structuralist Reader* (London, 1981).

Th. Ziolkowski, »Figuren auf Pump: Zur Fiktionalität des sprachlichen Kunstwerks«, in: H. Rupp/H.-G. Roloff (ed.), *Akten des VI. Internationalen Germanistenkongresses Basel 1980* (Bern, 1981), S. 166–176.

P. V. Zima (ed.), *Textsemiotik als Ideologiekritik* (Frankfurt, 1977).

P. Zumthor, »Le carrefour des rhétoriqueurs: Intertextualité et rhétorique«, *Poétique*, 27 (1976), 317–337.

P. Zumthor, »Intertextualité et mouvance«, *Littérature*, 41 (1981), 8–16.

2. Formen der Intertextualität

2.1 Übersetzung

S. Bassnett-McGuire, *Translation Studies* (London, 1980).

R.-A. de Beaugrande, *Factors in a Theory of Poetic Translating* (Assen, 1978).

R. Borgmeier, *Shakespeares Sonett »When Forty Winters« und die deutschen Übersetzer* (München, 1970).

R. Brower (ed.), *On Translation* (Cambridge, Mass., 1959).

R. Brower, *Mirror on Mirror: Translation – Imitation – Parody* (Cambridge, Mass., 1974).

D. Carne-Ross, »The Two Voices of Translation«, in: Th. Parkinson (ed.), *Robert Lowell: A Collection of Critical Essays* (Englewood Cliffs, N. J., 1968), S. 152–170.

D. Davie, *Poetry in Translation* (Milton Keynes, 1975).

T. Eagleton, »Translation and Transformation«, *Stand*, 19/3 (1977), 72–77.

W. Frost, *Dryden and the Art of Translation* (New Haven, Conn., 1955).

L. G. Kelly, *The True Interpreter* (Oxford, 1979).

R. Kloepfer, *Die Theorie der literarischen Übersetzung: Romanisch-deutscher Sprachbereich* (München, 1967).

A. Lefevere, »Poetics (Today) and Translation (Studies)«, in: D. Weissbort (ed.), *Modern Poetry in Translation: 1983* (London, 1983), S. 190–195.

J. Levý, *Die literarische Übersetzung* (Frankfurt, 1969).

K. Maurer, »Die Übersetzung als Form fremdbestimmter Textkonstitution«, *Poetica*, 8 (1976), 233–257.

O. Paz, *Traducción: Literatura y Literalidad* (Barcelona, 1971).

J. v. Stackelberg, *Literarische Rezeptionsformen: Übersetzung – Supplement – Parodie* (Frankfurt, 1972).

G. Steiner, *After Babel: Aspects of Language and Translation* (London, 1975).

T. R. Steiner, *English Translation Theory 1650–1800* (Amsterdam, 1975).

H. J. Störig (ed.), *Das Problem des Übersetzens* (Darmstadt, ^{2}1973).

U. Suerbaum, »Der deutsche Shakespeare. Übersetzungsgeschichte und Übersetzungstheorie«, in: K. Muir/S. Schoenbaum (ed.), *Shakespeare: Eine Einführung* (Stuttgart, 1972), S. 259–274.

G. Toury, *In Search of a Theory of Translation* (Tel Aviv, 1980).

2.2 Zitat

U. Brandes, *Zitat und Montage in der neueren DDR-Prosa* (Frankfurt, 1983).

A. Compagnon, *La seconde main; ou, le travail de la citation* (Paris, 1979).

G. R. Kaiser, *Proust, Musil, Joyce: Zum Verhältnis von Literatur und Gesellschaft am Paradigma des Zitats* (Frankfurt, 1972).

E. E. Kellett, *Literary Quotation and Allusion* (Port Washington, N.Y./London, 1969).

V. Klotz, »Zitat und Montage in neuerer Literatur und Kunst«, *Sprache im technischen Zeitalter*, 60 (1976), 259–277.

H. Meyer, *Das Zitat in der Erzählkunst: Zur Geschichte und Poetik des europäischen Romans* (Stuttgart, 1961).

S. Morawski, »The Basic Functions of Quotation«, in: A. J. Greimas (ed.), *Sign, Language, Culture* (The Hague, 1970), S. 690–705.

R. Pick, »The Use and Abuse of Quotation«, *German Life and Letters*, 16 (1962/1963), 247–277.

K. Riha, *Cross-Reading and Cross-Talking: Zitat-Collage als poetische und satirische Technik* (Stuttgart, 1971).

J. P. Smirnov, »Das zitierte Zitat«, in: *Dialog der Texte*, S. 273–290.

J. Weisgerber, »The Use of Quotations in Recent Literature«, *Comparative Literature*, 22 (1970), 36–45.

2.3 Motto

D. A. Berger, »›Damn the Mottoe‹: Scott and the Epigraph«, *Anglia*, 100 (1982), 373–396.

R. Böhm, *Das Motto in der englischen Literatur des 19. Jahrhunderts* (München, 1975).

W. Scott, »Mottoes from the English Poets as Chapter-Headings in the Novel«, *Notes and Queries*, 202 (1957), 478–480.

2.4 Anspielung

Z. Ben-Porat, »The Poetics of Literary Allusion«, *PTL*, 1 (1976), 105–128.

R. A. Brower, *Alexander Pope: The Poetry of Allusion* (Oxford, 1959).

J. K. Chandler, »Romantic Allusiveness«, *Critical Inquiry*, 8/3 (1982), 461–488.

G. B. Conte, *Memoria dei poeti e sistema letterario: Catullo, Virgilio, Ovidio, Lucano* (Turin, 1974).

D. Cowart, *Thomas Pynchon: The Art of Allusion* (Carbondale, Ill./London, 1980).

D. Hurry, »Style, Allusion and the Manipulation of Viewpoint«, *Critical Quarterly*, 23/2 (1981), 61–72.

A. L. Johnson, »Allusion in Poetry«, *PTL*, 1 (1976), 579–587.

L. Lane jr., »Robert Lowell: The Problems and Power of Allusions«, *The Dalhousie Review*, 60/4 (1980/1981), 697–702.

K. Lawrence, *The Odyssey of Style in ›Ulysses‹* (Princeton, 1981).

L. Newlyn, »›In City Pent‹: Echo and Allusion in Wordsworth, Coleridge, and Lamb, 1797–1801«, *The Review of English Studies,* 32/128 (1981), 408–428.

C. Perri, »On Alluding«, *Poetics*, 7 (1978), 289–307.

C. Perri, »Allusion Studies: An International Annotated Bibliography«, *Style*, 13 (1979), 178–225.

F. Rodi, »Anspielungen«, *Poetica*, 7 (1975), 115–134.

St. Ross, »Art and Allusion«, *The Journal of Aesthetics and Art Criticism*, 40/1 (1981), 59–70.

W. E. H. Rudat, »Pope and the Classical Tradition: Allusive Technique in *The Rape of the Lock* and *The Dunciad*«, *Anglia*, 100 (1982), 435–441.
B. A. Schlak, *Continuing Presences: Virginia Woolf's Use of Literary Allusion* (University Park, Pa., 1979).
W. Thornton, *Allusion in ›Ulysses‹* (Chapel Hill, N.C., 1968 [1961]).
L. Vinge, »Om Allusioner«, *Tidskrift för Litteraturvetenskap*, 2 (1972/1973), 138 bis 154.
E. Wassermann, »The Limits of Allusion in *The Rape of the Look«, JEGP*, 65 (1966), 425–444.
M. Wheeler, *The Art of Allusion in Victorian Fiction* (London/New York, 1979).

2.5 Paraphrase

C. Fuchs, *La paraphrase* (Paris, 1982).
R. Nolan, *Foundations for an Adequate Criterion of Paraphrase* (The Hague, 1970).

2.6 Imitation

Th. M. Greene, *The Light in Troy: Imitation and Discovery in Renaissance Poetry*, Elizabethan Club Series, 7 (New Haven, 1982).
J. Lamb, »Sterne's System of Imitation«, *MLR*, 76/4 (1981), 794–810.
R. S. Peterson, *Imitation and Praise in the Poems of Ben Jonson* (New Haven, Conn./ London, 1981).
G. W. Pigmann III, »Versions of Imitation in the Renaissance«, *Renaissance Quarterly*, 33/1 (1980), 1–32.
R. Warning, »Imitatio und Intertextualität: Zur Geschichte lyrischer Dekonstruktion der Amortheologie«, in: K. W. Hempfer/G. Regn (ed.), *Interpretation* (Wiesbaden, 1983), S. 288–317.
H. D. Weinbrot, »Translation and Parody: Towards the Genealogy of the Augustan Imitation«, *ELH*, 33 (1967), 434–447.
H. D. Weinbrot, *The Formal Strain: Studies in Augustan Imitation and Satire* (Chicago, 1969).
E. Welslau, *Imitation und Plagiat in der französischen Literatur von der Renaissance bis zur Revolution*, Reihe Romanistik, 8 (Rheinfelden, 1976).
H. O. White, *Plagiarism and Imitation during the English Renaissance* (Cambridge, Mass., 1935).

2.7 Parodie

J. A. Dane, »Parody and Satire: A Theoretical Model«, *Genre*, 13/2 (1980), 145–160.
R. A. Donovan, »*Joseph Andrews* as Parody«, in: ders., *The Shaping Vision: Imagination in the English Novel from Defoe to Dickens* (Ithaca, N.Y., 1966), S. 68–88.
W. Freund, »Zur Theorie und Rezeption der Parodie«, *Sprache im technischen Zeitalter*, 62 (1977), 182–194.
W. Freund, *Die literarische Parodie* (Stuttgart, 1981).
W. Hempel, »Parodie, Travestie und Pastiche: Zur Geschichte von Wort und Sache«, *GRM*, 15 (1965), 150–176.
W. Karrer, *Parodie, Travestie, Pastiche* (München, 1977).
D. Kiremidjian, *A Study of Modern Parody* (New York, 1985).
H. Kuhn, »Was parodiert die Parodie?«, *Die Neue Rundschau*, 85 (1974), 600–618.
H. Markiewicz, »On the Definitions of the Literary Parody«, in: *To Honour Roman*

Jakobson, 3 Bde., Janua Linguarum Ser. Major, 31–33 (The Hague/Paris, 1967), II, 1264–1272.

V. Minoque, »Checklist of Works on Parody«, *Southern Review. An Australian Journal of Literatury Studies,* 13/1 (1980), 53–65 [Sondernummer zur Parodie].

R. Neumann, »Zur Ästhetik der Parodie«, in: ders., *Die Parodien* (Wien, 1962), S. 551–563.

I. I. Revzin, »Das Schema einer Sprache mit endlich vielen Zuständen und die Möglichkeiten, es in der Poetik anzuwenden (Zum Mechanismus der Parodie)«, in: J. Ihwe (ed.), *Literaturwissenschaft und Linguistik*, II, 2 (Frankfurt, 1971/1972), S. 587–602.

J. G. Riewald, »Parody as Criticism«, *Neophilologus*, 50 (1966), 125–148.

L. Röhrich, *Gebärde, Metapher, Parodie: Studien zur Sprache und Volksdichtung* (Düsseldorf, 1967).

M. Rose, *Parody / Meta-Fiction: An Analysis of Parody as a Critical Mirror to the Writing and Reception of Fiction* (London, 1979).

M. Rose, »Defining Parody«, *Southern Review. An Australian Journal of Literary Studies*, 13/1 (1980), 5–20.

E. Rotermund, *Die Parodie in der modernen deutschen Lyrik* (München, 1962).

E. Rovit, »The Novel as Parody: John Barth«, *Critique*, 6/2 (1963), 77–85.

Th. Verweyen/ G. Witting, *Die Parodie in der neuen deutschen Literatur* (Darmstadt, 1979).

Th. Verweyen/G. Witting, »Parodie, Palinodie, Kontradiktio, Kontrafaktur: Elementare Adaptionsformen im Rahmen der Intertextualitätsdiskussion«, in: *Dialogizität*, S. 202–236.

2.8 Adaption

M. Pfister, »Moderne *Hamlet*-Bearbeitungen im Spannungsfeld aktueller Dramaturgien«, in: R. Ahrens (ed.), *Shakespeare: Didaktisches Handbuch*, 3 Bde. (München, 1982), III, 953–984.

H. Prießnitz, »Adaption auf der englischen Bühne der Gegenwart«, in: H. Kosok (ed.), *Drama und Theater im England des 20. Jahrhunderts* (Düsseldorf, 1980), S. 186–197.

H. Prießnitz (ed.), *Anglo-amerikanische Shakespeare-Bearbeitungen des 20. Jahrhunderts* (Darmstadt, 1980).

H. Zander, *Shakespeare ›bearbeitet‹: Eine Untersuchung am Beispiel der Historien-Inszenierungen 1945–1975 in der Bundesrepublik Deutschland* (Tübingen, 1983).

2.9 Gattungs- und Medienwechsel

M. Bluestone, *From Story to Stage: The Dramatic Adaptation of Prose Fiction in the Period of Shakespeare and His Contemporaries* (The Hague/Paris, 1974).

P. G. Buchloh u. a., »Literatur in filmischer Darstellung: Methodische Möglichkeiten zur philologischen Erschließung verfilmter Literatur«, *Literatur in Wissenschaft und Unterricht*, 13/1 (1980), 47–73.

W. Buddecke/J. Hienger, »Verfilmte Literatur: Probleme der Transformation und der Popularisierung«, *LiLi. Zeitschrift für Literaturwissenschaft und Linguistik*, 9/36 (1979), 12–30.

J. G. Miller, »From Novel to Theatre: Contemporary Adaptations of Narrative to the French Stage«, *Theatre Journal*, 33/4 (1981), 431–452.

S. M. Patsch, *Vom Buch zur Bühne: Dramatisierungen englischer Romane durch ihre*

Autoren. Eine Studie zum Verhältnis zweier literarischer Gattungen (Innsbruck, 1980).

I. Schneider, »Überlegungen zu einer Semiotik der Literaturverfilmung«, *LiLi*, 9/36 (1979), 31–49.

I. Schneider, *Der verwandelte Text: Wege zu einer Theorie der Literaturverfilmung* (Tübingen, 1981).

2.10 Montage und Collage

alternative, 122/123 (1978) [Sondernummer zu Montage/Avantgarde].

U. Broich, »Montage und Collage in Shakespeare-Bearbeitungen der Gegenwart«, *Poetica*, 4 (1971), 333–360.

V. Hage (ed.), *Literarische Collagen: Texte, Quellen, Theorien* (Stuttgart, 1981).

L. Jenny, »Sémiotique du collage intertextuelle«, *Revue d'esthétique*, 3/4 (1978), 165–182.

LiLi, Zeitschrift für Literaturwissenschaft und Linguistik, 46 (1982) [Sondernummer zur Montage].

A. K. Loss, »Joyce's Use of Collage in ›Aeolus‹«, *Journal of Modern Literature*, 9/2 (1982), 175–182.

H. B. Schlichting, »Historische Avantgarde und Gegenwartsliteratur: Zu Peter Bürgers Theorie der nachavantgardistischen Moderne«, in: W. M. Lüdke (ed.), *Theorie der Avantgarde: Antworten auf Peter Bürgers Bestimmung von Kunst und bürgerlicher Gesellschaft* (Frankfurt, 1976), S. 209–251.

U. Weisstein, »Collage, Montage and Related Terms: Their Literal and Figurative Use in and Application to Techniques and Forms in Various Arts«, *Comparative Literature Studies*, 15 (1978), 124–139.

2.11 Weitere Formen

F. K. Stanzel, »Zur poetischen Wiederverwertung von Texten: Found Poems, Metatranslation, Oberflächenübersetzung«, in: R. Haas/Ch. Klein-Braley (ed.), *Literatur im Kontext: Festschrift für Helmut Schrey* (St. Augustin, 1985), S. 39–50.

3. Allgemeine Fallstudien

H. Bartschi, *The Doing and Undoing of Fiction: A Study of »Joseph Andrews«* (Bern, 1983).

U. Broich, *Studien zum komischen Epos* (Tübingen, 1968).

U. Busch, »Gogol's *Mantel* – eine verkehrte Erzählung: Schriftsteller, Autor, Erzähler in intra- und intertextueller Beziehung«, in: *Dialog der Texte*, S. 189–203.

A. Cancogni, *The Mirage in the Mirror: Nabokov's ›Ada‹ and its French Pre-Texts* (New York, 1985).

H. Castrop, »Tom Stoppard, *Travesties:* Kunst- und Weltrevolution im Vexierspiel mit literarischen Gattungen«, in: H. F. Plett (ed.), *Englisches Drama von Beckett bis Bond* (München, 1982), S. 295–312.

G. Contini, »Dante et mémoire poétique«, *Poétique*, 27 (1976), 297–316.

H. Engdahl, »Monologizität und Dialogizität – eine Dichotomie am Beispiel der schwedischen Romantik«, in: *Dialogizität*, S. 141–154.

M. Foucault, »Nachwort«, in: Gustave Flaubert, *Die Versuchung des heiligen Antonius* (Frankfurt, 1966), S. 217–251; Nachdruck aus ders., »Un ›fantastique‹ de bibliothèque«, in: ders., *Schriften zur Literatur* (Frankfurt, 1979), S. 157–177.

U. Gaier, »Über Lektüre und Interpretation: Zu einem Gedicht von Ernst Jandl«, in: *Dialogizität*, S. 107–126.

G. Goebel, »Funktionen des ›Buches im Buche‹ in Werken zweier Repräsentanten des ›Nouveau Roman‹«, in: E. Leube/L. Schrader (ed.), *Interpretation und Vergleich: Festschrift für Walter Pabst* (Berlin, 1972), S. 34–52.

R. Grübel, »›Physiker und Lyriker‹. Zur Kontextualität, Intextualität und Intertextualität des Topos von den ›zwei Kulturen‹ in der sowjetrussischen Lyrik der 60er Jahre«, in: B. J. Amsenga/J. Pama/W. G. Weststeiyn (ed.), *Voz'mi na radost: To Honour Jeanne van der Eng-Liedmeier* (Amsterdam, 1980), S. 207–229.

R. Grübel, »Die Geburt des Textes aus dem Tod der Texte: Strukturen und Funktionen der Intertextualität in Dostoevskijs Roman *Die Brüder Karamazov* im Lichte seines Mottos«, in: *Dialog der Texte*, S. 205–271.

H. U. Gumbrecht, »Intertextualität und Herbst: Herbst und neuzeitliche Rezeption des Mittelalters«, in: *Dialog der Texte*, S. 111–139.

A. A. Hansen-Löve, »Intermedialität und Intertextualität: Probleme der Korrelation von Wort- und Bildkunst – Am Beispiel der russischen Moderne«, in: *Dialog der Texte*, S. 291–360.

S. D. Henning, »Samuel Beckett's *Film* and *La Dernière Bande:* Intratextual and Intertextual Doubles«, *Symposium. A Quarterly Journal in Modern Foreign Literatures*, 35/2 (1981), 131–154.

F. Ph. Ingold, »Das Buch im Buch: Versuch über Edmond Jabès«, *Akzente*, 26 (1979), 632–636.

J. W. Johnson, »That Neo-classical Bee«, *Journal of the History of Ideas,* 22 (1961), 262–266.

R. Lachmann, »Intertextualität in der Lyrik (Zu Majakovskijs ›Oda Revoljucii‹)«, *Wiener Slawistischer Almanach*, 5 (1980), 5–23.

R. Lachmann, »Intertextualität als Sinnkonstitution: Andrej Belyjs *Petersburg* und die ›fremden‹ Texte«, *Poetica*, 15 (1983), 66–108.

R. Lachmann, »Bachtins Dialogizität und die akmeistische Mythopoetik als Paradigma dialogisierter Lyrik«, in: *Das Gespräch*, S. 489–516.

R. Lachmann, »Intertextuelle Strukturen in Vladimir Kazakovs ›Osibka zivych‹«, in: R. J. Döring-Smirnov/P. Rehder/W. Schmid (ed.), *Textsymbol – Weltmodell: Johannes Holthusen zum 60. Geburtstag,* Sagners Slawistische Reihe, 6 (München, 1984), S. 345–364.

H. LaGuy, »Les animaux malades de la peste«, *Romanistische Zeitschrift für Literaturgeschichte/Cahiers d'Histoire des Littératures Romanes,* 1 (1977), 40–49.

J. M. Lechner, *Renaissance Concepts of the Commonplaces* (New York, 1962).

J. M. Lotman, »Gedichte des frühen Pasternak und einige Fragen zur strukturellen Textuntersuchung«, in: ders., *Aufsätze zur Theorie und Methodologie der Literatur und Kultur,* ed. K. Eimermacher (Kronberg, Ts., 1974), S. 99–156.

W. Margaß, »Schriftgelehrtes zu Jandls ›falamaleikum‹«, in: *Dialogizität*, S. 127 bis 130.

A. Noyer-Weidner, »Zu Tassos ›binnenpoetischer‹ Auseinandersetzung mit Bembo«, in: K. W. Hempfer/E. Straub (ed.), *Italien und die Romania in Humanismus und Renaissance* (Wiesbaden, 1983), S. 177–196.

J.-U. Peters, »Die Entthronung des romantischen Künstlers: Gogol's Dialog mit E. T. A. Hoffmann«, in: *Dialogizität*, S. 155–167.

A. Pratt, *Archetypal Patterns in Women's Fiction* (Brighton, 1982).

C. Reichler, »A propos de la notion d'intertextualité: L'exemple du roman libertin«, *Diogène*, 114 (1981), 81–91.

G. Regn, *Torquato Tassos zyklische Liebeslyrik und die petrarkistische Tradition*, Romanica Monacensia (Tübingen, 1986).

J. Ricardou, »›Claude Simon‹, Textuellement«, in: J. Ricardou (ed.), *Claude Simon*, Colloque de Cérisy (Paris, 1975), S. 7–19.

Ch. Ricks, »The Poet as Heir«, in: R. F. Brissenden/J. C. Eade (ed.), *Studies in the Eighteenth Century III* (Canberra, 1976), S. 209–240.

V. Roloff, »Lecture et intertextualité – Apropos de l'évolution du discours esthétique dans les cahiers et la *Recherche du temps perdu«, Bulletin d'informations proustiennes,* 13 (1982), 37–41.

H.-G. Ruprecht, »Aspects logiques de l'intertextualité: pour une approche sémiotique de la poésie de Julián de Casal«, *Dispositio. Revista Hispánica de Semiótica Literaria*, 2/4 (1977), 1–27.

M. Santagata, »Connessioni intertestuali nel *Canzoniere* del Petrarca«, *Strumenti Critici*, 9 (1975), 80–112.

W. Schmid, »Intertextualität und Komposition in Puškins Novellen *Der Schuß* und *Der Posthalter*«, *Poetica*, 13 (1981), 82–132.

W. Schmid, »Sinnpotentiale der diegetischen Allusion: Alexandr Puškins Posthalternovelle und ihre Prätexte«, in: *Dialog der Texte*, S. 141–187.

W. Schmidt-Biggemann, *Topica Universalis: Eine Modellgeschichte humanistischer und barocker Wissenschaft* (Hamburg, 1983).

J. C. Schöpp, »Multiple ›Pretexts‹: Raymond Federmans zerrüttete Autobiographie«, *AAA*, 6 (1981), 41–55.

St. P. Sondrup, »The Intertextual Landscape of Zola's *Germinal*«, *Symposium*, 36/2 (1982), 166–181.

J. Starobinski, »Rousseau, Baudelaire, Huysmans (Die Lebkuchen, der ›Kuchen‹ und das widerwärtige Käsebrot)«, in: *Dialogizität*, S. 190–201.

S. Stewart, *Nonsense: Aspects of Intertextuality in Folklore and Literature* (Baltimore, 1979).

S. Suleiman, »Reading Robbe-Grillet: Sadism and Text in *Projet pour une révolution à New York«, Romanic Review*, 68 (1977), 43–62.

K. Taranovsky, *Essays on Mandel'štam* (Cambridge, Mass., 1976).

A. Topia, »Contrepoints joyciens«, *Poétique*, 27 (1976), 351–371.

H. L. C. Tristram, »Intertextuelle *puns* in *Piers Plowman«*, *Neuphilologische Mitteilungen*, 84 (1983), 182–191.

L. Truchlar, »›Critifiction‹ und ›pla(y)giarism‹: Zum Literaturentwurf Raymond Federmans«, *Poetica*, 15 (1983), 329–341.

J. Verrier, »Ségalen lecteur de Ségalen«, *Poétique*, 27 (1976), 338–350.

L. P. Zamora, »European Intertextuality in Vargas Llosa and Cortázar«, *Comparative Literature Studies*, 19/1 (1982), 21–38.

VIII. Register

1. Sachregister

2. Autoren- und Werkregister